中国古代名著全本译注丛书

淮南子

译注

上

[汉]刘 安 著
陈广忠 译注

图书在版编目(CIP)数据

淮南子译注／(汉)刘安著；陈广忠译注. —上海：
上海古籍出版社,2016.8
(中国古代名著全本译注丛书)
ISBN 978-7-5325-8166-5

Ⅰ.①淮… Ⅱ.①刘… ②陈… Ⅲ.①杂家—中国—
西汉时代②《淮南子》—译文③《淮南子》—注释 Ⅳ.
①B234.4

中国版本图书馆 CIP 数据核字(2016)第 161583 号

中国古代名著全本译注丛书
淮南子译注
(全二册)
[汉]刘安 著
陈广忠 译注

上海世纪出版股份有限公司
　　　　　　　　　　　　出版
上海古籍出版社
(上海瑞金二路 272 号　邮政编码 200020)
(1)网址：www.guji.com.cn
(2)E-mail：guji1@guji.com.cn
(3)易文网网址：www.ewen.co
上海世纪出版股份有限公司发行中心发行经销
江阴金马印刷有限公司印刷

开本 890×1240　1/32　印张 35.75　插页 10　字数 1,281,000
2016 年 8 月第 1 版　2016 年 8 月第 1 次印刷
印数 1—3,100
ISBN 978-7-5325-8166-5
B·957　定价：88.00 元

如有质量问题,请与承印公司联系

前　言

　　《诗》云："日就月将，学有缉熙于光明。"——《淮南子·脩务训》

　　光阴似箭，日月如梭，人生短暂。我从1980年孟秋涉足《淮南子》，寒来暑往，转瞬之间，已从热血青年跨入"耳顺"之年。35年来，已出版了28部专著（独著23部，合著5部）。《淮南子》研究有15部著作行世：《淮南子译注》（1990年，吉林文史出版社）、《刘安评传》（1995年，广西教育出版社）、《淮南子科技思想》（2000年，安徽大学出版社）、《淮南子斠诠》（2008年，黄山书社）等。其中中华书局将出版5部，已出版3部：《全本全注全译淮南子》（2012年）、《传世经典文白对照淮南子》（2014年）、《中华经典藏书淮南子》（2016年）。上海古籍出版社将出版《淮南鸿烈解》等2部。其中吉林文史出版社出版的《淮南子译注》一书，写于1985年，1990年出版。全书80万字。这是中国第一部今译今注本。时隔25年之后，我又完成的这部《淮南子译注》，同吉林文史出版社版《译注》相比，有哪些主要不同呢？

　　其一，选用版本不同。

　　吉林文史出版社版《淮南子译注》采用的底本是清乾隆五十三年（1788）武进庄逵吉本，用作参校的是刘文典本。梁启超在《中国近三百年学术史》中说：

　　　　《淮南鸿烈》为西汉道家言之渊府，其书博大而有条贯，汉人著述中第一流也。清儒首治此书者为庄伯鸿（逵吉），当乾隆末，用道藏本校俗本，而以案语申己见，虽名校实兼注也。自庄书出，而诵习本书者认为唯一之善本，盖百馀年。最近则刘叔雅（文典）著《淮南鸿烈集解》二十一卷，博采先辈之说，参以已所心得，又从《御览》、《选注》等书采辑佚文佚注甚备，价值足以与王氏《荀子集解》相埒。

梁大师对庄本、刘本的评价，后代学者看法多有不同。于大成《淮南王书考》列举五家评议，云：黄丕烈斥庄逵吉为"庸妄人"。顾广圻谓其书"全无一是"。王念孙谓其"未晓文义，而辄行删改，妄生异说"。吴则虞以为其大疵有五："一曰底本不明也。二曰误从俗本。三曰注文与正文间隔。四曰引类书之不备。五曰校字疏失，更仆难数。"郑良树谓其过尚不止此，更有三疵："六曰改今从古。七曰妄言曲说。八曰删省注文。"而于大成的看法是："庄氏所校，固不得谓之善本，然在晚明清初缪本充斥之际，得此本出而矫之，亦足以一清学者耳目。"但他认为庄本不是"善本"。对于刘本，1998年安徽大学出版社与云南大学出版社合作出版的《淮南鸿烈集解》，我写下"校记"360多例。当然，庄本、刘本对《淮南子》的流传和研究，曾起到重要的作用，然作为供研究使用的"底本"，则不能称为"善本"。

本书《淮南子译注》采用的底本是北宋小字二十一卷本，上海涵芬楼景印刘泖生钞本，收在《四部丛刊·子部》中。用作对校的是明正统十年（1445）《道藏》二十八卷本，清光绪三十二年（1906）《道藏辑要》本，用作参校的有明刘绩《补注》本和清文渊阁《四库全书》本等。北宋本与《道藏》本，皆为时代最早、最为完整与原始之"善本"。清代校勘学家顾广圻谓北宋本为"当日最善之本"，远出《道藏》本之上。当代台湾学者王叔岷认为北宋本优于《道藏》本，"惜其中颇多讹误耳"（《跋日本古钞卷子本淮南鸿烈兵略间诂第廿》）。

北宋本与诸本多有不同，其中不乏精到之处，且保留北宋之前旧貌。如《原道训》："源流泉浡，冲而徐盈。"高诱注："浡，涌也。"其正文中的"浡"字，《道藏》本、《道藏辑要》本、刘绩《补注》本、《汉魏丛书》本、庄逵吉本正文及注文皆作"浡"。浡，《广韵》"没"韵："浡然兴作。"《尔雅·释诂下》："浡，作也。"即兴起义。与文义不合。滂，《说文》："沛也。"徐锴《系传》："水广及皃。"指水盛涌出。《玉篇》："滂，滂沱也。"知以"滂"字为胜。

再如《道应训》："七日，石乞入曰。"《道藏》本、《道藏辑要》本、刘绩《补注》本、庄逵吉本"乞"皆作"乙"。王念孙《读书杂志》："石乙"当为"石乞"，字之误也。（"乞"即"气"之省文，非从"乙"声，不得通作"乙"）《人间篇》及《左传》哀十六年、《史记·楚世家》、《伍子胥传》、《墨子·非儒篇》、《吕氏春秋·分职篇》皆作"石乞"。陈按：北宋本是，其馀诸本皆经过改动。

其二，校勘方法的理念不同。

清末民初学者叶德辉，在《藏书十约·校勘》中，把校法分为"死校"、"活校"两种。"死校者，据此本以校彼本。一点一画，照录而不改。虽有误字，必存原文。顾千里、黄荛圃所刻之书是也。活校者，以群书所引，改其误字，补其阙文；又或错举他刻，择善而从。卢抱经、孙渊如所刻之书是也"。当代学者陈垣《校勘学释例》中有《校法四则》，归纳为本校、对校、他校、理校四种。"活校"是广义的理校。因为校勘方法的理念不同，清代校勘学家遂分为两派：一派重视对校，辅以他校，重在存真，以顾广圻为代表；一派重视理校，参用他校法，强调校改，以戴震、段玉裁、王念孙为代表。两种校勘方法的争论，影响至今。以庄逵吉本、刘文典本与北宋本、《道藏》本对校，知庄、刘皆采用活校之法，已远非《道藏》本之旧。

吉林文史出版社版《淮南子译注》对版本讹、脱、衍、倒的处理，采用理校之法，因此失误较多。而本版《淮南子译注》则采用"死校"与理校相结合之法，重在存真，尽量不改变原本旧貌，以求给后人留下一个真实的北宋本；而对其失误，也进行了校正。对其校勘结果的处理，采用的是底本附校勘记形式。

如庄逵吉本《说林训》："钓者静之，罻者扣舟，罩者抑之，罜者举之，为之异，得鱼一也。"王念孙《读书杂志》："罜"非取鱼之具，《意林》、《埤雅》及《初学记·武部》、《太平御览·资产部》十四引此，并作"罾者举之"，是也。"罾"者举罾而得鱼，故言

"举"。郑良树《淮南子斠理》：《韵府群玉》十五引此，亦作"罾者举之"。于大成《说林校释》：《诸子类语》四引，"罤"亦作"罾"。陈按：北宋本"罤"作"罾"。罤，《广韵》"霁"韵："挂也。"《玉篇》："罤，罤碍也。"罾，《说文》："鱼网也。"王筠《说文句读》引《风土记》："罾，树四柱而张网于水中，如蜘蛛之网，方而不圆。"知北宋本是，庄本误。

再如庄逵吉本《说山训》："三人成市虎，一里能挠椎。"北宋本"椎"作"推"。《释名·释用器》："椎，推也。"知"推"可通"椎"，"推"又是"椎"的声训义，"推"字不误。

其三，考证的力度不同。

吉林文史出版社版《淮南子译注》的注释部分，基本采撷许慎、高诱旧注。对版本的失误，音义的辨证，皆未作深究。而本版《淮南子译注》则对版本的不同，许慎、高诱注的考释，文献的征引等方面，则多有增加。

如《原道训》："刘览偏照，复守以全。"吉林文史出版社版《译注》注释："偏：远。"本版《译注》：偏，通"徧"，周遍。按：马宗霍《淮南旧注参正》：《后汉书·东夷传赞》李贤注云："偏，远也。"亦合本文之义。而朱骏声《说文通训定声》"偏，叚借为徧"。《说文》："偏，颇也。""徧，帀也。"知北宋本用借字，其本字当作"徧"。即周遍义。

再如《原道训》："扶摇抮抱羊角而上。"吉林文史出版社版《译注》注释："抮：旋，转。扶摇：盘旋而起的旋风。羊角：曲折上升的旋风。"而本版《译注》的注释是：扶摇：盘旋而起的暴风。《庄子·逍遥游》："抟扶摇而上者九万里。"抮抱：旋转曲折。《广雅·释训》："轸艳，转戾也。"《集韵》"职"韵："艳，《博雅》：轸艳，转戾也。""抮抱"当作"抮抱"。并见《精神训》、《本经训》，"抱"字皆误。陈按：吴承仕《经籍旧音辨证》，已对此进行了辨析。

其四，译文的准确度有所提高。

近代学者严复在《天演论·译例言》中提出汉语与外文对译"信、达、雅"的要求。当然，要达到这个目标，是十分艰难的。

不仅要具有广博的知识,还要有汉语言文字的坚实功底。

如《说林训》:"凡用人之道,若以燧取火,疏之则弗得,数之则弗中,正在疏数之间。"吉林文史出版社版《译注》译文:"大凡用人的方法,就像用燧取火一样,迟缓了就得不到火,次数多了就不能打中,正好在快慢、次数适中的时候,才能燃着。"这个译文的依据是高诱注:"疏,犹迟也。数,犹疾也。"而高氏的注释缺乏科学性。此言阳燧聚焦取火,与快、慢无关。《孔子家语·贤君》王肃注:"数,近;疏,远。"《玉篇》:"疏,远也。"本版《译注》的译文是:"大凡用人的方法,就像用燧取火一样,距离它远了就得不到火,距离它近了就不能得中,正好在远近适中(即焦点)的时候,才能燃着。"

《淮南子》冠绝一世。绚丽多姿的文采,吞吐天地、雄视八方的阔大气势,书中体现的汉初黄老道家的进取精神和恢宏气度,以及深邃的哲理,连珠似的妙语,博大精深的思想,很自然成为"文宗秦汉"散文的代表作。《淮南子》如冰山之雪莲,探幽寻秘,需越崇山峻岭,破艰难险阻,方能得其芳芬。《淮南子》又如尘世之桂花,山间湖畔,荒郊旷野,不时散发出沁人心脾的幽香。《淮南子》流行两千多年,倾倒了古今中外无数的文人骚客。这里有东汉的许慎、马融、卢植、高诱、延笃,宋代苏颂、高似孙、黄震,明代刘绩、张恑如、王鏊、焦竑、朱东光、茅一桂、王夫之,清代黄丕烈、惠栋、顾广圻、陈奂、王念孙、钱塘、庄逵吉、卢文弨、汪文台、孙诒让、陶方琦、曾国藩、俞樾,近代章太炎、吴汝纶、梁启超、王国维,现当代胡适、刘文典、刘家立、蒋礼鸿、于大成、刘典爵、吴则虞、吴承仕、杨树达、刘盼遂、马宗霍、王叔岷、郑良树、日本池田知久、美国安乐哲、加拿大白光华,等等。我想,《淮南子》独特的思想体系,独立的思维模式,超越时代的创新理念,驰骋天地的绝代鸿文,这是它在千百年的大浪淘沙中,永不泯灭的根本原因。

学术创新的著作是怎样产生的?"隐忍苟活"的司马迁在《史记·太史公自序》中说:"昔西伯拘羑里,演《周易》;仲尼厄陈、蔡,作《春秋》;屈原放逐,著《离骚》;左丘失明,厥有《国语》;孙子膑脚,而论兵法;不违迁蜀,世传《吕览》;韩非囚秦,《说难》、《孤愤》;《诗》三百篇,大抵贤圣发愤之所为作也。"中国古代的学术创新,就是由这些囚禁者、流浪者、放逐者、身残者、受刑者、贬谪者、发愤者等,用智慧、鲜血和生命铸就的,其著述方成为中国和世界文化史上的丰碑。而作为小小诸侯王的刘安,面对着:妙龄祖母赵美人的吞金自逝,年轻父亲刘长的绝食毙命;宫廷斗争的永无休止,暗无天日;秦汉战争的腥风血雨,生灵涂炭;"文景之治"的相对稳定与隐藏的深刻的社会矛盾……凡此种种,都促使这位饱学的侯王,不断思索着天下长治久安的良策,于是这部融黄老道家的自然天道观、儒家的仁政学说、法家的进步历史观、阴阳家的阴阳变化理论以及兵家战略战术等各家思想精华为一体的传世之作,便应运而生了。

  南宋史学家高似孙在《子略》中称淮南王刘安为"天下奇才",当代学者胡适在《淮南鸿烈集解·序》中誉《淮南子》为"绝代奇书"。"奇才"、"奇书",必将吸引海内外更多的探"奇"者,加入到《淮南子》研究的行列之中。

陈广忠
2016年春节于安徽大学草野居

说　　明

一、本书采用的底本是上海涵芬楼景印刘泖生影写北宋本(《四部丛刊·子部》)。用作对校的有明《道藏》本、清《道藏辑要》本,用作参校的有明刘绩《补注》本、文渊阁《四库全书》本、清庄逵吉本等,并参考古今中外数十种《淮南子》研究资料。本书精心校勘,力求保持宋本原貌,而又融会作者最新研究成果。

二、对景宋本注文的处理,采用北宋苏颂《校淮南子题序》、清劳格《读书杂识》、清陶方琦《淮南许注异同诂》、清陆心源《仪顾堂集》之观点,认为《缪称》、《齐俗》、《道应》、《诠言》、《兵略》、《人间》、《泰族》、《要略》八篇为许慎注,其馀十三篇为高诱注。然二注已多有相掺。

三、版本之误用(　)表示,用[　]改正,如《天文训》:"是谓下(春)[舂]。"衍文用(　)表示,如《天文训》:"道(曰规)始于一。"脱文用[　]表示,如《原道训》:"夫精[神]气志者。"

四、考释与注文力求简明准确。译文分直译和意译两种,而以直译为主。本书基本采取句句对译的形式,使古今文义一目了然。

五、对本书正文的分章析句,分歧颇多。本书分段,基本以韵段为主,并参照其他版本,斟酌而成。

六、本书采用标准的简化字。文中出现的异体字、古今字、通假字,除通假、古今字基本保持原貌外,异体字大多以简化字取代。由于校勘需要、繁简字对应有误、繁简字无法对应等原因,保留了少量的异体字和繁体字。

七、对景宋本中的北宋避讳字,如匡、筐、玄、弦、眩、炫、敬、撒、境、镜、朗、殷、恒、贞的缺笔,本书皆已恢复正字。对避孙吴、隋、唐之讳,则保存原貌。

目　录

前言 .... 陈广忠 1

说明 1

上册

第一卷　原道训 1
第二卷　俶真训 49
第三卷　天文训 91
第四卷　地形训 164
第五卷　时则训 204
第六卷　览冥训 257
第七卷　精神训 285
第八卷　本经训 322
第九卷　主术训 356
第十卷　缪称训 435
第十一卷　齐俗训 489

下册

第十二卷　道应训 547
第十三卷　氾论训 625
第十四卷　诠言训 692
第十五卷　兵略训 742
第十六卷　说山训 802
第十七卷　说林训 855

第十八卷　人间训..........910
第十九卷　脩务训..........985
第二十卷　泰族训..........1029
第二十一卷　要略..........1095

参考文献..........1127

第一卷　原道训

【题解】

《淮南子》中的"道",指的是自然规律和宇宙本原。"本道根真,包裹天地,以历万物"。空间上包容一切,时间上无穷无尽。它无所不包,无处不在,是不以人的意志为转移的客观存在。因此治政要实行"无为而治"。作者对"无为"、"无不为"、"无治"、"无不治"等流行说法,重新进行了界定,并赋予了新的内涵,发展了先秦道家的"无为"论。同时,作者表达了道家的"真"、"静"人性观:"人生而静,天之性也。"而与此有关的生命问题,作者认为形、气、神为生命三大要素,互相依存,而"神为之使"。作者强调只有掌握"道"的规律,才能适应自然、社会及人类自身的发展变化。全书以探索"道"之"原"开篇,并以其为核心贯穿全书,充分显示了《淮南子》立论之宏伟、包容之广大及体例之缜密。

陶方琦《淮南许注异同诂》:序目有"因以题篇"语,乃高注本也。与旧辑许君残注本较之,说多异。

夫道者,覆天载地,廓四方,柝八极;[1]高不可际,深不可测。[2]包裹天地,禀授无形;[3]原流泉浡,冲而徐盈;[4]混混汩汩,浊而徐清。[5]故植之而塞于天地,横之而弥于四海;[6]施之无穷,而无所朝夕;[7]舒之幎于六合,卷之不盈于一握。[8]约而能张,幽而能明;[9]弱而能强,柔而能刚;横四维而含阴阳,纮宇宙而章三光。[10]甚淖而滒,甚纤而微;[11]山以之高,渊以之深;

兽以之走，鸟以之飞。日月以之明，星历以之行；麟以之游，凤以之翔。泰古二皇，得道之柄，立于中央；⁽¹²⁾神与化游，以抚四方。

是故能天运地滞，轮转而无废；⁽¹³⁾水流而不止，与万物终始。风兴云蒸，事无不应；⁽¹⁴⁾雷声雨降，并应无穷。⁽¹⁵⁾鬼出电入，龙兴鸾集；⁽¹⁶⁾钧旋毂转，周而复匝。⁽¹⁷⁾已雕已琢，还反于朴。⁽¹⁸⁾无为为之，而合于道；⁽¹⁹⁾无为言之，而通乎德；恬愉无矜，而得于和；⁽²⁰⁾有万不同，而便于性。神托于秋毫之（未）[末]，而大与宇宙之总。⁽²¹⁾其德优天地而和阴阳，节四时而调五行；⁽²²⁾响谕覆育，万物群生。⁽²³⁾润于草木，浸于金石；禽兽硕大，豪毛润泽；⁽²⁴⁾羽翼奋也，角䚡生也。⁽²⁵⁾兽胎不䨲，鸟卵不（毈）[毈]。⁽²⁶⁾父无丧子之忧，兄无哭弟之哀。童子不孤，妇人不孀；⁽²⁷⁾虹霓不出，贼星不行，含德之所致。⁽²⁸⁾

【注释】

〔1〕道：指自然规律和宇宙本原。　廓：张大。《尔雅·释诂上》："廓，大也。"　柝：通"拓"。《小尔雅·广诂》："拓，开也。"即扩大义。　八极：八方极远之处。

〔2〕际：高诱注："至也。"陈按：即到达义。

〔3〕禀授：给予。　无形：高诱注："万物之未形也。"

〔4〕原：水源。　滂：《说文》："沛也。"指水盛涌出。《道藏》本、刘绩《补注》本作"浡"。　冲：通"盅"。《说文》："盅，器虚也。"即空虚义。

〔5〕混混：水流不绝的样子。《广雅·释训》："混混，流也。"　汩汩：水流声。

〔6〕植：树立。《方言》卷十二："植，立也。"　塞：充满。　弥：高

诱注："犹络也。"按：通"縻"。《说文》："縻，牛辔也。"引申为牵系义。

〔7〕施：使用。 "无所朝夕"：黄锡禧本作"无朝夕盛衰"。指"道"永恒，无时间、空间之变化。

〔8〕舒：舒散。 幎：《说文》："幔也。"即覆盖义。 六合：高诱注："孟春与孟秋为合，仲春与仲秋为合，季秋与季春为合，孟夏与孟冬为合，仲夏与仲冬为合，季夏与季冬为合，故曰六合。言满天地间也。一曰四方上下为六合。" 一握：一把。《周易·萃卦》孔颖达疏："一握，小之貌也。"

〔9〕约：缠束。 幽：幽暗。

〔10〕四维：即四角、四隅。 絃：《广雅·释器》："索也。"《集韵》"霰"韵："絃，绳也。"即维系义。《道藏》本、刘绩《补注》本作"纮"。 宇宙：高诱注："四方上下曰宇，古往今来曰宙。"按：指时间和空间。《文子·自然篇》作"往古来今曰宙"。 章：通"彰"，显明。三光：指日、月、星。

〔11〕淖：《说文》："泥也。" 溷：《说文》："多汁也。"淖溷，指柔和的样子。

〔12〕二皇：指伏牺、神农。

〔13〕运：运行。 滞：停止。天运地滞，记述的是盖天说，即"天圆地方"。 废：休止。

〔14〕应：相应。

〔15〕声：指雷鸣。 穷：终结、尽头义。

〔16〕鬼出：高诱注："言无踪迹也。" 电入：高诱注："言其疾也。"

〔17〕钧：制造陶器所用的转轮。 毂：车毂。 匝：周还。

〔18〕朴：《说文》："木素也。"《老子》中指原始自然质朴的存在，即指"道"。《老子》二十八章："朴散则为器。"

〔19〕无为：指顺应自然规律。

〔20〕恬愉：安静，安适。 矜：《道藏》本作"矝"，刘绩《补注》本作"矜"。古作"矜"。《说文》段玉裁注："各本篆作矝。今依汉石经《论语》、溧水校官碑、魏受禅表皆作'矜'正之。"《本经训》高诱注："矜，自大也。"

〔21〕神：精神。 "末"：《道藏》本、刘绩《补注》本皆作"末"。当正。 秋毫之末：喻极微细的事物。 宇宙之总：即天地之总和。

〔22〕优：高诱注："柔也。"按：即和柔义。 和：和调。 四时：四季。 五行：金木水火土。

〔23〕呴谕：通"煦妪"，温恤之义。 育：生长。

〔24〕硕：《玉篇》："大也。"

〔25〕奋：健壮。　角觡："角"指鹿角，"觡"指麋角。

〔26〕殰：兽未出生而死。"毈"：《道藏》本、《道藏辑要》本、刘绩《补注》本同。当正。《说文》："毈，卵不孚也。"毈，形似而误。毈，鸟卵孵不出。

〔27〕孤：无父曰孤。　孀：指寡妇。

〔28〕贼星：妖星。　含：含怀。

【译文】

　　道，覆盖上天，运载大地，扩展到四方，延绵到八极；高度不能够到达，深度不能够测量；包容天地，施予万物；像泉水涓涓流淌，由空虚却能逐渐充实；似急流汹涌，由混浊却能逐渐澄清。因此把它直立起来，可以充满天地；把它横放着，可以布满四海。使用它无穷无尽，而永远没有盛衰。舒展起来可以覆盖六合，卷扰起来还不满一把。捆束起来却能够张大，幽暗之时却能大放光明；弱小的时候却能强大，柔软的时候却能刚强；横贯着天地而包含着阴阳，维系着宇宙而使日月星发光。极其柔和，非常细微；山岳依靠它而高耸，潭渊凭借它而变深；野兽依靠它而奔跑，鸟类凭借它而高飞；日月依靠它而放光明，星辰凭借它而运行；麒麟依靠它而出游，凤凰凭借它而翱翔。远古伏牺、神农两位帝王，掌握了"道"的枢要，而处在天地的中央；精神和万物变化相结合，来安抚天下之民。

　　因此能使上天运行而大地不动，像车轮绕轴运行永不休止，像水流向下不会停息，和万物共相终始。如同风起便会云升，事物中没有不是互相应和的；像雷声轰鸣大雨便要降落，同时应对不会停止；像鬼魂出现没有踪迹，像闪电那样迅疾；似神龙兴起，鸾鸟聚集；像钧轮旋转车毂运行，周而复始；虽经雕琢刻画，还仍然保持质朴本色。二王不加做作而作出的事情，都符合"道"的规律；不加修饰而发表的言论，都和"德"相通。安适而不自傲，上下得到和谐。万事万物虽有不同，而都符合人的天性。精神虽然有时处在细微之处，而扩大时却超过天地的总和。他的美德覆盖着天地而协调着阴阳，节制四时而调和五行；温恤化育，万物一起生长；滋润了草木，浸透到金石之中；飞禽走兽健壮肥大，羽毛光泽润滑。鸟类翅膀强硬，鹿、麋之类得到生养。野兽怀妊无死胎，鸟儿孵卵无不出。父亲没有丧子的忧愁,兄长也没有失弟的悲哀。孩童不会成为孤儿,妇人不会做寡妇;虹霓不会出现,妖星不会运行,这是二王含怀的德泽造成的。

夫太上之道,生万物而不有,成化像而弗宰。[1] 跂行喙息,蠉飞蠕动,待而后生,莫之知德;[2] 待之后死,莫之能怨。得以利者不能誉,用而败者不能非;收聚畜积而不加富,布施禀授而不益贫;旋县而不可究,纤微而不可勤;[3] 累之而不高,堕之而不下;益之而不众,损之而不寡;斫之而不薄,杀之而不残;凿之而不深,填之而不浅。忽兮怳兮,不可为象兮;[4] 怳兮忽兮,用不屈兮;[5] 幽兮冥兮,应无形兮;[6] 遂兮洞兮,不虚动兮;[7] 与刚柔卷舒兮,与阴阳俯仰兮。[8]

【注释】

〔1〕太上:指最高的。 化像:自然造化而生成的物像。

〔2〕跂行:用足行走。 喙息:用嘴呼吸。 蠉飞:指虫类飞行。蠕动:爬行的虫类。

〔3〕"旋县":王念孙《读书杂志》认为"县"当为"䌈"。《说文》"䌈,联微也"。《广雅》"䌈,小也"。"旋"亦"小"也。于省吾《淮南子新证》认为"注及王说"并误。"旋县"应读如字。县、悬古今字。于大成《淮南杂志补正》认为:"旋"疑当为"浮",字之误也。按:旋县,叠韵连绵词,状微小之貌。 勤:穷尽。

〔4〕忽怳:高诱注:"无形貌也。" 象:形象。

〔5〕屈:高诱注:"竭也。"按:即枯竭义。

〔6〕幽冥:高诱注:"渺茫貌。"按:以上数句化自《老子》二十一章,《文子·道原篇》略同。

〔7〕遂、洞:深远的样子。《楚辞·离骚》王逸注:"邃,深也。"遂,通"邃"。

〔8〕卷舒:屈伸之义。 俯仰:即升降。

【译文】

最高的道,产生万物却不据为己有,化生成万物的形象却不去主宰。那些用脚行走用嘴呼吸的动物,飞行和爬行的昆虫类,依靠它然后才能产生,但是没有什么动物感戴它的恩德;依赖它而后死去,也没有哪一类怨恨它。得到利益的人不能够赞誉它,采用它而失败的人也不去非难它;收敛积聚而"道"不增加财富,施舍赈救也不会增加贫困;极其渺小而无法深究,极其细微而又没有穷尽;累叠它而不会增高,堕毁它也不会倒下;使它增益却不见多,使它削弱而又不会减少;砍削它不会变薄,杀戮它不会伤残;挖凿它而不会变深,堵塞它而不会变浅。若有若无呵,不能够描绘形象呵;似存似亡呵,使用不会枯竭呵;渺渺茫茫呵,对应没有形体呵;幽深难测呵,运动有规律呵;和刚柔一起屈伸呵,与阴阳一起升降呵。

　　昔者冯夷、大丙之御也,乘云车,入云霓;⁽¹⁾游微雾,骛怳忽;⁽²⁾历远弥高以极往,经霜雪而无迹,照日光而无景;扶摇抮抱羊角而上,经纪山川,蹈腾昆仑;⁽³⁾排阊阖,沦天门。⁽⁴⁾末世之御,虽有轻车良马,劲策利锻,不能与之争先。⁽⁵⁾

【注释】

　　〔1〕冯夷、大丙:"夷"又作"迟"。"丙"又作"白"。二人为传说中的仙人名。一说为河神。夷、迟,上古音声近、韵同;丙、白,上古音声近、韵近,皆可通假。　"乘云车"二句:王念孙《读书杂志》云:《太平御览·天部》十四引此作"乘雷车"。"入云蜺",《文选·〈七发〉》李善注引《淮南子》作"六云蜺"。

　　〔2〕微雾:天之微气。　骛:奔驰。　怳忽:无形之象。

　　〔3〕扶摇:盘旋而起的暴风。《庄子·逍遥游》:"抟扶摇而上者九万里。"　"抮抱":旋转曲折。《广雅·释训》:"轸弫,转戾也。"《集韵》"职"韵:轸,《博雅》:轸弫,转戾也。"抮抱",当作"抮抮"。并见《精神训》、《本经训》,"抱"字皆误。　羊角:俞樾《诸子平议》:"扶摇也,羊

角也,皆风也。"指曲折上行的旋风。 经:行。 纪:通。 蹈:踏。 腾:上。 昆仑:高诱注:"山名也。在西北,其高万九千里,河之所出。"

〔4〕排:推开。 阊阖:高诱注:"始升天之门也。"按:许慎《说文》:"阊,天门也。楚人名门曰阊阖。"知为楚语。 沦:进入。 天门:高诱注:"上帝所居紫微宫门也。"

〔5〕策:马鞭。 "鍜":《道藏》本同,刘绩《补注》本作"锻"。陶方琦《淮南许注异同诂》:《列子·释文》许注:"锻,马策端有利针,所以刺不前也。"按:知"鍜"字形误,当作"锻"。《四库全书》本作"锻",亦误。

【译文】
从前冯夷、大丙的御术,乘着雷车,用六条云蜺为马,行走在微气之中,奔驰在浩渺的太空。经过又高又远之处,而驰往无尽之地。踏过霜雪而没有痕迹,日光照射而没有影子,随着旋转而上的扶摇、羊角大风向上飞行。穿过高山大川,踏上昆仑仙境;推开登天之门,进入到天帝所居官门。末世的驾驭者,即使有轻便车子、上等好马、坚固的鞭子、锋利的刺针,也不能和他们争个先后。

是故大丈夫恬然无思,澹然无虑;〔1〕以天为盖,以地为舆;〔2〕四时为马,阴阳为御;乘云陵霄,与造化者俱;〔3〕纵志舒节,以驰大区;〔4〕可以步而步,可以骤而骤;〔5〕(今)[令]雨师洒道,使风伯扫尘;〔6〕电以为鞭策,雷以为车轮;上游于霄霓之野,下出于无垠之门;〔7〕刘览偏照,复守以全;〔8〕经营四隅,还反于枢。〔9〕故以天为盖,则无不覆也;以地为舆,则无不载也;四时为马,则无不使也;阴阳为御,则无不备也。是故疾而不摇,远而不劳;〔10〕四支不动,聪明不损,而知八纮九野之形埒者,何也?〔11〕执道要之柄,而游于无穷之地。〔12〕是故天下之事不可为也,因其自然而推之;〔13〕万物之变,不可究也，秉其要归之趣。⁽¹⁴⁾夫镜水之与形接也，不设智故，而方圆曲直弗能逃也。⁽¹⁵⁾是故响不肆应，而景不一设；叫呼仿佛，默然自得。⁽¹⁶⁾

【注释】

〔1〕大丈夫：高诱注："喻体道者也。" 澹然：心志满足的样子。

〔2〕舆：车厢。

〔3〕造化者：高诱注："天地。一曰道也。"按：道家用以指"道"。《庄子·大宗师》："今一以天地为大炉，以造化为大冶。" 俱：《说文》："偕也。"即在一起。

〔4〕大区：即大虚。大虚指天。高诱注"大宅"，喻天。

〔5〕步：安步徐行。 骤：奔驰。《说文》："骤，马疾步也。"

〔6〕"今"：《道藏》本、刘绩《补注》本作"令"。当正。 雨师：司雨之神。即二十八宿之毕宿。 风伯：风神。也指箕星。

〔7〕霄霣：虚无幽深的样子。高诱注："高峻貌也。" 无垠：高诱注："无形状之貌。"按：陶方琦《淮南许注异同诂》：《文选·张衡〈西京赋〉》注引许本作："出于无垠鄂之门。"许注："垠锷，端崖也。"疑脱"鄂"字。

〔8〕刘览：浏览观看。刘，通"浏"。 偏：通"徧"。《说文》："徧，帀也。"即周遍义。

〔9〕经营：周旋义。 隅：方，旁。 枢：本。

〔10〕疾：急速。 摇：动摇。

〔11〕八纮：即八极。 九野：中央及八方。 形埒：构形、界域。

〔12〕"道要"：俞樾《诸子平议》：既言"要"又言"柄"，于义未安。《文子·道原篇》："执道之要。"

〔13〕为：治理。指违背自然规律的行为。 推：探求。

〔14〕秉：执掌。 "秉其要归之趣"：王念孙《读书杂志》云：秉，执也。要趣，犹要道也。言执其要道而万变皆归也。《文子·道原篇》正作"秉其要而归之"。

〔15〕智故：巧饰，伪诈。

〔16〕响：回声。 肆：《玉篇》："列也。"有陈设义。 景：通"影"。叫呼：指回声。 仿佛：指影子。 "默然"：《广韵》"鉴"韵："瞅，叫呼仿佛，瞅然自得。"知"默"字误。瞅然，遗忘的样子。

【译文】

所以体道的大丈夫,安静地好像不在思索,淡泊地好像没有思虑,把上天作为车盖,大地作为车子,四季作为御马,让阴阳来驾驭,乘着白云升上九霄,和天地一起共存。放开思绪,舒缓车速,而奔向太虚。能够缓步徐行,可以急速飞奔。命令雨师在前洒道,指派风神在后面扫尘。把电作为鞭子,用雷作为车轮。向上漫游在幽远之处,向下穿过没有边际的大门。虽广泛浏览观照,又恪守全部纯真。虽周游四方极远之处,还能返回到中央。因此用天作为车盖,那么没有什么不能覆盖的;用地作为车子,那么没有什么不能装载的;用四季作为御马,那么没有什么不听使唤的;用阴阳作为御者,那么万物没有什么不能齐备的。因此虽疾行却不会动摇,远行而不觉劳困,四肢不劳作,聪明不减损,而能知道八纮九野的构形和界域,这是为什么呢?因为掌握了"道"的要领,进而可以畅游到无穷无尽的境地。所以天下的事情不能够违背规律而行事,应按照它的自然特点去探求;万物的变化不能够探究明白,执掌要道变化而万物都可以归向它。像镜子和水可以照见形容,不需要任何巧饰打扮,而方圆、曲直都不能够逃过。所以回声不是要求特意响应,而影子不是物体特地设置的,但是回声和影子,都能够自然得以产生。

人生而静,天之性也;感而后动,性之害也;[1] 物至而神应,知之动也;[2] 知与物接,而好憎生焉。[3] 好憎成形,而知诱于外,不能反己,而天理灭矣。[4] 故达于道者,不以人易天。外与物化,而内不失其情。[5] 至无而供其求,时骋而要其宿;[6] 大小脩短,各有其具。[7] 万物之至,腾踊肴乱而不失其数。[8] 是以处上而民弗重,居前而众弗害,天下归之,奸邪畏之。以其无争于万物也,故莫敢与之争。[9]

【注释】

〔1〕"害":俞樾《诸子平议》云:"害"乃"容"字之误。《史记·乐

书》:"性之颂也。"徐广曰:"颂音容。""容"亦"动"也。

〔2〕物:事物。　知:通"智"。智慧。

〔3〕接:交接。　好憎:指情欲。

〔4〕形:显现。　诱:诱惑。　灭:衰灭。以上数句,化自《礼记·乐书》,《史记·乐书》略同。

〔5〕物化:与物变化。

〔6〕至无:即道体至虚。　骋:奔跑。　要:通"邀"。有邀约义。　宿:归宿。二句见《庄子·天地》。

〔7〕具:具备。

〔8〕腾踊:翻腾、跳跃。　肴乱:杂乱。肴,通"殽"。《说文》:"殽,相杂错也。"　数:法度,规律。

〔9〕"是以"以下数句:见于《老子》六十六章。"敢",河上公本《老子》作"能"。

【译文】

人生下来就是安静的,这是人的天性。受了外物感化而后有活动,它是天性的外部表现。外物到来而精神上有了反应,这是智慧的活动。智慧与外物互相接触,而好憎之情便产生了。好憎化成形迹显露出来,而智慧被外物所诱惑,不能返回到人的本性上去,那么天性便要衰灭了。因此通达大道的人,不因为人欲来改变天性。表面和外物一起变化,但内心却不会改变他的本性。道体至虚却能供给万物任何需求,时时变化却能使万物有所归宿。不论是大小、长短,各样的东西都是齐备的。世上万事万物涌来时,尽管是腾踊纷乱的,但是却不会失去法度。因此得道者居处上位却不使人感到沉重,处在前面而众人不感到有危害。天下的人都归向他,奸邪的人害怕他。因为他不同万物相争,所以就没有人和他相争。

夫临江而钓,旷日而不能盈罗。〔1〕虽有钩箴芒距,微纶芳饵,加之以詹何、娟嬛之数,犹不能与网罟争得也。〔2〕射者扞乌号之弓,弯綦卫之箭,重之羿、逢蒙子之巧,以要飞鸟,犹不能与罗者竞多。〔3〕何则?以所持

之小也。张天下以为之笼，因江海以为罟，又何亡鱼失鸟之有乎！⁽⁴⁾故（夫）［矢］不若缴，缴不若无形之像。⁽⁵⁾

【注释】

〔1〕旷日：很长的一天。《玉篇》："旷，空也。" 罗：《说文》："以丝罟鸟也。"指捕鸟网。通"箩"。《集韵》"戈"韵："箩，江南谓筐底方上圆为箩。"

〔2〕芒距：尖利的钩爪。 纶：钓丝。 詹何：战国楚隐者，善钓。 娟嬛：战国楚哲学家，传为老子弟子。《汉书·艺文志》"道家"有《蜎子》十三篇。 数：技艺。 罟：网类。下文指渔网。

〔3〕"扜"：《说文》："伎也。"即捍卫义。形误。当作"扜"。《吕览·壅塞》高诱注："扜，引也。"通"弙"。《广雅·释诂一》："弙，张也。"乌号之弓：用柘桑所制强弓名。 弯：引，拉。 綦卫：綦有二说：地名，通"淇"。又箭竹名。"卫"有四说：锐利；箭羽；地名；箭竹名。今以箭竹名释之。 重：加上。 羿：古代善射者。传说有三：《左传·襄公四年》有穷国之君；《楚辞·天问》中尧时羿；《说文》中帝喾时羿。《淮南子》中指尧时羿。 逢蒙：羿弟子。百发百中。 要：通"徼"，捕取。 竞：争逐，比赛。

〔4〕因：用。

〔5〕"夫"：《道藏》本、刘绩《补注》本作"矢"。当正。 缴：拴在箭上的丝绳。《初学记》卷二十二引："故矢不若缴，缴不若网，网不若无形之象。"可与此相参。

【译文】

到长江去钓鱼，一整天也不能装满一箩。即使有锋利的钩子，尖锐的倒爪，细细的钩丝，芳香的钓饵，又加上詹何、娟嬛这样高手的绝技，还是不能够和渔网争个高下。射鸟的人张开乌号之弓，扣上綦卫这样的利箭，又加上古代善射者羿、逢蒙子的巧技，来射取飞鸟，还是不能同鸟网比赛优劣。这是为什么呢？是因为他们持掌的工具太小的缘故。如果张开天下把它作为捕鸟的笼子，用长江、大海作为渔网，又怎么会有逃鱼失鸟的现象呢？所以箭头不如带绳的利箭，带绳的利箭不如没有形体的网。

夫释大道而任小数，无以异于使蟹捕鼠，蟾蜍捕蚤，不足以禁奸塞邪，乱乃逾滋。⁽¹⁾昔者夏鲧作三仞之城，诸侯背之，海外有狡心。⁽²⁾禹知天下之叛也，乃坏城平池，散财物，焚甲兵，施之以德，海外宾服，四夷纳职。⁽³⁾合诸侯于涂山，执玉帛者万国。⁽⁴⁾故机械之心藏于胸中，则纯白不粹，神德不全，在身者不知，何远之所能怀！⁽⁵⁾是故革坚则兵利，城成则冲生，若以汤沃沸，乱乃逾甚。⁽⁶⁾是故鞭噬狗，策蹄马，而欲教之，虽伊尹、造父弗能化。⁽⁷⁾欲害之心亡于中，则饥虎可尾，何况狗马之类乎！⁽⁸⁾故体道者逸而不穷，任数者劳而无功。⁽⁹⁾

【注释】

〔1〕捕：《道藏》本、刘绩《补注》本作"捕"。《集韵》"虞"韵："捕，蟹也。"捕，疑通"捕"。　蟾蜍：蛤蟆。

〔2〕鲧：高诱注："帝颛顼五世孙，禹之父也。"　仞：八尺曰仞。　三仞，王念孙《读书杂志》认为当作"九仞"。　狡心：狡猾之心。

〔3〕禹：名文命，受舜禅为帝。事见《史记·夏本纪》、《尚书·舜典》等。　四夷：指海外之地。　职：贡赋。

〔4〕涂山：高诱注："在九江当涂县。"按：《左传·哀公七年》杜预注："在寿春东北。"即今安徽怀远之涂山。

〔5〕机械：指巧诈。　怀：招徕。

〔6〕冲：古代用来攻城冲锋用的战车。《吕览·召类》高诱注："冲，车，所以冲突敌之军，能陷破之也。"并见《说山训》、《氾论训》。　汤：热水。　沃：浇灌。

〔7〕噬：咬。　蹄：踢。　伊尹：商汤时贤相。　造父：周穆王时臣，善驾驭。

〔8〕"害"：《道藏》本作"寅"，刘绩《补注》本作"害"。《干禄字书》："害肉，上俗下正。"知"害"字是。即残杀义。

〔9〕体：效法。　逸：安适。　穷：困穷。　任数：指玩弄权术。

【译文】

　　抛弃大道而依靠小技,如同用螃蟹捕老鼠,让蛤蟆捕跳蚤,没有什么差别。这样不能够用来禁止奸人、堵塞邪道,混乱反而更加滋长。从前夏鲧建造成了九仞高的城墙,然而诸侯国背叛了他,海外的人也离心离德。禹知道天下的人将要叛离,于是便毁掉城墙,填平护城河,把财物分给民众,销毁兵甲武器,对人民广施恩德,使海外的异族又称臣归服,四方诸侯纷纷献上贡职。禹在涂山会合天下诸侯,带来美玉丝帛的国家成千上万。因此奸伪之心藏在胸中,那么纯白的东西也被认为不纯粹,精神专一的道德也被认为不全备。对于自身的情况都不懂得,又怎么能招徕远方的人呢?因此盔甲坚固,那么就产生尖利的兵器;城墙高筑,那么就有冲车产生。如果用热水来浇熄滚水,混乱只会更加严重。因此用鞭子抽打咬人的狗,用马鞭制服踢人的马,虽然想来训练它,即使有贤相伊尹、善御者造父,也不会使它们驯服。想要残害他人的念头不存在,那么就是饥饿的老虎也可以尾随其后,何况是狗马之类呢?因此效法大道的人,安逸却不会穷困;玩弄权术的人,辛劳而不会成功。

　　夫峭法刻诛者,非霸王之业也;⁽¹⁾箠策繁用者,非致远之术也。⁽²⁾离朱之明,察箴末于百步之外,不能见渊中之鱼;⁽³⁾师旷之聪,合八风之调,而不能听十里之外。⁽⁴⁾故任一人之能,不足以治三亩之宅也;脩道理之数,因天地之自然,则六合不足均也。⁽⁵⁾是故禹之决渎也,因水以为师;⁽⁶⁾神农之播谷也,因苗以为教。⁽⁷⁾

【注释】

〔1〕峭法:严峻的刑法。　刻:苛刻。
〔2〕箠:马鞭。　繁:多。
〔3〕离朱:黄帝时臣,视力特别好。
〔4〕师旷:春秋时晋平公的著名乐师,善辨音。　合:郑良树《淮南子斠理》云:"合"疑当作"分"。言师旷之聪,足以分辨八风之调也。

八风：八方之风。见《地形训》。

〔5〕脩：王念孙《读书杂志》云："脩"当为"循"。《文子·道原篇》亦作"循"。　均：平。

〔6〕渎：大河。《释名·释水》："天下大水四，谓之四渎，江河淮济是也。"

〔7〕神农：高诱注："少典之子炎帝也。农植嘉谷，神而化之，故号曰神农也。"

【译文】

　　实行严刑苛法，不是成就霸王大业之路；经常使用鞭子、棍子，不是使御马到达远方的办法。离朱的眼睛特别敏锐，可以在百步之外看到针尖，但是不能见到深渊中的游鱼；师旷的耳朵特别灵敏，可以分辨八方之风的乐调，但是却不能听到十里之外的声音。因此任凭一个人的才能，不能够用来治理三亩大小的田宅；遵循着大道的规律，根据天地的自然特性，就是整个天下也能够治理太平。因此禹疏通大河，以水流的规律为师法。神农种植五谷，根据禾苗的生长规律作为后世常教。

　　夫萍树根于水，木树根于土；⁽¹⁾鸟排虚而飞，兽蹍实而走；⁽²⁾蛟龙水居，虎豹山处，天地之性也。⁽³⁾两木相摩而然，金火相守而流；⁽⁴⁾员者常转，窾者主浮，自然之势也。⁽⁵⁾是故春风至则甘雨降，生育万物；羽者妪伏，毛者孕育；⁽⁶⁾草木荣华，鸟兽卵胎；莫见其为者，而功既成矣。⁽⁷⁾秋风下霜，到生挫伤；⁽⁸⁾鹰雕（抟）［搏］鸷，昆虫蛰藏；⁽⁹⁾草木注根，鱼鳖凑渊；⁽¹⁰⁾莫见其为者，灭而无形。木处榛巢，水居窟穴；⁽¹¹⁾禽兽有芄，人民有室；⁽¹²⁾陆处宜牛马，舟行宜多水；匈奴出秽裘，干、越生葛绤；⁽¹³⁾各生所急，以备燥湿；各因所处，以御寒暑；并得其宜，物便其所。由此观之，万物固以自然，圣人又何事焉？⁽¹⁴⁾

【注释】

〔1〕萍：浮萍。《时则训》："萍始生。"高诱注："水藻也。" 树：植。

〔2〕排虚：即排击空气，而获得浮升之力。 蹠：高诱注："足也。"按：指脚。陶方琦《淮南许注异同诂》：《大藏音义》四十五、八十五、九十九：许注："蹠，蹈行也。"有践踏义。 实：土地。

〔3〕蛟龙：古代传说中的龙属。

〔4〕然：《说文》："烧也。" 守：守候。即起化学作用。

〔5〕窾：《广雅·释诂三》："空也。"

〔6〕姁伏：指孵卵。

〔7〕既：已经。

〔8〕到生：草木倒地而生。《吕览·重己》毕沅新校正："到，古倒字。" 挫伤：指凋落。

〔9〕"挎"：《道藏》本、刘绩《补注》本作"搏"。当正。 鸷：击杀鸟类。 蛰：伏。指冬眠。

〔10〕注：集中。 凑：聚集。

〔11〕榛：丛生。

〔12〕"芄"：兽穴里的垫草。《说文》："芄，芄兰，莞也。"芄，《广韵》"尤"韵："兽蓐也。"《道藏》本作"芄"，刘绩《补注》本作"芄"。当作"芄"。

〔13〕匈奴：汉代指中国北方少数民族。 秽裘：粗陋的皮衣。 干：高诱注："吴也。"按：通"邗"。《说文》："邗，国也。今属临淮。一曰邗本属吴。"古邗国在今扬州市东，为吴所灭。《四库全书》本作"於"。注："於，发声。於越，夷言也。"与《道藏》本、北宋本不合。 越：周代诸侯国，在今浙江东部。 葛：草本植物。茎皮可织布。 绨：用葛纤维织成的细布。

〔14〕事：职掌、从事。

【译文】

浮萍扎根在水中，树木在土里生长。鸟类排空而飞，兽类着地而跑。蛟龙居住在水中，虎豹生活在山上，这是天地生成的特性。两块木头相互摩擦而燃烧起火，金属在火中便可以熔化。圆的转轮之类可以转动，中空的木船之类可以上浮，这是天然的属性。因此春风到来，甘雨就要降落，化育生成万物；长羽的孵卵，有毛的孕育；草木茂盛开花，鸟兽孵雏怀胎。没有人见到它（指"道"）的所为，而使万物大功告成了。秋风到来寒霜下降，植木凋落倒地；鹰雕之类搏杀小鸟，昆虫越冬伏藏。草木的生命集中到根部，鱼鳖之类聚集渊潭，没有人见到它的所为，万物消失而不见形迹了。住在树木上的会筑巢，生活在水中的有洞穴。飞禽走兽巢穴有垫草，人类会建造房室。陆地居处的适宜用马牛，舟船行走适宜多水地区。匈奴出产粗陋皮裘，吴越生产凉爽的葛绨。各个不同的环境，产生他们所急需的东西，用来防备气候干燥和潮湿。各人按照所处的不同地域，用不同的方式来抵御寒暑。各自都得到它们适宜的环境，万物都有它们的用场。从这里可以看出，万物本身是按照自然规律行事的，圣人又为什么要改变呢？

　　九疑之南，陆事寡而水事众，于是民人被发文身，以像鳞虫；⑴短绻不绔，以便涉游；⑵短袂攘卷，以便刺舟，因之也。⑶雁门之北狄不谷食，贱长贵壮，俗尚气力；⑷人不弛弓，马不解勒，便之也。⑸故禹之裸国，解衣而入，衣带而出，因之也。⑹今夫徙树者，失其阴阳之性，则莫不枯槁。⑺故橘树之江北，则化而为枳；⑻鸲（鹆）〔鹆〕不过济，貉度汶而死。⑼形性不可易，势居不可移也。⑽

【注释】

　　⑴九疑：《汉书·武帝纪》颜师古注："其山九峰，形势相似，故曰九嶷山。"在今湖南宁远县南，传说舜所葬之地。　被发：剪断头发。高诱注："被，翦也。"通"披"。《说文》："披，一曰折也。"　文身：在身上刺上鱼龙形花纹。

　　⑵短绻：短衣。杨树达《淮南子证闻》："绻"当读为"裈"。《说文》："或作裈。"短裤不著绔，今习游泳者犹然。　绔：胫衣。类似今套裤。

　　⑶袂：袖子。　攘：挽起。

　　⑷雁门：山名。在今山西代县西北。古以两山对峙，雁度其间而得

名。　北狄：高诱注："鲜卑也。"按：《诗·鲁颂·闷宫》："戎狄是膺。"朱熹集传："狄，北狄。"古代生活在中国北方。

〔5〕弛：解除。　勒：带嚼子的笼头。

〔6〕裸国：古代南方国名。《战国策·赵策》："禹袒入裸国。"

〔7〕失：指改变。

〔8〕枳：落叶灌木，果实黄绿色，可入药。其记载见于《周礼·考工记》。

〔9〕"鸲"：《道藏》本、刘绩《补注》本作"鸲"。当正。鸲鹆，鸟名，即八哥。喜生活于南方。　济：济水。古四渎之一。源于河南济源市西王屋山，东汇流大野泽，入东海。今已堙。　貉：即狗獾。分布我国北方、朝鲜半岛、日本、俄罗斯，毛皮珍贵。　汶：水名。在山东境内。

〔10〕势居：指环境、地位。

【译文】

在九疑山的南面，陆地上活动的事少，而水中活动的事多。在这里生活的百姓剪发文身，来模仿水中的动物。穿短衣不加套裤，以方便渡河游水。短袖子挽起来，以方便撑船，这是依循水中生活特点而采取的措施。居住在雁门山的北狄不吃五谷，轻视年长的，重视青壮年，当地习俗崇尚勇力，人人不解下弓箭，马匹不解下马笼头，这是为了适应草原环境的需要。因此禹到南方裸国，脱去衣服进去，系上佩带出来，这是适应当地习俗的需要。现在移植树木的人，改变了树木适应冷暖的特性，那么没有不枯死的。因此橘树移往长江以北种植，那么就会改变性态而成为枳树。鸲鹆不能渡过济水，狗獾越过汶水就要死去。它们的生理特性是不能改变的，居处的地理环境也是不能转移的。

是故达于道者，反于清静；究于物者，终于无为。〔1〕以恬养性，以漠处神，则入于天门。〔2〕所谓天者，纯粹朴素，质直皓白，未始有与杂糅者也。所谓人者，偶䁽智故，曲巧伪诈，所以俯仰于世人而与俗交者。〔3〕故牛歧蹄而戴角，马被髦而全足者，天也。〔4〕络马之口，穿牛之鼻者，人也。〔5〕循天者，与道游者也；〔6〕随人者，与俗交者也。夫井鱼不可与语大，拘于隘也；夏虫不可与语寒，笃于时也；⁽⁷⁾曲士不可与语至道，拘于俗、束于教也。故圣人不以人滑天，不以欲乱情；⁽⁸⁾不谋而当，不言而信，不虑而得，不为而成；精通于灵府，与造化者为人。⁽⁹⁾

【注释】

〔1〕究：探究。
〔2〕恬：安静。　漠：淡泊。　天门：指天然的境界。
〔3〕偶𥈠：即龃龉之义。喻不合，相抵触。　智故：巧诈。
〔4〕歧：分岔。"故牛"以下几句，化自《庄子·秋水》。
〔5〕络：罩住。
〔6〕循：依循。
〔7〕夏虫：指蝉蜩之类。　笃：限制。"夫井鱼"以下数句，化自《庄子·秋水》。
〔8〕滑：通"汩"。《小尔雅·广言》："汩，乱也。"　天：指自身。
〔9〕灵府：即精神之宅。指心。　人：王念孙《读书杂志》云："人者，偶也。言与造化者为偶也。"

【译文】

所以通达大道的人，可以返回到人的清静之性中去。探究事物至理的人，最终达到顺应自然的要求。用恬静来培养人的性情，用淡泊来使精神安适，那么就可以达到天然的境界。所说的天然，是指纯粹朴素，质地纯正洁白，不曾与其他的东西混杂在一起。所说的人为，是指反复无常，玩弄智巧，逢迎投机，虚伪欺诈，以之用来和世人同沉浮，而与世俗相交接。所以说牛蹄岔开而头上长角，马儿披散鬃毛而单只蹄子，这就是天然。套上马笼头，穿上牛鼻子，这就是人为。遵循天然的人，和"道"一起往来；追逐人为的人，就是和世俗一起交接。不能够和井里的小鱼谈论大海，局限在狭隘范围的缘故。不能够和夏季的蝉蜩之类谈论寒冬，因为受到季节的限制。不能够和见识短浅的人谈论大道，是因为他们被流俗和教养所束缚。因此圣人不因为人事扰乱自身,不因为欲望而惑乱清静之性。圣人不经谋划而行事妥当,不说话而使人信服,不经过思虑而达到要求,不必动手而干成事业,是由于精神与心灵相通,和天地互相依存。

夫善游者溺,善骑者堕;各以其所好,反自为祸。是故好事者未尝不中,争利者未尝不穷也。⑴昔共工之力,触不周之山,使地东南倾;⑵与高辛争为帝,遂潜于渊,宗族残灭,维嗣绝祀。⑶越王翳逃山穴,越人熏而出之,遂不得已。⑷由此观之,得在时,不在争;治在道,不在圣;土处下,不争高,故安而不危;水下流,不争先,故疾而不迟。⑸

【注释】
〔1〕好事:指好为情欲之事。 中:伤害。
〔2〕共工:传说中的水神。 触:指与南方火神祝融大战,不胜,而头触不周山。 不周之山:在西北,传说中天柱之一。
〔3〕高辛:即帝喾,黄帝之曾孙。 维:《道藏》本、刘绩《补注》本作"继"。《文选·颜延之〈宋郊祀歌〉》:"维圣飨帝。"吕延济注:"维,继。"知"维"字不误。
〔4〕翳:越太子名。《庄子·让王》作"王子搜"。有贤德。
〔5〕疾:快。 迟:凝滞。

【译文】
善于游泳的人往往被淹死,善于骑马的人常常被摔死。各人凭着自己的长处,却反而成为自己的祸害。因此好为情欲之事的人,自己没有不受到中伤的;争夺权利的人,没有不受到困窘的。从前水神共工(和火神祝融争夺霸主),因发怒而头触不周山,使(西北天柱折断),大地向东南倾斜。和高辛氏争夺天下帝位,失败后便潜入到深渊之中,他的宗族被消灭,以致断子绝孙,失去祭祀的人。越王太子翳（不想继位），逃到山穴之中，越人用火熏他，于是便不得已出来为王。从这里可以看出，得天下，在于天时，而不在争夺。治理天下，在于得道，不在于智巧。土地位置低下，不与谁争高，所以能够平安而不危险；水是往下流的，不和谁争先，因此速度又快而又不会停息。

昔舜耕于历山，期年而田者争处垗埆，以封壤肥饶相让；⁽¹⁾钓于河滨，期年而渔者争处湍濑，以曲隈深潭相予。⁽²⁾当此之时，口不设言，手不指麾，执玄德于心，而化驰若神。⁽³⁾使舜无其志，虽口辩而户说之，不能化一人。⁽⁴⁾是故不道之道，莽乎大哉！⁽⁵⁾夫能理三苗，朝羽民，从裸国，纳肃慎，未发号施令而移风易俗者，其唯心行者乎！⁽⁶⁾法度刑罚，何足以致之也？

【注释】

〔1〕舜：古代传说中的帝王。事见《史记·五帝本纪》等。　历山：高诱注："在济阴成阳也。一曰济南历城山也。"按："一曰"在今山东济南历城区南。"舜耕"之名，全国有十多处。　期年：一周年。　垗埆：土地贫瘠之处。　封壤：指田界。王念孙《读书杂志》认为本作"封畔"。

〔2〕湍濑：石滩上的急流。　曲隈：崖岸弯曲处。

〔3〕设：陈说。　指麾：指挥。　玄德：天然的德性。《老子》五十一章："生而不有，为而不恃，长而不宰，是为玄德。"　驰：行。　神：指神化。

〔4〕口辩：能言善辩。　户说：向家家户户陈说。

〔5〕莽乎：无边无际的样子。

〔6〕理：治理。　三苗：高诱注："尧时所放，浑敦、穷奇、饕餮之等。"按：《史记·五帝本纪》："三苗在江淮、荆州。"　羽民：南方羽国之民。　从：化。《说文》："从，随行也。"《四库全书》本作"徙"，误。　裸国：南方国名。又见《地形训》、《说林训》等。　肃慎：生活在东北、华北的古老民族。《山海经·大荒北经》郭璞注："今肃慎国去辽东三千馀里，穴居无衣，衣猪皮，冬以膏涂体，厚数分，用却风寒。"

【译文】

　　从前舜在历山耕田,一年后种田的人争着去要贫瘠的山地,而把肥沃的田地让给别人。舜在黄河边钓鱼,一年后打鱼的人争着去水流湍急的地方,把弯曲涯岸深潭多鱼的地方让给乡邻。在这个时候,舜没有去游说,也没有指挥过别人,而是怀着美好的德性,因此感化他人就像神灵驱使一样。假使舜没有远大志向,即使能言善辩,向家家户户劝说,也不能感化一个人。所以不能用言辞表达出来的"道",真是广大无边啊!舜能治理好三苗,使羽民国来朝拜,让裸国来归顺,收服北方肃慎之国,没有发号施令,而却能够改变风气和习俗,这恐怕是内心具有美好的德行才能做到的吧!依靠法度刑罚,怎么能达到这样的效果呢?

　　是故圣人内修其本,而不外饰其末;保其精神,偃其智故;〔1〕漠然无为而无不为也,澹然无治也而无不治也。〔2〕所谓无为者,不先物为也;所谓不为者,因物之所为。〔3〕所谓无治者,不易自然也;所谓无不治者,因物之相然也。〔4〕万物有所生,而独知守其根;百事有所出,而独知守其门。〔5〕故穷无穷,极无极,照物而不眩,响应而不乏,此之谓天解。〔6〕

【注释】

〔1〕偃:停息。

〔2〕漠然:寂静无声的样子。　澹然:淡泊的样子。

〔3〕"所谓不为者"句:《道藏》本"所谓"下亦脱"无"字。刘绩《补注》本增补"无"字。"因物之所为"句:高诱注:"顺物之性也。"

〔4〕然:适宜。

〔5〕门:指要害。

〔6〕眩:迷惑。　天解:高诱注:"天之解故,言能明天意也。"按:马宗霍《淮南旧注参正》云:"天"者言其自然也,"解"犹"化"也。"天解"犹言自然之化。

【译文】

因此圣人要在内部修治根本,而不在外部粉饰末节;保养他的内心精神,熄灭他的智巧,寂静无声地不违背自然规律而行事,就没有什么办不成;淡泊地好像不治理任何事情,但没有什么不能治理的。所说的"无为",就是不在事物没有到来之前行事。所说的"无不为",就是顺应万物的规律行事。所说的"无治",就是不改变自然的属性。所说的"无不治",就是适应万物的变化规律。万物都有所产生的地方,而只知守持它的根本大道。各种事情都有产生的场所,而只知持守它的要害。因此圣人能探究无穷无尽的事物,到达无边无际的境地。圣人明察万物却不受迷惑,响应万物而不会贫乏,这就叫做"天解"。

故得道者,志弱而事强,心虚而应当。⁽¹⁾所谓志弱者,柔毳安静,藏于不敢,行于不能;⁽²⁾恬然无虑,动不失时;与万物回周旋转,不为先唱,感而应之。⁽³⁾是故贵者必以贱为号,而高者必以下为基。⁽⁴⁾托小以包大,在中以制外;行柔而刚,用弱而强;⁽⁵⁾转化推移,得一之道,而以少正多。所谓其事强者,遭变应卒,排患扞难;⁽⁶⁾力无不胜,敌无不凌;⁽⁷⁾应化揆时,莫能害之。⁽⁸⁾是故欲刚者,必以柔守之;欲强者,必以弱保之。积于柔则刚,积于弱则强;观其所积,以知祸福之乡。⁽⁹⁾强胜不若己者,至于若己者而同;⁽¹⁰⁾柔胜出于己者,其力不可量。故兵强则灭,木强则折,革固则裂,齿坚于舌而先之弊。⁽¹¹⁾

【注释】

〔1〕弱:柔弱。 强:坚强,强大。 当:适合。
〔2〕柔毳:柔弱。《说文》:"毳,兽细毛也。"
〔3〕唱:倡导。 感:感触。 应:应和。

〔4〕基：开始。二句化自《老子》三十九章之文。
〔5〕而：能。
〔6〕卒：通"猝"，突然。 扞：抵御。《吕览·恃君》高诱注："扞，御也。"
〔7〕凌：逾越，战胜。
〔8〕揆：考察。
〔9〕乡：方向，趋向。通"向"。
〔10〕同：等同。以上几句化自《列子·黄帝篇》，并见《诠言训》。
〔11〕弊：破败。《吕览·本味》高诱注："弊，败也。"以上数句并见《老子》七十六章、《列子·黄帝篇》、《文子·道原篇》。

【译文】

　　所以得道的人，意念柔弱但行事坚强，虚怀若谷而应对自如。所说的"志弱"，是说把柔弱安静，隐藏在不敢作为之中，行动上像不能成事一样；静漠地像没有思虑，而行动不会失掉时机；和万物一起随着自然变化，不去首先倡导，感触之后却能随时应和。因此尊贵的王公侯伯必定用低贱的孤、寡、不谷来称呼，而高大的建筑必定从底部打下基础。寄托在小处用以包罗广大，处于中部可以控制四方；行动柔弱而实则刚强，用事弱小而可以强大；随着万物的变化而转移，掌握了"一"的道理，可以用少数来制服多数。所说的"其事强"，就是遭遇变故，应对突变，能排除祸患，抵御困难，没有什么力量不能战胜的，没有什么敌人不能打败的；应对变化考察时势，没有什么人能危害他。因此想达到刚强的目的，必须用柔弱来守护它；想要达到强大的目的，必须以弱小来保护它。在柔弱上积累多了，就能刚强；在弱小上积累多了，就能强大。考察他的积累多少，进而可以知道祸福发生的方向。刚强的人，可以胜过不如自己的；至于和自己相当的，则力量相等（不能取胜）。柔弱的人可以战胜超出自己的，他的力量是不可估量的。因此兵势强大的最终被消灭，木质强硬的容易被折断，皮革坚固的容易被撕裂，牙齿比舌头坚硬，但是先脱落。

　　是故柔弱者，生之干也〔1〕；而坚强者，死之徒也〔2〕；先唱者，穷之路也；后动者，达之原也。何以知其然也？凡人中寿七十岁，然而趋舍指凑，日以（自）[月]悔也，以至于死。⁽³⁾故蘧伯玉年五十，而有四十九年非。⁽⁴⁾何者？先者难为知，而后者易为攻也。先者上高，则后者攀之；先者谕下，则后者蹑之；⁽⁵⁾先者隤陷，则后者以谋；⁽⁶⁾先者败绩，则后者（逢）[违]之。⁽⁷⁾由此观之，先者则后者之弓矢质的也。⁽⁸⁾犹錞之与刃，刃犯难而錞无患者，⁽⁹⁾何也？以其托于后位也。此俗世庸民之所公见也，而贤知者弗能避也。⁽¹⁰⁾所谓后者，非谓其底滞而不发，凝结而不流，贵其周于数而合于时也。⁽¹¹⁾夫执道理以耦变，先亦制后，后亦制先。⁽¹²⁾是何则？不失其所以制人，人不能制也。时之反侧，间不容息；先之则太过，后之则不逮。⁽¹³⁾夫日回而月周，时不与人游。故圣人不贵尺之璧而重寸之阴，时难得而易失也。禹之趋时也，履遗而弗取，冠挂而弗顾，非争其先也，而争其得时也。⁽¹⁴⁾是故圣人守清道而抱雌节，因循应变，常后而不先；⁽¹⁵⁾柔弱以静，舒安以定，攻大磨坚，莫能与之争。⁽¹⁶⁾

【注释】

〔1〕干：主干。

〔2〕徒：同类。二句化自《老子》七十六章。

〔3〕指凑：行止。"自"：《道藏》本、《道藏辑要》本、刘绩《补注》本作"月"。当正。

〔4〕蘧伯玉：春秋卫大夫，曾为相。此条化自《庄子·则阳》。

〔5〕谕：《道藏》本同。刘绩《补注》作"踰"。越过。蹑：王念孙《读书杂志》云："蹑"当为"蹑"，字之误也。《广雅》："蹑，履也。"按：即踩踏义。

〔6〕隤：楚方言。《淮南子》高诱注凡三见。为跌倒、仆倒义。隤，通"蹟"。《玉篇》："蹟，仆也。"

〔7〕败绩：溃败。 "逢"：《道藏》本同。刘绩《补注》本作"违"。"逢"字形误。当正。

〔8〕质的：箭靶。《玉篇》："的，射质也。"并见《兵略训》。

〔9〕镦：古代武器矛和戟柄末端的铜套。

〔10〕庸：假借为"众"。 公：详。

〔11〕厎：《说文》："厎，柔石也。"即细的磨刀石。通"底"。《尔雅·释诂下》："底，止也。"即停滞义。厎滞，即停滞。 凝：停止。 周：和调。 数：技艺。

〔12〕耦：相对。

〔13〕逮：达到。

〔14〕趋时：指追赶时间，掌握时机。

〔15〕清道：清静无为之道。 雌节：指退藏自守。《经法》有《雌雄节》篇。

〔16〕礳："磨"的本字。碾碎。

【译文】

所以说柔弱是生存的支柱，而坚强则是死亡的同类。率先倡导的，往往走的是穷困之路；后来行动的，却是通达的源泉。怎么知道它是这样的呢？大凡人的中寿可达七十岁，但是他们对于自己的进退行止，积日至月地悔恨，而这样一直到老死。因此卫国贤相蘧伯玉活了五十岁，回顾过去而知道了自己四十九年的错误。为什么会这样呢？前面的人做的事难以知道对错，而后面的人有了经验就容易成功了。先行的人攀上高峰，那么后面的人可以照此攀援而上。前面的人越过低洼之地，那么后面的人可以踩着越过。前面的人跌倒陷落，那么后面的人就会加以谋划。前面的人大败，那么后面的人就会另谋他途。从这里可以看出，前面的人就是后面人的弓矢箭靶。就像兵器的锋刃与把柄末端的铜套一样，锋刃坏了而铜套是安然无恙的。为什么这样呢？因为它常常依托在后面的缘故。这是平常的人都能清楚看到的，然而贤德有才智的人却不能回避。所说的"后面"的人，不是说停滞而不行动，凝固而不流动，可贵的是他能协调规律而合于时势。掌握了道理来适应相对的变化，前面的也可以制服后面的,后面的可以制服前面的。这是为什么呢?("道"随时而变),不会失去制约人的办法,人也不能够不被制约。时间的反复变化,(极为神速),不容有喘息之机。在它前面行动,就会超越太多;在它后面行动,则又达不到目的。日月运动,(光阴易逝),时光不和人多作周旋。因此圣人不认为尺璧是宝贵的,而认为寸阴价值无穷,是因为时光难得而容易失去。夏禹为了不失去宝贵的时间,鞋子丢失了而没有工夫去取,帽子挂在树枝上而不看一眼,不是争着走到前面,而是争着得到大好的时光。因此圣人恪守清和之道,而坚持退藏自守。遵循着"道"而应时变化,常常走在后面而不赶到前头。柔弱而安静,淡泊而平定,战胜大难碾碎坚固,没有人能够和它相争。

天下之物,莫柔弱于水,然而大不可极,深不可测;脩极于无穷,远(渝)[沦]于无涯;⁽¹⁾息耗减益,通于不訾;⁽²⁾上天则为雨露,下地则为润泽;万物弗得不生,百事不得不成;大包群生,而无好憎;泽及蚑蛲,而不求报;⁽³⁾富赡天下而不既,德施百姓而不费;⁽⁴⁾行而不可得穷极也,微而不可得把握也;击之无创,刺之不伤;斩之不断,焚之不然;淖溺流遁,错缪相纷,而不可靡散;⁽⁵⁾利贯金石,强济天下;动溶无形之域,而翱翔忽区之上;⁽⁶⁾遭回川谷之间,而滔腾大荒之野;⁽⁷⁾有馀不足,与天地取与,授万物而无所前后。⁽⁸⁾是故无所私而无所公,靡滥振荡,与天地鸿洞;⁽⁹⁾无所左而无所右,蟠委错紾,与万物始终。⁽¹⁰⁾是谓至德。⁽¹¹⁾夫水之所以能成其至德于天下者,以其淖溺润滑也。故老聃之言曰:"天下至柔,驰骋于天下之至坚。出于无有,入于无间。吾是以知无为之有益。"⁽¹²⁾

【注释】

〔1〕"渝"：《道藏》本、《四库全书》本同。刘绩《补注》本作"沦"。《文子·道原篇》同。当正。沦，即沦没义。

〔2〕耗：亏损。通"消"。《仓颉篇》："耗，消也。" 訾：通"赀"，计算、计量。

〔3〕蚑：虫行。《说文》："蚑，行。" 蟯：微小之虫。

〔4〕赡：富足。 既：尽。

〔5〕淖溺：水性柔软的样子。 流遁：指流散。 错缪：错杂。

〔6〕动溶：摇荡。《广雅·释诂一》王念孙疏证："溶、搈、容并通。" 忽区：无形象之义。

〔7〕遭回：徘徊之义。 大荒之野：特别荒远的地方。

〔8〕"与"：王叔岷《淮南子斠证》云：《天中记》九引作"任天地取与"。

〔9〕靡滥：水势浩荡义。靡：通"灖"。灖，《集韵》"纸"韵："水流皃。"滥，《说文》："氾也。"即泛滥义。 鸿洞：融通，连续。

〔10〕蟠委：盘旋，委曲。 错纷：交错变化。

〔11〕至德：最高的德性。

〔12〕"老聃之言"句：见于《老子》四十三章。

【译文】

天下的万物中，没有什么比水更柔弱的了。但是它大到没有尽头，深到无法测量。长的达到无穷无尽的地方，远的沦没到无边无际之中。水的生息耗灭，增多减少，达到了无法计量的程度。它蒸发到天上就成为雨露，落到大地就能润泽草木。万物得不到它不能生长，各种事情得不到它不能成功。它包容了所有的生物，却没有喜爱厌恶。恩泽达到微细的小虫，却不求得到报答。它使天下富足而又取用不尽，德泽遍施百姓而又不认为耗费。水的流动没有尽头，水的微小无法用手把握住；击打它没有创伤，行刺它不留疤痕。砍杀它也不断绝，焚烧它不会燃烧。它柔软地流向任何地方，错杂纷纠不能离散。它的锋利可以穿透金石，它的强大可以通达天下。它荡漾在无边无际的地方，自由翱翔在无穷无尽的太空。在山川、峡谷之间徘徊流连，翻腾奔涌在广袤无垠的原野。有时多，有时少，任凭从天地中索取，施予万物而没有什么前后之分。因此没有什么公私之别，水势浩荡，(波涛汹涌)，和天地相连接。它没有什么左、右之分，盘旋交错，和万物共度始终，这就是水的最高德性。水之所以能在天下成就最高的德性，主要是因为柔软润滑的原因。因此老子说："天下最柔弱的东西，可以驱使天下最坚强的东西。从不存在的地方出现，进入到没有空隙的地方。我因此知道'无为'是有利的。"

夫无形者，物之大祖也；无音者，声之大宗也。其子为光，其孙为水，皆生于［无］形乎！⁽¹⁾夫光可见而不可握，水可循而不可毁。⁽²⁾故有像之类，莫尊于水。出生入死，自无蹠有；⁽³⁾自有蹠无，而以衰贱矣。⁽⁴⁾

【注释】

〔1〕"皆生于形乎"句：《道藏》本同。刘绩《补注》本"形"上有"无"字。

〔2〕循：通"揗"。《说文》："揗，摩也。"即抚摸义。

〔3〕蹠：到。

〔4〕衰贱：指衰亡之路。

【译文】

（无形生有形），因此无形成为万物的最高祖先。（无音生有音），因此无音便是有声之音的老祖宗。无形的儿子是光（光有形），它的孙子是水（水有质，比日光等而下之，故是孙子），这些恐怕都生于无形吧！光可以见到而不可以把握，水可以抚摸而不可以毁灭。所以凡属有形象的一类东西，没有比水要尊贵的了。从清静之道出生，到匿情欲入死道，从无形到有形，（离开了根本）；从有形到无形，（不能复得根本），所以说走向衰亡之路了。

是故清静者，德之至也；而柔弱者，道之要也。虚而恬愉者，万物之用也；⁽¹⁾肃然应感，殷然反本，则沦于无形矣。[2] 所谓无形者，一之谓也。[3] 所谓一者，无匹合于天下者也。卓然独立，块然独处；[4] 上通九天，下贯九野；员不中规，方不中矩；大浑而为一，叶累而无根；[5] 怀囊天地，为道关门；[6] 穆忞隐闵，纯德独存；[7] 布施而不既，用之而不勤。[8] 是故视之不见其形，听之不闻其声，循之不得其身。[9] 无形而有形生焉，无声而五音鸣焉，无味而五味形焉，无色而五色成焉。[10] 是故有生于无，实出于虚；[11] 天下为之圈，则名实同居。[12] 音之数不过五，而五音之变不可胜听也。[13] 味之和不过五，而五味之化不可胜尝也。[14] 色之数不过五，而五色之变不可胜观也。[15] 故音者，宫立而五音形矣；[16] 味者，甘立而五味亭矣；[17] 色者，白立而五色成矣；道者，一立而万物生矣。是故一之理，施四海；[18] 一之解，际天地。[19] 其全也，纯兮若朴；[20] 其散也，混兮若浊。浊而徐清，冲而徐盈；澹兮其若深渊，泛兮其若浮云。[21] 若无而有，若亡而存。万物之总，皆阅一孔；[22] 百事之根，皆出一门。其动无形，变化若神；其行无迹，常后而先。

【注释】

〔1〕"虚而"：《道藏》本同，刘绩《补注》本作"虚无"。　用：《文子·道原篇》作"祖"。

〔2〕殷然：果决的样子。

〔3〕一：指"道"，又指万物的普遍本质。《诠言训》："一也者，万物之本也，无敌之道也。"《老子》三十九章："万物得一以生。"

〔4〕卓然：高超的样子。　块然：孤独的样子。

〔5〕大浑：大同。杨树达《淮南子证闻》："浑"当读为"捆"。《说

文》:"捆,同也。" 叶累:积累贯通。《方言》卷三:"叶,聚也。" 无根:高诱注:"言微妙也。"

〔6〕怀囊:怀藏包裹之义。 关:刘文典《淮南鸿烈集解》曰:《太平御览》卷五十八引"关"作"开"。又引注作"开道之门"。

〔7〕穆忞隐闵:高诱注:"皆无形之类也。"按:即不著形迹之义。

〔8〕既:尽。 勤:高诱注:"劳也。"杨树达《淮南子证闻》:上文注云:"勤,尽也。"此"勤"亦当训"尽"。

〔9〕"是故视之"几句:以下三句化自《老子》十四章。 循:通"揗"。抚摸义。

〔10〕无形:指"道"。 有形:指万物。 形:形成。

〔11〕实:实在,实物。

〔12〕圈:圈笼。 名:高诱注:"爵号之名也。" 实:高诱注:"币帛之属也。"按:高注疑非。名,指名称、概念。实,指事实、实在。《说山训》:"同名而异实。"《说林训》:"名异实同。"

〔13〕五音:宫商角徵羽。 变:指"上生"、"下生"。见《天文训》。

〔14〕五味:甘酸咸辛苦。 化:变化。

〔15〕五色:青赤白黑黄。

〔16〕宫:五音之首。宫是音阶组织中最重要的一个音级。 形:正。

〔17〕亭:有确定、调和义。《文子·道原篇》作"定"。

〔18〕理:道。

〔19〕解:通达、解散。

〔20〕朴:《道藏》本同,刘绩《补注》本作"璞"。未雕琢之玉。

〔21〕澹:平静不动。

〔22〕总:聚束。 阅:具备。张双棣《淮南子校释补》:《文子·道原篇》:"万物之总,皆阅一孔。"默希子注:"万事万物,皆出众妙之门。"谓"阅"与"出"同义。阅,与"脱"通。《管子·霸形》尹注:"脱,出也。"

【译文】

　　因此说清静是道德的最高体现,而柔弱是"道"的要害所在。虚无恬漠,正是万物被人使用的原因;恭敬地互相感动影响,果决地返回到根本,那么就又可以沦没到无形之中了。所说的"无形",说的也就是"一"。所谓"一",天下万物中没有同它相匹合的意思。它很高傲地昂然挺立,又很孤独地默然独处。向上可以通达九天,向下可以贯通九野。说它是圆形又不符合规的要求,说它是方形又不合矩的要求。它的形貌大同而为一，聚集贯通却没有根底。怀抱天地，为"道"把守门户。它无形无迹，只有纯粹的德性独自存在。施予万物却不会穷尽，使用起来却不会劳损。所以用眼睛看不到形体，用耳朵听不到声音，用手不能触摸到身子。(因此说)，无形的"道"产生了有形的万物，无声之处却有五音鸣奏，无味之中才有五味形成，无色之处而有五色构成。所以说"有"从"无"中产生，实物是从虚无中产生。如果把天下作为它的圈栏，那么名与实便共处在一起。音阶的数目不超过五位，而五音的相生变化，却不能够全部听完。味道的调和不过五种，但是五味的和调变化，不可能全部尝遍。颜色的数目不过五样，但是五色的变化，是不能全部看完的。因此在声调中，宫音确立，五音便形成了；在味道中，甘味确定，五味便可以确定出来了；在颜色中，白色确立，五色就可以固定了；在大道之中，"一"确立而万物便可以产生了。因此说"一"的道理，可以施予四海；"一"如果扩散，可以包容天地。它处于一个整体时，纯粹得像未经加工整理的木材；它分散开来时，混杂得像一池浑水。但是混浊可以逐渐澄清，空虚而又渐渐充满。平静不动时像深渊，飘浮不定时像浮云。若无若有，若亡若存。万物的生存规律，都聚集在"道"的孔洞之中。各种事物的根源，都出于"道"的门庭之内。它活动起来没有形体，但是变化像神灵一样。它行动起来没有踪迹，常常在后面而又因此领先。

　　是故至人之治也，掩其聪明，灭其文章，依道废智，与民同出于公。〔1〕去其诱慕，除其嗜欲，损其思虑。〔2〕约其所守则察，寡其所求则得。〔3〕夫任耳目以听视者，劳形而不明；以知虑为治者，苦心而无功。是故圣人一度循轨，不变其宜，不易其常；〔4〕放准修绳，曲因其当。〔5〕

【注释】
　　〔1〕至人：至道之人。　公：公正。

〔2〕诱慕：即贪图荣华富贵。　嗜欲：即情欲。　"损"：王念孙《读书杂志》云："损"当为"捐"，字之误也。"捐"与去、除同意。《文子·道原篇》正作"捐其思虑"。

〔3〕"察"：罗常培、周祖谟《淮南子韵谱》作"塞"。

〔4〕一：统一，整齐。　轨：法度。

〔5〕修：王叔岷《淮南子斠证》云："修"当为"循"。《汉魏丛书》本、庄本并作"循"。《文子·道原篇》同。按：刘绩《补注》本亦作"循"。　曲：曲折周全。

【译文】
　　因此具有最高道德的人治理天下，掩盖起他们的聪明智慧，消灭他们的文饰，按照"道"的规律，废除人为的智巧，与百姓同出于公正之心。抛去名利势位的诱惑，消除自己的贪欲，捐弃自己的思虑。约束自己的职守，就不会有烦扰；减少自己的需求，就能精神安逸。如果放任耳目去追求音乐声色，只会使形体劳乏而不能明察；凭着智巧来治理天下，会使身心痛苦而不会成功。因此圣人统一法度，遵循准则，不去改变那些适宜的办法，不去变更那些固有的准则，依据并遵循准绳的规定，曲折周到地实行妥当的办法。

　　夫喜怒者，道之邪也；⑴忧悲者，德之失也；好憎者，心之过也；嗜欲者，性之累也。⑵人大怒破阴，大喜坠阳；⑶薄气发喑，惊怖为狂；⑷忧悲多恚，病乃成积；⑸好憎繁多，祸乃相随。故心不忧乐，德之至也；通而不变，静之至也；嗜欲不载，虚之至也；无所好憎，平之至也；不与物散，粹之至也。⑹能此五者，则通于神明。通于神明者，得其内者也。是故以中制外，百事不废；中能得之，则外能（收）[牧]之。⑺中之得，则五藏宁，思虑平；筋力劲强，耳目聪明；疏达而不悖，坚强而不鞼；⑻无所大过，而无所不逮。处小而不逼，处大而不

窕;⁽⁹⁾其魂不躁,其神不娆;⁽¹⁰⁾湫漻寂漠,为天下枭。⁽¹¹⁾

【注释】
〔1〕邪:偏邪。
〔2〕累:牵累。
〔3〕阴:指阴气。 阳:阳气。喜者为阳气,怒者为阴气。
〔4〕薄气:阴阳相迫之气。 喑:哑。 狂:指人的精神失常。
〔5〕恚:怨恨。
〔6〕散:散乱。《精神训》高诱注:"散,杂乱也。" 粹:纯粹。
〔7〕中:指内心。 外:指情欲。 收:《道藏》本、《四库全书》同,刘绩《补注》本注文改作"牧,养也。"王念孙《读书杂志》云:"收"当为"牧"。牧与得为韵。《文子·道原篇》正作"牧"。
〔8〕悖:悖乱。 鞼:折。《文子·道原篇》作"匮"。《经法·道原篇》作"㥧"。
〔9〕窕:空旷。
〔10〕娆:烦扰。
〔11〕湫漻:清静。 寂漠:恬淡。 枭:猛禽。这里指枭雄。

【译文】
喜悦和愤怒,是"道"的偏邪行为;忧虑和快乐,是"德"丧失的表现;爱好和憎恨,是心灵的过错;无穷的贪欲,是性情的牵累。人大怒会破坏体内阴气,大喜就会挫伤阳气;阴阳之气相冲突便使人变哑,惊吓恐怖使人发狂;忧虑悲愤使怨恨增加,疾病便会积累而成;爱好和憎恶太多,灾祸便会跟着来到。因此心里不忧不乐,是"德"的最高表现。通达而不变化,是清静的最高表现。贪欲不在内心产生,是虚无的最高表现。没有什么爱好与憎恶,是平正的最高表现。不与外物相混杂,是纯粹的最高表现。能够做到这五点,就和神明相通了。和神明相通的人,是内心得到充实的缘故。因此可以用内心去控制外部的情欲,那么各种事情都不会被废弃。内心得到了充实,那么外部的情欲就可以得到保养了。内心充实,那么五脏便会安宁,思虑平静,筋力强健,耳聪目明;通达而不会受到阻碍,坚强而不会被折断。没有什么太过头的,也没有什么不能达到的。处在小的地方不感到逼迫,处在大的地方也不感到空旷。它的灵魂不会感到急躁,它的精神也不会感到烦扰。清静恬淡,这才能成为天下的枭雄。

迫则能应,感则能动;物穆无穷,变无形像;⁽¹⁾优游委纵,如响之与景;⁽²⁾登高临下,无失所秉;⁽³⁾履危行险,无忘玄仗;⁽⁴⁾大道坦坦,去身不远;⁽⁵⁾求之近者,往而复反。能存之此,其德不亏。万物纷糅,与之转化,以听天下,若背风而驰,是谓至德。⁽⁶⁾至德则乐矣。

【注释】
〔1〕物穆:深微的样子。
〔2〕优游:悠闲自得。 委纵:委曲柔顺。 响:回声。 景:影子。
〔3〕秉:掌握。
〔4〕玄仗:指"道"。《道藏》本、《道藏辑要》本、刘绩《补注》本同。庄逵吉本作"伏"。
〔5〕坦坦:平坦。
〔6〕纷糅:杂乱。 听:治理。 驰:疾行。

【译文】
　　感触时就能应对,迫近后就有行动;深微无穷,变幻无形。悠闲地委曲顺从,就像声响与回声、物体和影子一样相随。不管是登高还是面对平地,都不会失去所掌握的"道"。踏上危险的境地,不会忘记持守道义。大道平坦正直,离自身是不远的。要向自身去寻求"道",离开了还可以回来。能够保守住"道",他的德性就不会亏缺。万物虽然纷纭错杂,却能和它一起转移变化,用它来治理天下,就像顺风奔驰一样,这就是最高的德性。具有最高德行的人是很快乐的。

　　古之人有居岩穴而神不遗者,末世有势为万乘而日忧悲者。⁽¹⁾由此观之,圣亡乎治人,而在于得道;⁽²⁾乐亡于富贵，而在于德和。知大己而小天下，则几于道矣。⁽³⁾所谓乐者，岂必处京台、章华，游云梦、沙丘，耳听《九韶》、《六莹》，口味煎熬芬芳，驰骋夷道，钓射鹔鹴之谓乐乎？⁽⁴⁾吾所谓乐者，人得其得者。夫得其得者，不以奢为乐，不以廉为悲；⁽⁵⁾与阴俱闭，与阳俱开。故子夏心战而臞，得道而肥。⁽⁶⁾圣人不以身役物，不以欲滑和。⁽⁷⁾是故其为曜不忻忻，其为悲不惙惙。⁽⁸⁾万方百变，消摇而无所定，吾独忼慨遗物，而与道同出。⁽⁹⁾是故有以自得，乔木之下，空穴之中，足以适情；⁽¹⁰⁾无以自得也，虽以天下为家，万民为臣妾，不足以养生也。能至于无乐者，则无不乐；无不乐，则至极乐矣。⁽¹¹⁾

【注释】

〔1〕岩穴：山崖洞穴。　遗：失去。　万乘：指天子车乘。
〔2〕亡：不在。
〔3〕几：接近。
〔4〕京台：楚高台名。　章华：楚国离宫名。今其地有四，未详何指。　云梦：古泽薮名。在今湖北监利县北。　沙丘：相传为商纣王所筑，在今河北广宗西北大平台。　《九韶》：亦作《九招》。指韶乐中九个段落。《山海经·大荒西经》中云源于夏启。《庄子·至乐》成玄英疏谓是舜乐。　《六莹》：颛顼之乐。　夷：平坦。　鹔鹴：高诱注："鸟名也。长颈绿身，形似雁。一曰凤凰之别名也。"按：《太平御览》卷六十五引作"钓射潇湘"。《山海经·中山经》"中次十二经"郭璞注："《淮南子》曰弋钓潇湘。"
〔5〕廉：俭。
〔6〕子夏：孔子弟子，名商。　战：《文选·嵇康〈养生论〉》吕向注："争也。"即交争义。　臞：瘦。
〔7〕役物：被外物所役使。　滑和：扰乱天和。
〔8〕曜：《道藏》本、《道藏辑要》本同。刘绩《补注》本改作"懽"。同"欢"。《文子·道原篇》句作"其为乐不忻忻"。　忻忻：欣喜、得意的

样子。　悒悒：忧愁的样子。《诗·召南·草虫》毛亨传："悒悒，忧也。"

〔9〕消摇：动摇不定；无拘无束。　忼慨：不得志的样子。　遗物：抛弃外物。《齐俗训》："圣人能遗物。"

〔10〕适：适合。

〔11〕至乐：高诱注："至德之乐。"　极：至。王念孙《读书杂志》："至极乐"本作"至乐极"。《文子·九守篇》正作"至乐极矣"。

【译文】

　　古时候有人隐居在山洞之中仍然精神饱满，末世有人虽然身为天子而日夜忧愁悲哀的。由此看来，圣贤不在于治人，而在于得道。快乐不在于富贵，而在于道德和洽。懂得了看重自己而轻视天下的权势，那么就接近"道"了。所说的快乐，难道必定是住在京华、章台，游览云梦、沙丘，耳朵里听的是《九韶》、《六莹》这样的妙音，口里吃的是烹调的美味，（坐着高车骏马），驰骋大道，猎取鹔鹴这样的事，才算快乐吗？我所说的快乐，是人得到他应得的满足罢了。能得到自己的满足的人，不把奢侈作为快乐，不把廉洁作为悲哀。和阴气一起隐藏，和阳气一起开放。因此子夏（面对仁义与富贵）内心斗争激烈而形体消瘦，当先王之道战胜了（富贵）时，又变胖了。有道德的人不让外物支配自己，不让欲望扰乱自己的天和。因此他们得到欢乐时不兴高采烈，有了悲哀时不忧心忡忡。尽管外物千变万化，无拘无束，而没有什么稳定之时，我只凭坦荡的襟怀，抛弃外物，而和"道"一起出行。因此如果能够自得其所，大树之下，山穴之中，完全能够适合自己的情趣。如果不能够自得其所，即使把天下作为个人的家私，把万民作为臣妾，也不能够保养性命。能够达到没有快乐境地的人，那么没有什么不是快乐的。没有什么不是快乐的，那么就达到最大的快乐了。

　　夫建钟鼓，列管絃；⁽¹⁾席荕茵，傅旄象；⁽²⁾耳听朝歌北鄙靡靡之乐，齐靡曼之色；⁽³⁾陈酒行觞，夜以继日；⁽⁴⁾强弩于高鸟，走犬（遂）〔逐〕狡兔。⁽⁵⁾此其为乐也，炎炎赫赫，怵然若有所诱慕。⁽⁶⁾解车休马，罢酒彻乐，而心忽然若有所丧，怅然若有所亡也。⁽⁷⁾是何则？不以内乐外，而以外乐内；乐作而喜，曲终而悲；悲喜转而相生，精神乱营，不得须臾平。⁽⁸⁾察其所以，不得其形，而日以伤生，失其得者也。是故内不得于中，禀授于外而以自饰也，不浸于肌肤，不浃于骨髓，不留于心志，不滞于五藏。⁽⁹⁾故从外入者，无主于中不止；从中出者，无应于外不行。⁽¹⁰⁾故听善言便计，虽愚者（和）[知]说之；⁽¹¹⁾称至德高行，虽不肖者知慕之。说之者众，而用之者鲜；慕之者多，而行之者寡。所以然者何也？不能反诸性也。夫内不开于中而强学问者，不入于耳而不著于心，此何以异于聋者之歌也？⁽¹²⁾效人为之，而无以自乐也。⁽¹³⁾声出于口，则越而散矣。⁽¹⁴⁾夫心者，五藏之主也。所以制使四支，流行血气，驰骋于是非之境，而出入于百事之门户者也。是故不得于心，而有经天下之气，是犹无耳而欲调钟鼓，无目而欲喜文章也，亦必不胜其任矣。⁽¹⁵⁾

【注释】
　〔1〕管：箫。　絃：指琴瑟之类。
　〔2〕席：铺垫。　荐：假借为"薦"。　茵：坐垫，车垫。　傅：通"缚"，捆绑。　旄：旄牛尾。用以作旌旗杆上的装饰品。　象：象牙为饰。
　〔3〕朝歌：纣都。在今河南淇县。　鄙：边鄙城邑。　靡靡之乐：师延所作，古代认为是情调低下的音乐。　齐：排列。　靡曼：指肌理柔美。
　〔4〕陈：陈设。　觞：劝酒。
　〔5〕"于"：《道藏》本作"干"，刘绩《补注》本作"弋"。《尔雅·释言》："干，求也。"《说文》："隿，缴射飞鸟也。"皆是。以"干"为正，"于"字误。　"遂"：《道藏》本、刘绩《补注》本作"逐"，当正。
　〔6〕炎炎：火光熊熊的样子。　赫赫：显赫的样子。　怵然：受引诱

的样子。怵，《集韵》："术"韵："怵，《说文》作'诱'也，或作怵。" 诱：诱惑。 慕：思慕。

〔7〕怅然：若有所失的样子。

〔8〕营：惑乱。通"瞢"。《说文》："瞢，惑也。"

〔9〕浸：浸润。 浃：浸渍，透彻义。

〔10〕"故从"以下四句：化自《庄子·天运》、《则阳》。

〔11〕"和"：《道藏》本、《道藏辑要》本、刘绩《补注》本作"知"。"和"字形讹。

〔12〕"不入于耳"：《道藏》本、刘绩《补注》本同。俞樾《诸子平议》云："不"字衍。言虽入于耳而不著于心也。按：文义与《荀子·劝学》相近。

〔13〕效：模仿。

〔14〕越：散播。

〔15〕经：治理。

【译文】

那些竖立钟鼓，排列管弦，铺上毡毛毯子，陈设着饰有象牙旄尾的仪仗，耳朵听的是朝歌、北鄙醉人的音乐，拥抱着妖冶的歌女，排列着酒宴，劝酒行令，昼夜不停；或者用强弓去射飞鸟，带着猎犬追捕野兔，他们那种快乐的样子，真是十分热闹和显赫，使人心醉，好像很能引起别人羡慕。等到解下了车子，使马休息，吃罢了酒席，撤去了音乐，而心里却突然觉得有所丧失，茫然地好像丢弃了什么。为什么这样呢？他们不是把内心的快乐自然表现出来，而是靠外部的快乐愉悦内心。音乐奏起来就感到欢喜，乐曲结束便就感到悲哀，一悲一喜交织出现，精神就会发生惑乱，得不到一点儿平静。考察造成这样的原因，主要是没有得到快乐的形神状态，而导致了一天天丧失生活的乐趣，失去了应得的满足罢了。因此内心不能得到足够的满足，就只能靠外部的施予来自我粉饰了。（外部的粉饰），不会浸润到肌肤之中，不会透达骨髓，也不会止留在心中，更不会进入到五脏之内。所以从外部进入的东西，内心没有接受掌握，就决不会止留；从内心表现出来的东西，如果外部没有和它相适应的环境，也不会通行。因此听到好的言论和有利的计策，即使是愚蠢的人也知道喜欢它；称颂高尚的品德和美好的行为，即使是不肖的人也知道仰慕。欣赏的人多，但是采纳的人少；仰慕的人多，而实行的人少。为什么会这样呢？是因为他们不能够返回自己本性的缘故。如果心灵没有开启，而是勉强地去学习，即使能够进入到耳中，也不能记在心上，这同教聋子唱歌又有什么两样呢？只是模仿别人演唱，而没有办法使自己快乐。声音从嘴里发出，那么传播出去便四散了。心脏是五脏的主宰，是用来控制四肢，流通血气的，在是非的境内奔驰，而出入百事的门户之中。所以如果心里没有得到大道的主宰，而有治理天下的气魄，这就像没有耳朵的人想要调整钟鼓的乐音，没有眼睛的人想喜欢文采，也一定是不能够胜任的。

故天下神器，不可为也。[1] 为者败之，执者失之。夫许由小天下而不以己易尧者，志遗于天下。[2] 所以然者，何也？因天下而为天下也。天下之要，不（任）[在]于彼而在于我，不在于人而在于我身，[3] 身得则万物备矣；彻于心术之论，则嗜欲好憎外（失）[矣]。[4] 是故无所喜而无所怒，无所乐而无所苦，万物玄同也。[5] 无非无是，化育玄耀，生而如死。[6] 夫天下者亦吾有也，吾亦天下之有也；天下之与我，岂有间哉！[7] 夫有天下者，岂必摄权持势，操杀生之柄，而以行其号令邪？[8] 吾所谓有天下者，非谓此也，自得而已，自得则天下亦得我矣。吾与天下相得，则常相有已，又焉有不得容其间者乎？所谓自得者，全其身者也；[9] 全其身，则与道为一矣。

【注释】
〔1〕神器：神圣之物。指国家权柄。见《老子》二十九章："故天下神器，不可为也。为者败之，执者失之。"
〔2〕许由：尧时隐士。尧以天子之位禅之，许由不受。 遗：抛弃。
〔3〕"任"：《道藏》本、《道藏辑要》本同。刘绩《补注》本、《文

子·九守篇》作"在"。当正。　　"我身"：《道藏》本同。刘绩《补注》本作"身我"。《文子·九守篇》无"我"字。

〔4〕彻：贯通。　　心术：指思想、意识、方法。《管子·心术上》："心术者，无为而制窍者也。"　　"失"：《道藏》本、刘绩《补注》本、《文子·九守篇》作"矣"。"失"字形讹。

〔5〕玄同：与天地万物混同为一。《老子》五十六章："是谓玄同。"

〔6〕化育：生长、养育。　　玄耀：高诱注："玄，天也。耀，明也。"有上天光明之义。

〔7〕间：间隙。

〔8〕摄：执掌。

〔9〕全其身：指保全自然赋予人的天性。

【译文】

　　因此天下权柄是神圣的器物，不能够求取它。谁想求取它，谁就要失败；谁想把持它，谁就会失掉它。从前许由轻视天下之权，而不肯以自己来取代尧，就是因为心中把天下之权抛开了。他这样做是什么原因呢？就是按照天下的自然规律来对待天下。天下的要柄，不在于他人，而在于自我；不在于别人，而在于自己。身心得到满足，那么天下万物便齐备了。透彻掌握了心术的论说，那么嗜欲、好憎都可以排除在外了。因此没有什么值得欢喜，也没有什么值得发怒的；没有什么值得欢乐，也没有什么值得痛苦的，万物就混同为一了。没有什么是和非，生成化育万物，是上天光明所致，即使有生命活动，也像死一样没有欲望。天下是属于我所有的，我也是天下所有的，天下和我，难道还有区别吗！占有天下，难道一定是执掌权柄，依持权势，掌握生杀权柄而发号施令吗！我所说的占有天下，不是这样的，而是自己得到心灵满足罢了。自得其所，那么天下也就对我满足了。我和天下互相得到满足，那么就天下有我，我也有天下，我怎么不能在它中间从容活动呢！所说的自己得到满足，就是保全自身完整无缺。保全自身完整，那么就与"道"融为一体了。

　　故虽游于江浔海裔，驰要褭，建翠盖；⁽¹⁾目观《掉羽》、《武象》之乐，耳听滔朗奇丽《激》、《抮》之音；⁽²⁾

扬郑、卫之浩乐，结《激楚》之遗风；(3) 射沼滨之高鸟，逐苑囿之走兽，此齐民之所以淫泆流湎。(4) 圣人处之，不足以营其精神，乱其气志，使心怵然失其情性。(5) 处穷僻之乡，侧溪谷之间，隐于榛薄之中；(6) 环堵之室，茨之以生茅，蓬户瓮牖，揉桑以为枢；(7) 上漏下湿，润浸北房；(8) 雪霜瀎灖，浸潭苽蒋；(9) 逍遥于广泽之中，而仿洋于山峡之旁，此齐民之所为形植黎累，忧悲而不得志也；(10) 圣人处之，不为愁悴怨怼，而不失其所以自乐也。(11) 是何也？则内有以通于天机，而不以贵贱贫富劳逸失其志德者也。(12) 故夫乌之哑哑，鹊之喳喳，岂尝为寒暑燥湿变其声哉？(13)

【注释】

〔1〕浔：水涯。　裔：边。　驰：驾。　要褭：良马名，日行万里。翠盖：用翠鸟羽毛做盖饰。

〔2〕《掉羽》：手执野鸡尾羽的一种舞蹈。《说文》："掉，摇也。"《武象》：周武王时乐舞。　滔朗：激昂响亮。　《激》、《捴》：激扬、捴转，舞曲名。

〔3〕扬：回荡。　郑：春秋郑国，在今河南新郑一带。　卫：周初在今河南淇县一带。　浩乐：盛大的音乐。　结：盘旋，回荡。《广雅·释诂》："结，曲也。"《激楚》：歌曲名。《楚辞·招魂》："宫廷震惊，发《激楚》些。"

〔4〕沼：水的支流。　齐民：同等之民，即凡民。　淫泆：纵欲放荡。　流湎：放纵、沉溺。

〔5〕营：惑乱。通"䁝"。《说文》："䁝，惑也。"　怵然：受利诱的样子。

〔6〕侧：伏。　榛：草木聚集。　薄：深草。

〔7〕环堵：高诱注："堵，长一丈，高一丈。而（面）环一堵，为方一丈，故曰环堵。"按：指低矮的土室。　茨：用芦苇、茅草盖的屋顶。　蓬户：用蓬草编的门户。　瓮牖：用破瓮蔽窗户。　揉：揉制。　枢：户枢。

〔8〕北房：指寝居之室。
〔9〕滚灢：受雪霜而漏水。 浸潭：滋润蔓延。 苽：蒋的果实，其米叫雕胡，可食。 蒋：一种草本植物。
〔10〕仿洋：徘徊，游移不定。宋玉《招魂》："仿佯无所依。" 峡：两山之间为峡。唐本《玉篇》引许慎注："岬，山旁也。" 形：形体。 植：俞樾《诸子平议》谓"植"当读为"殖"。"殖"有膪瘠义。形殖谓形体膪瘠也。章太炎《淮南子札记》按："植"者，"志"也。见《楚辞·招魂》注。于省吾《淮南子新证》谓俞说未允。"形植"犹后世言"柴立"，不应改读为"殖"也。马宗霍《淮南旧注参正》云俞说迂曲无当。《广雅·释诂三》："植，多也。"此谓齐民形多黧黑也。蒋礼鸿《淮南子校记》谓形植即形体。按：诸说皆有文献依据，以俞说为长。 黎累：黎，通"黧"。蒋礼鸿《淮南子校记》："累"与"纍"通。黎言黑，累言惫，本自不误。
〔11〕悴：忧愁，悲伤。 怼：怨恨。
〔12〕天机：指造化的奥妙。
〔13〕哑哑：乌鸦叫声。 唶唶：鸟鸣声。

【译文】

所以即使到江边海岸游览，乘着千里马，张开翠羽装饰的大伞，观赏着《掉羽》、《武象》这样的乐舞，听着高亢奇妙的《激》、《抮》音乐，回荡着郑、卫歌女悲壮而美妙的歌声，盘旋着楚国《激楚》的馀音，射杀水边的飞鸟，追捕苑囿中的野兽。——这就是普通人所纵情放荡留恋沉溺的东西，有道德的人对待它们，也不能够迷惑自己的精神，扰乱自己的气志，使心里受到诱惑，而改变自己的性情。至于居处在穷困偏僻的乡间，隐伏在深山、溪流之间，避居在荒草丛生之处，处于低矮土墙的陋室，用茅草盖屋顶，用蓬草编门户，拿破瓮子遮窗户，揉弯了桑条作为门枢，上面漏雨，下面潮湿，浸湿了住室，降霜飞雪，浸湿而长出了雕胡米，游荡在广野大泽之中，徘徊在山间峡谷之旁。——这就是普通人形体瘦弱，面孔黑黄，忧愁悲伤而不得志的境遇。但是有道德的人处在这种情况下，不会因此忧愁怨恨，也不会失去自己心里的快乐。这是什么原因呢？就是内心已经同自然的奥秘相通，而不会因为贵贱、贫富、劳逸失去自己的德性。就像那哑哑叫的乌鸦，唶唶叫的喜鹊，难道因为寒暑、燥湿的不同而改变它们的声调吗？

是故夫得道已定,而不待万物之推移也;[1]非以一时之变化,而定吾所以自得也。吾所谓得者,性命之情,处其所安也。[2]夫性命者,与形俱出其宗,形备而性命成,性命成而好憎生矣。故士有一定之论,女有不易之行,规矩不能方圆,钩绳不能曲直。[3]天地之永,登丘不可为脩,居卑不可为短。是故得道者,穷而不慑,达而不荣;[4]处高而不机,持盈而不倾;[5]新而不朗,久而不渝;[6]入火不焦,入水不濡。[7]是故不待势而尊,不待财而富,不待力而强;[8]平虚下流,与化翱翔。[9]若然者,藏金于山,藏珠于渊;[10]不利货财,不贪势名。[11]是故不以康为乐,不以慊为悲;[12]不以贵为安,不以贱为危;形神气志,各居其宜,以随天地之所为。

【注释】

〔1〕推移:即变化。

〔2〕性命:指人的天性和命运。《周易·乾卦·象传》:"乾道变化,各正性命。"孔颖达疏:"性者,天生之质,若刚柔迟速之别;命者,人所禀受,若贵贱夭寿之属是也。"

〔3〕"故士"句:高诱注:"士有同志,同志德也。至其交接,有一会而公定,故曰'有一定之论'也。" 易:改变。

〔4〕慑:恐惧,害怕。 达:显贵。

〔5〕机:危险。通"几"。《说文》:"几,危也,殆也。"《尔雅·释诂下》:"几,危也。"

〔6〕朗:明朗。 渝:改变。

〔7〕濡:沾湿。

〔8〕势:形势,权势。

〔9〕翱翔:即俯仰。

〔10〕"藏金"二句:高诱注:"舜藏金于崭岩之山,藏珠于五湖之渊,以塞贪淫之欲也。"按:出自《庄子·天地》。

〔11〕势名：势位爵号之名。
〔12〕康：安。 慊：通"歉"，食物少。

【译文】

因此那些得道的人心志已经确定，而不需要等待万物的转移变化。不是用一时的变化，来确定获得自我满足的根因。我所说的"得到满足"，是指把性命之情放到最安定的地方。性命和形体同出自一个来源，形体全备了而性命就形成了，性命形成而好憎等感情便产生了。所以士人一经交接便有确定的观点，女子出嫁有不能改变的贞操，就像规矩不能随意改变方圆，绳墨也不能随便改变曲直一样。就像天地那样长久不变，登上高丘不能使它加长，处在低处也不能使它变得矮小。因此得道的人，困穷的时候不会害怕，显达的时候不慕荣华，处在高位不会发生危险，执掌装满的器物不会倾覆，新的东西不显得有光亮，使用长久的东西也不会改变，放到火里不会烧焦，进入到水中也不会沾湿。因此可以不待势力而尊显，不待财物而富饶，不待力量而强大，像水一样流往平坦空虚之处，和自然变化一起运动。如果能够这样，（可以像舜一样），将金银藏到山上，把宝珠藏到深渊，不贪图货财，不谋求势位名号。因此不会把安康作为快乐，不把困穷作为悲哀，不把尊贵看作安逸，不把卑贱看作危险。形体、精神和气志，各自都有适宜的场所，来适应天地的自然变化。

夫形者生之舍也，气者生之充也，神者生之制也，一失位则二者伤矣。〔1〕是故圣人使人各处其位，守其职，而不得相干也。故夫形者，非其所安也而处之，则废；气不当其所充而用之，则泄；神非其所宜而行之，则昧。〔2〕此三者，不可不慎守也。夫举天下万物，蚑蛲贞虫，蠕动蚑作，皆知其所喜憎利害者，何也？〔3〕以其性之在焉而不离也。忽去之，则骨肉无伦矣。〔4〕今人之所以眭然能视，营然能听，形体能抗，而百节可屈伸，察能分白黑、视丑美，而知能别同异、明是非者，何也？⁽⁵⁾气为之充，而神为之使也。何以知其然也？凡人之志，各有所在，而神有所系者，其行也，足蹪趎埳，头抵植木，而不自知也；⁽⁶⁾招之而不能见也，呼之而不能闻也，耳目去之也，然而不能应者，何也？⁽⁷⁾神失其守也。故在于小则忘于大，在于中则忘于外；在于上则忘于下，在于左则忘于右；无所不充，则无所不在。是故贵虚者，以毫末为宅也。

【注释】

〔1〕形：指人的躯体。 气：指维护生命活动的精气。《精神训》："圣人食足以接气。" 神：指人的精神。《原道训》："圣人将养其神。" 充：充实。《精神训》："使神滔荡而不失其充。"

〔2〕眛：昏暗。

〔3〕贞虫：细腰蜂之类昆虫。无牝牡之合曰贞。 蠕：虫类慢慢爬行的样子。 蚑：动物行走。《说文》："蚑，行也。"

〔4〕无伦：高诱注："言骨肉靡灭，无伦匹也。"

〔5〕眭然：目光专注的样子。《说文·新附》："眭，深目也。" 苴：通"荧"。明。 抗：抵御。

〔6〕系：联系，牵挂。 蹪：颠仆，跌倒。 "趎埳"：坑坎。趎，通"株"，木头倒下。埳，《道藏》本、《道藏辑要》本皆作"垎"。《玉篇》："垎，陷也。与坎同。" 植：树立。

〔7〕"耳目去之也"：刘绩《补注》本"耳目"下增"非"字。《道藏》本、《道藏辑要》本无此字。应有"非"字。

【译文】

人的形体是生命的客舍，元气是生命的根本，精神是生命的主宰。其中一个方面失去位置，则使其他两方面受到损伤。因此有道德的人，使人们各自安守他们的职位，尽其职守，而不能够互相干预。所以人的形体不是处在它所安居的地方，便会遭到破坏；元气不处在应当充实的地方，那么就会泄露；精神不是用在它所适宜的地方，那么就会昏暗。这三种东西，不能不慎重地加以守护。大凡整个天下的万物中，小到蚑行蛲动昆虫之类，时而爬行，时而仰起，都知道它们所喜恶、利害的事情，这是为什么呢？因为它们的本性存在而没有离开。忽然一旦骨肉脱离本性，那么骨肉便没有什么可作匹比的了。现在人们能够用眼睛看清楚，耳朵听明白，形体能抵御，而百节能屈伸，观察能够分清黑白，看清丑恶美好，而智慧能够区别同异，辨明是非，这是什么原因呢？就是因为形体内充满元气，而精神能为它主使。怎么知道会是这样的呢？大凡人的志趣中，各自都有思考的目标，而有精神在维系，他的行动，就会因道路坑坎而跌跤，将头撞到树上，而自己却不能预先知道。招呼他也不能看见，喊叫他也听不到，耳朵、眼睛又不是离开了他自己，然而不能够反应，这是什么原因呢？就是因为精神离开了守持的形体。所以精神集中在小的地方，就会忘记大的方面，在内部就会忘掉外面，在上面就会忘掉下面，在左边就会忘掉右边；精神没有什么地方不充满，也就没有什么地方不存在。因此把虚无作为尊贵的人，可以把毫末这样小的地方作为安身之所。

今夫狂者之不能避水火之难，而越沟渎之崄者，岂无形神气志哉！[1]然而用之异也。失其所守之位，而离其外内之舍，是故举错不能当，动静不能中，终身运枯形于连嵝列埒之门，而蹟蹈于污壑阱陷之中，虽生俱与人钧，然而不免为人戮笑者，何也？[2]形神相失也。故以神为主者，形从而利；以形为制者，神从而害。贪饕多欲之人，漠暗于势利，诱慕于（召）[名]位，冀以过人之智，植于高世，则精神日以耗而弥远，久淫而不还；[3]形闭中距，则神无由入矣。是以天下时有盲妄自失之患，此膏烛之类也，火逾然而消逾亟。[4]夫精[神]气志者，静而日充者以壮，躁而日耗者以老。[5]

是故圣人将养其神，和弱其气，平夷其形，而与道沉浮俯仰。[6]恬然则纵之，迫则用之；其纵之也若委衣，其用之也若发机。[7]如是则万物之化无不遇，而百事之变无不应。[8]

【注释】
〔1〕崄：《道藏》、刘绩《补注》本作"险"。《集韵》"琰"韵："险，《说文》'阻难'。或从山。"
〔2〕枯：病。 连嵝：连续不断之意。《说文系传》引《淮南子》作"连逯"。 列埒：高低不平。埒，《说文》"卑垣也"。 污壑：大壑。 阱：陷坑。 钧：通"均"，均等。
〔3〕贪饕：贪得无厌。 漠睧：迷惑义。《文子·九守篇》作"颠冥"。 "召"：《道藏》本、刘绩《补注》本作"名"。当正。 "植于高世"：《文子·九守篇》作"位高于世"。 耗：虚。 淫：过。
〔4〕"此膏烛之类"句：膏烛与火，喻形体与精神之关系。无烛即无火，无形即无神。
〔5〕"夫精气志者"：《道藏》本同。刘绩《补注》本、《文子·九守篇》、《四库全书》本"精"下有"神"字。当脱。
〔6〕将养：持养、奉养。《墨子·尚贤中》："将养其万民。" 沉浮：指盛衰。 俯仰：即升降。
〔7〕委衣：衣服自然下垂。含有"无为而治"之义。 机：即弩机。
〔8〕遇：周合义。《文子·道原篇》作"耦"。

【译文】
现在发狂的人不能避开水火这样的灾难，而要跳过沟渎这样危险的地方，难道是没有形体、精神、元气、意念了吗？然而只是使用不同罢了。精神失去应该守护的位置，而离开了它的原来外、内居留的地方，因此举止不能适当，动静不能适中，使枯朽的形体终身兜转在崎岖不平的门径之内，而跌倒在大壑和陷阱之中。虽然他的生存和一般人没有不同，然而却免不了要被人耻笑，这是为什么呢？是因为形体和精神互相离开的缘故。因此由精神作主宰的，形体相随着而获得便利；由形体来制约的，精神随之而受到危害。那些贪得无厌的人，被权势名利所诱惑，迷恋于名声地位，却希望凭着超人的智慧，在世上立于高位，那么精神一天天消耗而越离越远，长久沉溺在其中而无法复还。形体关闭，内心抗拒，那么精神便无法进入了。所以天下时常有盲目狂妄而自我丧失的祸患存在，这就像蜡烛（形体）一样，火焰（精神）愈燃烧而消失得愈快。形体、精神、元气、意念，淡漠安静一天天充实的人，就会强健；精神烦躁一天天消耗的人，就会衰老。所以有道德的人经常保养他的精神，柔和他的气志，平静他的形体，而和自然之道一起盛衰升降。静漠的时候就要放纵它，急迫的时候便使用它。放纵的时候就像衣服自然下垂，使用的时候就像发动弩机。如果像这样，那么万物的变化没有不能顺应对待的，而各种事物的变动没有不能适应的了。

第二卷　俶真训

【题解】

高诱注:"俶,始也。真,实也,说道之实,始于无有,化育于有。"

本训是《淮南子》的宇宙起源论。文中把从天地开辟到万物形成,由近及远分成三个阶段。又把现实世界从"无"到"有"四个发展阶段做了横的剖析。这是对《庄子·齐物论》宇宙观的进一步深化。这种宇宙发展论虽不符合科学实际,但是它把宇宙的发展归结为物质世界的发展变化,这就从上帝造物说的传统观念中解放了出来。

文中把上古历史分为至德之世、伏牺氏、神农黄帝、昆吾夏后、周室之衰五个阶段。指出随着社会发展,纯朴消失,争斗不休,道德沦丧,失去人性的根本。其中虽有崇古非今的倾向,但也包含了肯定平等、公正、互助等积极思想。只有"内修道术",而不"外饰仁义","返性于初,而游心于虚","遗物反己",才能返回到"俶真"状态。

陶方琦《淮南许注异同诂》:(此)"乃高注本也。"

有始者,有未始有有始者,有未始有夫未始有有始者。[1] 有有者,有无者,有未始有有无者,[有未始有夫未始有有无者。][2]

【注释】

〔1〕"有始者"句:高诱注:"天地开辟之始也。""有未始有"句:

高诱注："言万物萌兆，未始有始者，始成形也。" "有未始有夫"句：高诱注："言天地合气，寂寞萧条，未始有也。夫未始有始，仿佛也。"按：未始，未曾。

〔2〕"有有者"句：高诱注："言万物始有形兆也。"按：后"有"字，指现实存在的万物。 "有无者"句：高诱注："言天地浩大，言无可名也。"按：无，指物体以外的广大宇宙空间。 "有未始有有无者"句：高诱注："言道微妙，苞裹天地。'未始有有无者'，在'有无者'之前。" ["有未始有夫"]句：高诱注："天也。"此句宋本脱，《道藏》本、《道藏辑要》本、刘绩《补注》本、《四库全书》本有此句。以上化自《庄子·齐物论》。

【译文】

有天地开辟的时候，有未曾有开始的时候，有未曾有未曾有开始的时候。有现实存在的宇宙万物，有物体以外的广大宇宙空间，远的是未曾有的广大宇宙空间，再远的是未曾有的未曾有的广大宇宙空间。

所谓有始者：繁愦未发，萌兆牙蘖，未有形（呼）[垺]埌垠，无无蠕蠕，将欲生兴而未成物类。⁽¹⁾有未始有有始者：天气始下，地气始上，阴阳错合，相与优游竞畅于宇宙之间，被德含和，缤纷茏苁，欲与物接而未成兆朕。⁽²⁾有未始有夫未始（者）有有始者：天含和而未降，地怀气而未扬，虚无寂寞，萧条霄霱，无有仿佛气遂，而大通（冝冝）[冥冥]者也。⁽³⁾

【注释】

〔1〕繁愦：积聚散发的样子。 萌兆：开始。 牙蘖：树木的嫩芽。牙，通"芽"。 "形呼"：《道藏》本、刘绩《补注》作"垺"。"呼"字形讹。形，形朕；垺，畛域。即际涯义。 垠垠：界限。王念孙《读书杂志》云：疑"垠垠"是"形垺"之注，而误入正文。 无无：李哲明《淮南训义疏补》：按"无无"义不可晓，疑当作"冯冯"。《天文训》："冯冯翼

翼。"注："无形之貌。""无"与"冯"音形俱近，因而致讹。　蠕蠕：昆虫爬行的样子。

〔2〕优游：悠闲自得。　竞：追逐。　畅：通达。　和：和合之气。　缤纷：混杂。　茏苁：聚集。　兆朕：与"形埒"义同。《文选·〈魏都赋〉》引许注："朕，兆也。"

〔3〕"未始者"：《道藏》本、刘绩《补注》本无"者"字。疑衍。　萧条：寂寥冷落的样子。　霄雿：虚无寂寞之意。　遂：成。　大通：畅通。　"冝冝"：《道藏》本、刘绩《补注》本作"冥冥"。形误。冥冥，昏暗的样子。

【译文】

所说的有开始的时候：是指万物积聚而未散发，萌芽初生，没有形成界限，蠢蠢欲动，万物将要兴起而没有产生物类的时候。有未曾有开始的时候：上天之气开始下降，大地之气开始上升，阴气和阳气互相交合，相互悠闲地追逐融通在宇宙之间，覆盖着德泽，含怀着和气，混杂聚集，想和万物交接而不见形迹。有未曾有未曾有开始的时候：上天含有的中和之气没有下降，大地含有的和气没有上扬，虚无冷清，荒远幽深，没有像要成气，而畅通在昏暗的宇宙之间的样子。

有有者：言万物掺落，根茎枝叶，青葱苓茏，萑蔰炫煌，蠉飞蠕动，跂行哙息，可切循把握而有数量。〔1〕有无者：视之不见其形，听之不闻其声，扪之不可得也，望之不可极也，储与扈（治）[冶]，浩浩瀚瀚，不可隐仪揆度而通光耀者。〔2〕有未始有有无者：包裹天地，陶冶万物，大通混冥，深闳广大，不可为外；〔3〕析毫剖芒，不可为内；〔4〕无环堵之宇，而生有无之根。有未始有夫未始有有无者：天地未剖，阴阳未判，四时未分，万物未生，汪然平静，寂然清澄，莫见其形。〔5〕若光耀之（间）[问]于无有，退而自失也。〔6〕曰：予能有无，而未能无无也。及其为无无，至妙何从及此哉？

【注释】
　　〔1〕掺落：参差错落，即杂乱之义。　青葱：青翠茂盛的样子。　苓茏：茂盛。　蘴薱：草木繁荣茂盛。　炫煌：光彩鲜艳的样子。　切循：抚摸。循，通"揗"。《说文》："揗，摩也。"
　　〔2〕扪：摸。　"冶"：《道藏》本同，刘绩《补注》本作"冶"。《要略》："储与扈冶。"储与扈冶，广大的意思。　浩浩瀚瀚：广大无边的样子。　隐仪：仪度。《广雅·释诂一》："隐，度也。"　揆度：度量、考察。　光耀：指无形。
　　〔3〕陶冶：化育，造成。　混冥：混，大。以大冥喻"道"。　深闳：精深而广大。朱骏声《说文通训定声》："闳，叚借为宏。"
　　〔4〕剖：判。分离。
　　〔5〕汪然：池水平静的样子。
　　〔6〕"间"：陈昌齐《淮南子正误》云："间"当作"问"。光耀问于无有，事见《庄子·知北遊》。　自失：隐藏不见。

【译文】
　　天地产生了现实存在的万物（"有"）：指的是万物参差错落，根茎枝叶，青翠茂盛，色彩鲜明，飞行的昆虫和蠕动的爬虫，用脚行走的和用嘴呼吸的，可以用手抚摸把握而能计算数量。有物体以外的广大宇宙空间（"无"）：走近它看不见形体，倾听不到声音，抚摸它得不到，远望它没有尽头，广漠深远，无边无际，不能够度量考察而通往无形。远的是未曾有的广大宇宙空间：包裹了整个天地，化育生成了万物，并且和大道相通，精深而广大，不能够确定外部边界；解剖分开毫芒，也无法分清内部边际；没有一点极小的界域，但这是能产生有、无的根本。再远的就是未曾有的未曾有的广大宇宙空间：天地还没有分开，阴阳还没有分离，四季还没有分明，万物还没有产生，平静如池水，寂静清澈，没有办法见到它的形体。就像光耀询问无有一样，退下后便自然消失了。光耀说，我能达到"有无"的境界，却不能达到"无无"的境界。等到达到"无无"的境界，"至妙"又怎么能够到达这种境地呢？

夫大块载我以形，劳我以生，逸我以老，休我以死。⁽¹⁾善我生者，乃所以善吾死也。⁽²⁾夫藏舟于壑，藏山于泽，人谓之固矣。⁽³⁾虽然，夜半有力者负而趋，寐者不知，犹有所遁。⁽⁴⁾若藏天下于天下，则无所遁其形矣。物岂可谓无大扬攉乎？⁽⁵⁾一范人之形而犹喜，若人者，千变万化而未始有极也。⁽⁶⁾弊而复新，其为乐也，可胜计邪？譬若梦为鸟而飞于天，梦为鱼而没于渊。⁽⁷⁾方其梦也，不知其梦也，觉而后知其梦也。⁽⁸⁾今将有大觉，然后知今此之为大梦也。始吾未生之时，焉知生之乐也？今吾未死，又焉知死之不乐也？昔公牛哀转病也，七日化为虎。其兄掩户而入觇之，则虎搏而杀之。⁽⁹⁾是故文章成兽，爪牙移易，志与心变，神与形化。⁽¹⁰⁾方其为虎也，不知其尝为人也；方其为人，不知其且为虎也。二者代谢舛驰，各乐其成形，狡猾钝惛，是非无端，孰知其所萌？⁽¹¹⁾

【注释】
〔1〕大块：指大自然。以下六句，见于《庄子·大宗师》。 劳我：使我劳苦。 逸我：使我安逸。 休我：使我安息。
〔2〕善：认为善。
〔3〕壑：沟。以下数句，化自《庄子·大宗师》。
〔4〕趋：快走。 遁：亡失。《吕览·报更》高诱注："遁，失也。"
〔5〕扬攉：陶方琦《淮南许注异同诂》《补遗》云："扬攉，粗略也。"按：有约略、大概义。攉，通"榷"。据《庄子·徐无鬼》郭象注，有显扬妙理而确实论之义。
〔6〕范：即效法义。
〔7〕"梦为鸟"句：化自《庄子·大宗师》。
〔8〕"方其梦也"几句：化自《庄子·齐物论》。

〔9〕公牛哀:人名。有鲁人、韩人、江淮之间公牛氏三说。 转病:高诱注:"易病也。"按:古代有借尸还魂之说,与此类似。 掩:打开。 觇:察看、侦察。《说文》:"觇,窥也。"
〔10〕文章:指外表的皮毛。
〔11〕代谢:更替。 舛驰:背道而驰。舛,《玉篇》:"舛,相背也。" 狡猾:诡诈。 钝悗:昏昧,不明事理。

【译文】
　　大自然用形体负载我,用生存来使我劳苦,用年老使我安逸,用死亡使我安息。那种把我生存当作好事的,便是把我死看作好事的原因。把船隐藏在山谷中,把大山藏在深泽中,人们认为它是牢固的了。即使这样,深夜时大力士背着它很快逃走了,而睡觉的人并不知道,可见事物还是能够亡失的。假如把天下藏在天下里面,那么便没有办法使它的形体亡失了。万物的变化难道可以说不是充满妙理的吗?人类一旦只获得了人的形体就欢喜,其实像人这样的形状,是千变万化而没有穷尽的。陈旧的去了而新的又出现了,那样的是值得快乐的,(那么值得快乐的事难道还)可以计算出来吗?就像梦中变成鸟而飞到天上,又在梦中变成鱼而沉没到深渊之中,当他正在梦中的时候,不知道他正在做梦,睡觉醒了之后才知道这是一场梦。现在一定要有大觉大悟的人,然后才能够知道这些都是人生的一场大梦。当初我没有生下来的时候,怎么能知道人生的快乐呢?现在我没有死,又怎么能知道死亡不快乐呢?从前公牛哀患了一种转症的病,七天变成了一只老虎。他的兄长推门进去探视他,这只虎扑上来便把兄长吃了。因此人的外部形体变成了兽类,人的四肢变成了虎的爪牙,人的心志变成了虎的心志,精神和形体都发生了变化。当他是虎形的时候,不知他曾经有过人形。当他是人形的时候,也不曾想到自己将要变成虎形。二者互相更替发生不同变化,各自乐意所化的人形、虎形,变化多端,难以明察,是非没有端绪,谁能知道它们是怎么产生的?

　　夫水向冬则凝而为冰,冰迎春则(泽)[泮]而为水;⑴冰故移易于前后,若周员而趋,孰暇知其所苦乐乎?〔2〕是故形伤于寒暑燥湿之虐者,形苑而神壮;〔3〕神伤乎喜怒思虑之患者,神尽而形有馀。故罢马之死也,剥之若槁;〔4〕狡狗之死也,割之犹濡。〔5〕是故伤死者其鬼娆,时既者其神漠,是皆不得形神俱没也。〔6〕夫圣人用心杖性,依神相扶,而得终始。〔7〕是故其寐不梦,其觉不忧。〔8〕

【注释】
〔1〕"洋":《道藏》本、刘绩《补注》本作"泮"。泮,消散。"洋"字形讹。
〔2〕"故":《道藏》本、刘绩《补注》本作"水"。当是。 趋:归附。
〔3〕虐:祸害,灾害。《说文》:"虐,残也。" 苑:枯病。《本经训》高诱注:"苑,病。" 壮:壮健。
〔4〕罢:通"疲",气衰力竭。 槁:枯木。
〔5〕狡:高诱注:"少也。" 濡:濡湿,气力未尽。
〔6〕伤:《广韵》"漾"韵:"或作殇。"《说文》:"殇,不成人也,年十九至十六死为长殇,十五至十二死为中殇,十一至八岁死为下殇。" 娆:高诱注:"烦娆。善行病祟人。" 时既:时尽。年老寿终。 漠:定。
〔7〕杖:凭倚。 依:郑良树《淮南子斠理》云:疑当作"形神相扶"。
〔8〕"是故其寐"二句:见于《庄子·大宗师》、《刻意》及《文子·道原篇》。

【译文】
水到了冬天往往就要凝结成冰,冰冻到了春天就会消融为水。冰、水前后的不同变化,就像圆周一样循环往复,谁有空闲知道它们的苦乐事情呢?因此形体被严寒酷暑、干燥潮湿的灾祸伤害时,形体枯竭而精神健壮;精神被喜怒、忧虑的患祸伤害时,精神竭尽而形体尚有馀力。所以那些气衰力竭的老马死后,宰剥它就像朽木一样;小狗死后,宰割它时,其中血湿之气还存在。因此早年夭亡的人,他的鬼魂能危害人;寿终正寝的人,他的灵魂是安定的。这些现象都说明形体和精神没有一起消亡。有道德的人支配自己的心性，使形体和精神互相依存，而共同始终。因此他睡觉时不做梦，醒来时也没有忧虑。

　　古之人有处混冥之中，神气不荡于外，万物恬漠以愉静，搀抢衡杓之气，莫不弥靡而不能为害。⁽¹⁾当此之时，万民倡狂，不知东西；⁽²⁾含哺而游，鼓腹而熙；⁽³⁾交被天和，食于地德；⁽⁴⁾不以曲故是非相尤，茫茫沈沈，是谓大治。⁽⁵⁾于是在上位者，左右而使之，毋淫其性；⁽⁶⁾镇抚而有之，毋迁其德。是故仁义不布，而万物蕃殖；赏罚不施，而天下宾服。其道可以大美兴，而难以算计举也。⁽⁷⁾是故日计之不足，而岁计之有馀。⁽⁸⁾

【注释】

〔1〕混冥之中：指上古之世。　搀抢：指彗星。又指妖星。《广韵》"衔"韵："搀抢，祅星。"　衡杓：高诱注："北斗柄第七星。"按：王念孙《读书杂志》引之曰："衡"当为"冲"，形相似而误。"冲"、"杓"皆妖气也。又马宗霍《淮南旧注参正》：高注未解"衡"字。"衡"与"横"同。《毛传》陆德明释文云："衡，横也。"引申之，充满亦谓之"衡"。　弥靡：远逃义。弥，远。靡，逃散。

〔2〕倡狂：自由放任。

〔3〕哺：口中咀嚼食物。　熙：玩乐。高诱注："熙，戏也。"按：通"娭"。《说文》："娭，戏也。"

〔4〕交：俱，全部。　天和：天然平和之气。　地德：古时认为土地产百物，人赖以生存，有德于人，故称地德。《天文训》："凉风至则报地德。"

〔5〕曲故：曲巧，诈伪。　尤：指责。　茫茫沈沈：盛大无边之意。王念孙《读书杂志》："沈"皆当为"沆"，茫茫沆沆，叠韵也。《说文》："沆"字注云："莽沆，大水。"

〔6〕淫：过分，无节制。

〔7〕大美：《庄子·知北遊》："天地有大美而不言。"陆德明《庄子音

义》云:"大美,谓覆载之美也。"

〔8〕"日计之"二句:出自《庄子·庚桑楚》,亦见《泰族训》、《文子·精诚篇》。

【译文】
　　古代的人处在混沌愚昧的环境之中,精神气志不流荡在外面,万物恬淡而安静,不祥的彗星和妖气,没有不全部逃散的,因而不能加害于人。当这个时候,万民恣情放任,分不清东南西北,嚼着食物而游玩,拍着肚子而嬉戏;全部覆盖着上天的平和之气,享用大地赐予的五谷;不因为巧诈和是非互相指责,真是一片太平景象啊,这就是大治。在这个时候,执政的君主,执使左右的人,而不使他们的性情过分放纵;镇守安抚四方而占有他们,不使他们的德性受到改变。因此仁义之道虽没有布达,而万物却能蓬勃生长。赏赐、刑罚虽没有施行,而天下的人民纷纷归附。天地万物能够享受抚育之美德,而这些功德是难以全部计算的。因此每天计算好像是不够的,但是以一年来计算它却是有馀的。

　　夫鱼相忘于江湖,人相忘于道术。〔1〕古之真人,立于天地之本,中至优游,抱德炀和,而万物杂累焉,孰肯解构人间之事,以物烦其性命乎?〔2〕

　　夫道有经纪条贯,得一之道,连千枝万叶。〔3〕是故贵有以行令,贱有以忘卑,贫有以乐业,困有以处危。夫大寒至,霜雪降,然后知松柏之茂也;〔4〕据难履危,利害陈于前,然后知圣人之不失道也。〔5〕是故能戴大员者履大方,镜太清者视大明,立太平者处大堂;〔6〕能游冥冥者,与日月同光。〔7〕是故以道为竿,以德为纶,礼乐为钩,仁义为饵,投之于江,浮之于海,万物纷纷,孰非其有?〔8〕

　　夫挟依于跂跃之术,提挈人间之际,撢掞挺捔世之风俗,以摸苏牵连物之微妙,犹得肆其志,充其欲。〔9〕何况怀瓌玮之道，忘肝胆，遗耳目，独浮游无方之外，不与物相弊揉，中徙倚无形之域，而和以天地者乎？⁽¹⁰⁾若然者，偃其聪明，而抱其太素；以利害为尘垢，以死生为（尽）[昼]夜。⁽¹¹⁾是故目观玉辂琬象之状，耳听《白雪》、《清角》之声，不能以乱其神；⁽¹²⁾登千仞之溪，临猿眩之岸，不足以滑其和。⁽¹³⁾譬若钟山之玉，炊以炉炭，三日三夜而色泽不变，则至德天地之精也。⁽¹⁴⁾是故生不足以使之，利何足以动之？死不足以禁之，害何足以恐之？明于死生之分，达于利害之变，虽以天下之大，易骭之一毛，无所概于（忠）[志]也。⁽¹⁵⁾

【注释】

〔1〕"鱼相忘"二句：化自《庄子·大宗师》。

〔2〕真人：存养本性的得道之人。　中至：中和。　优游：自由自在之义。　炀：烘烤。此指熏陶。本句出于《庄子·徐无鬼》，亦见于《精神训》。　杂累：蒋礼鸿《淮南子校记》云："杂累"犹"叶累"也。"叶累"为"积累"之义。　解构：高诱注："犹合会也。"按：解，谓离间；构，指交构。　烦：受辱。

〔3〕经纪：纲常，法度。《精神训》："开闭张歙，各有经纪。"　一："道"之根本。

〔4〕"夫大寒至"几句：出自《庄子·让王》、《吕览·慎人》及《论语·子罕》。

〔5〕陈：排列。

〔6〕大员：指天。《管子·心术下》："能戴大圆者体乎大方。"　大方：指地。　太清：指天空。《文子·微明篇》："镜大清者视大明。"　太平：天下太平。　大堂：指明堂。

〔7〕冥冥：指昏暗。

〔8〕纶：钓鱼的网绳。

〔9〕挟：《道藏》本同，刘绩《补注》本作"挟"。朱骏声《说文通训定声》："挟，叚借又为挟。"挟，怀着。　跂跃之术：高诱注："跂跃犹龃

龉，不正之道也。" 提挈：扶持。 撢：《说文》："探也。"即探寻、探求义。高诱训"引也"。 掞：锐利。 挺挏：高诱注："犹上下，以求利便也。"吴承仕《淮南旧注校理》云："撢掞"叠韵，"挺挏"双声，皆为连语，不得别义释之。 摸苏：摸索、探取。《楚辞·离骚》王逸注："苏，取也。"《脩务训》高诱注："苏，犹索。" 牵连：牵涉，关联。 微妙：细小之义。 肆：尽、极。

〔10〕璆玮：宏伟。 "忘肝胆"二句：见于《庄子·大宗师》、《达生》，亦见《精神训》。 浮游：漫游。 无方：没有极限。 弊揲：混杂。

〔11〕偃：熄灭。 太素：指自然之朴。《精神训》："明白太素，无为复朴。" 尘垢：喻轻微。 "尽"：《道藏》本、刘绩《补注》本作"昼"。"尽"字形讹。

〔12〕玉辂：带玉饰的帝王专用车。 琬：没有棱角的圭。 《白雪》：古代著名琴乐曲，传为师旷所奏。 《清角》：传说中黄帝时代的乐曲。《韩非子·十过》："昔者黄帝合鬼神于泰山之上……作为《清角》。"

〔13〕猿眩：使猿猴目眩。 滑：滑乱。 和：天和。

〔14〕钟山：指昆仑山。 炊：王念孙《读书杂志》云："炊"当为"灼"，字之误也。《太平御览·地部》三引此正作"灼"。刘文典《淮南鸿烈集解》云："炊"固非，"灼"亦未必是。《吕览·重己篇》高注引此作"燔以炉炭"。于大成《淮南杂志补正》云：或"灼"之与"燔"，亦有许、高之异乎？ "则至德"：郑良树《淮南子斠理》云："则至德"疑当作"则德"。德、得古通，妄增"至"字。刘文典《淮南鸿烈集解》：《艺文类聚》八十三引作："得天地之精也。"

〔15〕骭：小腿。 概：古代用来刮平的器具。引申为刮平。 "忠"：《道藏》本、刘绩《补注》本作"志"。"忠"字形误。

【译文】

鱼儿在江湖中遨游会互相忘记，人在道术上得志会互相忘却。古代的真人，立在天地的根本之处，秉受中和之气，自由自在，怀抱圣德，和气熏陶，而万物得以成熟，谁又肯参与人世间的乱事，因为外物使自己的天性受辱呢？

"道"是有法度条理的，得到"一"这个道的根本，千枝万叶便可以连通起来。因此尊贵的人用它来行使指令，低下的人用它来忘记卑贱，贫困的人用它来安居乐业，困惑中的人也有处理危险境遇的办法。寒气到来时，霜雪降落，然后才知道松柏枝叶繁茂。面临困境,踏着危险,利害摆到面前时,这时才知道圣人不会抛开道德。因此能够掌握天道的人,才能主掌大地;以太空作镜子的人,才能看得特别深远;处在天下太平时的人,才能立于光辉的明堂之上;能够在昏暗的地方遨游的得道者,才能和日月同放光明。因此用"道"作为钓竿,用"德"作为钓绳,用礼乐作为钓钩,以仁义作为钓饵,把它投到大江之中,漂浮到大海之上,纷纭的万事万物,谁不归它所有呢?

那些怀着不正当的手段,参与人世间的关系,从社会风气中上下求得利益,来探求事物微小变化的人,尚且能够尽其心志,满足他们的欲望,何况那些怀有宏伟志向,忘记了自己的肝胆,遗忘了自己的耳目,独自漫游在没有边际的地方,不和外物相混杂,内心只倚靠在无形的境地,而和天地相融合的人呢?像这样的人,熄灭他们的智巧,而怀抱着自然之朴,把个人的利害当作尘土,把死生看作白天、黑夜一样。因此眼睛看到用美玉装饰的车子,配以精美的玉圭和象牙,耳朵听到高雅的《白雪》、《清角》的音乐,也不能够惑乱他的精神。登临千仞深的溪谷,面对着猿猴头晕的山崖,也不能够扰乱他的平和之气。就像昆仑山的宝玉,用炉炭加以燃烧,三天三夜也不会改变颜色,那是得到天地的精华所形成的。因此用生存都无法驱使他,利欲又怎么能感动他呢?用死亡都无法禁止他,祸害又怎么能够使他恐惧呢?明确了死生的分别,通达了利害的变化,即使拿天下这样大的东西,来更换小腿上的一根汗毛,也不会动摇自己的志向。

夫贵贱之于身也,犹条风之时丽也;⁽¹⁾毁誉之于己,犹蚊虻之一过也。夫秉皓白而不(里)[黑],行纯粹而不糅,处玄冥而不暗,休于天钧而不伪,孟门、终隆之山不能禁,唯体道能不败。⁽²⁾湍濑、旋渊、吕梁之深不能留也,大行、石涧、飞狐、句望之险不能难也。⁽³⁾是故身处江海之上,而神游魏阙之下。⁽⁴⁾非得一原,(执)[孰]能至于此哉?⁽⁵⁾

【注释】

〔1〕条风：春天的东北风。　丽：高诱注："过也。"按：通"历"。《说文》："历，过也。"即迅速经过义。

〔2〕"里"：《道藏》本、刘绩《补注》本作"黑"。当正。　玄冥：昏暗。又指北方之神统治之地。《礼记·月令》："孟冬之月，其神玄冥。"　天钧：北极之地。《庄子·齐物论》"而休乎天钧"。成玄英疏："天均者，自然均平之理也。"指万物自然之变化。　伪：《道藏》本同。刘绩《补注》本作"砺"。《集韵》"纸"韵："砺，败也。"伪，通"砺"。　孟门：高诱注："山名，太行之隘也。"按：在今陕西宜川东北、山西吉县西，绵延黄河两岸。　终隆：即终南山。

〔3〕湍濑：急流。　旋渊：深潭。　吕梁：古水名，在江苏铜山东南。　大行：太行山绵延山西、河北、河南三省。大，《集韵》"过"韵："太也。"　石涧：深谷名。　飞狐：要隘名。在今河北涞源县北、蔚县南。两岸峭立，一线微通，逶迤百馀里。　句望：又名句注山。在今山西代县西。因山势勾转，水势流注而得名。

〔4〕魏阙：王宫之门阙。又高诱注："一曰心下巨阙，神内守也。"按："是故"二句见《庄子·让王》、《吕览·审为》及本书《道应训》。

〔5〕"执"：《道藏》本、刘绩《补注》本作"孰"。当正。

【译文】

富贵、贫贱对于自己，就像春天的东北风一样迅速吹过。诋毁、赞誉对于自己，就像蚊虻从自己耳边飞过。操守着洁白之行而不会变黑，品行纯洁高尚而不会混杂，处在黑暗的地方不感到昏暗，停留在寒冷的北极而不会毁坏，孟门、终南这样的险塞不能禁止，只有掌握了"道"的人才能立于不败之地。急流、深潭以及吕梁这样的深渊，不能使他滞留。太行、石涧、飞狐、句望这样险要的地方，不能使他为难。因此自己虽然处于偏远的江海之上，而精神却能在京城的魏阙遨游。不是得到了"道"的根本，谁能达到这样的境界呢？

是故与至人居，使家忘贫，使王公简其贵富而乐卑贱，勇者衰其气，贪者消其欲。⁽¹⁾坐而不教，立而不议，虚而往者实而归，故不言而能饮人以和。⁽²⁾是故至道无为，一龙一蛇；⁽³⁾盈缩卷舒，与时变化；外从其风，内守其性；耳目不耀，思虑不营。⁽⁴⁾其所居神者，臺简以游太清；⁽⁵⁾引楯万物，群美萌生。⁽⁶⁾是故事其神者神去之，休其神者神居之。⁽⁷⁾道出一原，通九门，散六衢，设于无垓坫之宇；⁽⁸⁾寂寞以虚无，非有为于物也，物以有为于己也。是故举事而顺于道者，非道之所为也，道之所施也。

【注释】
〔1〕至人：道德修养达到最高境界的人。　简：轻视。
〔2〕"坐而"三句：化自《庄子·德充符》。　饮：给人喝。
〔3〕"一龙一蛇"句：高诱注："龙能化，蛇能解蜕，故道以为譬。"按：出自《庄子·山木》。
〔4〕营：迷惑。
〔5〕臺：高诱注："持也。"按：《说文》："握，搤持也。臺，古文握。"许、高注同。即执持义。臺，当作"臺"。　简：《尔雅·释诂上》："大也。"臺简，即掌握大道之义。
〔6〕引楯：高诱注："拔擢也。"按：楯，通"揗"。《说文》："揗，摩也。"即抚循义。
〔7〕事：治理。　休：休止。
〔8〕九门：九天之门。　六衢：指六合之内。一说六通之衢。《说文》："四达谓之衢。"　设：施予。　垓坫：边际。

【译文】
　　因此和道德修养达到最高境界的人生活在一起，会使家居的人忘掉贫困，使王公贵族轻视富贵而乐意卑贱，使有勇力的人衰减他的血气，使贪婪的人消除他的欲望。安坐不去教训别人，站立着也不发议论，空手去学习的人满载而归，所以他虽然不说话，却能让人享受到平和之气。因此最高的"道"是不违背自然规律行事的，就像龙化蛇解一样；伸缩、卷舒，和节令一起变化。在外部能随从风气而变，内部能持守自己的天性。耳目虽不显明，而思虑却不会迷惑。他平居静漠的时候，精神执持大道而游于太空。引导抚循万物，各种美好的事物萌发生长。因此扰乱精神的人，精神就离开他；使其精神休息的人，精神就可以停留下来。大道从"一"本原产生，向上通达九天之门，向下布散在六衢之道，施放在没有边际的宇宙。静漠而空虚，对于外物不强求改变它，外物对于自己已经有所变化。因此行事顺从"道"的规律，不是"道"所强求的，而是"道"所施予的。

夫天之所覆，地之所载，六合所包，阴阳所呴，雨露所濡，道德所扶，此皆生一父母而阅一和也。〔1〕是故槐榆与橘柚，合而为兄弟；有苗与三危，通为一家。〔2〕夫目视鸿鹄之飞，耳听琴瑟之声，而心在雁门之间。〔3〕一身之中，神之分离剖判；六合之内，一举而千万里。是故自其异者视之，肝胆胡越；〔4〕自其同者视之，万物一圈也。〔5〕百家异说，各有所出。若夫墨、扬、申、商之于治道，犹盖之无一（撩）[橑]，而轮之无一辐。〔6〕有之可以备数，无之未有害于用也。己自以为独擅之，不通之于天地之情也。

【注释】

〔1〕呴：《玉篇》："呴，亦嘘，吹之也。"即张口出气。这里有长养义。父母：喻天地。　阅：汇总。　和：和气。

〔2〕有苗：高诱注："有苗国在南方彭蠡，舜时不服者。"按：即今洞庭湖一带。　三危：西方山名。在今敦煌一带。《史记·五帝本纪》张守节正义引《括地志》："三危山有三峰，故曰三危。在沙州敦煌县东南三十里。"

〔3〕鸿鹄：即天鹅。

〔4〕肝胆：喻近。　胡越：喻远。

〔5〕圈：范围。以上四句出自《庄子·德充符》。

〔6〕墨：墨翟。春秋、战国之际思想家。有《墨子》传世。　扬：

《道藏》本、刘绩《补注》本作"杨"。《吕览·行论》毕沅新校正引梁仲子云:"杨、扬古通用。"杨朱,战国初期道家人物。　申:申不害。战国中期法家人物。　商:商鞅。战国法家,卫国人,曾仕秦为相。　"橑":《道藏》本、刘绩《补注》本作"橼"。橑,《说文》:"椽也。"即屋椽。又指伞盖的骨架。《广韵》"萧"韵:"橑,盖骨。"

【译文】

　　上天所覆盖的,大地所运载的,六合所包含的,阴阳所长养的,雨露所滋润的,道德所扶持的,这些都产生在一个天地之内,一起汇聚在和气之中。因此槐树和榆树,橘树与柚树,总合起来看,它们是同种异物的兄弟;有苗和三危,联系起来看是一个家族。眼睛看到天鹅的飞翔,耳朵听到悠扬的琴瑟之声,而精神活动却远在雁门关之外。在一人之身中,精神能够游移分离;精神活动在六合之内,一次远举就能达到成千上万里。因此从事物的不同方面去观察,同处于体内极近的肝胆,就像胡越那样遥远;从它们相同的方面去观察,万事万物都在一个范围内活动。诸子百家的学说,各自都有产生的背景。至于像墨子、杨朱、申不害、商鞅的学说,对于治政,就像伞盖缺少一个伞弓子,车轮少一根车辐条,有它可以充个数,没有它对于治世也并无妨害。自己以为是独一无二的,这是不能通达天地之情的表现。

　　今夫冶工之铸器,金踊跃于炉中,必有波溢而播弃者,其中地而凝滞,亦有以象于物者矣。(1) 其形虽有所小周哉,然未可以保于周室之九鼎也,有况比于规形者乎?(2) 其与道相去亦远矣。今夫万物之疏跃枝举,百事之茎叶条(梓)[榟],皆本于一根而条循千万也。(3) 若此,则有所受之也,而非所授者。(4) 所受者,无授也,而无不受也。无不受也者,譬若周云之茏苁,辽巢彭薄而为雨,沉溺万物,而不与为湿焉。(5)

【注释】

〔1〕播：撒。　中：得。

〔2〕周：《道藏》本同。《楚辞·离骚》王逸注："周，合也。"黄锡禧本、《四库全书》本作"用"。　保：通"宝"。宝贵。　九鼎：古代象征国家的传国之宝。《史记·五帝本纪》等载为禹所铸。

〔3〕疏跃：布散义。　"梓"：《道藏》本同。刘绩《补注》本改作"桦"。梓，《说文》："楸也。"桦，《说文》："槸，伐木馀也。桦，亦古文槸。"即树木砍去后重生的枝条。　循：顺着。

〔4〕受：接受。　授：授予。

〔5〕"所受者"几句：刘绩《补注》本作："所授者，无受也，而无不受也。无不受也者。"　周云：密雨云。　茏苁：聚合。　辽巢彭薄：浓云蕴积的样子。薄，《道藏》本同，刘绩《补注》本作"濞"。王念孙《读书杂志》认为："薄"即"薄"之误。

【译文】

现在冶炼工匠在铸铁的时候，熔液在火炉中翻腾，一定有因翻滚而撒播到外面的，那些落地而凝结在一起的，也有同外物相像的。那些形状虽然也有少许相合，但是不能够同周王室的九鼎比贵重，又何况同有标准的形体相比呢？它和"道"的相距就更远了。现在世上万物的布散伸展，各种事物的茎叶枝条，都源于一个根本，而引发出千枝万叶。像这样，那么则是对"道"有所接受，而不是强行授予的。接受"道"所给予的，正因为不是强迫授予的，因而没有什么不能接受的。没有什么不能接受的，就像密雨浓云聚集在一起便成为雨，虽然使万物浸没于水中，但是却不会同万物一样被沾湿。

今夫善射者，有仪表之度，如工匠有规矩之数，此皆所得以至于妙。⁽¹⁾然而奚仲不能为逢蒙，造父不能伯乐者，是皆谕于一曲，而不通于万方之际也。⁽²⁾

【注释】

〔1〕仪表：指法则、标准。　如：而。

〔2〕奚仲：夏后氏时车的发明者。　逢蒙：古代善射之人。羿弟

子。　造父：周穆王时善驾驭之人。　伯乐：秦穆公时善相马者。
谕：告晓。　一曲：一事。

【译文】
　　现在善于射箭的人，有标准作为法度，而工匠有规、矩作为准则，这些都是得到规定的标准，才达到这样巧妙的程度。但是造车专家奚仲不能成为射箭高手逢蒙，御马能手造父不能成为相马专家伯乐，这是因为他们专门研究自己这一方面的内容，而不能通达各个方面的变化规律。

　　今以涅染缁，则黑于涅；(1)以蓝染青，则青于蓝。(2)涅非缁也，青非蓝也。兹虽遇其母，而无能复化已。(3)是何则？以谕其转而益薄也。何况夫未始有涅蓝造化之者乎！其为化也，虽镂金石，书竹帛，何足以举其数！(4)由此观之，物莫不生于有也，小大优游矣。(5)夫秋毫之末，沦于无间，而复归于大矣。(6)芦符之厚，通于无垫，而复反于敦（庞）[庞]。(7)若夫无秋毫之微，芦符之厚，四达无境，通于无圻，而莫之要御夭遏者，其袭微重妙，挺挏万物，揣丸变化，天地之间，何足以论之！(8)夫疾风敫木，而不能拔毛发；(9)云台之高，堕者析脊碎脑，而蚊虻适足以翱翔。(10)夫与蚑蛲同乘天机，天受形于一圈，飞轻微细者，犹足以脱其命，又况未有类也？(11)由此观之，无形而生有形亦明矣。

【注释】
　　〔1〕涅：一种矿石名，古代用作黑色染料。　缁：黑色。
　　〔2〕蓝：草本植物，叶子可以提取蓝色染料。又叫蓼蓝。《说文》："蓝，染青艸也。"　青：靛青。

〔3〕兹：这。　母：本。指涅和蓝。

〔4〕镂：雕刻。

〔5〕有：指有形。　优游：高诱注："饶多也。"按：即种类繁多之义。

〔6〕秋毫：喻微小。　间：孔隙。

〔7〕芦：芦苇。　苻：苇中白膜。《道藏》本、刘绩《补注》本同。黄锡禧本作"苻"。　厚：高诱注："犹薄。"　墾：《道藏》本同，刘绩《补注》本作"整"。《四库全书》本作"整"，误。《字汇补》："整，《笔乘》曰：即古垠字。"《集韵》"谆"韵："垠，或作墾。"《篇海类编》："整，详墾。"整、墾为"垠"之古字。　庬：《道藏》本、刘绩《补注》本作"庞"。"庞"形误。敦庬，厚大。

〔8〕无圻：即无垠。　要御：禁御。　夭遏：夭折，阻塞。又作"夭阏"。《庄子·逍遥遊》："背负青天，而莫之夭阏者。"陆德明释文："夭，折也；阏，止也。"　袭：重复。　挺挏：有推引义。　揣丸：和调之义。与"嫥挽"通。

〔9〕教：高诱注："教亦拔也。"按：通"挎"。《广雅·释诂》："挎，拔也。"

〔10〕云台：台高入云，故称云台。　析：《道藏》本、刘绩《补注》本作"折"。《说文》："析，破木也。一曰折也。"知"析"字是。　蚊虻：喻微细。

〔11〕蚑蛲：喻微小。　乘：凭借。　天机：指造化的奥妙。　"天"：《道藏》本同，刘绩《补注》本作"夫"。王念孙《读书杂志》：下"夫"字因上"夫"字而衍。　一圈：一个范围。　脱：杨树达《淮南子证闻》云："脱"字无义，字当作"托"，声近误耳。　类：指形象。

【译文】

现在用涅矿石染料染黑色衣服，那么比涅矿石更黑；用蓼蓝染蓝色衣服，则比蓝色更蓝；涅矿石不是黑色，蓝色也不是蓼蓝。现在即使遇到本色，也不能使衣服再还原了。这是什么原因呢？由此知道它们经过转化而变得更加稀薄了。何况那些不曾经过涅矿石、蓼蓝染化的情况呢！它们作为变化来说，即使雕刻在金石上，书写在竹帛上，又怎么能完全列举出它的变化规律呢？从这里可以看出，万物没有不是从有形中产生的，大大小小种类繁多。像秋毫之末这样微小的东西，可以进入到没有孔隙的地方，秋毫比起"道"，又算是大的了。"道"像极薄的芦苇的膜，可以通达到没有边际的地方，但是又可以返回到厚大的芦苇之中。至于说不像秋毫这样微小的东西，芦膜这样极薄的东西，都可以四达无境之地，通往无边无际的地方，而不会受到阻挡而折损，（那些在天地之间），比微小还微小，能推引万物，和调变化的"道"，处在天地之间，将怎么来评论它呢！强劲的大风能够拔起树木，但是却不能够拔掉人的毛发；云台高耸，跌落的人骨碎脑裂，但是蚊虻却能够自由自在地翱翔。它们和细微的蚊蟯动物一样，凭借的是自然的奥秘，接受大自然赋予的形体。这些飞行轻捷极其微细的生物，尚且能够寄托自己的生命，又何况没有形象的物体呢？从此可以看出，无形的"道"而生出有形的万物是很明显的。

是故圣人托其神于灵府，而归于万物之初。视于冥冥，听于无声。冥冥之中，独见晓焉；寂漠之中，独有照焉。⁽¹⁾其用之也以不用，其不用也而后能用之；其知也乃不知，其不知也而后能知之也。夫天不定，日月无所载；⁽²⁾地不定，草木无所植；⁽³⁾所立于身者不宁，是非无所形。⁽⁴⁾是故有真人然后有真知。⁽⁵⁾其所持者不明，庸（愚）讵知吾所谓知之非不知欤？⁽⁶⁾

【注释】

〔1〕"视于冥冥"六句：见于《庄子·天地》。"照"字彼文作"和"。
〔2〕载：行。
〔3〕植：树立。
〔4〕形：见。"所立于身者不宁"：《文子·精诚篇》作"身不宁"。
〔5〕真知：不巧诈，故谓真。
〔6〕"庸愚讵"：《道藏》本同。刘绩《补注》本、《四库全书》本无"愚"字。《文子·精诚篇》作"何知"。《庄子·齐物论》作"庸讵"。庸讵，岂能。

【译文】

因此有道德的人把精神寄托在心中，而归向到万物开始的时候。能够在幽深暗昧中看得清楚，在无声之处能听到声音。在幽冥之中，独独能看到光明；静漠之中，却能见到和声。它以不被人使用的方式而让人使用，它不被人使用而后才能使用它。它以不被人知道的方式而使人知道它，它不被人知道而后才能使人知道它。上天的位置不确定，日、月便无法运行；大地不确定位置，草木便无法生长；人们所立身的地方不安宁，是非曲直便没有办法辨明。因此有道的人才能做到不巧诈，他的持守的东西（即"道"）是不明显的，又怎么知道我所说的"知道"不是"不知道"呢？

今夫积惠重厚，累爱袭恩，以声华呕符妪掩万民百姓，使知之䜣䜣然人乐其性者，仁也。[1]举大功，立显名，体君臣，正上下，明亲疏，等贵贱，存危国，继绝世，决挐治烦，兴毁宗，立无后者，义也。[2]闭九窍，藏心志，弃聪明，反无识，芒然仿佯于尘埃之外，而消摇于无事之业，含阴吐阳，而万物和同者，德也。[3]是故道散而为德，德溢而为仁义，仁义立而道德废矣。[4]

【注释】

〔1〕厚：《文子·精诚篇》作"货"。　袭：相袭，承袭。《小尔雅·广诂》："袭，因也。"　声华：声誉，荣耀。　呕符：怜爱。《庄子·人间世》："以下呕拊人之民。"陆德明释文引李云："呕拊，谓怜爱之也。"妪掩：抚育。　"知"：《道藏》本同。刘绩《补注》本无"知"字。王念孙《读书杂志》云："使"下不当有"知"字。此因上文"所谓知之"而误衍。　䜣䜣然：欣喜的样子。

〔2〕体：亲近。《礼记·学记》郑玄注："体，犹亲也。"　决挐：解决纷乱。《文选·左思〈吴都赋〉》李善注引许慎《淮南子注》："挐，乱也。"

〔3〕九窍：九孔。《庄子·齐物论》："百骸九窍。"成玄英疏："九窍，谓眼、耳、鼻、舌、口及下二漏也。"　业：《广雅·释诂一》："始也。"　和同：和洽同心。

〔4〕"是故"几句：出自《老子》三十八章。《文子·精诚篇》亦同。

【译文】

现在积聚恩德，增加财物，厚施恩爱，用声誉荣耀去怜爱抚育万民百姓，使他们欣喜地珍爱自己的生命，这是"仁"的表现。推举有大功、树立有大名的人，使君臣关系亲近，端正上下之间的关系；明确亲疏，划分贵贱，保存危亡的国家，继续灭绝的世族；解决纷乱，治理危难，兴起毁灭的宗庙，存立没有后代的家族，这是"义"的表现。关闭人的九窍，隐藏起心志，抛弃智巧，返回到没有知识的境地，茫然地徘徊在尘世之外，而自由往来于万物开始的时候，吸进阴气，吐出阳气，而与万物和睦同心，这是"德"的表现。因此说"道"分散而成为"德"，"德"散落的部分而成为"仁义"，"仁义"确定而"道德"便废止了。

百围之木，斩而为牺尊，镂之以剖剧，杂之以青黄，华藻镈（鲜）[鲜]，龙蛇虎豹，曲成文章；〔1〕然其断在沟中，一比牺尊沟中之断，则丑美有间矣。〔2〕然而失木性钧也。〔3〕是故神越者其言华，德荡者其行伪。〔4〕至精亡于中，而言行观于外，此不免以身役物矣。〔5〕夫趋舍行伪者，为精求于外也。精有湫尽，而行无穷极，则滑心浊神而惑乱其本矣。〔6〕其所守者不定，于外淫于世俗之风，所断差跌者，而内以浊其清明，是故踌躇以终，而不得须臾恬淡矣。〔7〕

【注释】

〔1〕"百围"以下十一句：见于《庄子·天地》。 牺尊：古代的一种牛形酒器。 剖剧：雕刻用的刀。 华藻：华文。 镈：高诱注："今之金尊也。"吴承仕《淮南旧注校理》：洪炎祖注《尔雅翼》引此文许注云："镈，今之金镈也。"疑通"敷"，布敷。 "鲜"：《道藏》本、刘绩

《补注》本作"鲜"。鲜艳。　文章：文采。
〔2〕一：一旦。　间：远。
〔3〕钧：等。通"均"。
〔4〕越：分散。　荡：放纵。
〔5〕观：显示。　役物：被外物所役使。
〔6〕湫尽：穷尽。《广雅·释诂一》："湫，尽也。"
〔7〕差跌：失误。郑良树《淮南子斠理》云："所断差跌者"，义不可通。疑当作"所断者差跌"。　踌躇：犹豫、疑虑。

【译文】
　　百围粗的大树，砍断做成精美的牛状酒器，用雕刀加以刻镂，涂上青黄的色彩，刻上鲜艳华美的花纹，配上龙蛇虎豹的图案，曲曲折折，色彩灿烂。然而它要被折断倒在水沟之中，一旦把牺尊同断在沟中的木头相比，那么美和丑之间的差距就很远了。不过就失去木头本性这一点上，都是一样的。因此精神散乱的人言词华而不实，品德放纵的人行动诈伪。最美的精气在心中消失，而言行便在外部显示出来了，这样身形免不了要被外物所役使。(言词华美），行动虚伪，是精神为求得在外部的表现。精神有穷尽，而行动没有穷尽，那么就会扰乱心志使精神混乱，从而使它的本性发生惑乱。他内心所守持的精神不能安定，而外部被世俗之风所迷惑，所决断就会有失误，也使内部清静明朗的精神受到浊乱。因此就会犹豫疑虑一生，而不会有一刻的清静了。

　　是故圣人内修道术，而不外饰仁义；⁽¹⁾不知耳目之（宣）[宜]，而游于精神之和。⁽²⁾若然者，下揆三泉，上寻九天，横廓六合，揲贯万物，此圣人之游也。⁽³⁾若夫真人，则动溶于至虚，而游于灭亡之野；⁽⁴⁾骑蜚廉，而从敦圄；⁽⁵⁾驰于方外，休乎宇内；⁽⁶⁾烛十日，而使风雨；⁽⁷⁾臣雷公，役夸父；⁽⁸⁾妾宓妃，妻织女；⁽⁹⁾天地之间，何足以留其志？是故虚无者道之舍，平易者道之素。⁽¹⁰⁾

【注释】

〔1〕"修"：《道藏》本同，刘绩《补注》本作"脩"。当是。

〔2〕"不知"二句：本于《庄子·德充符》。 "宣"：《道藏》本同。刘绩《补注》本作"宜"，《文子·精诚篇》、《庄子·德充符》同。

〔3〕揆：度量。《说文》段玉裁注："揆，度也。" 三泉：三重泉。即地下深处。 廓：开扩，扩大。《尔雅·释诂上》："廓，大也。" 揲贯：有积累、贯通之义。《广雅·释诂一》："揲，积也。"

〔4〕动溶：摇荡。《说文》："搈，动搈也。"溶，通"搈"。

〔5〕蜚廉：高诱注："兽名，长毛有翼。" 敦圄：高诱注："似虎而小。一曰仙人名。"

〔6〕方外：区域之外。

〔7〕十日：见于《山海经·海外东经》、《庄子·齐物论》、《楚辞·天问》、《淮南子·本经训》及马王堆汉墓帛画等。

〔8〕雷公：雷神。 夸父：神名。又为兽名。

〔9〕宓妃：洛河女神名。 织女：神女名。又为星名。

〔10〕素：本色。

【译文】

因此有道德的人，在内部提高道德的修养，而不在外部用仁义来修饰；不去关心耳目适宜于何种声色，而只求心灵游弋在精神和谐的环境之中。像这样的话，向下可以度量极深的三泉，向上可寻觅极高的九天，横着开扩天地四方，竖着贯通万事万物，这就是圣人的游观。至于说真人，他们游荡在最空虚的地方，而往来于什么都不存在的境地，骑着神兽蜚廉，而让敦圄做随从，奔驰在方外之地，休息在环宇之内，让十日来照耀，让风雨供使唤，把雷公作臣子，使夸父来服役，让宓妃作妾，织女为妻，天地之间，怎么能困住他的志向呢？所以虚无是"道"的馆舍，平易是"道"的本色。

夫人之事其神而娆其精，营慧然而有求于外，此皆失其神明而离其宅也。(1) 是故冻者假兼衣于春，而暍者望冷风于秋。(2) 夫有病于内者，必有色于外矣。(3) 夫梣木色青翳，而羸瘉蜗睆，此皆治目之药也。(4) 人无故求此物者，必有蔽其明者。圣人之所以骇天下者，真人未尝过焉；⁽⁵⁾贤人之所以矫世俗者，圣人未尝观焉。⁽⁶⁾夫牛蹄之涔，无尺之鲤；⁽⁷⁾块阜之山，无丈之材。⁽⁸⁾所以然者何也？皆其营宇狭小，而不能容巨大也，又况乎以无裹之者邪？⁽⁹⁾此其为山渊之势亦远矣。夫人之拘于世也，必形系而神泄，故不免于虚。⁽¹⁰⁾使我可系羁者，必其有命在于外也。⁽¹¹⁾

【注释】
〔1〕事：奉事。　神：指人体生命活动的外在表现，也指精神意识活动。　娆：烦扰。　精：古代指构成人体和生命的基本物质。　营慧然：求索名利的样子。　宅：指精神之宅。
〔2〕"是故冻者"二句：出于《庄子·则阳》。　喝：中暑。
〔3〕色：容色。
〔4〕梣木：即秦皮。又叫苦枥木。　青翳：今称角膜翳，有云翳、斑翳、白斑之分。　蠃：通"螺"。即池塘中的螺蛳，有清热、利水、明目之功效。　蜗睆：又称烛睆。类似今白内障。
〔5〕骇：惊骇。以下四句本自《庄子·外物》。
〔6〕矫：纠正。
〔7〕涔：积水。高诱注："涔，潦水也。"
〔8〕块阜：小山名。《列子·汤问篇》作"魁父"。
〔9〕营宇：指范围。　无：无形。
〔10〕神泄：精神泄散。　虚：指疾病。
〔11〕"使我"二句：本于《庄子·则阳》、《山木》。《文子·精诚篇》作："必其命自在外者矣。"《庄子·山木》作："吾命有在外者也。"可与此相参。

【译文】
　　人们过度地劳碌心志，而扰乱内部的精气，竭尽心力向外钻营追求名利，这些做法都会丧失精神元气，而使精神远离身心。因此受冻的人希望借助于衣服温暖如春，而中暑的人希望秋天的冷风赶快吹来。身体内部有病的人，必定表现在外部面色上。秦皮可以治疗角膜翳，螺蛳可以治疗白内障，这些都是治疗眼病的药物。人们没有其他原因而寻找这些药物，必定是眼睛被病状遮住了。圣人所以使天下人惊动的原因，是因为真人未曾过问；贤人所以纠正世俗风气的原因，是圣人不曾过问。就像牛蹄那样小的水坑，不会有一尺长的鲤鱼；块阜这样的小山丘，不会长出一丈高的木材。造成这样的原因是什么呢？都是因为它们所处的范围狭小，而不能容纳巨大的事物罢了，又何况用无形来包裹的万物呢？它们距离作为山渊的气势也是很远的了。人们被世俗所拘泥，必定会使形体受到羁绊而精神衰竭，所以免不了要生病。假使我能被别人束缚住，必定是我的命运和外物有所接触罢了。

至德之世，甘瞑于溷澜之域，而徒倚于汗漫之宇，提挈天地而委万物，以鸿濛为景柱，而浮扬乎无畛崖之际。⑴是故圣人呼吸阴阳之气，而群生莫不颙颙然仰其德以和顺。⑵当此之时，莫之领理决离，隐密而自成，浑浑苍苍，纯朴未散，旁薄为一，而万物大优。⑶是故虽有羿之知而无所用之。

【注释】

〔1〕至德：最高的道德。　甘瞑：酣睡。以上化自《庄子·列御寇》。　溷澜：无涯的样子。　徒倚：自由遨游。　汗漫：广大无涯的样子。　提挈：提举。　委：抛弃。　鸿濛：高诱注："东方之野，日所出。"　景柱：即测日影的表柱。　浮扬：遨游。《道藏》本同，刘绩《补注》本作"扬"。　畛崖：界限。《小尔雅·广诂》："畛，界也。"

〔2〕颙颙然：仰慕的样子。

〔3〕领理：统率、治理。　决：决裂。　离：背离。　隐密：隐藏不露声色。《太平御览》卷七十七引作"隐慗"。《原道训》有"穆忞隐闵"。高诱注："皆无形之类也。"与此义同。　浑浑苍苍：混沌广大的样子。　纯朴：纯粹朴素。　旁薄：广大无边之义。　优：充足，富裕。高诱注："优，饶也。"

【译文】

在最好的道德统治时期，人们酣睡在什么都没有的境界之中，自由遨游在广阔无垠的地方，提举天地而抛弃万物。他们把东方之野作为太阳的影柱，而在茫茫的天际漫游。因此圣人呼吸阴阳二气，万物群生没有不羡慕他的美德，而和平柔顺。在这个时候，没有人去统率治理，也没有人决裂而离去，不声不响而万物自然形成，混沌不清，淳朴之性没有消失，广大无边而又混而为一，而万物自然丰足。即使有后羿那样的智巧，也没有地方能够使用它。

及世之衰也，至伏羲氏，其道昧昧芒芒然。(1) 吟德怀和，被施颇烈，而知乃始昧昧琳琳，皆欲离其童蒙之心，而觉视于天地之间，是故其德烦而不能一。(2)

乃至神农黄帝，剖判大宗，窍领天地，袭九窾，重九熬，提挈阴阳，姘捖刚柔，枝解叶贯，万物百族，使各有经纪条贯。(3) 于此万民睢睢盱盱然，莫不竦身而载听视，是故治而不能和。(4)

下栖迟至于昆吾、夏后之世，嗜欲连于物，聪明诱于外，而性命失其得。(5)

施及周室之衰，浇淳散朴，杂道以伪，俭德以行，而巧故萌生。(6) 周室衰而王道废，儒墨乃始列道而议，分徒而讼。(7) 于是博学以疑圣，华诬以胁众，弦歌鼓舞，缘饰《诗》、《书》，以买名誉于天下。(8) 繁登降之礼，饰绂冕之服，聚众不足以极其变，积财不足以赡其费。(9) 于是万民乃始憞溺离跂，各欲行其知伪，以求凿（柄）［枘］于世，而错择名利。(10) 是故百姓曼衍于淫荒之陂，而失其大宗之本。(11) 夫世之所以丧性命，有衰渐以然，所由来者久矣。(12)

【注释】

〔1〕伏羲氏：传说中上古部落领袖。　昧昧：淳厚的样子。　芒芒：同"茫茫"，广大。

〔2〕吟：吟咏。《增韵》："吟，哦也，咏也。"　怀和：含怀和气。　被：覆盖。　施：施加。　烈：大。　昧昧：似明未明的样子。　琳琳：求知的样子。《道藏》本、刘绩《补注》本同。《文子·上礼篇》作"懋懋"。　离：离开。　童蒙：指寡知蒙昧之人。　烦：无常，纷歧。　一：统一。

〔3〕乃：《道藏》本、刘绩《补注》本同。《文子·上礼篇》作"及"。　剖判：分离。　大宗：事物的本源。《要略》许慎注："大宗，事本也。"　窍：贯通。　领：理。　袭：因袭。　九窾：九天之法。　勒：《道藏》本、刘绩《补注》本同。王念孙《读书杂志》云：当为"墊"，字之误也。《玉篇》："墊，古文垠字。"按：九墊，即九地之形。　姱挠：和调义。　解：会合。　叶贯：积累。《广雅·释诂三》："叶，聚也。"　族：种类。

〔4〕睢睢盱盱：张目直视的样子。　竦：《说文》："敬也。"即敬仰地站立看。　载：通"戴"。头顶着。《文子·上礼篇》作"戴"。　和：谐和。

〔5〕栖迟：停留。　昆吾：夏的同盟部落名。　夏后：指夏桀。　得：通"德"。指根本。

〔6〕施：通"延"。《本经训》高诱注："施，延也。"　浇：薄。　淳：通"醇"。纯酒。指淳朴本性。　杂：《道藏》本、刘绩《补注》本同。王念孙《读书杂志》云：当为"离"，字之误也。于大成《俶真校释》：许作"离"而高作"杂"。《文子》用许本，故字作"离"耳。　俭：王念孙《读书杂志》云：读为"险"。《文子》作"离道以为伪，险德以为行"。　巧故：巧言伪诈。

〔7〕王道：指先贤所行之道。《尚书·洪范》："无偏无党，王道荡荡。"　儒：孔子创立的学派。　墨：墨子创立的学派。《韩非子·显学》："世之显学，儒、墨也。"　列：裂，分离。　讼：争讼。

〔8〕"于是博学"句：高诱注："博学扬、墨之道，以疑孔子之术。"按：本于《庄子·天地》。疑，其文作"拟"。与高说不同。　华诬：高诱注："设虚华之言以诬圣人。"　胁：胁迫。　缘饰：即赞誉粉饰。《文子·上礼篇》作"琢饰"。

〔9〕登降：即进退揖让之礼。　绂：《广雅·释器》："绶也。"系印章或佩玉用的丝带。绂色依官职品级不同而定。　冕：大夫以上贵族所戴的礼帽。

〔10〕懞：糊涂，不明事理。《说文系传》："懞，不晓了之意也。" 觟：通"懱"。有二心。《广韵》"齐"韵："懱，离心也。" 离跂：用力的样子。 "柄"：《道藏》本、刘绩《补注》本作"枘"，当正。枘，榫眼。凿枘，指迎合世俗。 错：施行。 择：索取。
〔11〕曼衍：放纵之义。 陂：水边；山坡。
〔12〕衰渐：逐渐衰退。

【译文】

等到世道开始衰败，在伏羲氏统治时，他的道德仍然淳厚宽广，人民称颂着他的功德，含怀着中和之气，散布着他的德泽，施予大众。但是智巧也开始了，人民似懂非懂，似明似暗地在追求，都想违背淳朴的本性，而想觉察明白天地间的某些道理，因此德性无常而不能统一。

到了神农、黄帝的时代，分离事物的根本，贯通天地，按照九天、九地之形法，引导阴阳，调和刚柔，像连接千枝万叶一样，影响到万物百族，使各种事物都有一定的法规条理。在这个时候，万民没有不睁大眼睛，踮起脚尖伸长脖子，人顶人听着看着，因此虽然天下得到治理，但是不能使百姓和谐。

渐渐发展到昆吾、夏后之时，对外物嗜欲无度，聪明被外物所诱惑，而性命便失去了根本。

延续到周王朝衰落之时，淳朴的本性散失了，离开了"道"而干起虚伪的勾当，推行存有危险的德行，因此诈巧迅速产生了。周朝统治衰败以后，先王所推行的正道被废止了，儒、墨两家开始分裂而辩论，两方信徒激烈争讼。在这种情况下，运用广博的知识而模仿圣人，用虚华之言来胁迫大众，奏乐唱歌跳舞，赞誉粉饰《诗》、《书》，来向天下收买名誉。他们制订烦琐的进见之礼，装饰带有佩带和礼帽的服装，即使聚集很多人也不能够弄清它的变化，积累很多财物不能够供给他们的费用。在这种情况下，老百姓便开始不明事理并被引上邪路，各人想要施展自己的智巧，来求得逢迎于世，以便索取名利地位。因此百姓在荒淫之路上追逐，而失掉他们的道德根本。世人之所以丧失性命之本的原因，是由逐渐衰败而造成这个样子，它的由来已经很久了。

是故圣人之学也，欲以反性于初，而游心于虚也。⁽¹⁾达人之学也，欲以通性于辽廓，而觉于寂漠也。⁽²⁾若夫俗世之学也，则不然：擢德攓性，内愁五藏，外劳耳目，乃始招蛲振缱物之豪芒，摇消掉捎仁义礼乐，暴行越智于天下，以招号名声于世，此我所羞而不为也。⁽³⁾是故与其有天下也，不若有说也；⁽⁴⁾与其有说也，不若尚羊物之终也始，而条达有无之际。⁽⁵⁾是故举世而誉之不加劝，举世而非之不加沮。⁽⁶⁾定于死生之境，而通于荣辱之理。虽有炎火洪水弥靡于天下，神无亏缺于胸臆之中矣。⁽⁷⁾若然者，视天下之间，犹飞羽浮芥也，熟肯分分然以物为事也？⁽⁸⁾

【注释】

〔1〕性：指人的本性，亦即天性。《缪称训》："性者，所受于天也。" 虚：指无情欲。《氾论训》高诱注："虚，无欲也。"

〔2〕达人：通达知命的人。 辽廓：旷远，空阔。

〔3〕擢：去掉。《方言》卷三："擢，拔也。自关而西或曰擢。" 攓：杨树达《淮南子证闻》：当为"攓"。《说文》："攓，拔取也。"按：朱骏声《说文通训定声》："攓，字亦作搴、作攓、作攓、作攓。" 招蛲：有循环往复之义。借作"挑挠"。陆德明《经典释文》引李颐曰："挑挠，犹宛转也。" 振缱：情意缠绵的样子。 摇消掉捎：高诱注："未之能行也。"按：《大藏音义》卷六十四："掉捎：掉，摇也，振也。捎，动也。"有奔走鼓动之义。 暴：表露。 越：扬。

〔4〕说：通"税"，亦通"脱"。舍弃义。

〔5〕尚羊：逍遥义。 "终也始"：《道藏》本、刘绩《补注》本同。疑衍"也"字。 条达：通达。

〔6〕劝：勉力。《说文》："劝，勉也。"以下两句出自《庄子·逍遥游》。 沮：沮丧。

〔7〕弥靡：漫延。

〔8〕芥：《集韵》"黠"韵："小艸。" 熟：《方言》卷七钱绎笺疏："孰、熟古今字。" 分分然：忙乱的样子。

【译文】

因此圣人的学习，是想用来使人的性情返回到开初的淳朴状态，使心灵在无情无欲的境界中游弋。通达知命的人的学习，想要用来在空旷的环境中通达性命，而在寂静中得到觉醒。至于像世俗之人的学习，就不是这样。他们抛去人的道德和天性，内心使五脏愁苦，外部使耳朵妄听、眼睛妄视，使之劳困，开始永无休止的追求毫芒之利，奔走鼓动仁义礼乐，并在天下散播推行智巧和诈伪，来求得在世上昭显得到好的名声，这种行为是我所感到羞愧而不干的事。因此与其这样占有天下，倒不如抛弃了它；与其舍弃了它，倒不如逍遥于万物的变化之中，而和有、无的境界相联系。因此整个社会赞美他，他也不因此更加努力；整个社会都非难他，他也不感到沮丧，在生和死的环境中泰然处之，而在荣宠耻辱面前无动于衷。即使有烈火、洪水漫延天下，自己的精神也不会在心意中有任何损害。如果像这样的话，看待天下之间的万事万物，就像飞过的羽毛和浮动的小草，谁肯忙乱地把外物作为一回事呢？

水之性真清，而土汩之；[1] 人性安静，而嗜欲乱之。夫人之所受于天者，耳目之于声色也，口鼻之于芳臭也，肌肤之于寒燠，其情一也。[2] 或通于神明，或不免于痴狂者，何也？[3] 其所为制者异也。是故神者智之渊也，渊清则智明也；[4] 智者心之府也，智公则心平矣。人莫鉴于流沫，而鉴于止水者，以其静也；[5] 莫窥于生铁，而窥于明镜者，以睹其易也。[6] 夫唯易且静，形物之性也。[7] 由此观之，用也必假之于弗用也。[8] 是故虚室生白，吉祥止也。[9]

【注释】

[1]"真"：《道藏》本、刘绩《补注》本同。王念孙《读书杂志》云："真"字于义无取，疑后人所加。《太平御览·方术部》一引此作："夫

水之性清。"《吕览·本生》："夫水之性清。"　汩：乱。几句本自《吕览·本生》。

〔2〕"口鼻"句：《文子·九守篇》作"鼻口之于芳臭也"。　燠：温暖。《续方言》卷上："暖，江东通言燠。"

〔3〕痴：傻。

〔4〕"渊清"：《道藏》本、刘绩《补注》本同。《文子·九守篇》作"神清则智明"。

〔5〕鉴：镜子。二句见于《庄子·德充符》。　沫：泥中的泡沫。《文子·九守篇》作"潦"。

〔6〕"睹"：《道藏》本、刘绩《补注》本同。王念孙《读书杂志》认为不当有"睹"字。《太平御览·服用部》十九引无"睹"字。　易：平。

〔7〕形：见。

〔8〕"用也"：《道藏》本、刘绩《补注》本同。《庄子·知北遊》作："是用之者。"《文子·九守篇》作"故用之者"。

〔9〕虚：心。　室：身。　白：指"道"。　止：栖息。二句见《庄子·人间世》。

【译文】

水的特性是清的，但是泥土使它混浊。人的本性是安静的，但是嗜欲使它混乱。人类从上天那儿所接受的本能，耳朵可以听到声音，眼睛可以看到色彩，口鼻可以辨出香臭，肌肤可以感觉寒热，他们的情感都是一样的。但是有的同神明相通达，有的却免不了要变成傻子疯子，这是为什么呢？这是由于制约他们的精神不一样。因此说，精神是智慧的渊源，渊源平静智慧就会显明。智慧是心灵的府库，神智平定那么心灵就会平静了。没有人用流动的浑水当镜子，而用静止的清水来照，是因为它平静的缘故。没有人从生铁中观察自己的形容，只会从明镜中观察面容，是因为它平正的缘故。只有平正和安静，才能显现外物的性状。由此可以看出，被使用的东西必定借助于不能被使用的部分。因此只有使身心空虚起来，"道"才能产生，吉祥才能停留。

夫鉴明者，尘垢弗能薶。⁽¹⁾神清者，嗜欲弗能乱。⁽²⁾精神以越于外，而事复返之，是失之于本而求之于末也。〔3〕外内无符，而欲与物接，弊其玄光，而求知之于耳目，是释其炤炤，而道其冥冥也，是之谓失道。〔4〕心有所至，而神谓然在之；〔5〕反之于虚，则消铄灭息，此圣人之游也。〔6〕故古之治天下也，必达乎性命之情；其举错未必同也，其合于道一也。夫夏日之不被裘者，非爱之也，燠有馀于身也。冬日之不用翣者，非简之也，清有馀于适也。〔7〕夫圣人量腹而食，度形而衣，节于己而已，贪污之心，奚由生哉？故能有天下者，必无以天下为也；〔8〕能有名誉者，必无以趋行求者也。

【注释】

〔1〕薶：玷污。
〔2〕神清：指精神内守，神清智明。
〔3〕越：泄散。
〔4〕符：符应。 弊：通"蔽"，遮蔽。 玄光：内明。 炤炤：光明的样子。 道：导向。
〔5〕"而神"句：《文子·九守篇》作"则神慨然在之"。谓然，即欣然的样子。
〔6〕铄：熔化。 息：生。
〔7〕翣：扇子。通"箑"。《精神训》高诱注："箑，扇也，楚人谓扇为箑。" 简：贱，轻慢。 清：《道藏》本、刘绩《补注》本、《四库全书》本同。杨树达《淮南子证闻》云：当作"凊"，字之误也。《说文》："凊，寒也。"按：《尔雅·释诂下》郝懿行义疏："凊，通作清。""清"非误。以上数句化自《吕览·有度》，彼文亦作"清"。
〔8〕以：用。

【译文】

镜子明净，灰尘不能够玷污它。精神内守，嗜欲不能惑乱它。精神已经泄散到外面，却又再重新使它返回，这是失去了根本，却从末节上去探求。外形与内心不能配合，却想同外物交接；遮蔽住了内心的聪明,却想从耳目那里求得智慧,这是抛弃光明而导向黑暗,这就叫做失"道"。心里向往所到达的地方,而精神也能够欣然存在,精神返回到虚静状态,那么情欲活动也就会停息下来,这就是圣人的行为。因此古代有道德的人治理天下,必然通达性命的情理,他们的治政措施不一定全部相同,但是同"道"相通则是一致的。夏天不穿皮衣,不是爱惜它,是因为太热的缘故。冬天不用扇子,不是认为它卑贱,而是因为寒冷的原因。圣人按照食量多少而吃饭,度量形体大小而穿衣服,对于自己有所节制而已,贪污的想法,怎么能产生呢?所以能够占有天下的,一定是不利用统治天下的地位为自己谋利的人;能够得到名誉的人,一定不是靠到处钻营谋求而得来的。

圣人有所于达,达则嗜欲之心外矣。[1]孔、墨之弟子,皆以仁义之术教导于世,然而不免于僵,身犹不能行也,又况所教乎?[2]是何则?其道外也。夫以末求返于本,许由不能行也,又况齐民乎?[3]诚达于性命之情,而仁义固附矣,趋舍何足以滑心?[4]若夫神无所掩,心无所载,通洞条达,恬漠无事,无所凝滞,虚寂以待,势利不能诱也,辩者不能说,声色不能淫也,美者不能滥也,智者不能动也,勇者不能恐也,此真人之道也。[5]若然者,陶冶万物,与造化者为人,天地之间,宇宙之内,莫能夭遏。[6]夫化生者不死,而化物者不化。[7]神经于骊山、太行而不能难,入于四海、九江而不能濡。[8]处小隘而不(寒)[塞],横扃天地之间而不窕。[9]不通此者,虽目数千羊之群,耳分八风之调,足蹀《阳阿》之舞,而手会《绿水》之趋,智终天地,明照日月,辩解连环,泽润玉石,犹无益于治天下也。[10]

【注释】

〔1〕达：通达事理。　外：抛弃。

〔2〕儃：疲困。《文选·王褒〈洞箫赋〉》李善注："儃，羸疾貌。"

〔3〕许由：尧时贤人。

〔4〕固：《文子·守真篇》作"因"。《吕览·尽数》高诱注："因，依也。"

〔5〕说：解释。　滥：《庄子·田子方》成玄英疏："美色之姿，不得淫滥。"知"滥"有淫乱义。　道：《文子·九守篇》作"遊"。"真人"以上数句，化自《庄子·田子方》。

〔6〕为人：王念孙《读书杂志》引之云："人"者"偶"也。言与造化者为偶也。高未解"人"字之义，故训"为"为"治"。　夭遏：阻挡。

〔7〕化生者：指天。　化物者：指德。

〔8〕骊山：在今陕西西安市东。以下几句本自《庄子·田子方》。太行：在今河南黄河以北沁阳的北面，绵延四百馀公里。详见《地形训》。　九江：长江于古荆地界分为九支。诸说多有分歧。

〔9〕"寒"：《道藏》本、刘绩《补注》本作"塞"。"寒"字形讹。扃：贯穿。　窕：《吕览·适音》高诱注："不满密也。"即充满义。　八风：即八方之风。详见《天文训》、《地形训》。

〔10〕蹀：踏，踩。　《阳阿》：古楚曲名。又为古之名倡。　会：配合。《说文》："会，合。"《绿水》：古舞曲。又为古诗。　趋：节奏。　终：《道藏》本、刘绩《补注》本同。《文子·九守篇》作"统"。《集韵》"东"韵："终，尽也。"有周遍义。　连环：本指连成串不可解之玉环。喻紧密相连之事物。　泽：为润泽义。《文子·九守篇》此句作"辞润金石"。

【译文】

圣人有通达万物变化之理的德行，那么贪欲的心理便被抛弃在外了。孔子和墨子的弟子们，都用仁义的学说来教导世人，虽然这样自身却免不了疲困。连自身都不能够施行，又何况所教导的弟子呢？这是什么原因呢？是因为他们的学说只重视外部的缘故。像这样，只抓住末节却要求返回到根本，许由也不能够做到，更何况普通百姓呢？如果真能通达内部性命的情理，那么外部的仁义就可归附了，取舍怎么能扰乱思想呢？至于像精神没有什么要掩饰的，心灵没有什么要负担的，通达事物的情理，静漠得像无事一样，没有什么凝结不动的，以虚静来等待，权势利益不能诱惑他，善辩的人不能说服他，声乐美色不能使之放纵，美人不能使他淫乱，智巧也不能打动他，有勇力的人不能使他恐惧，这就是真人的行为。如果能像这样，那么就可以化育万物，和大自然做伴侣。天地之间，宇宙之内，没有什么能够阻挡的。自然界是不会死亡的，化育万物的德性是不会改变的。精神经过骊山、太行而不会受到阻碍，通过四海、九江而不会被沾湿，处在狭小的山隘不会壅塞，横贯天地之间也不会充满。不能通晓这样的道理，即使眼睛能数清千头羊群，耳朵能够分清八方声音的乐调，脚可以踏着《阳阿》的舞步，手可以配合《绿水》的节奏，智慧周知天地之理，光辉照耀日月，口辩可以解开连环，辞章能够润泽金石，对于治理天下，也还是没有一点补益。

　　静漠恬澹，所以养性也；和愉虚无，所以养德也。外不滑内，则性得其宜；性不动和，则德安其位。养生以经世，抱德以终年，可谓能体道矣。若然者，血脉无郁滞，五藏无蔚气，祸福弗能挠滑，非誉弗能尘垢，故能致其极。⁽¹⁾非有其世，孰能济焉？有其人，不遇其时，身犹不能脱，又况无道乎？且人之情，耳目应感动，心志知忧乐，手足之攒疾蚌、辟寒暑，所以与物接也。⁽²⁾蜂虿螫指而神不能憺，蚊虻嚼肤而知不能平。⁽³⁾夫忧患之来撄人心也，非直蜂虿之螫毒而蚊虻之惨怛也，而欲静漠虚无，奈之何哉？⁽⁴⁾夫目察秋毫之末，耳不闻雷霆之音；耳调玉石之声，目不见太山之高。何则？⁽⁵⁾小有所志而大有所［志］（忘）也。⁽⁶⁾今万物之来擢拔吾（悟）［性］，攫取吾情，有若泉源，虽欲勿禀，其可得耶？⁽⁷⁾

【注释】
　　〔1〕蔚气：病色。蔚，通"萎"。《楚辞·离骚》王逸注："萎，病也。"挠滑：扰乱。极：尽。

〔2〕挠：除去。李哲明《淮南义训补疏》：字书无"挠"字，当是"拂"之异文。《广韵》："拂，去也，除也。"是其义。 蛘：《说文》："搔蛘也。" "辟寒暑"：郑良树《淮南子斠理》云："辟寒暑"上疑脱"肌肤"二字。《吕览·恃君览》："肌肤不足以扞寒暑。"可证。

〔3〕虿：蝎类毒虫。 螫：有毒腺的虫刺人。 憺：平定。《说文》："憺，安也。" 噆：刺穿。

〔4〕撄：干扰。 直：只。 憯怛：伤痛。

〔5〕玉石：《太平御览》十三引《文子·九守篇》作"金石"。今本《文子》作"金玉"。

〔6〕志：《道藏》本、《道藏辑要》本作"忘"。据正。

〔7〕擢：拔取。 "悟"：《道藏》本同。刘绩《补注》本作"性"。《文子·九守篇》作"擢拔吾生"。知"悟"字误。 攓：拔取。 禀：承受。

【译文】

静漠恬淡，是用来养性的；和愉虚无，是用来养德的。外物不扰乱内心，那么性情便能得到适宜的处所。性情不扰动内心的平和之气，那么德性便有了安定的位置。保养性命是用来治理社会，内怀德性是为了终了天年，这样可以说是掌握了"道"的根本。像这样，血液经脉没有郁滞，五脏没有疾病，灾祸、福气不能扰乱，非难、赞誉不能玷污，所以能够达到理想的顶点。但是没有那样的清平之世，怎么又能得到成功呢？即使有能得道的人，没有遇到明世，自身还是不能够脱难，何况无道之人呢？况且人的常情，耳目能够感应行动，内心可以感知忧愁欢乐；手脚可以揉搓伤痛和瘙痒，肌肤可以防备寒暑的侵袭，这就是器官和外物进行接触的原因。黄蜂、毒虫叮咬手指，而精神不能平定；蚊虻穿肤吸血，而感觉不能平息。忧愁、患难来干扰人心的时候，不只是像黄蜂、毒虫的毒汁，蚊虻的叮咬的伤痛，这样却想要平静淡漠，怎么能做到呢？视力集中在细微事物上的时候，耳朵听不到雷霆的吼声；耳朵倾听金石的美妙音乐时，眼睛有时连巍峨的太山也见不到，为什么呢？精神集中在细小的方面，而把重大的事情忽略了。现在世界上的万事万物纷纷来拔取我的天性，摄取我的性情，就像泉水涌流一样，即使想不接受，又怎么能够做到呢？

今夫树木者，灌以鱻水，畤以肥壤，一人养之，十人拔之，则必无馀糵，有况与一国同伐之哉？⁽¹⁾虽欲久生，岂可得乎？今盆水在庭，清之终日，未能见眉睫；浊之不过一挠，而不能察方员。⁽²⁾人神易浊而难清，犹盆水之类也。况一世而挠滑之，曷得须臾平乎？

【注释】
〔1〕鱻：《道藏》本、刘绩《补注》本作"潝"。古楚语。指水暴涨。 畤：壅土。 "一人"二句：《韩非子·说林上》："然使十人树之，而一人拔之，则毋生杨矣。" 糵：再生的枝条。
〔2〕挠：搅动。《说文》："挠，扰也。" 察：见。

【译文】
现在种植树木的人，用大水来浇灌它，用肥沃的土壤来拥培它，如果一个人来培植，十个人来拔掉它，那么必定连枝条也没有了，又何况和一国的人共同砍伐它呢？虽然想要长久生存下去，又怎么可能呢？现在把一盆水放到庭院中，使它澄清一整天，还不能照见眉毛和睫毛。轻轻搅动一下便使之浑浊，就不能看见方和圆形的轮廓了。人的精神容易被搅浑而难于变清，就像盆水之类。更何况整个社会都来搅动它，怎么能有一刻的平静呢？

古者至德之世，贾便其肆，农乐其业，大夫安其职，而处士脩其道。⁽¹⁾当此之时，风雨不毁折，草木不夭，九鼎重味，珠玉润泽，洛出《丹书》，河出《绿图》，故许由、方回、善卷、披衣得达其道。⁽²⁾何则？世之主有欲利天下之心，是以人得自乐其间。四子之才，非能尽善，盖今之世也。⁽³⁾然莫能与之同光者，遇唐、虞之时。⁽⁴⁾

逮至夏桀、殷纣，燔生人，辠谏者，为炮烙，铸金柱，剖贤人之心，析才士之胫，醢鬼侯之女，菹梅伯之骸。⁽⁵⁾当此之时，峣山崩，三川涸，飞鸟铩翼，走兽挤脚。⁽⁶⁾当此之间，岂独无圣人哉？然而不能通其道者，不遇其世。（天）[夫]鸟飞千仞之上，兽走丛薄之中，祸犹及之，又况编户齐民乎？⁽⁷⁾由此观之，体道者不专在于我，亦有系于世者矣。⁽⁸⁾

【注释】
〔1〕贾：行商。　肆：店铺。　处士：隐居之人。　脩：《太平御览·皇王部》二引此作"循"。
〔2〕九鼎：古代象征国家政权的传国之宝，传为夏禹所铸。高诱注："九鼎，九州贡金所铸也。一曰象九德，故曰九鼎也。"　重：厚。润泽：有光泽。　洛：今河南洛河。《丹书》：一种所谓天书，用丹笔书写。　河：黄河。《绿图》：传说为天赐符命之书。《周易·系辞上》："河出图，洛出书。"　方回、善卷、披衣：皆尧时隐士。
〔3〕盖：掩。
〔4〕光：赞誉。　唐、虞：指唐尧、虞舜。
〔5〕夏桀：夏朝末代国君。被商汤推翻。　殷纣：商朝末代之君。被周武王所推翻。　燔：焚烧。　辠：无罪被杀。陆德明《经典释文》："辠，罪也。"　炮烙：纣王所用酷刑。《烈女传》："膏铜柱，下加之炭，令有罪者行焉，辄落炭中，妲己笑，名曰炮格之刑。"　铸金柱：高诱注："然火其下，以人置其上，人堕陊火中，而对之笑也。"上博简《容成氏》有"金桎三千"。金柱，疑作"金桎"。　析：解开。　胫：脚。　醢：肉酱。鬼侯：纣时诸侯。又作九侯。　菹：把人剁成肉酱。　梅伯：纣时诸侯。
〔6〕峣山：在陕西蓝田县东南。　三川：指泾、渭、汧。　涸：干竭。　铩：有鼻的剑。这里有折断义。　挤：毁坏。《逸周书·武纪》："挤社稷，失宗庙。"
〔7〕天：《道藏》本、刘绩《补注》本作"夫"。当是。　丛薄：聚木曰丛，深草曰薄。　编户：即编入户籍。
〔8〕体：实行。《氾论训》高诱注："体，行也。"

【译文】
　　在古代德政最好的时代，商人在方便的地方设置店铺，农民以耕种为乐，大夫安于职守，而隐士修养道德。在这个时候，狂风暴雨不毁折农作物，草木旺盛，九鼎中滋味醇厚，珍珠美玉光华润泽，洛水里出现《丹书》，黄河里出了《绿图》。因此许由、方回、善卷、披衣，能够乐修他们的道术。为什么这样呢？天子有为天下人谋利益之心，因此人们能够自乐其道于天地之间。这四个人的才能，不能算是最好的，却能超过今世。然而当今之世却没有人能够同他们争名誉，是因为他们遇到了唐尧、虞舜这样的盛世。
　　等到夏桀、商纣王时代，烧死活人，杀死劝谏者，设置炮烙、铸造金柱这样的酷刑，剖开贤人比干的五脏，割开才士的脚胫，把鬼侯的女儿剁成肉酱，把梅伯的骸骨压成肉泥。在这个时候，高高的崤山崩塌了，泾、渭、汧三川枯竭了，天上的飞鸟折断了翅膀，地上走兽打断了腿脚。在这个时候，难道唯独没有圣人吗？然而不能够推行他们的理想，是因为没有遇到明世。鸟儿飞到千仞的高空，野兽奔跑在草丛之中，灾祸还不能避免，又何况是普通的民众呢？从这里可以看出，掌握"道"的人不仅仅在于我自身，也是和整个社会联系在一起的。

　　夫历阳之都，一夕反而为湖，勇力圣知与罢怯不肖者同命；⁽¹⁾巫山之上，顺风纵火，膏夏、紫芝与萧、艾俱死。⁽²⁾故河鱼不得明目，稚稼不得育时，其所生者然也。⁽³⁾故世治则愚者不得独乱，世乱则智者不能独治。身蹈于浊世之中，而责道之不行也，是犹两绊骐骥，而求其致千里也。⁽⁴⁾置猿槛中，则与豚同，非不巧捷也，无所肆其能。⁽⁵⁾舜之耕陶也，不能利其里；⁽⁶⁾南面王，则德施乎四海。仁非能益也，处便而势利也。
　　古之圣人，其和愉宁静，性也；其志得道行，命也。是故性遭命而后能行，命得性而后能明。乌号之弓，溪子之弩,不能无弦而射;⁽⁷⁾越舲蜀艇,不能无水而浮。⁽⁸⁾今矰缴机而在上,网罟张而在下,虽欲翱翔,其势焉得!⁽⁹⁾故《诗》云:"采采卷耳,不盈倾筐。嗟我怀人,寘彼周行。"⁽¹⁰⁾以言慕远世也。

【注释】
〔1〕历阳:西汉淮南国县名,在今安徽和县、含山一带,陷而为巢湖。 反:《说文》:"覆也。"有倾覆、陷落义。
〔2〕巫山:山名。在今重庆市巫山县。 膏夏:大木名。 紫芝:今称灵芝。《本草经》:"久服轻身,不老延年","坚筋骨,好颜色"。 萧、艾:两种草名。
〔3〕稚:幼小。
〔4〕两:双。 骐骥:千里马名。
〔5〕槛:围野兽的栅栏。《广雅·释宫》:"槛,牢也。" 肆:极尽。
〔6〕"舜之耕陶"句:《墨子·尚贤中》:"古者舜耕历山,陶河滨,渔雷泽。" 里:所居之乡里。
〔7〕谿子:国名。以产弩而著名。
〔8〕舲:小船。
〔9〕矰:一种用丝绳系住射飞鸟的箭。 缴:拴在箭上的生丝绳。 机:发箭的机关。 网罟:网。以上二句亦见《楚辞·九章·惜诵》。
〔10〕卷耳:野菜名。引文见《诗·周南·卷耳》。

【译文】
历阳国的都城,一个晚上倾覆、陷落成为湖泊。勇敢、有力、聪明、智慧的人,和老弱、胆怯、不肖的人命运相同。高高的巫山上,顺风放起火来,昂贵的膏夏、紫芝,和低贱的萧、艾一起死亡。因此黄河水浑浊,鱼儿看不远;寒霜降临,禾苗便被冻死,这是因为它们所生长的环境造成了这个样子。所以世道太平,那么愚蠢的人也不能单独造成混乱;社会混乱,就是聪明的人也不能单独治理好。身体陷于混浊社会之中,却责难大道不能通行,这就像绊住千里马的双脚,而要求它日行千里一样。把猿猴关在笼子里,那么它便和猪没有两样;不是已经失去灵敏轻捷的特性,而是无法施展自己的才能罢了。舜在耕田、制陶的时候，美德不能扩大到所居的乡里；而他南面称王时，德泽可以施加到四海。所以光凭仁术是不能使他们增加什么，靠的是所处的地位方便和形势便利罢了。

　　古代的圣人，平和宁静，是他们的本性；他们的志向、道德得以施行，是时运造成的。因此天性逢到适宜的时运，而后才能通行；时运遇到天性才能得以显明。乌号这样的强弓，溪子这样的硬弩，不能没有弓弦就能射出去；越国和蜀国的小船，不能够没有水就能浮在水面。现在上面架好了弓箭，在下面张开网罗，鸟儿即使想要自由飞翔，它们面临这样情势，又怎样能做到呢！因此《诗》中说："采采卷耳菜，不满一浅筐。叹我想念人，置它大路旁。"说的是思慕古代贤君的政治。

第三卷 天文训

【题解】

本篇是记载淮南王刘安及门客科学技术成果的重要文献，代表了汉代的最高科技成就，也成为淮南王自然天道观的重要组成部分。

文中探讨了宇宙本原、演化和形成的问题。对五星、二十八宿、八风、二十四节气、岁星和干支纪年法、五音、十二律、旋宫等许多问题进行研究，达到了很高的水平。文中对物候、气象、农事、政事及反常气候等也作了记载。作者运用先进的几何学原理，对正朝夕、大地东西南北的长度、日高等进行了测定。当然其中的数字是不实的，但是敢于探索宇宙奥秘的精神，则是十分可贵的。

而高诱的题解是："文者，象也。天先垂文象，日月五星及彗孛，皆谓以谴告一人。"也就是说，用天象的变化，来警告和责示人君，必须"仰天承顺"，"不乱其常"，顺应天道规律，否则上天必降祸殃。其中带有浓重的"天人感应"的成分。

陶方琦《淮南许注异同诂》：（此）"高注本也。"

天地未形，冯冯翼翼，洞洞灟灟，故曰大昭。⁽¹⁾道始于虚霩，虚霩生宇宙，宇宙生气，气有汉垠。⁽²⁾清阳者薄靡而为天，重浊者凝滞而为地。⁽³⁾清妙之合专易，重浊之凝竭难，故天先成而地后定。⁽⁴⁾天地之袭精为阴阳，阴阳之专精为四时，四时之散精为万物。⁽⁵⁾积阳之热气生火，火气之精者为日；积阴之寒气者为水，水气之精者为月。日月之淫为，精者为星辰。⁽⁶⁾天受日月星辰，地受水潦尘埃。〔7〕昔者共工与颛顼争为帝，怒而触不周之山，天柱折，地维绝。〔8〕天倾西北，故日月星辰移焉；〔9〕地不满东南，故水潦尘埃归焉。〔10〕

【注释】

〔1〕冯翼、洞灟：高诱注："无形之貌。"按：即混沌不分，没有定型的样子。　大昭：宇宙原始混沌的状态。大，《道藏》本、刘绩《补注》本作"太"。

〔2〕道：指宇宙本源。　虚霩：空虚、无形之义。　宇宙：高诱注："宇，四方上下也；宙，往古来今也。"按：指无穷的空间和时间。气：指构成万物的原始物质。　汉：《道藏》本、刘绩《补注》本、《四库全书》本同。庄逵吉本作"涯"。《说文》："涯，水边也。""垠，地垠也。一曰岸也。"即界畔义。与高诱注"汉垠，重安之貌"不合。疑"汉"字不误。

〔3〕清阳者：指清轻之气。　薄靡：高诱注："若埃飞扬之貌。"按：即轻微浮散的样子。　重浊：沉重混沌之气。《黄帝内经·素问·阴阳应象大论》："积阳为天，积阴为地。故清阳为天，浊阴为地。"

〔4〕清妙：指清微之气。　合专：聚合之义。专，通"抟"。《说文》："抟，圜也。"《管子·内业》尹知章注："抟，结聚也。"　凝竭：即凝固。

〔5〕袭精：高诱注："袭，合也。精，气也。"　专精：聚合之气。　散精：四散之气。

〔6〕"淫为"：《道藏》本、刘绩《补注》本、《四库全书》本同。王念孙《读书杂志》引之曰：本作"日月之淫气"。《广韵》"星"字注引此云："日月之淫气，精者为星辰。"

〔7〕受：包容。

〔8〕颛顼：传说中的古代部落首领。《史记·五帝本纪》列为"五帝"之一，黄帝之孙。　不周之山：高诱注："在西北也。"按：《楚辞·离骚》王逸注："在西北方，昆仑之西北。"　维：系地的大绳。

〔9〕倾：高。

〔10〕"地不满"二句：《楚辞·天问》："八柱何当？东南何亏？康回冯怒，地何故以东南倾？"可与此相参。

【译文】

天地没有形成的时候，是一片混沌不分、迷迷茫茫的景象，所以称之为"大昭"。宇宙和自然的本原便从空旷的环境中产生了，空廓之中又产生了宇宙，宇宙之中又产生了大气。大气是有形态的。清轻的部分浮起飞扬而变成天，沉重混浊的部分聚结起来而变成大地。清微之气聚合容易，沉重混浊之气凝结困难，因此天先形成而后大地才逐渐定形。天地聚合的精气变成阴阳，阴阳聚合之气成为四季，四季的消散之气成为万物。阳气积聚，它的热气生成火；火的精气，变成太阳。阴气积聚，它的寒气生成水；水的精气，变成月亮。日月的过甚之气，生成星辰。上天容纳日月星辰，大地接受水潦尘埃。从前共工和颛顼争夺天下的帝位，共工发怒碰倒了西北方的不周之山，撑天的柱子被撞折，系地的大绳子被拉断。西北方的天高起来，所以日月星辰便移向那儿。东方大地倾斜下去，所以水流尘土归向东方。

天道曰员，地道曰方；⁽¹⁾方者主幽，员者主明。⁽²⁾明者吐气者也，是故火曰外景；⁽³⁾幽者含气者也，是故水曰内景。⁽⁴⁾吐气者施，含气者化，是故阳施阴化。⁽⁵⁾天之偏气，怒者为风；⁽⁶⁾天地之含气，和者为雨。⁽⁷⁾阴阳相薄，感而为雷，激而为霆，乱而为雾。⁽⁸⁾阳气胜则散而为雨露，阴气胜则凝而为霜雪。⁽⁹⁾

【注释】

〔1〕道：指构成。"天圆地方"说，并见《吕览·圜道》《大戴礼记·曾子天圆》《周髀算经》等。

〔2〕主：主掌。

〔3〕吐气：放出气体。 "火曰"：顾广圻《校淮南子》云："曰"疑当作"日"。《大戴礼记》作"火日"。 外景：光芒在外。指火和太阳。

〔4〕含气：吸收气体。 "水曰"：洪颐煊《淮南子丛录》：张衡《灵宪》："日譬犹火，月譬犹水。火则外光，水则含景。"此本作"火日外景"，"水月内景"。两"曰"字是俗人所改。 内景：光芒在内。指水和月亮。

〔5〕施：施予。 化：生成。

〔6〕偏气：不正之气。

〔7〕"天地":《道藏》本同,刘绩《补注》本作"地"。 和:和调。
〔8〕薄:迫近。 感:感触。 激:剧烈。 "霆":疑为"电"。《地形训》:"阴阳相薄为雷,激扬为电。"
〔9〕散:散发。

【译文】

天的构成是圆的,大地的构成是方的;方的大地主管幽暗,圆的上天主掌光明。光明的天是放射出气体的,所以火和太阳光芒在外,叫做"外景"。幽暗的大地是吸收气体的,所以水和月亮光芒在内,叫做"内景"。太阳放射出光芒,施予大地;大地吸收光芒,生成万物。所以说阳气布施,阴气化育。天的偏斜方向聚集的气体,郁结了便激怒为风;大地吸收的气体,与风中和后便形成了雨。阴气阳气相迫近,感触而成为雷,接触剧烈便成为电,杂乱混合便成为雾。阳气强烈战胜阴气,那么便散发成为雨露;阴气强烈战胜阳气,那么便凝结而成为霜雪。

毛羽者,飞行之类也,故属于阳;〔1〕介鳞者,蛰伏之类也,故属于阴。〔2〕日者阳之主也,是故春夏则群兽除,日至而麋鹿解。〔3〕月者阴之宗也,是以月虚而鱼脑减,月死而蠃蛖膲。〔4〕火上荨,水下流,故鸟飞而高,鱼动而下。〔5〕物类相动,本标相应。〔6〕故阳燧见日,则燃而为火;〔7〕方诸见月,则津而为水。〔8〕虎啸而谷风至,龙举而景云属。〔9〕麒麟斗而日月食,鲸鱼死而彗星出;〔10〕蚕珥丝而商弦绝,贲星坠而勃海决。〔11〕

人主之情,上通于天。〔12〕故诛暴则多飘风,枉法令则多虫螟。〔13〕杀不辜则国赤地,令不收则多淫雨。〔14〕

【注释】
〔1〕毛羽者:指鸟类。

〔2〕介鳞者：指龟、蛇类。　蛰伏：指冬眠。
〔3〕除：坠落。即换毛。　日至：日冬至、日夏至。高诱注："日冬至，麋角解；日夏至，鹿角解。"
〔4〕月虚：即月亏。　减：即减损。《说文》："减，损也。"　月死：指月衰、月晦之时。《释名·释天》："朔，月初之名也。朔，苏也。月死复苏生也。"　蠃：《道藏》本、刘绩《补注》本作"蠃"。"蠃"通"蠃"。蠃，通"螺"，蚌类。　硙：《道藏》本同。刘绩《补注》本作"蛖"。即蚌蛤。　膲：肉不满。据今人研究，蚌肉肥瘦盈虚变化，与月亮对蚌性腺刺激有关。
〔5〕荨：通"燂"。《说文》："燂，火热也。"
〔6〕物类：万物的种类。　标：末端。
〔7〕阳燧：利用凹面镜聚光原理而制成的取火器。
〔8〕方诸：高诱注："阴遂，大蛤也。熟磨拭令热，月盛时以向月下，则水生。以铜盘受之，下水数滴。"　津：生津。即汽化。
〔9〕谷风：即东风。　景云：祥云。
〔10〕麒麟：传说中兽名。《说文》："麒，麒麟，仁兽也。"古代以犀牛、长颈鹿等为其原形。　食：通"蚀"。《说文》："蚀，败创也。"　鲸鱼：高诱注："大鱼，长数里，死于海边。"　彗星：俗称扫帚星。天体中运行的星体。
〔11〕珥：通"咡"。吐。　商弦：高诱注："商音清，弦细而急。"贲星：又作孛星、流星。是一种忽隐忽现的星。　勃海：大海。《大戴礼记·诰志》王聘珍解诂："勃，大也。"　决：溢出。
〔12〕人主：指天子、国君。
〔13〕暴：暴虐。　飘风：疾风。《老子》二十三章："飘风不终朝。"枉：歪曲。　螟：食心虫。
〔14〕赤地：即大旱。　令：违时之命令。　淫雨：久雨为淫。

【译文】

　　长着羽毛的鸟类，是在天空飞行一类的动物，所以归属到阳；身着鳞甲的龟、蛇之类，是在地下冬眠一类的动物，所以属于阴。太阳是阳类万物的主宰，因此到了春季和夏季，许多野兽便开始换毛。日冬至时麋开始脱角，夏至鹿角脱落。月亮是阴类万物的主宰，因此月亮亏的时候鱼的脑子重量减少；月缺的时候，蚌蛤之类肉不满。火气是向上燃烧的，水是向低处流动的，所以鸟儿向上高飞，鱼儿向下潜伏。万物种类之间是互相感应的，本与末之间是互相呼应的。因此阳燧对着太阳，便可以聚焦取火；方诸放置月下，可使气体液化为水。老虎咆哮，便有东风来临；神龙举首，则有祥云相会；麒麟争斗，便会发生日食、月食；鲸鱼死亡，便有彗星出现；春蚕吐丝，商弦便会断绝；流星坠落时，大海就要漫溢。

天子的情感是和上天相通的，所以实行暴政，就会多有暴风；法律不正，就会虫灾为患；诛杀无罪之人，便会造成大旱；乱发违时之令，便会出现阴雨连绵。

四时者，天之吏也；日月者，天之使也；星辰者，天之期也；(1) 虹霓彗星者，天之忌也。(2)

【注释】
〔1〕期：约期，聚会。
〔2〕忌：通"誋"。告诫。《说文》："誋，诫也。"

【译文】
春夏秋冬四季，是上天的官吏；太阳、月亮，是上天的使臣；星辰，是上天的聚会之处；虹霓、彗星，是上天发布的告诫。

天有九野，九千九百九十九隅，去地五亿万里。(1) 五星，八风，二十八宿，五官，六府，紫宫、太微、轩辕、咸池、四守、天阿。(2)

【注释】
〔1〕九野：即九天。野，分野。 隅：《说文》："陬也。"指边角处。 五亿万里："盖天说"对天高的推测。
〔2〕五星：岁星、荧惑、镇星、太白、辰星。 八风：八方之风。亦见《地形训》。 二十八宿：古代把天球赤道和黄道一带（即月球和太阳视运动的天区部分）的若干恒星，组成二十八星组，称二十八宿。每七宿

成一象，称为四象。　　五官：高诱注："五行之官。"

【译文】
　　上天中央八方为九野，有九千九百九十九个边相交，离开地面五亿里。有五星，有八风，有二十八宿，有五官，有六府，有紫宫、太微、轩辕、咸池、四守、天阿。

　　何谓九野？中央曰钧天，其星角、亢、氐。⑴东方曰苍天，其星房、心、尾。⑵东北曰变天，其星箕、斗、牵牛。⑶北方曰玄天，其星须女、虚、危、营室。⑷西北方曰幽天，其星东壁、奎、娄。⑸西方曰昊天，其星胃、昴、毕。⑹西南方曰朱天，其星觜嶲、参、东井。⑺南方曰炎天，其星舆鬼、柳、七星。⑻东南方曰阳天，其星张、翼、轸。⑼

【注释】
　　⑴钧天：《吕览·有始》高诱注："钧，平也。为四方主，故为钧天。"
　　⑵苍天：《吕览·有始》高诱注："东方，二月建卯，木之中也。木色青，故曰苍天。"
　　⑶变天：高诱注："（扬）[阳]气始作，万物萌牙，故曰变天。"
　　⑷玄天：《吕览·有始》高诱注："北方，十一月建子，水之中也。水色黑，故曰玄天。"
　　⑸幽天：高诱注："幽，阴也。（酉）[西]（北）方季秋，将即于阴，故曰幽天也。"
　　⑹昊天：高诱注："皓，白也。西方金色，白，故曰昊天。"
　　⑺朱天：高诱注："朱，阳也。西南为少阳，故曰朱天。"
　　⑻炎天：《吕览·有始》高诱注："南方，五月建午，火之中也，火性炎上，故曰炎天。"
　　⑼阳天：高诱注："东南纯乾用事，故曰阳天。"

【译文】

什么叫九野？中央叫钧天，二十八宿中的属星是角、亢、氐。东方叫苍天，它的属星是房、心、尾。东北方叫变天，它的属星叫箕、斗、牵牛。北方叫玄天，它的属星叫须女、虚、危、营室。西北方叫幽天，它的属星是东壁、奎、娄。西方叫昊天，它的属星叫胃、昴、毕。西南方叫朱天，它的属星有觜巂、参、东井三宿。南方叫炎天，属星有舆鬼、柳、七星。东南方叫阳天，它的属星是张、翼、轸。

何谓五星？

东方木也，其帝太皞，其佐句芒，执规而治春，其神为岁星，其兽苍龙，其音角，其日甲乙。〔1〕

南方火也，其帝炎帝，其佐朱明，执衡而治夏，其神为荧惑，其兽朱鸟，其音徵，其日丙丁。〔2〕

中央土也，其帝黄帝，其佐后土，执绳而制四方，其神为镇星，其兽黄龙，其音宫，其日戊己。〔3〕

西方金也，其帝少昊，其佐蓐收，执矩而治秋，其神为太白，其兽白虎，其音商，其日庚辛。〔4〕

北方水也，其帝颛顼，其佐玄冥，执权而治冬，其神为辰星，其兽玄武，其音羽，其日壬癸。〔5〕

【注释】

〔1〕木：即木星，也叫岁星。古代认为木星十二年一周天（实际是11.86年），每岁行一次，故名。《说文》："岁，木星也。越历二十八宿，宣遍阴阳，十二月一次。" 太皞：伏牺氏有天下之号，被祀为东方之天帝。 句芒：《吕览·有始》高诱注："少皞氏之裔子曰重，佐木德之帝，死为木官之神。" 苍龙：高诱注："木色苍，苍龙顺其色也。"按：苍龙为古代四象之一。东方七宿，想象构成龙形，叫青龙或苍龙。《史记·天官书》："东宫苍龙。" 角：五音之一。《礼记·月令》孔颖达疏："角是扣木

之声，但作乐器之用。" 甲乙：代表木日。

〔2〕炎帝：即神农氏，被祀为南方之帝。 朱明：即祝融。炎帝后裔，被祀为火神。 衡：义同"准"。《说文》："准，平也。"测量水平的器具。 荧惑：五星之一。因其隐现不定，使人迷惑而得名。《汉书·天文志》："荧惑出则有大兵。" 朱鸟：亦名朱雀。四象之一。古人把南方七宿，想象成朱雀之形。《史记·天官书》："南宫朱鸟。"

〔3〕黄帝：五帝之首。少典之子。王天下，祀为中央之帝。 后土：炎帝之裔。 绳：绳尺。木工用以取直的墨线和尺子。 镇星：因其二十八岁行一周天，好像镇压二十八宿一样，故名。《开元占经·填星占》："填星，其行岁填一宿，故名。"

〔4〕少昊：黄帝之子青阳。号金天氏。祀为西方之帝。 蓐收：少昊之子。 太白：晨出东方，又名启明星。《诗·大雅·大明》："东有启明，西有长庚。" 白虎：四象之一。古人把西方七宿想象成白虎之形，故名。《资治通鉴》胡三省注："白虎，西方之兽，主威武。"

〔5〕颛顼：黄帝之孙。号高阳氏。祀为北方之帝。 玄冥：水神。 权：秤锤。 辰星：即水星。水星距太阳最近，常在太阳左右一辰（30°）之内，故称辰星。 玄武：四象之一。北方七宿，形如龟、蛇相交，故名。《史记·天官书》："北宫玄武。"四象中的苍龙和白虎，见于湖北随州战国初年古墓中，而完整记载以《天文训》为最早。

【译文】

什么叫五星？

东方是木星。它的主管天帝是太皞，它的辅佐是木神句芒，手执圆规而管理春天。它的保护神是岁星，它的代表兽是苍龙，它在五音中属于角，它的代表时间是十干中的甲乙。

南方是火星。它的主管天帝是炎帝，它的辅佐是祝融，执掌衡而管理夏天。它的保护神是荧惑，它的代表动物是朱雀，它在五音中属于徵，它的代表时间是十干中的丙丁。

中央是土星。它的主管天帝是黄帝，它的辅佐是后土，执掌绳墨而统治四面八方。它的保护神是镇星，它的代表兽是黄龙，它在五音中属宫音，它的代表时间是十干中的戊己。

西方是金星。它的主管天帝是少昊，它的辅佐是蓐收，执掌矩形工具而管理秋天。它的保护神是太白，它的代表兽是白虎，它在五音中属于商,它的代表时间属十干中的庚辛。

北方是水星。它的主管天帝是颛顼,它的辅佐是水神玄冥,手执秤锤而管理冬天。它的保护神是辰星,它的代表兽是玄武,它在五音中属于羽,它的代表时间属十干中的壬癸。

太阴在四仲,则岁星行三宿。⁽¹⁾太阴在四钩,则岁星行二宿。⁽²⁾二八十六,三四十二,故十二岁而行二十八宿。⁽³⁾日(月)行十二分度之一,岁行三十度十六分度之七,十二岁而周。⁽⁴⁾

荧惑常以十月入太微,受制而出行列宿,司无道之国,为乱、为贼、为疾、为丧、为饥、为兵,出入无常,辨变其色,时见时匿。⁽⁵⁾

镇星以甲寅元始建斗,岁镇行一宿。⁽⁶⁾当居而弗居,其国亡土。未当居而居之,其国益地、岁熟。日行二十八分度之一,岁行十三度百一十二分度之五,二十八岁而周。⁽⁷⁾

太白元始,以正月甲寅与荧惑晨出东方,二百四十日而入,入百二十日而夕出西方,二百四十日而入,入三十五日而复出东方。⁽⁸⁾出以辰戌,入以丑未;当出而不出,未当入而入,天下偃兵;当入而不入,当出而不出,天下兴兵。⁽⁹⁾

辰星正四时,常以二月春分效奎、娄,以五月夏至效东井、舆鬼,以八月秋分效角、亢,以十一月冬至效斗、牵牛。⁽¹⁰⁾出以辰戌,入以丑未,出二旬而入,晨候之东方,夕候之西方。一时不出,其时不和;⁽¹¹⁾四时不出,天下大饥。⁽¹²⁾

【注释】

〔1〕太阴：也叫太岁、岁阴。古代天文学家假设的星名，与岁星相应。但与岁星运行方向相反，每岁行一辰。主要解决岁星超辰问题。用在岁星纪年等方面。《周官·春官·保章氏》："以十有二岁之相。"郑玄注："岁，谓太岁。岁星为阳，右行于天；太岁为阴，左行于地，十二岁而周。" 四仲：指十二辰中卯、酉、子、午四处，即二十四节气中的春分、夏至、秋分、冬至点。 岁星：即木星。

〔2〕四钩：陶方琦《淮南许注异同诂》：《占经》二十三引许注："四钩，谓丑寅为一钩，辰巳为一钩，未申为一钩，戌亥为一钩。"四钩，即四角（亦称四维）之处。《天文训》高诱注不正确。

〔3〕"二八十六"句：即：岁星行2宿×4（钩，即八辰）=16宿。"三四十二"句：即：岁星行3宿×4（仲，即4辰）=12宿。 "十二岁"句：16宿+12宿=28宿。木星实际是11.86年行一周天，我国约在二千年前测定为十二年一周天。

〔4〕"日月行"三句：《道藏》本亦有"月"字，刘绩《补注》本、《开元占经》卷二十三引、《史记·天官书》无。"月"为衍文。古代以 $365\frac{1}{4}$ 为一周天的度数，木星每天行 $\frac{1}{12}$ 度，一年是：$\frac{1}{12}$ 度 $\times 360\frac{1}{4} = 30\frac{7}{16}$ 度。十二年是：$30\frac{7}{16}$ 度 $\times 12 = 365\frac{1}{4}$ 度。

〔5〕太微：即太微垣。在北斗之南，轸宿和翼宿之北。 制：裁断。《说文》："制，裁也。"

〔6〕甲寅元始：即甲寅年正月开始。 建：北斗星斗柄所指叫建。《周礼·春官·占梦》贾公彦疏："建，谓斗柄所建，谓之阳建。"建斗，即镇星起于斗。

〔7〕"日行"三句：每年行：$\frac{1}{28}$ 度 $\times 360 = 13\frac{5}{112}$ 度。二十八年行：$13\frac{5}{112}$ 度 $\times 28 = 365\frac{1}{4}$ 度。

〔8〕正月甲寅：即甲寅年正月为一年之首。太阳、岁星相同。"二百四十日"以下四句：240+120+240+35=635（日）。这里指出的是金星的会合周期，比今值大51.08日。比《淮南子》早三十年的《五星占》中测得的是584.4日，比今值大0.48日，比《淮南子》精确。

〔9〕"当入而不入"二句：《史记·天官书》："未当出而出，当入而不入，（天）下起兵，有破国。"疑《天文训》有误。

〔10〕正：规定。 效：见。

〔11〕时：季节。
〔12〕饥：饥荒。

【译文】

　　太阴处在卯、酉、子、午四仲位置的时候，那么岁星行三宿。太阴在丑寅、辰巳、未申、戌亥四角之处，那么岁星行二宿。二宿乘八辰，是十六宿；三宿乘四辰，是十二宿。这样加起来十二岁行完二十八宿。太阴每天行进 $\frac{1}{12}$ 度，每岁行进 $30\frac{7}{16}$ 度，十二年行完一周天 $365\frac{1}{4}$ 度。

　　荧惑常在十月进行入太微垣，受天帝之命而出巡列宿，主管无道的国家，使之出现动乱、盗贼、疾疫、丧亡、饥荒、战争。荧惑出入无常，经常变换颜色，有时出现，有时藏匿。

　　镇星在甲寅年正月起于北斗，每年镇行一宿。应当占据而没有占据时，这个星宿所代表的国家便失去土地。不当居留而居留时，这个星宿所代表的国家增加土地，五谷获得丰收。每日行程 $\frac{1}{28}$ 度，每年行进 $13\frac{5}{112}$ 度，二十八岁运行一周天。

　　太白开始运行的时候，在甲寅年正月早晨，与荧惑一同出现在东方，二百四十天以后便被阳光掩蔽住。经过一百二十天，黄昏时又出现在西方。运行二百四十天，又隐没在阳光馀晖之中。这样经过三十五天，又重新出现在东方（完成一个周期）。出现在辰、戌之辰，伏入在丑、未之辰。应当出现而没有出现，不应当隐没而隐没，天下便会停息干戈。应当隐没而没有隐没，不应当出现而出现，天下便会兴起战争。

　　辰星能够规定四季的节气，常常在二月春分时出现在奎、娄二宿，在五月夏至时出现在东井、舆鬼二宿。在八月秋分时出现在角、亢二宿。在十一月冬至时出现在斗、牵牛二宿。出现时在辰、戌之辰，隐没时在丑、未之辰，出现二旬便要隐没。早晨在东方等候，晚上在西方等候。一个季节里没有出现，这个季节里便会发生不协调之事；四季里不出现，天下便会出现大的饥荒。

何谓八风？

距日冬至四十五日，条风至；[1] 条风至四十五日，明庶风至；[2] 明庶风至四十五日，清明风至；[3] 清明风至四十五日，景风至；[4] 景风至四十五日，凉风至；[5] 凉风至四十五日，阊阖风至；[6] 阊阖风至四十五日，不周风至；[7] 不周风至四十五日，广莫风至。[8]

条风至，则出轻系，去稽留；[9] 明庶风至，则正封疆，修田畴；[10] 清明风至，则出币帛，使诸侯；景风至，则爵有位，赏有功；[11] 凉风至，则报地德，祀四郊；[12] 阊阖风至，则收县垂，琴瑟不张；[13] 不周风至，则脩宫室，缮边城；广莫风至，则闭关梁，决刑罚。

【注释】

〔1〕条风：立春时的东北风。
〔2〕明庶风：春分时的东风。
〔3〕清明风：立夏时的东南风。
〔4〕景风：夏至后暖和的风。
〔5〕凉风：立秋时的西南风。
〔6〕阊阖风：秋分时的西风。
〔7〕不周风：立冬时的西北风。
〔8〕广莫风：冬至时的北风。"八风"之说，见于《吕览·有始》，《地形训》亦载之，并见于《史记·律书》、《说文》等。
〔9〕轻系：轻刑。　稽留：指拘留的人。
〔10〕田畴：田地。
〔11〕"爵有位"：俞樾《诸子平议》云："位"疑"德"字之误。《白虎通·八风篇》作"爵有德"。刘文典《淮南鸿烈集解》：《太平御览》二十三引作"施爵位"。
〔12〕四郊：四方之神。
〔13〕县垂：指钟、磬等悬挂的乐器。

【译文】

什么叫八风?

距离冬至四十五日,立春的条风到来;条风到后四十五日,春分时的明庶风到来;明庶风到后四十五日,立夏时的清明风到来。清明风至四十五日,夏至时的景风到来;景风到后四十五日,立秋时的凉风到来。凉风到后四十五日,秋分时的西风到来;阊阖风到后四十五日,立冬时的不周风到来。不周风到来四十五日,冬至时广莫风到来。

条风到来时,便赦免轻罪之人,放出监狱犯人。明庶风来临(正是播种季节),要修正疆界,整治田地。清明风吹来,天子要拿出币帛之类的财物,聘问诸侯;景风吹拂之时,要给有功德的人授爵,赏赐有功劳的人;凉风到来,(五谷丰登),要报答土地之德,祭祀四方之神;阊阖风吹来,要收起钟、磬等悬挂的乐器,琴瑟等不再张弦;不周风吹来,(寒气袭人),就要修缮房室,整治边城。广莫风来临,就要封闭关卡、桥梁,处罚有罪之人。

何谓五官?⁽¹⁾

东方为田,南方为司马,西方为理,北方为司空,中央为都。⁽²⁾

【注释】

〔1〕五官:即上天五星所担任的官职。《管子·五行》:"五官于六府也。"房玄龄注:"立五行之官,分掌六府也。"

〔2〕田:主农。 司马:主兵。 理:主刑狱。于大成《天文校释》:《五行大义·论诸官篇》引《淮南》作"大理"。 司空:主土木工程。 都:四方官之总管。

【译文】

什么叫五官?

东方是主管农业的田官,南方是主兵政的司马之官,西方是主管刑狱的理官,北方是主管土木的司空之官,中央是四方官之总管。

何谓六府？⁽¹⁾

子午、丑未、寅申、卯酉、辰戌、巳亥是也。

【注释】

〔1〕六府：古人以为天上贮藏财物之所。每两个方位为一府。分为水、火、金、土、木、谷六府。

【译文】

什么是六府？

每二个地支子午、丑未、寅申、卯酉、辰戌、巳亥所代表的方位叫六府。

太微者，太一之庭也。⁽¹⁾紫宫者，太一之居也。⁽²⁾轩辕者，帝妃之舍也。⁽³⁾咸池者，水鱼之囿也。⁽⁴⁾天阿者，群神之阙也。⁽⁵⁾四宫者，所以为司赏罚。⁽⁶⁾

【注释】

〔1〕太微：即太微垣。包括室女、后发、狮子等星座的一部分。《春秋元命苞》："太微为天庭，五帝合明。""太一"：俞樾《诸子平议》疑作"天子"。《太平御览》引《天官星占》曰："紫宫，太一坐也。太一之宫，天子之庭，五帝之坐也。"

〔2〕紫宫：亦称紫微。包括北天极附近的天区，大致相当于拱极星区，有十五星。《占经》引石氏云："紫微垣十五星，西藩七，东藩八。"

〔3〕轩辕：《史记·天官书》正义："轩辕十七星，在七星北。主雷雨之神，后宫之象也。"

〔4〕咸池：《史记·天官书》正义："咸池三星，在五车中，天潢南，鸟鱼之所托也。"《楚辞·少司命》王逸注："咸池，星名，盖天池也。" 水鱼：天神。

〔5〕"天阿"：钱塘《天文训补注》、王念孙《读书杂志》认为"天阿"应作"天河"。俞樾《诸子平议》谓"天河"当作"两河"。 阙：门观。

〔6〕"四宫"：高诱注："紫宫、轩辕、咸池、天阿。"按：《太平御览》

卷六"天部":"四守者,所司赏罚。"许注:"四守:紫宫、轩辕、咸池、天阿也。"知"宫"应作"守"。

【译文】
　　太微垣是天子的庭院。紫宫是天帝的居室。轩辕是天帝后妃的寝宫。咸池是天神的苑囿。天阿是群神进入天庭的门户。紫宫、轩辕、咸池、天阿,是用来守卫天帝,并且主管赏罚的。

　　太微者,主朱鸟。[1]紫宫执斗而左旋,日行一度,以周于天,日冬至峻狼之山;[2]日移一度,月行百八十二度八分度之五,而夏至牛首之山。[3]反覆三百六十五度四分度之一,而成一岁。[4]天一元始,正月建寅,日月俱入营室五度。[5]天一以始建,七十六岁,日月复以正月入营室五度,无馀分,名曰一纪。[6]凡二十纪,一千五百二十岁大终。[7]日月星辰复始甲寅元。[8]日行一度,而岁有奇四分度之一,故(曰)[四]岁而积千四百六十一日,而复合故舍,八十岁而复故(曰)[日]。[9]

【注释】
　　[1] 主:掌管。
　　[2] 斗:北斗。《史记·天官书》:"斗为帝车,运于中央,临制四乡。分阴阳,建四时,均五行;称节度,定诸纪,皆系于斗。" 峻狼之山:南极之山。冬至时斗柄所指。《玉篇》作"日冬至入峻狼之山"。
　　[3] 牛首之山:北极之山。夏至时斗柄所指。
　　[4] 反覆:指从冬至经夏至,再回到冬至,一周天是$365\frac{1}{4}$度,是为一年。
　　[5] 天一:又作"太一"。《史记·天官书》:"中宫天极星,其一明者,太一常居也。"正义云:"泰一,天神之尊贵者也。"即北极神之别名。一说是太岁。　建寅:夏正以寅月为岁首(即农历正月),称为建寅。　营室:

即二十八宿中玄武七宿的第六宿。也称"室"、"定"。

〔6〕馀分：即小分。$5\frac{1}{4}$日×76=399日。 一纪：纪年的单位，为76岁。

〔7〕二十纪：即：76岁×20=1520岁。 大终：一个周期，也是一终。

〔8〕"日月星辰"句：王念孙《读书杂志》引之云："大终"下当有"三终"二字。盖一终而建甲戌，积千五百二十岁；二终而建甲午，积三千四十岁；三终而复得甲寅之元，积四千五百六十岁。故曰：三终，日月星辰复始甲寅之元也。

〔9〕"日行一度"句：王念孙《读书杂志》引之云：本作"日行危一度"。后人删去"危"字耳。陶方琦《淮南许注异同诂》：《占经》五引："日行危一度。"许注："危，北方宿也。" 奇：零数。《正字通》："数之零曰奇。" "故曰"：《道藏》本、刘绩《补注》本作"四"。当是。"四岁"句，$365\frac{1}{4}$日×4=1461日。 舍：宿。 "曰"：《道藏》本、刘绩《补注》本同。何宁《淮南子集释》引黄榦云："曰"当作"日"。一岁凡三百六十五日四分日之一，八十岁计有四百八十七甲子，而馀分皆尽，仍复故日干支也。

【译文】

太微垣主管南方朱雀七宿。紫宫执掌北斗斗柄，向左面旋转，每天行进一度，每年在天上轮回一周。在冬至之时，斗柄指向峻狼之山。每天移行一度，共行$182\frac{5}{8}$度，正好是夏至之日，斗柄指向牛首之山。从夏至再到冬至，是$365\frac{1}{4}$度，便是一岁的时间。纪年开始的时候，以寅月为岁首（即初一夜里三点至五点），太阳、月亮恰好在营室五度的位置，（为历元之始）。从太一开始确定纪元之时，过了76年，太阳、月亮又在正月份进入营室五度的位置，没有剩馀的小分，称作一纪。共行20纪，1520岁叫一终。到三终时，日、月、星、辰又开始回到甲寅年正月朔旦的时刻。斗柄每日行进一度，而每年有零数$\frac{1}{4}$度，因此四年便是整数1461天，可以回到原来的宿位，80岁后又可以回到原来的日子。

子午、卯酉为二绳，丑寅、辰巳、未申、戌亥为四钩。⁽¹⁾东北为报德之维也，西南为背阳之维，东南为常羊之维，西北为蹄通之维。⁽²⁾日冬至则斗北中绳，阴气极，阳气萌，故曰冬至为德。⁽³⁾日夏至则斗南中绳，阳气极，阴气萌，故曰夏至为刑。⁽⁴⁾阴气极，则下至黄泉，北至北极，故不可以凿地穿井。⁽⁵⁾万物闭藏，蛰虫首穴，故曰德在室。⁽⁶⁾阳气极，则南至南极，上至朱天，故不可以夷丘上屋。⁽⁷⁾万物蕃息，五谷兆长，故曰德在野。⁽⁸⁾日冬至则水从之，日夏至则火从之。故五月火正，火正而水漏，十一月水正而阴胜。⁽⁹⁾阳气为火，阴气为水。水胜，故夏至湿；火胜，故冬至燥。燥故炭轻，湿故炭重。⁽¹⁰⁾日冬至，井水盛，盆水溢，羊脱毛，麋角解，鹊始巢，八尺之脩，日中而景丈三尺。⁽¹¹⁾日夏至而流黄泽，石精出，蝉始鸣，半夏生，蚊虻不食驹犊，鸷鸟不搏黄口。⁽¹²⁾八尺之景，脩径尺五寸。⁽¹³⁾景脩则阴气胜，景短则阳气胜。阴气胜则为水，阳气胜则为旱。

【注释】

〔1〕绳：指四辰所代表的冬至与夏至、春分与秋分，把一年用互相垂直的两条线即经、纬来区分四季。　四钩：钩，连接。指把丑与寅、辰与巳、未与申、戌与亥八个辰勾连起来，每钩之间夹一维。

〔2〕报德之维：高诱注："报，复也。阴气极于北方，阳气发于东方，自阴复阳，故曰报德之维。"　背阳之维：高诱注："西南已过，阳将复阴，故曰背阳之维。"　常羊之维：高诱注："常羊，不进不退之貌也。东南纯阳用事，不盛不衰，常如此，故曰常羊。"　蹄通之维：高诱注："西北纯阴，阳气闭结，阳气将萌，蹄始通之，故曰蹄通之维。"按：蹄，《道藏》本同。刘绩《补注》本作"号"，唐本《玉篇》同。

〔3〕斗北：斗柄朝北。《鹖冠子·环流》："斗柄东指，天下皆春；斗柄南指，天下皆夏；斗柄西指，天下皆秋；斗柄北指，天下皆冬。"　德：即

始生的旺气。

〔4〕刑：指肃杀之气。

〔5〕穿：打。 地：《广博物志》卷四引作"池"。

〔6〕蛰虫：指冬眠动物。 首穴：头朝向穴中。

〔7〕夷丘：平整山丘。

〔8〕兆：开始。《孟子·万章下》赵岐注："兆，始也。" 野：《说文》："郊外也。"

〔9〕火正：火旺。 漏：渗漏。 水正：水旺。

〔10〕"燥故"二句：即用木炭来测量湿度。炭轻，湿度小；炭重，湿度大。《淮南子》中凡四见。《史记·天官书》集解，孟康曰："先冬至二日，县土炭于衡两端，轻重适均，冬至日阳气至则炭重，夏至日阴气至则土重。"

〔11〕八尺：指测日影的表，用来定节气。即冬至之时，立八尺高的表，日中时影子长一丈三尺。

〔12〕流黄：今作硫黄。 泽：通"释"，释出。 石精：五石之精。五石，指五色之石。 半夏：植物名。五月始生，居夏之半，故曰半夏。驹犊：小马和小牛。 黄口：指雏鸟。

〔13〕"八尺之景，脩径尺五寸"二句：刘文典《淮南鸿烈集解》云：《艺文类聚》三引作"八尺之表，景脩尺五寸"。

【译文】

子午、卯酉四辰像两条直绳，（划出二至二分），丑与寅，辰与巳，未与申，戌与亥，相互勾连。（四钩的中间是四维），东北是报德之维，西南是背阳之维，东南是常羊之维，西北是蹄通之维，（处于立春、立夏、立秋、立冬之时）。冬至的时候，斗柄向北正当"绳"处，阴气处于极盛之时，阳气已开始萌发，因此说冬至旺气已开始产生。夏至的时候，斗柄向南正当"绳"处，阳气达到顶点，阴气开始萌发，因此说夏至产生肃杀之气。阴气达到极盛之时，那么向北可以达到极远的地方，向下可以达到黄泉，因此不能够掘地和打井。万物隐蔽躲藏起来，冬眠的动物埋进地穴，所以说旺气在室中。阳气到达顶点的时候，那么向南达到南方极远之处，向上达到西南方天空，所以不能够平整山丘，登屋作业。万物繁茂，五谷开始生长，因此说旺气在野外。冬至时水跟随它，夏至时火跟随它，所以五月份时火气旺而水气容易渗漏，十一月份水气旺而阴气胜。阳气化为火，阴气化为水。水气胜，所以夏至时潮湿；火气胜，所以冬至时干燥。（可以用悬挂木炭测量湿度），干燥，所以炭轻；潮湿，所以炭重。冬至的时候，井水旺盛，盆水溢出，羊儿脱毛，麋鹿落角，喜鹊开始筑巢。冬至时立八尺高的表，日中时影长一丈三尺。夏至的时候，土中硫黄释出，石中五色之玉出现，蝉开始鸣叫，半夏正在生长，蚊虻不吮吸马驹牛犊的血液，凶鸟不搏击雏鸟。夏至时立八尺高的表，日中时影长一尺半。影子长时阴气处于优势，影子短时阳气处于优势。阴气胜时就会发水灾，阳气胜那么就会出现旱情。

阴阳刑德有七舍。⑴何谓七舍？室、堂、庭、门、巷、术、野。⑵十二月德居室三十日，先日至十五日、后日至十五日而徙，所居各三十日。⑶德在室则刑在野，德在堂则刑在术，德在庭则刑在巷。阴阳相德，则刑德合门。⑷八月二月，阴阳气均，日夜分平，故曰刑德合门。⑸德南则生，刑南则杀，故曰二月会而万物生，八月会而草木死。

【注释】

〔1〕阴阳刑德：古代五行家研究天象和人类活动关系的学说。传世和出土文献多有记载。《管子·四时》："日掌阳，月掌阴。阳为德，阴为刑。""刑德者，四时之合也。刑德合于时，则生福；诡则生祸。" 七舍：指七处居留之地。比附阴阳二气在天区的方位。钱塘《天文训补注》：室为子，堂为丑亥，庭为寅戌，门为卯酉，巷为辰申，术为己未，野为午。此七舍以门为中，在门内者庭、堂、室也，在门外者巷、术、野也。

〔2〕术：《说文》："邑中道也。"

〔3〕"十二月"：王念孙《读书杂志》云："十二月"当为"十一月"。日至：即冬至。

〔4〕德：马宗霍《淮南旧注参正》云："德"通作"得"。言阴阳二气相得也。

〔5〕"分平"：汪文台《淮南子校勘记》曰：钱注作"平分"。

【译文】

　　气象中的阴、阳二气居留变化有七处。什么叫七舍？由近及远是内室、厅堂、庭院、门间、巷道、大路和郊外。十一月阳气停留在室内三十日，即在冬至之前十五日、在冬至之后十五日，并互相变换位置，而后刑、德各居留三十天。十一月阳气在室内，阴气在野外；十二月阳气在堂内，阴气在大路；正月阳气在庭院，阴气在巷道；二月阴、阳二气互相平衡之时，阳气与阴气同在门间之内。每年八月、二月秋分、春分，阴、阳二气均等，日夜时间平分，所以说阳气、阴气同在一个门内。阳气向南，万物生长；阴气往南，万物凋落，所以说二月两气相会，则万物群生；八月两气相会，则草木枯死。

　　两维之间，九十一度（也）十六分度之五，而升日行一度，十五日为一节，以生二十四时之变。[1] 斗指子，则冬至，音比黄钟。[2] 加十五日指癸，则小寒，音比应钟。[3] 加十五日指丑，则大寒，音比无射。[4] 加十五日指报德之维，则越阴在地，故曰距日冬至四十六日而立春，阳气冻解，音比南吕。[5] 加十五日指寅，则雨水，音比夷则。[6] 十五日指甲，则雷惊蛰，音比林钟。[7] 加十五日指卯，中绳，故曰春分，则雷行，音比蕤宾。[8] 加十五日指乙，则清明风至，音比仲吕。[9] 加十五日指辰，则谷雨，音比姑洗。[10] 加十五日指常羊之维，则春分尽，故曰有四十六日而立夏。[11] 大风济，音比夹钟。[12] 加十五日指巳，则小满，音比太蔟。[13] 加十五日指丙，则芒种，音比大吕。[14] 加十五日指午，则阳气极，故曰有四十六日而夏至，音比黄钟。[15] 加十五日指丁，则小暑，音比大吕。[16] 加十五日指未，则大暑，音比太蔟。[17] 加十五日指背阳之维，则夏分尽，故曰有四十六日而立秋，凉风至，音比夹钟。$^{(18)}$加十五日指申，则处暑，音比姑洗。$^{(19)}$加十五日指庚，则白露降，音比仲吕。$^{(20)}$加十五日指酉，中绳，故曰秋分。$^{(21)}$雷戒，蛰虫北乡，音比蕤宾。$^{(22)}$加十五日指辛，则寒露，音比林钟。$^{(23)}$加十五日指戌，则霜降，音比夷则。$^{(24)}$加十五日指蹄通之维，则秋分尽，故曰有四十六日而立冬，草木毕死，音比南吕。$^{(25)}$加十五日指亥，则小雪，音比无射。$^{(26)}$加十五日指壬，则大雪，音比应钟。$^{(27)}$加十五日指子，故曰阳生于子，阴生于午。$^{(28)}$阳生于子，故十一月日冬至，鹊始加巢，人气钟首。$^{(29)}$阴生于午，故五月为小刑，荠、麦、亭历枯，冬生草木必死。$^{(30)}$

【注释】

〔1〕"两维"几句：正文"九十一度也"，《道藏》本亦有"也"字。刘绩《补注》本、《四库全书》本无，当衍。一周天为四维，共 $365\frac{1}{4}$ 度。两维之间是 $91\frac{5}{16}$ 度。 升：《道藏》本、刘绩《补注》本、《四库全书》本同。王念孙《读书杂志》云："升"当为"斗"，字之误也。言斗柄左旋，日行一度，而以十五日为一节也。 二十四时：即二十四节气。

〔2〕子：十二地支之一。 冬至：每年12月21或22日，太阳到达黄经270°（冬至点）开始。 黄钟：十二律之首。高诱注："十一月也。钟者，聚也。阳气聚于黄泉之下也。"

〔3〕小寒：每年1月5日或6日，太阳到达黄经285°时开始。 应钟：高诱注："十月也。言阴应于阳，转成其功，万物应时聚藏，故曰应钟。"

〔4〕大寒：每年1月20日或21日，太阳到达黄经300°时开始。 无射：高诱注："九月也。阴气上升，阳气下降，万物随阴而藏，无有射出见也，故曰无射。"

〔5〕越：泄散。 立春：每年2月4日或5日，太阳到达黄经315°时开始。 南吕：高诱注："八月也。南，任也。（宫）［言］阴气内藏，阴侣于阳，任其成功，故曰南吕也。"

〔6〕雨水：每年2月19日或20日，太阳到达黄经330°时开始。　夷则：高诱注："七月也。夷，伤；则，法也。阳衰阴发，万物凋伤，应法成性，故曰夷则也。"

〔7〕"十五日"：《道藏》本、刘绩《补注》本前有"加"字。有脱文。　惊蛰：每年3月5日或6日，太阳到达黄经345°时开始。　林钟：高诱注："六月也。林，众；钟，聚也。阳极阴生，万物众聚而盛，故曰林钟。"

〔8〕春分：每年3月20日或21日，太阳到达黄经0°时开始。　蕤宾：高诱注："五月也。阴气蕤蕤在下，似主人；阳在上，似宾客，故曰蕤宾也。"

〔9〕清明：每年4月4日或5日，太阳到达黄经15°时开始。　仲吕：高诱注："四月也。阳在外，阴在中，所以吕中于阳，助成功也，故曰仲吕。"

〔10〕谷雨：每年4月20日或21日，太阳到达黄经30°时开始。　姑洗：高诱注："三月也。姑，故也；洗，新也。阳气养生，去故就新，故曰姑洗也。"

〔11〕"四十六日"：刘文典《淮南鸿烈集解》引黄桢曰："凡言四十六日，举成数言之，其实四十五日又三十二分之二十一。"　立夏：每年5月5日或6日，太阳到达黄经45°时开始。

〔12〕大风：即今东南季风或西南季风。　济：停止。　夹钟：高诱注："二月也。夹，夹也。万物去阴夹阳地而生，故曰夹钟也。"

〔13〕小满：每年5月21日或22日，太阳到达黄经60°时开始。　太蔟：高诱注："正月律也。蔟，蔟也。言阴衰阳发，万物蔟地而生，故曰太蔟。"

〔14〕芒种：每年6月5日或6日，太阳到达黄经75°时开始。　大吕：高诱注："十二月律也。吕，侣也。万物萌动于下，未能达见，故曰大吕。所以配黄钟，助阳宣功也。"

〔15〕夏至：每年6月21日或22日，太阳到达黄经90°时开始。

〔16〕小暑：每年7月7日或8日，太阳到达黄经105°时开始。

〔17〕大暑：每年7月22日或23日，太阳到达黄经120°时开始。

〔18〕立秋：每年8月7日或8日，太阳到达黄经135°时开始。

〔19〕处暑：每年8月23日或24日，太阳到达黄经150°时开始。

〔20〕白露：每年9月7日或8日，太阳到达黄经165°时开始。

〔21〕秋分：每年9月23日或24日，太阳到达黄经180°时开始。

〔22〕戒：《道藏》本、刘绩《补注》本、《四库全书》本同。王念孙《读书杂志》云："戒"当为"臧"，字之误也。"臧"，古"藏"字。

〔23〕寒露：每年10月8日或9日，太阳到达黄经195°时开始。

〔24〕霜降：每年10月23日或24日，太阳到达黄经210°时开始。

〔25〕立冬：每年11月7日或8日，太阳到达黄经225°时开始。

〔26〕小雪：每年 11 月 22 日或 23 日，太阳到达黄经 240° 时开始。

〔27〕大雪：每年 12 月 7 日或 8 日，太阳到达黄经 355° 时开始。二十四节气的第一次完整记载，当见于《淮南子》。《左传·昭公十七年》中只有"分、至、启、闭"四气，《吕览》中有十个节气。

〔28〕子：指冬至之时。　午：指夏至之时。

〔29〕加：通"架"。"人气钟首"句：即人所受阴气，聚集在头部。

〔30〕小刑：轻微的肃杀之气。指五月之气象。　荠：荠菜。《地形训》："荠冬生中夏死。"　亭历：一年生草本植物，立夏后采实。《西京杂记》："亭历，死于盛夏。"

《淮南子》二十四节气图

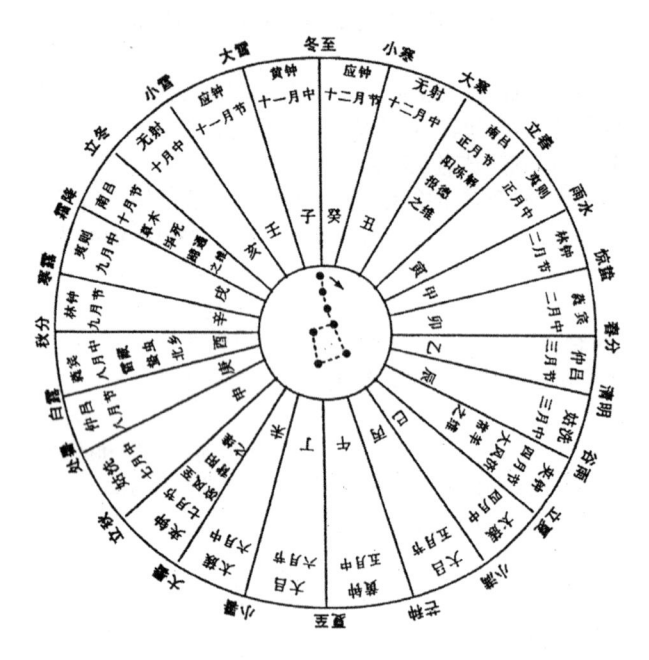

《淮南子·天文训》二十四节气图说明：

1. 二十四节气全年为 $365\frac{1}{4}$ 日，两维之间为 $91\frac{5}{16}$ 度，具体分配如下：冬至—大寒 46 日，立春—惊蛰 45 日，春分—谷雨 46 日，立夏—芒种 46 日，夏至—大暑 46 日，立秋—白露 46 日，秋分—霜降 46 日，立冬—大雪 45。

2. 中间为北斗运行方向，以斗柄所指定四季。"四立"为四季的开始。

【译文】

两维之间 $91\frac{5}{16}$ 度，北斗斗柄日行一度，十五天为一个节气，运行一周就是二十四节气。斗柄指向子位，那么正是冬至，相应的是十二律中的黄钟。增加十五日斗柄指向癸，那么便是小寒，相应的是十二律中的应钟。增加十五日指向丑位，那么则是大寒，相应的是十二律中的无射。增加十五日指向报德之维，阴气在大地上泄散，所以说距冬至四十六天便是立春。阳气升起，冰冻消释，其音相当于十二律的南吕。增加十五天斗柄指向寅，便是雨水，其音相当于十二律中的夷则。增加十五天斗柄指向甲，那么雷声阵阵，惊蛰到来，其音相当于十二律中的林钟。增加十五日斗柄指向卯位，正当"绳"处，所以称为春分，那么雷声大起，其音相当十二律中的蕤宾。增加十五日斗柄指向乙位，清明之风吹来，其音相当于十二律中的仲吕。增加十五日斗柄指向辰，那么则是谷雨，其音相当于十二律中的姑洗。增加十五日指向常羊之维，那么便春分终止，因此说有四十六日而立夏。大风停止。其音相当于十二律中夹钟。增加十五日指向巳位，那么便是小满，其音与十二律中太蔟相当。增加十五日斗柄指向丙位，那么便是芒种，其音与十二律中大吕相比应。增加十五日斗柄指向午，那么阳气达到极点，因此说有四十六天而夏至。其音与十二律中黄钟相应。增加十五日斗柄指向丁位，那么便是小暑，其音与十二律中大吕相应。增加十五日指向未，那么便是大暑，其音与十二律中的太蔟相当。增加十五日指向背阳之维，那么夏节终了，所以夏至后有四十六日而立秋。凉风吹来，其音与十二律夹钟相应。增加十五日指向申位，那么便是处暑，其音与二律中姑洗相应。增加十五日斗柄指向庚位，那么白露便要降落，其音与十二律中仲吕相应。增加十五日北斗斗柄指向酉位，正当"绳"处，所以叫秋分。雷声躲藏，蛰虫冬眠，头向北面，其音与十二律中蕤宾相应。增加十五日斗柄指向辛位，那么便是寒露，其音与十二律中林钟相应。增加十五日斗柄指向戌位，那么便是霜降，其音与十二律中夷则相应。增加十五日斗柄指向蹄通之维，那么便秋节终了，所以说有四十六日而立冬，草木全部枯死，其音与十二律中南吕相应。增加十五日斗柄指向亥位，那么便是小雪，其音与十二律无射相应。增加十五日斗柄指向壬位，那么便是大雪,其音与十二律中应钟相应。增加十五日指向子位,因此说阳气生于冬至,阴气生于夏至。阳气生于冬至,所以十一月冬至之时,鹊儿开始架巢越冬,人所受阴气也聚集在头部。阴气生于夏至,所以五月含有轻微的肃杀之气,荠菜、麦类、亭历等植物枯黄,越冬生长的草木一定死去。

斗杓为小岁,正月建寅,月从左行十二辰。⁽¹⁾咸池为太岁,二月建卯,月从右行四仲,终而复始。⁽²⁾太岁,迎者辱,背者强,左者衰,右者昌。⁽³⁾小岁,东南则生,西北则杀,不可迎也,而可背也;不可左也,而可右也。其此之谓也。大时者,咸池也;⁽⁴⁾小时者,月建也。⁽⁵⁾

【注释】
〔1〕斗杓:即北斗斗柄二颗星,也指招摇。 小岁:指用"斗杓"纪月。 建寅:夏历正月为建寅之月。 月:每月。 十二辰:十二地支运用到天空区域,就叫十二辰。即沿地平线的大圈,以正北为子,正东为卯,正南为午,正西为酉。
〔2〕"太岁":王念孙《读书杂志》引钱大昕说,"太岁"当作"大岁"。用"咸池"运行来标示四季。
〔3〕太岁:即指"咸池"。非与木星相对应的假设星名。
〔4〕大时:指"咸池"的运行。区分四季。
〔5〕小时:指"斗杓"的运行。标明月份的位置。 月建:农历每月所置之辰为月建。如正月建寅,二月建卯等。

【译文】
北斗斗柄五至七颗星称为小岁,夏历正月为建寅之月,每月从左行十二辰。咸池是大岁,二月建卯,每月从右行十二辰中的卯酉子午(即四季),终而复始。大岁,迎着它的方向,将要受辱,背离它的方向,将要强大;在它的左边,将要衰弱;在它的右边,将要昌盛。小岁,斗柄朝东南,万物得以生长;朝西北方向,将要出现杀伐。不能够迎着它,而可以背着它;不可以在它的左边,而能够在它的右边。这种现象，说的就是小岁和大岁。用以指明四季的大时，是咸池；用以纪月的小时，是月建。

天维建元，常以寅始，起右徙。一岁而移，十二岁而大周天，终而复始。[1]

淮南元年冬，太一在丙子，冬至甲午，立春丙子。[2]

【注释】
[1] 天维：指太岁。　建元：每年纪元的开始。夏正建寅，即以农历正月为岁首。
[2] "淮南元年冬"句：指淮南王即位之元年。即汉文帝十六年（前164年）。"太一"：王念孙《读书杂志》引之曰："太一"当作"天一"。《广雅》曰："天一，太岁也。"古者天一、太岁、太阴，名异而实同。

【译文】
太岁纪年的开始，常常用农历正月为岁首，太岁每年向右移动一次，十二年运行一周天，终而复始。

淮南王元年的冬天，太岁在丙子之年，冬至在甲午之日，立春在丙子之日。

二阴一阳成气二，二阳一阴成气三。[1] 合气而为音，合阴而为阳，合阳而为律，故曰五音六律。[2] 音自倍而为日，律自倍而为辰。[3] 故日十而辰十二。

【注释】
[1] "二阴一阳"二句：俞樾《诸子平议》云："二阴一阳"，则二二如四，一三如三，其数七。除五生数，则得成数二。所谓"二阴一阳成气二"也。"二阳一阴"，则二三如六，一二如二，其数八。除五生数，则得成数三。所谓"二阳一阴成气三"也。此阴阳之数，即《易》少阳、少阴之数。
[2] 合气：聚合之气。　合阴：指二阴加一阴，成为阳气。　合阳：

指阳气加阳气,为"律"。 五音:宫商角徵羽。 六律:阳六为"律"。即黄钟、太蔟、姑洗、蕤宾、夷则、无射。

〔3〕日:日干为十。用以纪日。即甲、乙、丙…… 辰:纪月的地支为十二。即子、丑、寅……

【译文】

二份阴气加一份阳气,形成二份阴气;二份阳气,一份阴气,可以形成三份阳气。五份聚合之气,形成五音。二份阴气加一份阳气,形成三份阳气。三份阳气二合,而成为六律。所以说产生了五音和六律。五音的倍数而成为十个日干,六律的倍数而成为十二辰。所以有十个日干而十二个地支。

月,日行十三度七十六分度之二十六,二十九日九百四十分日之四百九十九而为月,而以十二月为岁。〔1〕岁有馀十日九百四十分日之八百二十七,故十九岁而七闰。〔2〕

【注释】

〔1〕"二十六":高诱注:"六,或作八。"按:"六"当作"八"。 日行度数:$1\,076$(月周)$\div 76$(日周)$=13\frac{28}{76}$(度) 月行度数:$27\,759$(日数)$\div 940$(月数)$=29\frac{499}{940}$(度) 一岁度数(十二朔望月):$29\frac{499}{940} \times 12=354\frac{348}{940}$(日)

〔2〕"岁有馀"句:$365\frac{1}{4}$日$-354\frac{348}{940}$日$=10\frac{827}{940}$日 "十九岁七闰"句:$10\frac{827}{940}$日$\times 19=206\frac{673}{940}$日(约合七个月)

【译文】

月亮每天进行$13\frac{28}{76}$度,$29\frac{499}{940}$日而为一月,而把十二个月作为一岁。每年尚差$10\frac{827}{940}$日不够$365\frac{1}{4}$日。因而十九年有七次闰年。

日冬至子午,夏至卯酉。⁽¹⁾冬至加三日,则夏至之日也。⁽²⁾岁迁六日,终而复始。⁽³⁾壬午冬至,甲子受制,木用事,火烟青。⁽⁴⁾七十二日,丙子受制,火用事,火烟赤。⁽⁵⁾七十二日,戊子受制,土用事,火烟黄。七十二日,庚子受制,金用事,火烟白。七十二日,壬子受制,水用事,火烟黑。七十二日而岁终,庚子受制。⁽⁶⁾岁迁六日,以数推之,七十岁而复至甲子。⁽⁷⁾

甲子受制,则行柔惠,挺群禁,开阖扇,通障塞,毋伐木。⁽⁸⁾丙子受制,则举贤良,赏有功,立封侯,出货财。⁽⁹⁾戊子受制,则养老鳏寡,行粰鬻,施恩泽。⁽¹⁰⁾庚子受制,则缮墙垣,修城郭,审群禁,饰兵甲,儆百官,诛不法。壬子受制,则闭门闾,大搜客,断罚刑,杀当罪,息关梁,禁外徙。⁽¹¹⁾

【注释】

〔1〕子午、卯酉:干支纪日。

〔2〕"冬至加三日"句:高诱注:"冬至后三日,则明年夏至之日也。"按:钱塘《天文训补注》云:"冬至距夏至有百八十二日十六分日之十,去百八十日,馀二日过半,举整数言三日。"

〔3〕"岁迁六日"二句:高诱注:"今年以子冬至,后年以午冬至也。"按:迁,移动。如:2015年五月初七夏至(农历,下同),2015年十一月十二日冬至。2016年五月十七夏至,2016年十一月二十三日冬至。每年变动约六日。钱塘《天文训补注》云:"亦举整数言之,实五日四分日之一。"

〔4〕受制:即受命。 用事:行事。

〔5〕"七十二日"句:即把一年分为五个时段,每段为七十二日。

〔6〕"庚子":王念孙《读书杂志》引之曰:今本作"庚子",涉上文"庚子"而误也。当作"庚午受制"。

〔7〕"岁迁六日"句:指每年尚馀六日(实 $5\frac{1}{4}$ 日)。 "七十岁"句:

王念孙《读书杂志》引之曰：由"甲子受制"每岁以迁六日推之，至十岁而六十甲子终而复始，则当作"十岁而复至甲子"。今本"十"上有"七"字，涉上文"七十二日"而衍也。按：钱塘《天文训补注》与此不同："七十岁积二千五百二十日，适盈四十二旬周，故复至甲子，至是五子已五十四周矣。"

〔8〕柔惠：即爱抚。　挺：宽缓。《礼记·月令》陆德明释文："挺，宽也。"　群禁：众多禁令。　阖扇：门扇。用木叫阖，用竹苇叫扇。《说文》："阖，门扇也。"

〔9〕封侯：古代帝王把爵位、土地赐人，在特定区域内封邦建国。

〔10〕鳏寡：老而无妻及老而无夫。　粋鬻：饭食。《广雅·释器》："粋，饘也。"即粥。　饬：通"饬"。整治。　儆：警戒。《说文》："戒也。"

〔11〕"大搜客"句：《左传·昭公十八年》："使司寇出新客，禁旧客，勿出于宫。"　息：关闭。

【译文】

太阳冬至时在子午之时，夏至时在卯酉之时。冬至后三天，就是第二年夏至的日期。每年变动六天，终而复始。在壬午时冬至，甲子之日受命，东方木气行事，火的烟色是青的。隔七十二天，丙子之日受命，火气行事，火的烟色是红的。隔七十二天，戊子之日受命，土气行事，火的烟气是黄色的。隔七十二日，庚子之日受命，金气用事，火的烟气是白色的。隔七十二天，壬子之日受命，水气用事，火的烟色是黑的。再隔七十二天，转完一年，是庚子之日受制约。每年变动六天，按照这样的数字来推算，经过十年可以恢复到甲子之日。

甲子之日受命，那么应该实行爱抚百姓的政策，宽缓众多的禁令，打开城门的关卡，沟通障碍和关塞，不要砍伐树木。丙子之日受命，那么应该推举有贤德之人，奖赏有功的人员，把爵位土地授予诸侯，拿出仓库里的货财，以供民用。戊子之日受命，那么应赡养无妻、无夫的老人，向穷苦人施舍饭食，广施恩泽于民。庚子之日受命，那么应该修缮墙垣，修治内城和外城，审查各项禁令，整治军队武器装备，警戒百官，诛杀违法之人。壬子之日受命，那么就要紧闭大门和巷道，全面清查居留新老客户，施行刑罚，杀戮应该处死之人，封闭关口和桥梁，禁止人员向外流动。

甲子气燥浊，丙子气燥阳，戊子气湿浊，庚子气燥寒，壬子气清寒。〔1〕丙子干甲子，蛰虫早出，故雷早行。〔2〕戊子干甲子，胎夭卵（殰）〔殈〕，鸟虫多伤。〔3〕庚子干甲子，有兵。壬子干甲子，春有霜。戊子干丙子，霆。庚子干丙子，夷。〔4〕壬子干丙子，雹。甲子干丙子，地动。〔5〕庚子干戊子，五谷有殃。壬子干戊子，夏寒雨霜。甲子干戊子，介虫不为。〔6〕丙子干戊子，大旱，苽封熯。〔7〕壬子干庚子，大刚鱼不为。〔8〕甲子干庚子，草木再死再生。丙子干庚子，草木复荣。戊子干庚子，岁或存或亡。〔9〕甲子干壬子，冬乃不藏。丙子干壬子，星坠。戊子干壬子，蛰虫冬出其乡。庚子干壬子，冬雷其乡。〔10〕

【注释】
〔1〕燥浊：干燥，混浊。　燥阳：干燥，暖和。
〔2〕干：冲犯。《说文》："干，犯也。"
〔3〕"殈"：《道藏》本、刘绩《补注》本同。当作"殈"。《说文》："殈，卵不孚也。"即卵败坏孵不出禽鸟。已见《原道训》。
〔4〕夷：伤。一作"电"。
〔5〕地动：地震。《史记·秦始皇本纪》："十五年，地动。"
〔6〕介虫：龟之类。　为：成。
〔7〕苽封：苽，茭白。封，通"葑"。《广韵》"用"韵："葑，菰根也。"　熯：干涸。《说文》："熯，干貌。"
〔8〕"大刚"：王念孙《读书杂志》引之曰："大刚"二字，义不可通。"大"，衍。"刚"当为"则"，字之误也。
〔9〕"岁或存或亡"句：指年岁有丰有歉。
〔10〕"其乡"：郑良树《淮南子斠理》：疑涉上文而衍。

【译文】
　　甲子之日空气干燥混浊，则丙子之日空气干燥暖和，戊子之日空气潮湿混浊，庚子之日空气干燥寒凉，壬子之日空气清新寒冷。

丙子之日反常，冲犯甲子之日，那么冬眠的动物会提前出土，雷声也会提前来到。戊子之日冲犯甲子之日，胎儿夭折，鸟卵坏死，鸟虫之类多受伤害。庚子之日冲犯甲子之日，有战争发生。壬子之日冲犯甲子之日，春天会下起霜来。戊子之日冲犯丙子之日，惊雷滚滚。庚子之日冲犯丙子之日，电光闪闪。壬子之日干犯丙子之日，冰雹来袭。甲子之日冲犯丙子之日，将有地震发生。庚子之日干犯戊子之日，五谷就会发生祸殃。壬子之日干犯戊子之日，夏季寒冷下起霜来。甲子之日干犯戊子之日，甲壳之虫不能长成甲壳。丙子之日干犯戊子之日，发生大的旱灾，水生的茭白要干死。壬子之日干犯庚子之日，那么鱼儿就会长不成。甲子之日冲犯庚子之日，草木死而复生。丙子之日干犯庚子之日，草木会结实两次。戊子之日冲犯庚子之日，年成有丰有歉。甲子之日干犯壬子之日，地气上升，冬天转暖。丙子之日冲犯壬子之日，星辰坠落。戊子之日干犯壬子之日，蛰伏之虫冬天从地下爬出来。庚子之日冲犯壬子之日，冬天打雷。

　　季春三月，丰隆乃出，以将其雨。⁽¹⁾至秋三月，地气不藏，乃收其杀。⁽²⁾百虫蛰伏，静居闭户；青女乃出，以降霜雪。⁽³⁾行十二时之气，以至于仲春二月之夕，乃收其藏，而闭其寒。⁽⁴⁾女夷鼓歌，以司天和，以长百谷禽鸟草木。⁽⁵⁾孟夏之月，以熟谷禾，雄鸠长鸣，为帝候岁。⁽⁶⁾是故天不发其阴，则万物不生；地不发其阳，则万物不成。天员地方，道在中央。⁽⁷⁾日为德，月为刑。月归而万物死，日至而万物生。⁽⁸⁾远山则山气藏，远水则水虫蛰，远木则木叶槁。日五日不见，失其位也，圣人不与也。⁽⁹⁾

【注释】
　　〔1〕季春：春三月。　　丰隆：雨师。又说为雷。《楚辞·离骚》王逸

注:"丰隆,云师。一曰雷师。"

〔2〕至秋:秋三月。 "地气不藏":《道藏》本同,刘绩《补注》本"不"作"下"。郑良树《淮南子斠理》云:当作"地气下藏"。谓季秋之时,地气下降闭藏而冬乃成矣。 杀:肃杀之气。

〔3〕青女:高诱注:"青女,天神青霄玉女,主霜雪也。"

〔4〕十二时:指十二个节气。

〔5〕女夷:高诱注:"主春夏长养之神也。" 鼓歌:击鼓唱歌。 司:管理。 天和:自然祥和之气。 "禽鸟":汪文台《淮南子校勘记》、《艺文类聚·岁时部》上、《太平御览·岁时部》四、《百谷部》一"鸟"并作"兽"。

〔6〕雄鸠:布谷鸟。 帝:天帝。 候岁:守望年岁。《说文》:"候,伺望也。"

〔7〕"天员地方"句:"盖天说"认为,天员形如伞盖,地方形如棋盘。 道:指自然规律。《周易·说卦》:"立天之道曰阴曰阳。"

〔8〕月归、日至:指阴气归去,阳气来到。

〔9〕与:通"豫"。《尔雅·释诂上》:"豫,乐也。"

【译文】

春三月的时候,雨师便出现了,它将布施雨水。秋三月的时候,地气向下隐藏起来,并收缩起肃杀之气,各种各样的昆虫潜伏起来,静静地躲着以便渡过难关。主管霜雪的青女之神出现了,她使霜雪降落大地。并且运行十二时之气,而到仲春二月下旬,才收敛起所藏而闭塞寒气。主管春夏长养之神女夷击鼓唱歌,以便管理自然祥和之气,使百谷禽兽草木都能茁壮生长。孟夏之月到来,谷禾全部成熟,布谷鸟长时间鸣叫,为天帝候望年岁。所以上天不产生阴气,那么万物将不会生长;大地不产生阳气,那么万物将不会成熟。上天是圆形的,大地是方形的,而自然规律便在其中。太阳是旺气之所在,月亮是杀气之所在。阴气归来时而万物枯死,阳气到来时万物复苏。阳气远离山峦,那么山上云气便躲藏起来;远离水源,那么水中昆虫便蛰伏起来;远离树木,那么树木枝叶枯死。太阳五日隐藏不出现,便失去它的规律,圣人便感到不快。

日出于旸谷,浴于咸池,拂于扶桑,是谓晨明。[1]

登于扶桑，爰始将行，是谓朏明。[2]至于曲阿，是谓旦明。[3]至于曾泉，是谓蚤食。[4]至于桑野，是谓晏食。[5]至于衡阳，是谓隅中。[6]至于昆吾，是谓正中。[7]至于鸟次，是谓小还。[8]至于悲谷，是谓铺时。[9]至于女纪，是谓大还。[10]至于渊虞，是谓高春。[11]至于连石，是谓下（春）[舂］。[12]至于悲泉，爰止其女，爰息其马，是谓县车。[13]至于虞渊，是谓黄昏。[14]至于蒙谷，是谓定昏。[15]日入于虞渊之汜，曙于蒙谷之浦，行九州七舍，有五亿万七千三百九里，禹以为朝、昼、昏、夜。[16]

【注释】

〔1〕旸谷：日所出之处。　咸池：古代传说中的东方大泽。　拂：经过。　扶桑：东方神木名。传说太阳出其下。《楚辞·离骚》："总余辔乎扶桑。"亦见《地形训》、《览冥训》。　晨明：指晨昏朦胧之时。以下把白天时间分为十六时段。（参见陈广忠《淮南子科技思想》安徽大学出版社2000年版）。

〔2〕朏明：天将亮时，即黎明。

〔3〕曲阿：山名。　旦明：天明之时。指太阳出地平线时刻。《仪礼·少牢馈食礼》："旦明行事。"

〔4〕曾泉：徐坚《初学记》卷一："临于曾泉。"注："曾，重也。早食时在东方多水之地，故曰曾泉。"　蚤食：又叫旦食。蚤，通"早"。《说文》："早，晨也。"

〔5〕桑野：东方之地。　晏食：《黄帝内经·素问》王冰注："谓寅后二十五刻。"

〔6〕衡阳：山名。　隅中：日近中午。

〔7〕昆吾：日正午所经之处。在南方。　正中：指正当午时。即今十二点。

〔8〕鸟次：西极之山名。　小还：太阳运行通过鸟次山之时，叫小还。《初学记》卷一作"小迁"。

〔9〕悲谷：高诱注："西南方之大壑，言其深峻，临其上，令人悲思，故曰悲谷也。" 铺时：日行至申时为铺时。即午后三至五时。《说文》："铺，日加申时食也。"

〔10〕女纪：太阳运行的第十一个处所，位在西，时在申。 大还：《初学记》卷一作"大迁"。太阳行至女纪的时刻。

〔11〕渊虞：太阳申时所经之处。 高舂：指傍晚时分。

〔12〕连石：西北山名。 "舂"：《道藏》本、刘绩《补注》本作"春"。下舂，高诱注："言将欲冥下，象息舂，故曰下舂。"

〔13〕悲泉：古代传说中的水名。 "其女"：《初学记》卷一作"羲和"。 "其马"：《初学记》卷一作"六螭"。 县车：指日落之时。

〔14〕虞渊：传说日落之处。 黄昏：天将近黑时。

〔15〕蒙谷：北方之山名。 定昏：天已黑之时。

〔16〕汜：水边。 曙：明。 浦：水涯。 九州：指连同中国在内的大九州。 七舍：即七个停宿之处。高诱注："自阳谷至虞渊凡十六所，九州七舍也。" 禹：《道藏》本、刘绩《补注》本同。王念孙《读书杂志》云："禹"字义不可通，"禹"当为"离"。"离"者，"分"也。言分为朝、昼、昏、夜也。

【译文】

太阳从东方旸谷升起，在咸池里洗澡，在扶桑枝下拂过，这个时候称作晨明。升上扶桑枝头，将开始一天的旅程，这个时间叫朏明。到了曲阿山，称为旦明。到达多水的曾泉之处，这时称为早食。到达东方的桑野，叫做晏食。到达衡阳山，这时称为隅中。到达昆吾，这时是正中。到达乌次山，这时叫小还。到达西南悲谷，叫做铺时。到了西北女纪，这时叫大还。到达渊虞，叫做高舂。到达西北连石山，这时叫下舂。到了悲泉，羲和为太阳驾车停止了，拉车的六条龙也休息了，这时叫悬车。到达虞渊，叫做黄昏。到达北方蒙谷山，这叫做定昏。太阳进入到虞渊的水边，在蒙谷水边放射着光芒。所行的地方是天下九州七舍，共有五亿万七千三百九里。分别为早晨、白天、黄昏、黑夜。

夏日至则阴乘阳，是以万物就而死；[1] 冬日至则阳乘阴，是以万物仰而生。[2] 昼者阳之分，夜者阴之分。

是以阳气胜则日脩而夜短，阴气胜则日短而夜脩。

帝张四维，运之以斗，月徙一辰，复反其所。[3]正月指寅，十二月指子，一岁而匝，终而复始。[4]指寅，则万物螾，律受太蔟；[5]太蔟者，蔟而未出也。[6]指卯，卯则茂茂然，律受夹钟；[7]夹钟者，种始荚也。指辰，辰则振之也，律受姑洗；[8]姑洗者，陈去而新来也。指巳，巳者生已定也，律受仲吕；[9]仲吕者，中充大也。[10]指午，午者忤也，律受蕤宾；[11]蕤宾者，安而服之。指未，未昧也，律受林钟；[12]林钟者，引而止也。[13]指申，申者呻之也，律受夷则；[14]夷则者，易其则也，德以去矣。指酉，酉者饱也，律受南吕；[15]南吕者，任包大也。[16]指戌，戌者灭也，律受无射；[17]无射，入无厌也。指亥，亥者阂也，律受应钟；[18]应钟者，应其钟也。指子，子者兹也，律受黄钟；[19]黄钟者，钟已黄也。指丑，丑者纽也，律受大吕；[20]大吕者，旅旅而去也。其加卯、酉，则阴阳分，日夜平矣。[21]故曰：规生矩杀，衡长权藏，绳居中央，为四时根。

【注释】

[1] 乘：《汉书·朱云传》颜师古注："因也。"即依附义。　就：靠近。

[2] 仰：向。

[3] 帝：天帝。　运：旋转。斗柄左旋。　斗：北斗。　反：返回。

[4] 寅：《史记·律书》："寅言万物始生螾然也。""十二月"：《道藏》本、刘绩《补注》本同。《太平御览·时序部》一作"十一月"。"子"：《道藏》本、《道藏辑要》本、刘绩《补注》本作"丑"。"丑"字是，"子"字误。　匝：周。

[5] "则万物螾"：《道藏》本、刘绩《补注》本同。《史记·律书》作："寅，言万物始生螾然也。"知有脱文。　律：古代用竹管或金属管制

成的用来定音或候气的仪器。蔡邕《月令章句》："截竹为管谓之律。" 受：对应，接受。　太蔟：《史记·律书》："泰蔟者，言万物蔟生也，故曰太蔟。"十二律之一，正月律。

〔6〕蔟：《白虎通义·五行》："蔟者凑也，言万物始大，凑地而出也。"即聚集义。

〔7〕卯：《史记·律书》："卯之为言茂也。"　茂茂然：草木冒地而出的样子。　夹钟：《史记·律书》："夹钟者，言阴阳相夹厕也。"

〔8〕辰：《史记·律书》："辰者，言万物之蜄也。"　振：振动，振作。　姑洗：《史记·律书》："姑洗者，言万物洗生。"

〔9〕巳：《史记·律书》："巳者，言阳气之已尽也。"　仲吕：《史记·律书》："中吕者，言万物尽旅而西行也。"

〔10〕中充大：即充斥大地的意思。

〔11〕午：《史记·律书》："午者，阴阳交。"　忤：违反，抵触。　蕤宾：《史记·律书》："言阴气幼少，故曰蕤；痿阳不用事，故曰宾。"

〔12〕未：《史记·律书》："未者，味也。言万物皆成，有滋味也。"　林钟：《史记·律书》："林钟者，言万物就死气林林然。"林，通"綝"。《说文》："綝，止也。"

〔13〕引：引退。

〔14〕夷则：《史记·律书》："夷则者，言阴气之贼万物也。"

〔15〕酉：《史记·律书》："酉者，万物之老也。"　南吕：《史记·律书》："南吕者，言阳气之旅入藏也。"

〔16〕任包大：即阳气包裹阴气之义。任，通"妊"。

〔17〕戌：《史记·律书》："戌者，言万物尽灭，故曰戌。"　无射：《史记·律书》："无射者，阴气盛用事，阳气无馀也。故曰无射。"

〔18〕亥：《史记·律书》："亥者，该也。言阳气藏于下，故该也。"应钟：《史记·律书》："应钟者，阳气之应，不用事也。"

〔19〕子：《史记·律书》："子者，滋也。滋者，言万物滋于下也。"黄钟：《史记·律书》："黄钟者，阳气踵黄泉而出也。"

〔20〕丑：《史记·律书》正义："丑者，纽也。言阳气在上未降，万物厄纽未敢出也。"　大吕：《白虎通义·五行》："十二月律之谓大吕者何？大者，大也。吕者，拒也。言阳气欲出，阴不许也。吕之为言拒也，旅抑拒难之也。"

〔21〕"其加卯、酉"三句：王念孙《读书杂志》引之曰：当在前"日短而夜脩"下。　卯：指春分点。　酉：指秋分点。

十二律与二十四节气关系图

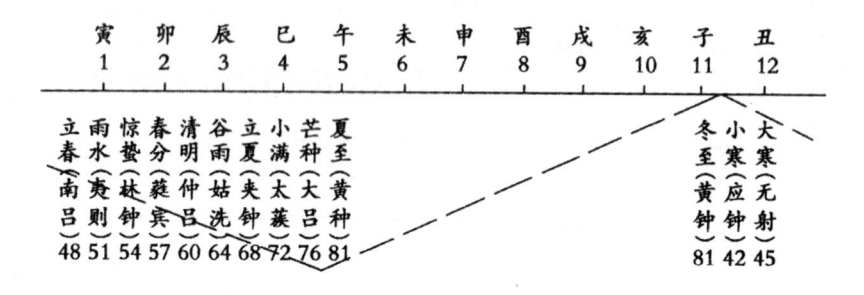

寅	卯	辰	巳	午	未	申	酉	戌	亥	子	丑
1	2	3	4	5	6	7	8	9	10	11	12

| 立春（南吕） | 雨水（夷则） | 惊蛰（夹钟） | 春分（蕤宾） | 清明（仲吕） | 谷雨（姑洗） | 立夏（夹钟） | 小满（太蔟） | 芒种（大吕） | 夏至（黄钟） | | | | | 冬至（黄钟） | 小寒（应钟） | 大寒（无射） |
| 48 | 51 | 54 | 57 | 60 | 64 | 68 | 72 | 76 | 81 | | | 81 | 42 | 45 |

说明：

1. 横线表示十二个月，二十四节气。
2. 虚线表示十二律与二十四节气之变化。
3. 下行数字表示十二律之管长。

【译文】

　　夏至的时候是阴气依附阳气，因此万物靠近它而逐渐死亡；冬至的时候阳气依附阴气，所以万物向着它而逐渐复苏。白昼，是阳的分界；夜晚，是阴的分界。所以阳气胜就会昼长而夜短，阴气胜就会昼短而夜长。

　　天帝布张四维，用北斗围绕它们旋转，每月北斗旋转一辰，十二月后又回到它开始的地方。正月斗柄指向寅位，十二月斗柄指向丑位，一年运行一周，这样终而复始地运行下去。斗柄指向寅位，寅就是万物复苏活动的样子，十二律中由太蔟来配合。太蔟，就是聚集而没有进出的意思。指向卯位，卯就是草木冒地而出的样子，十二律中由夹钟来配合。夹钟，就是种子开始结荚的意思。指向辰位，辰就是使万物振作的意思，十二律中由姑洗与之相配。姑洗，就是陈去新来的意思。指向巳位，巳就是生长已经定型的意思，十二律中由仲吕来配合。仲吕，就是万物充斥大地的意思。指向午位，午就是阴、阳二气相背的意思，十二律中由蕤宾来配合。蕤宾，就是阴气安定而阳气宾服的意思。指向未位，未就是阴气将走向暗昧的意思，十二律中由林钟来配合。林钟，就是阳气极盛就此停止并引退的意思。指向申位，申是万物受约束而呻吟之意，十二律中由夷则与之配合。夷则，就是改变阳气极盛的规则的意思，旺气将要离开了。指向酉位，酉就是秋熟作物子粒饱满，可以收割的意思。十二律中由南吕来配合。南吕，就是阳气包裹阴气之意。指向戌位，戌是万物尽灭的意思，十二律中由无射来与之配合。无射，就是万物衰落，阳气消失之意。指向亥位，亥就是阳气闭藏之意，十二律中由应钟来配合。应钟，就是应时聚藏的意思。指向子位，子就是万物在地下滋生之意，十二律中由黄钟来配合。黄钟，就是阳气聚集黄泉之下的意思。指向丑位，丑就是寒气纽结待解的意思，十二律中由大吕来相配合。大吕，就是阳气从地下缓慢离去的意思。在它们中间增加卯、酉（春分、秋分），那么就会阴阳平分，日夜相等了。因此说："规"使万物生存，"矩"使万物凋零，"衡"使万物生长，"权"使万物隐藏，"绳"处在天地中央，成为确定四季的依据。

道（曰规）始于一，一而不生，故分而为阴阳，阴阳合和而万物生。⁽¹⁾故曰：一生二，二生三，三生万物。⁽²⁾天地三月而为一时，故祭祀三饭以为礼，丧纪三踊以为节，兵重三罕以为制。⁽³⁾

以三参物，三三如九，故黄钟之律九寸，而宫音调。⁽⁴⁾因而九之，九九八十一，故黄钟之数立焉。⁽⁵⁾黄者土德之色，钟者气之所种也。⁽⁶⁾日冬至，德气为土。⁽⁷⁾土色黄，故曰黄钟。律之数六，分为雌雄，故曰十二钟，以副十二月。⁽⁸⁾十二各以三成，故置一而十一三之，为积分七十万七千一百四十七，黄钟大数立焉。⁽⁹⁾

【注释】

〔1〕"道曰规"句：《道藏》本、刘绩《补注》本同。王念孙《读书杂志》："曰规"二字，与上下文义不相属。此因上文"故曰规生矩杀"而误衍也。《宋书·律志》作"道始于一"，无"曰规"二字。马宗霍《淮南旧

注参正》云:《五行大义》论律吕引《淮南子》云:"数始于一。"作"数"不作"道"。无"曰规"二字。　道:指宇宙本原。　一:指混沌未分的原始状态。《庄子·天地》:"泰初有无,无有无名。一之所起,有一而未形。"《列子·天瑞》:"一者,形变之始也。"

〔2〕"故曰"几句:见于《老子》四十二章。

〔3〕时:季节。　三饭:《仪礼·有司彻》:"尸又三饭。"古代礼制,祭祀用尸代表被祭祀的鬼神。尸含一口饭叫一饭,士礼用三饭。　三踊:即三次椎胸顿足号哭之意。《史记·齐太公世家》:"(晏婴)开门而入,枕公尸而哭,三踊而出。"　"兵重三罕":王念孙《读书杂志》云:"重"、"罕"二字,义不可通。"重"当为"革","罕"当为"军"。言兵革之事以三军为制也。郑良树《淮南子斠理》云:《喻林》九七引"罕"正作"军"。又《五行大义》引《淮南子》云:"兵有三令。"

〔4〕参:三倍。　如:为。　调:和。

〔5〕"因而九之"句:每寸九分,共八十一分。黄钟之长八十一分之说,历代律家宗之。南宋蔡元定《律吕新书》:"黄钟之律九寸,一寸九分,凡八十一分。"

〔6〕土德:金木水火土五德之一。土色黄,为五色之首。　种:施种。

〔7〕德气:指自然界所表现的旺气。

〔8〕"分为雌雄"句:十二律中分为阳六律、阴六吕。　副:相配。

〔9〕"七十万":《道藏》本同。刘绩《补注》本作"十七万",当是。　黄钟大数:即177 147。其计算方法是:

子	置	1=1
丑		3^1=3
寅		3^2=9
卯		3^3=27
辰		3^4=81
巳		3^5=243
午		3^6=729
未		3^7=2 187
申		3^8=6 561
酉		3^9=19 683
戌		3^{10}=59 094
亥		3^{11}=177 147

以上计算,《史记·律书》"生钟分"、《汉书·律历志上》,与《淮南子》不同。《后汉书·律历志》、郑玄《礼记·月令》注等,与《淮南子》相同。

【译文】

　　道,从"一"开始,到了"一"便不再产生,但是可以分为阴气、阳气,阴气、阳气结合可以生出万物。因此《老子》中说:"一"产生"二","二"产生"三","三"产生万物。用来表示天地运行时间,三月称为一季;祭祀时尸享用三饭作为祭礼;行丧礼时要扑向死者三次痛哭作为礼节;行军作战时要申明三次命令作为军纪。

　　用三乘以所用的律管,三三而为九,所以黄钟的管长定为九寸,而宫音便能够和谐。(每寸九分),因此用九乘九,九九八十一,所以黄钟管长八十一分便确立了。黄色是土德所表现出来的颜色,钟是大气所施种的意思。冬至的时候,自然界所体现出来的旺气是土,土的颜色是黄色的,所以称之为黄钟。"律"的数目是六,又分为雌雄两类,所以说用十二律来配合十二个月。十二个月中,各自又以三倍生成,所以先置一而从一到十一月都用三来相乘,第十二个月便得到分母是十七万七千一百四十七的数字,这样黄钟律的大数便可以确立了。

　　凡十二律,黄钟为宫,太蔟为商,姑洗为角,林钟为徵,南吕为羽。物以三成,音以五立,三与五如八,故卵生者八窍。[1]律之初生也,写凤之音,故音以八生。[2]黄钟为宫,宫者音之君也。故黄钟位子,其数八十一,主十一月,下生林钟。林钟之数五十四,主六月,上生太蔟。太蔟之数七十二,主正月,下生南吕。南吕之数四十八,主八月,上生姑洗。姑洗之数六十四,主三月,下生应钟。应钟之数四十二,主十月,上生蕤宾。蕤宾之数五十七,主五月,上生大吕。大吕之数七十六,主十二月,下生夷则。夷则之数五十一,主七月,上生夹钟。夹钟之数六十八,主二月,下生无射。无射之数四十五,主九月,上生仲吕。仲吕之数六十,主四月,极不生。

【注释】

〔1〕成：组成。　立：成立。　如：为。　八窍：八个孔洞。《孔子家语·执辔》:"齕吞者八窍而卵生。"

〔2〕写：摹仿。"写凤之音"，据《吕览·古乐》载，黄帝乐官伶伦模仿凤凰鸣叫之音，而定十二律。　八生：隔八相生法。《吕览·音律》、《汉书·律历志》与《淮南子》相同。其管长计算是：

黄钟九寸

上生：太蔟 $6 \times \left(1+\frac{1}{3}\right) = 8$　　下生：林钟 $9 \times \left(1-\frac{1}{3}\right) = 6$

　　　姑洗 $5.33 \times \frac{4}{3} = 7.11$　　　　　南吕 $8 \times \frac{2}{3} = 5.33$

　　　蕤宾 $4.74 \times \frac{4}{3} = 6.32$　　　　　应钟 $7.11 \times \frac{2}{3} = 4.74$

　　　大吕 $6.32 \times \frac{4}{3} = 8.43$　　　　　夷则 $8.43 \times \frac{2}{3} = 5.62$

　　　夹钟 $5.62 \times \frac{4}{3} = 7.50$　　　　　无射 $7.50 \times \frac{2}{3} = 5$

　　　仲吕 $5 \times \frac{4}{3} = 6.67$

隔八相生图

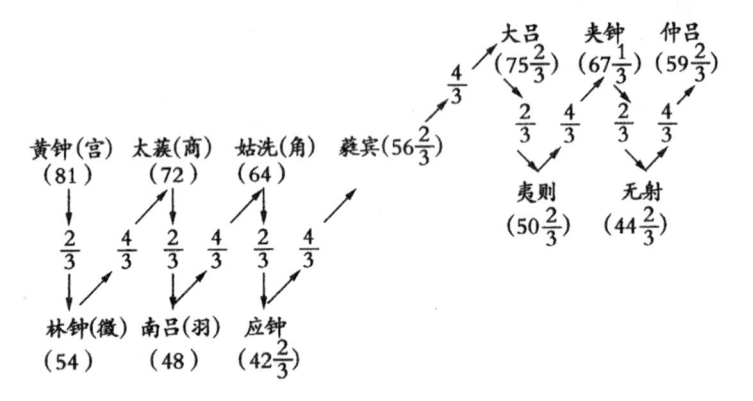

黄钟(宫) 太蔟(商) 姑洗(角) 蕤宾($56\frac{2}{3}$) 大吕($75\frac{2}{3}$) 夹钟($67\frac{1}{3}$) 仲吕($59\frac{2}{3}$)
(81)　　(72)　　(64)　　　　　　　　　　　　　　　　　　　夷则($50\frac{2}{3}$) 无射($44\frac{2}{3}$)
林钟(徵) 南吕(羽) 应钟
(54)　　(48)　　($42\frac{2}{3}$)

【译文】

在十二律与五音搭配上，如果黄钟是宫调，那么太蔟是商，姑洗是角，林钟是徵，南吕是羽。万物是用三来组成的，音调是分为五阶的。三和五相加得八，所以卵生的动物有八个孔窍。音律开始建立的时候，是模仿凤凰鸣叫的声音，所以音律的规定是隔八相生。黄钟为宫调，那么宫调便是五音的主宰。所以黄钟处在十二地支子位，它的长度数是八十一分，主管十一月之气，下生林钟。林钟的管长是五十四分，主管六月之气，上生太蔟。太蔟的管长是七十二，主管正月之气，下生南吕。南吕的管长是四十八，主管八月之气，上生姑洗。姑洗的长度是六十四，主管三月，下生应钟。应钟的管长是四十二，主管十月之气，上生蕤宾。蕤宾的管长五十七，主管五月，上生大吕。大吕的管长是七十六，主管十二月之气，下生夷则。夷则的管长是五十一，主管七月之气，上生夹钟。夹钟的管长是六十八，主管二月之气，下生无射。无射的管长四十五，主管九月之气，上生仲吕。仲吕的管长六十，主管四月之气，这样十二律的相生便结束了。

徵生宫，宫生商，商生羽，羽生角，角生姑洗，姑洗生应钟，比于正音，故为和。(1) 应钟生蕤宾，不比正音，故为缪。(2) 日冬至，音比林钟，浸以浊；(3) 日夏至，音比黄钟，浸以清。(4) 以十二律应二十四时之变：(5) 甲子，仲吕之徵也；(6) 丙子，夹钟之羽也；戊子，黄钟之宫也；庚子，无射之商也；壬子，夷则之角也。

【注释】

〔1〕"徵生宫"二句：刘绩《补注》本："当作宫生徵，徵生商。"王念孙《读书杂志》云：《宋书·律志》、《晋书·律历志》并作"宫生徵，徵生商"。 正音：古代对宫商角徵羽五音及黄钟、太蔟、姑洗、林钟、南吕，都叫正音。因其律数为整数。 比：相近。 和：从姑洗隔八至应钟，生出一个"变宫"，称为"和"。蔡宾牟、袁运开《中国物理学史》认为："变宫"与"羽"的拍音近70，尚且可以说"比于正音"。

〔2〕缪：应钟隔八至蕤宾，生出一个"变徵"，称为"缪"。"变徵"与"角"的拍音近于33，自然不能"比于正音"。

〔3〕浸：逐渐。 浊：低音。

〔4〕清：高音。

〔5〕二十四时：即二十四节气。

〔6〕"甲子"等五子：皆干支纪日。黄钟配五子，则各居其室，各应其声，始于戊子，卒于丁亥，而合六十律。

五音十二律旋宫以当六十甲子表

应钟亥	无射戌	南吕酉	夷则申	林钟未	蕤宾午	仲吕巳	姑洗辰	夹钟卯	太簇寅	大吕丑	黄钟子	十二律吕／五音
姑洗之徵乙亥	夹钟之徵甲戌	太簇之徵癸酉	大吕之徵壬申	黄钟之徵辛未	应钟之徵庚午	无射之徵己巳	南吕之徵戊辰	夷则之徵丁卯	林钟之徵丙寅	蕤宾之徵乙丑	仲吕之徵甲子	徵
太簇之羽丁亥	大吕之羽丙戌	黄钟之羽乙酉	应钟之羽甲申	无射之羽癸未	南吕之羽壬午	夷则之羽辛巳	林钟之羽庚辰	蕤宾之羽己卯	仲吕之羽戊寅	姑洗之羽丁丑	夹钟之羽丙子	羽
应钟之宫己亥	无射之宫戊戌	南吕之宫丁酉	夷则之宫丙申	林钟之宫乙未	蕤宾之宫甲午	仲吕之宫癸巳	姑洗之宫壬辰	夹钟之宫辛卯	太簇之宫庚寅	大吕之宫己丑	黄钟之宫戊子	宫
南吕之商辛亥	夷则之商庚戌	林钟之商己酉	蕤宾之商戊申	仲吕之商丁未	姑洗之商丙午	夹钟之商乙巳	太簇之商甲辰	大吕之商癸卯	黄钟之商壬寅	应钟之商辛丑	无射之商庚子	商
林钟之角癸亥	蕤宾之角壬戌	仲吕之角辛酉	姑洗之角庚申	夹钟之角己未	太簇之角戊午	大吕之角丁巳	黄钟之角丙辰	应钟之角乙卯	无射之角甲寅	南吕之角癸丑	夷则之角壬子	角

【译文】

宫音生出徵音，徵音生出商音，商音生出羽音，羽音生出角音，角音生出姑洗，姑洗隔八为应钟，（生出一个变宫），同上述正音相并列，因此称为"和"。应钟隔八相生为蕤宾，（生出一个变徵），不能同正音相比并，因此称为"缪"。冬至的时候，与十二律相配的为林钟，逐渐降为最低音；夏至的时候，与十二律配合的为黄钟，逐渐上升为最高音。

用十二律可以表示二十四节气的时间变化：甲子处于仲吕之徵时，（是冬至的开始）；丙子处于夹钟之羽时，（是冬至后十三日）；戊子处于黄钟之宫时，（是冬至后二十五日）；庚子处于无射之商时，（是冬至后三十七日）；壬子处于夷则之角时，（是冬至后第四十九日）。

古之为度量轻重，生乎天道。[1]**黄钟之律脩九寸。物以三生，三九二十七，故幅广二尺七寸。**[2]**音以八相生，故人脩八尺，寻自倍，故八尺而为寻。**[3]**有形则有声。音之数五，以五乘八，五八四十，故四丈而为匹。匹者，中人之度也，一匹而为制。**[4]

【注释】

〔1〕天道：指自然的规律。

〔2〕幅：布帛的宽度。

〔3〕寻：古代长度单位，即八尺。《说文》："寻，度人之两臂为寻，八尺也。"《吕览·悔过》高诱注："八尺曰寻。"高从许说。王念孙《读书杂志》引之曰：《一切经音义》卷十七引《淮南》云："人臂四尺，寻自倍，故八尺曰寻。"正文"人脩八尺"，"八"当作"四"。

〔4〕制：定制。

【译文】

古代制定的长度、容量、轻重的标准，是从自然界的客观实物中产生的。黄钟的律管长九寸。万物是按照三倍的规律产生，三九二十七，所以布帛的宽度定为二尺七寸。音律是隔八相生的，因此人的臂长是四尺，一寻是人自身臂长的一倍，因此八尺作为"寻"的标准。有形体之物就会有声音产生。音律的数目是五个，用五来乘八，五八四十，因此四丈而作为一匹。一匹，是中等之人的身长，一匹而成为裁制的长度规定。

秋分蔉定，蔉定而禾熟。[1]律之数十二，故十二蔉而当一粟，十二粟而当一寸。律以当辰，音以当日。[2]日之数十，故十寸而为尺，十尺而为丈。[3]其以为量，十二粟而当一分，十二分而当一铢，十二铢而当半两。[4]衡有左右，因倍之，故二十四铢为一两。[5]天有四时以成一岁，因而四之，四四十六，故十六两而为一斤。三月而为一时，三十日为一月，故三十斤为一钧。四时而为一岁，故四钧为一石。[6]其以为音也，一律而生五音，十二律而为六十音。因而六之，六六三十六，故三百六十音以当一岁之日。故律历之数，天地之道也。下生者倍，以三除之；[7]上生者四，以三除之。[8]

【注释】

〔1〕蔉：高诱注："禾穗粟孚甲之芒也。"按：通"秒"。《说文》："秒，禾芒也。" 定：形成。

〔2〕律：指十二律。 辰：十二辰。

〔3〕"日之数十"句：指甲、乙、丙……，共十位。

〔4〕量：《说文》："称轻重也。" 铢：古代重量单位。诸说不同。

〔5〕衡：称。

〔6〕石：重量单位。《说文》："䄷，百二十斤也。""石"为借字。

〔7〕"下生者倍"二句：即$\frac{2}{3}$。

〔8〕"上生者四"二句：即$\frac{4}{3}$。《史记·律书》："生黄钟术曰：以下生者，倍其实，三其法；以上生者，四其实，三其法。"与《淮南子》相同。如上四句，就是对上文"隔八相生"的总结。

【译文】

秋分后谷物果实的芒已经形成，芒成形后谷物便成熟了。乐律的数目是十二个，所以十二个蔉累积在一起便成为一粟，十二粟的累积便定为一寸。乐律的数目与十二辰相当，五音的倍数与十干相同，日干的数目是十，因此十寸而为一尺，十尺而为一丈。它作为重量单位，十二个粟重量为一分，十二分重为一铢，十二铢而定为半两。秤有左右两边，因此在此基础上增加一倍，所以二十四铢为一两。天有四季才能成为一岁，因而用四倍乘它，四四十六，所以十六两定为一斤。三个月而成为一季，三十天而成为一月，所以三十斤定为一钧。四季而成为一岁，所以四钧便为一石。它作为音律的规定是这样的，一律中可以生出五音，十二律便可以产生六十音。因而在此基础上扩大六倍，六六三十六，因此三百六十音便相当一岁的时间。因此律历的规定，是出于自然的规律。十二律相生时，下生的增加一倍，用三来除它，便是 $\frac{2}{3}$；上生的增加四倍，用三来除它，便是 $\frac{4}{3}$。

太阴元始，建于甲寅。[1] 一终而建甲戌，二终而建甲午，三终而复得甲寅之元。[2] 岁徙一辰，立春之后，得其辰而迁其所顺，前三后五，百事可举。[3]

【注释】
[1] 太阴：即与"木星"相对应的"太岁"。又称"太阴"。 元始：开始。 甲寅、甲戌、甲午：指的是太阴纪年。
[2] 一终：即1520年。 二终：即3040年。 三终：4560年。"三终"句：即回到甲寅年纪年的起点。
[3] 徙：迁徙。 得：合乎。 辰：指十二辰。 迁：改变。 顺：顺序。 三、五：即三、五天。 举：施行。

【译文】
太阴纪年开始，定在甲寅之年。一终即1520年定在甲戌之年，二终即3040年定在甲午之年，三终即4560年又回到甲寅年元月一日零时开始之时。太阴每年行进十二辰中的一辰，在立春之后，合于十二辰的度数，而改变其运行顺序。太阴到达各辰前三天或后五天，各项事业都可以施行。

太阴所建，蛰虫首穴而处，鹊巢乡而为户。⑴太阴在寅，朱鸟在卯，句陈在子，玄武在戌，白虎在酉，苍龙在辰。⑵寅为建，卯为除，辰为满，巳为平，主生；⑶午为定；未为执，主陷；⑷申为破，主衡；⑸酉为危，主杓；⑹戌为成，主少德；亥为（牧）[收]，主大德；⑺子为开，主太岁；⑻丑为闭，主。⑼

【注释】

〔1〕建：即建元。纪年开始。　首穴：头部隐于穴中。　乡：通"向"。

〔2〕句陈：即钩陈星。在紫微垣内，靠近北极，又谓之极星。共有六星。"太阴"以下数句：以"太阴"之位置，确定二十八宿及句陈之位置，以便于占验。

〔3〕建、除：又称作建除十二神、建除十二辰。古代占卜用十二地支定方位、岁月，以占人事吉凶，每辰皆有专名。长沙子弹库出土战国楚帛书《式盘》，《汉书·艺文志》"五行"有《转位十二神》，疑与此相似。

〔4〕陷：攻陷。

〔5〕衡：平衡。

〔6〕杓：斗杓，指小岁。

〔7〕"牧"：《道藏》本、刘绩《补注》本、《四库全书》本作"收"。当正。

〔8〕"太岁"：王念孙《读书杂志》引之曰：此"太岁"亦当为"大岁"，写者误加点耳。斗杓为小岁，咸池为大岁。

〔9〕"主"：《道藏》本同。刘绩《补注》本、《四库全书》本"主"下有"太阴"二字。王念孙《读书杂志》引之曰："主"下当别有所主之事，而今脱去，上文云"太阴在寅"，何得又言"主太阴"乎？

【译文】

太阴建元之时，冬眠的动物正隐藏在穴中，鹊类筑巢向着门户。太阴运行在寅位的时候，朱雀七宿在卯位，句陈六宿在子位，玄武七宿在戌位，白虎七宿在酉位，苍龙七宿在辰位。太阴运行到寅月时为"建"。行于卯月时为"除"。行于辰月时为"满"。行于巳月时为"平"，主管万物生长；行于午月时为"定"；行于未月时为"执"，主管攻陷敌阵；行于申月时为"破"，主管平衡万物；行于酉月时为"危"，主管小岁；行于戌月时为"成"，主管人的最美的品德；行于亥月时为"收"，主管人的最高尚的品德；行于子月时为"开"，主管咸池大岁。行于丑月时为"闭"。

太阴在寅，岁名曰摄提格，其雄为岁星，舍斗、牵牛，以十一月与之晨出东方，东井、舆鬼为对。⁽¹⁾

太阴在卯，岁名曰单阏，岁星舍须女、虚、危，以十二月与之晨出东方，柳、七星、张为对。⁽²⁾

太阴在辰，岁名曰执徐，岁星舍营室、东壁，以正月与之晨出东方，翼、轸为对。⁽³⁾

太阴在巳，岁名曰大荒落，岁星舍奎、娄，以二月与之晨出东方，角、亢为对。⁽⁴⁾

太阴在午，岁名曰敦牂，岁星舍胃、昴、毕，以三月与之晨出东方，氐、房、心为对。⁽⁵⁾

太阴在未，岁名曰协洽，岁星舍觜巂、参，以四月与之晨出东方，尾、箕为对。⁽⁶⁾

太阴在申，岁名曰涒滩，岁星舍东井、舆鬼，以五月与之晨出东方，斗、牵牛为对。⁽⁷⁾

太阴在酉，岁名曰作鄂，岁星舍柳、七星、张，以六月与之晨出东方，须女、虚、危为对。⁽⁸⁾

太阴在（戊）[戌]，岁名曰阉茂，岁星舍翼、轸，以七月与之晨出东方，营室、东壁为对。⁽⁹⁾

太阴在亥，岁名曰大渊献，岁星舍角、亢，以八月与之晨出东方，奎、娄为对。[10]

太阴在子，岁名困敦，岁星舍氐、房、心，以九月与之晨出东方，胃、昴、毕为对。[11]

太阴在丑，岁名赤奋若，岁星舍尾、箕，以十月与之晨出东方，觜巂、参为对。[12]

【注释】

〔1〕摄提格：古代以太岁在天宫运转方向来纪年。太岁指向寅宫（斗、牛之间），称为摄提格。《史记·历书》正义引孔文祥云："以岁在寅正月出东方，为众星之纪，以摄提宿，故曰摄提；以其为岁月之首，起于孟陬，故云格。[格]，正也。""其雄"句：《周礼·春官·保章氏》郑玄注："岁星为阳，右行于天；太岁为阴，左行于地。"按：雄，指木星，即岁星。雌，指太阴。 "十一月"：钱塘《天文训补注》："《天官书》云'正月'，《天文志》作'十一月'。《史记》用周正，《淮南》、《汉志》用夏正。" 对：相对。

〔2〕单阏：《史记·天官书》索隐引李巡曰："阳气推万物而起，故曰单阏。单，尽也。阏，止也。"

〔3〕执徐：《史记·天官书》正义引李巡曰："伏蛰之物皆敦舒而出，故曰执徐。执，蛰。徐，舒也。"

〔4〕大荒落：《史记·天官书》索隐引姚氏曰："言万物皆炽盛而大出，霍然落落，故曰荒落。"

〔5〕敦牂：《史记·天官书》索隐引孙炎曰："敦，盛；牂，壮也。言万物盛壮。"

〔6〕协洽：《史记·天官书》索隐引李巡曰："阳气欲化万物，故曰[协洽]。协，和；洽，合也。"

〔7〕涒滩：《史记·天官书》索隐引李巡曰："涒滩，物吐秀倾垂之貌也。"

〔8〕作鄂：《史记·天官书》索隐引李巡曰："作咢，皆物芒枝起之貌。"

〔9〕戌：《道藏》本作"戍"。"戍"字误，当正。 阉茂：《史记·天官书》索隐引孙炎曰："万物皆蔽冒，故曰[阉茂]。阉，蔽；茂，冒也。"

〔10〕大渊献:《史记·天官书》索隐引孙炎曰:"渊,深也。大献万物于深,谓盖藏之于外矣。"

〔11〕困敦:《史记·天官书》索隐引孙炎曰:"困敦,混沌也。言万物初萌,混沌于黄泉之下也。"

〔12〕赤奋若:《史记·天官书》索隐引李巡曰:"言阳气奋迅。若,顺也。"

【译文】

岁星纪年法表

岁名	太阴所在	岁星所在			月份	岁阳	十干
		十二辰	十二次	二十八宿			
摄提格	寅	丑	星纪	斗、牛	十一月	阏逢	甲
单阏	卯	子	玄枵	女、虚、危	十二月	旃蒙	乙
执徐	辰	亥	娵訾	室、壁	正月	柔兆	丙
大荒落	巳	戌	降娄	奎、娄	二月	强圉	丁
敦牂	午	酉	大梁	胃、昴、毕	三月	著雍	戊
协洽	未	申	实沈	觜、参	四月	屠维	己
涒滩	申	未	鹑首	井、鬼	五月	上章	庚
作鄂	酉	午	鹑火	柳、星、张	六月	重光	辛
阉茂	戌	巳	鹑尾	翼、轸	七月	玄黓	壬
大渊献	亥	辰	寿星	角、亢	八月		
困敦	子	卯	大火	氐、房、心	九月	昭阳	癸
赤奋若	丑	寅	析木	尾、箕	十月		

太阴在寅之时,它的岁名叫摄提格。它的对应雄星是岁星,岁星的位置在斗、牵牛二宿,在十一月早晨一起出现在东方,和它相对应的是东井、舆鬼二宿。

太阴在卯之时,它的岁名叫单阏。岁星运行的位置在须女、须、危三宿，在十二月早晨一起出现在东方，和它相对应的是柳、七星、张。

太阴在辰之时，它的岁名叫执徐。木星运行的位置在营室、东壁，在正月一起出现在东方，和它相对应的是翼、轸二宿。

太阴在巳之时，它的岁名叫大荒落。木星运行的位置在奎、娄，在二月一起出现在东方，角、亢二宿和它相对应。

太阴在午之时，它的岁名叫敦牂。岁星运行的位置在胃、昴、毕三宿，在二月一起出现在东方，氐、房、心三宿和它相对应。

太阴在未之时，它的岁名叫协洽。岁星运行的位置在觜觽、参二宿，在四月一起出现在东方，尾、箕和它相对应。

太阴在申之时，它的岁名叫涒滩。岁星运行的位置在东井、舆鬼二宿，在五月一起出现在东方，斗、牵牛和它相对应。

太阴在酉之时，它的岁名叫作鄂。木星运行的位置在柳、七星、张三宿，在六月一起出现在东方，须女、虚、危和它相对。

太阴在戌之时，它的岁名叫阉茂。木星运行的位置在翼、轸，在七月一起出现在东方，营室、东壁和它相对。

太阴在亥之时，它的岁名叫大渊献。岁星的位置在角、亢，在八月一起出现在东方，奎、娄和它相对。

太阴在子之时，它的岁名叫困敦。岁星的位置在氐、房、心三宿，在九月一起出现在东方，胃、昴、毕和它相对。

太阴在丑之时，它的岁名叫赤奋若。岁星的位置在尾、箕，在十一月一起出现在南方，觜觽、参和它相对应。

太阴在甲子，刑德合东方宫，常徙所不胜。[1]**合四岁而离，离十六岁而复合。**[2]**所以离者，刑不得入中宫，而徙于木。**[3]**太阴所居曰德，辰为刑。**[4]**德，纲日自倍因，柔日徙所不胜。**[5]**刑，水辰之木，木辰之水，金火立其处。**[6]**凡徙诸神，朱鸟在太阴前一，钩陈在后三，玄武在前五，白虎在后六，虚星乘钩陈，而天地袭矣。**[7]

【注释】

〔1〕刑：杀气。 德：旺气。 合：聚合。 宫：古代天空区域划分为五宫：即东宫、南宫、中宫、西宫、北宫。参见《史记·天官书》。 常：按照规律。 不胜：不能制服。

〔2〕"合四岁"句：即从东往西、从西向南、从南至北、从北至东，四岁而刑德相合。 "离十六岁"句：刑德离合二十年一周期。

〔3〕入中宫："德"入东西南北中五宫，"刑"入东南西北四宫。"刑"不入"土"（中宫），而可入"木"（东宫）。

〔4〕"曰"：《道藏》本、刘绩《补注》同。钱塘《天文训补注》："曰德"二字当作"日为德"。"曰"字误。

〔5〕纲日：古代阴阳家有阴阳相生相克的说法，择日行事。认为十日中有五刚、五柔，即五阴五阳。以天干中甲、丙、戊、庚、壬为刚日，也叫奇日；以乙、丁、己、辛、癸五日为柔日，也叫偶日。纲即刚，古通。"自倍因"：钱塘《天文训补注》："（申）[甲]在东，丙在南，戊在中，庚在西，壬在北，为自倍因。"按：以钱氏所注，"德"于"纲日"可自行东、南、中、西、北宫，皆吉。倍，疑通"培"。《广韵》"灰"韵："培，随也。"因，《吕览·君守》高诱注："犹顺也。"

〔6〕"刑"以下几句：钱塘《天文训补注》："子辰申，水也。卯未亥，木也。丑巳酉，金也。寅午戌，火也。"按：分别代表水、北方、冬季；木、东方、春季；金、西方、秋季；火、南方、夏季。"水辰之木"句：意为：刑杀之气进入北方、东方，会使冬季变为春季。"木辰之水"句：意为：刑杀之气进入北方、西方，会使春天变为冬天。

〔7〕虚星：北方玄武七宿的第四宿，有星二颗。 乘：《小尔雅·广言》："凌也。" 袭：和。

【译文】

太阴在甲子之岁，肃杀之气与旺气聚合在东方之宫，按照规律运行到它不能制服的各宫。（从东方宫到北方宫，从西向南，从南向北，从北向东），刑、德聚合四年后，便开始分离，分离十六年后又回到了原位。所以分离的原因，是刑杀之气不能进入中宫（土），而可以运行到东宫（木）。太阴所居留的地方，太阳为"德"，月亮为"刑"。"德"，在十个天干中的刚日（即奇日），可自然运行各宫；在柔日（偶日）运行到不能制服的地方。"刑"，刑杀之气运行到北方（水）、东方（木），会使冬季（水）变成春季

（木）；刑杀之气进入到北方（水）、西方（金），会使春天（木）变成冬天（水）。而金（西方、秋天）、火（南方、夏天）则处于原位。太阴处在寅位，各神的运行情况是：朱鸟在太阴之前，距离第一；钩陈在太阴后面，距离第三；玄武在太阴前面，距离第五；白虎在太阴后面，距离第六；虚星处在钩陈之上，这样天地就会出现平和的景象。

凡日，甲刚乙柔，丙刚丁柔，以至于癸。木生于亥，壮于卯，死于未，三辰皆木也。[1]火生于寅，壮于午，死于戌，三辰皆火也。土生于午，壮于戌，死于寅，三辰皆土也。金生于巳，壮于酉，死于丑，三辰皆金也。水生于申，壮于子，死于辰，三辰皆水也。故五胜生一，壮五，终九，五九四十五，故神四十五日而一徙。[2]以三应五，故八徙而岁终。[3]

【注释】

〔1〕"木生于亥"诸句：五行与十二辰（十二月）相配是这样的：

	木	火	土	金	水
生	亥10	寅1	午5	巳4	申7
壮	卯2	午5	戌9	酉8	子11
死	未6	戌9	寅1	丑12	辰3

〔2〕五胜：五行相胜。即水胜火，火胜金，金胜木，木胜土，土胜水。 生一：生于一个月。 壮：壮健。 终：终结。 神：指北斗之神。

〔3〕三：指五行中每一行从生到死经过三辰。 八徙：即 $45 \times 8 = 360$（日）。

【译文】

十干纪日时，甲、乙、丙、丁、戊、己、庚、辛、壬、癸，五刚五柔。五行中的木生于十二辰中的亥,强壮在卯,死亡在未,亥、卯、未三辰都属于木。火生在寅,强壮在午,死亡在戌,寅、午、戌三辰都属于火。土从午产生,强壮在戌,死亡在寅,午、戌、寅三辰都属于土。金从巳产生,强壮在酉,死亡在丑,巳、酉、丑三辰都属于金。水从申产生,强壮在子,死亡在辰,三辰都属于水。所以五行相胜,每行产生在第一个月,强壮在第五个月,终结在第九个月。五行乘以九便是四十五,所以北斗之神斗柄移动分为四十五日一段(三个节气)。五行中每行从生到死占据三个时节,因此斗柄运行八段(即 360 日)而一岁终结。

凡用太阴,左前刑,右背德,击钩陈之冲辰,以战必胜,以攻必克。⁽¹⁾欲知天道,以日为主,六月当心,左周而行,分而为十二月,与日相当,天地重袭,后必无殃。⁽²⁾

【注释】

〔1〕击:攻击。 冲辰:冲击之星。《汉书·艺文志》"兵阴阳"序云:"阴阳者,顺时而发,推刑德,随斗击,因五胜,假鬼神而为助者也。"可与此相参。

〔2〕心:二十八宿之一,东方苍龙七宿的第五宿,有星三颗。主星叫商星,又叫鹑火、大火、大辰。"左周而行"句:古人认为太阳绕地而行,黄道就是想象中太阳绕地的轨道。黄道和赤道相交的两点分别是春分和秋分,两"分"的中间,便是夏至、冬至。四季分出后,便可以分出十二个月来。

【译文】

大凡用太阴来观察阴、阳变化,它的左面、前方是"刑",它的右面、背面是"德"。在钩陈星冲击其他星辰之时,兴兵征伐必定取胜;用来攻取,所战必克。要想知道天道的变化,要依据太阳为主,六月份时,正对着心宿,向左绕地球而行(实际地球绕太阳而行),可以分为十二个月。太阴同太阳运行相称,天地运行和谐时，以后必定没有祸殃。

（星）[日]，正月建营室，二月建奎、娄，三月建胃，四月建毕，五月建东井，六月建张，七月建翼，八月建亢，九月建房，十月建尾，十一月建牵牛，十二月建虚。⑴

【注释】

〔1〕"星"：《道藏》本、刘绩《补注》本同。高诱注："星"宜言"日"。《明堂月令》孟春之月日在营室，仲春之月在奎、娄，季春之月在胃。此言"星正月建营室"，字之误也。

【译文】

太阳正月处于二十八宿中的营室的位置，二月处在奎、娄的位置，三月处在胃宿的位置，四月处在毕星的位置，五月处在东井的位置，六月处在张星的位置，七月处在翼星位置，八月处在亢星的位置，九月份处在房星的位置，十月份处在尾星的位置，十一月份处在牵牛的位置，十二月处在虚星的位置。

星分度：角十二，亢九，氐十五，房五，心五，尾十八，箕十一四分一，斗二十六，牵牛八，须女十二，虚十，危十七，营室十六，东壁九，奎十六，娄十二，胃十四，卯十一，毕十六，觜嶲二，参九，东井三十三，舆鬼四，柳十五，七星、张、翼各十八，轸十七。⑴凡二十八宿也。

【注释】

〔1〕分度：即二十八宿与天球赤道的度数。东方苍龙七宿为 $75\frac{1}{4}$

度，北方玄武七宿98度，西方白虎七宿80度，南方朱雀七宿112度，共 $365\frac{1}{4}$ 度。

【译文】

二十八宿与天球赤道的夹角可以分为不同的度数：角宿十二度，亢宿九度，氐十五度，房五度，心宿五度，尾宿十八度，箕星十一度四分之一，斗宿二十六度，牵牛八度，须女十二度，虚十度，危十七度，营室十六度，东壁九，奎十六度，娄十二度，胃宿十四度，昴宿十一度，毕宿十六度，觜觽二度，参宿九度，东井三十三度，舆鬼四度，柳宿十五度，七星、张宿、翼宿各十八度，轸星十七度。总共二十八宿 $365\frac{1}{4}$ 度。

星部地名：角、亢，郑；氐、房、心，宋；尾、箕，燕；斗、牵牛，越；须女，吴；虚、危，齐；营室、东壁，卫；奎、娄，鲁；胃、昴、毕，魏；觜觽、参，赵；东井、舆鬼，秦；柳、七星、张，周；翼、轸，楚。[1]

【注释】

〔1〕星部地名：这是古代分野观。即把天空二十八宿与各国联系起来。这里沿袭的是先秦诸侯国之划分。

【译文】

二十八宿与中国境内各国对应关系是这样的：角、亢二宿代表郑国，氐、房、心三宿为宋国，尾、箕二宿为燕国，斗、牵牛二宿是越国，须女是吴国，虚、危二宿是齐国，营室、东壁是卫国，奎、娄二宿属鲁，胃、昴、毕三宿属魏，觜觽、参属赵，东井、舆鬼属秦，柳、七星、张属周，翼、轸二宿属楚。

岁星之所居，五谷丰昌，其对为冲，岁乃有殃。[1]

当居而不居，越而之他处，主死国亡。[2]

太阴治春，则欲行柔惠温凉。[3]太阴治夏，则欲布施宣明。[4]太阴治秋，则欲脩备缮兵。太阴治冬，则欲猛毅刚强。三岁而改节，六岁而易常，故三岁而一饥，六岁而一衰，十二岁一康。[5]

【注释】

〔1〕冲：冲撞的星。

〔2〕居：停留。"当居而不居"句，指木星有盈缩的情况。

〔3〕"温凉"：俞樾《诸子平议》云：当作"温良"。马宗霍《淮南旧注参正》谓作"谅"，有诚信义。

〔4〕宣明：宣布，明白。

〔5〕衰：《太平御览》卷十七引注作："衰，疾也。" 康：通"荒"。灾荒。《太平御览·时序部》二引作"十二岁而一荒"。

【译文】

岁星所居留的时候，五谷丰收，和它相对的有星冲犯，这样的年岁便有祸殃。应当居留而没有居留，却行到了其他的地方，国君将会死去，国家将要灭亡。

太阴治理春天的时候，那么应该实行宽缓温和的政策。太阴治理夏天的时候，那么应把财物施舍众人，向人民宣明意旨。太阴治理秋天，那么就要修缮完备兵器。太阴治理冬天，那么就要实行刚强而严厉的措施。三年而改换一次节序，六年而改变一次法规，所以三岁而出现一次小的饥荒，六年出现一次疫病，十二年出现一次灾荒。

甲齐，乙东夷，丙楚，丁南夷，戊魏，己韩，庚秦，辛西夷，壬卫，癸越。[1]子周，丑翟，寅楚，卯郑，辰晋，巳卫，午秦，未宋，申齐，酉鲁，戌赵，亥燕。

【注释】

〔1〕"甲齐"诸句：这是用十天干和十二地支代表各诸侯国，古人用来占卜吉凶。亦载于《开元占经》、《汉书·天文志》等。

【译文】

甲代表齐国，乙代表东夷诸国，丙代表楚国，丁代表南夷各国，戊表示魏国，己代表韩国，庚代表秦国，辛代表西夷各国，壬代表卫国，癸代表越国。子代表周朝，丑代表翟国，寅代表楚国，卯代表郑国，辰代表晋国，巳代表卫国，午代表秦国，未代表宋国，申代表齐国，酉代表鲁国，戌代表赵国，亥代表燕国。

甲乙寅卯，木也；⁽¹⁾丙丁巳午，火也；戊己四季，土也；庚辛申酉，金也；壬癸亥子，水也。水生木，木生火，火生土，土生金，金生水。子生母曰义，母生子曰保，子母相得曰专，母胜子曰制，子胜母曰困。⁽²⁾以胜击杀，胜而无报；⁽³⁾以专从事，（专）而有功；⁽⁴⁾以义行理，名立而不堕；以保畜养，万物蕃昌；以困举事，破灭死亡。⁽⁵⁾

【注释】

〔1〕"甲乙"等句：用天干、地支表示五行。

〔2〕义、保、专、制、困：当是占卜之语。《抱朴子·登涉篇》云：《灵宝经》曰："所谓宝日者，谓支干上生下之日也；所谓义日者，支干下生上之日也；所谓制日也，支干上克下之日也；所谓伐日者，支干下克上之日也。"可与此相参。

〔3〕"以胜"句：王念孙《读书杂志》引之曰：当作"以制击杀"。击杀：攻击，杀伐。

〔4〕从事：处理事务。"而有功"：《道藏》本、《四库全书》本同。刘绩《补注》本"而"上有"专"字。当脱。

〔5〕举事：起事。

【译文】

干支中的甲乙、寅卯,代表木;丙丁、巳午,代表火;戊己、四季,代表土;庚辛、申酉,代表金;壬癸、亥子,代表水。水可以生木,木老可以生火,火尽可以为土,土中可以生金,金中可以生水。干支中下生上(子生母)叫"义",上生下(母生子)叫"保",上下相称(子、母)叫"专",上克下(母胜子)叫"制",下克上(子胜母)叫"困"。用"制"日攻取杀伐,可以取胜而不会得到报复。用"专"日来处理事务,用心专一而会成功;用"义"日来进行治理,名声建立而不会坠毁;用"保"日来畜养万物,就会繁衍昌盛;用"困"日来起事,就会失败而死亡。

北斗之神有雌雄,十一月始建于子,月从一辰,雄左行,雌右行。〔1〕五月合午谋刑,十一月合子谋德。〔2〕太阴所居辰为厌日,厌日不可以举百事。〔3〕堪舆徐行,雄以音知雌,故为奇辰。〔4〕数从甲子始,子母相求,所合之处为合。〔5〕十日十二辰,周六十日,凡八合。〔6〕合于岁前则死亡,合于岁后则无殃。

【注释】

〔1〕雌雄:"雌"指阴建,即厌日。与"阳建"反向而行。下文亦称"太阴"。"雄"指阳建,即北斗斗柄。自东向西向南左旋。 "从":《道藏》本、刘绩《补注》本同。王念孙《读书杂志》:"从"当为"徙",字之误也。 "左行"、"右行":即斗柄左旋,"雌"神右旋。

〔2〕午:指夏至。夏至阴生,故曰"谋刑"。 子:指冬至。冬至阳生,故曰"谋德"。

〔3〕厌日:"雌"神所居之日叫"厌"。《周礼·春官·占梦》贾公彦疏:"建,谓斗柄所建,谓之阳建,故左还于天。厌,谓日前一次,谓之阴建,故右还于天。"王念孙《读书杂志》认为:"厌日"本无"日"字,因下句"厌日"而衍也。

〔4〕堪舆:《文选·扬雄〈甘泉赋〉》李善注引《淮南子》云:"堪舆行,雄以知雌。"许慎注:"堪,天道也;舆,地道也。"知正文无"音"

字。　奇辰：指十二辰中的单数。

〔5〕子母：母为天干，子为地支。

〔6〕八合：钱塘《天文训补注》："十一月，丙午为一合。二月，乙酉为二合。三月，甲戌为三合。四月，癸亥为四合。五月，壬子为五合。八月，辛卯为六合。九月，庚辰为七合。十月，丁巳为八合。"

八合之图

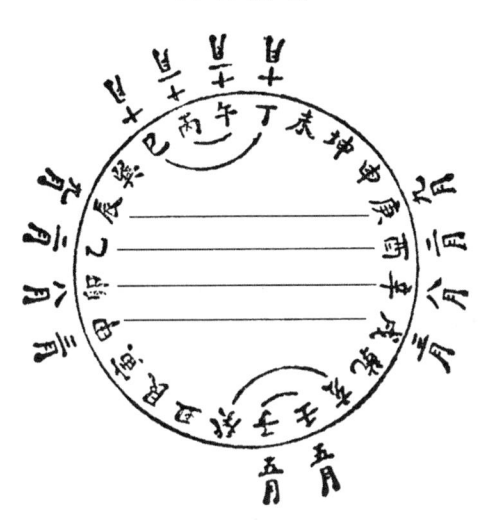

［清］钱塘《天文训补注》

【译文】

北斗之神有雌雄，即阴建（太阴）和斗柄。十一月斗柄指向子位，每月移动一辰，斗柄向左运转，阴建向右运行。五月份时雌雄相合于夏至"午"辰，谋划施行刑杀；十一月雌雄合于冬至"子"位，谋划施行恩德。太阴所居的日前那一辰，叫"厌日"，"厌日"不能够作各样事情。雌、雄和天地都在缓慢地运行，雄的斗柄凭借音声可以知道雌的太阴，所以叫"奇辰"。计数从甲子开始，天干、地支，子、母相配，所配合之处称为"合"。十干、十二辰，相配可以得到六十，为一个周期，一年共有八合。干、支相配在太岁之前便预示死亡，相配在太岁之后便不会出现祸殃。

甲戌，燕也；乙酉，齐也；丙午，越也；丁巳，楚也；庚申，秦也；辛卯，戎也；壬子，代也；癸亥，胡也；戊戌、己亥，韩也；巳酉、己卯，魏也；戊午、戊子。⑴八合天下也。

【注释】

〔1〕"甲戌，燕也"以下数句：即八合所代表的诸侯国和地区，用于占卜。 "庚申"：钱塘《天文训补注》云："申"当为"辰"，字之误也。 "戊午、戊子"句：钱塘《天文训补注》云："脱二合。"

【译文】

干支相配，甲戌代表燕，乙酉代表齐，丙午代表越，丁巳代表楚，庚辰代表秦，辛卯代表戎，壬子代表代，癸亥代表胡，（这是八次大会）。戊戌，己亥，代表韩；巳酉，己卯，代表魏；戊午，戊子。（这是八次小会）。这样大、小八次会合于天下。

太阴、小岁、星、日、辰，五神皆合，其日有云气风雨，国君当之。⑴天神之贵者，莫贵于青龙，或曰天一，或曰太阴。⑵太阴所居，不可背而可乡。北斗所击，不可与敌。

【注释】

〔1〕小岁：指北斗第五至第七颗星。即"斗杓为小岁"。 辰：指北极星。也叫"北辰"。

〔2〕青龙：即太岁。

【译文】

太阴、斗杓、岁星、太阳、北极星，五神如果都能聚合，那一天将会出现云气和风雨，国君要能承当它。天神中最尊贵的，没有超过太岁的，有的叫天一，有的叫太阴。太阴所居留的时候，不可以背着它，而可以向着它。北斗所要打击的，不可以和它相敌对。

天地以设，分而为阴阳。⑴ 阳生于阴，阴生于阳，阴阳相错，四维乃通，或死或［生］，万物乃成。⑵ 蚑行喙息，莫贵于人，孔窍肢体，皆通于天。⑶ 天（地）［有］九重，人亦有九窍；⑷ 天有四时以制十二月，人亦有四肢以使十二节；⑸ 天有十二月以制三百六十日，人亦有十二肢以使三百六十节。故举事而不顺天者，逆其生者也。⑹ 以日冬至，数来岁正月朔日，五十日者民食足；⑺ 不满五十日，日减一（十）［升］；⑻ 有馀日，日益一升。有其岁司也。⑼

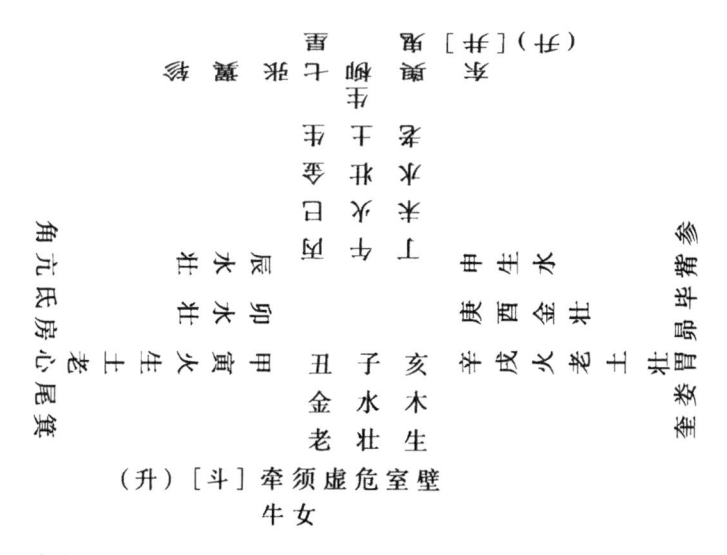

说明：

此图为《淮南子》中原图。钱塘《天文训补注》云："此明太阴在四仲四钩、岁星行三宿二宿并太岁所在图也。"岁星即木星，太阴为假想的与木星运行方向相反的星辰，无超辰现象。古人用以纪年。图中包括四方、四季、五行（生壮老转化）、十二地支（代表十二月）、二十八宿等内容。此图有讹误，钱氏已作了校正（参见刘文典《淮南鸿烈集解》附录）。

【注释】

〔1〕设：设置。

〔2〕错：交错。 "或死或"：《道藏》本、刘绩《补注》本、《四库全书》本下"或"字下有"生"字，当补。

〔3〕孔窍：指眼、耳、鼻、口等器官。

〔4〕"地"：《道藏》本同。刘绩《补注》本、《四库全书》本作"有"。 九重：即九野。扬雄《太玄》云："九天：一为中天，二为羡天，三为从天，四为更天，五为睟天，六为廓天，七为咸天，八为沈天，九为成天。"一说九层天。 九窍：阳窍七：眼、耳、鼻、口。阴窍二：大、小便处。

〔5〕十二节：当指十二经脉。《春秋繁露·人副天数》："故小节三百六十六，副日数也。大节十二，分副月数也。"

〔6〕逆：违背。

〔7〕朔日：即阴历每月初一。 "五十日"句：指冬至至正月初一的日数，是中数。多则为五十九日，少则有三十日。

〔8〕"十"：《道藏》本、刘绩《补注》本、《四库全书》本作"斗"。王念孙《读书杂志》云：《太平御览·时序部》十三、十四引作"升"。于大成《天文校释》：《北堂书钞》百五十三、《天中记》五引亦作"升"。当正。

〔9〕司：伺望。通"伺"。

【译文】

天地设置以后，分离而成为阴阳。阳从阴中产生，阴从阳中产生，阴阳互相交错，四维才能通达。有的死亡，有的产生，万物才能形成。用脚行走，用嘴呼吸的，没有比人更高贵的了，人的眼耳口鼻等器官，以及肢体，都和自然气息相通。天有九重，人也有九个孔洞；天有春夏秋冬四季，以用来分制十二个月份，人也有四肢，用来贯通十二经脉；天有十二个月来分制三百六十日，人也有十二部位，来掌握三百六十个经络。所以不按照自然规律行事，是违背生存法则的。从冬至日开始，计算到来年正月初一，如果正好是五十天，那么这一年中人民衣食便会充足；不满五十天的，每天的食粮可减少一升；超过五十天的，每天的食粮可增加一升。这些是由岁星运行来候望的。

摄提格之岁，岁早水，晚旱，稻疾，蚕不登，菽、麦昌，民食四升。寅。在甲曰阏蓬。^{〔1〕}

单阏之岁，岁和，稻、菽、麦蚕昌，民食五升。卯。在乙曰旃蒙。^{〔2〕}

执徐之岁，岁早旱，晚水，小饥，蚕闭，麦熟，民食三升。辰。在丙曰柔兆。^{〔3〕}

大荒落之岁，岁有小兵，蚕小登，麦昌，菽疾，民食二升。巳。在丁曰强圉。^{〔4〕}

敦牂之岁，岁大旱，蚕登，稻疾，菽、麦昌，禾不为，民食二升。午。在戊曰著雍。^{〔5〕}

协洽之岁，岁有小兵，蚕登，稻昌，菽、麦不为，民食三升。未。在己曰屠维。^{〔6〕}

涒滩之岁，岁和，小雨行，蚕登，菽、麦昌，民食三升。申。在庚曰上章。^{〔7〕}

作鄂之岁，岁有大兵，民疾，蚕不登，菽、麦不为，禾虫，民食五升。酉。在辛曰重光。^{〔8〕}

掩茂之岁，岁小饥，有兵，蚕不登，麦不为，菽昌，民食七升。戌。在壬曰玄黓。^{〔9〕}

大渊献之岁，岁有大兵，大饥，蚕开，菽、麦不为，禾虫，民食三升。

困敦之岁，岁大雾起，大水出，蚕、稻、麦昌，民食三（斗）［升］。^{〔10〕}子。在癸曰昭阳。^{〔11〕}

赤奋若之岁，岁有小兵，早水，蚕不出，稻疾，菽不为，麦昌，民食一升。

【注释】

〔1〕阏蓬：高诱注："言万物锋芒欲出，拥遏未通，故曰阏蓬也。"
〔2〕旃蒙：高诱注："言万物遏蒙甲而出也，故曰旃蒙。"
〔3〕柔兆：高诱注："言万物皆生枝布叶，故曰柔兆也。"
〔4〕强圉：高诱注："言万物刚盛，故曰强圉也。"
〔5〕著雍：高诱注："言位在中央，万物繁养四方，故曰著雍也。"
〔6〕屠维：高诱注："言万物各成其性，故曰屠维。屠，别；维，离也。"
〔7〕上章：高诱注："言阴气上升，万物毕生，故曰上章也。"
〔8〕重光：高诱注："言万物就成熟，（成）其煌煌，故曰重光也。"
〔9〕玄默：高诱注："言岁终，包任万物，故曰玄默也。"
〔10〕"斗"：《道藏》本同。刘绩《补注》本："斗，本或作升。"王念孙《读书杂志》云："斗"当为"升"。《开元占经》引此，正作"民食三升"。
〔11〕昭阳：高诱注："阳气始萌，万物合生，故曰昭阳。"

【译文】

岁阴摄提随斗柄指寅之岁。这一年中雨季来得早，秋季出现旱灾，稻子生病，蚕不能生成，豆类、麦类繁茂，人民每天可食四升。处于十二辰寅位。在十干甲之时，叫作阏蓬。

指向卯辰为单阏之岁。这一年天气平和，稻谷、豆类、蚕业兴盛，人民可食五升。处于十二辰的卯位。在十干乙位时，叫旃蒙。

指向辰为执徐之岁。这一年旱情来得早，秋季出现大水，有小的饥荒，蚕早封茧，麦子能够成熟，人民可食三升。处于十二辰之辰位。在丙位之时，叫做柔兆。

指向已为大荒落之岁。这一年有小的战争发生，蚕业小收成，麦子收成好，豆类病害严重，人民可食二升。处于十二辰已位。在丁位之时，叫强圉。

指向午叫敦牂之岁。这一年有大旱灾，蚕业丰收，稻子收成差，菽、麦类丰收，禾苗不能长穗，人民可食二升。处于十二辰的午位。在戊位叫著雍。

指向未叫协洽之岁。这一年中有小规模的战争，蚕业收成好，水稻旺盛，豆类、麦子不能成熟，人民可食三升。处于未位。在己位叫屠维。

指向申位叫涒滩之岁。这一年中天气平和，小雨降落，蚕业收成好，豆类、麦类昌盛，民可食三升。处于申位。在亥位叫上章。

指向酉位叫作鄂之岁。这一年里有大的战争，百姓疾病流行，蚕不能结茧，豆类、麦类不能成熟，谷类虫害严害，人民可食五升。处于酉位。在辛位叫重光。

指向戌位叫掩茂之岁。这一年中有小饥荒，有战争发生，蚕不能结茧，麦子不能成熟，豆类旺盛。人民可食七升。处于戌位。在壬位叫玄黓。

指向亥位叫大渊献之岁。这一年中有大的战争，出现大饥荒，蚕茧张开，豆类、麦类不能成熟，禾苗虫灾严重，人民可食三升。

指向子位叫困敦之岁。这一年中有大雾出现，发大水，蚕业、稻子、麦类昌盛，人民可食三升。处在子位。在癸位叫昭阳。

指向丑位叫赤备若之岁。这一年中有小的战争，早发大水，蚕不能孵出，稻子病害严重，豆类不能成熟，麦类兴旺，人民可食一升。

正朝夕：先树一表东方，操一表却去前表十步，以参望，日始出北廉，日直入。⑴ 又树一表于东方，因西方之表以参望。⑵ 日方入北廉，则定东方。⑶ 两表之中，与西方之表，则东西之正也。⑷ 日冬至，日出东南维，入西南维；至春、秋分，日出东中，入西中；夏至，出东北维，入西北维。至则正南。⑸

【注释】

〔1〕正：校定。此用日出、日入之影来确定东西之方向。 表：古代天文仪器。汉代一般为八尺。 操：执掌。 步：《玉篇》："六尺为步。" 参：参照、配合。 "日始出"二句：钱塘《天文训补注》："日东表北廉，则景入西表南廉。" 廉：侧边。《仪礼·乡饮酒礼》郑玄注："侧边曰廉"。

〔2〕"又树一表"句：此表在东方表东南，用来正朝。 因：用。

〔3〕"日方入"句：钱塘《天文训补注》："日入西表北廉，则景入东南表南廉，定东方。"

〔4〕两表：即东方表与南方表。 中：中点。

〔5〕"至则正南"句：疑有脱文。不可解。

正朝夕图

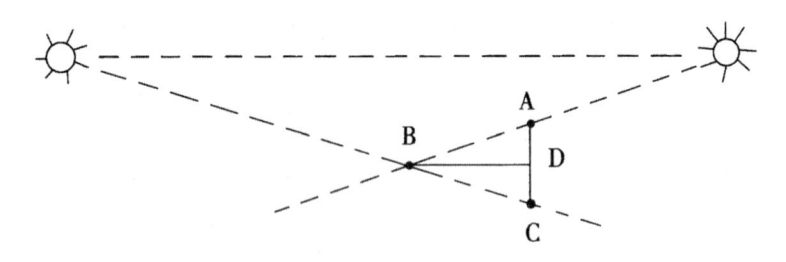

说明：

A 是第一表，即东表；B 是西表，C 是第三表。立 C 表要在 A 表的正南或正北的方位上，才能使 AC 连线的中点 D 与 B 的连线 BD，成为△ABC 的角平分线。根据三角形外角平分线平行于对边的原理，BD 线与朝夕太阳的连线平。朝夕太阳的连线基本是正东正西的。

但是，文中只说"又树一表于东方"（即 C 表），没有说明与第一表 A 的方位关系。而 AC 的中点 D 与 B 的连线，只有△ABC 的中线，未必平分∠ABC。那么 BD 就不能保证平行于朝夕的太阳连线。也就是说，这个 BD 线段并非准确的东西方标准线。

（以下六表及说明，参照北京师范大学周桂钿先生《淮南子·天文篇初探》一文，打印稿。《淮南子译注》，吉林文史出版社 1990 年版引。）

【译文】

如果校定东西即朝夕的方位，可以先立一个圭表在东方，并在离开前表十步的地方再立一表，用来互相参照观察日影。太阳开始从圭表北侧出现，日影直接照射到西南表边。又树立一表在前表的东南方，用西方所立之表与它相参照。这时太阳从西表北边直接射到东南表的南边，那么便可以确定东方的准确方位。取东方表与南方表的中点，和西方之表连接，那么便是东西的准确方位。冬至的时候，太阳出自东南维，落到西南维。到春分、秋分的时候，太阳出自东方的中点，落到西方的中点。夏至的时候，太阳出现在东北维，落到西北维。

欲知东西、南北广袤之数者，立四表，以为方一里岠。[1]先春分、若秋分十馀日，从岠北表参望日始出及旦，以候相应。[2]相应，则此与日直也。辄以南表参望之，以入前表数为法，除举广，除立表袤，以知从此东西之数也。[3]

假使视日出，入前表中一寸，是寸得一里也。一里积万八千寸，得从此东万八千里。视日方入，入前表半寸，则半寸得一里。半寸而除一里，积寸得三万六千里。除，则从此西里数也。[4]并之东西里数也，则极径也。[5]

【注释】
〔1〕广袤：东西为广，南北为袤。《说文》："一曰：南北曰袤，东西曰广。" 方：正方。 岠：通"矩"。正方形。
〔2〕若：或者。 候：等待。
〔3〕辄：就。 "除举广"句：钱塘《天文训补注》："以小勾除小股，知有几倍也。" "除立表袤"句：钱塘注："以小勾除大勾，知有几倍也。"
〔4〕除：《道藏》本、刘绩《补注》本同。疑衍。
〔5〕极：指东、西两极。

东西距离测量图

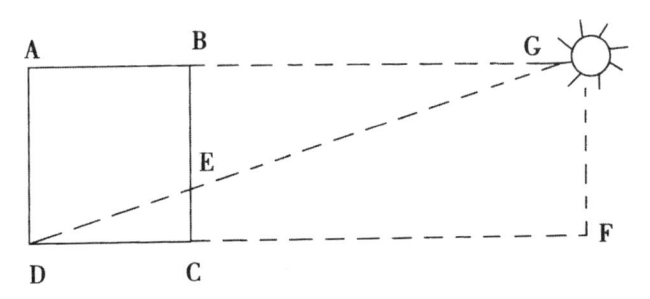

说明：

立四表，形成边长一里的正方形，北两表在正东西方向上。在春分或秋分期间，离二分十多天的日子里，从北两表参望初升之日，当两表与日共处于一条直线上时，从南两表参望它，看这时日与西南表的连线离东南表多远，再以此法去除立表的长宽乘积，就可以知道东西的距离了。

设四个表为 A、B、C、D，太阳为 G。AB=BC=CD=AD=1 里。从西南 D 表参望时，DG 经过 BC 线上的 E 点，那么就可以进入计算了。具体算法是：

$$\frac{CE}{FG} = \frac{CD}{DF}$$

AG=DF

CD=AB=FG=1 里

$$\frac{CE}{CD} = \frac{AB}{AG}$$

$$AG = \frac{AB \times CD}{CE} = \frac{1 \times 1}{CE}$$

假设，CE=1 寸 = $\frac{1}{18\,000}$ 里

那么，AG=18 000 里

如果，CE=0.5 寸 = $\frac{1}{36\,000}$ 里

那么，AG=36 000 里。

古人认为太阳是从大地的东极出来，所以早晨测算出的太阳的远近，就是从观测地到地的东极的距离。用同样的方法，观测日落时的远近，便是观测地到西极的距离。从观测地到东极、西极的距离之和，就是东极和西极的距离，也就是大地东西的长度。

【译文】

要想知道东西、南北广袤的长度，可以树立四个圭表，把它们排列为正方各一里的矩形，在春分或者秋分之前的十馀天，从矩形北表的边缘参照观察，太阳开始出来到旦明时分，用来等待相应的时候。如果相对应，那么这便和太阳在同一直线上。并用南表来观察太阳，把进入前表的数字作为准则，用小勾除小股，以小勾除大股，从而得出东西长度的数字。假如看到日出，进入前表中是一寸的距离，这样一寸便是一里。一里的长度是一万八千寸，能够从此知道东方的长度是一万八千里。观测太阳的落下，如果射入前表中

半寸，那么半寸便是一里。用半寸除一里，那么积得万八千寸，就是三万六千里。那么这便是从此往西的里数。把东西的里数合并起来，就是东西两极的直径距离。

未春分而直，已秋分而不直，此处南也。[1]未秋分而直，已春分而不直，此处北也。分、至而直，此处南北中也。从中处欲知中南也，未秋分而不直，此处南北中也。从中处欲知南北极远近，从西南表参望日，日夏至始出，与北表参，则是东与东北表等也。正东万八千里，则从中北亦万八千里也。倍之，南北之里数也。其不从中之数也，以出入前表之数益损之。表入一寸，寸减日近一里。[2]表出一寸，寸益远一里。

【注释】
〔1〕"未春分"以下内容：此段为测量南北极的内容。
〔2〕"日"：《道藏》本、刘绩《补注》本同。疑衍。

南北极测量图

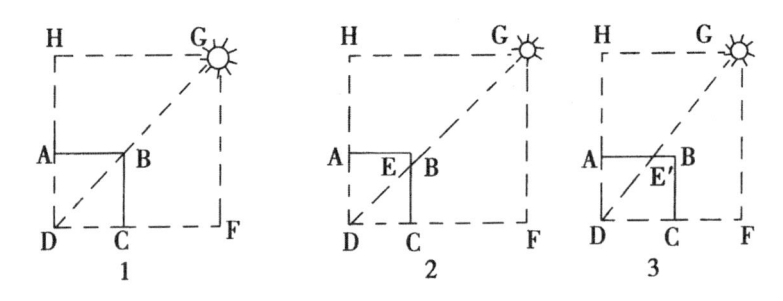

说明：
要知道大地南北的距离，也是要树立 A、B、C、D 四表，组成正方形。AD 和 BC 是南北方向，AB 和 CD 是东西方向。在夏至那一天，从西南标杆 D 向东北方向眺望日出，如果日出正好在东北表 B 处，也就是说，D 和 B，与太阳处于一

条直线上，如图1中所示，那么，这就说明，从观测地到北极和东极的距离是相等的，即DH=GF。如果离东极一万八千里，那么离北极也是一万八千里。加倍便是南北极的距离，而观测地就是大地的中心了。这是特殊的情况。

一般情况是，从D观测夏至日出时，太阳不刚好在B点上，或者往南一点，或者往北一点。假设观测到B点往南一寸的E点，那么BE=1寸（图2）。按照一里一寸的比例，那么北极就比东极离观测地近一里。

同样道理，如果从D点观测太阳时，视线经过B点北边一寸远的E′处（图3），即BE′=1寸，那么北极离观测地就要比东极远一里。

【译文】

没有到春分而日影直，已经到了秋分而日影不直，这时太阳正处在南面。未到秋分而日影直，已经到春分而日影不直，这时太阳正处在北面。到了春分、秋分而影子正直，这时太阳正处于南北方向的正中点。从中点处要知道南面的位置，未到秋分而影子不直，这时太阳正处于南北方向的正中点。从中点要想知道南北极的远近，可以从西南表参照观察太阳，夏至时日出东北维，和北表参互，那么东方和东北方的表距离相等，正东方是一万八千里，那么从中点至北也是一万八千里。增加一倍，就是南北极三万六千里的距离。如果不用中间的数字测定，可以用太阳出入前表的数字增加或减少。日影在表中减少一寸，一寸就应减去一里，表中超出一寸，一寸就应该增加一里。

欲知天之高，树表高一丈，正南北相去千里，同日度其阴，北表二尺，南表尺九寸，是南千里阴短寸，南二万里则无景，是直日下也。阴二尺而得高一丈者，南一而高五也，则置从此南至日下里数，因而五之，为十万里，则天高也。若使景与表等，则高与远等也。〔1〕

【注释】

〔1〕"欲知天之高"以下内容：这是测量天高的方法。

测量天高图

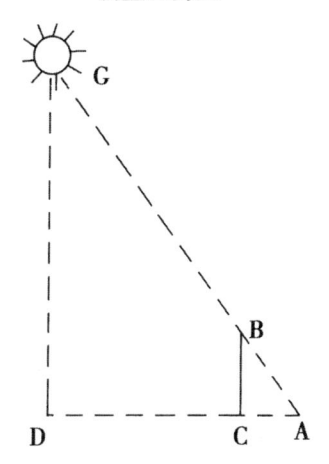

说明：

文中说立一丈高的表，来观测日影。南北相距千里，同一天观测日影，如果北边的表影为二尺，南边的表影为一尺九寸，那就是说往南地隔千里，影长短一寸。往南两万里，二尺的影子就完全消失了，就到了日的正下方。

如图 BC 是一丈高的表，AC 是表北的影子二尺长。D 是日的正下方地。AD 是观测地到日下的距离二万里。在 △ADG 和 △ABC 两个相似三角形中，

∴ $\dfrac{GD}{AD} = \dfrac{BC}{AC} = \dfrac{10}{2} = 5$（尺）

AD=2 万里

∴ GD=2 万里 ×5=10 万里

这就是天的高度。

【译文】

要想知道天的高度，可以立一丈高的表，测量表影。在正南北相距千里的地方，在同一个时刻测量它们的影长。北面表影长二尺，南面表影长一尺九寸，这样往南千里的影长便减少一寸。向南二万里，就没有日影了，那么此地正处于太阳直射之下。影长二尺，而要一丈高的圭表。所以南表的影长与表高的比例是 1∶5。那么从放置南表到日下无影，计二万里，乘以五，得到十万里，这就是天的高度。如果使日影和圭表比例相等，那么天高和北表至日下的距离相等。

第四卷　地形训

【题解】

本篇是继《尚书·禹贡》和《山海经》之后,研究古代地理学的重要文献,也是黄老道家自然天道观的有机组成部分。

文中首先研究了自然地理。大地可以分八殥、八纮、八极,组成"大九州"。认为地球东西短,南北长,并规定了东西为纬,南北为经的测量方法。文中记载了我国境内的九山、九塞、九薮以及四十馀条水道,组成了一幅比较完整的中国古代地形图。经济地理方面,研究了矿产、农作物、稀有物产等。同时对土、气、矿物的形成与转化进行了探讨。人文地理中,记载四方不同的人种、种族及海外三十六国。神话地理中,对崇高而壮美的昆仑山系进行了描绘。特别重要的是,根据五类动物即人类、鸟类、毛类、鱼类、龟类及三类植物的生成、演化规律,提出了生物进化模式。动物和人类都来源于共同祖先"湿玄"。这种生物进化论,具有重要的科学价值。

陶方琦《淮南许注异同诂》:(此)"乃高注本也。"

地形之所载,六合之间,四极之内,昭之以日月,经之以星辰,纪之以四时,要之以太岁。⁽¹⁾天地之间,九州八极。⁽²⁾土有九山,山有九塞,泽有九薮,风有八等,水有六品。⁽³⁾

【注释】

〔1〕"地形":《道藏》本、刘绩《补注》本同。王念孙《读书杂志》

云：此篇皆言地之所载，"地"下不当有"形"字，此因篇名而误衍耳。《海外南经》云："地之所载，六合之间，四海之内。"此即《淮南》所本。　六合：即天地四方。　四极：四方极远之处。《楚辞·离骚》："览相观于四极兮。"　昭：《道藏》本、《道藏辑要》本同。刘绩《补注》本作"照"。昭，《说文》："日明也。"古昭、照通。　经：《吕览·察传》高诱注："经，理也。"即治理义。　纪：《广韵》"止"韵："理也。"与"经"义同。　要：正。

〔2〕九州：《尔雅·释地》作"冀、豫、雍、荆、扬、兖、徐、幽、营"。《地形训》中指"大九州"。　八极：指八方极远之处。

〔3〕薮：湖泽。　等：等级。　品：品类。《广韵》"寝"韵："品，类也。"以上数句出自《吕览·有始》。此"品"彼作"川"。

【译文】

大地所负载的，包括有六合之间和四极之内。用日月照耀它，用星辰协调它，用春夏秋冬来管理它，用太岁来正天时。天地之间，有九州、八极。土地上有九座大山，大山中有九个要塞，大泽也有九个，风向有八个方位，水有六个品类。

何谓九州？〔1〕东南神州曰农土，正南次州曰沃土，西南戎州曰滔土，正西弇州曰并土，正中冀州曰中土，西北台州曰肥土，正北济州曰成土，东北薄州曰隐土，正东阳州曰申土。〔2〕

【注释】

〔1〕九州："大九州"之说为战国邹衍所创。《史记·孟子荀卿列传》："以为儒者所谓中国者，于天下乃八十一分居其一分耳。中国外如赤县神州者九，乃所谓九州也。"

〔2〕"东南"句：高诱注："东南，辰为农祥，后稷之所经纬也。故曰农土也。"按：注文"辰为农祥"，《国语·周语下》作"辰马农祥"。"辰马"指房星。　沃土：高诱注："沃，盛也。五月建午，稼穑盛张，故曰沃土也。"　滔土：高诱注："滔，大也。七月建申，五谷成大，故曰滔土也。"　并土：高诱注："并犹成也。八月建酉，百谷成熟，故曰并土

也。" 中土：高诱注："冀，大也。四方之主，故曰中土也。" "东北"句：高诱注："薄，犹平也。隐，气所隐藏，故曰隐土也。" 申土：高诱注："申，复也。阴气尽于北，阳复气起东北，故曰申土。"

【译文】

什么是九州？东南神州叫做农土，正南次州叫做沃土，西南戎州叫做滔土，正西弇州叫做并土，正中冀州叫做中土，西北台州叫做肥土，正北济州叫做成土，东北薄州叫做隐土，正东阳州叫申土。

何谓九山？会稽、泰山、王屋、首山、太华、岐山、太行、羊肠、孟门。(1)

【注释】

〔1〕会稽：高诱注："会稽山在会稽郡。"按：在今浙江中部。 泰山：高诱注："泰山在今泰山郡，是为东岳。"按：在今山东，为五岳之首。 王屋：高诱注："王屋山在今河东恒县东北，（济水）所出也。"按：位于今山西阳城、垣曲、河南济源之间，其山三重，状如屋。 首山：高诱注："首山在蒲坂县南、阿〔河〕曲之中，伯夷所隐。"按：指今山西永济市南的首阳山。 太华：高诱注："太华，今弘农阴山也，是为西岳。"按：即西岳华山，远望如华，故名，因其西有少华山，故又称太华山。 岐山：高诱注："岐山在今扶风汉〔美〕阳县北，周家所邑也。"按：在今陕西岐山县东北。 太行：高诱注："太行在今上党太行关，直河内野王县是也。"按：已见《原道训》注。 羊肠：高诱注："羊肠，山名也。《说苑》曰：'桀之居，左河济，右太华，伊阙在其南，羊肠在其北。'今太原晋阳西北九十里，通河西、上郡，关曰羊肠坂是。"按：指今山西交城东的羊肠山。 孟门：高诱注："太行之限也。"按：在今陕西宜川东北、山西吉县西，绵延黄河两岸。以上九山，并见《吕览·有始》。

【译文】

什么是九山？指的是会稽、泰山、王屋、首山、太华、岐山、太行、羊肠、孟门等大山。

何谓九塞？曰：大汾、渑阨、荆阮、方城、殽阪、井陉、令疵、句注、居庸。[1]

【注释】

〔1〕大汾：高诱注："在晋。"按：指的是太岳山与汾河结合处的险要地区。　渑阨：高诱注："今弘农渑池是也。"按：在今河南渑池县西，为古代扼守崤山、函谷关的门户。　荆阮、方城：高诱注："皆在楚。"按：荆阮，在今湖北武当山东南、汉水西岸。方城，战国时楚长城，北从河南方城县北，向西循伏牛山，折向循白河、湍河间分水岭，至今邓州市东北。　殽阪：高诱注："弘农郡渑池殽钦吟是也。"按：指今潼关以东至河南新安一带。　井陉：高诱注："在常山，通太原关是也。"按：太行支脉。因其四面高，中央低，形似井，故名。在今河北井陉县境内。　令疵：高诱注："在辽西。"按：在今河北滦县、迁安市之间，同辽西相接。　句注：高诱注："在雁门，阴馆句注是也。"按：在今山西代县北。因山势勾转，水势流注而得名。　居庸：高诱注："在上谷阻阳之东，通运都关是也。"按：在今北京昌平区西北，在军都山上。以上九塞并见《吕览·有始》。

【译文】

什么是九塞？说的是太汾、渑阨、荆阮、方城、殽阪、井陉、令疵、句注、居庸。

何谓九薮？曰：越之具区，楚之云梦，秦之阳纡，晋之大陆，郑之圃田，宋之孟诸，齐之海隅，赵之钜鹿，燕之昭馀。[1]

【注释】

〔1〕具区：高诱注："在吴、越之间也。"按：即今江苏太湖。　云梦：高诱注："在南郡华容也。"按：西汉时云梦在湖北潜江市西南、监利县以北，处在长江以北。　阳纡：高诱注："盖在冯翊池阳。一名具圃。"按：在今陕西泾阳。一说在今陕西凤翔附近。　大陆：高诱注："魏献子所游，

焚焉而死者是也。"按：分歧颇多。一说在今河南获嘉县西北。　圃田：高诱注："在今河南中牟。"按：故址在今河南中牟西，现淤为平地。　孟诸：高诱注："在今梁园睢阳东北泽是也。"按：又名孟猪、望诸、明都、盟猪、盟诸。故址在今商丘东北、虞城西北。已堙。　海隅：高诱注："海隅犹崖，盖近海滨是也。"按：指今山东蓬莱、莱州以西，历寿光、广饶至沾化、无棣以北，延袤千余里的沿海地区。　钜鹿：高诱注："今钜鹿广阿泽是也。"按：即今河北隆尧、巨鹿、任县之间一带地区。现淤为平地。　昭馀：高诱注："今太原郡是，古者属燕也。"按：在今山西祁县西南，介休东北。以上九薮亦见于《吕览·有始》。

【译文】

什么叫九薮？指的是越国的具区，楚国的云梦，秦国的阳纡，晋国的大陆，郑国的圃田，宋国的孟诸，齐国的海隅，赵国的巨鹿，燕国的昭馀。

何谓八风？⁽¹⁾东北曰炎风，东（玄）[方]曰条风，东南曰景风，南方曰巨风，西南曰凉风，西方曰飂风，西北曰丽风，北方曰寒风。⁽²⁾

【注释】

〔1〕八风：《天文训》、《吕览·有始》、《史记·律书》、《说文》、《国语·周语下》韦昭注、《左传·隐公五年》陆德明释文，《文选·郭璞〈江赋〉》李善注引《淮南子》等皆有记载，然名称不同。"八风"是古代研究八方、四季风向、气候等的重要资料。

〔2〕炎风：高诱注："艮气所生。一曰融风也。"按：即立春时从东北方向吹来的风。　"玄"：《道藏》本、刘绩《补注》本作"风"。于大成《地形校释》：《广博物志》引作"方"，《吕览·有始》同。　条风：高诱注："震气所生也。一曰明庶风。"按：指春分时从东方吹来的暖风。　景风：高诱注："巽气所生也。一曰清明风。"按：立夏时从东南方吹来的热风。　巨风：高诱注："离气所生也。一曰凯风也。"按：夏至时从南方吹来的炎热之风。　凉风：高诱注："坤气所以生也。"按：立秋时西南方吹来的凉爽之风。　飂风：高诱注："兑气所生也。"按：秋分时西方吹来的

凉风。　丽风：高诱注："乾气所生也。一曰阊阖风。"按：立冬时西北方吹来的寒风。　寒风：高诱注："坎气所生也。一曰广莫风。"按：冬至时北方吹来的寒风。

【译文】

　　什么叫八风？东北方吹来的叫炎风，东方刮来的叫条风，东南方吹来的叫景风，南方吹来的叫巨风，西南方吹来的叫凉风，西方吹来的叫飂风，西北方吹来的叫丽风，北方吹来的是寒风。

　　何谓六水？曰：河水、赤水、辽水、黑水、江水、淮水。⁽¹⁾

【注释】

　　〔1〕河水：高诱注："河水出昆仑东北陬。"按：黄河发源于青海巴颜喀拉山，与高注相合。　赤水：高诱注："赤水出其东南陬。"按：一说在今青海湖一带。一说即今雅砻江。分歧颇多。　辽水：高诱注："辽水出碣石山，自塞北东流，直辽东之西南入海。"按：即流经吉林、辽宁的辽河，源出自塞外。高注"碣石"误，《吕览·有始》高注作"砥石"。　黑水：高诱注："在邕州。"按："黑水"之方位说法颇多。当指甘肃、青海及内蒙古黑河流域。　江水：高诱注："江水出岷山，在蜀西徼外。"按：古人记载不确。长江源于青海境内沱沱河，上游依次称通天河、金沙江，宜宾以下江段为主河道，称为长江。岷江为其一条支流。　淮水：高诱注："淮水出桐柏山南平阳也。"按：南平阳，当依《汉书·地理志》作"南阳平氏"。以上六水亦见《吕览·有始》。

【译文】

　　什么是六水？指的是黄河、赤水、辽水、黑水、江水、淮水。

　　阖四海之内，东西二万八千里，南北二万六千里；⁽¹⁾水道八千里，通谷（其）［六］，名川六百；陆径三千里。⁽²⁾禹乃使太章步自东极，至于西极，二亿三万三千五百里七十五步；(3) 使竖亥步自北极，至于南极，二亿三万三千五百里七十五步。凡鸿水渊薮，自三百仞以上，二亿三万三千五百五十里有九渊。(4) 禹乃以息土填洪水以为名山。(5) 掘昆仑虚以下地。(6) 中有增城九重，其高万一千里百一十四步二尺六寸。(7) 上有木禾，其修五寻。(8) 珠树、玉树、璇树、不死树在其西，沙棠、琅玕在其东，绛树在其南，碧树、瑶树在其北。(9) 旁有四百四十门，门间四里，里间九纯，纯丈五尺。(10) 旁有九井，玉横维其西北之隅。(11) 北门开以内不周之风。倾宫、旋室、县圃、凉风、樊桐，在昆仑阊阖之中，是其疏圃。(12) 疏圃之池，浸之黄水，黄水三周复其原，是谓丹水，饮之不死。(13)

【注释】

（1）阖：全，合。《一切经音义》卷十二引《说文》："阖，合也。""东西"二句：高诱注："子午为经，卯酉为纬，言经短纬长也。"按：此说并见《管子·地数》及《轻重乙篇》、《吕览·有始》及《广雅·释地》等。

（2）通谷：指大的山谷。　"其"：《道藏》本、刘绩《补注》本同。《吕览·有始》作"六"。　陆径：《吕览·有始》作"陆注"，指内陆河。　"三千里"：《吕览·有始》无"里"字。

（3）"使太章"以下数句：高诱注："太章、竖亥，善行人，皆禹臣也。海内东西短，南北长，极内等也。"按：太章、竖亥为推步天象之人，不是"善行人"。其事见《山海经·海外东经》、《吴越春秋》、《后汉书·郡国志》注、《路史》等。

（4）"凡洪水"以下数句："三百仞"，《道藏》本、刘绩《补注》本同。"五十里有九渊"，《道藏》本、刘绩《补注》本同。王念孙《读书杂志》云：三百仞之"百"，五十里之"里"，九渊之"渊"，皆衍文。此言鸿水渊薮，自三仞以上者，共有二亿三万三千五百五十九也。

（5）息土：能变化增多的土。　名山：大山。

〔6〕掘：平。 虚：大山。《说文》："虚，大丘也。昆仑丘谓之昆仑虚。"

〔7〕中：指虚中。 增城：高诱注："增，重也。有五城十二楼。见《括地像》。此盖诞，实未闻也。"

〔8〕木禾：山上生长的谷类植物。见《山海经·海内西经》。 五寻：高诱注："长三十五尺。"按：许慎《说文》言"寻，八尺也"。高、许说异。

〔9〕琁树：美玉之树。 沙棠、琅玕：高诱注："皆玉名也，在木禾之东也。一说：沙棠，木名也。" 绛树：赤色玉树。 碧树：青色玉树。

〔10〕门：指山口。 纯：长度名称。一丈五尺。

〔11〕九井：《山海经·海内西经》："面〔上〕有九井，以玉为槛。"井，泉。九大泉水。一说即九大瀑布。 玉横：高诱注："横犹光也。横，或作彭。彭，受不死药器也。"按：未见它书。依《山海经》，"横"为"槛"字之讹。

〔12〕倾宫：满一顷之宫。 旋室：以璇玉所饰之室。一说可旋转之室。 县圃、凉风、樊桐：皆为昆仑之山名。 阊阖：昆仑山之虚门。《楚辞·离骚》"倚阊阖而望予"。《说文》："楚人名门曰阊阖。"知为楚语。 疏圃：疑即传说中的瑶池。

〔13〕原：本。 丹水：赤色的水。源出昆仑，饮之不死。王念孙《读书杂志》云当作"白水"。《楚辞·离骚》王逸注、《太平御览·地部》二十四引作"白水"。

【译文】

合计四海之内，东西纬长二万八千里，南北经长二万六千里，水的流长八千里，大的山谷有六个，大的河流有六百条，内陆河有三千条。禹派太章从东极测量到西极，是二亿三万三千五百里七十五步，派竖亥从北极测到南极，是二亿三万三千五百里七十五步。总计大的深潭、湖泽，从三仞往上的，是二亿三万三千五百五十九。禹使用天上神奇的息土填平深潭，并且生出了大山。掘去昆仑山峰来填平洼地。昆仑山中有层叠的城池九重，城的高度是一万一千里一百一十四步二尺六寸。山上生有木禾，它的长度是三十五尺。珠树、玉树、琁树、不死树，在木禾的西面；沙棠、琅玕在它的东面；绛树在它的南面；碧树、瑶树在它的北面。昆仑四旁有四百四十八座入山门户。每门相距为四里，每门九纯长，一纯是一丈五尺。四旁有九大泉水，承受不死药之器挂在西北角。昆仑山北门张开以接纳西北方的不周之风。倾宫、旋室、县圃、凉风、樊桐，在昆仑山虚门之中。这里有天池。天池之水，源源流进的是黄泉之水，黄泉之水绕行三周又回到它的源头。这就是所说的丹水，饮用它可以长生不老。

河水出昆仑东北陬，贯渤海，入禹所导积石山。⁽¹⁾赤水出其东南陬，西南注南海。⁽²⁾丹泽之东，赤水之东，弱水出自穷石，至于合黎，馀波入于流沙。⁽³⁾绝流沙，南至南海。⁽⁴⁾洋水出其西北陬，入于南海羽民之南。⁽⁵⁾凡四水者，帝之神泉，以和百药，以润万物。

【注释】

〔1〕陬：角落、山脚。《说文》："陬，阪隅也。" 渤海：《集韵》"没"韵："渤，或从㲾。"即大海。疑指青海之鄂陵湖及扎陵湖。《山海经·海外北经》："禹所积石之山在其东，河水所入。"郭璞注："河出昆仑而潜行地下，至葱岭，复出，注盐泽。从盐泽复行南，出于此山，而为中国河，遂注海也。"盐泽，疑为今新疆罗布泊。亦与方位不合。 积石山：位于今青海东南部的大山，延伸至甘肃南部边境。今称阿尼玛卿山。黄河绕流东南侧。

〔2〕南海：具体方位不明。

〔3〕丹泽：因近丹水，故称丹泽。 "赤水之东"句：《道藏》本、刘绩《补注》本同。王念孙《读书杂志》引之认为：四字为妄加。 弱水：《说文》："溺，水，自张掖删丹西至酒泉合黎，馀波入于流沙。"在甘肃西北部，今名额纳济河。 穷石：山名。在张掖北部塞外。 合黎：山名。在甘肃张掖黑河北。《尚书·禹贡》："导弱水至于合黎。"

〔4〕绝：横穿。《战国策·东周策》鲍彪注："绝，横渡。"

〔5〕洋水：高诱注："经陇西氐道，东至武都为汉阳。或作养也。"按：陇西氐道，即今甘肃临洮县以南。武都，今甘肃西和县以南。洋水，即今西汉水。它与今汉水不相通，有人认为是地震使河改道所致。 羽民：传说中的南方国名。三十六国中有其名。以上昆仑四水，本于《山海经·海内西经》。

【译文】

黄河源出昆仑山的东北角,流进大海,进入禹所开通的积石山。赤水出自昆仑山东南角,向西南方向进入南海。丹泽的东面,弱水出自穷石山,到了合黎,弱水馀波流进沙漠。横穿流沙,向南到达南海。洋水出自昆仑西北角,流进南海羽民国的南部。这四条大水,是天帝的神泉,用来调和各种药物,滋润万物。

昆仑之丘,或上倍之,是谓凉风之山,登之而不死;〔1〕或上倍之,是谓悬圃,登之乃灵,能使风雨;或上倍之,乃维上天,登之乃神,是谓太帝之居。〔2〕

【注释】

〔1〕或:假令。 倍:高诱注:"假令高万里,倍之二万里。"按:倍,疑通"凭"。登临义。《文选·陆机〈饮马长城窟行〉》吕向注:"凭,犹登也。"

〔2〕太帝:天帝。

【译文】

昆仑山上的大丘,假令比它再高一倍,它叫做凉风之山,登上它可以长生不老。再往上比它高一倍,它叫做悬圃之山,登上它便有了神灵,能够呼风唤雨。再往上比它高一倍,便同上天相联系,登上它便可以成为神人,这就是所说的天帝的居室。

扶木在阳州,日之所𦒎。〔1〕建木在都广,众帝所自上下,日中无景,呼而无响,盖天地之中也。〔2〕若木在建木西,末有十日,其华照下地。〔3〕

【注释】

〔1〕扶木:东方神木名,即扶桑。日所出之地。 𦒎:《道藏》本、刘绩《补注》本同。"𦒎"字形误。当为"曣"。《集韵》"微"韵:"昲,

《方言》晞,晒干物也。或从贲。"即照耀义。

〔2〕建木:南方神木名。 都广:南方山名。《文选·张衡〈思玄赋〉》注引《淮南子》作"广都"。 向:通"响"。《说文》:"响,声也。"

〔3〕若木:西方神木名。 十日:其记载并见《庄子·齐物论》、《楚辞·天问》、《山海经·海外东经》、《淮南子·本经训》、马王堆汉墓帛画等。

【译文】
　　扶木在东方的阳州,是太阳所升起的地方。建木在南方的都广之山,是许多天神上下的地方,日中时没有影子,呼唤时没有回音,大概是天地的正中央。若木在建木的西边,它的末端挂有十个太阳,它的光辉照耀着大地。

　　九州之大,纯方千里。⑴九州之外,乃有八殥,亦方千里。⑵自东北方曰大泽,曰无通;⑶东方曰大渚,曰少海;⑷东南方曰具区,曰元泽;⑸南方曰大梦,曰浩泽;⑹西南方曰渚资,曰丹泽;⑺西方曰九区,曰泉泽;西北方曰大夏,曰海泽;北方曰大冥,曰寒泽。⑻凡八殥。八泽之云,是雨九州。

【注释】
　　〔1〕纯:高诱注:"纯,缘也。亦曰量名也。"按:指边缘。
　　〔2〕殥:远。通"埏"。《说文·新附》:"埏,八方之地也。"
　　〔3〕大泽、无通:湖泽名。
　　〔4〕大渚:东方海岛。渚,高诱注:"水中可居曰渚。" 少海:高诱注:"东方多水,故曰少海。"
　　〔5〕"元泽":王念孙《读书杂志》云:"元泽"当为"亢泽"。
　　〔6〕大梦、浩泽:高诱注:"梦,云梦也。浩,亦大也。"
　　〔7〕丹泽:高诱注:"盖近丹水,因其名,故曰丹泽也。"
　　〔8〕寒泽:高诱注:"北方多寒也,故曰寒泽也。"

【译文】

九州的大的范围是,四个边各是千里。九州之外,还有八殥,也是边缘千里。从东北方开始,叫大泽,也叫无通;东方叫大渚,也叫少海;东南方叫具区,也叫元泽;南方叫大梦,也叫浩泽;西南方叫渚资,也叫丹泽;西方叫九区,也叫泉泽;西北方叫大夏,也叫海泽;北方叫大冥,也叫寒泽。共是八殥。八泽的云气,凝为雨水,洒落在九州之地。

八殥之外,而有八纮,亦方千里。⁽¹⁾自东北方曰和丘,曰荒土;⁽²⁾东方曰棘林,曰桑野;东南方曰大穷,曰众女;南方曰都广,曰反户;⁽³⁾西南方曰焦侥,曰炎土;⁽⁴⁾西方曰金丘,曰沃野;⁽⁵⁾西北方曰一目,曰沙所;⁽⁶⁾北方曰积冰,曰委羽。⁽⁷⁾凡八纮之气,是出寒暑,以合八正,必以风雨。⁽⁸⁾

【注释】

〔1〕纮:高诱注:"维也。维落天地而为之表,故曰纮也。"按:即维系义。

〔2〕和丘、荒土:高诱注:"凤所自歌,鸾所自舞,名曰和丘,曰荒土也。"按:高注引文见于《山海经·海外西经》等。

〔3〕都广、反户:高诱注:"都广,国名也。山在此国,因复曰都广山。言其在乡曰之南,昔[皆]为北乡户,故反其户也。"按:传说中的南方国名。

〔4〕焦侥:高诱注:"短人之国也,长不满三尺。"按:并见《山海经·海外南经》、《国语·鲁语》、《列子·汤问篇》等。

〔5〕金丘、沃野:高诱注:"西方金位也,因为金丘。沃,犹白也,西方白,故曰沃野也。"

〔6〕一目、沙所:高诱注:"国人一目,在面中央。沙所,盖流沙所出也。一曰泽名也。"按:传说中西方国名。

〔7〕积冰、委羽:高诱注:"北方寒冰所积,因以为名积冰也。委羽,山名也,在北极之阴,不见日也。"

〔8〕八正:高诱注:"八风之正也。"

【译文】

八殥的外面,还有八纮,四个边也各是千里。从东北方开始叫和丘,也叫荒土。东方叫棘林,也叫桑野;东南方叫大穷,也叫众女;南方叫都广,也叫反户;西南方叫焦侥,也叫炎土;西方叫金丘,也叫沃野;西北方叫一目,也叫沙所;北方叫积冰,也叫委羽。八纮范围的云气,它可以产生寒暑不同的气候,并且合乎八风的方位,而必定用风雨来伴随。

八纮之外,乃有八极。自东北方曰方土之山,曰苍门;⁽¹⁾东方曰东极之山,曰开明之门;⁽²⁾东南方曰波母之山,曰阳门;⁽³⁾南方曰南极之山,曰暑门;⁽⁴⁾西南方曰编驹之山,曰白门;⁽⁵⁾西方曰西极之山,曰阊阖之门;⁽⁶⁾西北方曰不周之山,曰幽都之门;⁽⁷⁾北方曰北极之山,曰寒门。⁽⁸⁾凡八极之云,是雨天下。八门之风,是节寒暑;八纮八殥八泽之云,以雨九州而和中土。⁽⁹⁾

【注释】

〔1〕苍门:东北方属木,为青色之始,故叫苍门。

〔2〕开明之门:太阳所出之门。

〔3〕阳门:东南方纯阳用事,故曰阳门。

〔4〕暑门:南方盛阳所在,故曰暑门。

〔5〕白门:西南方金气用事,金色白,故曰白门。

〔6〕阊阖之门:高诱注:"阊,大也。阖,闭也。大聚万物而闭之,故曰阊阖之门也。"

〔7〕幽都之门:高诱注:"幽,阖也;都,聚也。玄冥将始用事,顺阴而聚,故曰幽都之门。"

〔8〕寒门:寒气积聚之门。

〔9〕中土:冀州。

【译文】

八纮之外,还有八极。从东北方开始是方土之山,也叫苍门;

东方叫东极之山,也叫开明之门;东南方叫波母之山,也叫阳门;南方叫南极之山,也叫暑门;西南方叫编驹之山,也叫白门;西方叫西极之山,也叫阊阖之门;西北方叫不周之山,也叫幽都之门;北方叫北极之山,也叫寒门。八极的云气,可以洒遍天下。八门所吹来的八方之风,它可以节制一年四季;八纮八殥八泽的云气,可以洒遍九州而滋润中原大地。

东方之美者,有医毋闾之珣玕琪焉;⑴东南方之美者,有会稽之竹箭焉;⑵南方之美者,有梁山之犀象焉;⑶西南方之美者,有华山之金石焉;⑷西方之美者,有霍山之珠玉焉;⑸西北方之美者,有昆仑之球琳、琅玕焉;⑹北方之美者,有幽都之筋角焉;⑺东北方之美者,有斥山之文皮焉;⑻中央之美者,有岱岳以生五谷桑麻,鱼盐出焉。⑼

【注释】

〔1〕医毋闾:在今辽宁北镇市北,或称广宁山,主峰名望海山。并见《周礼·夏官·职方氏》、《尔雅·释地》等。 珣玕琪:高诱注:"玉名也。"按:《说文》:"珣,医无闾珣玕琪,《周书》所谓夷玉也。"玕,《道藏》本、刘绩《补注》本、《尔雅·释地》作"玗"。

〔2〕竹箭:又叫箭竹。一种坚硬的竹子,可为箭。

〔3〕梁山:在今湖南衡山。

〔4〕华山:即今华山。 金石:金,美金。石,含玉之石。

〔5〕霍山:今山西霍县东南。 珠玉:高诱注:"出夜光之珠,五色之玉也。"

〔6〕球琳、琅玕:高诱注:"皆美玉也。"按:《尔雅·释地》:"有昆仑虚之璆琳琅玕焉。"

〔7〕"有幽都"句:高诱注:"古之幽都,在雁门以北,其畜宜牛羊马,出好筋角,可以为弓弩。"

〔8〕斥山:在山东荣成石岛。因海滨广斥而得名。 文皮:指虎豹之皮。东北方,《尔雅·释地》作"东方"。

〔9〕岱岳:即泰山。

【译文】
　　东方出产的珍贵物产,有辽东的美玉;东南方出产的珍贵的物产,有会稽山生长的坚硬的竹箭;南方出产的贵重的物产,有湖南出产的犀角和象牙;西南方出产的宝贵的东西,有华山出产的黄金、美石;西方出产的宝贵的物产,有霍山的珍珠、宝玉;西北出产的美好物产,有昆仑山的美玉;北方出产的美好的物产,有雁门关以北的筋角做成的硬弓;东北方出产的珍贵的物产,有斥山的虎豹五彩之皮;中央出产的美好的物产,有泰山一带出产的五谷、桑麻,鱼类和食盐也出产在这里。

　　凡地形,东西为纬,南北为经。[1] 山为积德,川为积刑。[2] 高者为生,下者为死。[3] 丘陵为牡,溪谷为牝。[4] 水员折者有珠,方折者有玉。[5] 清水有黄金,龙渊有玉英。[6]

　　土地各以其类生。是故山气多男,泽气多女;[7] 障气多喑,风气多聋;[8] 林气多癃,木气多伛;[9] 岸下气多肿,石气多力;[10] 险阻气多瘿;[11] 暑气多夭,寒气多寿;[12] 谷气多痹,丘气多狂;[13] 衍气多仁,陵气多贪。[14] 轻土多利,重土多迟;[15] 清水音小,浊水音大;湍水人轻,迟水人重;[16] 中土多圣人。皆象其气,皆应其类。故南方有不死之草,北方有不释之冰;[17] 东方有君子之国,西方有形残之尸。[18] 寝居直梦,人死为鬼;[19] 磁石上飞,云母来水;[20] 土龙致雨,燕雁代飞;[21] 蛤蟹珠龟,与月盛衰。[22]

【注释】
　　[1] 纬:横线叫纬。 经:纵线叫经。
　　[2] "山为"二句:高诱注:"山仁,万物出焉,故为积德。川水智,

智制断，故为积刑也。《论语》曰：'仁者乐山，智者乐水。'是也。"

〔3〕"高者"二句：高诱注："高者阳，主生；下者阴，主死。"

〔4〕"丘陵"二句：高诱注："丘陵高敞，阳也，故为牡；溪谷污下，阴也，故为牝。"按：牡，即雄性。牝，雌性。

〔5〕"水员"二句：高诱注："员折者，阳也。珠，阴中之阳。方折者，阴也。玉，阳中之阴也。皆以其类也。"按：员折，圆形而有波折。方折，方形而有波折。

〔6〕"清水"二句：高诱注："清水澄，故黄金出焉。龙渊，龙所出游渊也。玉英，转化有精光也。"按：玉英，即玉的精华。

〔7〕山气：指山中云气。 泽气：水泽雾气。

〔8〕障气：我国南方丛林中的湿热之气。障，同"瘴"。 喑：哑。《说文》："瘖，不能言也。" 风气：风邪之气。

〔9〕林气：森林中散发出来的湿润而寒凉的气体。 癃：一种类似瘫痪的疾病。 木气：不详。《史记·天官书》正义引此，作"水气多伛"。 伛：驼背。

〔10〕岸下气：指岸边潮湿之气。 肿：王念孙《读书杂志》云：《太平御览·天部》十五引作"尰"。又引高注云："岸下下湿，肿足曰尰。"按：即脚肿之类的疾病。 石气：大山区的一种气体。

〔11〕瘿：类似粗脖子病。《说文》："瘿，颈瘤也。"《玉篇》："瘿，颈肿也。"

〔12〕暑气：暑热之气。 夭：夭折。《玉篇》："短折曰殀，亦作夭。"

〔13〕谷气：深山峡谷中阴冷的气体。 痹：一种类似风湿麻木的病，《说文》："痹，湿病也。" 丘气：丘陵地带的气体。 狂：王念孙《读书杂志》："狂"当作"尪"。《吕览·尽数篇》："苦水所多尪与伛人。"高诱注："尪，突胸仰向疾也。"陈奇猷按：即今所谓鸡胸。

〔14〕衍气：高诱注："下而污者为衍也。"按：指平原洼地一种气体。 陵气：山陵之气。

〔15〕轻土：质地疏松的土壤。 利：敏捷。 重土：质地板结的土壤。

〔16〕湍水：急流。 迟水：水流平缓。

〔17〕"故南方"二句：高诱注："西〔南〕方温，故草有不死者。北方寒，故冰有不泮释者。"

〔18〕"东方"二句：高诱注："东方木德仁，故有君子之国也。西方金，金断割，攻战之事，有形残之尸也。"按：庄逵吉《淮南子校刊》云：

(形残之尸），一说即《山海经》之形天。

〔19〕寝居：睡觉。 直梦：所梦得到验证。

〔20〕磁石：俗名吸铁石。《管子·地数》："上有慈石者，下有铜金。" 云母：矿石名。古人以此石为云之根，故称云母。《太平御览》卷八百八引注："云母石可致水。"《本草经》："云母味甘平，主身皮死肌、中风寒热，安五藏，益子精，明目。久服轻身延年。"

〔21〕土龙：古代天旱时扎制的求雨的工具。 代：更替。

〔22〕"蛤蟹"二句：古人认为，这些水生动物的肥瘦与月相盈亏变化有关。《吕览·精通》："月望则蚌蛤实，群阴盈；月晦则蚌蛤虚，群阴亏。"本节记载，尚见于《大戴礼记·易本命》等。

【译文】

大凡地形位置，东西方向叫纬线，南北方向叫经线。高山生万物，它是积德的；大河冲刷万物，它是积刑的。高者为阳，主管万物生长；低者为阴，主管万物死亡。丘陵高属于阳性，溪谷低属于阴性。水纹圆形有波折者出珍珠，方形而有波折者藏美玉。清澈的水中有黄金，龙所栖息的深渊中有玉英。

土地各自按照不同的种类，产生特性不同的人。所以山中云雾之气大多使人生男子，水泽之气多使人生女子；南方瘴疠之气使人变哑，风邪之气使人变聋；森林中寒湿之气使人软瘫，朽木之气使人驼背；岸边湿气使人脚肿大，石气使人多勇力，深山峡谷之气使人得粗脖子类病；酷热之气使人早死，寒冷之气使人长寿；空谷阴冷之气使人手脚麻木，丘陵地带的气体使人得鸡胸；平原之气使人仁慈，山陵之气使人贪婪；生活在质地疏松土地上的人行动迅速，生活在板结土地上的人行动迟缓；生活在清水边的人声音小，生活在浑水边的人声音大；生活在湍急水边的人身体轻，生活在水流缓慢水边的人身体重。在中央土地上生活的多出圣贤之人。以上这些人大多和他们所处环境相像，都和各自的类别相应。所以南方有四季常青的草木，北方有常年不化的冰雪，东方有君子之国，西方有形天的尸体。睡觉时所梦与真实一样，人死后灵魂成为鬼；磁石可以向上飞，云母石可以生水；土龙可以使雨水降落，燕子、大雁相互交换往来时间；蛤蚌、螃蟹、珍珠、龟类，随着月亮盈亏而变化。

是故坚土人刚，弱土人肥；[1]垆土人大，沙土人细；[2]息土人美，耗土人丑。[3]食水者善游能寒，食土者无心而慧，食木者多力而奰，食草者善走而愚，食叶者有丝而蛾，食肉者勇敢而悍，食气者神明而寿，食谷者知慧而夭，不食者不死而神。[4]凡人民禽兽万物贞虫，各有以生，或奇或偶，或飞或走，莫知其情，唯知通道者能原本之。[5]

【注释】

〔1〕坚土：土质坚硬。 弱土：地力弱的土壤。 肥：《本草纲目》卷五"井泉水"条引作"懦"，懦，亦柔也。俞樾《诸子平议》："肥"当作"脆"。《广雅·释诂》："脆，弱也。""脆"即"胞"之俗体。

〔2〕垆土：即黑土。《说文》："垆，刚土也。"

〔3〕息土：《大戴礼记·易本命》卢辩注："息土，谓沃衍之田。" 耗土：贫瘠的土地。

〔4〕食水者：指鱼及水鸟之类。 食土者：蚯蚓之类。 慧：《孔子家语·执辔》、《大戴礼记·易本命》作"不息"。 食木者：指熊罴之类。 奰：怒。《说文》"壮大也"。 食草者：指鹿、麋之类。 食叶者：指蚕类。 食肉者：指虎豹鹰雕之类。 食气者：指赤松子等练气的神仙家。一说是龟类。 食谷者：指人类。 不食者：古代指蓍草，用于占卜。

〔5〕贞虫：细腰蜂之类。以上亦见于《孔子家语·执辔》、《大戴礼记·易本命》等。 知：《大戴礼记·易本命》、《孔子家语·执辔》无此字。

【译文】

因此土质坚硬的地区的人性格坚强，地力差的地区的人柔弱，黑土地上生活的人高大，沙土地上生活的人瘦小，肥沃土地上的人漂亮，土地贫瘠地区的人丑陋。食水的鱼、鸟类善于游泳并能耐寒，食土的蚯蚓类无心而不息，食木的熊罴之类多力而易怒，食草的鹿、麋之类善于奔跑而愚蠢，吃叶子的蚕类吐丝并能成蛾，食肉的虎豹类勇敢而强悍，食气的龟类神明而长寿，食五谷的人类聪明而短命,不食的蓍草不死而有神灵。大凡人类、飞禽走兽及昆虫,各自都有用来生存的本领,有的奇蹄,有的偶蹄,有的飞行,有的奔走,没有办法知道它们形成的原因,只有通晓大道的人,才能探求到它们的本原。

天一地二人三,三三而九,九九八十一,一主日,日数十,日主人,人故十月而生。〔1〕八九七十二,二主偶,偶以承奇,奇主辰,辰主月,月主马,马故十二月而生。〔2〕(十)[七]九六十三,三主斗,斗主犬,犬故三月而生。〔3〕六九五十四,四主时,时主彘,彘故四月而生。〔4〕五九四十五,五主音,音主猿,猿故五月而生。〔5〕四九三十六,六主律,律主麋鹿,麋鹿故六月而生。〔6〕三九二十七,七主星,星主虎,虎故七月而生。〔7〕二九十八,八主风,风主虫,虫故八月而化。〔8〕

鸟鱼皆生于阴,阴属于阳,故鸟鱼皆卵生。〔9〕鱼游于水,鸟飞于云,故立冬燕雀入海化为蛤。〔10〕万物之生而各异类。蚕食而不饮,蝉饮而不食,蜉蝣不饮不食,介鳞者夏食而冬蛰,龁吞者八窍而卵生,嚼咽者九窍而胎生。〔11〕四足者无羽翼,戴角者无上齿,无角者膏而无前,有角者脂而无后。〔12〕昼生者类父,夜生者似母。〔13〕至阴生牝,至阳生牡。夫熊罴蛰藏,飞鸟时移。

【注释】

〔1〕九:《大戴礼记·易本命》王聘珍注:"九,极阳数也。下文八七六五四三二,皆以九乘之。" "日数十"句:指记日用十个天干表示。

〔2〕偶:双数。 "辰主月"句:即十二个月用十二辰表示。

〔3〕十:《道藏》本作"七",当正。 斗:北斗。

〔4〕时:四时,即春夏秋冬。

〔5〕音：五音。

〔6〕律：律吕，共十二律，六阳六阴。

〔7〕星：星辰。二十八宿分配四方，每方七宿，故曰七主星。

〔8〕风：即八风。 月：《道藏》本、刘绩《补注》本、《大戴礼记·易本命》同。《说文》"风"字解作："风动虫生，故虫八日而化。"许说是。《论衡·商虫篇》亦作"日"。

〔9〕"阴属于阳"句：《道藏》本、刘绩《补注》本同。《大戴礼记·易本命》、《孔子家语·执辔》无"阴"字。卢辩注："生于阴者，谓卵生也。属于阳者，谓飞游于虚也。"

〔10〕"故立冬"句：亦见《大戴礼记·夏小正》："雀入于海为蛤。"这是古人误解。蛤，蚌类。

〔11〕蜉蝣：一种昆虫，生存时间极短。 介鳞者：指鱼鳖之类。介，甲。 龁吞者：鸟鱼之类。 嚼咽者：指哺乳动物。包括人类和兽类。

〔12〕四足者：指一部分兽类和两栖类。 戴角者：指牛、羊、鹿等。 无角者：指猪类、熊类、猿类等。 "无前"：高诱注："肥从前起也。"按：《大戴礼记·易本命》作"无前齿"。 指：《道藏》本、《四库全书》本、刘绩《补注》本作"脂"。《孔子家语·执辔》注亦引作"脂"。 "无后"：高诱注："肥从后起也。"按：《大戴礼记·易本命》作"无后齿"。

〔13〕类：相像。

【译文】

天为阳是一，地为阴是二，人生于天地是三，三乘三得九，九乘九得八十一，一主宰太阳，日干的数目是十，太阳主宰人类，人因此怀胎十月而出生。八乘九得七十二，二主管偶数，偶数又承接奇数，奇数主宰十二辰，十二辰主宰十二月，月主管马，马因此十二月怀胎而生。七乘九得六十三，三主管北斗，北斗主管犬，犬因此三个月怀胎而生。六乘九得五十四，四主管四时，四时主管猪，猪所以四月怀胎而生。五乘九得四十五，五主管五音，五音主管猿，猿因此五月怀胎而出生。四乘九得三十六，六主管十二律，十二律主管麋鹿，麋鹿因此六个月怀胎而生。三乘九得二十七，七主管星辰，星辰主管老虎，虎所以七个月怀胎而生。二乘九得十八，八主管八风，八风主管虫类，虫类因此八日变化一次。

鸟鱼都是从阴中产生的，从属于阳，所以鸟鱼之类都是卵生的。鱼在水中游弋，鸟在天空飞翔，所以立冬的时候，燕子、麻雀进入大海中变成蚌蛤。万物的特性各自具有不同的类别。蚕吃桑叶而不饮水，蝉饮水而不食树叶，蜉蝣不吃也不喝，长有甲的龟类和覆盖鳞片的鱼类，夏季觅食而冬季休眠，吞咽食物的鸟鱼之类身上有八个孔洞而卵生，用牙齿嚼咽食物的人类和兽类九个孔洞而胎生。四足的兽类和两栖类的动物没有翅膀，头上长角的牛、羊、鹿等动物没有上齿，没有角的猪、熊、猿等动物肥从前起，有角的动物脂肪从后面长起。白天生下来的孩子类似父亲，夜里生下来的孩子像母亲。阴气达到极点就产生雌性，阳气达到极点就产生雄性。熊罴冬季躲藏起来，飞鸟按照时令不同迁徙住地。

是故白水宜玉，黑水宜砥，青水宜碧，赤水宜丹，黄水宜金，清水宜龟。⑴汾水濛浊而宜麻，济水通和而宜麦，河水中浊而宜菽，雒水轻利而宜禾，渭水多力而宜黍，汉水重安而宜竹，江水肥仁而宜稻。⑵平（大）[土]之人慧而宜五谷。⑶

【注释】

〔1〕砥：质地细的磨刀石。《说文》："厎，柔石也。砥，厎或从石。"　丹：丹砂。《本草经》："丹砂，味甘微寒。主身体五藏百病，养精神，安魂魄，益气明目。久服通神明不老。"

〔2〕汾水：源于山西管涔山，入黄河。　中浊：王念孙《读书杂志》云：《太平御览·百谷部》五引此作"中调"。　雒：即洛水。　渭水：源出甘肃鸟鼠山，进入陕西，入黄河。

〔3〕"大"：《道藏》本、刘绩《补注》本、《四库全书》本作"土"。平土，平原。指中原。

【译文】

因此白水适宜产美玉，黑水适宜产细石，青水适宜产青绿色美玉，赤水适宜产丹砂，黄水适宜产黄金，清水适宜产龟类。汾河水混浊而适宜麻类生长，济水平和而适宜麦类作物生长，黄河水适中平和而适合豆类生长，洛河水轻流畅而适宜谷类生长，渭水汹涌多力而适宜黍子生长，汉水质重安流而适合竹子生长，江水肥厚仁慈而适宜稻子生长。平原之人聪慧而适宜五谷生长。

东方川谷之所注，日月之所出。其人兑形小头，隆鼻大口，鸢肩企行，窍通于目，筋气属焉。⁽¹⁾苍色主肝，长大早知而不寿。⁽²⁾其地宜麦，多虎豹。

【注释】
〔1〕兑：通"锐"。《史记·天官书》裴骃集解引孟康曰："兑，上小下大，故曰锐。" 隆：高起。《氾论训》高诱注："隆，高也。" 鸢肩：像鸢一样的肩膀。即两肩上耸，像鸢栖息之状。《国语·晋语》八："鸢肩而牛腹。" 企行：踮起脚后跟走路。 窍：孔洞。
〔2〕知：通"智"。智慧。

【译文】
东方是大川深谷水流所注入的地方，也是太阳、月亮所升起的地方。东方之人体形尖，小脑袋，高鼻子，大嘴巴，肩膀像鸢一样，走路踮起脚跟，孔窍同眼睛相通，筋脉之气归属于它。东方属青色，主管肝，人个子高大，成熟早，但是不能长寿。那些地方适宜种麦子，多有虎豹栖息。

南方阳气之所积，暑湿居之。其人修形兑上，大口决眦，窍通于耳，血脉属焉。⁽¹⁾赤色主心，早壮而夭。其地宜稻，多兕象。⁽²⁾

【注释】
〔1〕眦：眼眶。《玄应音义》卷二十注引《说文》："眦，目眶也。"决眦，即眼角皱裂。一说眼球突出。
〔2〕兕：雌性犀牛。

【译文】

南方是阳气所聚积的地方,酷热潮湿占据这个地方。那里生活的人高个子,上部尖,大嘴巴,眼角有皱褶,孔窍同耳朵相通,血液经脉归属于它。南方属火,主管心,人早成熟,死得也快。那个地区适宜种稻子,多独角兕牛和大象。

西方高土川谷出焉,日、月入焉。其人面末偻,脩颈(印)〔卬〕行,窍通于鼻,皮革属焉。⁽¹⁾白色主肺,勇敢不仁。其地宜黍,多旄犀。⁽²⁾

【注释】

〔1〕末偻:指脊背句偻。《庄子·外物》:"末偻而后耳。"按:以上下文例视之,此句当有脱文。向宗鲁《淮南校文》云:《五行大义》五引《春秋文耀钩》曰:"西方高土,日月所入,其人面多毛。""印":《道藏》本、刘绩《补注》本作"卬",当正。卬,通"昂"。

〔2〕旄犀:旄牛、犀牛。

【译文】

西方是高山大川产生的地方,也是日、月落下的地方。那里的人脊背弯曲,长脖子,昂头走路,孔窍同鼻子相通,皮肤归属于它。西方属金,白色主管肺。那里的人勇敢强悍,不讲仁慈。那个地方适宜种黍子,多出产旄牛和犀牛。

北方幽晦不明,天之所闭也,寒冰之所积也,蛰虫之所伏也。其人翕形短颈,大肩下尻,窍通于阴,骨干属焉。⁽¹⁾黑色主肾,其人蠢愚禽兽而寿。⁽²⁾其地宜菽,多犬马。

【注释】

〔1〕翕形:身体萎缩。《周易·系辞上》韩康伯注:"翕,敛也。" 尻:脊骨的末端。《黄帝内经·素问·痹论》张志聪集注:"尻,脊椎尽处

为尻。"

〔2〕"其人"句：《道藏》本同。惷，《说文》："愚也。"王念孙《读书杂志》云："惷愚"上不当有"其人"二字。"禽兽"二字，妄人所加也。《太平御览》引无此二字。

【译文】

北方是昏暗不见阳光的地方，是被上天所封闭之处，也是冰雪常年不化，蛰伏动物长期隐藏的地方。那里的人身体萎缩，短脖子，大肩膀，尻尾向下突出，孔洞同阴部相通，骨骼归属于它。北方黑色，主管肾。那里的人愚笨但是能长寿。那个地方适宜种植豆类植物，多出产狗、马。

中央四达，风气之所通，雨露之所会也。其人大面短颈，美须恶肥，窍通于口，肤肉属焉。〔1〕黄色主胃，慧圣而好治。其地宜禾，多牛羊及六畜。

【注释】

〔1〕颈：《道藏》本、刘绩《补注》本作颐。指下巴、面颊。　恶肥：指体内脂肪过多。《说文》："恶，过也。"

【译文】

中央是四面通达，八风、云气相通，雨露会合之处。那里的人大脸盘，短面颊，胡须很美，身体肥胖，孔窍同口相通，肌肉归属于它。中央黄色，主管胃，那里的人聪明仁慧而善于治理国家。那个地方适宜种植谷物，多产牛羊及六畜。

木胜土，土胜水，水胜火，火胜金，金胜木。故禾春生秋死，菽夏生冬死，麦秋生夏死，荠冬生中夏死。〔1〕木壮，水老，火生，金囚，土死；〔2〕火壮，木老，土生，水囚，金死；土壮，火老，金生，木囚，水死；金壮，土老，水生，火囚，木死；水壮，金老，木生，土囚，火死。

【注释】

〔1〕"故禾"句：高诱注："禾者木，春木王而生，秋金王而死。""菽夏生"句：高诱注："豆，火也。夏火王而生，冬水王而死。""麦秋生"句：高诱注："麦，金也。金王而生，火王而死也。""荠冬生"句：高诱注："荠，水也。水王而生，土王而死也。"按：《说文系传》卷十三引此作"荠冬生夏死"。无"中"字。

〔2〕壮：强盛。 老：枯竭。 囚：被制服。《天文训》有"生、壮、死"，与此异。

【译文】

五行中木胜过土，土胜过水，水胜过火，火胜过金，金胜过木。因此禾苗春天生长秋天死亡，豆类夏天生长冬天枯死，麦类秋天生长夏天死亡，荠菜冬季生夏天死去。木强盛，水干涸，火产生，金被制服，土死亡。火强盛，木枯死，土产生，水被制服，金死亡。土强盛，火衰弱，金产生，木被制服，水死亡。金强盛，土衰老，水产生，火被制服，木死亡。水强盛，金衰老，木产生，土被制服，火死亡。

音有五声，宫其主也。[1] 色有五章，黄其主也。[2] 味有五变，甘其主也。[3] 位有五材，土其主也。[4] 是故炼土生木，炼木生火，炼火生云，炼云生水，炼水反土；[5] 炼甘生酸，炼酸生辛，炼辛生苦，炼苦生咸，炼咸反甘。变宫生徵，变徵生商，变商生羽，变羽生角，变角生宫。[6] 是故以水和土，以土和火，以火化金，以金治木，木复反土，五行相治，所以成器用。[7]

【注释】

〔1〕五声：宫商角徵羽。相当于简谱1、2、3、5、6。

〔2〕五章：红黄黑白蓝。章，指色彩。

〔3〕五变：酸苦甘辛咸。

〔4〕位：方位，东西南北中。　五材：即金木水火土。《左传·襄公二十七年》："天生五材，民并用之。"

〔5〕炼：冶炼。"是故"五句：《淮南子》中"五行相生"的记载有两种："水生木"，见《天文训》。此为主流。本文"土生木"，为第二种。

〔6〕变宫、变徵：见《天文训》注。五音为正音，正音之外为变音。

〔7〕"是故"七句：《地形训》中记载"五行相克"有两种："木胜土"，此为主流，"以水和土"，为第二种。

【译文】

乐音中有五声，宫是它的主音。色彩中有五章，黄是它的主色。味道中有五变，甘是它的主味。方位中有五材，土是它的主位。因此冶炼土而后可以生出木，冶炼木可以生出火，冶炼火而后可以生金，冶炼金而后可以生水，冶炼水而后可以返回到土；提炼甘可以生出酸，提炼酸可以生出辛，提炼辛可以生出苦，提炼苦可以生出咸，提炼咸又可以返回到甘。变宫隔八可以生出徵音，变徵隔八可以生出商，变商可以生出羽，变羽可以生出角，变角可以生出宫。所以用水可以和土，用土可以和火，用火可以化金，用金可以制服木，木又返回到土。金木水火土五行相克相生，这就是成为器用的原因。

凡海外三十六国，自西北至西南方，有修股民、天民、肃慎民、白民、沃民、女子民、丈夫民、奇股民、一臂民、三身民。〔1〕自西南至东南方，结胸民、羽民、谨头国民、裸国民、三苗民、交股民、不死民、穿胸民、反舌民、豕喙民、凿齿民、三头民、脩臂民。〔2〕自东南至东北方，有大人国、君子国、黑齿民、玄股民、毛民、劳民。〔3〕自东北至西北方，有跂踵民、句婴民、深目民、无肠民、柔利民、一目民、无继民。〔4〕

【注释】

〔1〕修股民:《说文》:"股,髀也。"指大腿。高诱注:"股,脚也。"注稍异。《山海经·海外西经》:"长股之国,在雄常北,被发。一曰长脚。" 天民:《山海经·大荒西经》:"西北海之外,赤水之西,有先民之国,食谷,使四鸟。"郝懿行《山海经笺疏》云:"先"当为"天",字之讹也。 肃慎民:《山海经·海外西经》:"肃慎之国,在白民北,有树名曰雄常,先入伐帝,于此取之。"诸书言肃慎在东北。《左传·昭公九年》:"肃慎、燕、亳,吾北土也。"杜预注:"肃慎北夷,在玄菟北三千餘里。" 白民:高诱注:"白身民。被发,发亦白。"按:《山海经·海外西经》:"白民之国,白身被发。" 沃民:《山海经·大荒西经》:"有沃之国,沃民是处。沃之野,凤鸟之卵是食,甘露是饮。"其国土地肥沃。 女子民:《山海经·海外西经》:"女子国在巫咸北,两女子居,水周之。"郭璞注:"有黄池。妇人入浴,出即怀姙矣。若生男子,三岁辄死。" 丈夫民:《山海经·海外西经》:"丈夫国,其为人衣冠带剑。"《山海经·大荒西经》:"有丈夫之国。"郭璞注:"其国无妇人也。" 奇股民:高诱注:"奇,只也。股,脚也。"按:《山海经·海外西经》:"奇肱之国在其北,其人一臂三目,有阴有阳,乘文马。"股,与肱异。 一臂民:高诱注:"其人一臂一手一鼻孔也。"按:《山海经·海外西经》:"一臂国在其北,一臂一目一鼻孔。有黄马虎文,一目而一手。" 三身民:高诱注:"盖一头有三身。"按:《山海经·海外西经》:"三身国,一首而三身。"

〔2〕结胸民:《山海经·海外南经》:"结匈国,其为人结匈。"指胸部突起。 羽民:《山海经·海外南经》:"其为人长头,身生羽。" 谨头国民:《山海经·海外南经》:"其为人,人面有翼,鸟喙,方捕鱼。" 裸国民:《吕览·求人》高诱注:"裸民,不衣衣裳也。" 三苗民:高诱注:"三苗,国名也。在豫章之彭蠡。"按:在今江西鄱阳湖一带。 交股民:《山海经·海外南经》作:"交胫国,其为人交胫。"郭璞注:"言脚胫曲戾相交,所谓雕题、交趾者也。" 不死民:《山海经·海外南经》:"不死民在其东,其为人黑色,寿,不死。" 穿胸民:高诱注:"胸前穿孔,达背。" 反舌民:高诱注:"语不可知,而自相晓。一说:舌本在前,不向喉,故曰反舌也。"按:《吕览·功名》高诱注:"一说南方有反舌国,舌本在前,末倒向喉,故曰反舌。" 豕喙民:高诱注:"其喙如豕。" 凿齿民:高诱注:"吐一齿出口下,长三尺也。" 三头民:高诱注:"身有三头也。" 脩臂民:高诱注:"一国民皆长臂,臂长于身也。"按:《山海经·海外南经》:"长臂国在其东,捕鱼水中,两手各操一鱼。"

〔3〕大人国:高诱注:"东南垆土,故大人也。"按:《山海经·海外

东经》:"大人国在其北,为人大,坐而削船。" 君子国:《山海经·大荒东经》:"有君子之国,其人衣冠带剑。" 黑齿民:高诱注:"其人黑齿,食稻,啖蛇,在汤谷上。"按:《山海经·海外东经》"黑齿国"郭璞注引《东夷传》:"倭国东四十〔千〕馀里有裸国,裸国东南有黑齿国,船行一年可至。" 玄股民:高诱注:"其股黑,两鸟夹之,见《山海经》也。"按:《山海经·海外东经》:"玄股之国,其为人衣鱼,食鸥,使两鸟夹之。"郭璞注:"髀以下尽黑,故云。" 毛民:高诱注:"其人体半生毛,若矢镞也。"按:《山海经·海外东经》:"毛民之国,为人身生毛。" 劳民:《山海经·海外东经》:"劳民国在其北,其为人黑。或曰教民。"

〔4〕跂踵民:高诱注:"民踵不至地,以五指行也。"按:《山海经·海外北经》:"跂踵国,其为人大,两足亦大。一曰大踵。" 句婴民:《山海经·海外北经》:"拘缨之国在其东,一手把缨。" 深目民:《山海经·大荒北经》:"有人方食鱼,名曰深目民之国。"郭璞注:"亦胡类,但眼绝深。" 无肠民:《山海经·海外北经》:"无肠之国,其为人长而无肠。"郭璞注:"为人长大,腹内无肠,所食之物直通过。" 柔利民:《山海经·海外北经》:"柔利国,为人一手一足,反膝,曲足居上。"郭璞注:"一脚一手反卷曲也。" 一目民:高诱注:"目在面中央。"按:《山海经·海外北经》:"一目民,一目中其面而居。" 无继民:高诱注:"其民盖无嗣也。"按:《山海经·海外北经》:"无继之国在长股东,为人无继。"

【译文】

海外共有三十六国。从西北至西南方,有修股民、天民、肃慎民、白民、沃民、女子民、丈夫民、奇股民、一臂民、三身民。从西南至东南方,有结胸民、羽民、讙头国民、裸国民、三苗民、交股民、不死民、穿胸民、反舌民、豕喙民、凿齿民、三头民、脩臂民。从东南至东北方,有大人国、君子国、黑齿民、玄股民、毛民、劳民。从东北到西北方,有跂踵民、句婴民、深目民、无肠民、柔利民、一目民、无继民。

雒棠、武人在西北陬,硠鱼在其南。[1] 有神二人,连臂为帝候夜,在其西南方。[2] 三珠树在其东北方。[3] 有玉树在赤水之上。昆仑华丘在其东南方。[4] 爰有遗玉、青马、视肉、杨桃、甘樝、甘华，百果所生。⁽⁵⁾和丘在其东北陬，三桑无枝在其西，夸父、耽耳在其北方。⁽⁶⁾夸父弃其策，是为邓林。⁽⁷⁾昆吾丘在南方，轩辕丘在西方，巫咸在其北方。⁽⁸⁾立登保之山，旸谷榑桑在东方。⁽⁹⁾有娀在不周之北，长女简翟，少女建疵。⁽¹⁰⁾西王母在流沙之濒。⁽¹¹⁾乐民掔闬在昆仑弱水之洲。⁽¹²⁾三危在乐民西，宵明、烛光在河洲，所照方千里。⁽¹³⁾龙门在河渊，湍池在昆仑，玄耀不周，申池在海隅，孟诸在沛，少室、太室在冀州。⁽¹⁴⁾烛龙在雁门北，蔽于委羽之山，不见日。⁽¹⁵⁾其神人面龙身而无足。后稷垅在建木西，其人死复苏，其半鱼，在其间。⁽¹⁶⁾流黄、沃民，在其北方三百里。⁽¹⁷⁾狗国在其东。雷泽有神，龙身人头，鼓其腹而熙。⁽¹⁸⁾

【注释】

〔1〕雏棠、武人：高诱注："皆日所入之山名也。"按：雏棠，疑即《山海经·海外西经》中的"雄棠"，为树名。 磁鱼：高诱注："磁鱼如鲤鱼也。有神圣者，乘行九野，在无继民之南。"按：疑即《山海经·海外西经》之"龙鱼"。

〔2〕候夜：在夜间放哨。《山海经·海外南经》："有神人二八，连臂为帝司夜于此野。在羽民东，尽十六人。"

〔3〕三珠树：《山海经·海外南经》："三株树在厌火北，生赤水上，其为树如柏，叶皆为珠。一曰其为树若彗。"

〔4〕华丘：《山海经·海外东经》："嗟丘，爰有遗玉、青马、视肉、杨柳、甘柤、甘华，百果所生。"

〔5〕遗玉：宝玉名。 青马：神马名。 视肉：《山海经·海外南经》郭璞注云："聚肉，形如牛肝，有两目也，食之无尽，寻复更生如故。"知为异物。 杨桃：果名。 甘樝：即甘楂。 甘华：神木。

〔6〕和丘：高诱注："四方而高曰丘。鸾所自歌，凤所自舞，故曰和

丘。" 三桑：《山海经·海外北经》："其木长百仞，无枝。" 夸父：炎帝后裔，曾逐日。一说为神兽。 耽耳：高诱注："耳垂在肩上。或作摄。以两手摄耳，居海中。"按：《山海经·海外北经》及《大荒北经》中有"聂耳之国"、"儋耳之国"。

〔7〕邓林：即桃林。《山海经·中山经》："夸父之山，其北有林焉，名曰桃林。"

〔8〕昆吾：颛顼之后，夏朝人，楚祖先。陶器发明者。 轩辕：黄帝据有天下之号。 巫咸：古代神巫。"知天道，明吉凶"。又《山海经·海外西经》："巫咸国，在女丑北，右手操青蛇，左手操赤蛇，在登葆山，群巫所从上下也。"亦为国名。

〔9〕登保之山：《山海经·海外西经》："在登葆山，群巫所从上下也。"为登天的阶梯之一。 榑桑：也作扶桑。太阳所出之地。

〔10〕有娀：古代国名，在西北。 简翟、建疵：为帝喾之妃。简翟为殷契之母。

〔11〕西王母：《山海经·大荒西经》："有人戴胜，虎齿，豹尾，穴处，名曰西王母。"高诱注：《地理志》曰："西王母石室在金城临羌西北塞外。"

〔12〕乐民、拏闾：西方国名。

〔13〕三危：《史记·五帝本纪》正义引《括地志》云："三危山有三峰，故曰三危，俗亦名卑羽山，在沙州敦煌县东南三十里。" 宵明、烛光：《山海经·海内北经》："舜妻登比氏生宵明、烛光，处河大泽，二女之灵能照此所方百里。"

〔14〕龙门：山名，在今陕西韩城与山西河津间。 湍池：池名。水流湍急。 "玄耀"：水名，一说山名。正文"玄耀"下疑脱"在"字。《道藏》本、刘绩《补注》本亦无"在"字。 申池：池名。 海隅：即海边。 孟诸：大泽名。在河南商丘东北。已堙。 沛：汉初郡名。治所在相（今安徽濉溪县北）。 少室、太室：河南嵩高山之两峰名。

〔15〕烛龙：高诱注："龙衔烛以照太阴，盖长千里。"按：《楚辞·离骚》、《山海经·大荒北经》等亦有烛龙之记载。 委羽之山：高诱注："在北极之阴，不见日也。"

〔16〕后稷：名弃，周人始祖。 垄：冢。《方言》卷十三："冢或谓垅。" 建木：神木名。见于《山海经·海内南经》、《海内经》。 "其人"句：高诱注："南方人死复生，或化为鱼，在都广建木间。"

〔17〕"流黄、沃民"：《山海经·海内西经》有"流黄酆氏之国"，《山海经·海内经》有"流黄辛氏"。沃，《道藏》本、刘绩《补注》本作"沃"。

〔18〕狗国：即狗封国。《山海经·海内北经》有"犬封国"。郭璞注："生男为狗，女为美人。" 雷泽：《山海经·海内东经》："雷泽中有雷神，龙身而人头，鼓其腹。在吴西。"即今太湖。高诱注："雷泽，大泽也。《地理志》曰：于《禹贡》雷泽在济阴城阳西北。城阳有尧冢。"按：即今山东菏泽一带。 鼓：拍打。 熙：嬉戏。《说文通训定声》：熙，借为嬉。

【译文】
　　雒棠、武人在西北角，龙鱼在无继民南边。有两个神人，手臂相连，大呼夜行给天帝放哨，在无继民西南方。三珠树在它的东北方。有玉树在赤水之上。昆仑、华丘在它的东南方，还有宝玉、神马、视肉、杨桃、甘楂、神木，是各种水果所出产的地方。神奇的和丘在无继民的东北角。百仞三桑在它的西边，夸父、耽耳国在它的北方。夸父丢弃了他的马鞭，便成为桃林。楚祖昆吾丘在南方，轩辕丘在西方，神巫在它的北面。站在登天的登保之山，旸谷、扶桑在东方。有娀国在不周山的北面，两个姊妹简翟和建疵，居住在这里。西王母居于流沙边的昆仑山。乐民、拏闾，居于昆仑弱水的小岛之中。三危山在乐民西边。舜女宵明、烛光在大河的小岛之上，光焰照射千里。龙门山在黄河的深渊之处，湍池在昆仑墟之中，玄耀在不周山，申池在东海边。孟诸泽在沛郡，少室、太室在中土冀州。烛龙在雁门山北边，被委羽之山遮蔽，终年不见太阳。它的神是人面龙身，却没有脚。后稷的坟冢在建木的西边。那里的人死了，能够复苏过来，有一半化为鱼，在建木之间。流黄、沃民在它的北边三百里。狗国在它的东边。东方雷泽有神物，龙的身子人的头，拍打着肚子做游戏。

　　江出岷山，东流绝汉入海。⁽¹⁾左还北流，至于开母之北。⁽²⁾右还东流，至于东极。⁽³⁾河出积石，睢出荆山，淮出桐柏山，雎出羽山，清漳出褐戾，浊漳出发包，济出王屋，时、泗、沂出臺、台、术，洛出猎山，汶出弗其，流合于济。⁽⁴⁾汉出嶓冢，泾出薄落之山，渭出鸟鼠同穴，伊出上魏，雒出熊耳，浚出华窍，维出覆舟，汾出燕京，衽出溃熊，淄出目饴，丹水出高褚，股出嶕山，镐出鲜于，凉出茅卢、石梁，汝出猛山，淇出大号，晋出龙山结（绐）[绁]，合出封羊，辽出砥石，釜出景，歧出石桥，呼池出鲁平，泥涂渊出樠山，维湿北流出于燕。〔5〕

【注释】

〔1〕岷山：为昆仑山南支巴颜喀拉山的分支，黄河、长江的分水岭。绝：经过。　汉：汉水。

〔2〕开母：高诱注："开母山，在东海中。"

〔3〕东极：东方极远之处。

〔4〕"睢"：《四库全书》本同，刘绩《补注》本作"雎"。于大成《地形校释》云："睢"当为"雎"，即《水经》之沮水也。按：为今石川河的一部分，源出陕西宜君县。　荆山：即北条荆山，在今陕西富平县境。桐柏山：在今河南、湖北交界处。　睢：古睢水受浚仪浪荡水，今已埋没。　羽山：地望不清。今江苏连云港、山东临沂等皆有"羽山"，与"睢水"不合。　清漳：有两源。东源出自今山西昔阳西南，西源出自山西和顺县八赋岭，在左权县汇合。　揭戾：山名。在今山西长治市一带。《水经》："清漳水出上党沽县。"　浊漳：有三源。西源出自山西沁县西北千峰岭；南源出自长子县西南发鸠山；北源出榆社县北。　发包：又名发鸠山，为太行山分支。　济：济水。分黄河南北两部分。黄河之北部分源出河南济源市西王屋山。　王屋：位于今山西阳城、垣曲、河南济源间。　时：时水。源出山东临沂西南的乌河。　泗：源出山东泗水县东蒙山。　沂：源出山东沂源县鲁山。　臺、台、术：高诱注："皆山名。处则未闻也。"　洛：指陕西北部大河北洛河。北洛河入渭河。　猎山：即今山西北部白于山一带。　汶：即大汶河。源出山东莱芜市北七十里马耳山。　"弗其"：俞樾《诸子平议》疑"弗其"二字，为"马耳"之误。高诱原注中指的是东汶河，误。

〔5〕汉：即西汉水。　嶓冢：在今甘肃天水、礼县一带。　泾：泾水有两源。北源出甘肃平凉，南源出甘肃华亭县，至泾川合入渭水。　薄落之山：又称笄头山。在甘肃平凉西，属崆峒山。　渭：源出今甘肃渭源

县西北鸟鼠山。　　鸟鼠同穴：山名。《山海经·海内东经》："渭水出鸟鼠同穴山，东注河，入华阴北。"　　伊：伊水源于河南熊耳山。　　上魏：高诱注："山名也。处则未闻。"按：当是熊耳山之一峰。　　雒：今称洛河。源出陕西洛南县，沿熊耳山东南方向入黄河。伊、洛二水分别源于熊耳山两侧。　　浚：古浚水在今河南开封（古称浚仪）、浚县、濮阳一带，因黄河多次泛滥而堙没。　　华窍：位置未详。　　维：即潍河。源出今山东五连西南的箕屋山。　　覆舟：地望未明。一说即箕屋山。　　汾：汾水源出山西宁武县管涔山。　　燕京：即管涔山。　　衽：未明。　　溃熊：未明。　　淄：淄水源出山东莱芜市鲁山。　　目饴：地望未明。　　丹水：高诱注"丹水"，源于今陕西商洛市商州区冢领山。　　高褚：一名冢领山。　　股：未明。王念孙《读书杂志》引之曰："股"疑当为"殷"。按：殷水出自山东淄博淄川一带。　　譙山：未明。　　镐：未明。　　鲜于：未明。　　凉：未明。　　茅卢、石梁：未明。　　汝：汝水上游即今河南北汝河。　　猛山：在今河南舞阳、汝南一带。　　淇：淇水出自今河南辉县市淇山。　　大号：即今淇山。　　晋：晋水源出山西太原市西南悬瓮山，分北、中、南三源，东流入汾河。　　龙山：一名悬瓮山，又名结绌山。王念孙《读书杂志》引之曰："结给"当作"结绌"。《水经·晋水注》曰："《晋书·地道纪》及《十三州志》并言晋水出龙山，一云出结绌山，在晋阳县西北。"按：《道藏》本、刘绩《补注》本、《四库全书》本亦作"给"，当误。　　合：合水源出陕西合阳北，东南流入黄河。　　封羊：未明。　　辽：辽河有两源。东辽河源出吉林东辽县萨哈岭，西辽河上游西拉木伦河源出内蒙古克什克腾旗。　　砥石：具体地望未明。　　釜：即今滏阳河。源于河北磁县西北釜山。　　景：景山即釜山。　　歧：通"岐"，岐水源出今陕西凤翔一带。　　石桥：未明。　　呼池：《道藏》本、刘绩《补注》本、《四库全书》本同。池、沱上古音声纽、韵部相同，即滹沱河。源出山西繁峙县东之泰戏山。　　鲁平：地望未明。　　泥涂渊：水名。地望未明。　　楠山：未明。　　维湿：水名。　　燕：即燕山。

【译文】

长江之源出岷山，向东流经过汉水入海。左拐返回向北流，到达东方的开母山之北。向右拐返回向东流，到达东方极远之处。黄河出自积石山，雎水出自荆山，淮水出自桐柏出，睢水出于羽山，清漳出自褐戾山，浊漳河出于发包山，济水出自王屋山，时水出乌河，泗水源于东蒙山，沂水出于鲁山，北洛河出于猎山，大汶河出于弗其山，向西汇流入到济水。西汉水出自嶓冢山，泾水北源出自薄落之山，渭水源于鸟鼠同穴山，伊水源于上魏山，雒河出自熊耳山，浚水出自华窍，潍河出自覆舟山，汾水出自燕京山，衽水出自溃熊，淄水出自鲁山，丹水出自高褚山，股水出自嶕山，镐水源于鲜于，凉水出自茅卢、石梁，汝水出于猛山，淇水出自大号山，晋水出自结绌山，合水出自封羊山，辽水出自砥石山，釜水出自景山，歧水出自石桥，呼池河出自鲁平山，泥涂渊出自楠山，维湿向北流出于燕山。

诸稽、摄提，条风之所生也；[1] 通视，明庶风之所生也；[2] 赤奋若，清明风之所生也；[3] 共工，景风之所生也；[4] 诸比，凉（也）[风]之所生也；[5] 皋稽，阊阖风之所生也；[6] 隅强，不周风之所生也；[7] 穷奇，广莫风之所生也。[8]

【注释】
〔1〕诸稽、摄提：天神之名。分管东北方。
〔2〕通视：天神，分管东方。
〔3〕赤奋若：天神，分管东南。
〔4〕共工：天神，人面蛇身，分管南方。
〔5〕诸比：天神，分管西南方。"凉也"：《道藏》本、刘绩《补注》本皆作"风"。"也"字误。
〔6〕皋稽：天神，分管西方。
〔7〕隅强：天神，分管西北方。
〔8〕穷奇：天神，分管北方。

【译文】
东北方天神诸稽、摄提，是主管条风所发生的神；东方天神通视，是主管明庶风所发生的神；东南方天神赤奋若，是主管清明风所发生的神；南方天神共工，是主管景风所发生的神；西南方天神诸比，是主管凉风所发生的神；西方天神皋稽，是主管阊阖风所发生的神；西北方天神隅强，是主管不周风所发生的神；北方天神穷奇，是主管广莫风所发生的神。

（突）[胅]生海人，海人生若菌，若菌生圣人，圣人生庶人，凡（容）[胅]者生于庶人。⁽¹⁾羽嘉生飞龙，飞龙生凤皇，凤皇生鸾鸟，鸾鸟生庶鸟，凡羽者生于庶鸟。⁽²⁾毛犊生应龙，应龙生建马，建马生麒麟，麒麟生庶兽，凡毛者生于庶兽。⁽³⁾介鳞生蛟龙，蛟龙生鲲鲠，鲲鲠生建邪，建邪生庶鱼，凡鳞者生于庶鱼。⁽⁴⁾介潭生先龙，先龙生玄鼋，玄鼋生灵龟，灵龟生庶龟，凡介者生庶于龟。⁽⁵⁾暖湿生（容）[胅]，暖湿生于毛风，毛风生于湿玄，湿玄生羽风，羽风生煖介，煖介生鳞薄，鳞薄生煖介。⁽⁶⁾

五类杂种兴乎外，宵形而蕃。⁽⁷⁾

【注释】

〔1〕"突"：《道藏》本、刘绩《补注》本作"胅"。《四库全书》本亦作"突"。"突"字误。俞樾《诸子平议》认为"胅"字皆"胈"字之误。胈，指人身细毛。这里指人类之祖。 "容"：《道藏》本同。《四库全书》本作"突"。刘绩《补注》本作"胅"。当正。

〔2〕羽嘉：鸟类的祖先。 飞龙：龙有翼者。

〔3〕毛犊：兽类祖先。

〔4〕"介鳞"：《道藏》本、刘绩《补注》本同。以下文推之，当作"鳞薄"。鱼类祖先。

〔5〕介潭：龟类祖先。 "生庶于龟"：《道藏》本同。刘绩《补注》本作"生于庶龟"。当正。

〔6〕"容"：《道藏》本、《四库全书》本同。刘绩《补注》本作"胅"。当正。 湿玄：动物类的共同祖先。湿，指潮湿的气体。玄，指极细微的物质。 煖介：《道藏》本、刘绩《补注》本同。以文义推之，当作"介

潭"。煖，《说文》："温也。"煗，《说文》："温也。"《集韵》"缓"韵："煗，或作煖、暖、暵。"知煖、煗同。煗介即煖介。"煗介生鳞薄"，"鳞薄"岂能再生"煖介"？

〔7〕五类：指上述的人类、兽类、鸟类、鱼类、龟类。　宵：《道藏》本、刘绩《补注》本作"肖"。像。　蕃：繁殖。

【译文】

胈生出海人，海人生出若菌，若菌生圣人，圣人生出庶人，凡是胈者一直发展到庶人。羽嘉生出飞龙，飞龙生出凤凰，凤凰生出鸾鸟，鸾鸟生出庶鸟，凡是有羽毛类一直发展到庶鸟。毛犊生出应龙，应龙生出建马，建马生出麒麟，麒麟生出庶兽，凡是兽类一直发展到庶兽。鳞薄生出蛟龙，蛟龙生出鲲鲠，鲲鲠生出建邪，建邪生出庶鱼，凡是有鳞类一直发展到庶鱼。介潭生出先龙，先龙生出玄鼋，玄鼋生出灵龟，灵龟生出庶龟，凡是有甲壳类一直发展到庶龟。煖湿生出胈，煖湿又从毛风中产生，毛风从湿玄中产生，湿玄又产生了羽风，羽风生出煗介，煗介生出鳞薄，鳞薄生出介潭。

五类不同种类的动物在自然界兴盛起来，它们的形体来源有相似之处，而各自向不同方向发展。

日冯生阳阏，阳阏生乔如，乔如生干木，干木生庶木。凡根拔木者生于庶木。〔1〕根拔生程若，程若生玄玉，玄玉生醴泉，醴泉生皇辜，皇辜生庶草，凡根茇草者生于庶草。海闾生屈龙，屈龙生容华，容华生蔈，蔈生萍藻，萍藻生浮草，凡浮生不根茇者生于萍藻〔2〕。

【注释】

〔1〕日冯：木类祖先。　根拔：根生之草的祖先。王念孙《读书杂志》认为"涉下文根茇草而误衍也"。按：拔，朱骏声《说文通训定声》："叚借为茇。"《说文》："茇，艸根也。"

〔2〕海闾：藻类祖先。　容华：即芙蓉草花。　蔈：水中无根的草。根据以上记载，可以制成如下图示。

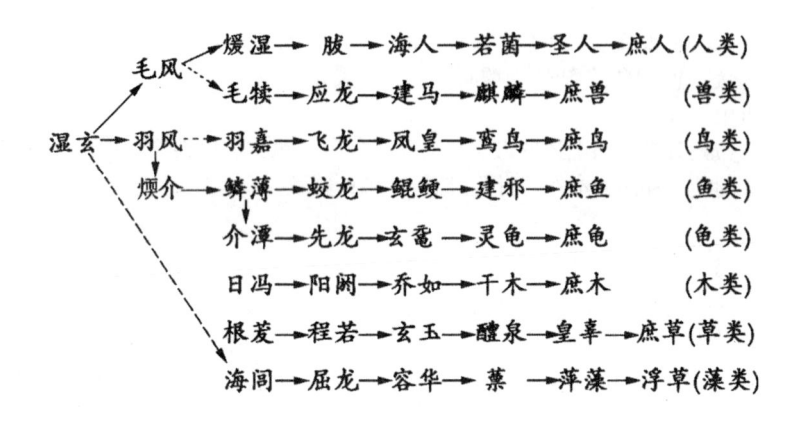

```
                  ┌→煖湿→胲 →海人→若菌→圣人→庶人 (人类)
           毛风┤
           ┆    └→毛犊→应龙→建马→麒麟→庶兽    (兽类)
    湿玄─→羽风┄→羽嘉→飞龙→凤皇→鸾鸟→庶鸟    (鸟类)
       ┆       
       ┆         烦介→鳞薄→蛟龙→鲲鲣→建邪→庶鱼 (鱼类)
       ┆
       ┆         介潭→先龙→玄鼋→灵龟→庶龟      (龟类)
       ┆
       ┆         日冯→阳阏→乔如→干木→庶木      (木类)
       ┆
       └┄┄┄┄→根茇→程若→玄玉→醴泉→皇辜→庶草(草类)
                  海闾→屈龙→容华→蕙 →萍藻→浮草(藻类)
```

（注：虚线部分未见记载，属推断。）

【译文】

日冯生出阳阏，阳阏生出乔如，乔如生出干木，干木生出庶木，凡是木类一直发展到庶木。根茇生出程若，程若生出玄玉，玄玉生出醴泉，醴泉生出皇辜，皇辜生出庶草，凡是草类一直发展到庶草。海闾生出屈龙，屈龙生出容华，容华生出蕙，蕙生出萍藻，萍藻生出浮草，凡是浮游植物无根的一直发展到浮草。

正土之气也，御乎埃天。⁽¹⁾埃天五百岁生缺，缺五百岁生黄埃，黄埃五百岁生黄澒，黄澒五百岁生黄金，黄金千岁生黄龙，黄龙入藏生黄泉。⁽²⁾黄泉之埃，上为黄云，阴阳相薄为雷，激扬为电，上者就下，流水就通，而合于黄海。

【注释】

〔1〕正土："正土"及下文偏土、牡土、弱土、牝土，分别代表五方之土，即中央之土、东方之土、南方之土、西方之土、北方之土。埃天："埃天"及下文清天、赤天、白天、玄天，是指五方之土所产生的气。也：下文皆无此字。疑衍。

〔2〕"埃天"三句：《道藏》本、刘绩《补注》本同。王念孙《读书杂志》云："生黄埃，黄埃五百岁"八字为衍文。 砆："砆"及下文青曾、赤丹、白礜、玄砥，是秦汉炼丹家常用的五种矿物。砆，通"砄"。《玉篇》："砄，石也。"疑指雄黄。青曾，又叫曾青、空青、白青、石胆、胆矾，即天然硫酸铜。赤丹，即丹砂。白礜，一种有剧毒的矿物。玄砥，一种黑色矿物。 黄澒："黄澒"及下文青澒、赤澒、白澒、玄澒，指的是不同颜色的"汞"。《说文》："澒，丹沙所化为水银也。"《集韵》："董韵：澒，或作汞。" 黄金："黄金"及下文青金、赤金、白金、玄金，指汞与金矿石化学反应，产生不同的颜色。

【译文】
中央正土之气，形成了埃天。埃天五百年后产生砆，砆五百年后转化成黄埃，黄埃五百年生成黄澒，黄澒五百年生成黄金，黄金千年生出黄龙，黄龙潜藏生出黄泉。黄泉的雾气，上升成为黄云，阴气阳气相互接触便成为雷，剧烈碰撞便成为电，上面的云气靠近下面的，流水就形成了，并汇合到黄海之中。

偏土之气，御乎清天。清天八百岁生青曾，青曾八百岁生青澒，青澒八百岁生青金，青金八百岁生青龙，青龙入藏生青泉。〔1〕青泉之埃，上为青云，阴阳相薄为（云）雷，激扬为电，上者就下，流水就通，而合于青海。〔2〕

【注释】
〔1〕清天：王念孙《读书杂志》："清天"当为"青天"。《太平御览·地部》引此正作"青天"。
〔2〕"云"：《道藏》本同，刘绩《补注》本无。当衍。

【译文】
东方偏土之气，形成了青天。青天八百年生出青曾，青曾八百岁生出青澒，青澒八百年生出青金，青金八百年生出青龙，青龙潜藏便生出青泉。青泉的雾气，上升成为青云，阴气、阳气相互迫近便成为雷，激烈碰撞便成为电，上面的云气靠近下面的，流水就形成了，并汇合到青海之中。

牡土之气，御于赤天。赤天七百岁生赤丹，赤丹七百岁生赤䃜，赤䃜七百岁生赤金，赤金千岁生赤龙，赤龙入藏生赤泉。赤泉之埃，上为赤云，阴阳相薄为雷，激扬为电，上者就下，流水就通，而合于赤海。

【译文】

　　南方牡土之气，形成了赤天。赤天七百岁生出赤丹，赤丹七百岁生出赤䃜，赤䃜七百岁生赤金，赤金千岁生赤龙，赤龙潜藏生出赤泉。赤泉的雾气，上升成为赤云，阴气、阳气相互迫近便成雷，剧烈碰撞便成为电，上面的云气靠近下面的，流水就形成了，并汇合到赤海之中。

弱土之气，御于白天。白天九百岁生白礜，白礜九百岁生白䃜，白䃜九百岁生白金，白金千岁生白龙，白龙入藏生白泉。白泉之埃，上为白云，阴阳相薄为雷，激扬为电，上者就下，流水就通，而合于白海。

【译文】

　　西方弱土之气，形成了白天。白天九百岁生出白礜，白礜九百岁生出白䃜，白䃜九百岁生出白金，白金千岁生出白龙，白龙潜藏生出白泉。白泉的雾气，向上成为白云，阴气、阳气相互迫近便成为雷，剧烈碰撞便成为电，上面的云气靠近下面的，流水就形成了，并汇合到白海之中。

牝土之气，御于玄天。玄天六百岁生玄砥，玄砥六百岁生玄颃，玄颃六百岁生玄金，玄金千岁生玄龙，玄龙入藏生玄泉。玄泉之埃，上为玄云，阴阳相薄为雷，激扬为电，上者就下，流水就通，而合于玄海。

【译文】
　　北方牝土之气，形成了玄天。玄天六百岁生出玄砥，玄砥六百岁生玄颃，玄颃六百岁生玄金，玄金千岁生玄龙，玄龙潜藏生出玄泉。玄泉的雾气，向上成为玄云，阴气、阳气相互迫近成为雷，剧烈碰撞便成为电，上面的云气靠近下面的，流水就形成了，并汇合到玄海之中。

第五卷　时则训

【题解】

人类是大自然的骄子，在自然规律的支配和制约下，生存、繁衍和发展。"则，法也。四时、寒暑、十二月之常法也"。

本训记载了十二个月中节气、农事、政事、物候、星宿、音律、祭祀、官制等的不同变化，它是古代人民适应自然变化，利用自然规律为人类服务的基本准则，也是长期以来同大自然进行斗争的智慧结晶。它是天子治理天下的主要依据。文末提出"五位"、"六合"、"六度"之说，对天道规律作了进一步的概括。强调只有顺应自然规律，"听政施教"才能成功。其部分内容尚见于《吕氏春秋》之十二纪、《礼记·月令》、《逸周书·时训解》，其雏形当源于《大戴礼记·夏小正》及《管子·五行》。可见它的法规为历代统治者和劳动人民所重视。

陶方琦《淮南许注异同诂》：（此）"高注本也。"

孟春之月，招摇指寅，昏参中，旦尾中。⁽¹⁾其位东方，其日甲乙，盛德在木。⁽²⁾其虫鳞，其音角，律中太蔟，其数八，其味酸，其臭膻，其祀户，祭先脾。⁽³⁾东风解冻，蛰虫始振苏⁽⁴⁾。鱼上负冰，獭祭鱼，候雁北。⁽⁵⁾

天子衣青衣，乘苍龙，服苍玉，建青旗，食麦与羊，服八风水，爨萁燧火。⁽⁶⁾东宫御女青色衣，青采，鼓琴瑟。⁽⁷⁾其兵矛，其畜羊。朝于青阳左个，以出春令。⁽⁸⁾布德施惠，行庆赏，省徭赋。⁽⁹⁾

立春之日，天子亲率三公九卿大夫以迎岁于东郊。〔10〕修除祠位，币祷鬼神，牺牲用牡。〔11〕禁伐木，毋覆巢杀胎夭，毋麛毋卵，毋聚众置城郭，掩骼薶骴。〔12〕

【注释】

〔1〕招摇：星名，北斗杓端第七星。　寅：十二地支第三位。　昏：黄昏。　参：西方白虎七宿之一。　中：正中南天。　尾：东方苍龙七宿之一。

〔2〕"其位"句：指主宰东方之神太皞之位。

〔3〕鳞：指鳞虫。鱼龙之属。　角：五音之一，属木。　律：律管。　中：应。　太蔟：高诱注："阴衰阳发，万物太蔟地而生，故曰太蔟。"按：其管长八寸。并见《天文训》。"其数"句：高诱注："五行数五，木第三，故曰八也。"　酸：木味酸。　臭：气味。《说文》段玉裁注："臭者，气之通于鼻者也。"　膻：五臭之一，羊的气味。"其祀户"句：高诱注："蛰伏之类始动生，出由户，故祀户。"按：五祀之一。"祭先脾"句：高诱注："脾属土，陈设俎豆，脾在前也。"

〔4〕蛰虫：冬眠的动物。　振：振动。　苏：苏醒。

〔5〕獭：水獭。　祭鱼：高诱注："是月之时，獭祭鲤鱼于水边，四面陈之，谓之祭鱼也。"　候雁：大雁。　北：向北。

〔6〕苍龙：指八尺以上青色的马。　服：佩带。"服八风水"句：高诱注："取铜木（盘）中露水服之，八方风所吹也。"　爨：烧火做饭。　萁：豆秸。　燧：古代取火的工具。即阳燧。

〔7〕东宫：指东向的宫室。　御女：宫中侍女。

〔8〕青阳：即明堂。是一种中方外圆，通达四出的建筑。向东出的叫青阳。　个：隔。左个，东向堂的北头室。　春令：宽和的命令。

〔9〕布：布施。　庆：赏赐。

〔10〕率：使。　三公：周代以太师、太傅、太保为三公。西汉以丞相、太尉、御史大夫为三公。　九卿：秦汉时以奉常、郎中令、卫尉、太仆、廷尉、典客、宗正、治粟内史、少府为九卿。　迎岁：指迎春。　东郊：郭外八里之地。

〔11〕祠位：神位。　币：圭璧。　祷：向鬼神求福。　牺牲：古代用于祭祀的牲畜。　牡：雄性。

〔12〕母：《道藏》本、刘绩《补注》本作"毋"。母，同"毋"。

夭：高诱注："麋子曰夭。" 按：通"麛"。《尔雅·释兽》："麋，其子
麛。" 麑：高诱注："鹿子曰麑。" 聚众：聚合大众。 骼：骨枯曰骼。
薶：《玉篇》："与埋同。" 骴：《广韵》"支"韵："残骨。"

【译文】

　　孟春正月，斗柄招摇指向寅位，黄昏时参星位于南天正中，黎明时尾星位于南天正中。木神太皞的神位在东方，它的天干是甲乙，美盛的德泽属于木。它的代表虫是鱼类，代表音是角，律管由太蔟与之相应。它的序数排列是八，主味是酸，气味是膻气，它祭祀的是"户"神，祭祀时把脾放在前面。这个月里东风吹来，冰冻解开，冬眠的动物开始苏醒活动。鱼儿向上靠着冰游弋，水獭开始捕杀鱼类，大雁随着季节向北飞去。

　　天子身穿青色衣裳，驾着青色骏马，佩带青色宝玉，树起绣有龙虎的青色旗帜，吃麦类和羊肉，饮用八方之风吹来的露水，用燧取火，燃烧的是豆萁。东宫的侍女们身穿青色衣服，佩戴青色彩饰，弹奏起琴和瑟。这个月里使用的兵器是矛，畜养的动物是羊。天子月初在明堂东向堂北头室召见群臣，并发出春天宽和的政令。布施恩德，施行庆善赏赐，减省徭役和赋税。

　　立春的时候，天子亲自率领文武百官到东郊八里迎接春天的来临。修整清扫祭坛祭神牌位，用圭璧祈祷鬼神赐福。祭祀用的牺牲都用雄性。禁止砍伐正在生长的树木，不能捣毁鸟巢，不能捕杀怀胎的麋子，不要捕捉幼鹿和产卵的动物。不要聚集大众修筑城郭，要掩埋裸露在外的尸骨。

　　孟春行夏令，则风雨不时，草木早落，国乃有恐；[1]
行秋令，则其民大疫，飘风暴雨总至，藜莠蓬蒿并兴；[2]
行冬令，则水潦为败，雨霜大雹，首稼不入。[3]

【注释】

　　[1] 时：按时。

　　[2] 大疫：指大规模的流行病。 飘风：疾风。 总：多次。 黎

通"藜"。一种野草。　莠：狗尾草。　蓬：蓬草。　蒿：野蒿。

〔3〕潦：雨水大。　"雨霜"句：郑良树《淮南子斠理》云："雨霜大雹"义不可通。《礼记·月令》《吕览·孟春》并作"雪霜大挚"。挚，至也。首稼：即越冬作物。如麦类。《礼记·月令》《吕览·孟春》作"首种"。

【译文】

孟春时施行夏季的政令，那么风雨就不能按时到来，草木提早枯落，国家便出现恐慌；孟春时施行秋季的政令，那么百姓中会发生大的瘟疫，狂风暴雨会一起来临，藜莠蓬蒿等杂草繁茂生长；孟春时施行冬季的政令，那么雨水过量，就会造成大的灾害，寒霜、冰雹降落，越冬作物就会没有收成。

正月，官司空，其树杨。〔1〕

【注释】

〔1〕司空：掌管土木工程的官。

【译文】

正月，官府要管好土地，它的代表树是杨树。

仲春之月，招摇指卯，昏弧中，旦建星中。〔1〕其位东方，其日甲乙，其虫鳞，其音角，律中夹钟，其数八，其味酸，其臭膻，其祀户，祭先脾。〔2〕始雨水，桃李始华，苍庚鸣，鹰化为鸠。〔3〕

天子衣青衣，乘苍龙，服苍玉，建青旗，食麦与羊，服八风水，爨其燧火。〔4〕东宫御女青色衣，青采，鼓琴瑟。其兵矛，其畜羊，朝于青阳太庙。〔5〕命有司，省囹圄，去桎梏，毋笞掠，止狱讼，养幼小，存孤独，以通句萌。〔6〕择元日，令民社。〔7〕是月也，日夜分，雷始发声，蛰虫咸动苏。⁽⁸⁾先雷三日，振铎以令于兆民曰："雷且发声，有不戒其容止者，生子不备，必有凶灾。"⁽⁹⁾令官市，同度量，钧衡石，角斗称，端权概。⁽¹⁰⁾毋竭川泽，毋漉陂池，毋焚山林，毋作大事，以妨农功。⁽¹¹⁾祭不用牺牲，用圭璧，更皮币。⁽¹²⁾

【注释】
〔1〕弧：又叫弧矢，共九星，位于天狼星东南。因形似弓，故名。建星：在斗宿之上，今称人马座，建星属之。
〔2〕夹钟：高诱注："是月万物去阴夹阳，聚地而生，故曰夹钟也。"按：已见《天文训》。
〔3〕雨水：降雨。又为二十四节气之一，在每年2月19日或20日。苍庚：即黄莺。　鸠：即布谷鸟。"鹰"、"鸠"互化，较早见于《大戴礼记·夏小正》。这是古人的误解。
〔4〕其：《道藏》本、刘绩《补注》本作"萁"。其，《玉烛宝典》引作"萁"。
〔5〕太庙：东向堂中央室。
〔6〕有司：主狱之官。　省：赦免义。《礼记·月令》郑玄注："减也。"　囹圄：即监狱。《说文》："囹，牢也。圄，守也。"　桎梏：拘束犯人手脚的刑具。《说文》："桎，足械也。梏，手械也。"　笞掠：即鞭打之义。　止：禁止。　狱讼：诉讼之事。即打官司。　存：抚养。　孤独：无父曰孤，无子曰独。　句萌：草木出土时，弯的叫句，直的叫萌。
〔7〕元日：最好的日子。即吉日。　社：祭祀的土地神为社。
〔8〕分：等。"日夜分"，即春分。白天、黑夜时间大致平分。
〔9〕铎：古代铜制打击乐器。金口木舌为木铎，金舌为金铎。《说文》："铎，大铃也。"　兆：极多。　且：将要。　容止：即动静。指房中交接之事。　"生子"二句：高诱注："以雷电合房至者，生子必有喑聋、通精、痴狂之疾。故曰'不备，必有凶灾'也。"
〔10〕官市：官府掌管的市场。　度：长度。　量：重量。　钧：平均。通"均"。　衡：指秤。《礼记·月令》郑玄注："秤上曰衡。"　角：平。　斗称：《吕览·孟春》高诱注作"斗桶"。《礼记·月令》作"斗甬"。桶，古量器名。王念孙《读书杂志》云："称"皆当为"桶"，是。

端：校正。　权：秤锤。　概：刮平斗斛的器具。
〔11〕竭：使枯竭。　漉：使干涸。《礼记·月令》陆德明释文："漉，竭也。"　陂：池塘。　大事：指征伐、修建、戍边等事。
〔12〕更：代替。　皮：指鹿皮。　币：指红黑色的丝帛。

【译文】

仲春二月，斗柄招摇指向卯位，黄昏时弧星位于南天正中，黎明时建星位于南天正中。太皞的神位在东方，它的天干是甲乙，它的代表虫是鳞虫，代表音是角，律管与夹钟相对应。它的序数是八，主味是酸，气味是羶，它祭祀的是"户"神，祭祀中把脾放在前面。这时开始降雨，桃树、李树开花，黄莺鸣叫，鹰化为布谷鸟。

天子身穿青色衣裳，乘坐青色骏马，佩带青色美玉，树起绣有龙虎的青色旗帜，吃麦类和羊肉，饮用八方之风吹来的露水，用燧取火，燃烧的是豆萁。东宫的御女们身穿青色衣服，佩戴青色彩饰，弹奏起琴瑟。这个月使用的兵器是矛，畜养的动物是羊。天子在东向堂中央室朝见大臣，命令刑狱之官，赦免罪行较轻的罪犯，脱去束缚犯人的刑具，不准鞭打犯人，停止官司之争，抚育幼小，存恤孤独，并进而使仲春的阳气，通达草木。选择最好的日子，让百姓祭祀土地之神。在这个月里，白天、黑夜平分，雷开始发出轰鸣之声，冬眠的动物全部苏醒活动。在预计打雷之前三天，敲起大铃来告诫老百姓说："雷将要震鸣，如果有不戒备自己房事举止的人，生子必定要发生疾病等凶灾。"命令管理市场的官员，统一长度、容量单位，使秤和重量标准平正，均等容器斗、桶的标准，校正秤锤和刮平斗斛的器具。不要使川泽之水枯竭，不要用完池塘的水，不能毁坏山林，不要干征伐、戍边等大事，以致妨碍农业生产。祭祀时不要用处于生殖期的牲畜，换用圭璧，改用鹿皮、彩色丝帛来代替。

仲春行秋令，则其国大水，寒气总至，寇戎来征。[1]行冬令，则阳气不胜，麦乃不熟，民多相残。[2]行夏令，则其国大旱，暖气早来，虫螟为害。[3]

【注释】

〔1〕征：征讨。
〔2〕残：残杀。
〔3〕螟：食心虫叫螟虫。

【译文】

仲春时节施行秋季的政令，那么国家会发生大的水灾，寒气经常来临，盗贼敌寇便来侵扰。仲春时节施行冬季的政令，那么阳气抵挡不住阴气，麦子便不能成熟，百姓无食而互相残杀。仲春时节施行夏季的政令，那么国家便会发生大的旱灾，暖气提早来到，虫螟为害农作物。

二月，官仓，其树杏。

【译文】

二月，官府要管好粮仓，它的代表树是杏树。

季春之月，招摇指辰，昏七星中，旦牵牛中。(1)其位东方，其日甲乙，其虫鳞，其音角，律中姑洗，其数八，其味酸，其臭膻，其祀户，祭先脾。(2)桐始华，田鼠化为鴽，虹始见，萍始生。(3)

天子衣青衣，乘苍龙，服苍玉，建青旗，食麦与羊，服八风水，爨萁燧火。东宫御女青色衣，青采，鼓琴瑟。其兵矛，其畜羊，朝于青阳右个。(4)舟牧覆舟，五覆五反，乃言具于天子。(5)天子乌始乘舟，荐鲔于寝庙，乃为麦祈实。(6)是月也，生气方盛，阳气发泄，句者毕出，萌者尽达，不可以内。(7)天子命有司，发囷仓，助贫穷，振乏绝，开府库，出币帛，使诸侯，聘名士，礼贤者。⁽⁸⁾命司空，时雨将降，下水上腾，循行国邑，周视原野，修利堤防，导通沟渎，达路除道，从国始，至境止。⁽⁹⁾田猎毕弋，置罘罗网。馁毒之药，毋出九门。⁽¹⁰⁾乃禁野虞，毋伐桑柘。⁽¹¹⁾鸣鸠奋其羽，戴鵀降于桑。⁽¹²⁾具朴曲筥筐，后妃斋戒，东乡亲桑，省妇使，劝蚕事。⁽¹³⁾命五库，令百工，审金铁、皮革、筋角、箭干、脂胶、丹漆，无有不良。⁽¹⁴⁾择下旬吉日，大合乐，致欢欣。⁽¹⁵⁾乃合累牛腾马游牝于牧。⁽¹⁶⁾令国傩，九门磔攘，以毕春气。⁽¹⁷⁾行是月令，甘雨至三旬。

【注释】

〔1〕七星：南方朱雀七宿之一。　牵牛：北方玄武七宿之一。
〔2〕姑洗：高诱注："姑，故也。洗，新也。是月阳气养生，去故就新，故曰姑洗。"按：已见《天文训》。
〔3〕桐：梧桐。　田鼠：《吕览·季春》高诱注作"𪕍鼠"。也叫香鼠，灰色短尾，能颊中藏食。　鴽：鹌鹑之类的小鸟。夏出秋藏，昼伏夜出。古人因两种动物颜色、特性相近，误以为是互变而来。　萍：水藻类。
〔4〕青阳右个：东向堂南头室。
〔5〕舟牧：管理舟船的官员。　覆：反复。　具：完备。
〔6〕"乌"：《道藏》本、《四库全书》本同。高诱注："安也。"按：《吕览·季春》作"焉"，于是。　荐：进献。　鲔：一种鱼。今称鲟鱼。寝庙：古代宗庙中寝和庙的合称。庙是接神之处，其处尊，故在前。寝是衣冠所藏之处，对庙而卑，故在后。
〔7〕发泄：布散。　内：收纳。
〔8〕囷：圆形的谷仓。　贫：无财叫贫。　穷：高诱注："鳏寡孤独曰穷也。"　振：救济。
〔9〕周：周遍。　渎：河流。　国：国都。
〔10〕毕：高诱注："掩网也。"按：即收藏网罗。　弋：带绳的箭。罝：捕兽的网。　罘：捕兔的网。　餧：喂。《吕览·季春》、《礼记·月令》作"痿"。《广韵》"贿"韵："餧，或作痿。"餧毒，即喂兽的毒药。

九门：高诱注："天子城门十二，东方三门，王气所在，倭兽之毒药所不得出，尚生育也。兼馀九门得出，故特戒之，如其'毋出'。"

〔11〕野虞：官名。主管田野及山林。　柘：柘树，一种常绿灌木。

〔12〕鸣鸠：即斑鸠。　奋：鸟展翅。　戴鵀：即戴胜鸟。

〔13〕具：准备。　朴：王念孙《读书杂志》认为当是"栚"字之误。按：《吕览·季春》高诱注："栚，持也。三辅谓之栚，关东谓之持。""栚"为关中方言。指架蚕箔的木头。　曲：蚕箔。用苇或竹编成的饲蚕用具。　筥：圆形的竹筐。　后妃：王后和妃子。　斋戒：古代在祭祀前整洁身心。　乡：通"向"。　亲桑：亲自采桑。　妇使：妇人的职事。

〔14〕五库：指藏诸物之库。

〔15〕大合乐：大合六乐。　致：得到。

〔16〕合：交合。即交配。　犅牛：公牛。　腾马：公马。　牝：母畜。

〔17〕傩：古代驱逐疫鬼的一种仪式。《吕览·季春》高诱注："傩，逐疫除不祥也。"　磔：古代祭祀时，分裂牲畜的肢体。《说文义证》："裂牲谓之磔。"　攘：攘除。《广韵》"阳"韵："攘，除也。"

【译文】

季春三月，斗柄招摇指向辰位，黄昏时七星位于南天正中，黎明时牵牛星位于南天正中。太皞的神位在东方，它的天干是甲乙，它的代表虫是鳞虫，代表音是角，律管中姑洗与之相对应。它的序数是八，主味是酸，气味是膻的，它祭祀的是"户"神，祭祀时把脾放在前面。这时梧桐开始开花，田鼠转化为鴽之类，彩虹开始出现，水中萍藻开始生长。

天子身穿青色衣服，乘坐青色骏马，佩带青色美玉，树起绣有龙虎的青旗，吃麦制品和羊，饮八方之风吹来的露水，用燧取火，燃烧的是豆萁。东宫的御女们身穿青色衣服，佩戴青色彩饰，弹奏是琴瑟。这个月使用的兵器是矛，代表畜是羊。天子在东向堂南头室朝见大臣。管理舟船的官员多次检查舟船质量，经过五次反复之后，才向天子说准备停当。天子在这时开始安全地乘船，向祖宗的寝庙进献鲜鱼，并为麦子祈求丰收。这个月里，生命的气象旺盛，阳气布散开来，草木弯曲的全部长出，直立的全都向上生长，不能够把它们控制住。天子命令主管官员，打开粮仓，资助贫穷，赈救困乏之人；打开府库，拿出丝帛等财物，出使诸侯国，招聘有名德之人，礼遇贤德之士。命令主管水土之官，应时之雨即将来临，低处的水将向上泛滥，要顺次巡行国家都邑，普遍察看郊外平原，修筑堤坝，疏通沟渎，清除路障，使道路畅通，从国都开始，一直到达边境。捕猎完全停止，收藏起罗网和弓箭。各种捕猎工具，毒杀野兽的食物，不准带出国都之门。禁止主管山林之官，去砍伐养蚕用的桑树、柘树。斑鸠展翅高飞，戴胜鸟降落到桑枝上。这时要准备养蚕用的蚕架、蚕箔和竹筐，王后、妃子斋戒之后，在向着东方的地方亲自采摘桑叶，并减少妇人的其他职事，勉励妇人勤劳蚕事。命令掌管五库的官员，指使各种工匠，审查金铁、皮革、筋角、箭干、脂胶、丹漆的质量，有没有不好的。选择三月下旬的一个好日子，大合众乐，使君臣人民得到欢乐。在牧场上使公牛、母牛与公马、母马进行交配。命令在国都举行驱逐疫鬼的仪式。在国都九门之内杀死牲畜，用来攘除未尽的春气。实行这个月的节令，喜雨每旬就会来临一次。

季春行冬令，则寒气时发，草木皆肃，国有大恐；⁽¹⁾行夏令，则民多疾疫，时雨不降，山陵不登；⁽²⁾行秋令，则天多沈阴，淫雨早降，兵革并起。⁽³⁾

【注释】
〔1〕肃：萧疏。
〔2〕登：收成。
〔3〕沈阴：云层厚密。

【译文】
季春施行冬季的政令，那么寒气会时时发生，草木就会凋落，国家就会发生大的恐慌；季春施行夏季的节令，那么百姓就会产生众多的疾病，雨水不能按时降临，山陵的物产没有收成；季春施行秋季的政令，那么就会阴云密布，过量的雨水提前来到，战争就会兴起。

三月官乡，其树李。⁽¹⁾

【注释】

〔1〕"三月"句：高诱注："三月科（料）民户口，故官乡也。"按：乡，即乡官。

【译文】

三月，官府管好户籍人口，它的代表树是李树。

孟夏之月，招摇指巳，昏翼中，旦婺女中。⁽¹⁾其位南方，其日丙丁，盛德在火。⁽²⁾其虫羽，其音徵，律中仲吕，其数七，其味苦，其臭焦，其祀灶，祭先肺。⁽³⁾蝼蝈鸣，丘（蝈）〔蚓〕出，王瓜生，苦菜秀。⁽⁴⁾天子衣赤衣，乘赤骝，服赤玉，建赤旗，食菽与鸡，服八风水，爨柘燧火。⁽⁵⁾南宫御女赤色衣，赤采，吹竽笙。⁽⁶⁾其兵戟，其畜鸡，朝于明堂左个，以出夏令。⁽⁷⁾

立夏之日，天子亲率三公九卿大夫以迎岁于南郊。⁽⁸⁾还乃赏赐，封诸侯，修礼乐，飨左右。⁽⁹⁾命太尉，赞杰俊，选贤良，举孝悌，行爵出禄。⁽¹⁰⁾佐天长养，继修增高，无有隳坏。毋兴土功，毋伐大树。⁽¹¹⁾令野虞，行田原，劝农事，驱兽畜，勿令害谷。天子以彘尝麦，先荐寝庙。聚畜百药，靡草死，麦秋至，决小罪，断薄刑。⁽¹²⁾

【注释】

〔1〕翼：南方朱雀七宿之一。　婺女：也叫须女。北方玄武七宿之一。

〔2〕"其位"句：高诱注："炎帝之神治南方也。"

〔3〕羽：鸟类动物，凤凰为首。　徵：五音之一。　仲吕：高诱注：

"是月阳散在外,阴实在中,所以旅阳成功,故曰仲吕。" 灶:高诱注:"祝融、吴回为高氏辛火正,死为火神,托祀于灶。是月火王,故祀灶。"

〔4〕蝼蝈:高诱注:"蝼,蝼蛄也。蝈,虾蟆也。"按:《礼记·月令》郑玄注作"蝼蝈,蛙也"。《吕览·孟夏》高诱注:"蝼蝈,虾蟆也。"与此注不同。 "丘蝇":《道藏》本、刘绩《补注》本、《礼记·月令》"蝇"并作"螾"。当正。 王瓜:即土瓜。 苦菜:陈奇猷《吕氏春秋校释》认为:"苦菜"即"荼"。"荼"正在此时开花结实,岂不得言"秀"耶?按:《说文》:"荼,苦荼也。"《广韵》"麻"韵:"荼,苦菜也。"即今"茶"字。

〔5〕赤骝:赤黑色骏马。 菽:豆类。

〔6〕竽:一种似笙的乐器。 笙:管乐器名。大者九簧,小者十三簧。

〔7〕戟:古代一种兵器。 明堂:古代宣明政教的地方。凡朝会、祭祀、庆赏、选士、养老、教学,均在此举行。 左个:南向堂东头室。

〔8〕迎岁:迎夏。 南郊:七里之郊。

〔9〕修:修治;演奏。 飨:用酒食招待。

〔10〕太尉:秦、西汉时军队首脑。 赞:选拔。《礼记·月令》郑玄注:"赞,出也。" 爵:爵位。

〔11〕隳:毁坏。

〔12〕靡草:亭历之类。 "麦秋"句:蔡邕《月令章句》云:"百谷各以其初生为春,熟为秋,故麦以孟夏为秋。"

【译文】

孟夏之月,北斗斗柄招摇指向巳位,黄昏时翼星位于南天正中,黎明时婺女星位于南天正中。火神炎帝的神位在南方,它的天干是丙丁,盛德属火。它的代表虫是鸟类,代表音是徵,十二律中与之相应的是仲吕。它的序数排列是七,主味是苦,气味是焦气,它祭祀的是"灶"神,祭祀时把肺放在前面。这时青蛙开始鸣叫,蚯蚓从地下钻出来,土瓜生长,苦菜结实。

天子身穿红色衣服,乘红黑色骏马,佩带红色宝玉,树起红色旗帜,吃豆类和鸡。饮用八方之风吹来的露水,用燧取火,燃烧的是柘木。南宫的御女们身穿红色衣服,佩戴红色彩饰,吹奏竽和笙。这个月使用的兵器是戟,畜养的家禽是鸡。天子在明堂南向堂东头室朝见群臣,并且颁布夏天的政令。

立夏那一天,天子亲自率领文武百官到南郊七里迎接夏天的来临。回朝以后,赏赐有功者,割土分封诸侯。行大礼,奏雅乐,宴飨群臣。命令太尉,选拔有才能的杰出人才,推举品行优良贤德之人,举用孝悌之士,授给爵位,赐予俸禄。帮助物类生长繁衍,继续使之增长,不要有所损害。不要兴建土木工程,不要砍伐大的树木。命令管理山野之官,巡行田野,劝勉农民努力耕作,驱逐田里的野兽家畜,不让践踏庄稼。天子让猪先尝将成熟的麦子,然后首先进献给祖宗寝庙。采集各种成熟的药物,亭历开始枯死,春麦成熟。判决轻罪之人,施行轻的刑法。

孟夏行秋令,则苦雨数来,五谷不滋,四邻入保;[1]行冬令,则草木早枯,后乃大水,败坏城郭;行春令,则蝱蝗为败,暴风来格,秀草不实。[2]

【注释】

〔1〕苦雨:久下成灾的雨。 邻:《道藏》本、刘绩《补注》本同。高诱注:"四方之民,来入城郭,自保守也。"按:《礼记·月令》、《吕览·孟夏》皆作"鄙"。 保:保守生命。

〔2〕蝱蝗:《吕览·孟夏》作"虫蝗",《礼记·月令》作"蝗虫"。格:《尔雅·释诂上》:"至也。"

【译文】

孟夏施行秋季的政令,那么就会频繁降雨,五谷不能生长,四方边鄙之人涌入城堡以求生;孟夏施行冬季的政令,那么草木就会提早枯死,而后便会发大水,城郭都会遭到破坏;孟夏施行春天的政令,那么就会蝗虫为害,暴风来临,草木不结果实。

四月,官田,其树桃。[1]

【注释】

〔1〕田:《礼记·月令》郑玄注:"田谓田畯,主农之官也。"

【译文】
四月,官府劝勉农事,它的代表树是桃树。

仲夏之月,招摇指午,昏亢中,旦危中。⑴其位南方,其日丙丁,其虫羽,其音徵,律中蕤宾,其数七,其味苦,其臭焦,其祀灶,祭先肺。⑵小暑至,螳螂生,䴗始鸣,反舌无声。⑶

天子衣赤衣,乘赤骝,服赤玉,载赤旗,食菽与鸡,服八风水,爨柘燧火。南宫御女赤色衣,赤采,吹竽笙。其兵戟,其畜鸡,朝于明堂太庙。⑷命乐师,修鼗鞞、琴瑟、管箫,调竽篪,饰钟磬,执干戚戈羽。⑸命有司,为民祈祀山川百原,大雩帝,用盛乐。⑹天子以雏尝黍,羞以含桃,先荐寝庙。⑺禁民无刈蓝以染,毋烧灰,毋暴布,门闾无闭,关市无索。⑻挺重囚,益其食。⑼存鳏寡,振死事。⑽游牝别其群,执腾驹,班马政。⑾日(短)[长]至,阴阳争,死生分。⑿君子斋戒,慎身无躁,节声色,薄滋味,百官静,事无径,以定晏阴之所成。⒀鹿角解,蝉始鸣,半夏生,木堇荣。⒁禁民无发火,可以居高明,远眺望,登丘陵,处台榭。⒂

【注释】
〔1〕亢:东方苍龙七宿之一。 危:北方玄武七宿之一。
〔2〕蕤宾:高诱注:"是月阴气蕤蕤在下,像主人也。阴气在上,像宾客也。故曰蕤宾。"按:已见《天文训》。
〔3〕小暑:小的暑热。亦为二十四节气之一,每年7月7日或8日。 螳螂:又名天马。 䴗:鸟名,又叫伯劳。 反舌:高诱注:"反舌,

百舌鸟也。能辨变其舌，反易其声，以效百鸟之鸣，故谓百舌无声者。"

〔4〕明堂太庙：南向堂中央室。

〔5〕乐师：乐官之长。　鞀：有柄的小鼓。　鼙：军鼓。一说骑鼓。　篪：古管乐器。　磬：古代石制的敲击乐器。　干：盾牌。　戚：斧子。　羽：舞蹈者指挥乐舞的道具。

〔6〕大雩：大旱求雨的祭祀。《公羊传·桓公五年》："大雩者何？旱祭也。"　帝：上帝。　盛乐：指六代之乐。

〔7〕"雉"：《道藏》本同。刘绩《补注》本正文改作"雏"。《礼记·月令》、《吕览·仲夏》亦作"雏"。按：《说文》："雉，有十四种。"《玉篇》："野鸡也。"与高诱注"雉，新鸡也"不合。《说文》："雏，鸡子也。"《吕览·仲夏》高诱注："雏，春鹨也。"与"新鸡"义同。知"雉"字有误。　羞：进献。《尔雅·释诂》："羞，进也。"　含桃：即樱桃。

〔8〕刈：割。　蓝：蓼蓝。可用来染制衣服。　暴：同"曝"。晒。　门闾：城门、巷道。　关：关塞。　市：市场。　索：指征税。

〔9〕挺：缓刑。《礼记·月令》郑玄注："挺，犹宽也。"

〔10〕振：救济。　死事：为国死难之事。

〔11〕执：络马头。朱骏声《说文通训定声》：执，叚借为"絷"。　驹：马五尺以下为驹。　班：告诉。　马政：掌马之官。

〔12〕"日短至"句：《道藏》本亦作"短"，刘绩《补注》本改作"长"。《吕览·仲夏》、《礼记·月令》并作"长"。"短"字误。"日长至"，即夏至。　"阴阳争"句：阴气始升，阳气压之，所以叫"争"。　"死生分"句：指有的草木生长，而荠、麦、亭历等枯死。分，分别。

〔13〕百官：陈奇猷《吕氏春秋校释》云："此百官犹方百事也。官，犹事也。百官静，犹言百事静也。"　径：急速。陈奇猷《吕氏春秋校释》："径，疾也，速也。"　晏：平安。　阴：微阴。　一说晏阴即微阴。阴气将始，故曰微阴。

〔14〕半夏：药草名。生夏之半，故名。　木堇：堇，通"槿"。木名。落叶灌木，夏、秋开红、白或紫红花，朝开暮敛。

〔15〕台榭：积土四方而高为台，台加屋为榭。

【译文】

仲夏五月，北斗斗柄指向午位，黄昏时亢星位于南天正中，黎明时危星位于南天正中。炎帝的神位在南方，它的天干是丙丁，它的代表虫是鸟类，代表音是徵，律管中与之相对应的是蕤宾。它的代表数是七,主味是苦的,气味是焦气,它祭祀的是"灶"神,祭祀中把肺放在前面。这时小的暑热到了,螳螂生出来了,伯劳鸟开始鸣叫,百舌鸟却哑然无声。

天子身穿红色衣服,驾赤黑色骏马,佩带红色美玉,树起的红色旗帜。吃豆类和鸡肉,饮八方之风吹来的露水,用燧取火,燃烧的是柘木。南宫侍女们身穿红色衣服,佩戴的红色彩饰,吹奏竽和笙。这个月使用的兵器是戟,畜养的动物是鸡,天子在明堂太庙朝见群臣。命令乐师修治好小鼓、军鼓、琴、瑟、管、箫,调整好竽、笾,装饰起大钟、石磬,手执盾牌、大斧、戈用来指挥的羽饰。命令主管官员为老百姓祈祷祭祀高山、大川和各个水源,旱天到来,举行盛大雩祭,向天求雨,使用极隆重的六代之乐。天子让小鸡品尝成熟的谷物,把新熟的樱桃,首先进献给祖先的寝庙。禁止老百姓采割蓝草来染制衣服,不要砍伐树木烧灰肥田,不能暴晒葛麻织成的布,不要关闭城门、巷道,不去关塞、市场征索税收;缓解重囚的刑罚,增加他们的饮食;抚恤鳏寡之人,救济死于国事之人的亲属。把怀孕的母马从马群中分开,将雄健的小马套上马络头,并且告诫管马的官员。这个月夏至白天长、夜里短,阴、阳二气交争,有的草木死去,有的生长。暑热到来,君子要整洁身心,谨慎行止,不要急躁,节制音乐和美色,食用清淡食物,百事安静,行事不要急切,以便平安地促成微阴之时事情的成功。鹿角开始脱落,蝉振翼鸣叫,半夏生长,木槿开花。禁止百姓燃火,可以居留在高爽而明亮之处,眺望远方,登上丘陵,处在高高的台榭之中。

仲夏行冬令,则雹霰伤谷,道路不通,暴兵来至;⁽¹⁾ 行春令,则五谷不熟,百螣时起,其国乃饥;⁽²⁾ 行秋令,则草木零落,果实蚤成,民殃于疫。

【注释】
〔1〕霰:《广韵》"霰"韵:"霰,雨雪杂。"
〔2〕百螣:蝗类昆虫。《吕览·仲夏》高诱注:"兖州人谓蝗为螣。"

【译文】

仲夏季节施行冬季的政令,那么冰雹、雪粒会打坏谷物,道路不能够畅通,残暴的士兵来到,危害百姓;仲夏施行春天的政令,那么五谷就不能成熟,蝗类等各种昆虫便趁机兴起,国家将会发生大的饥荒;仲夏施行秋天的政令,那么草木就会凋落,果实提早成熟,百姓会面临疾病的威胁。

五月官相,树榆。⁽¹⁾

【注释】

〔1〕相:辅佐君王的大臣。 "树榆":《道藏》本同,刘绩《补注》本作"其树榆"。知有脱文。

【译文】

五月,官府重视辅佐之人,它的代表树是榆树。

季夏之月,招摇指未,昏心中,旦奎中。⁽¹⁾ 其位中央,其日戊己,盛德在土。⁽²⁾ 其虫赢,其音宫,律中百钟,其数五,其味甘,其臭香,其祀中雷,祭先心。⁽³⁾ 凉风始至,蟋蟀居奥,鹰乃学习,腐草化为蚈。⁽⁴⁾ 天子衣苑黄,乘黄骝,服黄玉,建黄旗,食稷与牛,服八风水,爨柘燧火。⁽⁵⁾ 中宫御女黄色衣,黄采。其兵剑,其畜牛,朝于中宫。⁽⁶⁾ 乃命渔人伐蛟取鼍,登龟取鼋。⁽⁷⁾ 令潦人,入材苇。⁽⁸⁾ 命四监大夫,(令)[合]百县之秩刍,以养牺牲,以共皇天上帝、名山大川、四方之神、宗庙社稷,为民祈福。⁽⁹⁾ 行惠令,吊死问疾,存视长老,行秅鬻,厚席蓐,以送万物归也。⁽¹⁰⁾ 命妇官染采,黼黻文章,青黄白黑,莫不质良,以给宗庙之服,必宣以明。⁽¹¹⁾是月也，树木方盛，勿敢斩伐。不可以合诸侯，起土功，动众兴兵，必有天殃。土润溽暑，大雨时行，利以杀草，粪田畴，以肥土疆。⁽¹²⁾

【注释】

〔1〕心：东方苍龙七宿之一。　奎：西方白虎七宿之一。

〔2〕"其位中央"：高诱注："黄帝之神治中央也。"　戊己：代表土日。

〔3〕臝：高诱注："羽落而臝，臝虫，麟为之长。"按：通"倮"。《礼记·月令》作"其虫倮"。　宫：五音之首。　百钟：即林钟。高诱注："是月阳盛阴起，生养万物，故曰百钟。"按：亦见《天文训》。　中霤：古代五祀之一。指室的中央，祭祀后土之神。又叫宅神。《释名·释宫室》："中央曰中霤。"

〔4〕奥：指屋子西南角。这里指墙壁。《礼记·月令》作"壁"。　习：鸟举翅试飞。　腐草：即烂草。　蚈：一说为萤火虫。《礼记·月令》作"萤"。高诱注："马蚿。"即百足虫。这两种虫的成虫都是在腐草中生活的。

〔5〕苑黄：《道藏》本、刘绩《补注》本同。庄逵吉本误改作"黄衣"。吴承仕《淮南旧注校理》云："《说文》：'黈，黑有文也。'此'苑黄'之'苑'，以同音假为'黈'。"

〔6〕中宫：即明堂中央之宫。

〔7〕渔人：渔官。《礼记·月令》作"渔师"。　蛟：有鳞甲能发水的一种龙。　鼍：鳄鱼的一种。俗称"猪婆龙"，皮可制鼓。　登：升，送到。　鼋：鳖。

〔8〕涝人：掌管池泽的官。《礼记·月令》作"泽人"。

〔9〕四监、百县：高诱注："周制，天子地方千里，分为百县，县有四郡，郡有四鄙。四监，监四郡大夫也。"　"令"：《道藏》本、刘绩《补注》本、《四库全书》本同。《吕览·季夏》作"合"，《礼记·月令》作"大合"。"令"字误。　秩刍：即按规定交纳牲口吃的草料。　皇天：上天。

〔10〕吊：悼念死者。　存：问候。《说文》："存，恤问也。"　稃：马宗霍《淮南旧注参正》：《说文》："稃，桴也。""桴，䅖也。""䅖，谷皮也。"字当作"稃"。《广雅·释器》云："稃，饘也。"按：稀叫粥，稠叫饘。　席蓐：席子，草垫子。供埋葬死人用。

〔11〕妇官：管理宫中作坊的女官。　黼黻：白与黑谓之黼，黑与青谓之黻。　文章：青与赤谓之文，赤与白谓之章。　给：供给。　宣：

遍。明：鲜明。

〔12〕溽：湿热。粪：肥田。田畴：田地。疆：界畔。土疆即土地。

【译文】

季夏六月，北斗斗柄指向未位，黄昏时心宿正当南天，黎明时奎星正当南天。黄帝之神统治中央，它的天干是戊己，美盛的德泽属土。它的代表虫是赢虫，代表音是宫音，律管中和它相应的是百钟。它的代表数是五，主味是甘，气味是香气，它祭祀的是"中霤"神，祭祀时把心脏放在前面。这时凉风开始吹来，蟋蟀居留在墙壁下，雏鹰开始练习飞行，腐草化为马蚿。

天子身穿黄黑色衣，乘坐黄黑色骏马，佩带黄色宝玉，树起黄色旗帜，吃谷类和牛肉，饮用八方之风吹来的露水，用燧取火，燃烧的是柘木。中宫侍女身穿黄色衣，佩戴黄色彩饰。这个月使用的兵器是剑，畜养的动物是牛。天子在中宫朝见大臣。于是命令掌管渔业之官杀死蛟龙，取鳄鱼皮做鼓，把龟壳送入宗庙，取鼋来食用。命令掌管池泽之官送上芦苇之类。命令四监大夫，收集百县上交的蒿草，用来养活供祭祀用的牲畜，以便用它们祭祀皇天上帝、名山大川、四方神灵，以及宗庙社稷，来为百姓祈祷幸福。施行宽缓的政令，悼念死者，慰问病者，探视长老，施舍饭食，礼葬死者，以便送万物回归。命令女官染制衣服，白黑、青赤等两两搭配，谓之黼黻文章，青黄白黑各种色彩鲜明，没有不是质地优良的，用来供给祭祀宗庙的礼服，必须全备而鲜明。在这个月里，树木生长茂盛，不要去砍伐它。不能够会盟诸侯，不要兴办土木工程、劳动众人，不兴起兵戈，如果不是这样，必然遭到上天的惩罚。这个月土地潮湿温度高，常有雷阵暴雨，对于沤制草肥很有利，将粪施于田间，以增加土地肥力。

季夏行春令，则谷实解落，多风咳，民乃迁徙；〔1〕行秋令，则丘隰水潦，稼穑不熟，乃多女灾；〔2〕行冬令，则风寒不时，鹰隼蚤挚，四鄙入保。〔3〕

【注释】

〔1〕风咳：受风咳嗽。 "多风咳"：《道藏》本、刘绩《补注》本同。《吕览·季夏》、《礼记·月令》"多"前有"国"字。

〔2〕隰：低洼之地。 女灾：即生子不育。

〔3〕隼：一种凶猛的鸟，也叫鹘。 挚：通"鸷"。击杀小鸟。 四鄙：四方边邑之地。

【译文】

季夏之时施行春季节令，那么五谷果实就会脱落，人民多会受风咳嗽，百姓便会迁移；季夏之时施行秋季的政令，那么高丘洼地都会发生水灾，庄稼不能成熟，还会出现女人生子不育的情况；季夏之时施行冬季的政令，那么风雨寒凉就不会按时到来，鹰隼等凶禽提早捕杀飞鸟，四方边邑发生灾荒，并逃入城邑以求保命。

六月官少内，其树梓。〔1〕

【注释】

〔1〕少内：汉代主管宫中府藏的官员。 梓：木名，木质轻，常用来制琴瑟。

【译文】

六月，官府要重在收藏粮食，它的代表树是梓。

孟秋之月，招摇指申，昏斗中，旦毕中。〔1〕其位西方，其日庚辛，盛德在金。〔2〕其虫毛，其音商，律中夷则，其数九，其味辛，其臭腥，其祀门，祭先肝。〔3〕凉风至，白露降，寒蝉鸣，鹰乃祭鸟，用始行戮。〔4〕

天子衣白衣，乘白骆，服白玉，建白旗，食麻与犬，服八风水，爨柘燧火。〔5〕西宫御女白色衣，白采，撞白钟。其兵戈，其畜狗。朝于总章左个，以出秋令。〔6〕求

不孝不悌、戮暴傲悍而罚之，以助损气。〔7〕

立秋之日，天子亲率三公九卿大夫以迎秋于西郊。〔8〕还，乃赏军率武人于朝。〔9〕命将率选卒厉兵，简练桀俊，专任有功，以征不义，诘诛暴慢，顺彼四方。〔10〕命有司，修法制，缮囹圄，禁奸塞邪，审决狱，平词讼。〔11〕天地始肃，不可以赢。〔12〕是月农始升谷，天子尝新，先荐寝庙。〔13〕命百官，始收敛，完堤防，谨障塞，以备水潦，修城郭，缮宫室。毋以封侯、立大官、行重币、出大使。行是月令，凉风至三旬。

【注释】

〔1〕斗：北方玄武七宿之一。　毕：西方白虎七宿之一。

〔2〕"其位西方"句：高诱注："少皞之神治西方也。"

〔3〕毛：指兽类。虎为之长。　夷则：高诱注："夷，伤也。则，法也。是月阳衰阴盛，万物凋伤，应法成性，故曰夷则也。"按：并见《天文训》。

〔4〕白露：秋天的露水。也为二十四节气之一。每年9月7日或8日。　"寒蝉鸣"句：寒蝉（青蝉）得寒气鼓翼而鸣，以应节气。　"鹰乃祭鸟"句：高诱注："是月鹰搏鸷，杀鸟于大泽之中，四面陈之，世谓之祭鸟。"　"用始"句：高诱注："用是时，乃始行杀戮刑罚。"按：《礼记·月令》亦作"用始"，《吕览·孟夏》作"始用"。

〔5〕骆：白马黑毛曰骆。　麻：陈奇猷《吕氏春秋校释》之《孟秋》按："麻为䵖之省文。"按：《说文》段玉裁注："䵖，黍之不粘者。"即䵖子。

〔6〕总章：西向堂。　左个：南头室。

〔7〕孝：孝敬父母。　悌：弟顺兄长。　戮暴：即残暴。　傲悍：骄傲，凶悍。　损气：阴气。

〔8〕西郊：郊外九里之地。

〔9〕军率：军将。率，通"帅"。　武人：勇武立功名之人。

〔10〕厉：磨砺。　简练：精心训练。　桀：通"杰"。　诘：查办。《说文》："诘，问也。"　暴慢：残暴傲慢。　顺：循。

〔11〕缮：修治。　决：断。　平：处理。

〔12〕肃：杀气。　　赢：高诱注："盛也。"按：即昌盛、兴盛义。

〔13〕升：进献。

【译文】

孟秋七月，斗柄招摇指向申位，黄昏时斗宿正中南天，黎明时毕星正中南天。少昊的神位在西方，它的天干是庚辛，美盛的德泽属金。它的代表虫是兽类，代表音是商，律管中与之相应是夷则。它的代表数是九，主味是辛，气味是腥气。它祭祀的是"门"神，祭祀时把肝放在前面。这时凉风吹来，白露降落，青蝉鼓翼而鸣，苍鹰开始捕杀飞禽，这时官府开始杀戮罪人。

天子身穿白色衣服，乘坐白色骏马，佩带白色宝玉，树起白色旗帜，吃糜子和狗肉，饮用八方之风吹来的露水，用燧取火，燃烧的是柘木。西宫侍女身穿白色衣服，佩戴白色彩饰，撞击白钟。这个月代表兵器是戈，畜养动物是狗。天子在西向堂南头室朝见群臣，而发布秋季的政令。考察那些不孝父母、不听兄长的残暴骄慢凶悍之徒，处罚他们，来助成阴气的到来。

立秋的那一天，天子亲自率领三公九卿文武百官到西郊九里迎接秋天的到来。归来后，在朝廷上赏赐军将以及武勇立功之人。命令军将挑选士卒，磨砺兵器，精心训练具有杰出才能的人，专门任用作战有功人员，来征讨不义的国家。查办诛杀那些暴虐傲慢的人，从而顺应天下人的愿望。命令法律主管部门，修订法规，整治监狱，禁止奸人，堵塞邪路，判决案件，决裁官司。天地间开始充满肃杀之气，万物不再兴盛。这个月里，农民开始进献谷物，天子要先加以品尝，首先奉献给祖先的宗庙。命令百官，开始收敛赋税，修筑堤坝，谨防障碍阻塞，防备水患到来，修葺城郭，整治宫室。在这个月里，不要封侯，不立高官，不赐予黄金丝帛，不派出大使。实行这个月的节令，凉风三旬之中各来一次。

孟秋行冬令，则阴气大胜，介虫败谷，戎兵乃来；[1]行春令，则其国乃旱，阳气复还，五谷充实；行夏令，则冬多火灾，寒暑不节，民多疟疾。

【注释】

〔1〕介虫：有介壳之类的动物。《吕览·孟秋》高诱注指"龟属"。戎兵：军队。指敌军。

【译文】

孟秋季节施行冬季的政令，那么阴气会特别强盛，龟类等动物会败坏谷类，敌军便来侵扰；孟秋施行春季政令，那么国家便会发生大的旱灾，阳气重新来临，五谷不会结实；孟秋施行夏季的政令，那么冬季就会经常发生火灾，寒气、暑气相扰，人民就会多发生疟疾之类疾病。

七月官库，其树楝。〔1〕

【注释】

〔1〕库：指兵库。

【译文】

七月，官府重在整治兵库，它的代表树是楝树。

仲秋之月，招摇指酉，昏牵牛中，旦觜巂中。〔1〕其位西方，其日庚辛，其虫毛，其音商，律中南吕。〔2〕其数九，其（朱）[味]辛，其臭腥。〔3〕其祀门，祭先肝。凉风至，候雁来，玄鸟归，群鸟翔。〔4〕

天子衣白衣，乘白骆，服白玉，建白旗。食麻与犬，服八风水，爨柘燧火。西宫御女白色衣，白采，撞白钟。其兵戈，其畜犬。朝于总章大庙。〔5〕命有司，申严百刑，斩杀必当，无或枉挠。〔6〕决狱不当，反受其殃。是月也，养长老，授（凡）[几]杖，行稰鬻饮食。〔7〕乃命宰祝，行牺牲，案刍豢，视肥臞全粹，察物色，课比类，量小大，视少长，莫不中度。〔8〕天子乃傩，以御秋气。〔9〕以犬尝麻，先荐寝庙。是月可以筑城郭，建都邑，穿窦窖，修囷仓。〔10〕乃命有司，趣民收敛畜采，多积聚，劝种宿麦，若或失时，行罪无疑。〔11〕是月也，雷乃始收，蛰虫陪户，杀气浸盛，阳气日衰，水始涸，日夜分。〔12〕壹度量，平权衡，正钧石，角斗称，理关市，来商旅，入货财，以便民事。〔13〕四方来集，远乡皆至，财物不匮，上无乏用，百事乃遂。〔14〕

【注释】
〔1〕牵牛：北方玄武七宿之一。　觜嶲：西方白虎七宿之一。
〔2〕南吕：高诱注："南，任也。言阴气吕旅而志［去］，助阴，阴任成万物也。"按：亦见《天文训》。
〔3〕"朱"：《道藏》本、刘绩《补注》本作"昧"。"朱"字误。
〔4〕玄鸟：即燕子。此时飞往南方。
〔5〕总章大庙：西向堂中央室。
〔6〕枉挠：枉谓违法曲断，挠谓有理不申。挠，通"桡"。《说文》："桡，曲木。"
〔7〕"凡"：《道藏》本、刘绩《补注》本作"几"。几杖，几，矮小桌子。杖，手杖。　行：赐予。
〔8〕宰：《周礼·地官·充人》叫充人，掌养祭祀之牺牲。　祝：太祝，官名。掌祭祀祈祷。　案：察看。　刍豢：草养曰刍，谷养曰豢。　臞：《道藏》本、刘绩《补注》本作"膲"。《集韵》"笑"韵："膲，瘠也。"臞，《说文》："少肉也。"《尔雅·释言》："臞，瘠也。"两字皆是。　全：无亏缺。　粹：毛色纯正。　物色：毛色。　课：考核。《说文》："课，试也。"　比类：有比照旧例之义。
〔9〕傩：驱除疫鬼。　御：停止。
〔10〕穿：凿通。　窦：藏物之地穴。
〔11〕趣：通"促"。督促。　宿麦：越冬小麦。《主术训》："虚中则种宿麦。"

〔12〕陪：依附。通"附"。《广雅·释诂四》："附，依也。"《吕览·仲秋》作"俯户"。　浸盛：逐渐强盛。　涸：凝竭。　日夜分：指秋分。《吕览·仲秋》高诱注："昼漏五十刻，夜漏五十刻，故曰'日夜分'也。"

〔13〕称：《吕览·仲秋》、《礼记·月令》作"甬"。已见"仲春之月"。　理：开通。　关市：关卡和市场。　商旅：行商。

〔14〕匮：缺乏。　遂：成功。

【译文】

仲秋八月，北斗斗柄招摇指向酉位，黄昏时牵牛星正中南天，黎明时觜巂星正中南天。少昊的神位在西方，它的天干是庚辛，它的代表虫是毛虫，代表音是商，律管中与之相应的是南吕。它的序数排列是九，味道是辛，气味是腥气。它祭祀的是"门"神，祭祀时把肝放到前面。这时凉风吹来，大雁来临，燕子飞往南方，群鸟振翼飞翔。

天子身穿白色衣服，乘坐白色骏马，佩带白色美玉，树起白色旗帜。吃糜子与狗肉，饮用八方之风吹来的露水，用燧取火，燃烧的是柘木。西宫侍女身穿白色衣，佩戴白色彩饰，撞击白钟。这个月使用的兵器是戈，畜养的家畜是犬。天子在西向堂中央室朝见群臣。命令主管司法部门，申述严明各种法纪，斩杀的人必须依法定罪，没有违法曲断或有理不伸的情况。处理案件不适当，相反却要受到追究。在这个月里，抚养年长的老人，授给他们扶几和手杖，赐予饭食。命令掌管牺牲祭祀的宰祝，巡视牺牲，按照饲养情况，察看肥瘦、有无亏缺，检查毛色，比照旧例，估量大小，察看口齿少长情况，没有什么不符合规定的。于是天子便举行驱逐疫鬼的仪式，以便使秋气停止。让狗品尝糜子，首先奉献给祖先宗庙。在这个月里，可以修筑城郭，建造都邑，凿成地窖贮藏食物，修建仓库。并且命令主管部门，督促百姓，收集采摘，多多积聚，（以备越冬之用）。劝勉百姓种植越冬小麦，假如有人耽误时机，实行处罚，不容置疑。在这个月里，雷声开始平息，蛰伏冬眠动物躲进户内，肃杀之气逐渐旺盛，阳气日渐衰退，水流开始干涸。秋分之时日夜平分。要统一长度和容量单位，平均秤和秤锤的标准，端正重量单位，均等容量规定，开通关卡和市场，使商旅自由往来，互通货物，以方便人民生活需要。四方之人云集而来，远方之人纷纷来到，财物便不会缺乏。天子不缺少用物，各种事情才能办成功。

仲秋行春令，则秋雨不降，草木生荣，国有大恐；行夏令，则其国乃旱，蛰虫不藏，五谷皆复生；行冬令，则风灾数起，收雷先行，草木早死。

【译文】
仲秋施行春天的政令，那么秋雨就不会降临，草木重新生长开花，国家便会出现大的恐慌；仲秋施行夏季的节令，那么国家便会发生旱灾，冬眠的动物不再躲藏，五谷又会死而复生；仲秋施行冬季的政令，那么风灾就会经常发生，雷声先行收起，草木提早死亡。

八月官尉，其树柘。[1]

【注释】
〔1〕尉：掌管军事之官。

【译文】
八月，官府重在军事之官，它的代表树是柘树。

季秋之月，招摇指戌，昏虚中，旦柳中。[1]其位西方，其日庚辛，其虫毛，其音商，律中无射。[2]其数九，其味辛，其臭腥，其祀门，祭先肝。候雁来，宾雀入大水为蛤，菊有黄华，豺乃祭兽戮禽。[3]

天子衣白衣，乘白骆，服白玉，建白旗，食麻与犬，服八风水，爨柘燧火。西宫御女白色衣，白采，撞白钟，其兵戈，其畜犬。朝于总章右个。[4]命有司，申严号令，百官贵贱，无不务入，以会天地之藏，无有宣出。⁽⁵⁾乃命冢宰，农事备收，举五谷之要，藏帝籍之收于神仓。⁽⁶⁾是月也，霜始降，百工休。乃命有司曰："寒气总至，民力不堪，其皆入室。"⁽⁷⁾上丁，入学习吹。⁽⁸⁾大飨帝，尝牺牲，合诸侯，制百县，为来岁受朔日，与诸侯所税于民，轻重之法，贡岁之数，以远近土地所宜为度。⁽⁹⁾乃教于田猎，以习五戎。⁽¹⁰⁾命太仆及七驺，咸驾戴任，授车以级，皆正设于屏外。⁽¹¹⁾司徒搢朴，北向以赞之。⁽¹²⁾天子乃厉服广饰，执弓操矢以猎，命主祠祭禽四方。⁽¹³⁾是月草木黄落，乃伐薪为炭，蛰虫咸俯。乃趣狱刑，无留有罪。⁽¹⁴⁾收禄秩之不当，供养之不宜者。⁽¹⁵⁾通路除道，从境始，至国而后已。是月天子乃以犬尝麻，先荐寝庙。⁽¹⁶⁾

【注释】

〔1〕虚：北方玄武七宿之一。　柳：南方朱雀七宿之一。

〔2〕无射：高诱注："阴气上升，阳气下降，万物随阳而藏，无射出见也。"按：亦见《天文训》。

〔3〕宾雀：即麻雀。栖息在屋宇檐下，如宾客一样，故名。《吕览·季秋》作"宾爵"。《礼记·月令》郑玄注："鸿雁来宾"，"宾"字断于上。知东汉已有分歧。　蛤：水中蚌类，叫蛤蜊。　"宾雀入"句：亦见于《大戴礼记·夏小正》、《逸周书·时训解》、《国语·晋语》等，这是古人的误解。　豺：似狗而长尾，黄色。　祭兽：高诱注："是月时，豺杀兽，四面陈之，世谓之祭兽。"　戮：杀。

〔4〕右个：北头室。

〔5〕入：收敛。　会：合。　宣：散失。

〔6〕冢宰：周代官名。主治万事，辅佐太子。见《周礼·天官·冢宰》。类似后代宰相。　举：建立。　要：簿书，账目。　帝籍之收：高诱注："天子籍田千亩，故曰帝籍之收。"按：籍，户籍。　神仓：所藏财

物以供上帝神祇祭祀之用,故谓之神仓。

〔7〕总:聚合。 不堪:忍受不了。

〔8〕上丁:指上旬丁日。 学:学宫。 习:指习礼乐。 吹:指学吹笙等。

〔9〕飨:用酒食招待。指飨祭。 尝:秋祭。 制:规定。 来岁:指明年。 朔日:农历每月初一。《说文》:"朔,月一日始苏也。"秦以十月为岁首,故于秋季便要考虑明年之事。汉初因之。 税:收税。 "贡岁":《吕览·季秋》、《礼记·月令》作"贡职"。 度:标准。

〔10〕五戎:指五种兵器,即刀、剑、矛、戟、矢。

〔11〕太仆:即田仆,掌管君主猎车的官。《礼记·月令》作"仆"。七驺:《周礼·夏官·序官》为趣马,掌养马之官。天子之马六种,加总主之人,故为七。 咸:一同。 "戴苴":《道藏》本、刘绩《补注》本同。《礼记·月令》作"载旌旗"。《吕览·季秋》作"载旍旅"。王念孙《读书杂志》认为"旄"、"苴"相似而误。金其源《淮南子管见》:《尔雅·释草》:"苏,荏也。"《方言》:"苏亦荏也。关之东西或谓之苏,或谓之荏。"《子虚赋》索隐云:"苏,折羽也。"苴,即旌也。 授车:给予猎车。 级:等级。 正:整齐。 屏:本指帝王的门屏。这里指猎场。

〔12〕司徒:主管教导众人之官。 播:插。 朴:马鞭。通"扑"。《礼记·月令》作"扑"。 赞:告诫。

〔13〕厉服:猛厉的服装。 广饰:增佩饰物。 主祠:掌祭祀的官员。

〔14〕趋:通"促"。催促。

〔15〕禄秩:俸禄官爵。 不当:高诱注:"谓无德受禄也。" 不宜:高诱注:"不宜谓不孝也。"

〔16〕"麻":《礼记·月令》、《吕览·季秋》作"稻"。当是。

【译文】
季秋九月,斗柄招摇指向戌位,黄昏时虚宿正中南天,黎明时柳宿正中南天。少昊的神位在西方,它的天干是庚辛,它的代表虫是兽类,代表音是商,律管中与之相应的是无射。它的代表数是九,主味是辛,气味是焦气。它祭祀的是"门"神,祭祀时把肝放在前。这时大雁从北方飞来,老雀投入到水中变成蛤蜊,秋菊开出黄花,豺开始捕杀禽兽。

天子身穿白色衣服,乘坐白色骏马,佩带白玉,树起白色旗帜,吃糜子和狗肉,饮用八方之风吹来的露水,用燧取火,燃烧的是柘木。西宫侍女们身穿白色衣服,佩戴白色彩饰,撞击白钟。这个月使用的兵器是戈,畜养的动物是犬。天子在西向堂北头室朝见群臣。命令主管法律部门,申述严明法令,文武百官和不分贵贱之人,没有不是忙着秋收的,来集中天地所出产的财物,不能有所散失。于是便命令主持政务的冢宰,在农事全部完毕之时,把五谷收成全部记在账簿中,并把天子畿内田赋收入,藏入供祭祀用的神仓。在这个月里,寒霜开始下降,各种工匠可以休息。便命令主管部门说:"寒冷之气一起就要来到,百姓忍受不了寒气侵袭,他们应该进入室内。"这个月的上旬丁日,开始进入学官学习礼仪和音乐。隆重祭祀五帝,用牺牲祭祀诸神。会盟诸侯,规定百县,准备明年(秦汉以十月为岁首)诸事,以及诸侯向百姓取税,轻重多少之别,职贡大小之数,按照距离远近、土地质量收成情况作为标准。开始教民田猎习武,掌握五种兵器。命令掌管君主猎车的田仆及趣马之官,一起驾车,插着旌旗,按照等级分配猎车,都整齐地排列在猎场之内。主管教导的官员司徒,腰插马鞭,面向北来训告他们。天子穿着威厉的军服,增佩刀剑等饰物,手执弓矢,前去打猎。命令主管祭祀的官员,按四面方位,排列禽兽来祭神。在这个月里,草木枯黄败落,可以伐薪烧炭。冬眠动物已全部躲藏。督促主管刑狱的官员,不要留下有罪之人。没收那些无功无德而受禄,以及供养老人不讲孝道的人的俸禄。清除道路,从边境开始,一直到国都才结束。在这个月里,天子让狗品尝新稻,而后首先奉献给祖先宗庙。

季秋行夏令,则其国大水,冬藏殃败,民多鼽窒;[1]行冬令,则国多盗贼,边竟不宁,土地分裂;行春令,则暖风来至,民气解隋,师旅并兴。[2]

【注释】

〔1〕鼽窒:鼻塞不通。《说文》"鼽,病寒鼻窒也。"
〔2〕隋:通"堕"、"惰"。《吕览·季秋》作"堕",《礼记·月令》作"惰"。

【译文】

季秋之月施行夏天的政令,那么他的国家便会发大水,冬季贮藏的食物会毁坏,百姓多会发生鼻窦不通的毛病;季秋施行冬季的政令,那么国家就会盗贼横行,边境不得安宁,国土会发生分裂;季冬施行春季政令,那么暖风就会吹来,百姓精神松懈怠惰,战争就会兴起。

九月官候,其树槐。[1]

【注释】

[1]候:望。指负责守望、侦察的官员。高诱注:"是月缮修守备,故曰官候也。"

【译文】

九月,官府重在侦察瞭望敌情,它的代表树是槐树。

孟冬之月,招摇指亥,昏危中,旦七星中。[1]其位北方,其日壬癸,盛德在水。[2]其虫介,其音羽,律中应钟。[3]其数六,其味咸,其臭腐,其祀井,祭先肾。[4]水始冰,地始冻,雉入大水为蜃,虹藏不见。[5]

天子衣黑衣,乘玄骊,服玄玉,建玄旗,食黍与彘,服八风水,爨松燧火。[6]北宫御女黑色衣,黑采,击磬石。其兵铩,其畜彘,朝于玄堂左个,以出冬令。[7]命有司,修群禁,禁外徙,闭门闾,大搜客,断罚刑,杀当罪,阿上乱法者诛。[8]

立冬之日,天子亲率三公、九卿、大夫以迎岁于北郊。[9]还,乃赏死事,存孤寡。[10]是月命太祝祷祀神位,占龟策,审卦兆,以察吉凶。[11]于是天子始裘。⑿命百官，谨盖藏；⒀命司徒，行积聚，修城郭，警门闾，修楗闭，慎管籥，固封玺，修边境，完要塞，绝蹊径；⒁饬丧纪，审棺椁衣衾之薄厚，营丘垄之小大高庳，使贵贱卑尊，各有等级。⒂是月也，工师效功，陈祭器，案度呈，坚致为上。⒃工事苦慢，作为淫巧，必行其罪。⒄是月也，大饮蒸，天子祈来年于天宗，大祷祭于公社，毕，飨先祖。⒅劳农夫，以休息之。⒆命将率讲武，律射御，角力劲。⒇乃命水虞渔师，收水泉池泽之赋，毋或侵牟。(21)

【注释】

〔1〕危：北方玄武七宿之一。　七星：南方朱雀七宿之一。

〔2〕"其位北方"句：高诱注："颛顼之神治北方也。"

〔3〕介：甲壳类。龟为之长。　羽：五音之一。　应钟：高诱注："阴应于阳，转成其功，万物聚成，故曰应钟。"按：亦见《天文训》。

〔4〕腐：腐朽之气味。　井：高诱注："井或作行。行，门内地。"按：《礼记·月令》、《吕览·孟冬》并作"行"。

〔5〕雉：野鸡。　大水：指淮水。　"雉入大水"句：并见《大戴礼记·夏小正》、《礼记·月令》、《国语·晋语》等。此说乃古代误解。蜃：大蛤蜊。

〔6〕玄骊：黑色的马。《说文》："骊，马深黑色。"

〔7〕铩：一种长刃矛。　玄堂左个：北向堂西头室。

〔8〕群禁：多种禁忌。　门：城门。　闾：里门。　"大搜客"句：指搜索各国往来之人，为保密和安全。《左传》昭公十八年有"旧客"、"新客"之记载。　阿上乱法：高诱注："阿意曲从，取容于上，以乱法度也。"

〔9〕立冬：二十四节气之一。在每年10月6日或7日。

〔10〕死事：为国而牺牲的人。

〔11〕太祝：掌管祭祀之事。《礼记·月令》作"太史"，《吕览·孟冬》作"太卜"。　龟策：龟甲、蓍草，皆用以占卜吉凶。　卦：占卜用的符号，即卦象。　兆：烧灼龟甲而形成的裂纹。

〔12〕裘：皮衣。

〔13〕盖藏：指掩盖好贮藏的菜蔬果品粮食等冬用之物。
〔14〕楗：门上的木栓。《礼记·月令》作"键"。　闭：穿门栓之孔。　管：籥。　封玺：印封。　绝：《礼记·月令》、《吕览·孟冬》作"塞"，即断绝义。　蹊径：小路。
〔15〕饬：治理。徐锴《说文系传》："饬，修整之也。"　丧纪：指二十五月所服丧的规定礼数。　椁：棺材外面的套棺。　衾：被子。　营：度量。　丘：坟墓。　垅：即"垄"。垄，冢。　高庳：按照规定，尊贵的人坟墓高大，卑贱的人坟墓低小。《广韵》"纸"韵："庳，下也。"
〔16〕工师：掌管百工和官营手工业之官。　效：献出。　案：察看。　呈：《道藏》本、刘绩《补注》本同。黄锡禧本作"程"。朱骏声《说文通训定声》："呈，叚借为程。"程，法式。　坚致：坚固细密。
〔17〕苦：粗陋。高诱注："苦，恶也。"　慢：不牢固。　淫巧：过分奇巧。
〔18〕蒸：冬祭。　天宗：高诱注："凡属天上之神，日月星辰皆为天宗也。"　祷：祈祷，祈求。　公社：高诱注："公社，国社也，后土之祭也。生为上公，死为贵神，故曰公也。"
〔19〕劳：慰劳。　休息：使农夫休养生息。
〔20〕讲：训练。　"律"：《道藏》本、《四库全书》本同。刘绩《补注》本改作"肆"。《吕览·孟冬》亦作"肆"，高诱注："习也。"《礼记·月令》作"习"。"律"字误。　角力：比武。角，试。
〔21〕水虞：管理水泽之官。　渔师：管理渔业之官。　牟：多取。与"侵"义同。

【译文】

孟冬十月，北斗斗柄招摇指向亥位，黄昏时危星正中南天，黎明时七星正中南天。颛顼的神位处在北方，它的天干是壬癸，美好的德泽属水，它的代表虫是甲壳类，代表音是羽，律管中和应钟相对应。它的代表数是六，主味是咸，气味是腐木之气，它祭祀的是"井"神，祭祀时把肾放在前面。这时水开始结冰，地已经上冻，野鸡进入淮水中变成大蛤蜊，彩虹隐藏不再出现。

天子身穿黑色衣服，乘黑色骏马，佩带黑色美玉，树起黑色旗帜，吃黍与猪肉，饮用八方之风吹来的露水，用燧取火，燃烧的是松木。北宫侍女身穿黑色衣服，佩戴黑色彩饰，打击磬石。这个月代表兵器是铩，代表畜是彘。天子在北向堂西头室朝见群臣，并且发出冬季的政令。命令主管法律部门，修治各种禁令，禁止居民向外地迁徙，关闭城门和巷道，大力搜捕外来人员。决断该处罚之人，处决判死罪之人。拍马逢迎取悦于上而扰乱法度的人，也要被制裁。

立冬这一天，天子亲自率领文武百官在北郊六里迎接冬季的到来。返回后，赏赐为国捐躯的人的后代，抚恤孤寡之人。在这个月里，命令太祝向神灵祈祷祭祀，用龟甲、蓍草占卜，审查八卦和龟兆的迹象，以便考察吉凶之事。在这个月里，天子开始穿上皮衣。命令百官贮藏好过冬的食物。命令司徒巡视积聚人力财力的情况，修筑城郭，警戒城门和闾巷，修理好开关城门的门闩，谨慎地管好钥匙，牢固地加好印封。整治边境，修缮险要关隘，堵塞蹊径小路。制订服丧的礼数规定，审核内、外棺及随葬衣物的厚薄等级，度量坟墓的大小高下尺寸，使贵贱、尊卑的人各自符合等级规定。在这个月里，工师献出自己的产品，排列起各种祭器，察看式样规格，以坚固精细作为上等。如果工匠制出的产品粗劣易破，或者制作过分奇巧，必定追究他们的罪过。在这个月里，天子举行盛大的宴飨冬祭，向上天日月星辰祈求来年赐福。在后土的公社里举行大祭，结束以后，把牺牲奉献给先祖。使辛勤劳作的农夫得以休息。命令将领习武，演习射术和抵御，并进行比武。命令管理水泽和渔业的官员，收纳赋税，不准多取于民。

孟冬行春令，则冻闭不密，地气发泄，民多流亡；[1]行夏令，则多暴风，方冬不寒，蛰虫复出；行秋令，则雪霜不时，小兵时起，土地侵削。

【注释】

〔1〕密：坚密。

【译文】

孟冬时节施行春季的节令，那么便冰冻不坚，地下之气向上散发，人民多流亡他乡；孟冬时节施行夏季政令，那么就会多有暴风产生,正值冬天也不觉寒冷,冬眠动物又会钻出来活动;孟冬时节施行秋季政令,那么霜雪不会按时降临,小的战争不时出现,土地会被邻国侵夺。

十月官司马,其树檀。⁽¹⁾

【注释】

〔1〕司马:掌管军政和军赋之官。

【译文】

十月,官府重在军事训练和军赋,它的代表树是檀树。

仲冬之月,招摇指子,昏壁中,旦轸中。⁽¹⁾其位北方,其日壬癸,其虫介,其音羽,律中黄钟。⁽²⁾其数六,其味咸,其臭腐,其祀井,祭先肾。冰益壮,地始坼,鹖鴠不鸣,虎始交。⁽³⁾

天子衣黑衣,乘铁骊,服玄玉,建玄旗,食黍与彘,服八风水,爨松燧火。⁽⁴⁾北宫御女黑色衣,黑采,击磬石。其兵铩,其畜彘,朝于玄堂太庙。⁽⁵⁾命有司曰:土事无作,无发室居。⁽⁶⁾及起大众,是谓发天地之藏,诸蛰则死,民必疾疫,有随以丧。⁽⁷⁾急捕盗贼,诛淫泆诈伪之人,命曰畅月。⁽⁸⁾命奄尹,申宫令,审门闾,谨房室,必重闭,省妇事。⁽⁹⁾乃命大酋,秫稻必齐,麹糵必时,湛熺必洁,水泉必香,陶器必良,火齐必得,无有差忒。⁽¹⁰⁾天子乃命有司,祀四海大川名泽。是月也,农有不收藏积聚、牛马畜兽有放失者,取之不诘。⁽¹¹⁾山林薮泽,有能取疏食、田猎禽兽者,野虞教导之。⁽¹²⁾其有相侵夺,罪之不赦。是月也,日短至,阴阳争。〔13〕君子斋戒,处必掩身欲静。去声色,禁嗜欲,宁身体,安形性。是月也,荔挺出,芸始生,丘蚓结,麋角解。〔14〕水泉动,则伐树木,取竹箭,罢官之无事、器之无用者。涂阙庭门闾,筑囹圄,所以助天地之闭。〔15〕

【注释】

〔1〕壁:又叫东壁。北方玄武七宿之一。壁,《吕览·仲秋》作"东壁"。《礼记·月令》作"东辟"。 轸:南方朱雀七宿之一。

〔2〕黄钟:高诱注:"黄钟者,阳气聚于下,阴气盛于上,万物黄,萌于地中,故曰黄钟也。"按:并见《天文训》。

〔3〕坏:分裂,裂开。 鹖鴠:高诱注:"山鸟。"又《玉篇》:"鹖鴠,似鸡,冬无毛,昼夜常鸣,名倒悬。"即寒号鸟。 交:交配。

〔4〕铁骊:即黑马。

〔5〕玄堂太庙:北向堂中央室。

〔6〕土事:指建筑工程。 发:开掘。 室居:即室中所藏越冬之物。《吕览·仲冬》作"盖藏",指贮藏的食物。

〔7〕起:兴起。 大众:指众多的人从事的军旅、工程之事。 藏:闭藏。 有:通"又"。

〔8〕淫泆:邪恶,放纵。 畼月:即不生之月。《说文》:"畼,不生也。"马宗霍《淮南旧注参正》云:"仲冬阴盛,万物蛰藏,地气凝固。名之曰'畼月'者,当取不生之义,亦即畼之本义也。"《吕览·仲冬》、《礼记·月令》作"畅"。

〔9〕奄尹:主管宫中内务之官。 宫令:宫中各项禁令。

〔10〕大酋:主管酒的官员。 秫:黏高粱。 齐:齐备。 麴蘖:即酒母。酿酒中的发酵物。《吕览·仲冬》、《礼记·月令》作"蘖",当通"蘖"。《玉篇》:"蘖,麴也。" 湛:通"渐"。浸渍。 熺:蒸煮。《吕览·仲冬》作"饎",《礼记·月令》作"炽"。 火齐:即火候。齐,通"剂"。 忒:变更。《说文》:"忒,更也。"

〔11〕诘:责问。

〔12〕薮泽:无水叫薮,有水叫泽。 疏食:草木类的果实。 野虞:掌管山林薮泽之官。

〔13〕日短至：即冬至。《吕览·仲冬》高诱注："冬至之日，昼漏水上刻四十五，夜水上刻五十五，故曰日短至。"

〔14〕荔：马荔草，又叫马蔺。《说文》："荔，艸也。似蒲而小，根可作刷。" 挺：生出。 芸：芸香，草本植物。《说文》："芸，艸也。似目宿。《淮南子》说，芸艸可以死复生。" 结：屈结。

〔15〕阙：门阙。

【译文】

仲冬十一月，北斗斗柄招摇指向子位，黄昏时东壁处于南天正中，黎明时轸星处于南天正中。颛顼的神位在北方，它的天干是壬癸，它的代表虫是介虫，代表音是羽，律管中和它相应的是黄钟。它的代表数是六，主味是咸味，气味是朽木之气，它祭祀的是"门"神，祭祀时把肾放到前面。这时冰冻增厚，土地开始冻裂，山鸟不再鸣叫，老虎开始交配。

天子身穿黑色衣，乘坐黑色骏马，佩带黑色美玉，树起黑色旗帜，吃黍和猪肉，饮八方之风吹来的露水，用燧取火，燃烧的是松木。北宫侍女身穿黑色衣服，佩戴是黑色彩饰，打击磬石。这个月主要兵器是铩，代表畜是猪。天子在北向堂中央室使群臣朝见。命令主管部门说："不要兴建土木工程，不要发掘居室所藏越冬之物。"如果发起众多的人参加军旅、工程之事，这就是说开启了天地的闭藏，许多蛰伏的动物便要死去，百姓必定产生疾病，又随着会发生丧亡。命官府抓紧捕捉盗贼，杀死淫乱、放纵、招摇撞骗之人，所以称呼这个月叫作畼月。命令主管宫中事务之官，申严宫中禁令，审查城门巷道，小心守护天子居室，一定要重重关闭，免去与后妃交接之事。命令主管酿酒的官员，酿酒的原料秫稻必须齐备，酒母必须掌握好时间，浸渍蒸煮用具必须清洁，水质必须清冽，陶器必须精良，火候必须适当，不能有一点差错和变更。天子便命令主管官员，祭祀四海之内的大川、名泽。在这个月里，农民有不去收藏采集的、让牛马等家畜有乱跑的，取来不加责难。山林湖泽，有能够采摘果实、捕猎禽兽的，主管山林之官可以指教他们。他们中间有相互侵夺的，处罚他们不加赦免。在这个月里，白天短，夜里长，阴气、阳气互相交锋，君子整洁身心，居处必须掩藏身形，以求得安静。抛开音乐、美色，禁止贪欲奢求，宁静自己的身体，安定自己的心性。在这个月里,马荔草生长,芸香发芽,蚯蚓屈结,麋开始脱角。水泉开始流动,那么就可以砍伐树木,制取竹箭,裁减无事可做的官员,以及没有用处的器具。修饰宫阙、庭院、城门、巷道,修筑监狱,用来助成天地的闭藏。

仲冬行夏令,则其国乃旱,氛雾冥冥,雷乃发声;⁽¹⁾行秋令,则其时雨水,瓜瓠不成,国有大兵;⁽²⁾行春令,则虫螟为败,水泉咸竭,民多疾疠。⁽³⁾

【注释】
〔1〕氛雾:即雾气。
〔2〕雨水:《礼记·月令》、《吕览·仲冬》作"雨汁"。即雨雪交杂而下。
〔3〕疠:恶疾。

【译文】
仲冬时节施行夏季的政令,那么国家就会发生大旱,雾气沉沉,雷声便会出现;仲冬时节施行秋季的政令,那么就会雨雪俱下,瓜果不能成熟,国家发生大的战争;仲冬时节施行春季政令,那么虫螟会危害谷物,水源枯竭,百姓多有恶疾发生。

十一月,官都尉,其树枣。⁽¹⁾

【注释】
〔1〕都尉:掌管军事之官。

【译文】
十一月,官府重在军事作战,它的代表树是枣树。

季冬之月,招摇指丑,昏娄中,旦氐中。⁽¹⁾其位北方，其日壬癸，其虫介，其音羽，律中大吕。⁽²⁾其数六，其味咸，其臭腐，其祀井，祭先肾。雁北乡，鹊加巢，雉雊，鸡呼卵。⁽³⁾

天子衣黑衣，乘铁骊，服玄玉，建玄旗，食麦与彘，服八风水，爨松燧火。北宫御女黑色衣，黑采，击磬石。其兵铄，其畜彘，朝于玄堂右个。⁽⁴⁾命有司大傩，旁磔，出土牛。⁽⁵⁾命渔师始渔，天子亲往射渔，先荐寝庙。⁽⁶⁾令民出五种，令农计耦耕事，修耒耜，具田器。⁽⁷⁾命乐师，大合吹而罢。乃命四监，收秩薪，以供寝庙及百祀之薪燎。⁽⁸⁾是月也，日穷于次，月穷于纪，星周于天，岁将更始。⁽⁹⁾令静农民，无有所使。天子乃与公卿大夫饰国典，论时令，以待嗣岁之宜。⁽¹⁰⁾乃命太史，次诸侯之列，赋之牺牲，以供皇天上帝社稷之飨。⁽¹¹⁾乃命同姓（女）[之]国，供寝庙之刍豢；⁽¹²⁾卿士大夫至于庶民，供山林名川之祀。

【注释】

〔1〕娄：西方白虎七宿之一。　氐：东方苍龙七宿之一。

〔2〕大吕：高诱注："吕，旅也。万物萌动于黄泉，未能达见，所以旅旅去阴即阳，助其成功，故曰大吕。"按：亦见《天文训》。

〔3〕乡：通"向"。　加：王念孙《读书杂志》："加"读为"架"，谓构架之也。　雊：《说文》："雄雌鸣也。雷始动，雉鸣而雊其颈。"即野鸡叫。

〔4〕右个：东头室。

〔5〕大傩：古代驱逐疫病的一种禳祭。在腊月前一天。"旁磔"句：把杀死的犬羊陈列四方，以驱除疾疫。　土牛：土制的牛。古人于农历十二月出土牛，以送寒气。又于立春后造土牛，劝民耕种。

〔6〕射：射杀。

〔7〕五种：五种谷物，即黍、稷、菽、麦、稻。　耦：二人并肩耕

种。　耒耜：古代像犁的农具。木把叫"耒"，犁头叫"耜"。

〔8〕秩薪：规定的柴草。《尔雅·释诂上》："秩，常也。"　燎：指燎祭。焚柴祭神。

〔9〕次：宿。十二次到牵牛星停止。　纪：日、月相会。高诱注："纪，道，穷于故宿也。"　星：指二十八宿。　周：一周。

〔10〕饬：修治。通"饬"。　国典：国家法令制度。古代有六典。《礼记·月令》孔颖达疏："六典者，则治典、教典、礼典、政典、刑典、事典是也。"　嗣岁：即第二年。

〔11〕太史：周代太史掌起草文书，策命诸侯卿大夫等。　次：排列，次序。　赋：贡赋。国有大小，位有高低，故按等次贡赋。　皇天上帝：指五帝。　"乌"：《礼记·月令》、《吕览·季冬》无"乌"字。疑衍。

〔12〕"女"：《道藏》本、《四库全书》本同。刘绩《补注》本作"之"。《吕览·季冬》、《礼记·月令》同。　乌獒：牛羊叫乌，犬豕叫獒。

【译文】

季冬十二月，北斗斗柄指向丑位，黄昏时娄星正中南天，黎明时氐星正中南天。颛顼的帝位在北方，它的天干是壬癸，它的代表虫是介甲类，代表音是羽，律管中与之相对应的是大吕。它的代表数是六，主味是咸，气味是朽木之气，它祭祀的是"门"神，祭祀时把肾放到前面。这时大雁向北方飞去，喜鹊加厚巢窝，野鸡鸣叫求偶，家鸡鸣叫下蛋。

天子身穿黑色衣，乘坐黑色骏马，佩带黑色美玉，树起是黑色旗帜，吃麦类和猪肉，饮八方之风吹来的露水，用燧取火，燃烧的是柘木。北宫侍女身穿黑色衣服，佩戴黑色彩饰，打击磬石。这个月主要兵器是铩，代表畜是彘，天子在北向堂东头室朝见群臣。命令主管官员举行腊月驱逐疫鬼的仪式，四旁之门陈列杀死的犬羊，以驱除疫疾。请出土牛，劝民耕作。命令渔官开始捕鱼，天子亲自去进行射鱼活动。捕获之鱼，首先进献给祖先宗庙。命令百姓取出五种谷物，指导农民从事耕作。修理好耒耜等农具，准备好种田器具。命令乐官举行盛大的音乐活动，并就此而停止。并命令四监员，收集柴薪，用来供给祖先宗庙以及各种祭祀的照明和燃料。在这个月里，太阳在十二次运行结束，月亮也在故道运行终结，经行二十八宿一个周期，第二年将要重新开始。命令农民安静下来，不让从事劳作之事。天子和公卿大夫一起修治国家法令制度，研讨时令变化，以便制定来年适应的政令。于是命令太史排定诸侯国大小、尊卑的次序，把祭祀用的牺牲，按秩序加以贡奉，用来供给五帝和社稷之神享用。于是命令与天子同姓的诸侯国，供给祖先寝庙所需的牛羊、犬豕；卿、士、大夫和百姓，供给山林、名川祭祀用的祭品。

季冬行秋令，则白露早降，介虫为祅，四鄙入保；[1]行春令，则胎夭伤，国多固疾，命之曰逆；[2]行夏令，则水潦败国，时雪不降，冰冻消释。[3]

【注释】

〔1〕祅：《道藏》本同。《说文》："祅，地反物为祅也。"省作"祆"。刘绩《补注》本作"祆"。指地面上的反常变异现象。《礼记·月令》、《吕览·季冬》作"妖"。

〔2〕固：《道藏》本、刘绩《补注》本作"痼"。经久难治的病。逆：季冬大寒，却如春天温暖，气候大变，故称为"逆"。

〔3〕时雪：按时下降之雪。

【译文】

季冬时节施行秋季的政令，那么白露就会提早降落，甲介之虫出现反常现象，四方边鄙之民逃入城邑寻求保命；季冬时节施行春季政令，那么鸟兽胎儿将会死亡，国家多出现难以治愈的疾病，所以称这种气候叫作"逆"；季冬施行夏季的政令，那么水灾会危害国家，大雪不能按时降落，冰冻也会消融。

十二月，官狱，其树栎。[1]

【注释】

〔1〕狱：主管刑狱之官。

【译文】

十二月,官府重在审理刑狱,它的代表树是栎树。

五位:东方之极,自碣石山过朝鲜,贯大人之国,东至日出之次,榑木之地,青土树木之野,太皞、句芒之所司者,万二千里。⑴其令曰:"挺群禁,开闭阖,通穷窒,达障塞,行优游,弃怨恶,解役罪,免忧患,休罚刑,开关梁,宣出财,和外怨,抚四方,行柔惠,止刚强。"⑵

【注释】

〔1〕五位:东南中西北五方之定位。 极:尽头。 碣石山:在今河北昌黎北。山南去渤海约四五十里。 朝鲜:汉武帝设乐浪郡,以古朝鲜为中心,相当于朝鲜平安南道、平安北道及黄海北道各一部分。 贯:通。 大人之国:《山海经·大荒东经》:"东海之外,大荒之中,有山名曰大言,日月所出。有波谷山者,有大人之国。" 次:临时驻扎和住宿。 榑木:亦称扶桑。东方日出之地。 青土:为东方国名、山名、泽名。王念孙《读书杂志》引之曰:"青土"当作"青丘"。 司:管理。

〔2〕挺:宽缓。 阖:门扇。 穷:阻塞不通。 窒:室碍。 优游:悠闲自得。《本经训》高诱注:"优游,犹委从也。" 出:杨树达《淮南子证闻》:《尚书大传》"出"作"库"。 刚强:欺凌别人,不遵法度的人。

【译文】

五位是东南中西北五方定位:东方最远的地方,自碣石山经过朝鲜,通过大人之国,向东到达太阳驻扎的地方,太阳升起的榑桑之地,以及青丘树木之野,那是东方木德之帝太皞和木神句芒所管理的地方,有一万二千里。它的命令说:"放宽各项禁令,打开关闭的门扇,沟通堵塞之处,畅通关塞障碍,行动悠闲自得,抛弃怨恨和憎恶,解脱役夫和罪人,免除忧愁和祸患,停止处罚和刑法,开放关卡和桥梁,从仓库里拿出财物,缓和怨恨,安抚四方之民,实行宽缓的政策,制止欺凌他人的行为。"

南方之极，自北户孙之外，贯颛顼之国，南至委火、炎风之野，赤帝、祝融之所司者，万二千里。[1] 其令曰："爵有德，赏有功，惠贤良，救饥渴，举力农，振贫穷，惠孤寡，忧罢疾，出大禄，行大赏，起毁宗，立无后，封建侯，立贤辅。"[2]

【注释】
〔1〕"北户孙"：《尔雅·释地》、《吕览·为欲》作"北户"，《地形训》作"反户"。无"孙"字。南方国名。 颛顼之国：南方国名。 委火、炎风之野：指南方极热之地。
〔2〕罢：通"疲"。 毁：被毁灭。

【译文】
南方最远的地方，从北户国之外，通过颛顼之国，再向南到达委火炎风之野，是南方火德之帝炎帝和火神祝融所管理的地方，有一万二千里。它的命令说："封爵有道德之人，赏赐有功劳之臣，对贤良之士施予恩惠，对饥渴之人给予救济，举荐致力于农事之人，赈救贫穷之人，对孤寡无依之人给予关怀，忧虑那些疲乏患病之人，实行高的俸禄，推行大的赏赐，使被毁灭的宗族得以兴起，确立没有后代的家族，封地立诸侯，选定贤德辅佐之人。"

中央之极，自昆仑东绝两恒山，日月之所道，江、汉之所出，众民之野，五谷之所宜，龙门、河、济相贯，以息壤堙洪水之州，东至于碣石，黄帝、后土之所司者，万二千里。[1] 其令曰："平而不阿，明而不苛，包裹覆露，无不囊怀，溥汜无私，正静以和，行稃鬻，养老衰，吊死问疾，以送万物之归。"[2]

【注释】

〔1〕绝：经过。　两恒山：在今河北曲阳西北与山西接壤处。梁履绳《庄本淮南子校语》云："此两恒山，盖指山南、山北而言。"　龙门：在山西河津市西北，黄河至此，两岸峭壁对峙，形似阙门，故名。　埋：填塞。

〔2〕阿：偏袒。　苛：苛察。　覆露：沾润，荫庇。　囊：包裹。　溥氾：广大，普遍。氾，《四库全书》本作"汜"，形误。

【译文】

中央最远的地方，从昆仑向东经过恒山，这是太阳、月亮照射所经过之路，它是长江、汉水流出的地方，是众多百姓栖息之地，是五谷最适宜生长的地方，是龙门山、黄河、济水相贯通之地，是大禹用息壤平息洪水而形成的九州，向东到达碣石山，是中央土德之帝和土神后土所管理的地方，有一万二千里。它的命令说："公正而不迎合，明察而不苛刻，包容、沾润万物，没有不含怀在自己心中。博大无私，平静温和，施舍饮食，抚养衰老之人，哀悼死者，慰问病患之人，而送万物回归本宅。"

西方之极，自昆仑绝流沙、沈羽，西至三危之国，石城金室，饮气之民，不死之野，少皓、蓐收之所司者，万二千里。⁽¹⁾其令曰："审用法，诛必辜，备盗贼，禁奸邪，饬群牧，谨著聚，修城郭，补决窦，塞蹊径，遏沟渎，止流水，雍溪谷，守门闾，陈兵甲，选百官，诛不法。"⁽²⁾

【注释】

〔1〕流沙：指西部沙漠地区。　沈羽：即弱水。　饮气：食气，不食五谷。

〔2〕牧：牧民之官。　著：通"贮"，贮藏。　遏：阻拦。　雍：通"壅"，堵塞。

【译文】

西方极远之处,从昆仑山经过流沙、弱水,向西到达三危之国,那里有石城金室,是吸食气体、长生不老的地方,是西方金帝少皞和金神蓐收所管理的地方,有一万二千里。它的命令说:"审慎地使用法律,诛杀犯罪之人,防备盗贼发生,禁止奸邪之人,整治诸多管理民政的官员,谨慎贮藏积聚财物,修筑城郭,填补缺口漏洞,堵塞蹊径小道,遏止沟渎水患,止息泛滥之水,控制住溪谷水流,守护城门里巷,陈列兵器装备,挑选官员,诛死不法之人。"

北方之极,自九泽穷夏晦之极,北至令正之谷,有冻寒积冰,雪雹霜霰、漂润群水之野,颛顼玄冥之所司者,万二千里。⁽¹⁾ 其令曰:"申群禁,固闭藏,修障塞,缮关梁,禁外徙,断罚刑,杀当罪;闭关闾,大搜客,止交游,禁夜乐,蚤闭晏开,以索奸人,已德,执之必固;⁽²⁾ 天节已几,刑杀无赦,虽有盛尊之亲,断以法度;⁽³⁾ 毋行水,毋发藏,毋释罪。"

【注释】

〔1〕九泽:北方之泽名。 夏晦:即大暝之地。《吕览·求人》作"夏海"。 "令正之谷":《道藏》本、刘绩《补注》本、《四库全书》本同。高诱注:"丁令,北海胡地。"当作"令止"。《地形训》作"令疵"。《国语·齐语》作"令支"。在今河北滦县、迁安间。

〔2〕关:王念孙《读书杂志》:"关"当为"门"。《天文》"闭门闾,大搜客"。 德:通"得"。

〔3〕天节:一年的节令。 几:终。

【译文】

北方极远的地方,从九泽到大暝之地,向北到达令正之国,是严寒冰封,雪霜冰雹聚集,流淌滋润诸水之地,是北方水德之帝颛顼和水神玄冥所管理的地方,有一万二千里。它的命令说:"申严各项禁令，加固闭藏财物，修筑障阻险塞，整治关卡桥梁，禁止向外迁徙，判决受刑罚之人，处决判死罪之人；封闭城门里巷，大肆搜捕奸人，停止交游往来，禁止夜间行乐，早闭晚开城门，用来搜索坏人，坏人一经抓获，必须牢牢拘管；一年的节令已尽，判刑杀戮不加赦免，即使有极为尊崇的亲缘关系，也必须按照法律来判决。不要使水流动，不要发掘贮藏之物，不要释放有罪之人。"

六合：孟春与孟秋为合，仲春与仲秋为合，季春与季秋为合，孟夏与孟冬为合，仲夏与仲冬为合，季夏与季冬为合。〔1〕

【注释】

〔1〕六合：指一年十二个月中，季节相对应的变化。《尔雅·释诂上》："合，对也。"

【译文】

六合是十二个月季节相应变化。孟春和孟秋是相对应的，仲春和仲秋是相合的，季春和季秋是相对应的，孟夏和孟冬是相对应的，仲夏和仲冬是相对应的，季夏与季冬是相对应的。

孟春始羸，孟秋始缩；〔1〕仲春始出，仲秋始内；〔2〕季春大出，季秋大内；孟夏始缓，孟冬始急；〔3〕仲夏至修，仲冬至短；〔4〕季夏德毕，季冬刑毕。〔5〕

故正月失政，七月凉风不至；二月失政，八月雷不藏；三月失政，九月不下霜；四月失政，十月不冻；五月失政，十一月蛰虫冬出其乡；六月失政，十二月草木不脱；〔6〕七月失政，正月大寒不解；〔7〕八月失政，二月雷不发；〔8〕九月失政，三月春风不济；〔9〕十月失政，四月草

木不实;十一月失政,五月下雹霜;十二月失政,六月五谷疾狂。⁽¹⁰⁾

春行夏令,泄;⁽¹¹⁾行秋令,水;行冬令,肃。夏行春令,风;行秋令,芜;⁽¹²⁾行冬令,格。⁽¹³⁾秋行夏令,华;行春令,荣;行冬令,耗。⁽¹⁴⁾冬行春令,泄;行夏令,旱;行秋令,雾。

【注释】

〔1〕赢:增长。 缩:减缩。
〔2〕出:高诱注:"二月播种。" 内:高诱注:"八月收敛。"
〔3〕缓:高诱注:"四月阳安。" 急:高诱注:"十月寒肃。"
〔4〕至修:指夏至时白天最长,夜里最短。 至短:指冬至时白天最短,夜里最长。
〔5〕德毕:指阳气施予德泽结束。 刑毕:指季冬的肃杀之气已经结束。
〔6〕不脱:指不凋落。
〔7〕不解:指不能解冻。
〔8〕不发:指不能发声。
〔9〕济:止。
〔10〕疾狂:指"不华而实"。
〔11〕泄:高诱注:"象盛阳发泄也。"
〔12〕芜:高诱注:"象秋气芜秽生。"
〔13〕格:王念孙《读书杂志》引之曰:"格",读为"落",谓夏行冬令,则草木零落也。
〔14〕耗:零落。

【译文】

孟春时万物开始蓬勃生长,孟秋时万物开始凋落枯亡;仲春是播种季节,仲秋是收获季节;季春是春耕大忙季节,季秋是全面收获之时;孟夏太阳热照开始减弱,孟冬时节充满肃杀之气;仲夏时节白天日照逐渐增多,仲冬时节日照逐渐减少;季夏之时阳气施予万物已经结束,季冬时肃杀之气也将要收敛。

所以正月政令失当，七月凉风不会来到；二月政令失当，八月雷声仍然轰鸣；三月政令失当，九月份天不下霜；四月份政令失当，十月份水泉不冻；五月政令失当，十一月份冬眠动物在所伏之地出现；六月份政令失当，十二月份草木不凋落；七月政令失当，正月大寒时节东风不能解冻；八月政令失当，二月份雷不能发声；九月份政令失当，三月里春风不能停止；十月份政令失当，四月份草木不结实；十月份政令失当，五月份下起冰雹、寒霜；十二月份政令失当，六月份五谷不开花而结实。

春季施行夏季节令，春气布散发泄；施行秋季节令，会发生水患；施行冬季节令，天地之间充满肃杀之气。夏季施行春季节令，会刮大风；施行秋季节令，田野荒芜；施行冬季节令，草木零落。秋季施行夏季节令，万物茂盛；施行春季节令，万物重新开花；施行冬季节令，万物凋落。冬季施行春季节令，冬气泄散；施行夏季节令，发生旱灾；施行秋季节令，发生大雾。

制度：阴阳大制有六度。[1] 天为绳，地为准，春为规，夏为衡，秋为矩，冬为权。

【注释】

〔1〕制度：法令礼俗等的总称。 阴阳：古人把阴阳变化作为解释万物变化的根据。 大制：大的法规。 六度：即规、矩、权、衡、准、绳。

【译文】

法规制度：根据阴阳的变化，大的常规有六个方面：天道的变化作为直线，地道的变化作为平线，春天作为圆规，夏天作为秤，秋天作为矩，冬天作为秤锤。

绳者，所以绳万物也；准者，所以准万物也；规者，所以员万物也；衡者，所以平万物也；矩者，所以方万物也；权者，所以权万物也。

【译文】

绳墨，是用来使万物正直的；水准，是用来使万物平正的；圆规，是用来使万物圆备的；秤杆，是用来使万物平衡的；矩尺，是用来使万物方正的；秤锤，是用来衡量万物的。

绳之为度也，直而不争，修而不穷；⁽¹⁾久而不弊，远而不忘；⁽²⁾与天合德，与神合明；所欲则得，所恶则亡；自古及今，不可移匡；⁽³⁾厥德孔密，广大以容，是故上帝以为物宗。⁽⁴⁾

【注释】

〔1〕争：弯曲。俞樾《诸子平议》：争，读为"绠"。《仪礼·士丧礼》郑注曰："绠，曲也。"

〔2〕弊：破败。

〔3〕移匡：于省吾《淮南子新证》：《周礼·考工记·轮人》郑司农注："匡，枉也。"不可移枉，言不可移动枉曲，存其本真也。

〔4〕孔：很，甚。 密：平静。《广韵》"质"韵："密，静也。" 宗：根本。

【译文】

绳墨作为法度，平直而不弯曲，修长而无尽头；长久而不破败，遥远而不被遗忘；和大自然的德泽相融合，和神灵的明察相一致；它所想的就能够达到，它所厌恶的就会灭亡；从古到今，不能够转移枉曲；它的德泽是很平静的，包容广大而能容纳万物，因此天帝把它们作为使万物正直的根本。

准之为度也，平而不险，均而不阿；广大以容，宽裕以和；柔而不刚，锐而不挫；⁽¹⁾流而不滞，易而不秽；⁽²⁾发通而有纪，周密而不泄；⁽³⁾准平而不失，万物皆平；民无险谋，怨恶不生，是故上帝以为物平。

【注释】

〔1〕锐:尖利。
〔2〕流:流行。　滞:停止。　秒:通"刵",伤。
〔3〕发通:散发,贯通。　纪:法度,准则。　泄:布散。

【译文】

水准作为法则,平正而不起伏,均等而无偏袒;包括广大而含怀万物,宽宏而平和;柔顺而不刚强,尖利而不会折断;畅流而不会停滞,简易而不会损伤;发散贯通而有条理,周详细密而不泄散;准器平正而不失误,万物都处于平和状态;百姓没有险恶的阴谋,怨恨、憎恶也不会发生,因此上帝把它作为平正万物的准则。

规之为度也,转而不复,员而不垸;^{〔1〕}优而不纵,广大以宽;^{〔2〕}感动有理,发通有纪;优优简简,百怨不起;^{〔3〕}规度不失,生气乃理。^{〔4〕}

【注释】

〔1〕复:有遏止义。　垸:转动。朱骏声《说文通训定声》:"垸,或曰借为旋。"
〔2〕优:优游。
〔3〕优优简简:高诱注:"宽舒之貌。"
〔4〕生气:生长发育之气,也指活力、生命力。　理:通达。

【译文】

圆规作为法度,旋转而不能阻止,浑圆却不可以转动;优游而不放纵,包容广大而宽容;感奋而有条理,发散贯通而有准则;宽松舒缓,各种怨恨不会产生;规的法度不失去,万物生气才能通达。

衡之为度也,缓而不后,平而不怨;施而不德,吊而不责;^{〔1〕}常平民禄,以继不足;^{〔2〕}教教阳阳,唯德是行；[3] 养长化育，万物蕃昌；以成五谷，以实封疆；[4] 其政不失，天地乃明。

【注释】
〔1〕吊：恤问。《左传·襄公十四年》杜预注："吊，恤也。" 责：责难。
〔2〕禄：指收入。
〔3〕教教阳阳：万物旺盛的样子。
〔4〕实：充满。 封疆：聚土为界。这里指国家。

【译文】
秤杆作为准则，缓慢而不落后，平静而不怨恨；施予而不求恩德，恤问而不加责难；恰当平衡百姓收入，用来接济不足之人；万物旺盛丰茂，而只施行德泽；生长养育万物，使之繁衍昌盛；使五谷成熟，使国家粮食丰足；它的政令不失去，天地之理才能显明。

矩之为度也，肃而不悖，刚而不愦；[1] 取而无怨，内而无害；威厉而不慑，令行而不废；杀伐既得，仇敌乃克；矩正不失，百诛乃服。[2]

【注释】
〔1〕悖：背离。 愦：通"刿"。《广雅·释诂二》："刿，利也。"《广韵》："祭"韵："刿，割也。"有割伤义。
〔2〕百诛：指许多应该讨伐的国家。

【译文】
矩尺作为法度，庄重而不会有谬误，刚强而不致割伤；向它索取而没有怨言，接纳它而没有危害；威严而不使人害怕，政令推行而不会被废止；杀戮征伐能获得成功，仇敌能被消灭；矩尺方正而不失去，许多应该诛杀的国家才能归附。

（僱）[权]之为度也，急而不赢，杀而不割；充满以实，周密而不泄；败物而弗取，罪杀而不赦；诚信以必，坚悫以固；[1]粪除苛慝，不可以曲。[2]故冬正将行，必弱以强；必柔以刚，权正而不失，万物乃藏。

【注释】

〔1〕僱：《道藏》本作"权"，当正。坚悫：坚定，诚实。《荀子·非十二子》杨倞注："悫，谨敬。"

〔2〕粪除：扫除。　苛慝：暴虐，邪恶。

【译文】

秤锤作为法度，急切而不增多，杀死而不割取；充满而丰实，周密而不泄散；使万物失败而不索取，判罪杀戮而不赦免；诚实信用而一致，坚定实在而稳固；扫除暴虐邪恶，不能被外物所屈服。所以冬季政令得以施行，必然由弱小变成强大，由柔弱而成为刚强。权公正而不失去，万物才能够保藏。

明堂之制，静而法准，动而法绳。[1]春治以规，秋治以矩，冬治以权，夏治以衡。是故燥湿寒暑以节至，甘雨膏露以时降。[2]

【注释】

〔1〕明堂之制：古代天子听政施教皆在明堂，随四时而别，故曰明堂之制。

〔2〕膏露：即甘露。《礼记·礼运》："天降膏露。"

【译文】

明堂的制度，平静时以准为法度，行动时以绳为准则。春天用规来治理，秋季用矩来治理，冬季以权来治理，夏季以衡来治理。因此干燥、湿润、严寒、酷暑，按照节令而到来，及时雨和肥美的露水，按照时节而降落。

十二月令简表

	孟春	仲春	季春	孟夏	仲夏	季夏
政事	省徭役	同度量	开府库	选贤良	关市无索	毋兴兵
农事	禁伐木	蓄水	修堤防	劝农事	执腾驹	杀草粪田
主要节气	立春	春分		立夏	夏至	
十二树	杨	杏	李	桃	榆	梓
十二官	司空	仓	乡	田	相	少内
五兵	矛	矛	矛	戟	戟	剑
五朝	青阳左个	太庙	右个	明堂左个	太庙	中宫
四迎	东郊			南郊		
五畜	羊	羊	羊	鸡	鸡	牛
五谷	麦	麦	麦	菽	菽	稷
五乐	琴瑟	琴瑟	琴瑟	竽笙	竽笙	
五色	青	青	青	赤	赤	黄
物候	候雁北	桃李华	虹始见	蝼蝈鸣	螳螂生	蟋蟀居奥
五脏	脾	脾	脾	肺	肺	心
五祀	户	户	户	灶	灶	中霤
五臭	膻	膻	膻	焦	焦	香
五味	酸	酸	酸	苦	苦	甘
五数	八	八	八	七	七	五
十二律	太蔟	夹钟	姑洗	仲吕	蕤宾	林钟
五音	角	角	角	徵	徵	宫
五虫	鳞	鳞	鳞	羽	羽	嬴
天干	甲乙	甲乙	甲乙	丙丁	丙丁	戊己
五方	东	东	东	南	南	中
五行	木	木	木	火	火	土
五神	太皞	太皞	太皞	炎帝	炎帝	黄帝
二十八宿	参尾	弧建星	七星牵牛	翼婺女	亢危	心奎
十二支	寅	卯	辰	巳	午	未
斗柄	招摇					
十二月	孟春	仲春	季春	孟夏	仲夏	季夏

（续表）

	孟秋	仲秋	季秋	孟冬	仲冬	季冬
政事	练兵	同度量	习五戎	杀当罪	造酒	饰国典
农事	农升谷	种宿麦	伐薪	农夫休息	取疏食	始渔
主要节气	立秋	秋分		立冬	冬至	
十二树	楝	柘	槐	檀	枣	楝
十二官	库	尉	候	司马	都尉	狱
五兵	戈	戈	戈	铩	铩	铩
五朝	总章左个	大庙	右个	玄堂左个	大庙	右个
四迎	西郊			北郊		
五畜	狗	狗	狗	彘	彘	彘
五谷	麻	麻	麻	黍	黍	黍
五乐	钟	钟	钟	磬	磬	磬
五色	白	白	白	黑	黑	黑
物候	寒蝉鸣	候雁来	菊有黄华	水始冰	冰益壮	雁北向
五脏	肝	肝	肝	肾	肾	肾
五祀	门	门	门	井	井	井
五臭	腥	腥	腥	腐	腐	腐
五味	辛	辛	辛	咸	咸	咸
五数	九	九	九	六	六	六
十二律	夷则	南吕	无射	应钟	黄钟	大吕
五音	商	商	商	羽	羽	羽
五虫	毛	毛	毛	介	介	介
天干	庚辛	庚辛	庚辛	壬癸	壬癸	壬癸
五方	西	西	西	北	北	北
五行	金	金	金	水	水	水
五神	少昊	少昊	少昊	颛顼	颛顼	颛顼
二十八宿	斗毕	牵牛觜嶲	虚柳	危心七星	壁轸	娄氏
十二支	申	酉	戌	亥	子	丑
斗柄		招			摇	
十二月	孟秋	仲秋	季秋	孟冬	仲冬	季冬

第六卷 览冥训

【题解】

"览冥"的含义,就是"览观幽冥变化之端"。它所探究的是自然界和人类以及万事万物之间的关系。

"物类之相应","同气之应,阴阳之合",揭示了万物之间互相影响而又相互制约的一些关系。如阳燧取火、磁石引铁、葵之向日等,有的至今也不得其解。自然规律对人类的影响也是巨大的。"夫道者,无私就也,无私去也"。"顺之则利,逆之则凶"。黄帝、女娲功烈被后世,而不居功。"以从天地之固然"。夏桀暴政和七国纷争,背离天道,而导致失败。自然界和人类的关系确实是千丝万缕的。对许多无法解释的现象,便用"至精感天,通达无极"来诠释,如"庶女叫天","抂戈反日"等,当然是不科学的。只有"行自然无为之道",即按自然规律办事,"使万物各复归其根","全性保真","至虚无纯一",才能促进人类社会的安定和发展。

陶方琦《淮南许注异同诂》:(此)"高注本也。"

昔者师旷奏《白雪》之音,而神物为之下降,风雨暴至,平公癃病,晋国赤地;[1]庶女叫天,雷电下击,景公台陨,支体伤折,海水大出。[2]夫瞽师、庶女,位贱尚菜,权轻飞羽,然而专精厉意,委务积神,上通九天,激厉至精。[3]由此观之,上天之诛也,虽在旷虚幽间,辽远隐匿,重袭石室,界障险阻,其无所逃之亦明矣。[4]

【注释】

〔1〕师旷：春秋后期晋国著名宫廷乐师。《白雪》：高诱注："太乙五十弦，琴瑟乐名也。"按：张华《博物志》："《白雪》者，太帝使素女鼓五十弦琴曲名也。" 神物：神化之物。如玄鹤之类。 平公：名彪，春秋晋君，在位26年。 癃病：一种手脚麻痹的病。癃，《道藏》本同。刘绩《补注》本作"癯"。《说文》："癃，罢病也。" 赤地：指严重的虫、旱灾害，寸草不生。以上记载本于《韩非子·十过》，亦见于《史记·乐书》、《论衡·纪妖》等。

〔2〕"庶女叫天"几句：高诱注："齐之寡妇，无子，不嫁，事姑谨敬。姑无男有女，女利母财，令母嫁妇，妇终不肯。女杀母以诬寡妇。妇不能自明冤结，叫天，天为作雷电，下击景公之台。陨，坏也。毁景公之支体，海水为之大溢出也。" 景公：指齐景公。春秋齐君，在位58年。

〔3〕瞽师：古代以瞽者为乐师。瞽，瞎眼。 "位贱尚枲"二句：高诱注："尚，主也。枲者，枲耳，菜名也。幽冀谓之檀菜，雒下谓之胡枲。主是官者，至微贱也。瞽师、庶女之位，复贱于主枲之官，故曰'权轻飞羽'也。"按：王念孙《读书杂志》引之曰：尚枲，盖即《周官》"典枲下士二人"者。言典枲本贱官，瞽师、庶女则又贱于典枲。枲谓麻枲。非谓枲耳也。 专精：集中精力，专心一致。 厉意：磨砺意念。 委务：舍弃外求。 积神：积聚精神。 激厉：激发勉励。厉，通"励"。 至精：最高的精诚。《吕览·君守》："至精无象，而万物以化。"

〔4〕诛：惩罚。 圹虚：指墓穴。《广韵》"宕"韵："圹，墓穴也。" 辽远：遥远。 袭：重叠。 界：障塞。《后汉书·马融传》李贤注："界，犹限也。"

【译文】

从前晋国乐师师旷奏起了高雅的《白雪》之音，天上的玄鹤因此而降落，狂风暴雨突然来临，晋平公得了全身麻痹症，晋国三年间寸草不生。齐国可怜的寡妇，含冤向天帝呼告，雷电交加，击毁齐景公的楼台，景公身体伤残骨折，海水冲上大陆。瞎眼的乐师，卑贱的民女，地位比低贱的尚枲还贱，权力比飞动的羽毛还轻，虽然如此，但是却能集中精力，坚定信念，抛弃外物，全神贯注，向上可以通达九天，激励最高的精灵。从这里可以看出，上帝实行的惩罚，即使在深深的墓穴幽冥之处，遥远的隐蔽之地，层层的石室之内，重重的障塞险阻之外，也无法逃脱惩罚，这是显而易见的。

武王伐纣,渡于孟津。〔1〕阳侯之波,逆流而击,疾风晦冥,人马不相见。〔2〕于是武王左操黄钺,右秉白旄,瞋目而㧑之曰:"余任天下,谁敢害吾意者!"〔3〕于是风济而波罢。〔4〕

鲁阳公与韩构难,战酣日暮,援戈而㧑之,日为之反三舍。〔5〕

夫全性保真,不亏其身,遭急迫难,精通于天。〔6〕若迺未始出其宗者,何为而不成?〔7〕夫死生同域,不可胁凌,勇武一人,为三军雄。〔8〕彼直求名耳,而能自要者尚犹若此,又况夫宫天地、怀万物而友造化,含至和,直偶于人形,观九钻一,知之所不知,而心未尝死者乎?〔9〕

【注释】

〔1〕武王:周武王,姬姓,名发,周朝建立者。 纣:商朝末代帝王,以残暴著称。 孟津:古黄河津渡名,在今河南孟州西南、孟津东北。《尚书·禹贡》作"盟津"。盟,通"孟"。

〔2〕阳侯之波:波浪之神。高诱注:"阳侯,阳陵国侯也。其国近水,溺死于水,其神能为大波,有所伤害,因谓之阳侯之波。" 逆:迎。《说文》:"逆,迎也。关东曰逆,关西曰迎。" 击:冲击。 疾风:狂风、暴风。 晦冥:昏暗。

〔3〕黄钺:以黄金为饰的斧。古代为帝王专用,或特赐给主征战的重臣。 秉:执掌。 白旄:古代军旗的一种。以旄牛尾置竿首,用以指挥全军。 瞋目:瞪大眼睛。 㧑:挥。 任:《道藏》本、刘绩《补注》本同。有担负义。王念孙《读书杂志》:"任"当为"在"。《论衡·感虚篇》作"在"。按:彼文作:"余在,天下谁敢害吾意者!" 害:妨碍。

〔4〕济:停止。

〔5〕鲁阳公:楚平王之孙,司马子期之子。鲁阳,战国楚地。治所在今河南鲁山县。公,县的最高长官。 韩:战国时期的韩国。 构难:指交战。 战酣:指双方交战激烈之时。 援:举。 反:返回。 舍:即宿。太阳在二十八宿中经过休息的地方。以上记载,亦见《论衡·感虚

篇》等。

〔6〕全性：保存本性。　保真：保全天真。《氾论训》："全性保真，杨子之所立也。"　亏：使亏缺。　"精通于天"句：精诚与上天相通。

〔7〕若迺：如果说到。《列子·天瑞篇》殷敬顺释文："迺，古乃字。"　宗：根本。

〔8〕同域：同一个境地。　胁凌：胁迫欺凌。　武：高诱注："士也。江淮间谓士曰武。"

〔9〕直：只。　要：通"徼"，求取。　宫：以天地为宫室。《道藏》本、刘绩《补注》本同。《文子·精诚篇》、《庄子·德充符》作"官"。　怀：囊括。　造化：指天地阴阳变化。　至和：最高的和气。　直：特。　偶：通"寓"。高诱注："外直偶与人同形，而内有以大道也。"　"观九钻一"句：高诱注："九，谓九天。一，龟也。观九天之变，钻龟占兆。所不知事亦云然也。"按：此为《洛书》"戴九履一"语之用。九，离卦。一，坎卦。钻，有推究义。　"而心未尝"句：高诱注："谓心生与道同者也。"按：以上化自《庄子·德充符》。

【译文】

周武王讨伐商纣王，在孟津渡黄河。这时波浪之神，迎着水流而发起冲击，狂风肆起，天地一片昏暗，人、马之间都不能看清。在这个时候，周武王左手举着黄钺，右手挥着白旄，瞪大眼睛向水怪挥道："我担当起天下的重任，哪个胆敢阻挡我的意志！"这时候狂风停下来，而波涛也平息了。

楚国鲁阳公和韩国交战，双方战斗正激烈之时，太阳快要落山了，鲁阳公举起戈挥向太阳，太阳为他返回了三舍。

保全天性和本真，不使身体受到亏损的人，遇到急切危难的事情，精诚尚还可以和上天相通。至于说到性情没有离开"道"的根本的人，做什么事情不能够成功呢？那种把死生放在同一个境地，是不能够被胁迫欺凌的，就像勇士一样，一个人可以称雄于千军万马之中。这些人只是为了求取名声罢了。既然这些以立功名来为自己求取的人，尚能够这样，又何况那些以天地为宫室，囊怀万物，和阴阳变化做朋友，含怀最高的和气，只是把人形当作暂时的寄寓，能够观察九天变化，钻龟占卜，知道那些所不知道的事情，而心性与"道"同在的人呢？

昔雍门子以哭见于孟尝君，已而陈辞通意，抚心发声，孟尝君为之增欷歍唈，流涕狼戾不可止。⁽¹⁾精神形于内，而外谕哀于人心，此不传之道。⁽²⁾使俗人不得其君形者而效其容，必为人笑。⁽³⁾故蒲且子之连鸟于百仞之上，而詹何之骛鱼于大渊之中，此皆得清尽之道，太浩之和也。⁽⁴⁾

【注释】
　　〔1〕雍门子：战国琴师，名周，居于齐国的雍门，因以为号。亦载于《说苑·善说》、《新论·琴道》等。　哭：高诱注："犹歌也。"按：指因悲伤、激动而流泪、发声。　见：高诱注："犹感。"　孟尝君：齐相田文，战国四君子之一。袭父爵，封于薛（今山东滕州）。称薛公，号孟尝君，《史记》有传。　已而：过后。　陈辞：陈述言词。有陈说利害之义。　通意：表达心意。　抚：按，摸。　增：添加。　欷：抽泣声。　歍唈：因悲哀或愤懑而气结、抽噎。　狼戾：散乱。
　　〔2〕"精神"：《文子·精诚篇》作"精诚"。高诱注亦作"精诚"。谕：表明。　不传之道：即不可言传的道理。高诱注："言能以精诚哀悲感伤人心，不可学而得之，故曰不传之道也。"
　　〔3〕君形者：即至精主宰形体。本书凡三见。《荀子·解蔽》："心者，形之君也，而神明之主也。"高诱注："君形者，言至精为形也。"
　　〔4〕蒲且子：楚人，善于弋射。《汉志·兵书略》"兵技巧"有《蒲苴子弋法》四篇。　连：获得。　仞：高诱注："七尺曰仞也。"按：《说文》："八尺曰仞。"　詹何：战国楚人，对杨朱学说有所发挥。　骛：奔驰。骛鱼，使鱼奔向鱼饵。　"清尽"：《道藏》本、刘绩《补注》本作"净"。指心地洁净，不受外物干扰。尽，《说文》："器中空也。"有空虚义。亦通。　太浩之和：指精深微妙的道理。以上并见《列子·汤问篇》。

【译文】
　　从前齐国歌手雍门子用歌声来感动孟尝君，过后又陈说哀怨的言词，表达凄切的心意，抚摸自己的胸部，发出悲怆之声，孟尝君对他发自肺腑的声音，不禁呜咽抽泣，泪流满面而不能停止。精诚在内心形成，而通过歌声、言词向人们表明他的哀怨，以此来感化别人，这不只是通过口耳相传就能得到的。假使那些平庸的艺伎，不懂得内心真实感情的主宰作用，而专门模仿他的表演形式，必定会被别人取笑。因此蒲且子可以在百仞高空捕得飞鸟，而詹何可以在大渊之中使鱼游向鱼饵，这些人都是得到了清净之道，掌握了精深微妙的道理。

夫物类之相应，玄妙深微，知不能论，辩不能解。⁽¹⁾故东风至而酒湛溢，蚕咡丝而商弦绝，或感之也。⁽²⁾画随灰而月运阙，鲸鱼死而彗星出，或动之也。⁽³⁾故圣人在位，怀道而不言，泽及万民。⁽⁴⁾君臣乖心，则背谲见于天，神气相应征矣。⁽⁵⁾故山云草莽，水云鱼鳞，旱云烟火，涔云波水，各像其形类，所以感之。⁽⁶⁾

【注释】

〔1〕"夫物类"句：指万物种类之间可以互相感应。《吕览·应同》："类固相召，气同则合，声比则应。" 知：通"智"，聪明的人。

〔2〕"东风至"句：即春暖气温升高而酒膨胀。《春秋繁露·同类相动》："东风而酒湛溢。" 咡：吐。《广韵》"之"韵："咡，口吻。"或作"珥"。见《文天训》。 商弦绝：高诱注："新丝出，故丝（弦）[脆]，商于五音最细而急，故绝也。"

〔3〕"画随灰"句：高诱注："运者，军也。将有军事相围守，则月运出也。以芦草灰随牖下月光中令圜画，缺其一面，则月运亦阙于上也。" 按：月运，即月晕。环绕月亮周围的光环。《说文》："晕，日月气也。" 鲸鱼、彗星：见《天文训》。

〔4〕怀道：高诱注："圣人行自然无为之道。"

〔5〕乖：背离。 背谲：高诱注："日旁五色气，在两边，外出为背，外向为谲。"按：大约与日珥相似，日珥即日晕。 征：预兆，迹象。

〔6〕山云：山中气升起为云。 草莽：丛生的杂草。泛指荒野。 水云：水中升起的云气。 旱云：旱天酷热的云气。 涔云：连阴雨天的云气。以上数句见《吕览·应同》。

【译文】

万物不同类别之间可以互相感应,非常玄妙而精微,聪明的人不能够说清楚,雄辩家不能解开奥秘。因此东风吹来而美酒就能涨出,蚕吐丝时商弦就容易断绝,有其互相感应的原因。用芦灰画圆缺的一面,放在月光下,月晕也有所缺失;鲸鱼死于岸边,而彗星就会出现,或许有其互相感动的原因。因此圣人在位执政,实行自然无为之道,而不必讲话,恩泽就可以施及万民。君臣之间互相背离,那么在太阳两旁就会出现背谲等灾变现象,神灵之气的征兆就会应验。所以山中生出的云气像草莽,水中升起的云气像鱼鳞,旱天酷热的云气像烟火,连阴雨天的云气像水波,各种不同环境和气候中产生的云气,都与它们的形类相像,这是互相感应形成的。

夫阳燧取火于日,方诸取露于月,天地之间,巧历不能举其数。[1] 手征忽怳,不能览其光。[2] 然以掌握之中,引类于太极之上,而水火可立致者,阴阳同气相动也。[3] 此傅说之所以骑辰、尾也。[4]

【注释】

〔1〕巧:灵巧。 历:历术。
〔2〕征:求取。 忽怳:微小的样子。 览:通"揽",持取。
〔3〕掌握:在手掌之中。 引类:招引同类。 太极之上:指九天之上。"而水火"句:指"取露于月","取火于日"。为汽化、聚焦原理的运用。
〔4〕傅说:商王武丁时期的贤相,原是傅岩从事筑版的奴隶,死托为辰尾星。事见《庄子·大宗师》、《尚书·说命》,亦载于《史记·殷本纪》等。 辰、尾:指房星和尾星。

【译文】

阳燧可以对着太阳取火,方诸可以向着月亮取水,天地之间,物类相感众多,巧妙的历术也不能全部举出它们的数目。用手能够求取微小的事物,但是不能得到日、月的光辉。然而用放于手掌之中的阳燧、方诸,在九天之上招引太阳、月亮的光辉,水、火便可以立即得到,这是阴阳物类之间同"气"互相感应造成的。这就是傅说死后骑着辰星、尾星的原因。

故至阴飋飋,至阳赫赫,两者交接成和而万物生焉。⑴ 众雄而无雌,又何化之所能造乎?所谓不言之辩,不道之道也。故召远者使无为焉,亲近者使无事焉,惟夜行者为能有之。⑵ 故却走马以粪,而车轨不接于远方之外,是谓坐驰陆沈,昼冥宵明,以冬铄胶,以夏造冰。⑶

【注释】

〔1〕至阴:极阴。指冬至。 飋飋:寒气逼人的样子。 至阳:极阳。指夏至。 赫赫:火热的样子。 和:和谐。以上见于《庄子·田子方》。

〔2〕远者:指四夷之人。 无为:指顺应自然和社会规律。 近者:指诸夏之人。 夜行者:指阴行其德,人莫与之争。高诱注:"夜行,喻阴行也。阴行神化,故能有天下也。"以上三句见《管子·形势解》。

〔3〕却:使退下。 走马:善跑的马。指战马。 粪:田粪。此句见《老子》四十六章。 坐驰:身子不动而心驰骛于外。"坐驰"见《庄子·人间世》。 陆沈:沉于陆,比喻隐遁。"陆沈"见《庄子·则阳》。郭象注:"陆沈,人中隐者,譬无水而沈也。" 铄:熔化金属。

【译文】

所以冬至时寒气逼人,夏至时炎热难当,阴阳二气互相交接而融合在一起,便产生了天地万物。都是雄性而没有雌性,又能形成什么样的变化呢?这就是所说的不用说话的辩论,不用称说的道理。所以招抚远方的四夷之人,应采取"无为"的原则;亲附中原的诸夏之人,应当采取"无事"的办法。只有阴行自然之德,天下才能归附。(就像老子所说,天下有道没有战争),卸下战马来送田粪,兵车的轮子就不会达到远方之地。这就如同所说的,坐着推行自然之道,比奔驰的传车还快,随着自然沉浮、幽明,便能与"道"相合,就是在冬天熬胶,夏天造冰,也会成功。

夫道者，无私就也，无私去也；⑴能者有馀，拙者不足；顺之者利，逆之者凶。譬如隋侯之珠，和氏之璧，得之者富，失之者贫。⑵得失之度，深微窈冥，难以知论，不可以辩说也。⑶何以知其然？今夫地黄主属骨，而甘草主生肉之药也。⑷以其属骨，责其生肉；以其生肉，论其属骨，是犹王孙绰之欲倍偏枯之药，而欲以生殊死之人，亦可谓失论矣。⑸若夫以火能焦木也，因使销金，则道行矣。若以磁石之能连铁也，而求其引瓦，则难矣。⑹物固不可以轻重论也。

【注释】
〔1〕"夫"：《道藏》本同，刘绩《补注》本作"天"。高诱注、《文子·精诚篇》亦作"天"。　就：靠近。　去：离开。
〔2〕隋侯之珠：春秋时隋国国君曾救活一条受伤的大蛇，后来大蛇从江中衔来一颗明珠报答他。隋，在今湖北随州市。本书凡四见。　和氏之璧：春秋楚人卞和在山中得一玉璞，献给楚厉王、武王，被认为是石头，而被砍断左、右腿。楚文王时，卞和抱玉璞哭于荆山之下，文王派人治理，果得美玉。见《韩非子·和氏》。
〔3〕度：尺度。　窈冥：深远，奥妙。
〔4〕地黄：药用植物，分鲜生地、生地、熟地多种。《政和本草》："主折跌筋伤中，填骨髓，长肌肉。"　甘草：药草名。性平和，味甘，能和百药。
〔5〕王孙绰：鲁人，通医术。一说为周、卫人。　偏枯：即半身不遂。此条化自《吕览·别类》。
〔6〕磁石：矿物名，俗名吸铁石。《管子·地数》："上有慈石者，下有铜金。"

【译文】
天道，不会私自靠近谁，也不会私自离开谁；能行天道的人功德有馀，不能行天道的人功德不足；顺应天道就能得到便利，违背它就会遇到凶灾。比如像隋侯珠、和氏璧，得到它便可以富裕，失去它便会贫穷。得失的尺度，深微奥妙，难于用智慧论说，不能够辨析清楚。怎么知道它是这样的呢？现在用的地黄，是主治健骨的药物，而甘草是主治生肌的药物。用它健骨的功效却要求它生肌，用它生肌的功用却想让它健骨，这就像王孙绰把治疗半身不遂病的药加倍，而想让死人复苏一样，也可以说是失去常理了。至于像因为用火能够烧焦木头，因而用它熔化金属，那么这样的道理是行得通的。假若因为磁石能够吸引铁器，而要求它吸引瓦块，那么就十分困难了。万物本来不能够用轻重来衡量的。

夫燧之取火于日，磁石之引铁，解之败漆，葵之乡日，虽有明智，弗能然也。[1] 故耳目之察，不足以分物理；[2] 心意之论，不足以定是非。故以智为治者，难以持国；唯通于太和，而持自然之应者，为能有之。[3] 故崤山崩而薄落之水涸，区冶生而淳钧之剑成；[4] 纣为无道，左强在侧；[5] 太公并世，故武王之功立。[6] 由是观之，利害之路，祸福之门，不可求而得也。

【注释】

〔1〕"解之败漆"句：高诱注："以蟹置漆中，则败坏不燥，不任用也。"按：解，《道藏》本、刘绩《补注》本作"蟹"。解，通"蟹"。葵：葵菜，又名冬葵。《广韵》"脂"韵引："《说文》曰，葵，菜也。尝倾叶向日，不令照其根。" 然：明辨。

〔2〕物理：事物的常理。

〔3〕太和：指阴阳变化的和谐。

〔4〕崤山：在今陕西蓝田境内。 薄落之水：在今河北平乡一带，今已汇入滏阳河。古属漳水一段。载于《战国策·赵策》。 区冶：古代越国人，善铸剑。 淳钧之剑：古代名剑。

〔5〕左强：纣之佞臣。

〔6〕太公：姜姓，名尚。为周文王师，佐武王灭商，封于齐。

【译文】

阳燧向日取火,磁石吸引铁器,螃蟹败坏生漆,冬葵向着太阳,即使有高明的智慧,也不能够明辨清楚。所以光凭耳目的考察,不能够分辨事物的常理;凭着心中的看法,不能够确定是非标准。因此凭着智巧治国的人,难以维持国家;只有通达阴阳变化,而掌握自然万物感应规律的人,才能够掌握持国的方法。所以崤山崩塌而造成薄落之水干涸,区冶出现淳钧宝剑才能够铸成;商纣王暴虐无道,就有佞人左强在旁边诱惑;姜太公和周武王一起出世,因而武王的大业才能够成功。从这里来看,利害的路子,祸福的门径,不是预求而能得到的。

夫道之与德,若韦之与革,远之则迩,近之则远。⁽¹⁾不得其道,若观鯈鱼。⁽²⁾故圣若镜,不将不迎,应而不藏,故万化而无伤。⁽³⁾其得之乃失之,其失之非乃得之也。⁽⁴⁾

【注释】

〔1〕道:指的是万物的本源或普遍规律。 德:指事物从"道"所得的特殊规律或特性。 韦:加工过的熟皮,喻"德"。 革:去毛的兽皮,喻"道"。 迩:近。
〔2〕鯈鱼:小鱼。喻可见而不可得。《说文》:"鯈,鱼名。"
〔3〕"圣":《文子·精诚篇》作"圣人"。 将:送。 应:随着。 藏:藏物。以上见于《庄子·应帝王》。
〔4〕"其得之"二句:高诱注:"自谓得,是乃失道者也。自谓失道,未必不得道也。"按:得,认为得到。

【译文】

"道"和"德",就像去毛的革和加工过的韦一样,想远远分开它们,就像在旁边;想使它们接近,就又觉得很远。不能得到其中的要道,就像观看池中的小鱼,可见而不可得。因此圣人就像一面镜子,对人不送不迎,反映着人形的变化而不会隐藏,所以有各种变化而没有任何伤害。那些自以为得"道"的，却是失掉了"道"；那些自认为失掉了"道"，却未必没有得到"道"。

今夫调弦者，叩宫宫应，弹角角动，此同声相和者也。⁽¹⁾夫有改调一弦，其于五音无所比，鼓之，而二十五弦皆应，此未始异于声，而音之君已形也。⁽²⁾故通于太和者，惛若纯醉而甘卧，以游其中，而不知其所由至也。⁽³⁾纯温以沦，钝闷以终，若未始出其宗，是谓大通。⁽⁴⁾

【注释】

〔1〕"调弦"：《庄子·徐无鬼》作"调瑟"。 "叩宫"二句：高诱注："叩大宫则少宫应，弹大角则少角动，故曰同音相和。"

〔2〕改调：指的是变调。 一弦：指的是改变宫音，即"音之君"。 比：并列。以上化自《庄子·徐无鬼》。《齐俗训》、《泰族训》略同。《春秋繁露·同类相动》亦有类似记载。

〔3〕太和：高诱注："谓等生死之和，齐穷达之端。" 惛：糊涂。《方言》卷十："悃，惛也。"郭璞注："惛，谓迷昏也。" 其中：高诱注："道之中也。"

〔4〕纯温：纯一，温顺。 沦：沉没，喻潜伏。 钝闷：无情欲。 终：指终于道。 大通：最高的通达。本书凡五见。

【译文】

现在弹奏瑟的人，拨动大宫，那么少宫也会应和；弹奏大角，那么少角也会发声，这就是同一声类相互应和的情况。如果弹起变调的变宫，它同五音就没有办法并列了。拨动改调的瑟，而二十五弦仍然都跟着相应，这样发出的声音并没有什么差别，只是改变了主音罢了。所以通达阴阳自然变化的人，昏沉地像喝了纯正的美酒而甜蜜地熟睡着，而却在大道之中遨游，却不知道如何进入大道的。纯正温顺地隐伏起来，无情无欲地和"道"相始终，而从来就没有离开过"道"的根本，这就叫"大通"。

今夫赤螭、青虬之游冀州也，天清地定，毒兽不作，飞鸟不骇，入榛薄，食荐梅，嚼味（合）[含]甘，步不出顷亩之区，而蛇鳣轻之，以为不能与之争于江海之中。⁽¹⁾若乃至于玄云之素朝，阴阳交争，降扶风，杂冻雨，扶摇而登之，威动天地，声震海内，⁽²⁾蛇鳣著泥百仞之中，熊罴匍匐丘山礨岩，虎豹袭穴而不敢咆，猿狖颠蹶而失木枝，又况直蛇鳣之类乎？⁽³⁾

凤皇之翔至德也，雷霆不作，风雨不兴，川谷不澹，草木不摇，而燕雀佼之，以为不能与之争于宇宙之间；⁽⁴⁾还至其曾逝万仞之上，翱翔四海之外，过昆仑之疏圃，饮砥柱之湍濑，邅回蒙汜之渚，尚佯冀州之际，径躔都广，入日抑节，羽翼弱水，暮宿风穴。⁽⁵⁾当此之时，鸿鹄鸧鹤，莫不惮惊伏窜，注喙江裔，又况直燕雀之类乎！⁽⁶⁾此明于小动之迹，而不知大节之所由者也。⁽⁷⁾

【注释】

〔1〕赤螭、青虬：龙类动物。　冀州：指今中原一带。　骇：吃惊。　荐梅：高诱注："草实也。状如桑椹，其色赤，生江滨也。"　嚼：衔，咬。　"合"：《道藏》本、刘绩《补注》本、《四库全书》本作"含"。当是。　鳣：鳝鱼。

〔2〕玄云：黑云。　素朝：清晨。　扶风：疾风。　冻雨：暴雨。　扶摇：自下盘旋而上，亦即旋风。

〔3〕蛇鳣：王念孙《读书杂志》："蛇"当作"蚖"，"蚖"与"鼋"同。"鳣"与"鼍"同。按：鼋，即"鳖"。鼍，即扬子鳄。　鳣、鼍，上古同音相通。　著：附着。　匍匐：伏在地上爬行。　礨岩：险峻的山势。　袭：高诱注："入。"按：有躲入义。　狖：一种黑色长尾猿。　颠蹶：倒下，跌落。

〔4〕至德：最好的道德。　澹：泛滥。　佼：通"姣"，轻侮。《广雅·释言》"姣，侮也。"　宇宙：宇，屋檐。宙，栋梁。

〔5〕还：郑良树《淮南子斠理》：汉文大成本"还"作"逮"。　曾：高。朱骏声《说文通训定声》："曾，叚借为层。"　逝：飞。　砥柱：山名，原在河南三门峡东北黄河中。　遭回：徘徊往返之意。　蒙汜：日所出之地。　渚：小洲。　尚佯：安闲徘徊的样子。　径：高诱注："过。"按：有经过义。　蹠：到达。　都广：东南之山名。　抑节：指持节徐行。　羽翼：濯羽翼。《说文》："凤，神鸟也。……翱翔四海之外，过昆仑，饮砥柱，濯羽弱水，暮宿风穴，……"可与此相参。　风穴：高诱注："北方寒风从地出也。"

〔6〕鸿鹄：天鹅。　鸰鹤：鹤类。　惮：害怕。　伏窜：潜伏逃窜。　注喙：把嘴插入地里不敢活动。　裔：边沿。　直：仅仅。

〔7〕大节：关键性的大事。

【译文】

现在赤螭、青虬漫游中原，天气清明，大地安宁，毒蛇猛兽不再发作，飞禽也自由飞翔，它们投入草木丛中，觅食荐梅的果实，咀嚼甘甜的美味，它们的漫行没有超出百亩的范围之内，因而蛇和鳝鱼却轻视它们，认为它们不能够和自己在大江大海中争个高下。至于说到黑云在清晨升起，阴气阳气互相交锋，疾风劲吹，暴雨夹杂，赤螭、青虬乘着旋风而升腾，威力震动天地，声音响彻四海。大鳖、鳄鱼之类躲进百仞深的泥淖之中，熊罴伏地躲到山岩层峦之下，虎豹躲进穴中而不敢咆哮，猿狖之类惊吓得从树枝上跌落下来，又何况那些蛇和鳝鱼之类呢？

凤凰翱翔在最好的清平之世，以致雷霆不再发作，风雨不会兴起，深谷大川之水不会泛滥，草木不再摇动，但是燕子、麻雀却轻视它，认为它不能和自己在屋檐、栋梁之间争高低；等到凤凰高飞万仞之上，翱翔在四海之外，经过昆仑山的疏圃，饮用黄河三峡砥柱山的急流，徘徊在日出之地的小洲之上，漫行于中原大地，东南到达都广之野，持节徐行送日西落，在弱水洗濯羽翼，晚上在北方风穴过夜。在这个时候，天鹅、仙鹤之类，都没有不惊恐害怕潜伏逃窜的，长嘴插入江边不敢乱动，又何况那些麻雀、燕子之类呢！这些蛇鳝、燕雀之类只会做小的举动，而不知道大事是怎样产生的。

昔者王良、造父之御也,上车摄辔,马为整齐而欵谐,投足调均,劳逸若一;[1]心怡气和,体便轻毕;[2]安劳乐进,驰骛若灭;[3]左右若鞭,周旋若环,世皆以为巧,然未见其贵者也。[4]若夫钳且、大丙之御,除辔衔,去鞭弃策,车莫动而自举,马莫使而自走也,日行月动,星耀而玄运,电奔而鬼腾,进退屈伸,不见朕垠;[5]故不招指、不咄叱,过归雁于碣石,轶鶤鸡于姑馀;[6]骋若飞,骛若绝;[7]纵矢蹑风,追焱归忽;[8]朝发榑桑,日入落棠,此假弗用而能以成其用者也。[9]非虑思之察,手爪之巧也。嗜欲形于胸中,而精神踰于六马,此以弗御御之者也。[10]

【注释】
〔1〕王良:战国时赵简子御者,死而托精于天驷星,天文上有王良星。 造父:周穆王的御者,天文有星名造父。 摄:拉。 辔:驾驭牲口的缰绳。 欵谐:高诱注:"马容体足调谐也。" 一:同一。
〔2〕怡:和悦,愉快。 毕:迅速。高诱注:"疾也。"
〔3〕驰骛:奔跑。 灭:消失。
〔4〕左右:或左或右。 鞭:受鞭。
〔5〕钳且、大丙:古代传说中的得道之人,以神气御阴阳。已见《原道训》。 玄运:在玄天运行。 朕垠:形迹。朕,兆朕。垠,界限。
〔6〕咄叱:呵斥。 过:超过。 轶:超越。《广雅·释诂三》:"轶,过也。" 鶤鸡:凤凰之类鸟名。 姑馀:山名,在苏州西南。
〔7〕骛:奔驰。 绝:刘淇《助字辨略》卷五:"此绝字,极也,甚也。"
〔8〕纵:踩,踏。杨树达《淮南子证闻》:纵,通"跐"。 蹑:踏,踩。 焱忽:倏忽之疾风。王念孙《读书杂志》:飙飂,通作"焱忽"。《说文》:"飙,扶摇风也。""飂,疾风也。" 归:随。
〔9〕落棠:山名。日所入之地。 弗用:指"无为"。
〔10〕踰:协调。高诱注:"谕,和也。"吴承仕《淮南旧注校理》:疑高注本自作"调",故训为"和"。则"踰"为"调"之误。 六马:古代

帝王车驾用六马。"此以弗御"句：高诱注："'以弗御御之'，以道术御也。"按："弗御"，指道术。

【译文】

从前王良、造父驾驭车马，上车拉着缰绳，马儿步伐整齐而全身和谐，举足自然，劳逸一致；心平气和，身体轻松，行动迅速；安于辛劳，乐于前进，奔驰起来瞬息即逝，或左或右，就像受鞭一样，拐弯后退像圆环一样，世人都认为他们技艺超群，但是他们却没有看到真正值得尊崇的御术。至于像钳且、大丙的驾驭车马，除掉缰绳和马衔，抛开马鞭，车子没有拉动而自己前进，马匹没有人使唤而自动奔跑，随着日、月而运行，伴着繁星在蓝天奔驰，像雷电奔走，鬼神升腾，前进后退，缩小伸长，都见不到一点形迹；因此不需要招引指挥，不加以呵斥，就能超过在碣石上空飞行的北归之雁，赛过在姑馀上空飞行的鹈鸡；奔驰如飞，疾驰如断弦，像发出去的箭，似踩着的风，如追赶焱忽。早晨从东方榑桑出发，晚上到达日落的落棠山，这是借着"不用"而成就了它的"用"，而不是凭着思虑的明察和手爪的巧妙。把嗜欲之形藏在胸中，因而精神就可以协调六马，这是用不御的道术而来驾驭车马。

昔者黄帝治天下，而力牧、太山稽辅之，以治日月之行律，治阴阳之气；⁽¹⁾节四时之度，正律历之数；别男女，异雌雄；⁽²⁾明上下，等贵贱；使强不掩弱，众不暴寡；人民保命而不夭，岁时熟而不凶；⁽³⁾百官正而无私，上下调而无尤；⁽⁴⁾法令明而不暗，辅佐公而不阿；⁽⁵⁾田者不侵畔，渔者不争隈；⁽⁶⁾道不拾遗，市不豫贾；⁽⁷⁾城郭不关，邑无盗贼；鄙旅之人，相让以财；⁽⁸⁾狗彘吐菽粟于路，而无忿争之心。于是日月精明，星辰不失其行；风雨时节，五谷登熟；虎狼不妄噬，鸷鸟不妄搏；⁽⁹⁾凤皇翔于庭，麒麟游于郊；⁽¹⁰⁾青龙进驾，飞黄伏皂;[11] 诸北、儋耳之国，莫不献其贡职，然犹未及虙戏氏之道也。[12]

【注释】
〔1〕黄帝：传说中中原各族人民的共同祖先。事载《史记·五帝本纪》等。　力牧：黄帝臣。黄帝梦人执千钧之弩，驱牛万群，寤而求之，得力牧于大泽。敦煌汉简作"力墨"，马王堆汉墓帛书《十六经》作"力黑"。　太山稽：黄帝臣。　"以治"二句：于大成《淮南杂志补正》：许作"律日月之行，治阴阳之气"，高作"理日月之行，治阴阳之气"。其"律，度也"之注，校者以许本"律"字并注写于高本"治日月之行"旁，（以成今本之误）。按：律，即法度义。《文子·精诚篇》作"调日月之行，治阴阳之气"。无"律"字。
〔2〕"别男女"句：废除男女杂居。原始社会有过群婚制，男女杂处。《庄子·盗跖》："神农之世，民知其母，不知其父。"
〔3〕凶：年成坏。
〔4〕尤：责怪，怨恨。
〔5〕阿：曲从。
〔6〕畔：田界。　隈：河道弯曲之处。
〔7〕豫：欺骗。《经义述闻·周礼·诳豫》："豫，亦诳也。"
〔8〕鄙旅：边鄙的行旅之人。
〔9〕噬：咬。　鸷鸟：凶猛的鸟。如鹰、鹯之类。
〔10〕翔：止。
〔11〕青龙：一作苍龙，东方之神。　驾：古代帝王车乘。　飞黄：传说中神马名。高诱注："飞黄，乘黄也。出西方，状如狐，背上有角，寿千岁。"　皂：阜，马槽。《庄子·马蹄》陆德明释文："皂，一云槽也。"
〔12〕诸北：北极国名。　儋耳：《山海经·大荒北经》："有儋耳之国，任姓，禺号子，食谷。"《地形训》有"耽耳"，疑即此国。

【译文】
　　从前黄帝治理天下的时候，有力牧和太山稽两个大臣辅助他，按照日、月运行规律来进行治理，依照阴、阳变化制定法则；调整四季变化的节气，确立律历的标准；废除男女杂居，分别男女不同职责；明确上下权限，分出贵贱等级；使强健有力的人不欺负弱小之人，人多势众的人不压迫势单力薄的人；人民善于养生而能够长寿，庄稼按时成熟而没有凶年；百官公正而无私，上下协调而没有怨恨；法令制度严明而不昏暗，辅佐大臣公正而不逢迎；种田的人不去侵占别人一寸土地，打鱼的人不去争夺多鱼的港湾；路上丢失东西无人据为己有，市场上没有骗人的物价；城郭之门无须关闭，偏僻村镇也无盗贼；边鄙的行旅之人，也把财物相让；猪狗之类把食物吐在路上，而没有愤怒争斗之心。在这种情况下，日月光辉清明，星辰不偏离运行轨道；风雨按照时节到来，五谷年年丰收；虎狼不胡乱咬人，凶鸟鹰雕之类也不捕杀鸟类；凤凰落在庭院之中，麒麟在郊外游戏；神龙为黄帝进献车驾，神马飞黄供他驱使；直到遥远的北方诸北、儋耳之国，没有不献上他的贡职。虽然如此，还不能赶得上伏牺氏治国的主张。

往古之时，四极废，九州裂，天下兼覆，地不周载；[1]火爁炎而不灭，水浩洋而不息；[2]猛兽食颛民，鸷鸟攫老弱。[3]于是女娲炼五色石以补苍天，断鳌足以立四极，杀黑龙以济冀州，积芦灰以止淫水。[4]苍天补，四极正；淫水涸，冀州平；狡虫死，颛民生；[5]背方州，抱员天；[6]和春阳夏，杀秋约冬，（枕）[枕]方寝绳。[7]阴阳之所壅沈不通者，窍理之；[8]逆气戾物、伤民厚积者，绝止之。[9]当此之时，卧倨倨，兴眄眄，一自以为马，一自以为牛；[10]其行蹎蹎，其视瞑瞑；[11]侗然皆得其和，莫知所由生；[12]浮游不知所求，魍魉不知所往。[13]当此之时，禽兽蝮蛇，无不匿其爪牙，藏其螫毒，无有攫噬之心。[14]考其功烈，上际九天，下契黄垆；[15]名声被后世，光晖重万物。[16]乘雷车，服驾应龙，骖青虬，援绝瑞，席萝图，黄云络，前白螭，后奔蛇，浮游消摇，道鬼神，登九天，朝帝于灵门，宓穆休于太祖之下。⁽¹⁷⁾然而不彰其功，不杨其声，隐真人之道，以从天地之固然。⁽¹⁸⁾何则？道德上通，而智故消灭也。⁽¹⁹⁾

【注释】

〔1〕四极：四方撑天的柱子。　兼：尽。　周：遍。

〔2〕燄炎：大火延烧的样子。《广韵》"艳"韵："燄焱，火延。"王筠《说文句读》："焱，与炎同义。"　浩洋：浩瀚无涯。

〔3〕颛民：善良的人民。高诱注："颛，善。"　攫：抓取。

〔4〕女娲：传说中的人类始祖。《说文》："娲，古之神圣女，化万物者也。"　鳌：大龟。　黑龙：水怪。能兴水危害人。　芦灰：芦草烧成的灰。　淫水：平地生水。

〔5〕狡虫：指毒虫猛兽。

〔6〕方州：指大地。此为"天圆地方"说。

〔7〕阳：马宗霍《淮南旧注参正》：通"炀"。火炽热。　"杭"：《道藏》本同，刘绩《补注》本作"枕"。当正。　方：指矩。　绳：绳墨。

〔8〕壅沈：壅滞。　窍理：贯通。

〔9〕逆气：逆乱之气。　戾：违背。

〔10〕倨倨：无思无虑的样子。　眄眄：眼睛斜视的样子。《庄子·应帝王》作"于于"。　一：有时。以上化自《庄子·应帝王》。

〔11〕蹎蹎：安详缓慢的样子。　瞑瞑：似明未明的样子。

〔12〕侗然：无知的样子。《庄子·山木》陆德明释文："侗乎，无知貌。"

〔13〕浮游：任意游玩。　魍魉：《庄子·在宥》作"猖狂"，恣意妄行的样子。

〔14〕蝮蛇：毒蛇。

〔15〕考：考察。　功烈：功业。　契：刻。　黄垆：黄泉下的垆土。

〔16〕"重"：《道藏》本、刘绩《补注》本同。王念孙《读书杂志》："重"字义不可通。《尔雅·释鱼》疏引此作"光辉熏万物"，是也。熏犹熏炙也。

〔17〕"服驾"：《道藏》本、刘绩《补注》本同。王念孙《读书杂志》："服"下不当有"驾"字。　应龙：有翼之龙。　骖：在两旁驾车。　援：持、执。　绝瑞：高诱注："殊绝之瑞应。"　萝图：高诱注："罗

列图籍，以为席蓐。一说：萝图，车上席也。"陶方琦《淮南许注异同诂》九百三十引许注："萝图，车上席也。" 黄云：黄色云气。 络：缠绕。 白螭：白色的龙。 奔蛇：能腾云驾雾的蛇。 消摇：《礼记·檀弓上》陆德明释文："本又作逍遥。"即自由自在义。 道：通"导"，引导。 宓穆：安定，平和。 太祖：道之大宗。

〔18〕杨：《道藏》本、刘绩《补注》本作"扬"。《广雅·释言》："杨，扬也。" 真人：修真得道之人。 固然：自然。

〔19〕智故：巧诈。

【译文】

很古的时候，四方撑天的柱子倒塌了，九州大地裂开了，上天不能全部覆盖大地，大地也不能遍载万物，大火蔓延而不能熄灭，洪水漫流而无法控制，猛兽吞食善良的人民，凶鸟捕食老弱之人。在这种天崩地裂的情况下，女娲熔炼五彩神石来补缀天穹，斩断鳌足作为撑天的柱子，杀死黑龙以解救中原人民，积聚芦灰来堵塞平地涌出的大水。苍天补好了，四极立定了；淫水平息了，冀州安定了；毒虫猛兽杀死了，善良的人民得以生存；背朝大地，拥抱上天；春天温暖，夏天炎热，秋天肃杀，冬天严寒，人们以方正的矩为枕，卧于正直的绳墨之上。阴阳变化壅塞失调不能通达的地方，使它贯通；逆乱之气危害万物，妨害百姓积聚财物的气候，能够制止它。在这个时候，睡卧无忧无虑，起来心神平静，有时自认为是马，有时自认为是牛。人们的行动是安详缓慢的，看东西似明未明的；无知无识但是都能得到天和，没有人知道所产生的地方。任意遨游不知需要什么，随意行走不知到什么地方去。在这个时候，猛兽毒虫，没有不缩藏起它们的爪牙，隐匿起螫毒，没有捕杀吞食人的动机。考察女娲的功烈，向上可以通达九天，向下可以镂刻在黄垆之上；美名传遍后代，光辉照射万物。她乘着雷车，中间驾着应龙，两边配着青虬，持着殊绝之瑞玉，铺着萝图，缠绕着黄云，前有白螭开道，后有奔蛇护卫，逍遥自在，由鬼神引导，登上了九天，在灵门朝拜天帝，在大道的祖先旁边平静地休息。虽然如此，但是不彰显她的功德，不宣扬她的名声，隐藏起真人的道术，来随从天地的自然规律而行动。为什么这样呢？道德已经与上天相通，而智巧已经消灭了。

逮至夏桀之时，主暗晦而不明，道澜漫而不修；[1]弃捐五帝之恩刑，推蹶三王之法籍；[2]是以至德灭而不扬，帝道掩而不兴；[3]举事戾苍天，发号逆四时；[4]春秋缩其和，天地除其德；[5]仁君处位而不安，大夫隐道而不言；[6]群臣准上意而怀当，疏骨肉而自容；[7]邪人参耦比周而阴谋，居君臣父子之间而竞载；[8]骄主而像其意，乱人以成其事。[9]是故君臣乖而不亲，骨肉疏而不附；[10]植社槁而墠裂，容台振而掩覆；[11]犬群嗥而入渊，豕衔蓐而席澳；[12]美人挐首墨面而不容，曼声吞炭内闭而不歌；[13]丧不尽其哀，猎不听其乐；西老折胜，黄神啸吟；[14]飞鸟铩翼，走兽废脚；[15]山无峻干，泽无洼水；[16]狐狸首穴，马牛放失；[17]田无立禾，路无莎薠；[18]金积折廉，璧袭无理；[19]磬龟无腹，蓍策日施。[20]

【注释】

（1）暗晦：昏暗。 澜漫：杂乱，混乱。《文选·王褒〈洞箫赋〉》李善注："澜漫，分散也。"

（2）弃捐：丢弃。《说文》："捐，弃也。" 五帝：诸说不一。《史记·五帝本纪》以黄帝、颛顼、帝喾、尧、舜为五帝。 恩刑：恩化及刑罚。 推蹶：推倒、践踏。 三王：指夏禹、商汤、周文王。

（3）帝道：指五帝之道。 掩：掩盖、遮蔽。 兴：举兴。

（4）戾：违反。

（5）缩：藏匿。 和：平和之气。 除：解除。 德：恩德。

（6）"仁君"：《文子·上礼篇》作"人君"。

（7）准：望。亦有揣度义。 怀：思念。 当：适当。 自容：自求逢迎献媚。

（8）耦：二人。《广雅·释诂四》："耦，二也。" 比周：结党营私。 竞载：争逐。

〔9〕骄主：使君主放纵。　像：随。

〔10〕乖：背戾，不合。《说文》："乖，戾也。"

〔11〕植社：杨树达《淮南子证闻》：《礼记·祭法》云："大夫以下成群立社曰置社。"植社与置社同。按：即大夫以下按居住地立社，叫置社。　槁：枯坏。　"圬"：《道藏》本、刘绩《补注》本同。王念孙《读书杂志》："圬"当为"墲"，隶书之误也。《说文》："罅，裂也。"又"墲，坏也。"按：即裂缝义。　容台：行礼容之台。

〔12〕嗥：野兽吼叫。　蓐：草垫子。　澳：水边。

〔13〕挚首：头发与乱草糅合在一起。《集韵》"祸"韵："挚，乱也。"　墨面：用墨色涂面。　不容：即不修饰面容。　曼声：善唱歌。　吞炭：食炭可以使声音变哑。

〔14〕西老：指西王母。孙诒让《札迻》："老，当作姥。"按：《广韵》"姥"韵："姥，老母也。"　胜：女人头上的首饰。《山海经·西山经》郭璞注："胜，玉胜也。"　黄神：指黄帝之神。　啸吟：长啸而哀叹。

〔15〕铩翼：指羽毛伤残。　废脚：指脚残。

〔16〕峻干：即高材。　洼水：水坑。

〔17〕首穴：传说狐狸死时，头朝着巢穴。又作"首丘"。《楚辞·哀郢》："狐死必首丘。"放失：逃逸。

〔18〕莎：野草名，俗名"香附子"。　蕻：草名。

〔19〕廉：侧边，棱角。《广雅·释言》："廉，棱也。"　袭：积聚。《广韵》"缉"韵："袭，重也。"　理：《文子·上礼篇》作"赢"。通"赢"。指赢形纹理。

〔20〕磬：通"罄"，空。《说文》："罄，器中空也。"　蓍策：古人用来占卜的蓍草茎。

【译文】

等到暴君夏桀统治之时，帝王昏庸不明国情，道德混乱而不加整肃；抛弃五帝有效的治政措施，推倒三王有利的法规；因此最好的德性泯灭而无人宣扬，五帝之道藏匿而无人举兴；行事背戾上天意志，命令违背四时的规律；春光秋色隐藏起了平和之气，上天大地解除了赐给人类的恩德；贤明君主在位而心中不安，大夫深藏隐忧而不愿说话；群臣看着帝王的脸色行事，挑拨亲属关系而自求逢迎；奸佞小人结党营私而施展阴谋，竞相奔走于君臣父子之间；使君主骄奢淫逸放纵不法，而奸人则从中渔利。因此朝野上下互相背离怒目而视，骨肉离散而各行其是。(于是天下出现了反常现象)，祭祀用的神社破败而裂开，行礼的容台震动而彻底倒塌；成群野狗吼叫着跳进了深渊，头头蠢猪衔草移居水边；美女蓬头垢面而不加修饰，歌女吞炭哑声而不再放歌；丧葬不能抒尽悲哀之情，田猎不能得到应有的快乐；西王母折断了头上的玉簪，黄帝之神不时咆哮哀鸣；天上的飞鸟折断了双翼，山中的野兽伤残了双腿；青山变成秃岭，沼泽干涸见底；狐狸头朝洞穴而死去，马牛狂奔乱跑；田野里没有禾苗，道路边没有野草；金银堆积磨破了棱角，璧玉积久玷污了纹理。占卜的龟板钻空了，求神的蓍草用个不停。

晚世之时，七国异族；⁽¹⁾诸侯制法，各殊习俗；纵横间之，举兵而相角；⁽²⁾攻城滥杀，覆高危安；⁽³⁾掘坟墓，杨人骸；⁽⁴⁾大冲车，高重京；⁽⁵⁾除战道，便死路；⁽⁶⁾犯严敌，残不义；百往一反，名声苟盛也。⁽⁷⁾是故质壮轻足者为甲卒千里之外，家老羸弱凄怆于内；⁽⁸⁾厮徒马圉，辎车奉饷，道路辽远，霜雪亟集，短褐不完，人羸车弊，泥涂至膝；⁽⁹⁾相携于道，奋首于路，身（枕）[枕]格而死。⁽¹⁰⁾所谓兼国有地者，伏尸数十万，破车以千百数，伤弓弩矛戟矢石之创者，扶举于路。故世至于枕人头，食人肉，菹人肝，饮人血，甘之于刍豢。⁽¹¹⁾故自三代以后者，天下未尝得安其情性，而乐其习俗，保其脩命，天而不夭于人虐也。⁽¹²⁾所以然者何也？诸侯力征，天下〔不〕合而为一家。⁽¹³⁾

【注释】

〔1〕晚世：指战国之末。　七国：即战国七雄：齐、楚、燕、赵、韩、魏、秦。

〔2〕纵横：苏秦合纵，张仪连横。　间：离间。　角：较量。

〔3〕槛：《道藏》本同，刘绩《补注》本作"滥。"朱骏声《说文通训定声》："槛，叚借为滥。"滥，无节制。　危：危险。

〔4〕杨：《道藏》本、刘绩《补注》本作"扬"。《广雅·释言》："杨，扬也。"

〔5〕冲车：古代攻城用的战车。　"重京"：高诱注："古者伐不敬，取其鲸鲵，收其骸尸，聚土而瘗之，以为京观，故曰'高重垒'，京观也。"王念孙《读书杂志》："高重京"，"京"当为"垒"。《文子·上礼篇》作"高重垒"，是其明证矣。按：王说恐误。《吕览·禁塞》"为京丘若山陵"，高诱注："战斗杀人，合土筑之，以为京观，故谓之京丘，若山陵高大也。"知"京"字不误。

〔6〕除：修整。

〔7〕苟：姑且。

〔8〕羸：瘦弱。　凄怆：悲戚。

〔9〕厮徒：即厮役。干粗活的奴隶。《玉篇》："厮，贱也。"　马圉：养马的人。　靳：推。　饷：粮饷。　弊：破败。

〔10〕奋首：仰头。　"枕"：《四库全书》本同。《道藏》本、刘绩《补注》本作"抌"。当是。枕，《玉篇》："木名。"　格：通"輅"，绑在车辕上用来牵引车子的横木。

〔11〕菹：肉酱。

〔12〕"天"：《道藏》本、刘绩《补注》本同。王念孙《读书杂志》谓衍文。

〔13〕"天下合"句：《道藏》本、刘绩《补注》本同。王念孙《读书杂志》："合"上脱"不"字。《太平御览·兵部》七十引此有"不"字。《文子·上礼篇》同。

【译文】

战国之时，七个异姓国家割据天下；各个诸侯制订的法令，都是按照不同的习俗制定的；连横、合纵两派的人从中离间，各国举兵而互相争斗；攻占城邑，滥杀无辜；高城变成平地，安定变成危险；挖开死人坟墓，暴露死人的尸骨；制造大的冲车，修筑高垒、开挖深沟；修整战道，使阻塞的道路方便行军；进犯强大的敌人，残杀不义之人；百人征战，一人得返，名声姑且算是最大的了。因此身体强健、行动敏捷之人，便成为士兵，转战千里之外，家中老弱病残，痛苦悲惨；奴仆、马夫，推着车子，运送粮饷，路途遥远，霜雪聚集，破衣烂衫，人瘦车破，烂泥至膝；人们挣扎在泥泞之路，伸长脖子，艰难前进，身子往往枕着车辕而死去。所谓的兼并国家占有土地的诸侯，杀人数十万，击毁战车成百上千，受弓弩、矛戟、矢石之伤的人，互相扶持着在路上哀号。因此世间竟到了枕人头、吃人肉、酱人肝、喝人血，却比吃家畜还要甜美的地步。所以从三代往后的年代里，天下的人不曾得到安定他们的性情，喜爱他们的习俗，保养他们的生命和天性，而没有不遭到人祸残害而短命的。造成这样的原因是什么呢？是因为诸侯国之间以武力相争，而天下没有统一的缘故。

逮至当今之时，天子在上位，持以道德，辅以仁义，近者献其智，远者怀其德；⁽¹⁾拱揖指麾，而四海宾服；⁽²⁾春秋冬夏，皆献其贡职；天下混而为一，子孙相代，此五帝之所以迎天德也。⁽³⁾

【注释】

〔1〕当今：指汉武帝即位之初。《汉书·淮南衡山济北王传》："初，安入朝，献所作《内篇》，新出，上爱秘之。"即建元二年（前138年）。

〔2〕拱揖指麾：从容安舒，指挥若定。

〔3〕混：同。

【译文】

等到了当今的时代，天子在高位，用道德执掌国家，用仁义作为辅佐，臣属奉献自己的智慧，远方的百姓感怀他的德泽；从容安舒，指挥若定，而海内归附；一年四季，都能按时献上贡赋；天下大一统，子孙世代相传，这就是五帝要接受上天意旨的缘故。

夫圣人者，不能生时，时至而弗失也。⁽¹⁾辅佐有能，黜谗佞之端，息巧辩之说；⁽²⁾除削刻之法，去烦苛之事；屏流言之迹，塞朋党之门；⁽³⁾消知能，脩太常；⁽⁴⁾

隳枝体，绌聪明；⁽⁵⁾大通混冥，解意释神，漠然若无魂魄，使万物各复归其根，则是所脩伏牺氏之迹，而反五帝之道也。⁽⁶⁾

【注释】

〔1〕时：时运。

〔2〕黜：贬退。

〔3〕屏：排除。《说文》段玉裁注："屏，引申为屏除。"

〔4〕知能：智巧之能。 "脩"：《文子·上礼篇》作"循"。 太常：大的常则，即自然法则。

〔5〕隳：毁坏。 枝：《义府·折枝》："枝、肢古字通用。" 绌：通"黜"，贬退。 "绌聪明"句：高诱注："去其小聪明，并大利欲者也。"

〔6〕大通：全部通达。 混冥：混沌初分的状态。

【译文】

圣人是不能产生出时运的，只能是时运到来而不失去机会罢了。辅佐选用贤能，就能贬退谀佞的歪道，熄灭巧辩的邪说；废除刻削的法律，抛开烦琐苛细的事务；排除流言的痕迹，堵塞私党的门路；消除智巧之能，依循自然法则；毁坏肢体的贪欲，罢除小的聪明；与混沌初分状态相通达，解除意念，放开精神，使心神淡漠得像没有魂魄一样，使万物各自回复到它的本性中去，那么这就是依循伏牺氏的业绩，而返回到五帝治政的大道上去。

夫钳且、大丙，不施辔衔，而以善御闻于天下；伏戏、女娲，不设法度，而以至德遗于后世，何则？至虚无纯一，而不喋喋苛事也。⁽¹⁾《周书》曰："掩雉不得，更顺其风。"⁽²⁾今若夫申、韩、商鞅之为治也，挬拔其根，芜弃其本，而不穷究其所由生，何以至此也，凿五刑，为刻削，乃背道德之本，而争于锥刀之末，斩艾百姓，殚尽太半，而忻忻然常自以为治，是犹抱薪而救火，凿窦而出水。⁽³⁾夫井植生梓而不容瓮，沟植生条而不容舟，不过三月必死。⁽⁴⁾所以然者何也？皆狂生而无其本者也。⁽⁵⁾河九折注于海，而流不绝者，昆仑之输也。⁽⁶⁾潦水不泄，瀇瀁极望，旬月不雨，则涸而枯泽，受翼而无源者。⁽⁷⁾譬若羿请不死之药于西王母，恒娥窃以奔月，怅然有丧，无以续之。⁽⁸⁾何则？不知不死之药所由生也。是故乞火不若取燧，寄汲不若凿井。⁽⁹⁾

【注释】

〔1〕纯一：纯粹，一致。 嘤喋：深算。马宗霍《淮南旧注参正》："嘤喋"连文，盖为多言貌。

〔2〕《周书》：《尚书》组成部分，记载周代史实。 "掩雉"二句：高诱注："言掩雉虽不得，当更从其上风，顺其道理也。"按：此二句不见今本《尚书》。 掩：袭取。

〔3〕申：战国法家申不害。 韩：战国法家韩非子。 商鞅：战国法家，曾在秦国主持变法。 挢：《广雅·释诂三》："拔也。" 五刑：先秦以墨、劓、剕、宫、大辟为五刑。 "斩艾百姓"句：高诱注："以草木喻也，不养之也。"按：艾，通"刈"。《广雅·释诂一》："刈，杀也。"指斩杀。 殚：极尽。 忻忻然：自鸣得意的样子。 "出"：《道藏》本、刘绩《补注》本同。王念孙《读书杂志》："出"当为"止"，字之误也。

〔4〕"梓"：《道藏》本、刘绩《补注》本同。王念孙《读书杂志》："梓"当为"榟"。"榟"为伐木更生之名。故《本经篇》高注曰："榟，滋生也。"

〔5〕狂生：妄生。

〔6〕九折：多次曲折。

〔7〕瀇瀁：即汪洋。水势广阔无涯的样子。 "翼"：《道藏》本、刘绩《补注》本作"潩"。高诱注文亦作"潩"。潩，水潦积聚。

〔8〕羿：即后羿。古代善射者。 恒娥：《初学记》引许慎注作"常娥"。奔月为月精。 怅然：失意的样子。

〔9〕乞火：求取火种。

【译文】

　　钳且、大丙,不用缰绳、马衔,而凭着善于驾驭闻名于天下;伏戏、女娲,不设置法令制度,而凭着最高的德行流传后世,为什么这样呢?它们已经达到了虚静纯粹的状态,而不采取苛烦之事。《周书》中说:"没有捕到野鸡,当转从上风去寻求,(说的是要顺应规律)。"现在至于像申不害、韩非子、商鞅的治理国家的办法,无异于拔掉树根,抛弃根本,而不去深究社会弊病产生的原因,以及为什么会造成这样的现状,恣意制定残酷的五刑,实行苛刻的法令,违背了道德的根本,而却在锥尖刀刃那些地方去争利,宰割百姓,竭尽百姓大半之财,而却自鸣得意地认为得到了大治。这就像抱着干柴去救火,凿开孔洞而去止水一样。在井边植树而长出的枝条,容不得汲水的瓮子来碰撞;沟边植树而长的枝叶,也容不得小船去挤压,不超过三个月,一定就会死去。为什么会这样呢?这都是盲目生长而没有考虑到地势的缘故。黄河经过多次曲折而到达大海,但水流不会断绝的原因,是昆仑山为它输送水源。洼地积水没有排泄开去,极目一望,广阔无边,一旦十天一月不下雨,就会干涸见底,因为它所接受的只是积水而没有源泉。就像后羿向西王母求得长生不死之药,而恒娥偷吃了,奔上了月宫。后羿怅然失意若有所丧,没有办法再得到不死之药了,为什么这样呢?因为他不知道不死之药是从什么地方产生的。因此说向别人求火,不如取燧打火;依靠别人取水,不如自家掘井。

第七卷　精神训

【题解】

何谓"精"、"神"？高诱题解中说："精者，人之气；神者，人之守也。""精气"，是构成人体的基本物质，是人的生命活动的原始动力。《黄帝内经·素问·金匮真言论》说："夫精者身之本也。"而"神"是人体生命活动总的外在表现，也指精神意识活动；"神"是以精气、气血为物质基础的，对人体起到守护的作用。本训的主旨，"所以使人爱养其精神，抚静其魂魄，不以物易己，而坚守虚无之宅者也"。本篇为《淮南子》养生论的核心。

本训研究了精神和形体的关系。指出"夫精神者，所受于天也；而形体者，所禀于地也"。就是说，人的精神和形体各有其自己的来源，而精神对形体的生命活动有主宰作用。"心者形之主也，而神者心之宝也"。心与神是人的精神，形与气是人的肉体。人的形体、精神、血气是互相依赖、密不可分的。

在精神与外物关系上，《精神训》继承了老庄豁达和豪放的气魄，强调要以无为处世，不以外物累身，要养生以和，理性命之情，返太素而入于大通。指出要"轻天下，细万物，齐生死，同变化"。只有这样，才是"无累之人"，才是懂得了人生的真谛。

陶方琦《淮南许注异同诂》："序目有'因以题篇'字，乃高注本也。"

古未有天地之时，惟像无形。⑴窈窈冥冥，芒芠漠闵；⑵澒濛鸿洞，莫知其门。⑶有二神混生，经天营地，孔乎莫知其所终极，滔乎莫知其所止息。⑷于是乃别为阴阳,离为八极;⁽⁵⁾刚柔相成,万物乃形;⁽⁶⁾烦气为虫,精气为人。⁽⁷⁾是故精神,天之有也;而骨骸者,地之有也。精神入其门,而骨骸反其根,我尚何存?⁽⁸⁾是故圣人法天顺情,不拘于俗,不诱于人。⁽⁹⁾以天为父,以地为母;阴阳为纲,四时为纪;天静以清,地定以宁,万物失之者死,法之者生。

【注释】

〔1〕惟:只有。 像:形象。《楚辞·天问》:"上下未形,何由考之?冯翼惟象,何以识之?" 无形:万物未成形之时。

〔2〕窈窈冥冥:深远的样子。 芒芠漠闵:广大无边的样子。

〔3〕澒濛鸿洞:混沌不分的样子。

〔4〕二神:指阴、阳之神。 混生:一起产生。《国语·周语下》韦昭注:"混,同也。" 经、营:指营造。 孔乎:深远的样子。 滔乎:广大的样子。

〔5〕离:分离。 八极:八方之极。

〔6〕刚柔:指阴阳。

〔7〕烦气:混杂之气。 精气:指元气中精微细致的部分,是生命的根源。

〔8〕根:指归根、归土。

〔9〕"法天顺情":《文子·九守篇》作"法天顺地"。

【译文】

古时没有出现天地的时候,只有无形的形象。深远幽深,广大无边,混沌不分,没有人知道它的大门。有阴、阳二神一起产生,开辟天地;深远啊没有办法知道它的终极的地方,广大啊没有办法知道它所止息的处所。在这个时候,于是便自然分为天地,离散为八极;阴、阳二气相互作用,万物便形成了;杂乱之气成为虫类,精微之气变成人类。因此说,精神是上天所有的;而骨骸是大地所有的。精神无形,可以进入天门;骨骸有形,只能归根大地,(人死各有所归),我还有什么存留的呢?所以圣人取法上天而依顺大地,不被世俗所拘束，不被他人所诱惑。把上天作为父亲，把大地作为母亲，把阴阳变化作为纲领，把四季的规律作为准则；上天安静而洁净，大地安定而宁静。万物失掉它就会死去，效法它就能生存。

夫静漠者，神明之宅也；⁽¹⁾虚无者，道之所居也。⁽²⁾是故或求之于外者，失之于内；有守之于内者，失之于外。譬犹本与末也，从本引之，千枝万叶，莫得不随也。

【注释】
〔1〕静漠：安静，淡漠。　神明：指人的精神清明。《经法·名理》："神明者，见知之稽也。"
〔2〕虚无：指无情欲的虚寂状态。

【译文】
安静淡漠，是使精神清明的住所；虚无寂静，是"道"的安居之处。因此有人在外部索求的，会在内部失掉；有人在内部坚守的，会在外部失去。比如就像树根和树梢的关系一样，从根本上拉动它，千枝万叶，没有不跟随而来的。

夫精神者，所受于天也；而形体者，所禀于地也。⁽¹⁾故曰："一生二，二生三，三生万物。"⁽²⁾万物背阴而抱阳，冲气以为和。"⁽³⁾故曰一月而膏，二月而胅，三月而胎，四月而肌，五月而筋，六月而骨，七月而成，八月而动，九月而躁，十月而（坐）[生]。⁽⁴⁾形体以成，五藏乃形。是故肺主目，肾主鼻，胆主口，肝主耳。外为表而内为里，开闭张歙，各有经纪。⁽⁵⁾故头之圆也象天，足之方也象地。[天]有四时、五行、九解、三百六十六日，人亦有四支、五藏、九窍、三百六十六节。⁽⁶⁾

天有风雨寒暑，人亦有取与喜怒。故胆为云，肺为气，肝为风，肾为雨，脾为雷，以与天地相参也，而心之为主。〔7〕是故耳目者，日月也；血气者，风雨也。日中有踆乌，而月中有蟾蜍。〔8〕日月失其行，薄蚀无光；〔9〕风雨非其时，毁折生灾；五星失其行，州国受殃。〔10〕

【注释】
〔1〕禀：施予。
〔2〕"一生二"几句：高诱注："一谓道也，二曰神明也，三曰和气也。或说一者元气也；生二者，乾坤也；二生三，三生万物。天地设位，阴阳通流，万物乃生。"按：语见《老子》四十二章。本训无"道生一"句。
〔3〕"万物"二句：高诱注："万物以背为阴，以腹为阳，身中空虚，和气所行。"按：冲，虚。通"盅"。《说文》段玉裁注："冲，凡用冲虚字者，皆盅之假借。"
〔4〕膏：黏稠状的物质。　胅：肿大。《广雅·释诂二》："胅，肿也。"胎：《说文》："妇孕三月也。""坐"：《道藏》本、刘绩《补注》本作"生"。《文子·九守篇》同。当正。
〔5〕歙：和合。　经纪：指纲常、法度。
〔6〕"有四时"句："有"上脱"天"字，《道藏》本同。刘绩《补注》本、《四库全书》本有"天"字。《文子·九守篇》同。　四时：四季。五行：指金木水火土。　九解：高诱注："谓九十为一解也。一说：九解，六一之所解合也。一说：八方中央，故曰九解也。"按：以天文论之，当以"八方中央"为胜。"三百六十六日"、"三百六十六节"：《道藏》本、刘绩《补注》本同。王念孙《读书杂志》云：本作"三百六十日"、"三百六十节"。《文子·九守篇》正作"三百六十日"、"三百六十节"。
〔7〕参：配合。以上数句载于《韩非子·解老》、《吕览·达郁》，亦见于《春秋繁露·人副天数》。
〔8〕踆乌：三足乌。《道藏》本亦作"蹲"。刘绩《补注》本作"踆"。《说文》："蹲，踞也。"《说文》无"踆"字。疑为后起字。《庄子·外物》陆德明释文引《字林》云："踆，古蹲字。"三足乌，即日中黑子之形象。　蟾蜍：蝦蟆。据《灵宪》、《论衡·说日》等所载，传说为嫦娥所化。
〔9〕薄蚀：日月相掩映，失其光泽。薄，迫。蚀，通"食"。即今

日食。

〔10〕"五星"句：高诱注："五星，荧惑、太白、岁星、辰星、镇星也。今荧犯角、亢，则州国受其殃也。"

【译文】

　　精神是由上天授予的，而形体是由大地给予的。正如《老子》中所说："一产生了二，即天地；这个二又产生了三，即阴气、阳气、和气；这个三产生了万物。万物的背面是阴气，前面是阳气，阴气、阳气交流便成为和气。"因此说人受孕一个月受精卵像黏稠状物质，两个月开始膨胀，三个月成胎，四个月长肌肉，五个月长筋，六个月长骨骼，七个月开始成形，八个月开始活动，九个月剧烈躁动，十个月便可以生下来。形体全部长成，五脏便能成形。因此肺主管目，肾主管鼻子，胆主管嘴巴，肝主管耳朵。外面五官是表象，而内部是脏腑。张开闭合，各自有一定的准则。所以头是圆形像上天，脚是方形像大地。上天有四季春夏秋冬，五行金木水火土，九解八方中央，一年三百六十六日，人也有四肢五脏九窍三百六十六个关节。天有风雨寒暑，人也有取与喜怒。因此，五脏中胆是云，肺是气，肝是风，肾是雨，脾是雷，以此来和天地相配合，而心是五脏之主。所以人的耳目，就像天上的日月；人的血气，就像上天的风雨。太阳中有三足乌，而月亮中有蛤蟆。日月失去运行轨道，就会发生相食，失去光辉；风雨不能按时到来，就会毁折万物，发生灾荒；五星乱了行驶轨道，大地上的州国就要遭殃。

　　夫天地之道，至纮以大，尚犹节其章光，（变）[爱]其神明，人之耳目曷能久熏劳而不息乎？〔1〕精神何能久驰骋而不既乎？〔2〕是故（面）[血]气者，人之华也；〔3〕而五藏者，人之精也。夫（面）[血]气能专于五藏而不外越，则胸腹充而嗜欲省矣。〔4〕胸腹充而嗜欲省，则耳目清、听视达矣。〔5〕耳目清、听视达，谓之明。五藏能属于心而无乖，则教志胜而行不僻矣。〔6〕教志胜而行之不僻，则精神盛而气不散矣。精神盛而气不散则理，理则均，均则通，通则神，神则以视无不见，以听无不闻也，以为无不成也。是故忧患不能入也，而邪气不能袭。⁽⁷⁾故事有求之于四海之外而不能遇，或守之于形骸之内而不见也。⁽⁸⁾故所求多者所得少，所见大者所知小。

【注释】

〔1〕纮：通"宏"。宏大。《正字通》："纮，与弘、宏通。"章光：光明。"变"：《道藏》本作"爱"。刘绩《补注》本、《四库全书》本同。曷：何。"熏劳"：过度忧劳。孙诒让《札迻》："熏"当作"勤"。俞樾《诸子平议》："熏"当作"勋"。按：《说文》："熏，火烟上出也。"《广韵》"文"韵："熏，火气盛皃。"引申有过甚、过度义。息：止。

〔2〕驰骋：奔走，奔竞。既：尽。

〔3〕"面气"：《道藏》本此文与下文亦同。刘绩《补注》本、《四库全书》本作"血"。《文子·九守篇》同。华：精华。

〔4〕专：专一。越：离散。

〔5〕达：通达。

〔6〕敦志：即蓬勃之志。《玄应音义》卷十二"蓬勃"注引《广雅》云："敦，盛皃也。"僻：邪僻。

〔7〕袭：侵入。以上二句化自《庄子·刻意》。

〔8〕遇：得到。

【译文】

　　天地施予万物的道理，极其深远而广大，尚且还要节制它的光明，爱惜它的精神的清明，人的耳目怎么能够长期忧劳而不停息呢？精神怎么能够长久奔竞而不耗尽呢？因此说，血气是人的精华，而五脏则是人的精粹所在。血气能够专一运行于五脏之间而不向外泄散，那么胸腹中就会充实而嗜欲就会减少了。胸腹中充实而嗜欲减少，那么耳目就会清新，听觉视觉就会通达了。耳目清新，听力视觉通达，它就叫做"明"。五脏能够隶属于心而不乖离，那么蓬勃之志自能战胜，而不会有邪僻之行了。蓬勃之志能够战胜，而不会有邪僻之行，那么精神就会旺盛，而精气就不会泄散了。精神旺盛而精气不泄散，那么就能掌握规律，掌握规律就能够平均，能够平均那么就能够通达，能够通达就能掌握自然法则，掌握自然法则，那么用它观察事物，没有不能见到的；用它来倾听声音，没有不能听到的；用它来做事情，没有不能成功的。所以忧患不能够侵入，而邪气也不能够侵袭它。（由于精神蔽塞），所以有的事情向四海之外寻求，也得不到它；有的事情守持在身体之内，也不能被发现。因此贪求多的人反而得到的少，所见到大东西的人反而知道的就小。

夫孔窍者，精神之户牖也；而气志者，五藏之使候也。[1] 耳目淫于声色之乐，则五藏摇动而不定矣。五藏摇动而不定，则血气滔荡而不休矣。[2] 血气滔荡而不休，则精神驰骋于外而不守矣。精神驰骋于外而不守，则祸福之至，虽如丘山，无由识之矣。使耳目精明玄达而无诱慕，气志虚静恬愉而省嗜欲，五藏定宁充盈而不泄，精神内守形骸而不外越，则望于往世之前，而视于来事之后，犹未足为也，岂直祸福之间哉！[3] 故曰："其出弥远者，其知弥少。"[4] 以言夫精神之不可使外淫也。[5] 是故五色乱目，使目不明；五声哗耳，使耳不聪；五味乱口，使口爽伤；[6] 趣舍滑心，使行飞扬。[7] 此四者，天下之所养性也，然皆人累也。[8] 故曰：嗜欲者，使人之气越；而好憎者，使人之心劳。[9] 弗疾去，则志气日耗。[10] 夫人之所以不能终其寿命，而中道夭于刑戮者，何也？以其生生之厚。[11] 夫惟能无以生为者，则所以修得生也。[12]

【注释】

〔1〕"气志"：王念孙《读书杂志》云当作"血气"。《文子·九守篇》正作"血气"。 使候：使者和斥候。即出使瞭望义。此数句，文义本自《韩非子·喻老》。

〔2〕滔荡：激荡。

〔3〕精明：精细明察。 玄达：精微通达。 "事"：疑当作"世"。《道藏》本、刘绩《补注》本亦作"事"。《文子·九守篇》作"来事之内"。

〔4〕"其出"二句：语见《老子》四十七章。

〔5〕外淫：过分向外散发。

〔6〕爽：伤、病。《老子》十二章："五味令人口爽。"王弼注："爽，差失也。"爽伤，王念孙《读书杂志》云：本作"厉爽"。《庄子·天地》"使口厉爽"，即《淮南》所本也。

〔7〕趣舍：取舍，进退。 滑：乱。滑心，扰乱心境。 行：《文子·九守篇》作"性"。 飞扬：不从轨道。以上几句见于《庄子·天地》。

〔8〕累：牵累。

〔9〕劳：病。

〔10〕"志气"：张双棣《淮南子校释》云：似当承上文作"心气"。按：《文子·九守篇》亦作"志气"。 耗：乱。

〔11〕生生：即养生。

〔12〕无以生为：不把生活享受作为追求目标。 "脩得生"：长久得到养生。《文子·九守篇》作"得长生"。

【译文】

人与外界相沟通的孔窍，是精神的门户；而内部流通的血气，是五脏的使者。耳目过分沉溺于声色之中，那么五脏就要受到震动而不得安宁。五脏摇动而不得安宁，那么血气就会激荡而不能够停止。血气激荡而不能够停止，那么精神就会竞驰在外而不能内守。精神竞驰在外面不能内守，那么祸福到来时，即使像山丘一样大，也没有办法来识别它。如果能使耳目清明通达而没有诱慕，气志恬愉安静而减少嗜欲，五脏安定充实而不泄散，精神内附形体骨骸而不致离散，那么就可以看到往世之前，也可以看到来世之后，这些还尚且不值得去从事，何况仅仅是祸福之事呢！所以说："精神外离越远，它懂得的道越少。"以此来说明精神不能够过分向外散发，去追求无穷的贪欲。因此说，各种色彩可以扰乱视线，使眼睛看不清楚；各种声音搅乱了听觉，使耳朵听不明白；各种气味扰乱了味觉，使嘴巴受到伤害；取舍的念头搅乱了思想，使行为脱离轨道。这四个方面，天下的人都是用来养生的，然而却成了人的牵累。所以说，过分贪欲，使人精气失散；而喜好憎恶，使人的精神疲劳。如不赶快抛弃它们，那么志气就会一天天消耗掉。人们不能善终他的寿命，而中途死于刑杀之下，这是什么原因呢？是因为他们用来养生的东西太丰厚了。只有那些能够不去贪求利害、嗜欲的人，那么才能长久地得到养生。

夫天地运而相通，万物总而为一。⁽¹⁾能知一，则无一之不知也。⁽²⁾不能知一，则无一之能知也。譬吾处于天下也，亦为一物矣。不识天下之以我备其物与？且惟无我而物无不备者乎？然则我亦物也，物亦物也，物之与物也，有何以相物也？⁽³⁾虽然，其生我也，将以何益？⁽⁴⁾其杀我也，将以何损？⁽⁵⁾夫造化者既以我为坯矣，将无所违之矣。⁽⁶⁾吾安知夫刺（炙）[灸]而欲生者之非或也？⁽⁷⁾又安知夫绞经而求死者之非福也？⁽⁸⁾或者生乃徭役也，而死乃休息也。⁽⁹⁾天下茫茫，孰知？其生我也，不强求已；其杀我也，不强求止。欲生而不事，憎死而不辞。贱之而弗憎，贵之而弗喜，随其天资而安之不极。⁽¹⁰⁾吾生也有七尺之形，吾死也有一棺之（上）[土]。⁽¹¹⁾吾[生]之于比有形之类，犹吾死之沦于无形之中也。⁽¹²⁾然则吾生也物不以益众，吾死也土不以加厚，吾又安知所喜憎利害其间者乎？⁽¹³⁾

【注释】

〔1〕总：总合。 一：同。高诱注："万物合同，统于一道。"

〔2〕"能知一"二句：高诱注："上一，道也。下一，物也。"

〔3〕"然则"以下几句：高诱注："物亦物也，何相名为物也。"按：化自《庄子·人间世》。

〔4〕"其生我也"二句：高诱注："言生我，自然之道，亦当以何益？"

〔5〕损：减损。

〔6〕坏：砖、瓦未烧之形。

〔7〕炙：《道藏》本同，刘绩《补注》本改作"灸"。当正。

〔8〕绞经：即缢死。《说文》："绞，缢也。"经，《广韵》"青"韵："绞也。"

〔9〕徭役：劳役。

〔10〕天资：天所赋予。　极：急。

〔11〕"上"：《道藏》本、刘绩《补注》本作"土"。当正。

〔12〕"吾之"：《道藏》本同。刘绩《补注》本增"生"字。"于比"：《道藏》本同，刘绩《补注》本改作"比于"。　沦：进入。

〔13〕"吾又安知"句：高诱注："不知喜生之利，不知憎死之害，守其正性也。"以上化自《庄子·大宗师》。

【译文】

　　天地运行而互相有通连，万物总合而统一于"道"。能通晓"道"的规律，那么万物中没有不能通晓的。不能懂得"道"的规律，那么万物中没有一样是能够懂得的。譬如我本身处在天地之间，也是万物中的一物。不知道天下是因为我才准备万物呢，还是正因为没有我而万物不能齐备呢？虽然如此，那么我也是一个"物"，万物也是"物"，"物"和"物"之间，又根据什么互相品评"物"呢？既然这样，那么自然界生下我，将能增加什么？它们的处死我，又将能减少什么？造物主既然已经把我作为一个土坯，那么我将也没有什么要背离它的。我哪里知道使用针灸治病而想使他生存下来的人，不是一种迷误呢？又怎么知道悬梁自寻死路的人，又不是他的福气呢？也许生存乃是劳役，而死亡才是休息。天下之道，旷远幽深，谁能知道它呢？大自然生下我，我也不强求死去；它们的处死我，也不强求苟活。自然造化力想使我生存，而我不必侍奉它；它厌恶而使我死去，我也不需要向它告辞。人们认为我卑贱也不憎恨，认为我尊贵也不欢喜，随着上天的赐予，安享它而不急迫。我生下来有七尺之形体，我死了占有一棺材大小的土地。我活着同有形体之类相并列，就像我死后沦没到没有形体之类中去一样。虽然如此，那么我生存时万物不因此而增多，我死去土地也不因此而加厚，我又怎么知道其中存在着喜憎、利害的事情呢？

夫造化者之攫援物也，譬犹陶人之埏埴也，其取之地而已为盆盎也，与其未离于地也无以异，其已成器而破碎漫澜，而复归其故也，与其为盆盎，亦无以异矣。^[1]夫临江之乡，居人汲水以浸其园，江水弗憎也；苦洿之家，决洿而注之江，洿水弗乐也。^[2]是故其在江也，无以异其浸园也；其在洿也，亦无以异其在江也。是故圣人因时以安其位，当世而乐其业。

【注释】
〔1〕攫援：有化育、创造义。攫，撮合。援，拉取。　陶人：主管瓦器之官。　埏埴：和泥制作陶器。埏，《慧琳音义》卷八十八引许注《淮南子》："抑土为器也。"《老子》十一章河上公注："埏，和也。"埴，黏土。　盎：一种大腹小口的容器。　漫澜：离散。
〔2〕洿：不流动的浊水。《说文》："洿，浊水不流也。"

【译文】
造化者的化育创造万物，就像陶人制作陶器一样，把黏土从土地中取出来，而做成盆罐之类，和黏土未离开土地之时，没有什么差异。黏土已经制成器物，而又使它们破碎四散，便又回到原来的样子，和做成的盆、罐，也没有什么差别。临近长江的人家，居民们打水浇灌菜园，江水不会厌恶；被污水所困的人家，决通污水而注入长江，污水也不会感到快乐。因此它在长江里，与其浇菜园没有什么差别；它在污水池里，也和在长江里没有什么差别。所以圣人按照时势的变化不同来安定自己的位置，符合当世的需要而喜欢他的事业。

夫悲乐者，德之邪也；而喜怒者，道之过也；好憎者，心之暴也。⑴故曰："其生也天行，其死也物化。⑵静则与阴俱闭，动则与阳俱开。"精神澹然无极，不与物散而天下自服。⑶故心者形之主也，而神者心之宝也。形劳而不休则蹶，精用而不已则竭，是故圣人贵而尊之，不敢越也。⑷

【注释】

〔1〕"暴"：损害。《道藏》本、《四库全书》同。刘绩《补注》本云：《文子》作"累"。以上六句，源于《庄子·刻意》。

〔2〕天行：自然的运行。 物化：外物的变化。 "其生"以下四句，化自《庄子·天道》、《刻意》。

〔3〕极：穷尽。 散：杂乱的样子。 自服：服于德。

〔4〕蹶：跌倒。

【译文】

悲哀和快乐，是"德"的邪妄；欢喜和愤怒，是"道"的过错；爱好和厌恶，是"心"的损害。所以说："圣人生下来是自然的运行，圣人的死亡是外物的变化。静止的时候就和阴气一起关闭，行动的时候就和阳气一起开放。"精神安静而没有穷尽，不和外物相混杂，而天下自然服从于德。所以"心"是形体的主宰，而"神"是心的珍宝。形体劳碌而不停息就会倒下，精神经常使用而不停止就会枯竭，因此圣人珍视而尊重它，不敢使它离散。

夫有夏后氏之璜者，匣匮而藏之，宝之至也。⑴夫精神之可宝也，非直夏后氏之璜也。⑵是故圣人以无应有，必究其理；以虚受实，必穷其节；恬愉虚静，以终其命。是故无所甚疏，而无所甚亲；抱德炀和，以顺于天；⑶与道为际，与德为邻；⑷不为福始，不为祸

先；魂魄处其宅，而精神守其根；死生无变于己，故曰至神。⁽⁵⁾

【注释】
〔1〕夏后氏：夏朝国君。　璜：半璧曰璜。
〔2〕直：只。以上化自《庄子·刻意》。
〔3〕炀和：指和谐万物的思想境界。以上几句出自《庄子·徐无鬼》。
〔4〕际：会合。
〔5〕至神：最高的境界。

【译文】
据有夏后氏的宝玉，放在匣子里珍藏起来，因为它是宝中之宝。精神值得宝贵的，不只是像夏后氏的宝玉那样。因此圣人用"无形"去应对"有形"，但必定搞清楚其中的道理；用"虚无"去接受"充实"，必定穷尽它的节度；以淡漠安静，来终结自己的生命。所以没有什么特别疏远的，也没有什么特别亲近的；含怀着德泽，使万物和谐，来顺应自然。和"道"来会合，与"德"来作邻居；既不成为幸福的先导，也不作为祸患的开始；魂魄安守它的宅居，而精神守护它的根本；或死或生都不能改变自己，所以叫做"至神"。

所谓真人者，性合于道也。⁽¹⁾故有而若无，实而若虚；处其一，不知其二；治其内，不识其外。⁽²⁾明白太素，无为复朴，体本抱神，以游于天地之樊，芒然仿佯于尘垢之外，而消摇于无事之业。⁽³⁾浩浩荡荡乎，机械知巧，弗载于心。⁽⁴⁾是故死生亦大矣，而不为变。⁽⁵⁾虽天地覆育，亦不与之抮抱矣。⁽⁶⁾审乎无瑕，而不与物糅⁽⁷⁾；见事之乱，而能守其宗。若然者，正肝胆，遗耳目⁽⁸⁾；心志专于内，通达耦于一⁽⁹⁾。居不知所为，行不知所之，浑然而往，逯然而来。⁽¹⁰⁾形若槁木，心若死灰。⁽¹¹⁾忘其五藏，损其形骸。⁽¹²⁾不学而知，不视而见，不为而成，不治而辩。感而应，迫而动，不得已而往，如光之耀，如景之放。⁽¹³⁾以道为纼，有待而然。⁽¹⁴⁾抱其太清之本，而无所容与，而物无能营。⁽¹⁵⁾廓惝而虚，清靖而无思虑。⁽¹⁶⁾大泽焚而不能热，河、汉涸而不能寒也，大雷毁山而不能惊也，大风晦日而不能伤也。⁽¹⁷⁾是故视珍宝珠玉犹石砾也，视至尊穷宠犹行客也，视毛墙西施犹颊丑也。⁽¹⁸⁾以死生为一化，以万物为一方。⁽¹⁹⁾同精于太清之本，而游于忽区之旁。⁽²⁰⁾有精而不使者，有神而不行，契大浑之朴，而立至清之中。⁽²¹⁾是故其寝不梦，其智不萌；⁽²²⁾其魄不抑，其魂不腾。⁽²³⁾反覆终始，不知其端绪。甘暝大宵之宅，而觉视于昭昭之宇，休息于无委曲之隅，而游敖于无形埒之野。⁽²⁴⁾（君）[居]而无容，处而无所。⁽²⁵⁾其动无形，其静无体。存而若亡，生而若死。出入无间，役使鬼神。沦于不测，入于无间，以不同形相嬗也。⁽²⁶⁾终始若环，莫得其伦。⁽²⁷⁾此精神之所以能登假于道也，是故真人之所游。⁽²⁸⁾

【注释】

〔1〕真人：指存养本性得道的人。如伏牺、黄帝、老子等。

〔2〕"治其内"二句：高诱注："治其内，守精神也。[不]识其外，不好憎也。"

〔3〕太素：朴素。　朴：淳朴。　樊：藩篱。《尔雅·释言》："樊，藩也。"　芒然：无知无识的样子。　仿佯：徘徊。　尘垢：尘世。以上数句，化自《庄子·大宗师》、《达生》。

〔4〕浩浩荡荡：广大无边的样子。　机械：巧诈。
〔5〕"而不为变"句：高诱注："不为变者，同死生也。"
〔6〕"覆育"：《道藏》本、刘绩《补注》本同。杨树达《淮南子证闻》云："育"当作"坠"。《庄子·德充符》："虽天地覆坠，亦将不与之遗。"按：覆坠，指天塌地陷。　捃抱：依《原道训》考证，当作"捃艳"，此为转移义。
〔7〕"审乎"二句：高诱注："瑕，犹釁也。忏见利欲之貌也，能审顺之，故不与物相杂粗。"按：瑕，即瑕疵。《庄子·德充符》作"审乎无假"。　粗：杂糅。
〔8〕"正"：《道藏》本、刘绩《补注》本同。王念孙《读书杂志》云："正"当为"亡"。《庄子·大宗师》："忘其肝胆，遗其耳目。"即《淮南》所本。
〔9〕耦：耦合。　一：指"道"。
〔10〕浑然：转行的样子。　逯然：忽然往来的样子。
〔11〕槁：枯死。二句化自《庄子·齐物论》、《知北游》。
〔12〕损：郑良树《淮南子斠理》云："损"疑当作"捐"。损者，弃也。
〔13〕放：仿效。《广雅·释诂三》："放，效也。"
〔14〕纮：法则，规范。高诱注："纮，法也。"《文子·九守篇》作"循"。
〔15〕太清：指天道、自然。　容与：放纵。　营：惑乱。
〔16〕廓惝：广阔的样子。　清靖：清静、安定。
〔17〕涸：干涸。《庄子·齐物论》作"沍"，冻。
〔18〕砾：小石块。　至尊：指帝王。　行客：过客。　墙：《道藏》本、刘绩《补注》本作"嫱"。《左传·哀公元年》陆德明释文："嫱，或作墙。"毛嫱、西施，古代美女名。　颠丑：极丑陋之人。王念孙《读书杂志》引之云："颠丑"当作"俱魄"。《列子·仲尼篇》有"若欺魄焉"。张湛注："欺魄，土人也。"可备一说。
〔19〕方：类。
〔20〕忽区：无形的样子。忽区之旁，恍惚无形之区旁。
〔21〕"有精"二句：高诱注："言不浊其精，不劳其神，此之谓也。"契：雕琢。　大浑：纯质未分的样子。
〔22〕"故其寝"二句：高诱注："其寝不梦，神内守也。其智不萌，无思念也。"按：以上见于《庄子·大宗师》。
〔23〕魄：阴神。　魂：阳神。《说文》："魂，阳气也。"

〔24〕大宵：长夜之中。　昭昭：明亮的样子。　无委曲之隅：冥冥无形象的样子。　游敖：同游遨。游玩。

〔25〕"君"：《道藏》本、刘绩《补注》本作"居"。当正。　容：形容。

〔26〕嬗：更替。《说文》："嬗，一曰传也。"

〔27〕伦：高诱注："理也，道也。"按：指规律。

〔28〕假：至。登假，升至，达到。　"是故真人之所游"句：《道藏》本、《四库全书》本同。俞越《诸子平议》云：本作"是真人之所游"，乃结上之辞。《文子·九守篇》作"此真人之游也"。于省吾《淮南子新证》："故"犹"固"也。"固"者本然之辞，是固真人之所游，正系结上。俞说非是。

【译文】

　　所说的"真人"，是指本性与"道"相合的人。因此"有形"时像"无形"，"充实"时像"空虚"。他居于一，不知其二。只知锻炼内心品德，而不知外在好憎；明洁纯粹，一尘不染，淡泊无为，回到原始的古朴。体察到真性，坚守自己的精神，来优游于天地的藩篱之内，茫然地徘徊在污浊的尘世之外，而自由自在地生活在无事的境地。心胸广大无边呵，巧诈虚伪之心，不存在于自己的胸中。因此说死生也是大事了，却能同死生，而不会使它变化。即使像天塌地陷，也不和它们共同转移。他审慎持守自己无瑕的本性，而不和外物杂乱相处；看到外事的混乱，而自己能够独守根本。像这样的人，忘掉自己的肝胆，遗忘了自己的耳目；心志专注内在精神，通达万物耦合到"道"之中。居处时不知干什么，行走时不知到何处去，转着圈子去，忽然又能归来。形体像干枯的木头，心灵像烧尽的死灰。忘掉他的五脏，抛弃他的形骸。不学就能知道，不察就能看见，不做就能成功，不研讨而能辩说清楚。受感触而响应，受迫近而行动，不得已去活动，像光耀一样迅速，像影子效法形体一样准确。用"道"作为规范，像"道"对待万物那样。怀抱着自然的规律，情欲不能使他放纵，而万物也不能够惑乱他。广阔而空虚，清静安定而无思虑。即使大泽燃烧起来，也不能使它感到热；黄河、汉水封冻了，也不能使它寒冷；迅雷劈开山峦，也不能使他吃惊；狂风遮蔽太阳，也不能使它受到损伤。所以看待珍宝珠玉，就像石块一样；对待帝王、荣辱，就像匆匆来去的过客一样；看待美女毛嫱、西施，就像用来求雨的丑陋偶人一样。只把死、生看作同一的变化，把万物作为同一类的事物罢了。心志和自然规律同行，而漫游在无形的境界之中。有精气而不需使用，有神明而不劳施行。凿开混沌不分的元气，而立于最清静的环境之中。因此他睡觉不做梦，（没有什么思虑）；他的智慧不萌生，（精神内守）；他的阴魂不沉抑，他的灵魂不飞腾。周而复始，不知什么地方是开端，甜蜜沉睡在长夜之中，而醒来看到的是光明的境界，休息在无边无际的太空，游玩在虚无广阔的境地。居留时没有形体，常处时没有处所。他的行动不见形迹，他平静时不见踪影。存在着像已消亡，生活着像已死去。进来出去没有间隙，却能够役使鬼神。沦没在无法测度之地，进入到没有间隙之处，以不同的形象不断更替着。开始和结束就像圆环一样，没有人能够掌握他的规律。这是真人的精神能达到"道"的原因，这就是真人的行止。

若吹呴呼吸，吐故内新，熊经鸟伸，凫浴猿躩，鸱视虎顾，是养形之人也，不以滑心。[1]使神滔荡而不失其充，日夜无伤而与物为春，则是合而生时于心也。[2]且人有戒形而无损于心，有缀宅而无耗精。[3]夫癞者趋不变，狂者形不亏，神将有所远徙，孰暇知其所为？[4]故形有摩而神未尝化者，以不化应化，千变万抮而未始有极。[5]化者复归于无形也，不化者与天地俱生也。[6]夫木之死也，青青去之也。[7]夫使木生者岂木也？犹充形者之非形也。[8]故生生者未尝死也，其所生则死矣；[9]化物者未尝化也，其所化则化矣。[10]轻天下，则神无累矣；[11]细万物，则心不惑矣；[12]齐死生，则志不慑矣；[13]同变化，则明不眩矣。[14]众人以为虚言，吾将举类而实之。[15]

【注释】

〔1〕吹呴：张口出气。《庄子·刻意》："吹呴呼吸，吐故纳新，熊经鸟申，为寿而已矣。" 吐故：吐出体内混浊的空气。 内新：吸进新鲜的空气。 熊经：像熊一样悬吊在树上。《后汉书·华佗传》李贤注："熊经，若熊之攀枝自悬也。" 鸟伸：像鸟一样伸展身体。 凫浴：像野鸭浴水一样。 猿躩：像猿猴一样跳跃。 鸱视：像鸱鸟一样环视。 虎顾：像虎一样回头看。

〔2〕滔荡：激荡。 充：充实。 日夜：高诱注："谕贼害也。" 无伤：高诱注："无所贼害也。" 与物为春：高诱注："言养物也。" 合：合于道。以上数句化自《庄子·德充符》。

〔3〕戒：杨树达《淮南子证闻》：作"革"者本字，"戒"同音借字。革，改变。 缀宅：杨树达《淮南子证闻》："缀"读为"辍"。《尔雅·释诂》云："辍，已也。"人死则精神离其宅，故云"有辍宅"也。按：缀宅，指精神离其宅，即生命活动停止。 无耗精：指精神不耗灭。言人虽死，精神终不耗灭，故曰："无耗精。"

〔4〕癞：恶疾。 趋：通"趣"，志趣。

〔5〕摩：灭，死。 神未尝化：高诱注："神变归于无形也，故曰'未尝化'也。" 掺：转变。

〔6〕化者：指形骸。 不化者：指精神。

〔7〕青青：指绿色。

〔8〕充形者：指气。

〔9〕"故生生者"句：高诱注："生生者道，谕道之人若天气，未尝'死'也。" 所生：指万物。

〔10〕化物者：指道。 所化：指万物。

〔11〕轻：轻薄。 累：牵累。

〔12〕细：细小。

〔13〕齐：等同。 慑：惧怕。

〔14〕眩：惑乱。

〔15〕实：证实，明确。

【译文】

至于像张口呼吸，排出污浊的气体，吸进新鲜的空气，像熊一样攀援，像鸟一样伸展双翅，如鸭子浴水，似猿猴那样跳跃，若鸱鸟一样观察，像老虎一样回顾，这是养形之人的举动，（不是真人之道），不能够扰乱真人之心。真人使精神激荡而不会失去充实，精神昼夜变化也不会受到伤害，而与万物一起滋生，那么这是合于"道"而产生的与时推移之心。而且真人有形体的变化而没有心神的损伤，有躯体的转化而没有精神的死亡。人身上生癞疮，（但精神仍在），而志向不会改变；疯癫病人身体完好，但是精神已经离开远徙了，谁有闲空去了解疯子的行止呢？所以有时形体消灭而精神却未曾变化，以不变化的精神去应对变为灰土的形骸，千万次转化，而不曾有终点。死去的形体又回到无形中去，不变化的精神和天地一起生存。树木死去的时候，青色便离开了它。使树木生长的难道是树木本身吗？（是天地）。就像气体是看不见它的形体一样。所以使万物生存的"道"，（像大气一样）不曾死去，它所产生的万物却已经死了；使万物变化的"道"不曾发生变化，它所化生的万物却已经发生变化了。如能看轻天下的权势，那么精神便不会受到外物的牵累；把世间万物看作小事，那么心灵便不会受到诱惑了；把生、死等同起来，那么意志上就会坚定了；把万物的变化同一起来，那么智慧就不会发生惑乱了。众人都认为这是不切实际的话，我将举出同类的事例来证实这个问题。

人之所以乐为人主者，以其穷耳目之欲，而适躬体之便也。[1] 今高台层榭，人之所丽也，而尧朴桷不斫，素题不枅；[2] 珍怪奇味，人之所美也，而尧粝粱之饭，藜藿之羹；[3] 文绣狐白，人之所好也，而尧布衣掩形，鹿裘御寒。[4] 养性之具不加厚，而增之以任重之忧，故举天下而传之于舜，若解重负然，非直辞让，诚无以为也。[5] 此轻天下之具也。

【注释】
〔1〕人主：指国君。　穷：穷尽。　适：适合。　躬体：自己身体。
〔2〕台榭：四方而高为台，台上亭阁为榭。　朴：未加工的木材。　桷：方椽子。　素题：不加彩饰。题，端。　枅：柱上横木。
〔3〕粝：粗米。　粱：谷物。　藜：一种草本植物。　藿：豆叶。

〔4〕文绣：绣画的锦帛。　狐白：狐腋下之皮，其毛纯白色。　布衣：指藤、麻、葛纤维织成的布。　鹿裘：鹿皮制的皮衣。
〔5〕养性：保养其生命。　具：指衣食之物。《广雅·释诂二》："具，备也。"　任重：指国家大事。　传：禅让。　直：只。　辞让：谦让。

【译文】

人们之所以向往当国君的原因，是因为它能使人满足耳目的欲望，而可以得到适合自己的任何需要。当今之人，对于楼台亭阁，都是认为美丽的，但是尧的住房用作椽子的木头不做加工，梁上柱子也不加修饰；珍奇的美味佳肴，人人都是向往的，但是尧吃的是糙米饭，喝的是野菜汤；鲜艳的彩帛，昂贵的狐白，是人人都喜爱的，但是尧用布衣遮蔽身体，用低劣的鹿皮御寒。用来养生的东西一点也不增多，而日益增加的是对于国家大事的忧虑，因此把天子之位禅让给舜，就像解除了沉重的负担。不是尧仅仅具有谦让的美德，君主之位实在是没有什么值得贪恋的。这就是看轻天子权势的事例。

禹南省，方济于江，黄龙负舟，舟中之人五色无主，禹乃熙笑而称曰："我受命于天，竭力而劳万民，生寄也，死归也，何足以滑和？"〔1〕视龙犹蝘蜓，颜色不变，龙乃弭耳掉尾而逃。〔2〕禹之视物亦细矣。

郑之神巫相壶子林，见其征，告列子。〔3〕列子行泣报壶子，壶子持以天壤，名实不入，机发于踵，壶子之视死生亦齐。〔4〕

【注释】

〔1〕省：巡视。　济：渡。　竭：尽。　劳：忧。　寄：寄托。
〔2〕蝘蜓：蜥蜴。　弭：低。
〔3〕神巫：占卜有灵验的巫者。　相：看相。　壶子林：人名。列子之师。　征：兆征。指吉凶祸福之气。　列子：即列御寇。战国郑人。《汉书·艺文志》"道家"有《列子》八篇。

〔4〕"列子行泣"句：指壶子将要死之事。《庄子·应帝王》："列子入，泣涕沾襟以告壶子。" 报：告诉。 天壤：高诱注："言精神天之有也，形骸地之有也，死自归其本，故曰持天壤也。" 名：指名誉。 实：指实利。 不入：指不入于胸中。 机：指危急。 踵：脚后跟。"机发"句：高诱注："机，喻疾也。谓命危殆，不旋踵而至，犹不恐惧。""齐"：《道藏》本同。刘绩《补注》本补"矣"字。以上化自《庄子·应帝王》。

【译文】
　　禹到南方巡察，正从长江渡过，江中黄龙背负小舟，一舟之人大惊失色。这时禹却笑嘻嘻地说："我从天帝那里接受命令，竭尽全力忧劳万民，活着只是暂时寄托人间，死了是回归到本宅，你岂能因此扰乱天和？"他把黄龙看作蜥蜴，神色一点也没有变化，黄龙于是低下耳朵，摇着尾巴，顺从地逃走了。禹看待庞然大物不过是很细小的东西。
　　郑国有个神巫，给壶子林看相，见到他有死亡的征兆，便告诉了他的学生列御寇。列子边走边哭告诉了壶子，壶子认为，精神属于天，形骸属于地，（死不过回归本土），名誉、财物都不能入于胸中，生命危急，不旋踵而死，也不值得恐惧，壶子把死生看作是等同的。

　　子求行年五十有四，而病伛偻，脊管高于顶，膈下迫颐，两髀在上，烛营指天，匍匐自窥于井曰："伟哉！造化者其以我为此拘拘邪？"〔1〕此其视变化亦同矣。

【注释】
　　〔1〕子求：《庄子·大宗师》作"子来"。楚人。 伛偻：驼背。 脊管：脊背。 膈：胸前骨。 颐：面颊。 髀：《说文》："髀，股也。"指股骨。高注作"脾"。脾，通"髀"。 烛营：男子下体。 指天：向上指天。 匍匐：爬行。 窥：看。 伟：美。 拘拘：壮美的样子。

【译文】
　　子来年龄过了四十五岁时，而患了驼背，脊骨高过头顶，胸前骨抵到下巴,两条大腿长到上部,下体上翘,他慢慢爬到井边,对着井水照见自己的面容,说:"多漂亮啊!大自然为我造就了这么壮美的形象!"这是他看待形体的变化是同一的。

故睹尧之道,乃知天下之轻也;观禹之志,乃知天下之细也;⁽¹⁾原壶子之论,乃知死生之齐也;⁽²⁾见子求之行,乃知变化之同也。

【注释】

〔1〕天下:《道藏》本、刘绩《补注》本同。王念孙《读书杂志》:"天下"当为"万物",此涉上"天下之轻"而误也。

〔2〕原:探求。

【译文】

因此看尧实行的禅位之举,才知道他把天子权势看得轻微不足道;观察禹的志向,才知道他把天下万物看得那样微小;探究壶子的观点,才知道他认为生死是等同的;看到子来的行止,才知道他把变化看作是同一的。

夫至人倚不拔之柱,行不关之涂;⁽¹⁾禀不竭之府,学不死之师;无往而不遂,无至而不通;⁽²⁾生不足以挂志,死不足以幽神;⁽³⁾屈(神)[伸]俯仰,抱命而婉转;⁽⁴⁾祸福利害,千变万纷,孰足以患心?⁽⁵⁾若此人者,抱素守精,蝉蜕蛇解,游于太清;⁽⁶⁾轻举独往,忽然入冥;⁽⁷⁾凤皇不能与之俪,而况斥鷃乎?⁽⁸⁾势位爵禄,何足以概志也?⁽⁹⁾

【注释】

〔1〕至人:道德修养达到最高境界的人。 不拔之柱:不可拔摇之

柱。　不关之涂：不可关闭之途。

〔2〕遂：通，达。《吕览·圜道》高诱注："遂，达也。"

〔3〕挂志：牵绊心志。　幽神：泯灭精神。《小尔雅·广诂》："幽，冥也。"

〔4〕"神"：《道藏》本、刘绩《补注》本作"伸"。当正。　抱命：怀抱天命。　婉转：辗转，委蜿曲折。

〔5〕紾：转。

〔6〕抱素：守其本真，不为利欲所动。　守精：保守精神。　蝉蜕蛇解：像蝉、蛇一样蜕衣。喻解脱。

〔7〕轻举：轻身升起。

〔8〕俪：并列。高诱注："俪，偕。"　斥鷃：一种小鸟。

〔9〕概：平。

【译文】

"至人"倚靠在不可拔摇的柱子上，行走在无所不通的道路之上；从永不枯竭的府库中承受精神财富，在长生不老的老师那儿学得知识；去的地方没有不通，到的地方没有阻碍；活着不值得牵挂心志，死去不能够泯灭精神；升降起伏，怀抱天命而不违离轨道；祸福、利害，千变万化，有什么值得忧虑在心的呢？像这样的人，守其本真，保持精神，解脱尘世的羁绊，遨游在自然之中；独自轻身升起，忽而又进入深远的境地；凤凰不能和他相并列，更何况是斥鷃这样的小鸟呢？权势、高位、爵号、俸禄，又怎么能够平息他的雄伟志向呢？

晏子与崔杼盟，临死地而不易其义；〔1〕殖、华将战而死，莒君厚赂而止之，不改其行。〔2〕故晏子可迫以仁，不可劫以兵；殖、华可止以义，而不可县以利；〔3〕君子义死而不可以富贵留也，义为而不可以死亡恐也。彼则直为义耳，而尚犹不拘于物，又况无为者矣。

【注释】

〔1〕晏子：春秋时齐国著名政治家，仕灵公、庄公、景公三世。《汉

书·艺文志》"儒家"有《晏子》八篇。　崔杼：春秋齐大夫，杀庄公，而立景公。高诱注："崔杼杀齐庄公，盟诸侯曰：'不唯崔、庆是从者，如此盟。'晏子曰：'婴所不唯忠于君而利社稷者是从，亦如之。'故曰：'临死地不易其义'者也。"按：并见《左传》襄公二十五年，《吕览·知分》、《晏子春秋·内篇杂上》等。

〔2〕殖、华：杞殖和华周二人。齐国勇士。齐庄公四年，为君袭莒，殖、华二人进抵莒郊，被俘，不屈而死。见《左传》襄公二十三年。

〔3〕县：吴承仕《淮南旧注校理》：疑当作"县，眩也"。即眩惑义。

【译文】

崔杼弑君，胁迫晏子与之合盟，刀剑逼胸而晏子不改变自己忠于国家的大义；杞殖、华周英勇作战兵败被围，莒君用丰厚的待遇劝其投降，（而二人严词拒绝），不因利益改变自己的操行。所以晏子可以用仁义来感迫他，而不能用兵器相逼迫；杞殖、华周可以用大义让他们停止战斗，而不能用厚利来惑乱他们；君子可以为正义而牺牲，而不能因贪图富贵而苟活；君子可以为大义而献身，而不能够用死亡相恐吓。他们这些人仅仅只是为了道义罢了，而尚且不被外物所拘束，又何况掌握天道规律的人呢？

尧不以有天下为贵，故授舜；公子扎不以有国为尊，故让位；[1] 子罕不以玉为富，故不受宝；[2] 务光不以生害义，故自投于渊。[3]

【注释】

〔1〕扎：《道藏》本同，刘绩《补注》本作"札"。《玉篇》："扎，俗札字。"公子扎，即季札。春秋时吴王诸樊之弟，多次辞让君位。本书凡四见。其事见《左传》襄公十四年。

〔2〕子罕：春秋宋人。叫司城乐喜。宋之司空。"故不受宝"句：有人把玉献给子罕，子罕不受，说："我以不贪为宝。"事见《左传》襄公十五年、《韩非子·喻老》、《吕览·异宝》等。

〔3〕务光：汤伐桀，夺取了帝位，恐天下议论，便让位于务光。务光负石投渊而死。事见《庄子·让王》、《韩非子·说林上》等。

【译文】

尧不把据有天子的权位看作尊贵,所以才把权力传给了舜;公子季札不把国君之位看作尊宠,所以一再辞让君位;司城子罕不把占有美玉视为富贵,所以不接受宝物;务光因自己活着会危害大义,所以不惜自投深渊而死。

由此观之,至贵不待爵,至富不待财。⁽¹⁾天下至大矣,而以与佗人也;身至亲矣,而弃之渊;外此其馀无足利矣。⁽²⁾此之谓无累之人。⁽³⁾无累之人,不以天下为贵矣。

【注释】

〔1〕爵:爵位。君主国家所分封的等级。
〔2〕外:除去、舍此义。 利:指贪恋。《广雅·释诂》:"利,贪也。"
〔3〕无累之人:没有任何牵累之人。

【译文】

从这里可以看出,最高的权贵不依赖于爵禄,最大的富有不依恃于财产。天子的权势是最大的了,而尧却把它传给他人;自己生命是最重要的了,而务光却把它抛入深渊;除此之外,天下的利益再也没有什么值得贪恋的了。这样的人叫做"无累之人"。无累之人,不把天下的权位看作是尊贵的。

上观至人之论,深原道德之意,以下考世俗之行,乃足羞也。⁽¹⁾故通许由之意,《金縢》、《豹韬》废矣;⁽²⁾延陵季子不受吴国,而讼间田者惭矣;⁽³⁾子罕不利宝玉,而争券契者愧矣;务光不污于世,而贪利偷生者闷矣。⁽⁴⁾故不观大义者,不知生之不足贪也;⁽⁵⁾不闻大言者,不知天下之不足利也。⁽⁶⁾

【注释】

〔1〕考：观察。

〔2〕许由：相传尧要把天下传给他，他逃往箕山。又请他做九州长，他认为玷污了自己，到颖水边洗耳朵。《金縢》：《尚书》篇名。武王疾，周公祷于三王，愿以身代。史官纳其祝策于金縢匮中。《豹韬》：古代兵书。传吕尚著《六韬》，其中有《豹韬》八篇。《汉书·艺文志》"儒家"有《周史六弢》六篇，颜师古注："即今之《六韬》也。盖言取天下及军旅之事。弢字与韬同也。"

〔3〕间田：古代封建以土地封国，封馀之地为闲田。见《礼记·王制》。也指无人耕种的田地。间，同"闲"。《说文通训定声》："间，叚借为闲。""讼间田者"：高诱注："虞、芮及暴桓公、苏信公是也。"按："虞、芮"事见《诗·大雅·緜》："虞、芮质厥成，文王蹶厥生。"毛亨传中说，虞、芮二国君争田，往鲁请文王判断。见周人礼让之风，受到感染，而自动相让。"暴、苏"事，见《诗·小雅·何人斯》序："《何人斯》，苏公刺暴公也。"

〔4〕悶：烦扰。《说文》："悶，懑也。"

〔5〕大义：指为国君去死。

〔6〕大言：高诱注："体道无欲之言。"

【译文】

　　向上来看"至人"的观点，深入探索道德的意旨，往下对照观察世俗之人的行为，才感觉他们的行为太值得羞愧了。因此如果能够通晓许由的意旨，那么玩弄权术的《金縢》、《豹韬》之类的书便可以废弃了；延陵季札不愿意接受吴国国君之位，就足以使因为一点田界打官司的人感到惭愧了；子罕不把美玉当作宝贝，就使那些因为券契争吵的人感到有愧了；务光不让天子的权势玷污自己，就足以使贪图蝇头之利苟且偷生的人感到烦扰了。因此不考察"大义"的人，不知道人活着是不值得贪财的；没有听到"大言"的人，不知道天子的权势是不值得图谋的。

　　今夫穷鄙之社也，叩盆拊瓴，相和而歌，自以为乐矣。〔1〕尝试为之击建鼓，撞巨钟，乃性仍仍然知其盆瓴之足羞也。〔2〕藏《诗》、《书》，脩文学，而不知至论

之旨，则拊盆叩瓴之徒也。〔3〕夫以天下为者，学之建鼓也。〔4〕

【注释】
〔1〕穷鄙：穷巷。　社：《说文》："地主也"。即土地之神的神主。　拊：拍，敲。　瓴：一种盛水罐子。　和：应和。
〔2〕建鼓：古代大型乐器。流行于战国初期。　"乃性"：《道藏》本、刘绩《补注》本同。王念孙《读书杂志》云："性"字义不可通，"性"当为"始"。"乃始"犹言然后也。　仍仍然：不得志的样子。
〔3〕至论：最精深的道理。
〔4〕夫：《道藏》本、刘绩《补注》本同。《文子·九守篇》作"夫无以天下为者"。疑脱"无"字。

【译文】
　　现在穷乡僻巷社祭时，敲打瓦盆瓦罐，跟着应和唱起歌来，自己认为是十分快乐的了。试着为他们擂起建鼓，撞响巨钟，然后他们才不好意思地知道敲打盆罐作乐是多么的羞愧。珍藏《诗》、《书》，修治文学，而不知道最深刻真实的道理，那么也不过是敲盆击罐之类的人物而已。只有不把天下权势当作一回事的人，才是学问中的建鼓。

　　尊势厚利，人之所贪也。使之左据天下图，右手刎其喉，愚夫不为。〔1〕由此观之，生尊于天下也。〔2〕圣人食足以接气，衣足以盖形，适情不求馀，无天下不亏其性，有天下不羡其和，有天下、无天下，一实也。〔3〕今赣人敖仓，予人河水，饥而殡之，渴而饮之，其人腹者，不过箪食瓢浆，则身饱而敖仓不为之减也，腹满而河水不为之竭也。〔4〕有之不加饱，无之不为之饥，与守其篅笸，有其井，一实。〔5〕

【注释】

〔1〕"使之"以下几句:《吕览·不侵》、《知分》高诱注:《淮南记》曰,"左"下有"手"字,"不为"后有"也"字。知今本脱。

〔2〕尊:《道藏》本、刘绩《补注》本同。王念孙《读书杂志》云:"尊"本作"贵"。《吕览·知分篇》注引此作"贵"。按:《文子·上义篇》亦作"贵"。

〔3〕气:指水谷之气。 羡:超过。通"衍"。《后汉书·王梁传》李贤注:"衍,过也。"和:适合。 实:等同。

〔4〕赣:赐给。《玉篇》:"赣,赐也。" 敖仓:古仓名,在今河南荥阳北。 箪:古代盛饭的圆形竹器。

〔5〕篅:盛谷物的圆囤。 笓:席箔围成的盛放米谷的器具。"一实"句:《道藏》本"实"下无"也"字,刘绩《补注》本有"也"字。疑脱。

【译文】

显赫的权势,丰厚的财富,是俗人所贪恋的。那么让他左手执掌天下的图籍,而右手拿刀抹脖子自杀,就是再蠢的人也不会干。从这里可以看出,生命比天子的权势更重要。圣人吃的食物足够接续体内的水谷之气,穿的衣服足够遮住形体,适合自己的性情而不贪求其馀的东西,没有天下的权力,对自己性情没有损害;有了天子之位,不超过自己合适的要求,占有天下和没有天下是相同的。这就像现在送给别人一个敖仓,并把黄河之水也送给他,饿了来吃它,渴了来饮它,它们进入肚子里的,不过一竹篮食物和一瓢水而已。那么肚子饱了而敖仓不因此而减少,装满了肚子而黄河水不因之而枯竭。有它们不能够增饱,没有它们不致受饥,和守着竹席编成的谷囤,有一口井,意义是一样的。

人大怒破阴,大喜坠阳;大忧内崩,大怖生狂;除秽去累,漠若未始出其宗,乃为大通。(1) 清目而不以视,静耳而不以听;(2) 钳口而不以言,委心而不以虑;(3) 弃聪明而反太素,休精神而弃知故;觉而若昧,以生而若死;(4) 终则反本(末)[未]生之时,而与化为一体,

死之舆生，一体也。〔5〕

【注释】
〔1〕秽：邪恶。　累：拖累。
〔2〕清：明亮。
〔3〕钳口：闭口。　委心：听任本心的自然。
〔4〕眛：高诱注："眛，暗也，猒也。楚人谓猒为眛，喻无知也。"按：《广韵》"队"韵："眛，暗眛。"又《庄子·天运》陆德明释文引司马云："眠，厌也。"即梦魇义。王念孙《读书杂志》引之曰，字当为"眠"，注中"暗也"乃后人所加。
〔5〕"末"：《道藏》本、刘绩《补注》本作"未"。当正。　化：造化。　舆：《道藏》本、刘绩《补注》本作"舆"。俞樾《群经平议·周易一》："舆，当读为舆。是舆、舆古通用。"　"一体也"：《道藏》本、刘绩《补注》本同。于鬯《香草续校书》："体"当作"实"，上文可例。作"体"者涉上一句"一体"而误。

【译文】
　　人大怒就会破坏体内阴气，大喜就会挫伤体内阳气；大的忧虑会导致内脏崩摧，特别恐怖就会使人变成疯癫。除去邪恶，抛开拖累，不如从来未曾离开根本，才能算是最高的通达。有明亮的眼睛而不用来看东西，有安静的耳朵而不用来听声音；闭上嘴巴而不用来说话，听任本心而不去思虑；抛开聪明而反归自然，止息精神，除去巧诈；觉醒了而像在昏睡中，活着而就像死去；最终则要返回到本来未生之时，而和自然造化在一起，死去和活着存在于一个整体之中。

　　今夫繇者揭䦆臿，（鱼）〔负〕笼土，盐汗交流，喘息薄喉。〔1〕当此之时，得荫越下，则脱然而喜矣。〔2〕岩穴之间，非直越下之休也。病疵瘕者，捧心抑腹，膝上叩头，蜷跼而谛，通夕不寐，当此之时，忽然得卧，则亲戚兄弟欢然而喜。〔3〕夫脩夜之宁，非直一哈之乐也。〔4〕

【注释】

〔1〕繇:通"徭",劳役。 揭:举起。 钁:大锄。 臿:铁锹。"鱼":《道藏》本同。刘绩《补注》本作"负"。当正。 笼:盛土器具。 薄:迫近。

〔2〕荩:通"庥",庇荫。 樾:通"樾",树荫。楚语。 脱然:舒服的样子。

〔3〕"疵":《说文》:"病也。"疑作"疝"。《说文》:"疝,腹痛也。" 瘕:指腹中病。《集韵》"马"韵:"腹中久病。" 蜷跼:屈曲。 佮然:快乐的样子。佮,通"快"。

〔4〕一佮:一咽。即一瞬。喻时间短。

【译文】

现在服劳役的人举着锄头、铁锹,背扛土篓,汗流浃背,累得气也喘不过来。在这个时候,能够在树荫下休息,那么便是舒心欢喜了。而那岩穴之间的阴凉清爽,又不仅仅是树荫之下所能比拟的。患腹痛病的人,有时捧着心窝按着肚子,有时把头撞到膝盖上,蜷曲成一团而哭泣,整夜不能够入睡。在这个时候,能快乐地入睡,那么父母兄弟必然欢欣喜悦。那长夜的安宁,不只是短暂的快乐所能相比的。

故知宇宙之大,则不可劫以死生;⁽¹⁾知养生之和,则不可县以天下;⁽²⁾知未生之乐,则不可畏以死;知许由之贵于舜,则不贪物。墙之立,不若其偃也,又况不为墙乎?⁽³⁾冰之凝,不若其释也,又况不为冰乎?自无蹠有,自有蹠无;⁽⁴⁾终始无端,莫知其所萌;⁽⁵⁾非通于外内,孰能无好憎?无外之外,至大也;⁽⁶⁾无内之内,至贵也。⁽⁷⁾能知大贵,何往而不遂?⁽⁸⁾

【注释】

〔1〕劫:迫。

〔2〕养生之和：指养生之要道。　县：同"悬"，系。一说"县"之言"眩"，惑乱。
〔3〕偃：倒下。
〔4〕蹠：到。
〔5〕萌：开始发生。
〔6〕无外：没有垠外。喻极大。
〔7〕无内：道极其微妙，故曰"无内"。言其小。
〔8〕大贵：指微妙之"大道"。高诱注："谓无内之内也。"遂：畅达。高诱注："遂，通也。"

【译文】

　　因此知道宇宙是如此广大，那么便不能够用死生相胁迫；懂得了养生的要道，就不必用天下的权势来惑乱；了解了未生时候的快乐，便不能用死亡来相威吓；懂得了许由比舜尊贵，那么就不会贪得外物。土墙的树立不如它的倒下，更何况没有筑墙的时候呢？冰的凝结不如它的融化，又何况它不成为冰的时候呢？从无形到有形，从有形到无形；它的终始变化，没有端倪，没有人知道它萌动的时候；不是通达了自然界和"道"的变化，谁能没有喜好和憎恶呢？没有边界的外面，是最为广大的了；没有内部的里面，是最为尊贵的了。如果能够懂得最为微妙的"道"，什么地方不能通达呢？

　　衰世凑学，不知原心反本，直雕琢其性，矫拂其情，以与世交。〔1〕故目虽欲之，禁之以度；心虽乐之，节之以礼；趋翔周旋，诎节卑拜；〔2〕肉凝而不食，酒澄而不饮；外束其形，内愁其德；〔3〕错阴阳之和，而迫性命之情；〔4〕故终身为悲人。〔5〕达至道者则不然，理情性，治心术；〔6〕养以和，持以适；乐道而忘贱，安德而忘贫；性有不欲，无欲而不得；心有不乐，无乐而弗为；无益情者，不以累德；〔7〕而便于性者，不以滑。〔8〕故纵体肆意，而度制可以为天下仪。〔9〕

【注释】

〔1〕凑：趋附。　直：只。　矫：矫饰。　拂：杨树达《淮南子证闻》："拂"假为"弗"。《说文》："弗，矫也。"弗、矫同义，故以"矫拂"连文。

〔2〕趋翔：即趋动。《吕览·尊师》毕沅新校正："翔，与跄同。"按：《说文》："跄，动也。"　诎节：卑屈的礼节。　畀：《道藏》本、刘绩《补注》本同。《尔雅·释诂上》郝懿行义疏："畀，通作俾，又通作埤。"朱骏声《说文通训定声》："卑，叚借又为俾。"知"畀"不误。

〔3〕"惣"：《道藏》本、刘绩《补注》本作"总"。总，《说文》"聚束也"。即束缚义。《文子·上礼篇》作"愁"。

〔4〕"错"：乱。《道藏》本、刘绩《补注》本作"钳"，《文子·上礼篇》同。钳，钳禁。和：和气。

〔5〕悲人：悲哀之人。

〔6〕至道：最深刻的道理。　心术：指思虑和心计。

〔7〕累德：有损于道德。

〔8〕"而"：《道藏》本同。刘绩《补注》本作"不"。"滑"：其下无"和"字，《道藏》本同。刘绩《补注》本有"和"字。《文子·九守篇》有"不"、"和"字。

〔9〕纵体：行为放纵，不加检束。　肆意：任意。　仪：法度。

【译文】

衰败世道的趋时之学，不知推究初意，返回根本，只知道粉饰他们的天性，矫饰他们的本情，以便和流俗世人相交接。因此眼睛即使想看，却被法规所禁止；心里纵然再欢喜，却受到礼仪的节制；行止有礼，周旋应酬，卑躬屈膝，肉冻结了而不敢吃，酒澄清了而不敢饮；外部束缚自己的形体，内部愁煞自己的德性；扰乱了阴阳间的和气，而使生命的本性受到禁迫，因而终身成为悲哀之人。通达最精深道理的人则不是这样，他们治理人的本性，修治自己的心术；用和气来养性，用适宜来控制自己；喜爱道术而忘掉卑贱，安于德性而忘记贫穷；本性持虚而不求外欲，那么就没有所欲不能得到；心正不求邪淫之乐，那么没有快乐不能获得；对于本性没有好处的东西，不因此损伤道德；对于性情不便利的东西，不让它扰乱天和。因此得道之人虽然放纵行为，任意行事，然而他们所树立的法规制度可以成为天下人的仪表。

今夫儒者不本其所以欲，而禁其所欲；⁽¹⁾不原其所以乐，而闭其所乐；是犹决江河之源，而障之以手也。⁽²⁾夫（收）[牧]民者，犹畜禽兽也，不塞其囿垣，使有野心；⁽³⁾系绊其足，以禁其动，而欲脩生寿终，岂可得乎？

【注释】
〔1〕本其所以欲：高诱注："谓正性恬漠也。" 所欲：高诱注："谓情欲、骄奢、权势也。"
〔2〕障：遮蔽。
〔3〕"收"：《道藏》本、刘绩《补注》本作"牧"。当正。《说文》："牧，养牛人也。"即畜养义。 囿：畜养禽畜的园地。

【译文】
现在儒生不探求造成欲望的根本原因，而只禁止所想得到的权欲奢侈；不探究造成快乐的原因，而只禁止人们所想得到的快乐，这就像掘开长江、黄河的源头，而想用手来阻挡它。管理老百姓，就像畜养禽兽一样，不去堵塞门栏，而让它们产生野心；而后去束缚它们的双腿，来禁止它们的行动，这样却想让它们长命老死，怎么能做得到呢？

夫颜回、季路、子夏、冉伯牛，孔子之通学也。⁽¹⁾然颜渊夭死，季路菹于卫，子夏失明，冉伯牛为厉，此皆迫性拂情，而不得其和也。⁽²⁾故子夏见曾子，一臞一肥。⁽³⁾曾子问其故，曰："出见富贵之乐而欲之，入见先王之道又说之，两者心战，故臞；先王之道胜，故肥。"⁽⁴⁾推此志非能贪富贵之位，不便侈靡之乐，直宜迫性闭欲，以义自防也。⁽⁵⁾虽情心郁殪，形性屈竭，犹不得已自强也,故莫能终其天年。[6]

【注释】

〔1〕颜回:春秋末鲁人,好学,年十八而卒。 季路:春秋末卞人,尚勇,长于政事。被卫人杀死。 子夏:春秋末晋人,长于文学。 冉伯牛:即冉耕。 通学:精通师传学业的人。

〔2〕厉:通"疠",恶疮。《说文》:"疠,恶疾也。"

〔3〕曾子:春秋末鲁人,名参,字子舆,孔子晚年的学生。 臞:瘦。此条见于《韩非子·喻老》,《原道训》已载之。

〔4〕战:交战。

〔5〕"非能贪":《道藏》本、刘绩《补注》本同。王念孙《读书杂志》云:"贪"上当有"不"字。言子夏非能不贪富贵,不乐侈靡,特以义自强耳。 侈靡:奢侈糜烂。 "直宜":《道藏》本、刘绩《补注》本同。王念孙《读书杂志》:"直"下不当有"宜"字,"宜"即"直"字之误而衍者也。

〔6〕郁殪:忧伤的样子。 天年:自然的寿数。

【译文】

颜回、子路、子夏、冉耕,都是孔子的高足弟子。然而颜渊早死,子路在卫国被剁成肉酱,子夏双目失明,冉耕患有恶疾,这些人都是强迫性情背离本性,而没有得到天和所造成的。因此子夏见到曾子,一次瘦,一次胖。曾子问他是什么缘故,子夏说:"出去见到大富大贵的快乐,而想得到它;回来学习先王的学说又喜欢它,两者发生冲突,所以瘦了。先王之道战胜了,(精神内守无思虑),所以又胖了。"推究这个人的志向,不是不想得到富贵的地位,不是不想得到奢侈的快乐,只不过强迫性情禁闭情欲,用道义来自我防卫。即使性情忧伤,形体委屈,还不得已努力图强,所以不能享受他的自然寿数。

若夫至人,量腹而食,度形而衣;[1]容身而游,适情而行;馀天下而不贪,委万物而不利;[2]处大廓之宇,游无极之野;[3]登太皇,冯太一,玩天地于掌握之中,夫岂为贫富肥臞哉！^{〔4〕}故儒者非能使人弗欲也，欲而能止之；非能使人勿乐也，乐而能禁之。夫使天下畏刑而不敢盗，岂若能使无有盗心哉？

【注释】
〔1〕至人：道德修养达到最高境界的人。
〔2〕馀：《说文》："饶也。"即富有、占有义。 委：抛弃。《玉篇》："委，弃也。"
〔3〕廓：虚。
〔4〕太皇：指天。 冯：依凭。 太一：高诱注："天之形神也。"指天帝。

【译文】
　　至于像至人，按照食量大小而吃饭，测定身体高矮而穿衣；到可以安身的地方去出游，适合自己的情趣而行动；据有天下之权而不贪求，抛弃万物而不谋利，处于虚无的天宇，遨游在没有边际的区域，登临上天，依靠在天帝身边，玩弄天地于手掌之中，难道会因为贫富而出现胖瘦的情况吗！因此儒家不能使人抛开情欲之事，而情欲可以用道义来制止；不能使人抛弃喜爱享乐之情，而享乐可以用礼仪来加以限制。假若只能使天下的人害怕刑罚而不敢为盗，哪如使他们没有盗窃之心呢？

　　越人得髯蛇，以为上肴，中国得而弃之无用。^{〔1〕}故知其无所用，贪者能辞之；不知其无所用，廉者不能让也。夫人主之所以残亡其国家，损弃其社稷，身死于人手，为天下笑，未尝非为非欲也。^{〔2〕}夫仇由贪大钟之赂，而亡其国；^{〔3〕}虞君利垂棘之璧，而擒其身；^{〔4〕}献公艳骊姬之美，而乱四世；^{〔5〕}桓公甘易牙之和，而不以时葬；^{〔6〕}胡王淫女乐之娱，而亡上地。^{〔7〕}

使此五君者，适情辞馀，以己为度，不随物而动，岂有此大患哉？〔8〕

故射者非矢不中也，学射者不治（天）[矢]也；〔9〕御者非辔不行，学御者不为辔也。知冬日之箑、夏日之裘，无用于己，则万物之变为尘埃矣。〔10〕故以汤止沸，沸乃不止，诚知其本，则去火而已矣。

【注释】

〔1〕髯蛇：大蛇，长数丈。《说文》："蚺，大蛇，可食。"

〔2〕"损"：《道藏》本、刘绩《补注》本同。王念孙《读书杂志》：社稷可言弃，不可言损，"损"当为"捐"字之误。按：捐弃，抛弃。

〔3〕仇由：春秋时狄国国君。高诱注："仇由，近晋之狄国也。晋智襄子伐之，先赂以大钟，仇由之君贪，开道来受钟，为和亲。智伯因是以兵灭取其国也。"按：事见《战国策·西周策》、《韩非子·说林下》等。

〔4〕虞君：春秋时虞国之君。高诱注："晋大夫荀息谋于献公，以屈产之马、垂棘之璧假道于虞以伐虢。虞公贪璧、马，假晋道。既灭虢，还馆于虞，遂袭虞，灭之。"按：见于《左传》僖公五年、《韩非子·十过》等。

〔5〕献公：春秋晋君。 骊姬：春秋骊戎氏之女，献公夺而立为夫人。高诱注："晋献公伐骊戎，得骊姬及其娣。献公嬖之而生奚齐，其娣生卓子。遂为杀太子申生而立奚齐。杀适立庶，故曰乱。四世者，奚齐、卓子、惠公夷吾、怀公圉也。"按：事见《左传》庄公二十八年、宣公二年等。

〔6〕桓公：春秋齐君，为五霸之一。 易牙：桓公宠幸近臣，善调味，以其子为肉羹献桓公。高诱注："齐桓好味，易牙蒸其首子而进之，遂见信用，专任国政，乱嫡庶。桓公卒，五公子争立，六十日而殡，虫流出户，五月不葬。"按：载《韩非子·十过》、《吕览·贵公》等。源于《左传》僖公十七、十八年。

〔7〕胡王：春秋时西戎之君。高诱注："胡，盖西戎之君也。秦穆公欲伐之，先遗女乐以淫其志。其臣由余谏，不从。去戎来适秦。秦伐，得其上地。"按：事见《韩非子·十过》、《吕览·不苟》等。

〔8〕适情：节制情欲。 馀：指多馀的奢欲。

〔9〕"天"：《道藏》本、刘绩《补注》本作"矢"。"不治（天）〔矢〕"：高诱注："言不为而得用之。然则为者不得用之。"

〔10〕箑：扇子。高诱注："楚人谓扇为箑。"

【译文】

　　南方的越人捕得大蛇，把它作为上等的美餐；中原地区的人捉到它，抛弃掉没有用场。因此知道它没有用处，贪求的人也能够辞去它；如果不知道它没有用处，即使廉洁的人也不会辞让。一些国君所以使国家残破，抛弃社稷，身死在别人之手，而被天下之人取笑的原因，未尝不是因为有不正常的贪欲。狄君仇由贪爱大钟的贿赂，国家被智襄子灭掉；虞君贪图晋国的垂棘之宝玉，而自己被晋献公活捉；晋献公贪恋骊姬的美色，而使国家乱了四代；齐桓公酷爱易牙送来的人肉汤，而被佞臣专权，自己死了身上生蛆；西戎胡王沉迷于秦穆公赠送的美女，而失去了大片沃土。假使这五个国君，控制自己的情欲，抛开多余的外物，以适宜为节度，不随奢欲而受惑，难道会有这样的大难吗？

　　因此说射箭的人，不是箭头不能射中，而是学习射箭的人，不去练习射击；驾驭车马的人，不是辔头不好，而是学习驾车的人，不去练习驾驭。知道冬天的扇子、夏天的皮衣，对自己是没有用的，那么对待万物的变化，就可以看成尘土了。所以用热水来熄灭滚水，滚水不会停止，果真知道它的根本道理，那么去掉火种就行了。

第八卷　本经训

【题解】

　　高诱解题云："本，始也。经，常也。天经造化出于道，治乱之由，得失有常，故曰本经。"本经，即根本常法的意思。治理国家要解决根本常法的问题。

　　全篇用太清之治、至人以及容成氏、尧舜治世与衰世、晚世、桀纣治世作对比研究，说明只有掌握根本大道，按照自然和社会规律行事，天下才能得到治理。而仁义、礼乐、孝悌是不能解决根本问题的。文中指出造成天下混乱，民怨沸腾的根本原因，是统治者追求无穷的嗜欲即"五遁"所产生的。强调统治者要爱惜民力，清静无为。充分说明了刘安作为学者和诸侯王的远见卓识。

　　陶方琦《淮南许注异同诂》：(此)"乃高注本也。"

　　太清之治也，和顺以寂（汉）[漠]，质真而素朴，闲静而不躁，推移而无故，在内而合乎道，出外而调于义。⑴发动而成于文，行快而便于物。⑵其言略而循理，其行侻而顺情。⑶其心愉而不伪，其事素而不饰。⑷是以不择时日，不占卦兆，不谋所始，不议所终。⑸安则止，激则行。通体于天地，同精于阴阳。一和于四时，明照于日月，与造化者相雌雄。⑹是以天覆以德，地载以乐。⑺四时不失其叙，风雨不降其虐。⑻日月淑清而扬光，五星循轨而不失其行。⑼当此之时，

玄元至砀而运照，凤麟至，蓍龟兆，甘露下，竹实满，流黄出而朱草生，机械诈伪，莫藏于心。〔10〕

【注释】

〔1〕太清：高诱注："无为之始者，谓三皇之时。" 和顺：指不逆天暴物。 "汉"：《道藏》本、刘绩《补注》本作"漠"。"汉"形似而误。寂漠，指不侵扰百姓。 质真：指本性不变。 素朴：指精气不泄散。 闲静：指无欲。 躁：《广雅·释诂三》："扰也。" 故：常法。

〔2〕发动：行动举止。 文：文采。 行快：行动疾速。 便：便利。

〔3〕略：简要。 佁：简易。

〔4〕愉：和悦。

〔5〕卦：八卦。 兆：契龟之兆，以断吉凶。

〔6〕造化：指天地。 雌雄：指合适。

〔7〕乐：生。

〔8〕虐：灾害。

〔9〕淑：美好。《文选·嵇康〈琴赋〉》吕向注："淑，美也。"

〔10〕玄：天。 元：气。 至砀：最大。 运：遍。 甘露：甘美的雨露。 竹实：竹子所结的果实，状如小麦，又名竹米。 满：刘典爵《淮南子韵谱》："满"原作"盈"，"盈"与下文"生"为韵。今作"满"者，盖避讳改。 流黄：即硫黄。炼丹原料。 朱草：一种红色的草。可作染料，被称为瑞草。

【译文】

三皇统治的无为之世，帝王顺应天道，不侵扰百姓，本性没有改变，精气没有泄散，没有欲望，也不烦扰他人，与时变化，而没有常则。在内部，心志符合"道"的要求；在外部，言行用"义"来协调。行动举止可以构成文章，疾速行事而可以便利外物。他的言辞简要而遵循条理，他的行为简易而顺乎性情。他的心情平和而不虚伪，他的行事质朴而不加掩饰。因此举行大事不必选择合时的日子，不必要用龟策进行占卦，开始的时候不必要商量，终结的时候也不必要议论。安定的时候就停止活动，奋激的时候则开始行动。形体同天地相通,精神与阴阳共存。和气同四时相一致,光辉同日月一起照耀,和大自然配合协调。因此上天用德泽覆盖万物,大地运载万物而使之生存。春夏秋冬四季不会失去秩序,风雨不会降下灾害。日月美好清明而放光明,五星依循轨道运行而不会错乱。当这个时候,上天元气广大而遍照海内,凤凰麒麟来到庭中,蓍草、龟甲露出吉兆,甘美的雨露降下,竹子结满果实,硫黄流出,而朱草产生,机巧诈伪之念,没有人隐藏在心中。

逮至衰世,镌山石,锲金玉,櫎蚌蜃,消铜铁,而万物不滋。[1] 刳胎杀夭,麒麟不游;[2] 覆巢毁(卵)[卵],凤皇不翔;[3] 钻燧取火,构木为台;焚林而田,竭泽而渔;[4] 人械不足,畜藏有馀;[5] 而万物不繁兆萌牙,(卵)[卵]胎而不成者,处于大半矣。[6] 积壤而丘处,粪田而种谷;掘地而井饮,疏川而为利;筑城而为固,拘兽以为畜;(列)[则]阴阳缪戾,四时失叙;[7] 雷霆毁折,电霰降虐;[8] 气雾雪霜不霁,而万物燋夭。[9] 菑榛秽,聚埒亩;[10] 芟野菼,长苗秀;[11] 草木之句萌、衔华、戴实而死者,不可胜数。[12]

乃至夏屋宫驾,县联房植;[13] 橑檐榱题,雕琢刻镂;[14] 乔枝菱阿,夫容芰荷;[15] 五采争胜,流漫陆离;[16] 脩掞曲校,夭矫曾挠;[17] 芒繁纷挐,以相交持。[18] 公输、王尔无所错其剞劂削锯,然犹未能赡人主之欲也。[19] 是以松柏菌露夏槁,江河三川,绝而不流;[20] 夷羊在牧,飞蛩满野;[21] 天旱地坼,凤皇不下;[22] 句爪、居牙、戴角、出距之兽,于是鸷矣。[23] 民之专室蓬庐,无所归宿,冻饿饥寒,死者相枕席也。[24] 及至分山川溪谷,使有壤界，计人多少众寡，使有分数；筑城掘池，设机械险阻以为备，饰职事，制服等，异贵贱，差贤不肖，经诽誉，行赏罚，则兵革兴而分争生；⁽²⁵⁾民之灭抑夭隐，虐杀不辜，而刑诛无罪，于是生矣。⁽²⁶⁾

【注释】
〔1〕镌：雕琢。 鏤：雕刻金玉。同"锲"。 樀：《道藏》本、刘绩《补注》本作"摘"。《正字通》："樀，旧注又与摘通。"摘，打开。
〔2〕刳：破。 夭：未生者曰胎，方生者曰夭。
〔3〕"卵"：《道藏》本作"卵"。而刘绩《补注》本作"卵"。
〔4〕田：田猎。
〔5〕械：器用。
〔6〕兆：《汉书·百官公卿表上》颜师古注："兆者，众数。"
〔7〕"列"：《道藏》本、刘绩《补注》本作"则"。 缪戾：背离，错乱。
〔8〕"电"：《道藏》本、刘绩《补注》本同。王念孙《读书杂志》："电"当为"雹"，草书之误也。《文子·上礼篇》作"雹霜为害"，是其证。
〔9〕"气"：《道藏》本同。刘绩《补注》本作"氛"。 霁：停止。《说文》："霁，雨止也。" 燋：焦灼，火伤。通"焦"。 夭：夭折。
〔10〕菑：茂草。 榛：聚木叫榛。 秽：荒芜。 垺亩：田亩。
〔11〕芟：杀。《说文》："芟，刈草也。" 荄：高诱注："草也。"按：草名，即初生之荻。《诗·卫风·硕人》朱熹集传："荄，萑也，亦谓之荻。"王念孙《读书杂志》引之曰："荄"当为"莽"。《泰族篇》注："莽，草也。"
〔12〕句萌：草木始生时，屈者为句，直者为萌。
〔13〕夏屋：大屋。 驾：通"架"，构架。 县联：王念孙《读书杂志》：县，当作"緜"。《释名》："楣，緜也。"按："楣"即屋簷板。一说为门内隔扇。 植：户植。门外关闭，中立直木用以加锁。
〔14〕橑：屋橑。 檐：《道藏》本、刘绩《补注》本作"檐"。《广雅·释诂一》王念孙疏证："檐、檐、檐并通。" 榱题：屋檐的椽子头。通称"出檐"。
〔15〕乔枝：高扬的树枝。 阿：曲屋。一说屋角翘起的檐。 芙容：

即芙蓉，荷花。 茇荷：菱角、荷花。

〔16〕流漫：彩色相互掺和。 陆离：美好的样子。

〔17〕捿：舒展，弯曲。 校：《小尔雅·广言》："交也。" 夭矫：伸屈自如。 曾：通"层"，重叠。 桡：弯曲。

〔18〕芒繁：细密，繁多。 纷挐：牵持，杂乱。《集韵》"鱼"韵："挐，牵也。"

〔19〕公输：春秋战国时的巧匠，鲁国人。 王尔：古代巧匠。 错：通"措"，施行。 剞：曲刀。 劂：曲凿。 削：砍削。指斧子。 锯：锯子。 赡：满足。

〔20〕菌：一种竹子。《道藏》本同。朱骏声《说文通训定声》："菌，叚借又为箘。" 露：通"簬"，竹子的一种。《说文》："箘，箘簬也。" 槁：枯死。 三川：泾、渭、沂。 绝：枯竭。

〔21〕夷羊：传说中的神兽。一说土神。 牧：指殷郊牧野。 飞蛩：飞蝗。

〔22〕坼：干裂。《说文》："坼，裂也。"

〔23〕句爪：指鹰雕等猛禽。 锯牙：指熊虎之类。如锯之兽齿。《神异经》："穷奇锯牙钩爪。" 距：《说文》："鸡距也。"即鸡爪。

〔24〕专室：特别小的房屋。一说以瓦为屋。 蓬庐：用蓬草盖的房屋。

〔25〕经：明示。《广雅·释诂四》："经，示也。" 诽誉：诽恶誉善。 分：通"忿"。

〔26〕灭抑：灭没。 夭隐：夭折之痛。

【译文】

等到了衰败之世，开凿山石来取金玉，雕琢玉石之器，开蚌取珠，销熔铜铁，万物遭受破坏，不再滋长。剖开母兽肚皮，取出胎儿；杀死珍贵的麑子，麒麟也不来遨游；捣翻鸟巢，毁坏鸟卵，凤凰便不再来飞翔；钻燧取火，架木为高台，烧焚山林来打猎，使湖泽枯干而捕鱼；人食不足，器用不够，但是仓库里却堆满了财物；而万物不能繁衍、发芽，禽卵兽胎不能长成的，居其大半。挖掘土石而垒成高丘，施肥田间而种五谷，掘开地面打井饮水，疏通大川而为水利；修筑城郭而用来固守，拘禁野兽来畜养，这样一来，就会使阴阳变化互相背离，四季失去了正常的秩序；疾雷摧毁树木，冰雹雪珠降下灾祸；雾气霜雪连绵不断，而万物被摧残而夭折。蔓草杂木丛生,聚集在荒芜的田地上;除去野生杂草,禾苗不能旺盛结实;草木正处生长之中,含着花、挂着果实而死去的,没有办法来计算。

进而又造起了高大的宫室,屋檐、房植、屋椽、椽子头等等,都雕刻绘制了精美的图案;高扬的枝叶翘过飞檐,荷花、菱叶,争奇斗艳,色彩与宫室相映,真是漂亮极了。图案中有的笔力舒缓,有的弯曲,伸展自如,层层叠叠,细密纷繁,互相交错;就是公输班、王尔这样著名的工匠,也没有办法安放他们的刀凿斧锯。然而这样精美的宫殿还不能满足国君的贪欲。(在这种反常的情况下),冬天都能枝叶茂盛的松柏、箘簬,夏天都枯死了,长江、黄河及泾、渭、汧三川,水流干涸而断流;神兽夷羊出现在商郊牧野之地,(预示商朝灭亡),飞蝗满山遍野;天气大旱,大地像裂开一样,凤凰不再降落;鹰雕凶禽,熊虎猛兽,以及长着尖角利爪的飞禽走兽,在这时出来大肆捕食。老百姓住在很小的房子和茅草棚里,尚有流浪者无家可归。受冻挨饿、饥寒交迫而死去的,互相作为枕头、席子。等到国君们分割山川溪谷,划定界限,计算人口多少,使各有份额数量;修筑城墙,挖掘深池,设置机关器械以及险阻障碍,用来作为守备;设立官吏职务和掌管之事,制定服色等级,分别尊卑和上下,区别贤德和不肖,明确是非功过,实行赏赐和刑罚,然而却使战争兴起忿争产生了,百姓因之死亡、夭折,无辜之人被残杀,无罪之人遭刑罚,在这时便出现了。

天地之合和,阴阳之陶化万物,皆乘人气者也。[1]是故上下离心,气乃上蒸;[2]君臣不和,五谷不为。[3]距日冬至四十六日,天含和而未降,(也)[地]怀气而未杨,阴阳储与,呼吸浸潭,包裹风俗,斟酌万殊,旁薄众宜,以相呕咐酝酿,而成育群生。[4]是故春肃秋荣,冬雷夏霜,皆贼气之所生。[5]由此观之,天地宇宙,一人之身也;六合之内,一人之制也。[6]是故明于性者,天地不能贅也;[7]审于符者,怪物不能惑也。[8]故圣人者，由近知远，而万殊为〔一〕。⁽⁹⁾古之人同气于天地，与一世而优游。⁽¹⁰⁾当此之时，无庆贺之利、刑罚之威，礼义廉耻不设，诽誉仁鄙不立，而万民莫相侵欺暴虐，犹在于混冥之中。⁽¹¹⁾

【注释】

〔1〕合和：融合，交会。　陶化：陶冶融化。"人气"：《道藏》本亦作"人"。刘绩《补注》本、《文子·下德篇》作"一气"。一气，指构成天地的基本素质。

〔2〕蒸：升腾。

〔3〕为：成熟。

〔4〕"距日冬至"句：指从立冬经小雪、大雪到冬至，共四十六天。"也"：《道藏》本同，刘绩《补注》本作"地"。当正。　杨：通"扬"。储与：徘徊不定的样子。又可释为"积聚"。并见《俶真训》《要略》。　浸潭：滋润漫衍之义。　斟酌：反复衡量、选择义。　旁薄：有充满、混同义。　众宜：高诱注："众物宜适也。"呕咐：抚育，培养。酝酿：和调。

〔5〕贼气：不正常的气候。

〔6〕制：《道藏》本、刘绩《补注》本同。王念孙《读书杂志》："制"字义不可通，当为"刑"，字之误也。"刑"与"形"同。《文子·下德篇》正作"一人之形"。

〔7〕赞：《玉篇》："音协。财也。"《道藏》本、刘绩《补注》本作"脅"。疑"赞"通"脅"。即胁迫义。

〔8〕符：符验。　怪物：指奇异之物。《淮南子》凡四见。

〔9〕殊：不同。　"为"：《道藏》本、刘绩《补注》本作"为一"。高诱注："一，同也。"当脱。

〔10〕一世：一世之间。　优游：即悠闲宽和之义。

〔11〕混冥：即大冥。指"道"。本书凡五见。　贺：《道藏》本、刘绩《补注》本同。陈昌齐《淮南子正误》云"当作庆赏"。

【译文】

　　天地之间的气体互相融合，阴气、阳气结合生成万物，都是依赖的"一气"。因此如果上下离心离德,"一气"便上升;君臣之间互相背离,五谷便不能成熟。从立冬到冬至共四十六天,上天含怀的和气还没有下降,大地饱含的阴气没有上升,阴阳二气处于游移不定的状态,呼出吸收,互相滋润,包容了所有的风气,吸收了万般不同的内容,混同万物,吸收能够适宜大众的部分,以互相抚育和调,而化育生成了天下万物。因此春季肃杀,秋季繁荣,冬天雷鸣,夏季下霜,这些都是不正常的妖气所造成的。从这里可以看出,天地宇宙,就像一个人的身子一样;六合之内,如同人的形体一样。因此,对人的本性明了的人,天地也不能胁迫他;对于符验审查清楚的人,奇异的事物不能够迷乱他。因此,圣人能够由眼前的推知遥远的,而对于形式多样的事物便都可以得到同一。古代的圣人与天地同气,故能在一世间悠闲遨游。在这个时候,没有庆贺、赏赐的利益,也没有刑罚的威胁,礼义廉耻的规定没有确立,诽谤赞誉、仁慈卑鄙的观念没有产生,但是天下万民没有人互相侵凌欺侮残害他人,如同生活在大冥之中一样。

逮至衰世,人众而财寡,事力劳而养不足,于是忿争生,是以贵仁。⁽¹⁾仁鄙不齐,比周朋党,设诈谞,怀机械巧故之心,而性失矣,是以贵义。⁽²⁾阴阳之情,莫不有血气之感,男女群居杂处而无别,是以贵礼。⁽³⁾性命之情,淫而相胁,以不得已,则不和,是以贵乐。⁽⁴⁾是故仁义礼乐者,可以救败,而非通治之至也。

【注释】
〔1〕仁:指仁爱。
〔2〕仁鄙:善与不善。 比周:结伙营私。《论语·为政》:"君子周而不比,小人比而不周。" 朋党:宗派,指为私利而勾结的同类。 谞:阴谋。 性失:指失去纯朴之性。 义:合宜的行为或道理。
〔3〕礼:礼节,礼治。
〔4〕以:《经词衍释》:"犹如也,若也。" 乐:乐教。

【译文】

等到了衰败之世，人口增多，财源减少，从事繁重的劳动而养活不了众多的人口，在这种情况下，愤怒争斗便产生了，因此便提倡仁爱。仁人、鄙人是不可能一致的，一些人结党营私，互相勾结，设置阴谋欺诈手段，包藏了奇巧、诈伪之心，因而人的纯真本性便丧失了，所以要讲究道义。人有阴阳二气交会，便产生了感情，其中无不充满了血气的冲动，男女群居混杂在一起，没有任何区别，因此便尊重礼治。人的性命中存在着情欲，淫乱过度就会威胁生命，若不能得到制止，就会血气失调，因此便提倡乐教。所以仁义礼乐这些规定，能够补救暂时的失败，而不是彻底治理的最好办法。

夫仁者，所以救争也；[1]义者，所以救失也；礼者，所以救淫也；乐者，所以救忧也。神明定于天下，而心反其初；[2]心反其初，而民性善；民性善而天地阴阳从而包之，则财足；财足而人赡矣，贪鄙忿争不得生焉。[3]由此观之，则仁义不用矣。道德定于天下而民纯朴，则目不营于色，耳不淫于声，坐俳而歌谣，被发而浮游，虽有毛嫱、西施之色，不知悦也；[4]《掉羽》、《武象》，不知乐也；[5]淫泆无别，不得生焉。[6]由此观之，礼乐不用也。是故德衰然后仁生，行沮然后义立，和失然后声调，礼淫然后容饰。[7]是故知神明，然后知道德之不足为也；知道德，然后知仁义之不足行也；知仁义，然后知礼乐之不足修也。今背其本而求于末，释其要而索之于详，未可与言至也。[8]

【注释】

〔1〕救：制止。
〔2〕神明：精神清明。本书凡二十二见。　心：指精神、意识。

〔3〕憺:安静。通"澹"。《广雅·释诂一》:"澹,安也。"《道藏》本作"赡"。

〔4〕俳:杂戏。《汉书·广川惠王越传》:"令倡俳嬴戏坐中以为乐。"颜师古注:"俳,杂戏者也。"1957年四川成都天回山东汉墓出土俳优坐俑,造型极为生动,表情幽默风趣。

〔5〕《掉羽》:即翟羽,以雉羽舞蹈。《武象》:周武王克殷之后所作乐名。

〔6〕淫泆:纵欲放荡。

〔7〕沮:败。《集韵》"语"韵:"沮,坏也。"

〔8〕至:至德之道。

【译文】

仁爱,是用来制止互相争斗的;大义,是用来解救本性丧失的;礼节,是用来制服相互淫乱的;乐教,是用来解救忧愁的。天下人的精神清明安定了,而意识就会返回到当初未有情欲之时;意识返回到当初,那么百姓便出现没有情欲的善良之性;返回到善良之性,而天地阴阳的变化便可以包容进去,那么就财物充足了;财物充足而人民便可以安静了,贪婪庸俗争斗的情况就不会出现了。从这里可以看出,那么仁义便可以不用了。道德在天下确立了,而百姓就会纯真质朴,那么眼睛可以不被美色所迷惑,耳朵不会被五音所惑乱,观看坐姿杂戏而唱着歌谣,披着长发而自由漫游,即使有西施、毛嫱这样的绝代佳人,也不知道喜欢她们;眼观《掉羽》、《武象》这样的舞乐,也不知道快乐;那种纵欲放荡,男女无别的情况就不会发生了。从这里可以看出,礼乐就可以不用了。因此德性沦丧而后"仁"产生,行为败坏而后"义"建立,和谐丧失后才用"乐"来调节,礼节混乱后才有仪容修饰。因此知道精神清明,然后才懂得道德是不足取的;懂得道德,而后才知道仁义是不值得推行的;知道仁义,然后才知道礼乐是不值得修治的。现在背离它的根本而探求末节,放弃要害而在细节上去探求,是不可以跟他谈论最精深的道理的。

天地之大,可以矩表识也;〔1〕星月之行,可以历推得也;⁽²⁾雷震之声,可以鼓钟写也;⁽³⁾风雨之变,可以音律知也。是故大可睹者,可得而量也;明可见者,可得而蔽也;声可闻者,可得而调也;色可察者,可得而别也。夫至大,天地弗能含也;至微,神明弗能领也。及至建律历,别五色,异清浊,味甘苦,则朴散而为器矣。⁽⁴⁾立仁义,脩礼乐,则德迁而为伪矣。⁽⁵⁾及伪之生也,饰智以惊愚,设诈以巧上。⁽⁶⁾天下有能持之者,有能治之者也。⁽⁷⁾

【注释】

〔1〕矩表:指画方形的仪器和测日影的圭表。 识:认知。
〔2〕历:即历术、历法。
〔3〕"雷震":《道藏》本、刘绩《补注》本同。王念孙《读书杂志》:当为"雷霆"。《文子·下德篇》同。 写:即模仿义。
〔4〕朴:素材。此句见《老子》二十八章。
〔5〕迁:转移。
〔6〕巧:欺骗。
〔7〕"天下有能"二句:高诱注:"有能持之者,桀、纣之民。有能治之者,汤、武之君也。"按:《道藏》本、刘绩《补注》本同。王念孙《读书杂志》云:《文子·下德篇》作"天下有能持之,而未有能治之者也"。高所见本,盖脱"未"字。

【译文】

天地的巨大,能够用矩尺和圭表来测量它们;日月星辰的运行规律,可以用历术来求得;惊雷震撼的声音,可以用鼓、钟的声音仿效出来;风雨气候的变色,可以通过律管的变化来知道。因此凡是巨大的能够看得见的,就能够测量出来;明亮的能够见到的,都能够把它遮蔽起来;声音能够被听到的,都能够用来调节它们;颜色可以考察清楚的,都能够辨别出它们。最大的东西,天地也不能够包容它们;最小的事物,精神清明也不能够理清楚。等到建立了律历的规定，辨别了五色，分清了声音清浊，调出甘苦味道，那么质朴便被破坏，而成为具体的器物了。建立了仁义的规定，设置了礼乐准则，那么德性转移，而争相干起了虚伪之事。等到虚伪的产生，便粉饰智巧来惊吓愚民，巧计欺诈来蒙骗国君。天下虽有能以此来保持君位的，却没有能以此来治理国家的。

昔者苍颉作书，而天雨粟，鬼夜哭；⑴伯益作井，而龙登玄云，神栖昆仑。⑵能愈多而德愈薄矣。故周鼎著倕，使衔其指，以明大巧之不可为也。⑶

【注释】
〔1〕苍颉：传说中黄帝史官，见鸟兽之迹而创造文字。《汉书·艺文志》有李斯作《苍颉》一篇。 "昔者"三句：高诱注："苍颉始视鸟迹之文，造书契，则诈伪萌生。诈伪萌生则去本趋末，弃耕作之业而务锥刀之利。天知其将饿，故为雨粟。鬼恐为书文所劾，故夜哭也。"
〔2〕伯益：舜时人，曾发明凿井。 "伯益作井"三句：高诱注："伯益佐舜，初作井，凿地而求水，龙知将决川谷，漉陂池，恐见害，故登云而去，楼其神于昆仑之山也。"
〔3〕周鼎：周人铸的鼎。上有倕像，衔着自己的手指，说明奇巧之事不可做。 倕：尧时巧匠。

【译文】
从前苍颉见鸟兽之迹而创造了文字，而天上落下谷子，鬼魂在夜间哭泣；伯益掘地打井，而龙飞升玄云，神灵栖息到昆仑之丘。智巧愈多而德性越少。因此在周朝的大鼎上，雕上了倕的像，自己咬着手指，以此说明奇巧之事是不能干的。

故至人之治也，心与神处，形与性调，静而体德，动而理通，随自然之性，而缘不得已之化。⑴洞然无为，而天下自和；⑵憺然无欲，而民自朴。⑶无机祥而民不夭,不忿争而养足,兼苞海内,泽及后世,不知为之者谁何?⁽⁴⁾是故生无号,死无谥,实不聚而名不立。⁽⁵⁾施者不德,受者不让,德交归焉,而莫之充忍也。⁽⁶⁾故德之所总,道弗能害也;⁽⁷⁾智之所不知,辩弗能解也。⁽⁸⁾不言之辩,不道之道,若或通焉,谓之天府。⁽⁹⁾取焉而不损,酌焉而不竭,莫知其所由出,是谓瑶光。⁽¹⁰⁾瑶光者,资粮万物者也。⁽¹¹⁾振困穷,补不足,则名生;⁽¹²⁾兴利除害,伐乱禁暴,则功成。⁽¹³⁾世无灾害,虽神无所施其德;⁽¹⁴⁾上下和辑,虽贤无所立其功。

【注释】

〔1〕神:指精神。 体:履行。 缘:顺着。
〔2〕洞然:空虚的样子。
〔3〕憺然:安静的样子。
〔4〕祇祥:祈求鬼神赐福。《广韵》"未"韵:"祇,福祥也。"
〔5〕谥:谥号。 实:财物。
〔6〕德:感戴恩德。 交:贯通。 归:归于一处。 充忍:充满。王念孙《读书杂志》:"忍"读为"牣"。《大雅·灵台篇》毛传曰:"牣,满也。"
〔7〕总:归根之义。
〔8〕"智之"二句:高诱注:"有智谋者尚不能知,但口辩者何能解也。"按:以上化自《庄子·徐无鬼》。
〔9〕"不言"以下四句:高诱注:"有能通不言之辩,不道之道者,入天之府藏。"按:天府,即天道。也作"天符"。《吕览·精谕》高诱注:"符,道也。"府,与"符"通。
〔10〕酌:给予。 瑶光:高诱注:"瑶光,谓北斗斗杓第七星也。居中而运,历指十二辰,摛起阴阳,以杀生万物也。"按:以上数句见于《庄子·齐物论》。"瑶光"作"葆光"。
〔11〕资:供给。
〔12〕名:仁名。
〔13〕功:武功。
〔14〕神:《文子·精诚篇》作"圣"。

【译文】

因此至人治理天下的时候,心灵和精神相共处,形体和性情相协调,静居时体现德性,行动时通达情理,随着自然的本性,而顺着不依人的意志而变化。虚静得像没有做什么事情,而天下自然平和;恬淡得像没有任何情欲,而百姓自然朴实。没有向鬼神求福却不会夭亡,没有争斗却给养充足,包容四海之内,德泽延及后世,而不知道是谁这样做的。因此生前没有任何爵名,死后也没有留下任何谥号;没有积累一点财物,也没有留下一点美名。施予他人不需要别人感恩戴德,接受的人也没有一点谦让,德泽贯通归向于他,而又好像没有一点充满的样子。因此"德"所归根之处,"道"不能够妨害它;有智谋的人不能知道的事,善辩的人也不能解释它。不用说话而可以辩说清楚,不用陈述而能够说得明白,如果通达了这样的道理,可以称呼他进入了"天府"。从中取出来而不会减少,给予他人而不会枯竭,没有人知道它从何处出现,它就是北斗七星中的瑶光。(瑶光旋转,指明四季),它是供给万物食粮的星辰。赈救穷困,补充不足,那么仁慈之名便产生了;兴办有利的事业,除去有害的弊端,讨伐叛逆,禁止暴力,那么武功之名便形成了。世上没有灾害发生,即使是圣人也没有办法施行它的恩德;君臣上下和洽,即使贤德之人也没有办法建立他的功业。

昔容成氏之时,道路雁行列处,托婴儿于巢上,置馀粮于亩首,虎豹可尾,虺蛇可蹍,而不知其所由然。[1] 逮至尧之时,十日并出,焦禾稼,杀草木,而民无所食;[2] 猰貐、凿齿、九婴、大风、封豨、修蛇,皆为民害。[3] 尧乃使羿诛凿齿于畴华之野,杀九婴于凶水之上,缴大风于青丘之泽,上射十日而下杀猰貐,断修蛇于洞庭,禽封豨于桑林,万民皆喜,置尧以为天子。[4] 于是天下广陕、险易、远近,始有道里。[5]

【注释】

〔1〕容成氏：古帝名。一说黄帝臣。《汉书·艺文志》"阴阳家"有《容成子》十四篇。　雁行：谓相次而行，如群雁飞行之有行列。　列处：并列而处。　亩首：田头。　尾：牵尾巴。　虺蛇：毒蛇。　碾：压平。

〔2〕十日：传说中十个太阳轮流出现。其记载见于《山海经·大荒南经》、《楚辞·天问》、《庄子·齐物论》及马王堆汉墓帛画等。

〔3〕猰貐：传说中一种食人凶兽。　凿齿：半人半兽的怪物，齿长三尺，其状如齿。　九婴：一种有九个脑袋的水火之怪。　大风：一种凶猛的大鸟，飞后能兴起大风，又叫风伯。　封豨：大野猪。《方言》卷八："猪，南楚谓之豨。"　修蛇：大而长的蟒蛇，能把象吞掉，三年才吐骨头。《楚辞·天问》："一蛇吞象，厥大何如？"

〔4〕畴华：南方大泽名。　凶水：北狄之地有凶水。　缴：一种带绳的箭。　青丘：东方之泽名。　洞庭：南方泽名，即今洞庭湖。　禽：通"擒"。　桑林：高诱注："汤所祷旱桑山之林。"

〔5〕陕：同"狭"。狭窄。《说文》："陕，隘也。"

【译文】

　　从前容成氏统治天下的时候，道路上行走的人长幼有序，把婴儿寄托在鸟巢之上，把馀粮放置在田头，老虎、豹子可以牵着尾巴，毒蛇可以把它压平，而不知道造成这样的原因。等到尧的时候，十个太阳一起出来，庄稼都烧焦了，草木全部干死，而百姓连吃的食物都没有；猰貐、凿齿、九婴、大风、封豨、修蛇，都一起出来危害人民。尧便派后羿在畴华之野杀死半人半兽的怪物凿齿；在凶水之上杀掉九个脑袋的九婴，在东方的青丘之泽射死巨鸟大风，上面射落了十个太阳，下面杀死祸害中原的猰貐，又到洞庭湖斩断修蛇，在桑林活捉了大野猪，（七个大害消灭了），老百姓都非常欢喜，一致拥戴尧为天子。在这个时候，天下各地不论广阔狭窄，险阻平坦，远处近郊，都开始修建了道路。

　　舜之时，共工振滔洪水，以薄空桑。⁽¹⁾龙门未开，吕梁未发，江、淮通流，四海溟涬，民皆上丘陵，赴树木。⁽²⁾舜乃使禹疏三江五湖，辟伊阙，导瀍、涧，平通沟陆,流注东海。⁽³⁾ 鸿水漏,九州干,万民皆宁其性。⁽⁴⁾ 是以称尧、舜以为圣。

【注释】

〔1〕滔:激荡。 薄:迫近。 空桑:古山名,在鲁国。传为孔子出生地。今名空窦,在曲阜南。

〔2〕龙门:山名,在今山西、陕西境内,跨黄河两岸,形如门阙。吕梁:高诱注:"在彭城吕县,石生水中,禹决而通之,民所由得度也。故曰吕梁也。"按:在今江苏铜山境,已堙。 通流:贯通混流。 四海:指天下各地。 滨滓:水势盛大,混混茫茫没有边界。

〔3〕三江:三江所指,分歧颇多。这里指长江流域众多的水道。五湖:指江淮流域五大湖泊。 辟:开通。 伊阙:古山名,在洛阳西南九十里。 瀍、涧:二水名。 沟陆:水沟、道路。

〔4〕鸿水:即洪水。鸿,通"洪"。 漏:排泄。以上化自《吕览·爱类》。

【译文】

舜的时候,水神共工兴起了洪水,大水逼近了东方的空桑。这时候,龙门山没有开通,吕梁也没有开掘,长江、淮河水道互相沟通,四海混混茫茫,百姓纷纷爬上高丘,攀援树枝逃命。舜便命禹疏通了三江五湖,劈开伊阙山,疏导了瀍、涧二条水道,沟通了水流,平整了道路,洪水流注到东海。洪水泄退了,九州水干了,百姓都能安居乐业,因此称颂尧、舜为神圣之人。

晚世之时,帝有桀、纣。[桀]为璇室、瑶台、象廊、玉(朕)[床]。⁽¹⁾ 纣为肉圃、酒池,燎焚天下之财,罢苦万民之力。⁽²⁾ 刳谏者,剔孕妇,攘天下,虐百姓。⁽³⁾ 于是汤乃以革车三百乘,伐桀于南巢,放之夏台。⁽⁴⁾ 武王甲卒三千,破纣牧野,杀之于宣室。⁽⁵⁾ 天下宁定,百姓和集,是以称汤、武之贤。⁽⁶⁾ 由此观之,有贤圣之名者，必遭乱世之患也。

【注释】

〔1〕"为琁室"句：《道藏》本、刘绩《补注》本同。王念孙《读书杂志》："为琁室"上脱"桀"字。《太平御览·皇王部》七引此，"为"上皆有"桀"字。按：琁室，即用玄玉饰其室。　瑶：美玉名。《说文》："瑶，玉之美者。"　"朕"：《道藏》本、刘绩《补注》本作"床"。朕，疑误。

〔2〕肉圃、酒池：积酒肉为园圃、渊池。今河南淇县西有糟丘，即酒池之处。此事亦见《韩非子·喻老》、《韩诗外传》卷二、《史记·殷本纪》等。　罢：通"疲"。

〔3〕"刳谏者"二句：高诱注："王子比干，纣之诸父也。数谏纣之不道，纣剖其心而观之，故曰刳谏者。孕妇，妊身将就草之妇也。纣解剔观其胞裹，故曰剔孕妇也。"刳：剖开。　剔：分解骨肉。　攘：侵夺。

〔4〕革车：兵车。　南巢：今安徽巢湖市西南。　夏台：大台，监狱名。在今河南禹州西。

〔5〕牧野：在今河南淇县西南。　宣室：朝歌城外宫殿名。一说监狱名。

〔6〕和集：和谐安定。《太平御览》八十二引作"和辑"。集、辑音义并同，集亦和也。

【译文】

晚世的时候，暴君有夏桀、商纣。夏桀造了用琁玉砌的宫室，用瑶石垒的高台，用象牙做走廊，用白玉做床。纣王兴建了"肉林"、"酒池"，耗尽了天下的财富，使万民疲于劳苦。剖开敢于直谏的王子比干的心脏，解剖临产孕妇的肚子，侵夺天下人民的资财，残害万民百姓。在这种情况下，商汤用兵车三百辆，讨伐夏桀于南巢，并把他拘禁在夏台。周武王率领甲卒三千人，在牧野大破纣军，纣王被杀死在宣室。天下安宁平静了，百姓和谐安定，因此称颂商汤、周武的贤德。从这里可以看出，具有圣贤名声的人，必定遭到乱世的祸患。

今至人生乱世之中，含德怀道，拘无穷之智，钳口寝说，遂不言而死者众矣，然天下莫知贵其不言也。$^{(1)}$故"道可道，非常道；$^{(2)}$名可名，非常名"。著于竹帛，镂于金石，可传于人者，其粗也。五帝三王，殊事而同指，异路而同归。$^{(3)}$晚世学者，不知道之所一体，德之所总要，取成之迹，相与危坐而说之，鼓歌而舞之，故博学多闻，而不免于惑。$^{(4)}$《诗》云："不敢暴虎，不敢冯河。人知其一，莫知其他。"$^{(5)}$此之谓也。

【注释】

〔1〕至人：至德之人。本书凡七见。 拘：执持。《广韵》"虞"韵："拘，执也。"《道藏》本作"拘"，刘绩《补注》本作"抱"。寝说：止息言论。

〔2〕"道可道"以下几句：见于《老子》一章。

〔3〕五帝：高诱注："黄帝、颛顼、帝喾、帝尧、帝舜。" 三王：夏禹、商汤、周文王。 指：意图。

〔4〕一体：一个整体。 总要：概括要点。 成：《文子·精诚篇》作"成事"。 危：高，正。

〔5〕暴虎：高诱注："无兵搏虎曰暴虎。" 冯河：高诱注："无舟楫而渡曰冯河。"按：引文见《诗·小雅·小旻》。

【译文】

现在至德之人生活在乱世之中，口含着"德"，怀藏着"道"，身怀着无穷的智慧，却闭起了嘴巴，停止了说话，这样不说话而死亡的人是很多的，然而天下没有人知道不说话是最可贵的。因此《老子》中说，道，能够说得出来的，不是永恒的"道"；名，能够叫出名称来的，就不是永恒的"名"。记载在竹帛上，雕刻在金石上，能够传给后人的，都是其中比较粗疏的内容。五帝三王，从事的事业是不同的，而意图都是一致的；各自走的路是不一样的，而归途都是一样的。晚世的一些学者，不懂得"道"是一个整体，"德"的主旨概要，只采取别人成功的一些做法，正襟危坐，高谈阔论，鼓乐唱歌，手舞足蹈，虽然学问广博，而免不了迷惑。《诗》中说："不敢徒手打虎，不敢徒步渡河。人们只知道这类事情危险，没有人知道其他的危险还很多。"说的就是这样的事。

帝者体太一，王者法阴阳，霸者则四时，君者用六律。⁽¹⁾

秉太一者，牢笼天地，弹压山川；⁽²⁾含吐阴阳，伸曳四时；⁽³⁾纪纲八极，经纬六合；⁽⁴⁾覆露照导，普汜无私；⁽⁵⁾蠉飞蠕动，莫不仰德而生。

阴阳者，承天地之和，形万殊之体；含气化物，以成埒类；⁽⁶⁾嬴缩卷舒，沦于不测；⁽⁷⁾终始虚满，转于无原。⁽⁸⁾

四时者，春生夏长，秋收冬藏；取予有节，出入有时；开阖张歙，不失其叙；⁽⁹⁾喜怒刚柔，不离其理。

六律者，生之与杀也，（实）[赏]之与罚也，予之与夺也，非此无道也。⁽¹⁰⁾故谨于权衡准绳，审乎轻重，足以治其境内矣。

【注释】

〔1〕体：效法。　太一：北极神之别名。整个天体似围绕北极而转动。　霸：诸侯中的霸主。　则：法则。　六律：生杀、赏罚、予夺。

〔2〕秉：执持、执掌义。何宁《淮南子集释》：当作"体"。《太平御览》七十七"秉"正作"体"，"阴阳者"上有"法"字，"四时者"上有"则"字，"六律者"上有"用"字。　牢笼：有包罗之义。　弹压：高诱注："弹山川，令出云雨，复能压止之。"按：有制服、镇压义。

〔3〕伸曳：牵引和调之义。

〔4〕纪纲：管理。　经纬：规划治理。

〔5〕覆露：荫庇，沾润义。　照导：照耀，引导。　普汜：普遍。

〔6〕垺：形。

〔7〕嬴缩：伸缩，进退。嬴，通"赢"。《时则训》高诱注："嬴，长也。"与此义同。　卷舒：卷曲，舒展。　沦：进入，隐没。

〔8〕转：转化。　原：本源。

〔9〕开阖：开闭。　歙：敛藏。

〔10〕"实"：《道藏》本、刘绩《补注》本作"赏"。当正。　予：布施，给予。　夺：收取。

【译文】

称帝的人（如五帝）是取法太一之神的，称王的人（如三王）是效法阴阳变化的，诸侯中称霸的人以四时为准则，诸侯国君则使用六律。

掌握太一运行规律，能够包罗天地，制服山川；吐纳阴阳之气，调和四时节令；管理八极，规划六合；滋润万物，照耀抚育，普及大众，无所爱憎；小到飞翔和爬行的动物，没有什么不仰仗它的德泽而生长。

执掌阴阳二气的变化，承受天地的和气，生成了不同种类的形体；含怀元气，化育万物，而形成了生物的类别；增长减少，卷曲舒展，而进入到无法测量的境地。从结束到开始，由空虚到充满，转化到无法探究的本源之中。

掌握春夏秋冬四时变化，春天种植，夏天生长，秋季收获，冬季贮藏；取予有一定的节令，出入有规定的时期；开闭张合，不会失去它的次序；喜怒、刚柔，不会离开它的道理。

执掌六律的规定，生存与杀戮，赏赐和刑罚，施予与夺取，不用这六种治国的方法，就没有其他的办法了。因此谨慎地掌握权衡准绳所规定的法则，慎重审查刑法的轻重，这样就足以治理它的国家了。

是故体太一者，明于天地之情，通于道德之伦；聪明耀于日月，精神通于万物；动静调于阴阳，喜怒和于四时；德泽施于方外，名声传于后世。[1]

【注释】
〔1〕施：伸延。

【译文】
　　所以效法太一的帝王，能明察天地的变化，通晓道德的条理；聪明比日月还要显耀，精神与万物相融通；动静与阴阳相协调，喜怒同四时相和谐，德泽延伸到方外，名声传遍了后代。

　　法阴阳者，德与天地参，明与日月并，精与鬼神总；〔1〕戴员履方，抱表怀绳；〔2〕内能治身，外能得人；发号施令，天下莫不从风。

【注释】
〔1〕总：合。
〔2〕表、绳：指正、直。

【译文】
　　依据阴阳作为准则的国王，德泽和天地相配合，光辉与日月并重，精灵和鬼神相合；戴着圆天，踏着大地，抱着圭表，怀着准绳；对内能够治理己身，对外能够得到人心；发号施令，天下没有人不闻风而动的。

　　则四时者，柔而不脆，刚而不鞼；〔1〕宽而不肆，肃而不悖；〔2〕优柔委从，以养群类；〔3〕其德（舍）[含]愚而容不肖，无所私（受）[爱]。〔4〕

【注释】
〔1〕鞼：折断。疑通"刿"。《说文》："刿，利伤也。"
〔2〕肆：缓慢。　肃：急切。　悖：悖谬。
〔3〕优柔：宽容。　委从：委顺。

〔4〕"舍":《道藏》本、刘绩《补注》本作"含"。当正。 "受":《道藏》本、刘绩《补注》本作"爱"。当是。

【译文】
拿四时作为法则的霸主,柔顺而不脆弱,刚强而不会折断;宽松而不缓慢,急切而不促迫;宽容随和,而生养万物;它的德泽可以容纳愚昧而接受不肖之人,对任何人没有什么偏爱。

用六律者,伐乱禁暴,进贤而废不肖;扶拨以为正,坏险以为平,矫枉以为直,明于禁舍开闭之道,乘时因势,以服役人心也。〔1〕

【注释】
〔1〕扶:治理。 拨:不正。《管子·宙合》集校引张文虎云:"拨,倾也,与正相对。" "坏":马宗霍《淮南旧注参正》:"坏"字疑当作"攘"。《楚辞·离骚》王逸注:"攘,除也。"《文子·下德篇》亦作"攘险"。 矫:纠正。 枉:弯曲。 服役:操纵,役使。

【译文】
用六律作为法规的诸侯国君,讨伐逆乱,禁止暴力,进荐贤才,斥退不肖;治理偏邪而成为正直,排除险阻而为平坦,矫正歪曲而为平直,明白禁舍开合的道理,趁着时机,利用形势,来驾驭和掌握人心的变化。

帝者体阴阳则侵,王者法四时则削,霸者节六律则辱,君者失准绳则废。故小而行大,则滔窕而不亲;〔1〕大而行小,则狭隘而不容;贵贱不失其体,而天下治矣。

【注释】
〔1〕滔窕:高诱注:"不满密。"窕,空隙。

【译文】

　　称帝的人效法阴阳，就会被诸侯侵扰；国王取法四时，就会使国家削弱；称霸的人用六律来节制一方，就会被邻国所欺辱；担任诸侯国君失去准绳，就要被废除。因此小国的统治者实行大国的法规，就会疏阔而不为人民所亲附；大国的统治者推行小国的法规，就会政令偏狭而不能包容天下；使尊贵的、低贱的不失掉他们立身的准则，那么天下就会得到治理了。

　　天爱其精，地爱其平，人爱其情。[1]**天之精，日月星辰雷电风雨也；地之平，水火金木土也；人之情，思虑聪明喜怒也。故闭四关，止五遁，则与道沦。**[2]**是故神明藏于无形，精神反于至真，则目明而不以视，耳聪而不以听，[口当而不以言]，心条达而不以思虑，委而弗为，和而弗矜，真性命之情，而智故不得杂焉。**[3]**精泄于目，则其视明；**[4]**在于耳，则其听聪；留于口，则其言当；集于心，则其虑通。故闭四关则身无患，百节莫苑，莫死莫生，莫虚莫盈，是谓真人。**[5]

【注释】

　〔1〕精：光明。

　〔2〕四关：耳、目、心、口。　五遁：指追求金、木、水、火、土五种淫逸之事。高诱注："遁，逸。"

　〔3〕精神：《文子·下德篇》作"精气"。［口当而不以言］：《道藏》本亦无此句。刘绩《补注》本有。疑脱。《文子·下德篇》亦有此句。　条达：条顺通达。　委：《广雅·释诂一》："积也。"　和：平和。《文子·下德篇》作"知"。　矜：自大。　真：《庄子·渔父》："真者，精诚之至也。"

　〔4〕泄：通。

　〔5〕"身"：《文子·下德篇》作"终身"。　苑：病。《俶真训》高诱注："苑，枯病也。"　真人：指存养本性得道的人。

【译文】
　　上天珍爱它的光明，大地爱惜它的平正，人类爱惜它的情性。上天的光明，就是日月、星辰、雷电、风雨；大地的平正，就是金木水火土；人的情性，就是思虑、聪明、喜怒。所以封闭四关，制止五种淫逸，那么便和"道"一起浮沉。因此把神明藏到无形之中，精气返回到自身，那么眼睛明察而不用来看外物，耳朵灵敏而不用来听声音，（言谈适当而不用来说话），心理通达而不用于思考问题，积聚财物而不据为己有，温和而不自傲，使性命之情真诚，那么智巧之类便不会混杂在其中了。精气和眼睛相通，那么他的视力就清楚；精气存在于耳中，那么他的听觉就灵敏；精气存留在口中，那么他的言词就会适当；精气集中在心里，那么他的思虑就会通达。因此封闭耳眼心口四关，那么身体便没有祸患，人体百节不会生病，不会死也不会生，不会空虚也不会充满，这就是所说的真人。

　　凡乱之所由生者，皆在流遁。⑴流遁之所生者五：大构驾，兴宫室，延楼栈道，鸡栖井干；⑵标（抹）〔枺〕樽（攄）〔栌〕，以相支持；⑶木巧之饰，盘纡刻俨；⑷嬴镂雕琢，诡文回波；⑸淌游瀷淢，菱杼纱抱；⑹芒繁乱泽，巧伪纷挐，以相摧错，此遁于木也。⑺
　　凿污池之深，肆畛崖之远，来溪谷之流，饰曲岸之际；⑻积牒旋石，以纯修碕；⑼抑淢怒濑，以扬激波；⑽曲拂邅迴，以像涡洿；⑾益树莲菱，以食鳖鱼；⑿鸿鹄鷫鹅，稻粱饶馀；⒀龙舟鹢首，浮吹以娱，此遁于水也。⒁
　　高筑城郭，设树险阻；⒂崇台榭之隆，侈苑囿之大，以穷要妙之望；⒃魏阙之高，上际青云；⒄大厦曾加，拟于昆仑；⒅修为墙垣，甬道相连；⒆残高增下，积土为山；⒇接径历远，直道夷险；(21)终日驰骛，而无蹟蹈

之患，此遁于土也。⁽²²⁾

　　大钟鼎，美重器，华虫疏镂，以相缪绐；⁽²³⁾寝兕伏虎，蟠龙连组；⁽²⁴⁾炜煜错眩，照耀辉煌；⁽²⁵⁾偃寒蓼纠，曲成文章；⁽²⁶⁾雕琢之饰，锻锡文镜，乍晦乍明；⁽²⁷⁾抑微灭瑕，霜文沈居，若篝簠簶；⁽²⁸⁾缠锦经冗，似数而疏，此遁于金也。⁽²⁹⁾

　　煎熬焚炙，调齐和之适，以穷荆、吴甘酸之变；⁽³⁰⁾焚林而猎，烧燎大木；鼓橐吹埵，以销铜铁；⁽³¹⁾靡流坚锻，无厌足日；⁽³²⁾山无峻干，（水）[林]无柘梓；⁽³³⁾燎木以为炭，燔草而为灰；野莽白素，不得其时；⁽³⁴⁾上掩天光，下殄地财，此遁于火也。⁽³⁵⁾此五者，一足以亡天下矣。

【注释】

〔1〕流遁：放荡，淫逸。

〔2〕"构驾"：木材连接支撑。指造楼房。《文选·鲍照〈芜城赋〉》注引"驾"作"架"。驾，通"架"。《广韵》"祃"韵："架，架屋。"延楼：高楼。　栈道：飞阁复道相通。　鸡栖：鸡所栖止之处。又为楼名。　井干：《后汉书·班固传》李贤注："楼名也。"《汉书·郊祀志下》："立井干楼高五十丈。"

〔3〕"抹"：《道藏》本、刘绩《补注》本作"桴"。桴，柱子之类。　櫨：《道藏》本、刘绩《补注》本作"枦"。欂栌，柱上承梁的方形短木，即斗拱。

〔4〕盘：盘龙。　纡：屈曲。　刻俨：高诱注："浮首虎头之属，皆屋饰也。"

〔5〕蠃镂：精巧的雕饰。蠃，通"瘰"，指瘰形文饰。　诡文：奇异之文。　回波：回旋的水波。

〔6〕淌游：水流动的样子。　瀷淢：水面波纹。高诱注："皆文画拟像水势之貌也。"　杼：王念孙《读书杂志》引之曰：读为"芧"。《汉书·司马相如传》张揖曰："芧，三棱也。"按：即三棱水草。　紾抱：联结。抱，当作"抱"。考见《原道训》。

〔7〕巧伪：精巧虚构。　纷挐：牵持，杂乱。　摧错：色彩交错。以上几句高诱注："皆彩色、形象、文章貌。"

〔8〕污池：蓄水池。　肆：极尽。　畛崖：边界。《广韵》"真"韵："畛，田界也。"

〔9〕堞：通"迭"，重叠。　旋：通"璇"，玉石。　纯：边缘。高诱注："纯，缘也。"　碕：曲岸。

〔10〕抑：制止。　减：湍流。　濑：急流。　扬：上扬。

〔11〕曲：弯曲。　拂：背离。　遭迴：徘徊不进。　禺：番禺。即今广州。　浯：苍梧，在今湖南宁远县南。又名九嶷山。

〔12〕树：种植。

〔13〕鹔鹴：水鸟，雁的一种，羽毛可制裘。　梁：《道藏》本、刘绩《补注》本同。朱骏声《说文通训定声》："梁，假借为粱。"

〔14〕龙舟：龙形大舟。　鹢首：鹢，水鸟，刻大鸟于船首，故曰鹢首。　浮吹：浮行水中吹奏乐器。

〔15〕设：建造。

〔16〕侈：放纵。　苑囿：有墙叫苑，无墙叫囿。古时帝王用来畜养禽兽之处。　要妙：美好的样子。

〔17〕际：接。

〔18〕大厦：大屋。　曾：重。　加：高诱注："架，材木相乘架也。"疑正文作"架"。

〔19〕甬道：飞阁复道。

〔20〕残：堕。　增：益。

〔21〕接：疾，通"捷"。《尔雅·释诂下》："接，捷也。"　径：行。直道：使厄道平直。

〔22〕驰骛：奔走。　蹟蹈：绊倒。王念孙《读书杂志》："蹟蹈"当为"蹟陷"，字之误也。《原道篇》曰："先者隤陷。"

〔23〕华虫：古指金铜器及服饰上的花草鸟虫。　疏镂：刻画，雕饰。　缪纱：纠缠。

〔24〕兕：雄性犀牛。　蟠龙：盘旋的龙形。　组：编织。

〔25〕焜昱：鲜明，光彩焕发。《说文》："焜，煌也。"《广雅·释诂四》："昱，明也。"错：相互交错。　眩：迷乱。

〔26〕偃蹇：回环的样子。　蓼纠：缠绕。

〔27〕锻：锻炼。　"镜"：刘绩《补注》本同,《道藏》本作"铙"。铙，铁器的文理。

〔28〕抑：压制。　瑕：玉斑。　霜文：纹饰如白霜。　沈居：深

陷。　簟：竹席。　篷篨：粗竹席。一说苇席。

〔29〕缠：缠绵。　经：织布的横线叫"经"。　冗：长。　数：《释名·释首饰》："密也。"即细密义。

〔30〕齐和：调剂。　荆吴：指楚国和吴国。

〔31〕鼓：鼓风。　橐：风箱。　埵：冶炉风箱的铁管。

〔32〿〕靡流：即铜铁水涌流。　无厌：不满足。　足日：一整天。

〔33〕峻干：高大的树木。　水：《道藏》本作"林"。当正。　柘：桑类树木，叶可喂蚕。　梓：《道藏》本、刘绩《补注》本同。王念孙《读书杂志》："梓"当为"榇"。是"榇"为伐木更生之名。故《本经篇》高注曰："榇，滋生也。"

〔34〕莽：草。

〔35〕天光：日光。　殄：《说文》"尽也"。

【译文】

大凡祸乱所产生的原因，都在于国君的放荡淫逸。放纵淫逸的产生表现在五个方面：大兴土木，兴建楼台亭阁，群楼并起，栈道相通；层层如鸡栖，方正如井栏；梁上短柱斗拱，相互支撑；木头上雕有奇巧的装饰，有弯曲的盘龙，以及浮首虎头之类；雕刻精细，色彩鲜明，文饰奇特，曲回如波。有像水纹波涛，荡漾起伏；菱花水草，互相缠绕；着色细密巧妙，可以扰乱真正的色泽；构思奇巧，互相牵持，而交错成一个整体。这就是在"木"的方面的淫逸。

挖掘深深的沟池，水面宽阔无边，接通溪谷的水源，装饰曲曲弯弯的堤岸；层层堆砌璇玉之石，沿着蜿蜒曲岸铺成；控制住急流，激起怒涛，扬起高高的波澜；水流有时曲折，有时相背，有时徘徊，就像水网环绕的番禺和苍梧一样；水中大量种植莲藕和菱角，用来供给鱼鳖食粮；鸿鹄、鹔鹴，栖息水滨，水稻、高粱，年年有馀；乘着龙形大舟，扬起高高的鹢首，浮行水面，鼓乐齐鸣，异常欢娱。这就是淫逸在"水"的方面。

筑起高高的城郭，设立重重险阻，建起雄伟的台榭，圈起巨大的苑囿，用来满足自己观赏的奢望；宫殿高耸，向上和青云相接；高楼层层，可以和昆仑比高。修起墙垣，飞阁复道把高楼相连；掘平高丘，填高洼地，累积土石成为山峦；奔驰在大道上，通达到很远的地方，使厄道变成平直，使险阻化为坦途。终日急驰，而没有绊倒的担心。这就是淫逸在"土"的方面。

铸起大的钟鼎，制造精美的重器，在金铜器上雕饰花草鸟虫，互相交织在一起；犀牛在酣睡，老虎在俯伏，苍龙在盘旋，这些图案有机组合在一起；光彩焕发，互相交错，使人迷乱不清；金光四射，灿烂夺目；回环往复，缠绕交织，弯弯曲曲组成华美的文饰；经过雕琢修饰，锻炼之后的锡铁，纹理光华细腻，有忽明忽暗的感觉；宝剑之美，消除了微小的斑点，闪着白光，犹如寒霜，浸进剑体之中，斜纹如同席纹；排列有致，缠绵冗长，像织锦的经线一样，使人看起来既细密，又好像很疏松。这就是淫逸在"金"的方面。

煎熬烧烤美味佳肴，调剂合适的口味，吃尽楚国、吴国的各种不同的风味。焚烧树林而去打猎，烧毁巨大的木头；拉起风箱，送进空气，用来冶炼钢铁；铁水涌流，锻造坚固的器用，没有满足的日子；山上没有了高大的树木，树林没有柘树、梓木。烧掉树木来作炭，焚烧野草来作灰，原野草木被烧得光秃秃的，草木不能按时生长；火光炎炎，上面掩蔽了太阳的光辉，下面耗尽了大地的资财。这就是淫逸在"火"的方面。这五个方面，在其中一个方面大肆淫逸，就完全可以使天下灭亡。

是故古者明堂之制，下之润湿弗能及，上之雾露弗能入，四方之风弗能袭。[1] 土事不文，木工不斫，金器不镂。[2] 衣无隅差之削，冠无觚嬴之理。[3] 堂大足以周旋理文，静洁足以飨上帝，礼鬼神，以示民知俭节。[4]

【注释】

〔1〕明堂：高诱注："明堂，王者布政之堂。上圆下方，堂四出，各有左右房，谓之'个'，凡十二门。王者月居其房，告朔朝历，颁宣其令，谓之明堂。"按：明堂之制，详见《礼记·明堂位》、《大戴礼记·明堂位》、《逸周书·明堂》及本书《时则训》。

〔2〕土事：建筑工程。　文：文饰。　斫：雕画。　镂：雕刻。

〔3〕隅差：斜角。　觚：古代酒器，上多有饰物。方纹曰觚。　嬴：指蜗牛，也指蚌类。圆纹曰嬴。

〔4〕"堂大"句：高诱注："明堂，所以升降、揖让、修礼容，故曰周旋。" 理文：处理政事文书。

【译文】

因此古代有建立明堂的制度，在明堂下部，潮湿之气不能够达到；在它的上面，浓雾寒露不能够进入，四方之风也不能够侵袭。土建墙壁不加粉饰，木梁也不作雕琢，使用的铜器也不刻镂。穿衣用全幅，边角不加剪裁；冠用平直，没有折皱纹饰。明堂广大，能够在里面集会、行礼，发表政事文告；安静、洁净，能够用来祭祀天帝、礼敬鬼神，用明堂的制度就是告诉人们要知道节俭。

夫声色五味，远国珍怪，瑰异奇物，足以变易心志，摇荡精神，感动血气者，不可胜计也。〔1〕夫天地之生财也，本不过五。〔2〕圣人节五行，则治不荒。〔3〕凡人之性，心和欲得则乐，乐斯动，动斯蹈，蹈斯荡，荡斯歌，歌斯舞，歌舞节则禽兽跳矣。〔4〕人之性，心有忧丧则悲，悲则哀，哀斯愤，愤斯怒，怒斯动，动则手足不静。人之性，有浸犯则怒，怒则血充，血充则气激，气激则发怒，发怒则有所释憾矣。〔5〕故钟鼓管箫，干戚羽旄，所以饰喜也；〔6〕衰绖菅杖，哭踊有节，所以饰哀也；〔7〕兵革羽旄，金鼓斧钺，所以饰怒也。必有其质，乃为之文。

【注释】

〔1〕瑰异：奇异，珍奇。 摇荡：动荡。
〔2〕五：指五行之数。
〔3〕荒：荒废。
〔4〕心和：心中平和。 荡：摇动。《礼记·乐记》、《史记·乐书》可与此相参。
〔5〕浸：《道藏》本、刘绩《补注》本作"侵"。《汉书·薛宣传》颜

师古注:"浸,字或作侵。侵,犯也。"侵犯,侵凌、冒犯。　释:高诱注:"解也。"按:即解除、消释义。　憾:恨。
〔6〕干戚:斧钺。
〔7〕衰:通"缞"。《广韵》"灰"韵:"缞,丧衣。"古代丧服,用麻布制成,披在胸前。　绖:用麻做的丧带,系在腰或头上。《说文》:"绖,丧首戴也。"　苴杖:《仪记·丧服传》:"苴杖,竹也。"即古代居父母丧时所用的竹杖。　哭踊:丧礼的仪式。踊,跳。

【译文】
　　那些五声、五色、五味,远方国家珍贵奇异之物,以及能够改变人的心志,动荡人的精神,感动人的血气的东西,不能够计算出来。其实天地间生出的财物,根本的东西不过五种。圣人能够善于调节五行,那么治理国家就不致荒乱。大凡人的天性,心境平和,欲望得到满足,就能感到快乐,快乐就要冲动,冲动就要顿足动手,顿足就要全身动荡,动荡就要唱歌,唱歌就要舞蹈,有歌有舞符合节拍就会像禽兽一样跳跃起来。大凡人的性情,心中有忧愁、亡失就要悲痛,悲痛就要伤心,伤心就要悲愤,悲愤就要发怒,发怒就要行动,行动就使手、脚不得安静了。大凡人的天性,被人侵凌冒犯就会动怒,动怒就会血气上充,血气上充则脾气激动,脾气激动就要发出怒火,怒火爆发愤恨就释放了。钟鼓、管箫、干戚、羽旄,是用来文饰喜悦之情的;缞绖、苴杖,丧礼的仪节,是用来文饰悲哀之情的;兵革、羽旄、金鼓、斧钺,是用来文饰愤怒之情的。只有它的朴实之性存在,才有可能对它进行文饰。

　　古者圣王在上,政教平,仁爱洽;⁽¹⁾上下同心,君臣辑睦;衣食有馀,家给人足;父慈子孝,兄良弟顺;生者不怨,死者不恨;⁽²⁾天下和(治)[洽],人得其愿。⁽³⁾夫人相乐无所发贶,故圣人为之作乐以和节之。⁽⁴⁾
　　末世之政,田渔重税,关市急征,泽梁毕禁,网罟无所布,耒耨无所设,民力竭于徭役,财殚于会赋;⁽⁵⁾居者无食,行者无粮;老者不养,死者不葬;赘妻鬻子,以给上求，犹弗能赡；⁽⁶⁾愚夫惷妇，皆有流连之心，凄怆之志。⁽⁷⁾乃使始为之撞大钟、击鸣鼓、吹竽笙、弹琴瑟，失乐之本矣。⁽⁸⁾

【注释】

〔1〕洽：广博，普遍。
〔2〕恨：遗憾。
〔3〕"治"：《道藏》本、刘绩《补注》本作"洽"。当正。
〔4〕贶：赐予，加惠。《说文·新附》："贶，赐也。"
〔5〕关市：关卡、市场。 耨：《道藏》本、刘绩《补注》本作"耜"。 "财殚"句："财"下无"用"字，《道藏》本同。刘绩《补注》本、《群书治要》有。 会赋：会，计算。计算人口数量收取赋税。
〔6〕赘：抵押。 鬻：卖。
〔7〕流连：离散，流离。 凄怆：悲怆。
〔8〕"乃使始"句：《群书治要》无"使"字。王念孙《读书杂志》："乃始"二字之间，不当有"使"字。

【译文】

古时候圣人在上位，政治教化清平，对天下人民广施仁爱，上下同心协力，君臣之间和睦共事；衣食丰足，家有饶馀；父亲慈爱，儿子孝敬，兄长善良，弟弟和顺；生活着的人没有怨恨，死去的人也没有遗憾，天下和谐，人们能够实现自己的愿望。众人心中快乐，但不会产生有人恩赐之情，因此圣人替他们制订乐律来加以协调节制。

末世的政治，种田打鱼的人被取以重税，关卡集市紧急征收赋税，水泽、山梁全部禁止捕捉和采摘；渔网没有办法撒下，农具没有用来放置的地方，百姓的力量消耗在繁重的徭役上，财富被赋税征收干净；居家的人没有粮食，奔走在外的人饿着肚子，年老的人无力奉养，死去的人无法安葬，抵押妻子，卖掉儿子，用来供给国君的需求，还不能够满足。即使是愚蠢至极的男女，都有离散的痛苦，以及悲怆的心情，却竟然给他们击起大钟，敲起响鼓，吹奏竽笙，弹起琴瑟，已经失去了作乐的根本了。

古者上求薄而民用给，君施其德，臣尽其忠；⁽¹⁾父行其慈，子竭其孝；各致其爱，而无憾恨其间。⁽²⁾夫三年之丧，非强而致之。听乐不乐，食旨不甘，思慕之心，未能绝也。⁽³⁾

晚世风流俗败，嗜欲多，礼义废，君臣相欺，父子疑，怨（左）［尤］充胸，思心尽亡。⁽⁴⁾被衰戴绖，戏笑其中，虽致之三年，失丧之本也。

【注释】
〔1〕给：丰足。
〔2〕致：表达。
〔3〕甘：甜美。
〔4〕"父子疑"句：《道藏》本同。刘绩《补注》本增"相"字。"左"：《道藏》本作"尤"。刘绩《补注》本将"由"改作"尤"。尤，《玉篇》："责也。"

【译文】
古时候国君需求少，而百姓给用充足。国君施行他的德泽，而臣下尽献他的忠心；父亲施予他的仁慈之爱，儿子竭尽他的孝道；各人表达自己的爱抚之情，而没有怨恨、遗憾在其中了。那种三年丧礼的规定，不是强迫而使别人做到。三年服丧之时，听音乐不感到快乐，吃美味不觉得甘甜，是因为思慕悲哀之心，不能够断绝。

晚世风气习俗败坏，贪欲无有止禁，礼义遭到废除，君臣之间相互欺骗，父子之间互相怀疑，怨恨责难充满胸中，思慕之心全部丧失。披着缞戴着绖，却在其中玩耍嬉笑，即使让他们服丧三年，也失去了服丧的根本目的了。

古者天子一畿，诸侯一同，各守其分，不得相侵。⁽¹⁾有不行王道者，暴虐万民，争地侵壤，乱政犯禁，召之不至，

(今)[令]之不行，禁之不止，诲之不变，乃举兵而伐之，戮其君，易其党，封其墓，类其社，卜其子孙以代之。⁽²⁾

晚世务广地侵壤，并兼无已；⁽³⁾举不义之兵，伐无罪之国，杀不辜之民，绝先圣之后；大国出攻，小国城守；驱人之牛马，偰人之子女；⁽⁴⁾毁人之宗庙，迁人之重宝；血流千里，暴骸满野，以赡贪主之欲，非兵之所为生也。

【注释】

〔1〕畿：方圆千里为畿。 同：方圆百里为同。以上化自《左传·襄公二十五年》。

〔2〕"今"：《道藏》本、刘绩《补注》本作"令"。当正。 类：祭名。有祭天和祭地两种。通"禷"。《说文》："禷，以事类祭天神。"

〔3〕务：务求。

〔4〕偰：通"系"。拘捕。

【译文】

古时候天子封地方圆千里，诸侯封地方圆百里，各自守护自己的界限，不能相互侵扰。有不推行天子之令，残害万民，争夺土地，扰乱政治触犯禁令的，召见他不来到，命令他不实行，禁止他不停止，教诲他不改过的人，便举兵来讨伐他，杀掉他的国君，更换他们的党羽，修筑他的墓地，祭祀他的社神，经过占卜选择他们子孙中有贤德者来取代他。

晚世务求侵占他国，扩张土地，兼并不能停止；发动不正义的战争，讨伐没有罪过的国家，杀死无辜的人民，绝灭先圣的后代；大的国家出兵对抗，小的国家保守城池；驱赶别人的牛马，拘系他人的子女；毁坏别国的宗庙，搬走他国的重宝；以致流血千里，横尸遍野，以此来满足贪婪的国君的欲望，这不是发动战争的本来目的。

故兵者，所以讨暴，非所以为暴也；乐者，所以致和，非所以为淫也；丧者，所以尽哀，非所以为伪也。故事亲有道矣，而爱为务；朝廷有容矣，而敬为上；[1]处丧有礼矣，而哀为主；用兵有术矣，而义为本。本立而道行，本伤而道废。

【注释】
〔1〕容：礼节，法度。

【译文】
　　因此军队是用来讨平暴乱的，不是用来进行暴力活动的；音乐是用来陶冶情性的，不是用来进行淫乱活动的；服丧是用来表达悲哀之情的，不是用来作假的。所以事奉亲人是有规定的，而要把"爱"作为致力的目的；君臣朝见是有固定礼容的，而要以恭敬作为最高要求；处理丧事是有礼节的，而要把悲哀放在首位；用兵是有战略规定的，而要把实行道义作为根本。根本确立了，而大道就可以行得通；根本破坏了，而大道就会受到破坏。

第九卷　主术训

【题解】

高诱解题云："主，君也。术，道也。君之宰国，统御臣下，五帝三王以来，无不用道而兴，故曰主术也。"主术，就是国君统治天下之道。

治国要实行"无为而治"，就是要按照自然和社会规律办事。治国之本在于安民，"民者，国之本也"。要减轻赋税，爱惜民力，富裕民生。治国要依靠大众，人尽其才，物尽其用。即"乘众人之智，用众人之力"。治国要任人唯贤。"所任者得其人，则国家治，百姓附；所任者非其人，则国家危，百姓乱"。治国要用法制，"法者，天下之度量"。法律面前人人平等，同时要"立法禁君"。对国君自身，要"诚正"、"无私"、"先自为检式仪表"。国君治国要正确运用"权"、"势"的力量，"循名责实"，就能达到"天下尽力"的要求。

《史记·太史公自序》中说："道家使人精神专一，动合无形，赡足万物。其为术也，因阴阳之大顺，采儒、墨之善，撮名、法之要，与时迁移，应物变化，立俗施事，无所不宜，指约而易操，事少而功多。"本训与司马谈所言相合。它是研究汉代黄老道家治国理念和方略的重要文献。

陶方琦《淮南许注异同诂》：(此)"高注本也。"

人主之术，处无为之事，而行不言之教；[1]清静而不动，一度而不摇；[2]因循而任下，责成而不劳。[3]是故心知规而师傅谕导，口能言而行人称辞，足能行而相者先导，耳能听而执正进谏。[4]是故虑无失策，谋无过事;⁽⁵⁾言为文章,行为仪表于天下;⁽⁶⁾进退应时,动静循理;不为丑美好憎,不为赏罚喜怒;⁽⁷⁾名各自名,类各自类,事犹自然,莫出于己。故古之王者,冕而前(旅)[旒],所以蔽明也;⁽⁸⁾黈(续)[纩]塞耳,所以掩聪;⁽⁹⁾天子外屏,所以自障。⁽¹⁰⁾故所理者远,则所在者迩;⁽¹¹⁾所治者大,则所守者少。⁽¹²⁾夫目(安)[妄]视则淫,耳(安)[妄]听则惑,口(安)[妄]言则乱。⁽¹³⁾夫三关者,不可不慎守也。若欲规之,乃是离之;若欲饰之,乃是贼之。⁽¹⁴⁾

【注释】

〔1〕术:君主统治的手段和策略。《韩非子·定法》:"术者,因任而授官,循名而责实,操生杀之柄,课君臣之能者也。此人主之所执也。"内容包括任免、考核、赏罚各级官吏的手段。 "处无为"二句:见于《老子》二章。

〔2〕一度:统一法度。 摇:动摇。

〔3〕因循:沿袭旧法而不加改变。 责成:督责完成任务。

〔4〕规:法度。 师:高诱注:"师者,所从取法则也。"按:指太师。周代三公之一。 傅:高诱注:"相也。"按:指太傅,周代三公之一。 谕导:《道藏》本、刘绩《补注》本同。高诱注:"谕导以正道也。"按:即劝谕,引导。刘文典《淮南鸿烈集解》云:《治要》引"导"作"道"。 行人:《周礼·秋官》有行人之官,掌朝觐聘问。 称辞:陈说。 相者:指赞礼的人。《论语·先进》朱熹集注:"相,赞君之礼者。" 执正:主持政务之人。正,通"政"。 谏:高诱注:"或作谋也。"杨树达《淮南子证闻》:《淮南》此节本之《慎子》。

〔5〕谋:《道藏》本、刘绩《补注》本同。王念孙《读书杂志》:"谋"本作"举","举"犹"动"也。"虑无失策",以谋事言之;"举无过事",以行事言之。《群书治要》引此,正作"举无过事"。 过:失误。

〔6〕文章:指礼乐法度。 "行为仪表于天下":《道藏》本、刘绩《补注》本同。高诱注:"为天下人所法则也。"按:《文子·自然篇》作"行为仪表"。于大成《主术校释》:《大戴礼·曾子制言中》:"言为文章,

行为表缀于天下。"《淮南》文所本也。

〔7〕"不为"二句：《文子·自然篇》作："美丑不好憎，赏罚不喜怒。"

〔8〕"故古之王者"三句：高诱注："冕，王者冠也。前旒，前后垂珠饰遂筵也。下自目，故曰'蔽明'也。天子玉县十二，公侯挂珠九，卿点珠六，伯子各应随其命数也。""旒"：《道藏》本、刘绩《补注》本作"斿"，当正。

〔9〕"黈纩"：续，《道藏》本、刘绩《补注》本、《四库全书》本作"纩"，当是。黈纩，即黄绵。古之冕制，用大如丸的黄绵，悬于冕之两旁，以示不听无益之言。《集韵》"厚"韵："黈，黄色。"纩，《说文》："絮也。"

〔10〕外屏：皇帝的门屏。屏是对着门的小墙，后称照壁。

〔11〕在：《尔雅·释诂》："察也。" 迩：《说文》："近也。"

〔12〕少：《道藏》本、刘绩《补注》本、《四库全书》本同。王念孙《读书杂志》："少"当作"小"，字之误也。《群书治要》引此，正作"小"。

〔13〕"安"：《道藏》本、刘绩《补注》本作"妄"。当正。下二"安"字同。

〔14〕贼：败坏。按，"故古"至"贼之"，参见《晏子春秋》卷七《外篇》上、《荀子·大略》、《大戴礼记·保傅》等。

【译文】

国君统治天下的手段，用"无为"去处理事务，用"不言"去教导大众，清虚安静而不妄动，统一法度而不动摇，沿袭规则而任用臣下，督责臣下完成任务而自己不辛劳。因此国君心里知道谋划，而要太师太傅劝谕教导；口中能够表达，而要行人来陈说；腿脚能行动，而却要赞礼之人在前引导；耳朵能够听清，却要执政之人来进谏。所以天子思虑中没有失策的地方，谋划没有错误的地方；用言语表达出来，就成为礼乐法度；行动表现出来，就可以作为天下的表率。进退适应时代变化，动静依循一定的道理；不因为美丑而产生好憎的情结，也不因为赏罚而出现喜怒的情感。事物名称各自符合自己的名分，分类各自符合自己的类别，各种事情就像来自天然一样，没有什么是从自己一方发出的。因此古代的帝王，头上戴冕，前面有旒，它是用来掩蔽自己视觉的，（表示不视邪行）；用黄绵塞耳，是用来掩蔽自己听觉的，（表示不听邪说）；天子居处前有外屏,是用来阻隔自己的,(表示不亲近奸佞)。因此天子所治理的地方远,那么他所考察的就近;所治理的地方大,那么他所持守的地方就小。眼睛乱看就会淫乱,耳朵乱听就会迷惑,嘴巴乱说就会造成混乱。目耳口这三关,是不能够不谨慎把守的。如果要去规范它,那么便是使它们离散;如果把三关装饰起来,那么则是伤害了它。

天气为魂,地气为魄;反之玄房,各处其宅;⁽¹⁾守而勿失,上通太一。⁽²⁾太一之精,通于天道。⁽³⁾天道玄默,无容无则;⁽⁴⁾(天)[大]不可极,深不可测;⁽⁵⁾尚与人化,知不能得。⁽⁶⁾

【注释】
〔1〕玄房:喻人体。又说指天地。《文子·自然篇》作"反之玄妙"。
〔2〕太一:指天。
〔3〕"通于天道":《文子·自然篇》作"通合于天"。
〔4〕玄默:清静无为。本书二见。
〔5〕"天":《道藏》本同。刘绩《补注》本作"大"。《文子·自然篇》同。当正。　测:尽。
〔6〕尚:通"常"。《文子·自然篇》作"常"。

【译文】
　　上天的精气为魂,大地的精气为魄;使它们返回到人体,(魂为精神,魄依形体),各自处于它们的处所。把守住它们而不失去,向上可以通达太一。太一的精华,又与天道相通。天道是沉静无为的,没有什么不能容纳,也没有什么法则;大到没有边际,深到没有办法测量。天道常和人一起变化,但是人的智慧又不能得到它。

　　昔者神农之治天下也,神不驰于胸中,智不出于四域,怀其仁成之心;⁽¹⁾甘雨时降,五谷蕃植;⁽²⁾春生夏长,秋收冬藏;月省时考,岁终献功;⑶以时尝谷,祀于明堂。明堂之制,有盖而无四方;风雨不能袭,寒暑不能伤;迁延而入之,养民以公。⑷其民朴重端悫,不忿争而财足,不劳形而功成,因天地之资,而与之和同。⑸是故威厉而不杀,刑错而不用,法省而不烦,故其化如神。⑹其地南至交阯,北至幽都,东至汤谷,西至三危,莫不听从。⑺当此之时,法宽刑缓,囹圄空虚,而天下一俗,莫怀奸心。⑻

【注释】

〔1〕"神不"句:高诱注:"言释神安静,不躁动也。"黄锡禧本注文无"释"字。 成:《道藏》本同,刘绩《补注》本作"诚"。《诗·小雅·我行其野》马瑞辰传笺通释:"成即诚之叚借。"

〔2〕"甘雨时降"句:《文子·精诚篇》作"甘雨以时"。甘雨,适宜农事的雨水。 植:生长。

〔3〕月省时考:每月按时查看考察。《说文》:"省,视也。" 献功:奉献收成。《尔雅·释诂下》:"功,成也。"

〔4〕迁延:逍遥自在。

〔5〕朴重:敦厚,庄重。 端悫:端正,诚笃。《吕览·去宥》高诱注:"悫,诚也。" 资:资助,供给。 "功成":杨树达《淮南子证闻》:"功成"当作"成功"。"功"字与上文"公",下文"同"字为韵,作"功成"则失其韵矣。 和同:见于《老子》五十六章:"和其光,同其尘。"即混同他们的品德光彩,统一他们的行动尘迹。

〔6〕"不杀":《道藏》本、刘绩《补注》本、《四库全书》本同。王念孙《读书杂志》:"杀"本作"试"。不试犹不用也。《太平御览·皇王部》三引此,正作"不试"。《文子·精诚篇》同。 刑错:指无人犯法,刑法搁置不用。错,通"措",放置。 烦:繁多。 "其化如神":《文子·精诚篇》作"教化如神"。

〔7〕交阯:泛指两广以南和越南北部一带。《脩务训》作"交趾"。古人认为其民足趾相交,与中原不同,故名。 幽都:指北方山名。《淮南子》中凡五见。 汤谷:日出之处。《淮南子》中凡四见。 三危:山名。

在甘肃敦煌南。《淮南子》中凡六见。

〔8〕一俗：习俗一同。

【译文】

　　从前神农氏统治天下的时候，精神安静不在胸中躁动，智慧施行不离开四方疆界，怀抱着他的仁诚之心；于是甘雨按照时节降落，五谷旺盛生长；春天播种，夏季生长，秋天收获，冬天贮藏；每月按时考察下情，年终奉献收成；按时品尝新谷，在明堂上举行祭祀。明堂的建筑形制，有顶盖而没有四面墙壁；风雨不能侵袭，冷热不能伤害；逍遥自在地进入，以公心教育万民。他的百姓端正、朴实，不去忿争而财物充足，不去辛劳形体而大功告成，凭借着天地的资助，而与天地融为一体。因此虽然威严但是不去杀戮，刑法搁置而不去使用，法令条文简约而不烦琐，所以他的化育万民就像有神灵驱使一样。他的地域南边到达交阯，北方到达幽都，东方到达汤谷，西方到达三危，没有人不听从的。当这个时候，刑法宽松，牢狱空空，而天下习俗统一，没有人怀有奸诈之心。

　　末世之政则不然。上好取而无量，下贪狼而无让；⁽¹⁾民贫苦而忿争，事力劳而无功；智诈萌兴，盗贼滋彰；上下相怨，号令不行；执政有司不务反道，矫拂其本而事修其末；⁽²⁾削薄其德，曾累其刑，而欲以为治，无以异于执弹而来鸟，捴梲而狎犬也，乱乃逾甚。⁽³⁾夫水浊则鱼噞，政苛则民乱。⁽⁴⁾故夫养虎豹犀象者，为之圈槛，供其嗜欲，适其饥饱，违其怒恚，然而不能终其天年者，刑有所劫也。⁽⁵⁾是以上多故则下多诈，上多事则下多能，上烦扰则下不定，上多求则下交争。⁽⁶⁾不直之于本，而事之于末，譬犹扬（猓）[堁] 而弭尘，抱薪以救火也。⁽⁷⁾故圣人事省而易治，求寡而易赡；不施而仁，不言而信；不求而得，不为而成；块然保真，抱德推诚；⁽⁸⁾天下从之，如响之应声，景之像形，其所修者本也。⁽⁹⁾刑罚不足以移风，杀戮不足以禁奸，唯神化为贵，至精为神。⁽¹⁰⁾

【注释】
〔1〕贪狼：贪婪，凶暴。
〔2〕矫拂：纠正，违背。
〔3〕削薄：削减，减薄。　曾累：即层累，层层累加。朱骏声《说文通训定声》："曾，叚借为层。"　掷：《文选·左思〈吴都赋〉》吕向注："掷也。"　梲：《说文》："木杖也。"　狎：玩耍。
〔4〕唅：鱼在水面张口呼吸。又见《说山训》。
〔5〕"违"：《列子·黄帝篇》、《庄子·人间世》作"达"。　恚：恨，怒。　天年：自然的寿命。　刑：《道藏》本同。刘绩《补注》本作"形"。《别雅》卷二 "形，刑也。形、刑二字古多通用"。　劫：威逼。
〔6〕能：《道藏》本、刘绩《补注》本作"态"。"能"通"态"。
〔7〕"𡊬"：《道藏》本、刘绩《补注》本作"堁"。高诱注："尘壓也。楚人谓之堁。堁，动尘之貌。"按：即尘土义。　弭：消除。
〔8〕块然：安然自得的样子。　推诚：以诚意相待。
〔9〕响：回声。
〔10〕神化：指精神的变化。《淮南子》中凡七见。　至精：最高的精神境界。《淮南子》中凡八见。

【译文】
末世的政治则不是这样。国君爱好贪取而没有限度，臣下贪婪残暴而没有谦让；百姓贫苦不堪而互相争斗，从事辛勤劳作而没有一点收获；巧智诈伪盛行，盗贼滋生蔓延；君臣之间互相怨恨，号令没有办法通行；执政官员和主管部门，不务求返回正道，反而背离根本而去从事末节。不断减少他们的德性，而层层累加他们的刑法，却想以此得到治理，这同举着弹丸而使鸟飞来，挥舞棍子而耍狗一样，混乱只会加倍增加。水混浊了鱼就会呼吸困难，政令苛烦了就会给百姓造成混乱。所以那些豢养虎、豹、犀、象的人，为这些动物围起了圈墙和栅栏，供给他们嗜欲所需求的东西，适应它们的饥饱变化，避开它们发怒的时候，虽然这样这些动物还不能过完它们的自然寿命，主要是形体受到威逼的原因。因此国君多诈，那么臣下多欺骗；国君多嗜欲之事，那么臣下就会多巧饰；国君多烦扰，那么臣下便不得安定；国君多贪欲，那么臣下则争斗。不在根本上使它们正直，而却在末节上去用力，就像扬起尘土而想要消除灰尘，抱着干柴而去救火一样。因此圣人事情少而容易治理，需求少而容易满足；不需要施予而能成为仁爱，不需要言语而可以成信用；不去寻求而能够得到，不去从事而能够成功；安然自得地保存本性，怀抱着德泽而能以诚待人；天下的人便跟从他，就像声响应和回声、形体决定影子一样，他们所修治的是解决自身这个根本问题。刑罚是不能够完全用来改变风气的，杀戮也是不能全部禁止奸恶的，只有精神的改变才是可贵的，具有最高精神境界，便能达到神奇的效果。

夫疾呼不过闻百步，志之所在，逾于千里。[1] 冬日之阳，夏日之阴，万物归之，而莫使之然。故至精之像，弗招而自来，不麾而自往；[2] 窈窈冥冥，不知为之者谁，而功自成。智者弗能诵，辩者弗能形。[3]

【注释】
〔1〕逾：越过。
〔2〕"至精之像"：《文子·精诚篇》作"至精之感"。 麾：指挥。
〔3〕诵：通"颂"，仪容。

【译文】
高声疾呼不过使百步之远的人听到，意志所要到达的地方，可以越过千里之遥。冬天的太阳，夏天的阴影，万物归向它，而没有人使万物这样做。因此最高的精神境界具有感化的巨大力量，不去招呼而万物自然归来，不去指挥而万物自行前往；幽深广大啊，不知道指挥它这样做的是谁，而大功自然告成。智慧的人不能够描绘它的仪容，善辩的人不能够描绘它的形体。

昔孙叔敖恬卧，而郢人无所害其锋；⁽¹⁾市南宜辽弄丸，而两家之难无所关其辞。⁽²⁾鞅鞈铁铠，瞋目扼擥，其于以御兵刃，县矣。⁽³⁾券契束帛，刑罚斧钺，其于以解难，薄矣。⁽⁴⁾待目而照见，待言而使令，其于为治，难矣。⁽⁵⁾

【注释】

〔1〕孙叔敖：春秋楚国期思（今河南淮滨东南）人，由平民而被楚庄王擢为令尹，帮助楚庄王成就霸业。《淮南子》中凡十一见。　恬卧：安寝。　郢：楚都。在今湖北江陵北。　害：损害。　"昔孙叔敖"二句：高诱注："但恬卧养德，折冲千里之外，敌国不敢犯害，故郢人不举兵出伐，无所害其锋于四方也。"

〔2〕"市南宜辽"二句：高诱注"宜辽，姓也，名熊，勇士，居楚市南。楚平王太子建为费无极所逐，奔郑，郑人杀之，其子胜在吴，令尹子西召之，以为白公。请伐郑以报雠，子西许之，而未出师。晋人伐郑，以报雠，子西救之。胜怒曰：'郑人在此，雠不远矣。'欲杀子西，其臣石乞曰：'市南熊宜辽，得之可以当五百人。'乃生视之，告其故。不从，举之以剑，不动，而弄丸不辍，心志不惧，曰：'不能从子为乱，亦不泄子之事。'白公遂杀子西。两（家）虽有难，不怨宜辽，故曰'无所关其辞'也。"　弄丸：古代民间技艺，又叫"跳丸"。　难：指争执、敌对。　关：牵连。以上见于《庄子·徐无鬼》。

〔3〕鞅：套在马颈用以负轭的皮带。　鞈：古代用以护胸的革车。　瞋：发怒时睁大眼睛。　扼擥：手握其腕，表示激怒的感情。　御：制止。　县：《管子·事语》集校引张佩纶云："县，远也。"

〔4〕束帛：帛五匹为一束。古代用作聘问的礼物。　薄：微小。

〔5〕待目：等待示意。　照：察看。

【译文】

从前孙叔敖执掌楚国之政，虽安寝无为，（而声威远扬），楚国没有发生兵刀之灾；市南宜辽拨弄弹丸，白公胜杀令尹子西，两家之难与自己没有什么牵连。披挂战马，士卒穿上铠甲，瞪大眼睛，握住拳头，用这种办法来制止刀兵之灾，就离得很远了。带着契据，拿着束帛，使用刑罚，举起斧钺，用这种办法来解决争难，可能性就很小了。等待别人指使才去察看,等待别人说话才去行动,用这样的办法治理国家就困难了。

蘧伯玉为相,子贡往观之,曰:"何以治国?"[1]曰:"以弗治治之。"[2]简子欲伐卫,使史黯往覛焉。[3]还反报曰:"蘧伯玉为相,未可以加兵。"固塞险阻,何足以致之?[4]故皋陶喑而为大理,天下无虐刑,有贵于言者也;[5]师旷瞽而为大宰,晋无乱政,有贵于见者。[6]故不言之令,不视之见,此伏牺、神农之所以为师也。[7]

【注释】

[1]蘧伯玉:名瑗,春秋卫国人,有贤相之名。 子贡:孔子弟子,春秋末卫人,以能言善辩著称。

[2]"以弗治"句:即无为而治。指顺应自然和社会规律而治理。

[3]简子:春秋末晋卿,亦称赵孟,战胜范氏、中行氏,为其子建立赵国奠定基础。 卫:周初封国,都朝歌(今河南淇县)。后迁楚丘(今河南滑县)、帝丘(今河南濮阳)。 史黯:春秋末晋太史,姓蔡,名墨。 覛:观看。《说文·新附》:"覛,见也。"

[4]致:达到。 "简子"条:见于《吕览·召类》,并载于《说苑·奉使》。

[5]皋陶:传说中东夷族首领,曾为舜掌刑法,禹选为接班人,早死。 喑:哑。 大理:掌管刑狱之官。 "有贵于言"句:高诱注:"虽喑,平狱理讼能得人之情,故贵于多言者也。"

[6]大宰:西周置官,掌王家内外事务。于大成《主术校释》:"'太宰'当作'大师'。今本《文子》亦作'太宰',而《御览》七百四十引作'太师'。" "师旷"几句:高诱注:"虽盲,而大治晋国,使无有乱政,故贵于有所见。"

[7]师:指师法。

【译文】

蘧伯玉担任卫相,孔子弟子子贡前往观察,问道:"先生用什么办法来治理国家？"回答说："用'弗治'来治理。"赵简子准备讨伐卫国，派史黯先去察看情势。回来报告说："蘧伯玉担任相国，不能够派兵伐卫。"牢固的关塞，险要的地形，怎么能达到这样的效果呢？因此皋陶虽然是哑巴，但是可以担任司法之官，天下没有出现暴虐的刑法，所以哑巴比多言有可贵之处；春秋晋国乐师师旷是个盲人，却担任太师之职，晋国没有出现乱政，所以盲人比那些视力好的人有可贵之处。因此皋陶不用说话的命令，师旷不用眼看的见解，这就是伏栖、神农氏成为后世师法的原因。

  故民之化也，不从其所言而从其所行。故齐庄公好勇，不使斗争，而国家多难，其渐至于崔杼之乱。⁽¹⁾倾襄好色，不使风议，而民多昏乱，其积至昭奇之难。⁽²⁾故至精之所动，若春气之生，秋气之杀也，虽驰传骛置，不若此其亟。⁽³⁾故君人者，其犹射者乎？于此豪末，于彼寻常矣，故慎所以感之也。

【注释】

  〔1〕齐庄公：春秋齐君，在位六年，因淫乱被杀。 斗争：刘家立《淮南内篇集证》：谭氏复堂曰："斗争"应作"间争"。间争，谏净也。与下文"风议"同义。《文子》亦作"斗"，盖其讹已久也。 "其渐至"句：高诱注："崔杼，齐大夫也。乱，杀庄公也。"按：其事见于《左传·襄公二十五年》。

  〔2〕倾襄：楚倾襄王，名横，怀王之子，战国晚期楚君，在位三十六年。 昭奇：楚大夫。《文子·精诚篇》作"淫泆之难"。

  〔3〕传：传车。 骛：奔跑。 置：《广雅·释诂四》："驿也。"即驿站。 亟：疾。

【译文】

  因此百姓听从教化，不是听从施政者的言论，而是追随他们的行动。因此齐庄公爱好勇力，不听从臣下劝谏，从而造成国家多灾多难，最终酿成了崔杼弑君；楚倾襄王爱好美色，不让人劝告，而人民混乱不堪，逐渐造成了昭奇之难。所以最高的精神具有感化的重要力量，就像春风化育万物，秋气使万物凋落，即使像传车飞奔到达驿站一样，也不如它这样急速。所以国君统治人民，大约就像射箭吧！在射出的时候相差毫末，在到达目标时就会有很大的失误，因此对能造成感化的事情要特别慎重。

夫荣启期一弹，而孔子三日乐，感于和；⁽¹⁾邹忌一徽，而威王终夕悲，感于忧。⁽²⁾动诸琴瑟，形诸音声，而能使人为之哀乐。县法设赏，而不能移风易俗者，其诚心弗施也。宁戚商歌车下，（植）[桓]公喟然而寤矣，至精入人深矣。⁽³⁾故曰：乐，听其音，则知其俗；见其俗，则知其化。孔子学鼓琴于师襄，而谕文王之志，见微以知明矣。⁽⁴⁾延陵季子听鲁乐，而知殷、夏之风，论近以识远也。⁽⁵⁾作之上古，施及千岁，而文不灭，况于并世化民乎？

【注释】
〔1〕荣启期：春秋时隐者。《列子·天瑞篇》中有记载："孔子三日乐"，即孔子在太山见"鹿裘带索，鼓琴而歌"的荣启期，听其谈三"乐"之事。
〔2〕邹忌：战国时人，以鼓琴游说齐威王，被任为相国。 徽：琴徽，琴弦音位的标志，根据弦长整数比，镶嵌十三个圆形标志。 威王：战国齐君，名田齐，在位三十七年。曾任用邹忌、孙膑、田忌等人，并开设稷下学宫，广延人才。《史记·田敬仲完世家》亦载邹忌以琴说齐王之事。
〔3〕宁戚：春秋卫人，穷困潦倒，以歌感齐桓公，被任为大田，与管仲等共同辅政。 商歌：商调的歌曲。 "植"：《道藏》本、刘绩《补注》本作"桓"。桓公，即齐桓公。 喟然：叹气的样子。此条已见《缪称训》。其事载《吕览·举难》。
〔4〕师襄：鲁国太师，著名音乐家。 谕：《说文》："告也。"有使理解义。 "孔子学鼓琴"事：亦载于《韩诗外传》卷五、《史记·孔子世家》等。

〔5〕延陵季子：即春秋吴公子季札，初封于延陵（今江苏常州），故称。亦见《精神训》、《道应训》。　鲁乐：季札曾于前五四四年出使鲁国，欣赏周代传统音乐。事出《左传·襄公二十九年》。

【译文】
　　荣启期一次弹琴唱歌，而孔子听了竟乐了三日，这是因为被平和之气所感动；邹忌演奏一曲，而齐威王整天悲哀，这是因为被忧虑之情所感动。在琴瑟上拨动，而能形成声音，能够使人产生悲伤和欢乐的思想感情。悬挂法律条文，施行赏赐，但是却不能够改变习俗的原因，就在于他们的真诚之心没有表现出来。宁戚在车下唱起清凄哀怨的商调歌曲，齐桓公听了不住叹息而省悟，（便任以大田之职），这时最高的精神已经深入人心了。因此说，聆听音乐，从中就可以知道国家的风俗；看到他的国家的习俗，那么便可以了解他的国家的教化。孔子在鲁国向著名乐师师襄学习鼓琴，而教导他领会文王琴曲中的志趣，由此可知，从微小的地方可以见到大的光明。延陵季子出访鲁国，欣赏了周代音乐，从而知道了殷、夏的风俗，由此可知，谈论近的而可以认识深远的道理。这些音乐，都是上古时代创作的，却影响到了千年之后，而它的文采并未泯灭，又何况在同时代对人民的感化作用呢？

　　汤之时，七年旱，以身祷于桑林之际，而四海之云凑，千里之雨至。⁽¹⁾抱质（放）[效]诚，感动天地，神谕方外。⁽²⁾令行禁止，岂足为哉？古圣王至精形于内，而好憎忘于外；⁽³⁾出言以（嗣）[副]情，发号以明旨；⁽⁴⁾陈之以礼乐，风之以歌谣；业贯万世而不壅，横（局）[扃]四方而不穷；⁽⁵⁾禽兽昆虫，与之陶化，又况于执法施令乎？⁽⁶⁾

【注释】
　　〔1〕桑林：地名，在东方。　凑：会集。此事见于《吕览·顺民》等。

〔2〕"放"：《道藏》本、刘绩《补注》本、《文子·精诚篇》作"效"。当正。　方外：世外。

〔3〕古：《文子·精诚篇》作"故"。

〔4〕"嗣"：《道藏》本同。刘绩《补注》本、《文子·精诚篇》作"副"。当是。

〔5〕业：《道藏》本、刘绩《补注》本、《四库全书》本同。王念孙《读书杂志》："业"当为"葉"，声之误也。葉，聚也，积也。贯，累也。言积累万世而不壅塞也。按："业"字不误。《类篇》："业，或作牒。"《文心雕龙·书记》："牒者，葉也。短简编牒，如葉在枝。"业、葉上古音同归"葉"部。音近相通。　"局"：《道藏》本、刘绩《补注》本、《四库全书》本同。庄逵吉本作"扄"。扄，从外面关门的门闩。即横贯义。

〔6〕陶化：陶冶变化。

【译文】
　　商汤的时候，发生了七年的旱灾，他亲自到东方桑林之地去祈祷求雨，而这时四海的云层聚合起来，千里之外的雨水降落下来。可见怀抱真情，献出诚挚，感动了天地，精神影响到边远地区。那种仅仅是有令即行，有禁即止的天子，难道能做到这一点吗？因此圣王在内心形成了最高的精神，而在外面便忘记好憎了；说出的话与真情相符，发出号令来明确自己的意旨；用礼乐来陈述自己的志向，用歌谣来讽喻自己；积累万世而不会阻塞，横贯四方而没有穷尽；大到飞禽走兽，小到昆虫之类，都和它一起陶冶变化，又何况在执掌法律施行命令方面呢？

　　故太上神化，其次使不得为非，其次赏贤而罚暴。衡之于左右，无私轻重，故可以为平。绳之于内外，无私曲直，故可以为正。人主之于用法，无私好憎，故可以为命。夫权轻重，不差蚊首；〔1〕扶拨扗橈，不失箴锋；〔2〕直施矫邪，不私辟险；〔3〕奸不能枉，谗不能乱；德无所立，怨无所藏，是任术而释人心者也。〔4〕故为治者不与焉。〔5〕

【注释】

〔1〕蚊首：喻微细。

〔2〕扶拨：治理义。《本经训》高诱注："扶，治也。"拨，《说文》："治也。" 拄：《道藏》本、刘绩《补注》本作"枉"。《汉书·诸侯王表》颜师古注："拄，曲也。"枉，《说文》："衺曲也。"《广韵》"养"韵："枉，邪曲也。"枉，指违法曲断；桡，有理不申。拄、枉音义同。 箴：同"针"。

〔3〕直：正直。 施：杨树达《淮南子证闻》："施"假为"迆"。《说文》："迆，衺行也。"矫：矫正。 邪：邪气。 辟：通"避"。

〔4〕释：排除。

〔5〕"不与"：高诱注："治在道，不在智故，故曰'不与。'"王念孙《读书杂志》："不与"上当有"智"字。《文子·下德篇》正作"知不与焉"。

【译文】

因此治政最高的要求是精神的感化，其次是使自己不致于出错误的事情，再次是赏赐贤才和处罚暴虐。秤杆对于左右的物品，没有偏私和轻重的区别，所以用来作为公平的标准。绳墨对于内外的事物，没有私好与曲直，所以可以作为公正的准则。国君对于使用法律，没有偏向和爱憎的区别，因此可以作为命令。秤锤的轻重，不差分毫；处理违法曲断和有理不伸之事，不会失去针锋那样微小的差错；纠正歪曲，矫正邪行，不徇私情和回避艰险；奸邪不能造成弯曲，谗佞不能使它混乱；恩德没有什么地方能建树，怨恨没有什么地方能隐藏，这是遵循规律而排除了人为的干扰，因此治理国家在于行道，巧智是不能够参与其中的。

夫舟浮于水，车转于陆，此势之自然也。木击折轊，水戾破舟，不怨木石，而罪巧拙者，知故不载焉。〔1〕是故道有智则惑，德有心则险，心有目则眩。〔2〕兵莫憯于志，而莫邪为下；〔3〕寇莫大于阴阳，而枹鼓为小。〔4〕今夫权衡规矩，一定而不易，不为秦、楚变节，不为胡、越改容，常一而不邪，方行而不流，一日刑之，万世传之，而以无为为之。〔5〕

【注释】

〔1〕辖：车轴的末端。《文子·下德篇》作"轴"。 戾：猛烈。"不怨"句：高诱注："言木石无巧诈，故不怨也。"

〔2〕目：成见。《公羊传·桓公二年》何休注："目，见也。" 眩：惑乱。以上化自《邓析子·无厚》。

〔3〕憯：惨、毒。 莫邪：宝剑名。本书凡九见。

〔4〕枹鼓：鼓槌和鼓。以上化自《庄子·庚桑楚》。并见《缪称训》、《说林训》等。

〔5〕一定：指固定而不可改变。 流：变动义。 刑：典范义。通"型"。

【译文】

舟浮行在水上，车转行在陆地，这是自然的规律。被木头撞击而折断轴端，被水流碰撞而损伤船身，没有人去埋怨木石，而怪罪行舟、推车的人技巧笨拙，（为什么呢？）因为木石没有巧诈存在。因此"道"中带有智巧就会陷入迷惑，"德"中带有意念就会出现危险，心灵中存有成见就使人惑乱。在军事作战中，没有比违背意愿伤害更大的了，而受到利剑莫邪的伤害反而是小的；在受到的侵扰中，没有比阴阳变化对人危害更大的了，而敌人击鼓进军带来的骚乱反而是小的。现在的权衡和规矩，标准统一而不能乱动，不因为秦、楚之大而改变节操，也不因为胡、越之强改变容色，永恒不变而不会偏邪，方正直行而不随流俗，一日用它作为典范，万代不变传下去，而用"无为"来使用它。

故国有亡主，而世无废道；〔1〕人有困穷，而理无不通。由此观之，无为者，道之宗。故得道之宗，应物无穷。任人之才，难以至治。

【注释】

〔1〕"故国有"二句：高诱注："亡主，桀、纣是也。汤、武以其民主，故曰'无废道'也。"

【译文】

　　因此国家有桀、纣这样的亡国之君,而世上没有废弃不用的"道";人有贫困不得志之时,而"道"没有不通的时候。从这里可以看出,"无为"是"道"的根本。所以得到"道"的根本,可以应对万物无穷无尽的变化。光靠任用人的才智,很难达到大治的目的。

　　汤、武圣主也,而不能与越人乘幹舟而浮于江湖。⁽¹⁾伊尹贤相也,而不能与胡人骑騵［马］而服驹骖。⁽²⁾孔、墨博通,而不能与山居者入榛薄险阻也。⁽³⁾由此观之,则人知之于物也,浅矣;而欲以偏照海内,存万方,不因道之数,而专己之能,则其穷不达矣。⁽⁴⁾故智不足以治天下也。桀之力,别觡(仲)［伸］钩,索铁歙金,椎移大牺,水杀鼋鼍,陆捕熊罴。⁽⁵⁾然汤革车三百乘,(因)［困］之鸣条,擒之焦门。⁽⁶⁾由此观之,勇力不足以持天下矣。⁽⁷⁾智不足以为治,勇不足以为强,则人材不足任,明也。而君人者,不下庙堂之上,而知四海之外者,因物以识物,因人以知人也。⁽⁸⁾故积力之所举,则无不胜也;众智之所为,则无不成也。(塪)［埳］井之无鼋鼍,隘也;⁽⁹⁾园中之无修木,小也。夫举重鼎者,少力而不能胜也。⁽¹⁰⁾及至其移徙之,不待其多力者。故千人之群无绝梁,万人之聚无废功。⁽¹¹⁾

【注释】

　　〔1〕"汤、武"二句:高诱注"幹舟,小船也,危险,越人习水,自能乘之,故汤、武不能也。一曰:大舟也。"王念孙《读书杂志》:"幹"当为"舲",字之误也。"舲"与"舲"同。《俶真篇》:"越舲蜀艇,不能无水而浮。"高注曰:"舲,小船也。越人所便习。"按:幹,《道藏》本、刘绩《补注》本、《四库全书》本同。《群书治要》引作"舼"。

〔2〕骒：《道藏》本、刘绩《补注》本有"马"字，当脱。黄马白腹曰骒。《群书治要》作"原马"。　駏䮷：野马。

〔3〕榛薄：聚木曰榛，深草为薄。本书凡四见。　险阻：王念孙《读书杂志》："险阻"上脱"出"字。《群书治要》引此有"出"字。

〔4〕偏：《道藏》本、刘绩《补注》本作"徧"。徧，即遍字。朱骏声《说文通训定声》："偏，叚借为徧。"　"道之数"：王念孙《读书杂志》曰：本作"道理之数"。《群书治要》引此正作"道理之数"，《文子·下德篇》同。　达：王念孙《读书杂志》："达"当为"远"，字之误也。其穷不远，谓其穷可立而待也。《文子·下德篇》正作"远"。

〔5〕别：《道藏》本、刘绩《补注》本同。《集韵》"薛"韵引《说文》："别，分解也。"《广韵》"薛"韵："别，解也。"《四库全书》本作"制"。　骼：高诱注："角也。"　"仲"：《道藏》本、刘绩《补注》本作"伸"，当正。伸钩，使钩伸直。　索：绞。　歙：合。　椎移、大牺：《墨子·明鬼》："禽推哆、大戏。"《吕览·简选》："遂禽推移、大牺。"当是人名，不合本文之意。　大牺：大的牺尊。古代大型类似牺牛的酒器。

〔6〕"因"：《道藏》本、刘绩《补注》本作"困"。当正。　鸣条：在今山西运城市盐湖区安邑镇北。　焦门：即巢门、南巢。今安徽巢湖西南。

〔7〕"勇力"：《道藏》本、刘绩《补注》本同。王念孙《读书杂志》："力"字因"勇"字而衍。"勇不足以持天下"，与上文"智不足以治天下"相对为文。《太平御览·人事部》七十（六）〔八〕引此皆无"力"字。

〔8〕庙堂：宗庙和明堂。代指朝廷。

〔9〕"塔"：刘绩《补注》本、《四库全书》本同。《道藏》本作"垎"。《庄子·秋水》陆德明释文引司马云："埳井，坏井也。"成玄英疏："犹浅井也。""塔"为形讹。

〔10〕"少力"：《道藏》本、刘绩《补注》本作"力少"。

〔11〕"绝梁"：《吕览·用众》高诱注："《淮南记》曰：'万人之众无废功，千人之众无绝良'。"而《文子·下德篇》作"千人之众无绝粮"。《春秋左传异文释》卷一："梁、良同音，古通用。"

【译文】

商汤、周武王是英明的君主，但是却不能和越人一样乘着小船在长江湖泽中遨游；伊尹是商汤时著名的贤相，但是却不能和北方胡人比赛骑马及驯服野马。孔子、墨翟是一代博学通达之人，但不能够和山里人一样穿越草木树丛和高山险阻。从这里可以看出，人们对于万物的了解是肤浅的,却想凭着这点肤浅的东西,遍照海内,存恤万国,不按照"道"的规律,而专靠自己的才能,那么将会步入穷途而不能通达。因此光凭着智慧是不能够治理天下的。夏桀的勇力,可以分解牛角,拉直铁钩,把生铁扭成绞索,歙合金属,推移大的牺尊,在水中能杀死鼍鼉,在陆上可以捕捉熊罴。然而商汤用兵车三百辆,把夏桀围困在鸣条,在南巢被活捉。从这里可以看出,光凭匹夫之勇是不能够完全用来掌握天下的。光凭个人的智慧不能够来治理国家,单靠个人的勇力不能够成为强人,那么光凭个人的才力不能完成重任,这是很明显的。而作为统治人民的国君,身不下庙堂之上,而能够知道天下的事情,是凭借外物而认识外物,依靠人而知道人。所以积聚众人的力量,那么没有什么不能战胜;集中大众的智慧,那么没有什么事情不能成功。在浅井里生长不出鼍鼉来,是因为狭小的缘故;庭园中长不出参天大树,是因为环境狭隘的缘故。要举起重鼎,力气小了是不能够胜任的。等到把它平行移动位置,不需要大力之人,(可以使用众人),就能办到了。因此上千人聚集在一起,就不会缺少优秀人才;上万人的力量汇聚到一起,就没有什么功劳不能建立。

　　夫华骝、绿耳,一日而至千里;⑴然其使之搏兔,不如豺狼,伎能殊也。⑵鸱夜撮蚤蚊,察分秋豪,昼日颠越,不能见丘山,形性诡也。⑶夫螣蛇游雾而动,应龙乘云而举,猿得木而捷,鱼得水而骛。⑷故古之为车也,漆者不画,凿者不斫,工无二伎,士不兼官,各守其职,不得相奸。⑸人得其宜,物得其安。是以器械不苦,而职事不嫚。⑹夫责少者易偿,职寡者易守,任轻者易权,上操约省之分,下效易为之功,是以君臣弥久而不相厌。⑺

【注释】
〔1〕华骝、绿耳:千里马名。
〔2〕"豺狼":《道藏》本、刘绩《补注》本同。王念孙《读书杂志》

引之曰:《太平御览·兽部》八引此"豺狼"作"狼契"。狼、契皆犬名也。"豺狼"可使搏兔,所未闻也。　殊:不同。

〔3〕鸱:猫头鹰一类的鸟。又名鸱鸺。　撮:抓取。　颠越:陨落、坠落。《庄子·秋水》:"鸱鸺夜撮蚤,察毫末。昼出瞋目而不见丘山,言殊性也。"无"颠越"二字。　诡:奇异。

〔4〕动:王念孙《读书杂志》云:《太平御览·鳞介部》一引此作"腾"。《说苑·说丛篇》同。　骛:迅疾义。

〔5〕姦:杨树达《淮南子证闻》:"姦"当读为"干",犯也。按:以上数句化自《尸子》、《韩非子·难一》。

〔6〕苦:粗劣。《广韵》"姥"韵:"苦,粗也。"　嫚:通"慢",怠慢。

〔7〕权:高诱注:"谋也。"按:《文子·下德篇》作"劝"。　厌:厌倦。

【译文】
　　华骝、绿耳,一日能行千里;然而让它捉兔子,就不如狼契了,这是因为它们的技能有所不同。猫头鹰夜里可以看到跳蚤、蚊虫,可以明察秋毫,白天瞪大眼睛,连山头也看不到,这是因为生理特性不同而造成的。腾蛇乘着大雾而升腾,应龙驾着云雨而飞行,猿猴依赖树木而行动敏捷,鱼得水而自由游弋。因此古代造车子,涂漆的人不去描画,砍削的人不去雕刻,工匠没有两种技能,士也不兼任官职,各自尽守他的职责,不能够相互扰乱。人们得到各自的适宜的处境,万物得到平安生长的地方。因此工具器械不粗劣,而担任职事的人也不怠慢。债务少的就容易偿还,职责少的人就容易守持,任职轻的就容易谋划,国君掌握着简要的职分,臣下奉献容易成就的事业,君臣之间长久共处而不厌倦。

　　君人之道,其犹零星之尸也,俨然玄默,而吉祥受福。〔1〕是故得道者不为丑饰,不为伪善;一人被之而不褒,万人蒙之而不褊;〔2〕是故重为惠若重为暴,则治道通矣。〔3〕为惠者,尚布施也。无功而厚赏,无劳而高爵,则守职者懈于官,而游居者亟于进矣。〔4〕为暴者,妄诛也。无罪者而死亡,行直而被刑,则修身者不劝善,

而为邪者轻犯上矣。⁽⁵⁾故为惠者生奸，而为暴者生乱，奸乱之俗，亡国之风。⁽⁶⁾

【注释】
〔1〕零星之尸：又名灵星，星名。又称天田星，主稼穑，古以壬辰日祀以东南，取祈年报功之意。灵星之尸，指祭灵星时以人为尸。　俨然：庄重的样子。　玄默：即清静无为之意。高诱注："尸不言语，故曰玄默。"
〔2〕襃：宽大。　褊：小。
〔3〕重：不轻易。　通：顺畅义。
〔4〕游居：指投机钻营的人。
〔5〕犯上：冒犯尊长或上级。
〔6〕风：即风俗教化。

【译文】
　　国君统治百姓的方法，就像祭祀灵星时以人为尸一样，庄重而不言语，而却能使吉祥到来，赐予幸福。因此得道的人不为丑陋来粉饰，不对虚伪进行美化；覆盖一人而不觉宽大，蒙盖万人而不感到狭窄；所以慎重施加恩惠如同慎重施行暴力一样，那么可以说通达治世之道。施加恩惠，就是重视把财物施舍给别人。没有功劳而大受赏赐，没有辛劳而得到很高的爵位，那么尽忠守职的人对于官职就会懈怠，而那些投机的人便急忙钻营升官的途径。施行暴力，就是随便诛杀臣下。没有罪的人遭死罪，行为正直的人反而遭到刑杀，那么勤于修身的人不再鼓励别人干好事，而搞邪门歪道的人便轻易犯上了。因此妄施恩惠的做法便产生奸邪，而妄施暴力便产生混乱，奸邪、混乱的习俗，便是使国家灭亡的歪风。

　　是故明主之治，国有诛者而主无怒焉，朝有赏者而君无与焉。诛者不怨君，罪之所当也。赏者不德上，功之所致也。民知诛赏之来，皆在于身也。故务功修业，不受赣于君。⁽¹⁾是故朝（延）[廷]无而无迹，田野辟而无草。⁽²⁾故太上，下知有之。⁽³⁾今夫桥直植立而不动，俯仰取制焉。⁽⁴⁾人主静漠而不躁，百官得修焉。⁽⁵⁾譬而军之持麾者，妄指则乱矣。⁽⁶⁾慧不足以大宁，智不足以安危，与其誉尧而毁桀也，不如掩聪明而反修其道也。⁽⁷⁾清静无为，则天与之时；廉俭守节，则地生之财；⁽⁸⁾处愚称德，则圣人之为谋。⁽⁹⁾是故下者万物归之，虚者天下遗之。⁽¹⁰⁾

【注释】
〔1〕赣：《说文》："赐也。"
〔2〕"延"：《道藏》本、刘绩《补注》本作"廷"，当正。 无：《道藏》本、刘绩《补注》本作"芜"。
〔3〕"故太上"二句：见于《老子》十七章。高诱注："言太上之世，下知之人皆能有此术。"
〔4〕桥：桔槔，井上提水工具，横杆为"桥"，一端悬汲水桶。《集韵》"宵"韵："桥，桔皋也。" 植：与"桥"相垂直的支撑的工具。
〔5〕躁：动。
〔6〕而：如。 麾：军中指挥作战用的大旗。
〔7〕慧：通"惠"。 "与其"二句：见于《庄子·大宗师》。
〔8〕"清静"以下四句：高诱注："人君德行如此，故天与之时，地生之财。天与之时，汤、武是也。地生之财，神农、后稷也。"
〔9〕"处愚"句：马宗霍《淮南旧注参正》："处愚"者，犹言以愚自居也。"称德"者，犹言惟有德者是举也。 "之为谋"：《道藏》本同。刘绩《补注》本、《四库全书》本作"为之谋"。
〔10〕遗：给予义。

【译文】
因此明主治理国家，国中有被诛杀的人，（因法而被杀），国君不因此而发怒；朝廷中有施行赏赐的，（因功而行赏），国君是不会赐予的。被诛杀的人不埋怨国君，判罪是理所应当的。受到赏赐的人不感戴国君的恩德，赏赐是立功的人应得到的。这样就使百姓懂得诛杀赏赐的发生，都在于自己本身。因此务求建立功业，不妄求向国君领受赏赐。因此朝廷中空旷而没有人迹，田野都得到开辟而没有杂草。因此太上之世，智慧低下的人都能懂得这种统治艺术。桔槔取水，"桥"平直，"植"竖立不动，当"桥"一头用力，便可以升降取水了。国君宁静恬漠而不急躁，百官便可以得到修治了。比如就像军队中执掌大旗的人，随便乱指那么就会造成大乱。小恩惠不能够使天下得到大的安宁，小智谋不能够决定国家的安危，与其赞誉尧而诋毁夏桀，不如掩蔽起聪明，而返回修治起根本的大道。清虚安静，不违背自然规律，那么上天就会给它适宜的时机；廉洁勤俭，坚守节制，那么土地就会生长丰足的财物；国君行处若愚，举用有德之人，那么圣贤之人就会替他谋划。因此处于下面的位置，万物便归向它；处于空虚的境地，天下就会给予它。

夫人主之听治也，清明而不暗，虚心而弱志，是故群臣辐凑并进，无愚智贤不肖，莫不尽其能。[1]于是乃始陈其礼，建以为基，是乘众势以为车，御众智以为马，虽幽野险涂则无由惑矣。[2]人主深居隐处，以避燥湿；闱［闺］门重袭，以避奸贼。[3]内不知闾里之情，外不知山泽之形、帷幕之外，目不能见十里之前，耳不能闻百步之外，天下之物无不通者，其灌输之者大，而斟酌之者众也。[4]是故不出户而知天下，不窥牖而知天道。[5]乘众人之智，则天下之不足有也。专用其心，则独身不能保也。

【注释】

〔1〕听：治理，处理。　辐凑：像车轮辐条一样聚集。以上六句，下文重见，疑衍。

〔2〕建：建立。　基：基业。　幽：幽深。

〔3〕"闱"：《道藏》本、刘绩《补注》本作"闺"。当正。闺门，指内

室。　重袭：重叠掩袭。　避：王念孙《读书杂志》："避"当作"备"。重门所以防贼，故言备。《文选·〈西京赋〉》注引此，正作"备"。

〔4〕惟：《道藏》本、刘绩《补注》本作"帷"。《吕览·慎行》毕沅新校正引梁仲子云："惟、帷古多通借。"于大成《主术校释》断作："帷幕之外，目不能见。十里之前，耳不能闻。百步之外。""百步之外"四字，衍文也。《吕览·任数篇》："十里之间，而耳不能闻；帷墙之外，而目不能见"，正《淮南》所本。

〔5〕"是故"以下二句：见于《老子》四十七章。　牖：窗户。

【译文】

国君治理国家，清静明朗而不昏暗，虚怀若谷而减少志趣，因此群臣像辐条一样聚集中心，并一起前进，无论愚蠢、智慧，贤德、不肖，没有人不奉献出自己的全部才能。在这时便开始陈列它的礼制，立下它们作为建立基业的准则，这是凭借着众人的力量作为车子，驾驭大众的智慧作为马匹，即使是在幽暗的原野，险恶的路途，那么也不会感到迷惑。国君身居幽深隐蔽之处，以便用来避开干燥和潮湿；居室层层掩蔽，用来避开奸邪之人。对内不知道巷道、门闾之情，对外不知道山河之形、帷幕之外，眼睛不能见到十里之前的情景，耳朵不能听到百步之外的事情，但是天下的万物，却没有不能知道的，主要是他的灌输的渠道众多，而从事谋划的人多的缘故。因此不出房门而可以知道天下之事，不看窗牖便知道天道的变化。依靠众人的智慧，天下也不够被占有。专门使用个人的心志，那么自己独身也不能够保全。

　　是故人主覆之以德，不行其智，而因万人之所利。夫举踵天下而得所利，故百姓之上，弗重也；〔1〕错之前，而弗害也；举之，而弗高也；推之，而弗厌。〔2〕主道员者，运转而无端，化育如神，虚无因循，常后而不先也。臣道员者，运转而无方者，论是而处当，为事先倡，守职分明，以立成功也。〔3〕是故君臣异道则治，同道则乱，各得其宜，处其当，则上下有以相使也。〔4〕

【注释】

〔1〕踵：脚后跟。"百姓之上"：《道藏》本同。刘绩《补注》本、《四库全书》本"百姓"下有"载"字。

〔2〕推：求。"而弗厌"句："厌"下无"也"字，《道藏》本同。刘绩《补注》本有"也"字。 厌：厌恶，憎恶。 "推之"句：出于《老子》六十六章。

〔3〕"员"：《道藏》本、刘绩《补注》本同。王念孙《读书杂志》："臣道员者运转而无方者"，本作"臣道方者"，其"员者运转而无"六字，则因上文而误衍也。《群书治要》引无此六字。《文子·上义篇》亦无。

〔4〕"同道则乱"句：高诱注："君所谓可，臣亦曰可。君所谓否，臣亦曰否，是'同'也。莫相（臣）［匡］异，故曰'乱'也。" "各得其宜"句：高诱注："君得君道，臣得臣道，故曰得其宜也。"按：以上化自《管子·明法解》、《庄子·天道》。 "处其当"句：《文子·上义篇》作"处有其当"，《群书治要》作"处得其当"。

【译文】

因此国君用德泽覆盖天下，不是运用他的智巧，而是依照万民的利益来行事。抬起脚，天下的人民便能够得到好处，因此百姓把他负载在上面，不感到沉重；放置在前面，也不会造成危害；举起它来不觉得高，捧起来也不感到压力。国君的治国之道是圆的，运行起来没有开头，化育万民如同神灵驱使一样，虚无广大，依循法规，常常落在后面而不跑到前面。臣下的为国之道是方的，运行起来没有方向，选择正确而处理妥当，做起事来首先带头，坚守职责而功过分明，以便建立功业。因此君臣圆道、方道的不同，那么便能天下大治；君臣相和，（不能互相补充），则天下大乱。君臣各自奉行适宜的道理，各自处于妥当的位置，那么上下之间便有了互相补充的办法。

夫人主之听治也，虚心而弱意，清明而不暗。是故群臣辐凑并进，无愚智贤不肖，莫不尽其能者，则君得所以制臣，臣得所以事君，治国之道明矣。文王智而好问，故圣；[1] 武王勇而好问，故胜。[2] 夫乘众人之智，则无不(仕)[任]矣;⁽³⁾用众人之力,则无不胜也。千钧之重,乌获不能举也;⁽⁴⁾众人相一,则百人有馀力矣。是故任一人之力者,则乌获不足恃;乘众人之制者,则天下不足有也。⁽⁵⁾

【注释】
〔1〕"文王"句:高诱注:"好问,欲与人同其功。"
〔2〕"武王"句:高诱注:"胜殷。"
〔3〕"仕":《道藏》本、刘绩《补注》本作"任"。当正。《说文》:"胜,任也。"
〔4〕乌获:秦武王时大力士。
〔5〕制:《道藏》本、《四库全书》本同。《文子·自然篇》作"势",刘绩《补注》本改从之。刘家立《淮南内篇集证》作"智"。

【译文】
　　人主治理国家,虚怀若谷而不断减少自己的志趣,清静明朗而不昏暗。因此群臣像车辐条聚集中心一样,一起前进,无论愚蠢、智慧、贤良、不肖,没有人不奉献出自己的全部才能,那么国君得以制服臣下,臣下也能够得以事奉国君,这样治国的道理便明确了。周文王富有智慧而勤学好问,所以无所不通;周武王勇敢而勤于学问,所以战无不胜。依靠众人的智慧,那么没有什么不能取胜的。三万斤的重量,大力士乌获不能够举起来;众人帮助一个人,那么一百个人的力量都有剩馀。因此任用一个人的力量,那么乌获也不能够依靠;凭借着大众的力量,那么天下也不够被占有。

　　禹决江疏河,以为天下兴利,而不能使水西流;稷辟土垦草,以为百姓力农,然不能使禾冬生。⁽¹⁾岂其人事不至哉?其势不可也。⁽²⁾夫推而不可为之势,而不修道理之数,虽神圣人不能以成其功,而况当世之主乎?⁽³⁾夫载重而马羸,虽造父不能以致远;⁽⁴⁾车轻马良,虽中工可使追速。是故圣人举事也,岂能拂道理之数,诡自然之性,以曲为直,以屈为伸哉?⁽⁵⁾ 未尝不因其资而用之也。是以积力之所举,无不胜也;而众智之所为,无不成也。聋者可令嚵筋,而不可使有闻也。⁽⁶⁾ 喑者可使守圉,而不可使言也;⁽⁷⁾ 形有所不周,而能有所不容也。是故有一形者处一位,有一能者服一事。力胜其任,则举之者不重也;能称其事,则为之者不难也。⁽⁸⁾ 毋小大脩短,各得其宜,则天下一齐,无以相过也。圣人兼而用之,故无弃才。

【注释】

〔1〕力农:致力农事。

〔2〕势:形势;规律。

〔3〕推:推行。《道藏》本、刘绩《补注》本同。《文子·自然篇》作"权"。 修:《文子·自然篇》作"循"。

〔4〕赢:《四库全书》本同。《道藏》本、刘绩《补注》本作"嬴"。《战国策·燕二》黄丕烈按:"赢,《史记》作'嬴'。"按:《说文》:"嬴,从女赢省声。"二字上古同音,可通。 造父:周穆王之善御者。

〔5〕诡:违背。

〔6〕嚵筋:《易林》作"聋跛摧筋"。摧,疑通"椎"。《说文》:"椎,击也。"即加以椎打,使之柔熟,以缠弓弩。

〔7〕守圉:守卫防御。

〔8〕"能称":《文子·自然篇》同。向宗鲁《淮南校文》:《意林》引"能称"作"智能"。

【译文】

　　大禹疏通长江、黄河,而为天下人谋取利益,但是却不能使水向西流动;后稷开垦荒地,而为百姓致力农事,然而不能够使禾苗冬季生长。难道只是人事的力量达不到这样吗?是因为它们的自然规律不能得到改变。只是推行那些不可能做到的事情,而不去依循道德的法则，即使是神圣之人，也不能够成就他的功业，而何况是当今的人主呢？疲弱的老马拉着重车，即使是造父也不能使它到达远方；轻车快马，即使是普通驭手也可以使它快速奔走。因此圣人的行事，怎么能违背道理的准则，改变自然的特性，把弯曲变成径直，使倦屈伸展开去呢？圣人未尝不是按照自然的特性来使用它们的。因此积聚众力来行事，没有不能取胜的；而会合大众的智慧去干事，没有不能成功的。聋子可以使他们椎筋用以缠绕弓箭，而不能够使他们听见；哑巴可以让他们守城防御，而不能够使他们与人讲话。身体生理有不全备的地方，而才能也有不被容纳的时候，所以有特殊形体的人处于专门的位置，有特殊才能的人从事特别的事情。才力能够胜任他的工作，就是把重物举起来也不感到沉重；才能适合做与己相称的事情，那么把事情干好也不会感到困难了。不管大的、小的，长的、短的，各自得到他们适宜发挥才能的地方，那么天下便可以整齐划一，没有用来相互责备的地方了。圣人兼用各自的才智，所以不会发生遗弃才能的现象。

人主贵正而尚忠，忠正在上位，执正营事，则谗佞奸邪无由进矣。⁽¹⁾譬犹方员之不相盖，而曲直之不相入。夫鸟兽之不可同（详）〔群〕者，其类异也；⁽²⁾虎鹿之不同游者，力不敌也。是故圣人得志而在上位，谗佞奸邪而欲犯主者，譬犹雀之见鹯而鼠之遇狸也，亦必无馀命矣。⁽³⁾是故人主之一举也，不可不慎也。所任者得其人，则国家治，上下和，群臣亲，百姓附；所任非其人，则国家危，上下乖，群臣怨，百姓乱。故一举而不当，终身伤。⁽⁴⁾得失之道，权要在主。是故绳正于上，木直于下，非有事焉，所缘以修者然也。⁽⁵⁾

【注释】

〔1〕营：《道藏》本、刘绩《补注》本同。高诱注："营，典也。"按：

即主管义。王念孙《读书杂志》引之云:"营"当为"管",字之误也。《秦策》高诱注:"管,典也。"正与此注同。

〔2〕"详":《道藏》本、刘绩《补注》本作"群"。当正。

〔3〕鹯:一种似鹞鹰的猛禽。

〔4〕伤:创伤;失败。

〔5〕修:《道藏》本同,刘绩《补注》本作"脩"。向宗鲁《淮南校文》:"修"疑"循"。

【译文】
　　国君重视正直而崇尚忠诚,忠正之士在高位,执掌大政,主管事务,那么谗佞奸邪之人便没有办法向上爬了。比如就像方、圆不能互相覆盖,而曲、直不能互相嵌入一样。飞鸟、走兽不能够合群的原因,是因为它们的种类是不同的;老虎、麋鹿不能够在一起游玩的原因,是因为麋鹿的力量抵挡不过。因此圣人得其心愿而执掌高位,谗佞奸邪之人要想冒犯主上,比如就像麻雀见到鹯,老鼠遇到狸子,也必定没有小命了。所以国君的每一个举动,不能够不慎重。所任用的人是合适的,那么国家便得到治理,上下和洽,群臣亲近,百姓归附;所任用的不是满意的人,那么国家发生危险,上下相互背离,群臣互相怨恨,百姓造成混乱。所以一个举动不适当,终身受到损害。得到和失去的途径,关键在于国君。因此在上面绳墨拉得正直,那么下面的木料也就能取直,不是有心去修整,只是依照绳墨修治造成了这个样子。

　　故人主诚正,则直士任事,而奸人伏匿矣;人主不正,则邪人得志,忠者隐蔽矣。夫人之所以莫抓玉石而抓瓜瓠者,何也?⁽¹⁾无得于玉石,弗犯也。使人主执正持平,如从绳准高下,则群臣以邪来者,犹以卵投石,以火投水。故灵王好细腰,而民有杀食自饥也;⁽²⁾越王好勇,而民皆处危争死。⁽³⁾由此观之,权势之柄,其以移风易俗矣。⁽⁴⁾尧为匹夫,不能仁化一里;⁽⁵⁾桀在上位,令行禁止。由此观之，贤不足以为治，而势可以易俗明矣。《书》曰："一人有庆，万民赖之。"〔6〕此之谓也。

【注释】
〔1〕抓：《广韵》"麻"韵："击也。"王念孙《读书杂志》："抓"皆当为"振"，字之误也。《广雅》："振，裂也。"按："抓"字不误，王氏改字，可供参考。
〔2〕灵王：春秋楚君，在位十二年。　杀食：省食。《管子·七臣七主》："夫楚王好小腰，而美人省食。"并见《墨子·兼爱中》等。
〔3〕越王：指春秋末越君勾践。在位三十二年。《尸子·处道》："昔者勾践好勇而民轻死。"并载于《墨子·兼爱中》、《韩非子·二柄》等。
〔4〕"其以移风"句：顾广圻《校淮南子》：衍"俗"字，"易"去声。
〔5〕匹夫：平民。以上见于《慎子》、《韩非子·难势》。
〔6〕"《书》曰"二句：见于《尚书·吕刑》。　赖：利。

【译文】
　　因此国君诚实公正，那么正直的人担任要职，而奸邪之人便要躲藏起来了；国君不正派，那样奸邪小人便能得志，忠直之士就要隐藏起来了。人们没有去剖开坚硬的玉石，而能打开瓜瓠，这是什么原因呢？对于玉石是不能够轻易冒犯的。假使人主执掌权力平正无邪，就像依循准绳一样，高下一致，那么群臣中有用邪道来干扰的，就像用鸡蛋碰石头，把火投到水中。所以楚灵王钟爱细腰的美女，而宫廷中就有许多人省食饿饭的；越王勾践喜爱勇武之人，人民面临水火之难便不怕死。从这里可以看出，掌握了权势的把柄，用它来改变风气，这是容易的。尧是一个普通的平民，不能够用仁爱感化一里；而夏桀当了天子，就能有令必行有禁必止。从这里可以看出，光凭贤德是不能治理国家的，而权势可以改变社会习俗，这是很明显的。《尚书》中说："一个人干了好事，万民便会得到利益。"说的就是这样的情况。

　　天下多眩于名声，而寡察其实。〔1〕是故处人以誉尊，而游者以辩显。〔2〕察其所尊显，无他故焉，人主不明分数利害之地，而贤众口之辩也。⁽³⁾治国则不然，言事者必究于法，而为行者必治于官，上操其名，以责其实；⁽⁴⁾臣守其业，以效其功。⁽⁵⁾言不得过其实，行不得逾其法。群臣辐凑，莫敢专君。⁽⁶⁾事不在法律中，而可以便国佐治，必参五行之，阴考以观其归，并用周听，以察其化。⁽⁷⁾不偏一曲，不党一事，是以中立而偏，运照海内。⁽⁸⁾群臣公正，莫敢为邪。百官述职，务致其公迹也。⁽⁹⁾主精明于上，官劝力于下，奸邪灭迹，庶功日进。⁽¹⁰⁾是以勇者尽于军。

【注释】
〔1〕眩：迷惑。　寡：少。　实：实际。
〔2〕处人：隐居之人。　以誉尊：高诱注："以名誉见尊也。"　游者：游说之人。　以辩显：高诱注："以辩辞自显达。"
〔3〕分数：职分的范围。
〔4〕名：名称，名分。
〔5〕效：献出。
〔6〕专：专断。
〔7〕佐：帮助。　参五：反复比较检验。《周易·系辞上》："参伍以变，错综其数。"
〔8〕"而偏"：《道藏》本作"而徧"，刘家立《淮南内篇集证》作"不偏"，郑良树《淮南子斠理》作"不徧"。疑《集证》本是。
〔9〕述职：陈述职守。　"公迹"：《道藏》本、《四库全书》本同。刘绩《补注》本"公"作"功"。杨树达《淮南子证闻》："公迹"疑当作"功绩"。"公"涉上文"公正"，"迹"涉下文"灭迹"而误耳。
〔10〕庶：众多。

【译文】
　　天下的人多被名声所迷惑，而很少能考察它的实际情况。因此隐居之人以名誉被尊宠，而游说之人以辩词被重用。考察他们被尊宠、显达的原因，没有其他的理由，不过是国君搞不清楚职分的范围，以及利害所在，而把众口一声的辩说认为是贤德。但大治之国则不是这样，谈论政事的人必须对法律有研究，处理政务的要由官府所管理，国君执掌他们的名分，来督查他们的实际工作；臣下谨守自己的本职，以便奉献自己的功绩。言事不能超过实际，行事不能越过法规。群臣像车辐一样围绕中心，没有人敢对国君独断专行。所做的事情不在法律规定之中，但是可以便利国家帮助治理的，一定反复比较而实行它，暗中考察来观察人心的归向，各种意见一起采用，全面接受，用来观察它们的变化。不偏向一个局部，不偏袒一件事情。因此国君处于正中而不偏移，光辉遍照海内。群臣公正，没有人敢于干出邪事。百官陈述自己的职事，务求取得好的政绩。国君在上面精细明察，百官在下面勤劳政事，奸邪之人就绝迹了，许多功绩便都出现了。因此勇武之人就在战争中大显身手了。

乱国则不然，有众咸誉者，无功而赏；守职者，无罪而诛，主上暗而不明，群臣党而不忠，说谈者游于辩，脩行者竞于往。[1]主上出令，则非之以与；[2]法令所禁，则犯之邪，[3]为智者务为巧诈，为勇者务于斗争。大臣专权，下吏持势，朋党周比，以弄其上。国虽若存，古之人曰亡矣。且夫不治官职，而被甲兵；不随南亩，而有贤圣之声者，非所以都于国也。[4]骐骥騄䮷，天下之疾马也，驱之不前，引之不止，虽愚者不加体焉。[5]今治乱之机，辙迹可见也，而世主莫之能察，此治道之所以塞。[6]

【注释】
〔1〕竞：争逐，比赛。"往"：高诱注："自益也。"按：《道藏》本、刘绩《补注》本、《四库全书》本同。《说文》："往，之也。"《广雅·释诂二》："往，去也。"《广韵》"养"韵："往，行也。"脩行者，即修身之人。

"乱国"之中，修行者洁身自好，故往去也。庄逵吉本作"住"，孙诒让《札迻》谓当为"任"，李哲明《淮南义训补疏》作"位"，陶鸿庆《读淮南子札记》作"数"。

〔2〕与：党与。 "主上"二句：高诱注："以党与非谤上令也。"

〔3〕"邪"：奸邪。《道藏》本同。刘绩《补注》本"邪"上增"以"字。

〔4〕"而被甲兵"句：《道藏》本、刘绩《补注》本同。王念孙《读书杂志》："而"当为"不"，作"而"者，字之误耳。 南亩：田地。"都"：《道藏》本、刘绩《补注》本同。王念孙《读书杂志》："都"字义不可通，当是"教"字之误。《韩子·外储说右篇》："不服兵革而显，不亲耕耨而名，非所以教于国也。"即《淮南》所本。

〔5〕加：高诱注："止也。"按：《道藏》本同。吴承仕《淮南旧注校理》："止"当为"上"，形近之误也。"加"之言驾也，乘也，登也，并与"上"同义。《吕览·离俗》注云："加，上也。"是其证。

〔6〕塞：堵塞，闭塞义。

【译文】

混乱的国家则不是这样，有大伙一起称誉的人，没有功劳而加以赏赐；尽忠职守的人，没有罪过而被杀死。国君昏聩而分辨不清，群臣结党营私不忠于君主，游说之人到处争辩鼓动，修身的人争着离开朝廷。国君发布命令，就以党与来诽谤；法令所禁止的东西，就用邪道来违背它。从事政治活动的人务求巧诈，从事武力之人争着斗胜。大臣专权，下级官吏依仗权势，互相勾结，结成死党，而捉弄国君。国家虽然存在，但是按照古代的标准，已经算是灭亡了。况且那些不担任官职，不披甲作战，不耕种田地，而却有圣贤之名的人，对于国家来说，不是能够用来施教的人。就像骐骥骡骊，是天下有名的千里马，但驱赶它不向前，牵引它不停止，即使是愚蠢的人也不会骑在它的身上。现在治国中造成混乱的要害，形迹已经显现出来了，而世上的国君没有能够觉察到，这是治世之道被堵塞而造成的。

权势者，人主之车舆；⁽¹⁾爵禄者，人臣之辔衔也。⁽²⁾是故人主处权势之要，而持爵禄之柄，审缓急之度，而适取予之节，是以天下尽力而不倦。夫臣主之相与也，非有父子之厚、骨肉之亲也，而竭力殊死，不辞其躯者，何也？势有使之然也。

【注释】
〔1〕权势：权柄势位。
〔2〕爵禄：爵号，俸禄。

【译文】
　　权柄势位，是国君的车舆；爵位俸禄，是国君控制臣下的马辔头和马衔。因此国君处于执掌权势的要害之位，掌握了爵禄赏赐的权柄，审查缓急的法度，而采取适当取予的规定，因此天下之人奉献才力而不感到疲倦。国君与臣下之间共同相处，没有父子那样深厚的情意和骨肉之亲，但是竭尽忠心而不怕死，以至不惜献出他们的躯体，这是为什么呢？势位使他们成为这个样子。

　　昔者豫让，中行文子之臣。[1]智伯伐中行氏，并吞其地，豫让背其主而臣智伯。[2]智伯与赵襄子战于晋阳之下，身死为戮，国分为三。[3]豫让欲报赵襄子，漆身为厉，吞炭变音，擿齿易貌。[4]夫以一人之心，而事两主，或背而去，或欲身徇之，岂其趋舍厚薄之势异哉？人之恩泽使之然也。

　　纣兼天下，朝诸侯，人迹所及，舟楫所通，莫不宾服。然而武王甲卒三千人，擒之于牧野，岂周（氏）[民]死节而殷民背叛哉？[5]其主之德义厚而号令行也。夫疾风而波兴，木茂而鸟集，相生之气也。是故臣不得其所欲于君者，君亦不能得其所求于臣也。君臣之施者，相报之势也。是故臣尽力死节以与君计，君垂爵以与臣市。⁽⁶⁾故君不能赏无功之臣，臣亦不能死无德之君。君德不下流于民，而欲用之，如鞭（跪）[蹄]马矣。⁽⁷⁾是犹不待雨而求熟稼，必不可之数也。

【注释】

〔1〕豫让：战国晋人，初事范氏、中行氏，后事智伯。　中行文子：晋卿，荀氏，被智氏打败。

〔2〕智伯：晋卿，当时在晋六卿中势力最大。

〔3〕赵襄子：晋卿，战国赵国建立者。　晋阳：故址在今山西太原市南。"国分为三"句：指韩、赵、魏三家瓜分智伯的土地。

〔4〕报：报仇。　疠：恶疮。《战国策·秦三》鲍彪注："疠，恶疾也。"通"疠"。　摘：摘除。朱骏声《说文通训定声》："摘，叚借为擿。"

〔5〕"氏"：《道藏》本、刘绩《补注》本作"民"。当正。

〔6〕"是故"二句：文出《韩非子·难一篇》："臣尽死力以与君市，君垂爵禄以与臣市。"　垂：赐予。　市：利益。以上并见于《战国策·赵一》，亦载于《史记·刺客列传》。

〔7〕"跪"：《道藏》本、刘绩《补注》本作"蹢"。即"蹄"字。当正。跪，《龙龛手鉴》："乐名也。"

【译文】

从前春秋末期有个豫让，是晋卿中行文子的家臣，（不受重用）。智伯讨伐中行氏，并吞了他的土地，豫让背叛了他的主子而投靠了智伯。智伯率韩、魏与赵襄子战于太原城下，身败而被杀，他的领地被韩、赵、魏三家瓜分。豫让想向赵襄子报仇，于是全身涂上生漆，长满恶疮，吞食木炭，变成哑巴，打掉牙齿，改变了容貌，（准备行刺）。所用的是一样的心意，而去侍奉两个主人，有的背离他而去，有的却要为他殉节，难道是他选择势力大小的不同而造成这样的吗？是主人的恩德不同而使他这样的。

商纣王兼并了天下，使天下诸侯朝拜自己，人迹所达到的地方，舟楫所通航的水域，没有不归服的。但是周武王率领甲辛三千人，在商郊牧野擒住了纣王，难道是周民能为气节而死，殷民背叛主人吗？这是周武王感人的道义和深厚的德行，而达到了令行禁止的目的。疾风吹来，波浪兴起；树木繁茂，飞鸟云集，这是由于相互关联的"气"而形成的。因此在国君那里臣下得不到自己的要求，那么在臣下那里国君也不能实现自己的目的。君臣之间的互相施予，有相互报答的情势。因此臣下会考虑对国君尽献力量为大节而死，国君也要给予臣下赐赏和爵禄等利益。所以国君不能赏赐没有功劳的臣子，臣下也不能为无德之君而死，国君的恩德不洒向人民，而想使用他们，就像用鞭子打踢人的马；就像不等待雨水而求得庄稼的成熟，这是行不通的。

君人之道，处静以修身，俭约以率下，静则下不扰矣，俭则民不怨矣。下扰则政乱，民怨则德薄。政乱则贤者不为谋，德薄则勇者不为死。是故人主好鸷鸟猛兽，珍怪奇物，狡躁康荒，不爱民力，驰骋田猎，出入不时，如此，则百官务乱，事勤财匮，万民愁苦，生业不修矣。〔1〕人主好高台深池，雕琢刻镂，黼黻文章，绨纻绮绣，宝玩珠玉，则赋敛无度，而万民力竭矣。〔2〕

尧之有天下也，非贪万民之富，而安人主之位也，以为百姓力征，强凌弱，众暴寡。〔3〕于是尧乃身服节俭之行，而明相爱之仁，以和辑之。〔4〕是故茅茨不翦，采椽不斫，大路不画，越席不缘，大羹不和，粢食不毇，巡狩行教，勤劳天下，周流五岳，岂其奉养不足乐哉？〔5〕举天下而以为社稷，非有利焉。〔6〕年衰志悯，举天下而传之舜，犹却行而脱（蹝）[屣]也。〔7〕

【注释】
〔1〕狡躁：凶暴。　康荒：淫乐，荒乱。康、荒古字通。　务：杨树达《淮南子证闻》："务"假为"鹜"。《说文》："鹜，乱驰也。"　勤：劳。匮：缺乏。

〔2〕绤绤:指葛织品。精细的叫绨,粗疏的叫绤。

〔3〕力征:用武力征服。

〔4〕和辑:谐和。

〔5〕茅茨:用茅草盖的房子。 采:《史记·李斯列传》司马贞索隐:"木名,即今之栎木。" 椽:房梁上承屋顶的木头。 大路:高诱注:"上路,四马车也。天子驾六马。"按:《礼记·月令》陆德明释文:"路,本又作辂。" 画:文饰。 越席:结蒲草为席。朱骏声《说文通训定声》:"越,叚借为括。"《左传·桓公二年》杜预注:"越席,结草。" 大羹:不和五味的汁。《礼记·郊特牲》:"大羹不和,贵其质也。" 粢食:用以祭神的黍稷。 毇:高诱注:"细也。"按:指舂细。 五岳:指古代五大名山。《尚书·禹贡》孔颖达疏:"谓嵩、岱、衡、华、恒也。"

〔6〕"举天下而"二句:何宁《淮南子集释》:此"社稷"二字乃尊礼之义,犹言举天下而尊事之,尧不以为利也。《庄子·庚桑楚》:"子胡不相与尸而祝之,社而稷之乎?"即此"社稷"二字之义。

〔7〕悯:忧虑。杨树达《淮南子证闻》:"悯"当读为"惽"。《说文》:"惽,不憭也。"文谓尧年衰老,神志惽忘。 却行:退却而行。"蹻":《道藏》本同。刘绩《补注》本、《四库全书》本作"蹻"。当正。蹻,鞋。《孟子·尽心上》赵岐注:"蹻,草履也。"

【译文】

国君统治人民的方法,自己处于静虚状态来修养身心,勤俭节约来率领百官。静虚,臣下就不受扰乱;节俭,百姓就没有怨恨了,臣下扰乱,那么政治就会混乱;人民怨恨,那么恩德就变得淡薄。政治混乱,那么贤人就不为你出谋划策;恩德淡薄,那么勇敢的人不为国君去死。因此国君喜好凶鸟猛兽,金玉奇异之物,就会凶暴急躁,政事混乱,不爱惜百姓力量;奔驰打猎,出入不按照季节,像这样下去,那么百官务必混乱,事力辛劳而财力匮乏,万民愁苦不堪,产业得不到修治了。国君爱好高耸的亭台,深深的沟池,雕琢金玉,刻镂柱石,白黑青赤,色彩灿烂,衣饰华美,五彩缤纷;搜罗珍宝珠玉玩好,那么就会搜刮无度,而百姓的财力就会枯竭了。

尧在执掌天下的时候,不是贪图占有天下人民的财富,而安享国君之位,认为百姓常以武力相争,强大的欺凌弱小的,人多的损害人少的。在这个时候,尧便亲自提倡节俭的办法,来表明爱民的仁慈之心，而使天下人民和睦相处。因此，所住的茅草房不加修剪，栎树橡子不加砍削，大车不用文饰，蒲草席连边也不剪掉，汤汁不调五味，主食中的谷米也不舂，巡察天下，推行教化，为天下辛勤劳作，踏遍了五岳，难道是奉养不能够供他享乐吗？让整个天下来敬奉他，那种做法是不利的。尧年老体衰，忧心忡忡，把整个天下禅让给了舜，就像退却行走、脱去鞋子一样轻松。

衰世则不然。一日而有天下之（当）[富]，处人主之势，则竭百姓之力，以奉耳目之欲，志专在于宫室台榭，陂池苑囿，猛兽熊罴，玩好珍怪。⁽¹⁾是故贫民糟糠不接于口，而虎狼熊罴厌刍豢；⁽²⁾百姓短褐不完，而宫室衣锦绣。⁽³⁾人主急兹无用之功，百姓黎民憔悴于天下。⁽⁴⁾是故使天下不安其性。

【注释】
〔1〕"当"：《道藏》本同。刘绩《补注》本作"富"。《文子·上仁篇》同。 陂：《广雅·释地》："池。"
〔2〕刍豢：《吕览·仲秋》高诱注："牛羊曰刍，犬豕曰豢。"
〔3〕短褐：粗毛衣。
〔4〕黎民：大众。《尔雅·释诂》："黎，众也。" 憔悴：形容枯槁的样子。

【译文】
　　衰世就不是这样。一旦拥有了天下的财富，处于国君的地位，便竭尽百姓的力量，来供养自己耳目的贪欲，心思专门集中在宫室台榭，池塘苑囿，虎豹熊罴，珍奇玩好上面。因此贫苦百姓糟糠之食都吃不饱，而虎狼熊罴却吃厌了家畜之肉；老百姓破衣烂衫，而贵族却穿的是锦衣华服。国君急于建立这些无益于国计民生的功劳，而导致天下的平民百姓面容憔悴不堪。因此让天下人民不能安享天性，（以致诈伪萌生）。

人主之居也，如日月之明也，天下之所同侧目而视，侧耳而听，延颈举踵而望也。⁽¹⁾是故非澹漠无以明德，非宁静无以致远，非宽大无以兼覆，非慈厚无以怀众，非平正无以制断。⁽²⁾是故贤主之用人也，犹巧工之制木也，大者以为舟航柱梁，小者以为（揖）[楫]楔，修者以为櫚榱，短者以为朱儒枅栌。⁽³⁾无大小修短，各得其所宜。规矩方员，各有所施。⁽⁴⁾天下之物，莫凶于鸡毒，然而良医橐而藏之，有所用也。⁽⁵⁾是故林莽之材，犹无可弃者，而况人乎？今夫朝（延）[廷]之所不举，乡曲之所不誉，非其人不肖也，其所以官之者非其职也。⁽⁶⁾鹿之上山，獐不能跂也。⁽⁷⁾及其下，牧竖能追之，才有所修短也。⁽⁸⁾是故有大略者，不可责以捷巧；有小智者，不可任以大功。人有其才，物有其形，有任一而太重，或任百而尚轻。是故审毫厘之计者，必遗天下之大数；不失小物之选者，或于大事之举。⁽⁹⁾譬犹狸之不可使搏牛，虎之不可使搏鼠也。⁽¹⁰⁾今人之才，或欲平九州，并方外，存危国，继绝世，志在直道正邪，决烦理挈，而乃责之以闺阁之礼、奥窔之间；⁽¹¹⁾或佞巧小具，谄近愉说，随乡曲之俗，卑下众人之耳目，而乃任之以天下之权，治乱之机，是犹以斧剪毛，以刀抵木也，皆失其宜矣。⁽¹²⁾

【注释】

〔1〕居：指处在天子之位。《广雅·释言》：“居，据也。”"侧耳"：《道藏》本、刘绩《补注》本同。刘文典《淮南鸿烈集解》：《御览》七十七引作"倾耳"。

〔2〕澹漠：恬淡寡欲。《文子·上仁篇》作"淡漠"。诸葛亮《诫子书》作"澹泊"。　明德：使德性完美。　制断：裁断。

〔3〕"楫"：《道藏》本、刘绩《补注》本作"楣"。楣，船桨。 楔：木楔。王念孙《读书杂志》："楣楔"本作"榱榍"。"榱榍"为梁之小者，对上文大者为柱梁而言。《庄子·在宥》释文："《淮南》曰：'大者为柱梁，小者为榱榍'。"《集韵》："榱榍，梁也。《淮南子》：'大者为柱梁，小者为榱榍'。" 欄：高诱注："屋垂。"按：即屋檐。今同"檐"。 榱：椽子。 朱儒：梁上短柱。 枅：柱上的方木。 栌：大柱柱头承抚栋梁的方木。即斗拱。

〔4〕"各有所施"句：王念孙《读书杂志》：《群书治要》引此，下有"殊形异材，莫不可得而用也"二句。

〔5〕鸡毒：即乌头。一种有毒的药物。《本草经》："乌头，味辛，大热，有大毒。" 橐：口袋。

〔6〕"延"：《道藏》本、刘绩《补注》本作"廷"。当正。

〔7〕跂：踮起脚后跟远望。《广韵》"寘"韵："跂，举足望也。"

〔8〕牧竖：牧童。

〔9〕选：杨树达《淮南子证闻》："选"字义不可通，字假为"算"。算亦计也。

〔10〕"搏鼠"：刘文典《淮南鸿烈集解》：《治要》引作"捕鼠"，当从之。

〔11〕并：王念孙《读书杂志》引之曰：《群书治要》引此作"从方外"。"从"犹"服"也。言使方外之国服从也。 直道：蒋礼鸿《淮南子校文》："直道"当作"直施"。施者，邪曲也。《要略》："接径直施。"许注："施，衺。" 理挈：整理纷乱。《文选·左思〈吴都赋〉》李善注引《淮南子注》："挈，乱也。" 闺：《玉篇》："宫中门小者曰闺。" 阁：《说文》："门旁户也。"《尔雅·释宫》："小闺谓之阁。"指内室。 隩窔：指内室。室之东南隅曰窔，西南隅曰隩。

〔12〕佞巧：逢迎讨好，奸诈机巧。 小具：小的才能。 诣：献媚。 愉说：欢喜。 乡曲：乡里。 机：高诱注："理。"按：指枢机。 劗：剪断。《广韵》"桓"韵："劗，剃发也。" 刀：《道藏》本、《四库全书》本同。刘绩《补注》本作"刃"。 抵：《道藏》本、刘绩《补注》本同。《类篇》："抵，侧击也。"王念孙《读书杂志》："木"当言"伐"，不当言"抵"。《群书治要》引此，正作"以刀伐木"。

【译文】

国君处在高位，就像日月的光辉一样。天下的人一起侧着眼睛注视，斜着耳朵而倾听，伸长脖子、抬起脚后跟而仰望。因此国君不恬淡寡欲，就不能具有完美的德性；不安宁静寂，就不能到达远方；不宽宏大量，就不能够包容天下；不慈爱厚道，就不能安抚大众；不公平正直，就不能裁决判断。因此贤明君主的用人，就像灵巧的工匠裁制木头一样，大的作为舟船、柱子、房梁，小的用作船桨、木楔，长的作为屋檐、椽子，短的作为梁上短柱和斗拱。不论大小长短，各自都得到合适的用场。规矩方圆，各自都有施予的地方。天下的万物中，没有什么比鸡毒毒性更大了，然而良医放在袋子里珍藏起来，有使用它的地方。因此草木之材，还不能够抛弃它，更何况是人呢？现在朝廷里没有举荐，乡间不去赞誉的人，不是那些人不好，而是他们所被授予的官职不合适。鹿儿上山，獐子踮起四腿也赶不上它；等到它下山，牧童便能追上它。这是因为特性有长、短的不同。因此有雄才大略的人，不能够要求他干轻便、小巧的事情；有小聪明的人，也不能够把大事委任给他。每个人有自己的特殊才能，万物有不同的形体。有人负担一事而觉得太重，有的负担百事而反觉太轻。因此只注重审查毫厘之数的人，必定失去天下的大数；对于细小事物的计算不差分毫，对于干大事就会糊涂了。比如狸猫不能让它同牛搏斗，老虎不能让它捕老鼠。现在有才能的人，有的能够平定九州，招徕方外，保存危险的国家，继续灭绝了的世族，志向在于推行直道，改正邪气，解决烦难，整理纷乱，而却要求他掌握皇帝内室的礼节，或者隩、窔神位摆放之事；有的佞人善于逢迎讨好，具有小的才能，献媚取悦于上，追随乡间的卑俗，惯于低三下四哗众取宠，而却任命他执掌天下的权力，掌握治乱的机枢，这就像拿斧头来砍毛发，用小刀来砍伐大树，都失去了适宜的特性。

人主者，以天下之目视，以天下之耳听，以天下之智虑，以天下之力争。是故号令能下究，而臣情得上闻。百官修通，群臣辐凑。⑴喜不以赏赐，怒不以罪诛。是故威立而不废，聪明先而不弊，法令察而不苛，耳目达而不暗。⑵善否之情，日陈于前而无所逆。是故贤者尽其智，而不肖者竭其力。德泽兼覆而不偏，群臣劝务而不怠。近者安其性，远者怀其德，所以然者何也？[3]得用人之道，而不任己之才者也。故假舆马者，足不劳而致千里；[4]乘舟楫，不能游而绝江海。[5]

【注释】
　　[1] 修通：条顺通达。《韩非子·难一》："百官修通，群臣辐凑。"蒋礼鸿《淮南子校文》："脩"当作"條"，字之误也。《要略》："使群臣條通而辐凑。"是其证。　辐凑：高诱注："臣归君，若辐之凑毂，故曰辐凑。"
　　[2] "威立"：《道藏》本同。刘绩本作"威厉立"。有"厉"字。先：《道藏》本、刘绩《补注》本、《四库全书》本同。王念孙《读书杂志》："先"当为"光"，字之误也。光，明也。《太平御览·皇王部》二引此，正作"光"。　弊：高诱注："暗也。"按：通"蔽"。隐蔽，暗昧义。　察：明晰。　苛：烦琐义。
　　[3] 性：高诱注："生也。"
　　[4] 假：借助。
　　[5] 绝：渡过。以上四句见于《荀子·劝学》。

【译文】
　　国君用全天下大众的眼力看待万物，用天下人民的耳朵倾听一切，用天下人民的智慧考虑问题，用天下人民的力量去争取成功。因此发布号令能够下达到底，而臣下的情况能够上达国君。百官供职条顺通达，群臣像车辐一样归向国君。君主高兴时不随便赏赐，发怒时也不去妄杀。所以威望建立而不会被废除，聪明光华而不会被掩蔽，法令明确而不苛刻，耳目通达而不晦暗。好的坏的各种情况，一天天陈列在面前，而没有什么背离。因此贤德的人奉献出自己的全部智慧，而不肖的人也竭尽自己的力量。德泽覆盖大众而没有偏私，群臣劝勉政务而不敢懈怠。境内的人安享他们的人生，远方的人也含怀着他的德泽，造成这样的原因是什么呢？是因为掌握了正确用人的道理，而不是专靠自己的才能。因此凭借车马的人，脚不辛劳而可以达到千里之外；乘坐舟船的人，不能游泳而能渡过江海。

夫人主之情，莫不欲总海内之智，尽众人之力。然而群臣志达效忠者，希不困其身。⁽¹⁾使言之而是，虽在褐夫刍荛，犹不可弃也；⁽²⁾使言之而非也，虽在卿相人君，揄策于庙堂之上，未必可用。⁽³⁾是非之所在，不可以贵贱尊卑论也。是明主之听于群臣，其计乃可用，不羞其位；其主言可行，不责其辩。⁽⁴⁾

暗主则不然。所爱习亲近者，虽邪枉不正，不能见也；⁽⁵⁾疏远则卑贱者，竭力尽忠，不能知也。⁽⁶⁾有言者穷之以辞，有谏者诛之以罪。如此而欲照海内，存万方，是犹塞耳而听清浊，掩目而视青黄也，其离聪明则亦远矣。⁽⁷⁾

【注释】

〔1〕希：少。　困：有危困、困窘义。

〔2〕褐夫：古者卑者服褐，因称卑贱者为褐夫。　刍荛：砍草、打柴的人。

〔3〕揄：《道藏》本、刘绩《补注》本作"揄"。即拿出义。《经籍籑诂》："虞"韵："《古今人表》：定王揄。《史记》作瑜，《周语》注作揄。"揄，通"揄"。　策：谋划。

〔4〕"主"：《道藏》本同。刘绩《补注》本、《四库全书》本无"主"字。王念孙《读书杂志》："主"字因上下文而衍。《文子·上仁篇》作"其言可行，不责其辩"。

〔5〕习：近习。指帝王的亲信。

〔6〕"则"：《道藏》本同。刘绩《补注》本无"则"字。疑"则"字在"竭"字之上。

〔7〕清浊：高诱注："商音清，宫音浊。"按：《吕览·贵直》高诱注："《淮南记》曰：'塞其耳而欲闻五音，掩其目而欲誓青黄，不可得也'。"可与此相参。

【译文】

国君的性情，没有不是想要总合海内人士的智慧，竭尽众人的力量。然而直抒胸臆奉献忠贞的群臣，很少自身不受到危险的。假使他所说的是正确的，即使是割草打柴的山野之人，也不能抛弃他；假使他所说的不正确，即使是公卿、宰相、国君，在庙堂之上提出自己的妙策，也不能够被采用。决定是非的关键所在，不能够凭贵贱、尊卑来决定。这样英明的国君对于朝臣的意见，只要臣下的计策可以被使用，不因为他的地位卑贱而感到羞耻；他的言论可以施行，而不要求他能言善辩。

昏聩的国君则不是这样。所怜爱熟悉的亲近之人，即使是枉邪不正，也不能够被发现；疏远地位卑贱的人，即使是竭尽忠心，也不能够被了解。有进善言的人，被驳得理屈词穷；有劝谏的人，则被以罪诛死。像这样而想遍照海内，存恤万方，就像塞起耳朵而倾听清浊之声，掩上眼睛而看青黄之色，他们距离耳聪目明也太遥远了。

法者，天下之度量，而人主之准绳也。县法者，法不法也；设赏者，赏当赏也。法定之后，中程者赏，缺绳者诛。⁽¹⁾尊贵者，不轻其罚；而卑贱者，不重其刑。犯法者，虽贤必诛；中度者，虽不肖者必无罪。是故公道通而私道塞矣。

古之置有司也，所以禁民，使不得自恣也；⁽²⁾其立君也，所以制有司，使无专行。⁽³⁾法籍礼义者，所以禁君，使无擅断也。人莫得自恣，则道胜；⁽⁴⁾道胜而理达矣，故反于无为。无为者，非谓其凝滞而不动也，以其言莫从己出也。⁽⁵⁾

【注释】

〔1〕程：法规。《吕览·孟冬》高诱注："程，法也。""缺"：《道藏》本、刘绩《补注》本作"缺"。《玉篇》："缺与缺通。"以上见于《韩非子·难一》。

〔2〕有司：古代设官分职，各有专司，故称有司。此指理官，主

狱。　恣：放纵。

〔3〕刞：同"制"。制约，节制。　专：擅自。

〔4〕"人"：《道藏》本、刘绩《补注》本、《文子·上义篇》同。陶鸿庆《读淮南子札记》："人"下当有"主"字。

〔5〕无为：指顺应自然和社会规律。《老子》五十七章："我无为而民自化。"三十七章："道常无为而无不为。"与《淮南子》合。　凝滞：凝结、停滞之义。　"其言"：王念孙《读书杂志》：今本"言其"二字误倒，文不成义。《文子·上义篇》正作"言其"。

【译文】

　　法律是天下的度量标准，也是国君执政的准则。悬挂法律条文，是为了惩罚不守法的人；设置赏赐，是为了奖赏应该赏赐的人。法律确定之后，符合法规的给予赏赐，破坏法规的人要被杀死。尊贵的人，不使他们的处罚减轻；而地位卑贱的人，也不能加重他的刑罚。触犯法律的人，即使是贤德之人，也必须加以惩处；符合法度的，即使是不肖之人，也必定没有罪过。这样正道通达而邪道便被堵塞了。

　　古代设立有司之官，是用来制止老百姓的，使他们不能放任自流；拥立国君，是用来控制有司，使他们不能专断行事。法典和礼义，是用来禁止国君，使他们不能擅自决断。人君不能够放肆，那么正道便能胜利了；正道胜利，那么公理便通达了，因此可以返回到"无为"的境界中去。"无为"，不是指凝固、停滞而不动，而说的是那些法规不是从自己随意发出的。

　　夫寸生于秖，秖生于日，日生于形，形生于景，此度之本也。⁽¹⁾乐生于音，音生于律，律生于风，此声之宗也。法生于义，义生于众适，众适合于人心，此治之要也。⁽²⁾故通于本者，不乱于末；睹于要者，不惑于详。法者非天堕，非地生，发于人间，而反以自正。是故有诸己，不非诸人；⁽³⁾无诸己，不求诸人。⁽⁴⁾所立于下者，不废于上；所禁于民者，不行于身。所谓亡国，非无君也，无法也。变法者，非无法也，有法者而不与用，无法等。⁽⁵⁾是故人主之立法，先自为检式仪表，故令行于天下。⁽⁶⁾孔子曰："其身正，不令而行；其身不正，虽令不从。"⁽⁷⁾故禁胜于身，则令行于民矣。⁽⁸⁾

【注释】
〔1〕穟：高诱注："禾穗穟孚榆头芒也。十穟为一分，十分为一寸，十寸为一尺，十尺为一丈。故谓之本也。"按：《道藏》本、刘绩《补注》本同。庄逵吉《淮南子校刊》：穟，古穄黍字。王念孙《读书杂志》引之曰："穟"当为"穮"，字之误也。"穮"与"秒"同。《说文》："秒，禾芒也。"字或作"藨"。《天文》："秋分而禾藨定。""夫寸生于"以下四句：俞樾《诸子平议》：穟生于日，义不可通。疑本作"寸生于穮，穮生于形，形生于景，景生于日"，与下文"乐生于音，音生于律，律生于风"文义一律。
〔2〕要：关键义。
〔3〕"是故有诸己"二句：高诱注："有诸己，己有聪明也。不非诸人，恕人行也。"
〔4〕"无诸己"二句：高诱注："言己虽无独见之明，不求加罪于人也。"按：以上见于《墨子·小取》。
〔5〕"有法者"：《道藏》本、刘绩《补注》本同。陈昌齐《淮南子正误》："者"字疑衍。"与用"：《道藏》本同。刘绩《补注》本、《四库全书》本、《道藏辑要》本作"用与"。当正。
〔6〕检式：法度、标准。《文选·曹丕〈典论论文〉》吕延济注："检，法也。"
〔7〕"孔子曰"几句：见于《论语·子路》。
〔8〕"故禁"二句：化自《管子·法法》。

【译文】
寸产生于禾穗的芒，有穗的芒从有形体的植物中产生，有形植物从日光中产生，（日光从太阳产生），这是长度单位产生的根本。音乐产生于五音，五音从十二律中产生，十二律从八风中产生，这是声音产生的根本。法律从道义中产生，道义从大众适宜的事理中产生,大众适宜的事理同人心相合,这是治政的关键。所以通达根本的人,不会在末节上混乱;对于要领考察清楚的人,不会在细节上受迷惑。法律不是从天下掉下来的,也不是从土地里产生的,它是从人世间产生,而反过来要求人民自己走正道。因此,对于自己所据有的,不把别人没有的作为不是;对于自己所没有的,也不强求别人没有。国君针对臣民所建立的法律,不应该对上面废除;国君要求人民禁止的东西,对于自身首先要禁止。所说的国家的灭亡,不是指没有国君,是指没有法律。改变法律,不是因为没有法律,而是有法却不执行,它与没有法律是相同的。所以国君的立法,首先要以自己作为标准规范,因此法令才能在天下通行。孔子说:"他的身子端正了,不下命令就能行得通;他的身子不端正,即使有命令人民也不听从。"所以禁令在自己身上能实行,那么法令便可以在人民中实行了。

圣主之治也,其犹造父之御:齐辑之于辔衔之际,而急缓之于唇吻之和;⁽¹⁾ 正度于胸臆之中,而执节于掌握之间;⁽²⁾ 内得于心中,外合于马志;⁽³⁾ 是故能进退履绳,而旋曲中规,取道致远,而气力有馀,诚得其术也。⁽⁴⁾ 是故权势者,人主之车舆也;大臣者,人主之驷马也。体离车舆之安,而手失驷马之心,而能不危者,古今未有也。是故舆马不调,(土)[王]良不能以取道;⁽⁵⁾ 君臣不和,唐、虞不能以为治。⁽⁶⁾ 执术而御之,则管、晏之智尽矣;⁽⁷⁾ 明分以示之,则跖、蹻之奸止矣。⁽⁸⁾

【注释】
〔1〕齐辑:整齐,和谐。《尔雅·释诂上》:"辑,和也。"
〔2〕节:策。即马鞭。
〔3〕"心中":《道藏》本、刘绩《补注》本同。王念孙《读书杂志》:

"心中"当为"中心"。"中心"与"马志"相对为文。《太平御览·治道部》五、《兽部》八引此并作"中心"。《列子·汤问篇》、《文子·上义篇》同。

〔4〕履：踩。以上见于《列子·汤问篇》。

〔5〕"土"：《道藏》本、刘绩《补注》本作"王"。王良，春秋晋国善御马者。《史记·天官书》并作为星宿名。

〔6〕唐、虞：唐尧、虞舜。

〔7〕管、晏：即管仲、晏婴。春秋齐国名相。其事见《史记·管晏列传》。《汉书·艺文志》有《筦子》八十六篇和《晏子》八篇。

〔8〕跖、蹻：高诱注："盗跖，孔子时人。蹻，庄蹻。楚威王之将军，能大为盗也。"按：《荀子·议兵》："庄蹻起，楚分而为三四。"疑指此事。

【译文】

圣明的君主治理国家，就像造父驾驭车马一样：在马辔头、马衔上加以协调，在驭者的口中发布快慢的指令；在驭者的胸臆中端正尺度，在手掌中握住鞭子；在内心得到平和之气，在外部合乎马的心意；因此前进后退就像踏着笔直的绳墨一样，旋转曲折就像合乎圆规一样，选择道路达到远方，而气力还有剩馀，确实是得到了驾驭的奥妙。因此，权力势位，是国君的车子；公卿大臣，是人主的驷马。身子离开了车子的平稳，而双手不合驷马的心意，而能够不出现危险的，从古到今都是没有的。所以说车马不协调，王良也不能够到达千里之外；君臣不和谐，唐尧、虞舜也不能来治理国家。掌握规律来驾驭它，那么管子、晏婴的才智用尽也赶不上；明确职分来指示它，那么盗跖、庄蹻的奸行便可以停止了。

夫据槀而窥井底，虽达视犹不能见其睛；〔1〕借明于鉴以照之，则寸之分可得而察也。〔2〕是故明主之耳目不劳，精神不竭，物至而观其象，事来而应其化，近者不乱，远者治也。〔3〕是故不用适然之数，而行必然之道，故万举而无遗策矣。〔4〕

【注释】

〔1〕榦：井栏。《道藏》本、刘绩《补注》本、《四库全书》本作"除"。《说文》："除，殿陛也。"《广韵》"鱼"韵："阶也。"即台阶。 达视：竭尽目力而视。 睛：目中瞳子。

〔2〕鉴：镜子。 分：高诱注："毛也。一曰疵。"按：刘绩《补注》本注"毛"作"毫"。

〔3〕象：指形象、现象、表象等。《文子·上义篇》作"物至而观其变"。

〔4〕适然：指偶然。以上化自《韩非子·显学》。

【译文】

靠着井栏来看井底，即使是竭尽目力，也还不能看见瞳子；借助光明在镜子上来照耀，那么寸分长的毫毛都能看得很清楚了。因此英明的君主耳目不劳作，精神不用尽，万物到来而观察它的形象，事情到来而适应它的变化，近的地方不会混乱，远的地方也会得到治理。因此不必采用偶然的技巧，而推行必然的道理，那么各种措施都可以取得成功，而没有被遗漏的良策了。

今夫御者，马体调于车，御心和于马，则历险致远，进退周游，莫不如志。⁽¹⁾虽有骐骥、騄駬之良，而臧获御之，则马反自恣，而人弗能制矣。⁽²⁾故治者不贵其自是，而贵其不得为非也。故曰："勿使可欲，毋曰弗求；勿使可夺，毋曰不争。"如此，则人材释而公道行矣。⁽³⁾美者正于度，而不足者逮于用，故海内可一也。⁽⁴⁾

【注释】

〔1〕"进退"二句：刘文典《淮南鸿烈集解》：《御览》七百四十六引作"进退周旋，无不如意"。

〔2〕臧获：古代鲁钝不会驾车之人。刘绩《补注》作"臧获，奴婢"。

〔3〕"人材"：《道藏》本、刘绩《补注》本同。《文子·上义篇》作"人欲"。 释：消。

〔4〕"美者"三句："美者正于度"，《道藏》本、刘绩《补注》本同。

《文子·上义篇》作"有馀者止于度，不足者逮于用，故天下可一也"。王念孙《读书杂志》："美"当为"羡"，"正"当为"止"。羡谓才有馀也。谓人主有一定之法，则才之有馀者，止于法度之中，而不得过；其不足者，亦可逮于用，而不患其不及也。

【译文】

当今驾驭车马的人，马的身体与车子相协调，驾驭的心思与马相和谐，那么便可以经过危险而到达远方，前进后退，四处周游，没有不能按照自己的心愿行事的。即使有骐骥、骒骊那样的千里马，然而让臧获那样不善驾车的人来驾驭它，那么马儿反会任性妄为，而人就不能够制服它了。所以治理国家的人，不是重视他的自以为是，而珍视的是他的不会做错事。因此说："不使产生可能的贪欲，不说没有需求；不使出现可能争夺的现象，不说没有相争。"像这样，那么人的欲望才能得到释放，而公道可以通行了。才能有馀的人限制在法度之中，而才能不足的人也可以有用，这样海内便可以同一了。

夫释职事而听非誉，弃公劳而用朋党，则奇材佻长而（于）〔干〕次，守官者雍遏而不进，如此，则民俗乱于国，而功臣争于朝。⑴故法律度量者，人主之所以执下，释之而不用，是犹无辔衔而驰也，群臣百姓反弄其上。⑵是故有术则制人，无术则制于人。吞舟之鱼，荡而失水，则制于蝼蚁，离其居也；⑶猿狖失木，而擒于狐狸，非其处也。君人者释所守而与臣下争，则有司以无为持位，守职者以从君取容。⑷是以人臣藏智而弗用，反以事转任其上矣。

【注释】

〔1〕公：《文子·上义篇》作"功"。　奇材：奇巧之人。　佻长：有轻疾速进之义。《方言》卷十二："佻，疾也。"　"于"：《道藏》本、刘绩

《补注》本作"干"。干次,干犯次序。《说文》:"干,犯也。" 雍遏:拥塞,遏止。

〔2〕执:操纵。

〔3〕"吞舟"几句:化自《庄子·庚桑楚》,《吕览·慎势》,《说苑·说丛》亦载其事。

〔4〕"君人者"以下数句:《文子·上仁篇》:"人君舍其所守,而与臣争事,则制于有司。以无为持位,守职者以听从取容。"可与此相参。

【译文】

懈怠本身职责而听从诽谤或赞誉,抛弃正事的劳作而使用帮派私党,那么投机取巧之人轻疾速进,而超越正常次序,尽职的官吏被堵塞仕途,而不能升迁,像这样,那么国家就会民风大乱,而有功之臣则在朝廷上争夺功劳。所以法律度量,是国君用来制服臣下的工具,放弃它而不用,就像没有辔衔而使马奔跑,群臣百姓反而会捉弄他的国君。因此,有手段的就能制服别人,没有手段就会被人制服。能够吞掉舟船的大鱼,一旦被激荡到岸边,那么就会被蝼蛄、蚂蚁所制服,因为离开了它的居处的地方;猿猴失去了攀援的树枝,就要被狐狸擒住,因为不是它们所居处的地方。国君放弃了所守持的权柄,而和臣下争事,那么主管官员便没有办法持守官位,尽忠职守的人便媚上取容。因此臣下隐藏智慧不再被国君所取用,反而把自己的职责推给国君了。

夫贵富者之于劳也,达事者之于察也,骄恣者之于恭也,势不及君。(1) 君人者不任能,而好自为之,则智日困而自负其责也。(2) 数穷于下,则不能伸理;行堕于国,则不能专制;(3) 智不足以为治,威不足以行诛,则无以与天下交也。(4) 喜怒形于心,者欲见于外,则守职者离正而阿上,有司枉法而从风;(5) 赏不当功,诛不应罪,上下离心,而君臣相怨也。是以执政阿主而有过,则无以(贵)〔责〕之。(6) 有罪而不诛,而百官烦乱,智弗能解也；毁誉萌生，而明不能照也。不正本而反自脩，则人主逾劳，人臣逾逸，是犹代庖宰剥牲，而为大匠斫也。与马竞走，筋绝而弗能及；上车执辔，则马死于衡下；⁽⁷⁾故伯乐相之，王良御之，明主乘之，无御相之劳而致千里者，乘于人资以为羽翼也。⁽⁸⁾

【注释】
〔1〕达事者：通达事理的人。
〔2〕"而好自为之"句：高诱注："不任用臣智能也。"
〔3〕专制：专心治理。
〔4〕"与天下交"：《道藏》本、刘绩《补注》本同。王念孙《读书杂志》："与天下交"，当作"与下交"。"下"谓群臣也。《文子·上仁篇》有"天"字，《群书治要》引《文子》无"天"字。
〔5〕"者"：《道藏》本、刘绩《补注》本、《四库全书》本同。王念孙《读书杂志》："者"当为"耆"，"耆欲"与"喜怒"相对为文。《文子·上仁篇》作"嗜欲"。 阿：曲从，迎合。 枉法：曲解法律。
〔6〕"贵"：《道藏》本、刘绩《补注》本作"责"。当正。
〔7〕死：《道藏》本、刘绩《补注》本同。陈观楼《淮南子正误》："死"字义不可通。《文子·上仁篇》作"马服于衡下"。 衡：车辕头上的横木。
〔8〕资：才质。以上化自《吕览·分职》。

【译文】
　　富贵的人对于勤劳政事，通达事理的人对于明察事理，骄傲放任的人对于恭敬职守，按照情势是不如国君的。国君如果不能任用臣下的才智，而好自以为是，那么智术就会一天天困窘，而要自己负担起臣下的责任。对于臣下，自己道术穷尽，那么就不能伸张正理；在国内，德行堕落，那么便不能专心治理；智谋不能够用来治国，威严不能够实行杀戮，那么自己就没法同臣下交代。喜怒在心里形成，嗜欲就会在外面表现出来，那么忠于职守的人便离开正道而取媚于国君，主管官员便曲解法律而随从上令；赏赐与功劳不相符，诛罚与罪过不相应，上下之心互相背离，而君臣之间互相埋怨。因此执政的官员迎合国君，而有了过失，国君便没有办法责备他。有了罪过，而不加惩处，那么百官就会烦扰混乱，智术便不能解决它了；诋毁赞誉滋生萌发，而国君的光明便不能够照射。不能端正根本而重新自我修饬，那么国君更加辛劳，而人臣更加安逸，国君就像代替庖厨宰剥牲畜，代替工匠砍削木头一样。和马一起赛跑，人的筋骨折断也追赶不上；上了车子执掌马缰头，那么马可以死在车辕横木之下。因此用伯乐来相马，让王良来驾驭，英明的君主来乘坐它，没有驾驭、审察的辛劳，而可以到达千里，这是由于凭借人力的资助作为自己翅膀的原因。

是故君人者，无为而有守也，有为而无好也。[1]有为则谗生，有好则谀起。[2]昔者齐桓公好味，而易牙烹其首子而饵之；[3]虞君好宝，而晋献以璧、马钓之；[4]胡王好音，而秦穆公以女乐诱之。[5]是皆以利见制于人也。[6]故善建者不拔。[7]

夫火热而水灭之，金刚而火销之，木强而斧伐之，水流而土遏之，唯造化者，物莫能胜也。故中欲不出谓之扃，外邪不入谓之塞。[8]中扃外闭，何事之不节？外闭中扃，何事之不成？弗用而后能用之，弗为而后能为之。精神劳则越，耳目淫则竭。[9]故有道之主，灭想去意，清虚以待，不伐之言，不夺之事，循名责实，使自司任而弗诏，责而弗教；[10]以不知为道，以奈何为宝，如此，则百官之事，各有所守矣。[11]

摄权势之柄，其于化民易矣。卫君役子路，权重也；[12]景、桓公臣管、晏，位尊也。[13]怯服勇而愚制智，其所托势者胜也。故枝不得大于榦，末不得强于本，则轻重小大，有以相制也。若五指之属于臂也，搏援攫捷，莫不如志，言以小属于大也。⁽¹⁴⁾是故得势之利者，所持甚小，其存甚大；⁽¹⁵⁾所守甚约，所制甚广。是故十围之木，持千钧之屋；⁽¹⁶⁾五寸之键，制开阖。⁽¹⁷⁾岂其材之巨小足哉？所居要也。

【注释】
〔1〕"无为"二句：《文子·上仁篇》作："无为而有就也，有立而无好也。"
〔2〕谮：《说文》："潜也。"即诬陷义。 "有好"句：高诱注："谄谀之人乘志而起。"
〔3〕"昔者"二句："齐桓公"事，见《管子》之《小匡》、《小称》，《韩非子》中《二柄》、《十过》、《难一》，并载于《史记·齐太公世家》等。 首子：指长子。《列子·汤问篇》："越之东有辄沐之国，其长子生，则鲜而食之，谓之宜弟。"其事并载于《墨子》之《节葬下》、《鲁问》。
〔4〕"虞君"二句：事载《左传·僖公二年》，并见于《公羊传》、《穀梁传》。 钧：取。
〔5〕"胡王"二句：载于《韩非子·十过》等。
〔6〕制：控制。
〔7〕"故善建"句：见于《老子》五十四章。
〔8〕扃：从外面关闭的门闩。《说文》："扃，外闭之关也。" 外邪：指可以伤害人心健康的外界事物。 塞：《文子·上仁篇》作"闭"。
〔9〕越：泄散。 竭：穷尽。
〔10〕"不伐之言"句：《道藏》本、刘绩《补注》本、《文子·上仁篇》、《吕览·知度》同。杨树达《淮南子证闻》：谓不以言自矜伐也。"使自司"：《道藏》本同。刘绩《补注》本、《四库全书》本作"使有司"。《文子·上仁篇》作"使自有司"，《吕览·知度》作"官复自司"。
〔11〕"以不知为道"句：高诱注"道常未知。" "以奈何为宝"句：高诱注："道贵无形，无形不可奈何，道之所以为贵也。"按：《文子·上仁篇》作"以禁苛为主"，《吕览·知度》作"以奈何为实"。
〔12〕卫君：春秋卫出公，名辄，在位十二年。曾被其父赶走，奔鲁。事载《左传·哀公十五年》，并见《史记·卫康叔世家》。

〔13〕"景、桓公"二句：王念孙《读书杂志》："公"字后人所加。按："公"，《道藏》本、刘绩《补注》本同。又，俞樾《诸子平议》：此本作"桓景臣管晏"，言桓臣管，景臣晏也。

〔14〕攫：抓取，夺取。 捷：敏捷。

〔15〕"其存甚大"句：《道藏》本、刘绩《补注》本同。王念孙《读书杂志》：本作"所任甚大"。《群书治要》引《文子》作"所任甚大"。

〔16〕"十"：《道藏》本、刘绩《补注》本、《文子·上义篇》同。《说苑·谈丛》："一围之木，持千钧之屋。"魏源《默觚下·治篇二》："一围之木，持千钧之厦。"《古今韵会举要》"微"韵："围，一围五寸。"又"一围三寸，一抱谓之围"。以力学杠杆原理考之，当作"一围"，刘向《说苑》正确。 千钧：指三万斤。

〔17〕键：门闩。 "制开阖"：王念孙《读书杂志》：《说苑·谈丛》作"而制开阖"，《文子》作"能制开阖"。按：《四库全书》本作"制开阖之门"。知有脱文。

【译文】

因此作为统治人民的国君，不违反规律而要有持守，有作为而没有私好。有作为，就会有谄媚之人出现；有私好，那么奉承之人就会涌起。从前齐桓公爱好美味，而佞臣易牙把自己的长子烹了作肉羹来引诱他；虞国国君爱好珍宝，而晋献公用垂棘之璧、屈产之乘引他上钩；胡王爱好音乐，而秦穆公用歌女去引诱他。这些人都是因为贪图小利而被别人制服。因此《老子》中说，善于建树在无形之处的人，是拔取不掉的。

熊熊大火而水能够浇灭它，金属坚硬而烈火能够熔化它，木质强硬而斧头能砍伐它，水流不止而土壤能够阻止它，只有生成万物的大自然，万物中没有什么东西能战胜它。因此内心的欲望不显现出来叫做"扃"，外部的邪气，不能进入叫作"塞"，内心欲望关闭，外部邪气堵塞，什么事情不能够节制呢？外闭内塞，什么事情不能够办成呢？不用然后才能使用它，不做而后才能做成它。精神辛劳那么就要泄散，耳目淫乱那么就会枯竭。因此有道德的国君，消灭欲望，清除杂念，清静虚无来对待臣下，而不去自我夸耀，不去争夺臣下之事，国君按照名分来督责他们的实际工作，使臣下自我管理而不需诏旨，督责而不加教诲；国君常常把处于"不知"状态作为准则,把处于无形状态下的"道"作为珍宝,像这样,那么百官的事情,就各自有所持守了。

把握了权势的要柄,它对于教化万民就容易了。卫出公能够役使勇猛的子路,是因为他的权高势重;齐桓公使管仲为相,齐景公任用晏婴,是因为他们地位尊宠。怯弱的人制服勇敢的人,愚蠢的人制服聪明的人,是他们所凭借的权势的胜利。因此树枝不能比树干大,树梢不能强过树根,那么轻重、大小,就能够用来相互制约了。就像五个手指对于胳膊,搏击、攀援、抓取,十分敏捷,没有不称心如意的,说的就是小的属于大的。因此得到"势"的便利,所持掌的虽然很小,所担负的职责却很大;所守持的很简约,所控制的地方很广大。所以一围粗的木头,可以支持三万斤的屋子重量;五寸长的门闩,可以控制开关的大门。难道是它们的材料大小就足够这样了吗?是因为它们控制了要害的部门。

孔丘、墨翟,脩先圣之术,通六艺之论,口道其言,身行其志,慕义从风,而为之服役者不过数十人。〔1〕使居天子之位,则天下徧为儒、墨矣。楚庄王伤文无畏之死于宋也,奋袂而(越)[起],衣冠相连于道,遂成军宋城之下,权柄重也。〔2〕楚文王好服解冠,楚国效之。〔3〕赵武灵王贝带鵕䴊而朝,赵国化之。〔4〕使在匹夫布衣,虽冠解冠,带贝带鵕䴊而朝,则不免为人笑也。

【注释】
〔1〕六艺:《周礼·地官·保氏》:"乃教之六艺:一曰五礼,二曰六乐,三曰五射,四曰五驭,五曰六书,六曰九数。"
〔2〕楚庄王:春秋五霸之一,名旅,在位二十二年。 文无畏:楚国大夫,又叫申无畏。 死于宋:其事在前五九五年,楚庄王派申舟使齐,过宋,不借道,被杀死。楚庄王借机讨伐宋国。 袂:衣袖。 "越":《道藏》本同。刘绩《补注》本作"起",当是。此事载于《左传·宣公

十四年》、《吕览·行论》。

〔3〕楚文王：春秋楚君，名熊赀，建都郢。在位十三年。 解：《说文》："一曰解廌，兽也。""廌，解廌，兽也。似山牛，一角。古者决讼，令触不直。"解冠，古代称仿"解"形状的冠，又叫法冠、御史冠。

〔4〕赵武灵王：战国赵君，在位二十七年。曾进行军事改革，改穿胡服，习骑射，而使国家富强。 贝带：以大贝饰带 。鵔鸃：一种有文采的野鸡，古人用它的羽毛饰冠。《道藏》本、刘绩《补注》本亦作"鹔"。《说文》："鵔，鵔鸃，鷩也。"又《说文》："鸃，鵔鸃也。秦汉之初，侍中冠鵔鸃冠。"《汉书·佞幸传》："故孝惠帝时，郎、侍中皆冠鵔鸃，贝带。"皆不作"鹔"。高诱注："鵔鸃，读曰私鈚头，二字三音也。"按：章太炎《国故论衡·一字重音说》："按私鈚合音为鵔，谆脂对转也。头为鸃字旁转音。"疑许、高本有别。

【译文】
　　孔丘、墨翟，研修先圣的治国之术，通晓六艺的学说，口中称道先圣的言论，亲身实践他们的理想，仰慕道义，随从教化，但是替他们服役的不过数十人。假使让他们处在天子的位置上，那么天下就普遍成为儒、墨了。楚庄王为文无畏死在宋国而悲伤，挥起衣袖，国内人人响应，衣冠相连于道路之上，于是便挥军打到了宋国城下，这是权势重要的原因。楚文王爱好佩带解廌形状的帽子，整个楚国都仿效他。赵武灵王腰系贝带，头戴鵔鸃羽毛，而使大臣朝见，赵国服饰为之而变化。假使是一个平民百姓，即使头戴解冠，腰扎贝带，头插鵔鸃羽饰，而去朝见国君，那么就不免被人耻笑了。

　　夫民之好善乐正，不待禁诛，而自中法度者，万无一也。下必行之令，从之者利，逆之者凶，日阴未移，而海内莫不被绳矣。故握剑锋，以离北宫子、司马蒯蒉不使应敌；[1]操其觚，招其末，则庸人能以制胜。[2]今使乌获、藉蕃从后牵牛尾，尾绝而不从者，逆也。[3]若指之桑条，以贯其鼻，则五尺童子，牵而周四海者，顺也。夫七尺之楫,而制船之左右者,以水为资。[4] 天子发号,令行禁止,以众为势也。

【注释】
〔1〕"以离"句:《道藏》本、刘绩《补注》本、《四库全书》本同。王绍兰《淮南子杂记》:"离"为"虽"误。"以"字当在"虽"字下。 北宫子:战国齐人,为一有勇力之人。 司马蒯蕡:战国赵国的击剑家。"不使":《道藏》本、刘绩《补注》本、《四库全书》本同。王念孙《读书杂志》:"使"上当有"可"字。 应:迎击。
〔2〕觚:高诱注:"剑拊。"按:即剑把。 招:举。
〔3〕藉蕃:古代大力士。 "今使……顺也":出自《吕览·重己》。
〔4〕楫:船桨。《方言》卷九:"楫谓之桡。" 资:利用。高诱注:"资,利也。"

【译文】
老百姓中喜欢善行,乐意正直,不需要禁令诛伐,而能够使自己的行为符合法度的,一万人中没有一个人。国君下达必定实行的命令,听从的人便得到利益,违背的人就遇到凶灾,太阳的影子还没有移动,而海内的人没有不受到命令的约束了。所以如果握住剑锋,而即使是勇士北宫子和击剑家司马蒯蕡也不能去应敌。拿着剑把,举起剑锋,那么庸人也能够取得胜利。现在使大力士乌获、藉蕃,从后面去牵牛尾巴,尾巴断了也不会跟从你,这是由于背逆天性的缘故。如果用桑条来贯穿牛的鼻子,再来指挥它,那么即使是五尺高的孩童,也可以牵着它去周游四海,这是顺应牛的天性的缘故。用七尺长的船桨,可以控制住船的左右方向,它是用水作为凭借。天子发布命令,令能行,禁能止,依靠大众的拥戴而形成大势。

夫防民之所害,开民之所利,威行也,若发城决塘。[1] 故循流而下,易以至;背风而驰,易以远。桓公立政,去食肉之兽、食粟之鸟、系罝之网,三举百姓说。⑵ 纣杀王子比干而骨肉怨,斲朝涉者之胫而万民叛,再举而天下失矣。⑶ 故义者,非能徧利天下之民,利一人而天下从风;暴者,非尽害海内之众也,害一人而天下离叛。⑷ 故桓公三举而九合诸侯,纣再举而不得为匹夫。⑸ 故举错不可不审。

人主租敛于民也,必先计岁收,量民积聚,知饶馑有馀不足之数,然后取车舆衣食供养其欲。高台层榭,接屋连阁,非不丽也,然民无掘穴狭庐所以托身者,明主弗乐。⑹ 肥酞甘脆,非不美也,然民有糟糠菽粟不接于口者,则明主弗甘也。⑺ 匡床蒻席,非不宁,然民有处边城、犯危难、泽死暴骸者,明主弗安也。⑻ 故古之君人者,其惨怛于民也,国有饥者食不重味,民有寒者而冬不被裘。⑼ 岁登民丰,乃始县钟鼓,陈干戚,君臣上下,同心而乐之,国无哀人。

故古之为金石管弦者,所以宣乐也;⑽ 兵革斧钺者,所以饰怒也;觞酌俎豆酬酢之礼,所以效善也;⑾ 衰绖菅屦,辟踊哭泣,所以谕哀也。⑿ 此皆有充于内,而成像于外。⒀ 及至乱主,取民则不裁其力,求于下则不量其积,男女不得事耕织之业,以供上之求,力勤财匮,君臣相疾也。⒁ 故民至于焦唇沸肝,有今无储,而乃始撞大钟,击鸣鼓,吹竽笙,弹琴瑟,是犹贯甲(胃)[冑]而入宗庙,被罗纨而从军旅,失乐之所由生矣。⒂

【注释】
〔1〕埘:《龙龛手鉴》:"水城也,所以畜水。"
〔2〕"桓公"以下数句:化自《吕览·慎小》。 立:通"莅",

临。　　置：捕兽网。

〔3〕王子比干：纣王叔父，因屡谏而被剖心。其事亦载于《史记·殷本纪》。　　斮：《说文》："斩也。"其事载于《尚书·泰誓》、《吕览·过理》。

〔4〕"暴者，非尽"句：《道藏》本、刘绩《补注》本同。《文子·上义篇》作"暴者，非能尽"，有"能"字。

〔5〕九合：《史记·齐太公世家》："九合诸侯，一匡天下。"

〔6〕掘穴：土室。《群书治要》作"窟室"。注："窟室，土室。"《墨子·节用》有"堀穴"。掘，借为堀。

〔7〕酎：浓烈的酒。

〔8〕匡：安。　　蒻：高诱注："细也。"按：《说文》："蒻，蒲子，可以为平席。"许慎注义甚明。　　"非不宁"：《道藏》本同。刘绩《补注》本"宁"下有"也"字。

〔9〕惨怛：忧伤，悲痛。

〔10〕宣：显示。

〔11〕觞酌：饮酒具，也指饮酒。　　俎豆：祭祀时盛牛羊等祭品的礼器。　　酬酢：主客人互相敬酒。　　"效善"：《道藏》本、刘绩《补注》本同。效，致。王念孙《读书杂志》："效善"当作"效喜"，字之误也。《群书治要》引此正作"喜"。

〔12〕"管"：《道藏》本、刘绩《补注》本同。《左传·宣公十二年》陆德明释文："管，或本作菅。"菅屦，草鞋。　　辟踊：捶胸顿足，极言哀痛之意。《礼记·檀弓》："辟踊，哀之至也。"　　谕：表明。

〔13〕充：充实，充满。　　"外"：《道藏》本、刘绩《补注》本同。刘文典《淮南鸿烈集解》：《治要》"外"下有"者也"二字。

〔14〕裁：度量。　　匮：缺乏。　　疾：憎恨。

〔15〕"胃"：《道藏》本、刘绩《补注》本作"胄"。当正。　　罗纨：罗，稀而轻软的丝织品。纨，白色细绢。

【译文】
　　防止百姓受到祸害，开发对百姓有利的事情，这是威力得以通行的表现，就像开通堤防、冲决水塘一样。所以顺着水流方向而下，容易而且可以达到；顺着风的方向奔驰，容易到达远方。齐桓公执政，曾立下规定，赶跑食肉的野兽、驱吓吃粮食的鸟儿、悬挂起捕兽的网儿，实行这三个措施而百姓欢悦。纣王杀死叔父王子比干，而骨肉怨恨；斩断早晨涉水的人的小腿，而致使万民背叛，干了两次坏事便失去了天下。所以说施行大义，虽不能普遍使天下人民有利，但是有利一人，而天下的人便听从国君的教化；暴虐，是不能全部危害海内大众，但是伤害一人，而天下的人就会背叛。因此齐桓公三次举动，便能够九次会合天下诸侯；商纣王两次举动干了坏事，就连平民也当不成了。所以举止措施是不能不认识清楚的。

国君从百姓那里收取赋税，必须首先考虑一年的收成，计量人民积蓄的多少，知道富裕、饥饿，有馀、不足的数量，然后才收取车马、衣食的租税，来供给他们的生活需求。高台亭榭，宫室相连，不是不壮丽，然而老百姓连土室、草棚这样简陋的遮蔽身体的地方都没有，英明的君主是不能快乐的。美酒佳肴，香甜脆酥，不是不美好，然而百姓中有连糟糠豆谷也吃不饱，那么英明的君主吃饭是不甜的。平稳的床，细软的席子，不是不安宁，然而百姓中有处在边鄙城邑、冒着危险死难、死于大泽、暴尸原野的，英明的君主是不能安享平静生活的。因此古代的国君，他们对百姓十分忧虑，国家有饥饿的人，他们的食物便不再增加花样；百姓中有人寒冷，而他们冬天就不穿皮裘。年岁收成好，百姓丰足，于是便开始悬挂钟鼓，排列干戚，君臣上下，一国同庆丰收的喜悦，国中没有悲哀之人。

所以古代陈列金钟、石磬、管弦这些乐器，是用来表示快乐的；兵革斧钺这些兵器，是用来掩饰怒气的；酒器、俎豆，主客互相敬酒的礼节，是用来表达欢喜之情的；身穿丧服，脚穿麻鞋，捶胸顿足而哭泣，是用来表明悲哀之情的。这些情绪都是充满了内心，而成为形象表现在外部。等到了乱主统治时期，向老百姓索取财物则不度量他们的财力，向臣下索求便不考虑他们的积累，男女不能从事耕作、纺织的事业，以供给国君的需求，辛勤劳作，财力匮乏，君臣之间互相憎恨。因此老百姓到了嘴唇干裂，肝火中烧，有今日之粮，无明日之储，而却开始敲起大钟，擂起鸣鼓，吹起竽笙，弹起琴瑟，这就像穿着甲胄而祭祀宗庙，披着罗纨而从军作战，就失去了音乐所产生的根本了。

夫民之为生也，一人跖耒而耕，不过十亩；⁽¹⁾中田之获，卒岁之收，不过亩四石。⁽²⁾妻子老弱，仰而食之。时有涔旱灾害之患,有以给上之征赋车马兵革之费。⁽³⁾由此观之,则人之生闵矣。⁽⁴⁾夫天地之大计,三年耕而馀一年之食,率九年而有三年之畜,十八年而有六年之积,二十七年而有九年之储。⁽⁵⁾虽涔旱灾害之殃,民莫困穷流亡也。故国无九年之畜,谓之不足;⁽⁶⁾无六年之积,谓之闵急;无三年之畜,谓之穷乏。故有仁君明主,其取下有节,自养有度,则得承受于天地,而不离饥寒之患矣。⁽⁷⁾若贪主暴君,桡于其下,侵渔其民,以适无穷之欲,则百姓无以被天和而履地德矣。⁽⁸⁾

【注释】
〔1〕跖:踩,踏。
〔2〕石:《吕览·仲春》高诱注:"石,百二十斤。"《天文训》:"四钧为一石。"
〔3〕涔:涝灾。《说林训》高诱注:"涔,多水也。" 有:王念孙《读书杂志》:"有"读为"又"。
〔4〕闵:忧愁。
〔5〕率:一般。以上见于《礼记·王制》、贾谊《新书》。
〔6〕畜:于大成《主术校释》:"畜"字当依"九年之储"作"储"。
〔7〕离:马宗霍《淮南旧注参正》:"离"读为"罹",义犹遭也,被也。
〔8〕桡:《道藏》本、刘绩《补注》本作"挠"。《礼记·月令》陆德明释文:"桡,《字林》作挠。"即扰乱义。 侵渔:侵吞夺没,像渔人捕鱼一样。 天和:自然祥和之气。本书五见。

【译文】
老百姓所用来维持生活的,一个人踩着耒耕田,不超过十亩;中等田地一年的收获,不过一亩四石。妻子老弱,都要依赖它而生活。此外,时常有水旱自然灾害,又要用来供给国君征收的车马、兵革的费用。从这里可以看出,人民的生活真是值得怜悯的。

从国家的土地收成来考虑，三年耕种必须剩下一年的粮食，大约九年耕种要有三年的积蓄，十八年要有六年积蓄，二十七年要九年的储备。即使遇到水旱等自然灾害，百姓也没有人因困窘到外地流亡的。所以国家没有九年的积蓄，叫做不足；没有六年的积蓄，叫做闵急；没有三年的积蓄，叫做穷乏。因此有的爱民之君和英明的君王，他们向下征收赋税，有一定的节制，用来养活自己的，有一定的标准，那么这就能合理接受天地给予的财富，就不会遭受饥饿、寒冷的祸患了。至于像贪婪的君主和残暴的国君，对人民大肆骚扰，侵吞人民的财富，用来适应无穷的贪欲，那么百姓便没有办法享受自然祥和之气并得到大地的恩赐了。

食者民之本也，民者国之本也，国者君之本也。是故人君者，上因天时，下尽地财，中用人力，是以群生遂长，五谷蕃植；〔1〕教民养育六畜，以时种树；〔2〕务修田畴，滋植桑麻，肥墝高下，各因其宜；〔3〕丘陵阪险不生五谷者，以树竹木，春伐枯槁，夏取果蓏，秋畜疏食，冬伐薪蒸，以为民资。〔4〕是故生无乏用，死无转尸。〔5〕故先王之法，畋不掩群，不取麛夭；〔6〕不涸泽而渔，不焚林而猎；豺未祭兽，罝罦不得布于野；〔7〕獭未祭鱼，网罟不得入于水；〔8〕鹰隼未挚，罗网不得张于溪谷；〔9〕草木未落，斤斧不得入山林；昆虫未蛰，不得以火烧田；〔10〕孕育不得杀，鷇卵不得探，鱼不长尺不得取，彘不期年不得食。〔11〕是故草木之发若蒸气，禽兽归之若流原，飞鸟归之若烟云，有所以致之也。〔12〕

【注释】

〔1〕"人君"：王念孙《读书杂志》："君'字当在"人"字上，《群书治要》引此，正作"君人者"。

〔2〕畜：高诱注："玄田为畜。"按：《说文》："畜，田畜也。《淮南子》曰：玄田为畜。"今本无，疑为佚文。

〔3〕田畴：田地。

〔4〕阪：山坡。 果蓏：高诱注："有核曰果，无核曰蓏。" 疏食：高诱注："菜疏曰疏，谷食曰食。" 薪蒸：高诱注："大者曰薪，小者曰蒸。" 资：用度。

〔5〕转尸：尸体弃置转徙。即死无葬身之地。

〔6〕掩：尽，遍及。 麛夭：高诱注："鹿子曰麛，麋子曰夭。"

〔7〕"豺未祭兽"二句：高诱注："十月之时，豺杀兽，四面陈之，世谓之'祭兽'也。'未祭兽'，罝罦不得施也。" 罦：一种装有机关的鸟网。

〔8〕"獭未祭鱼"二句：高诱注："獭，㺉也。《明堂月令》：'孟春之月，獭祭鱼。'獭取鲤，四面陈之水边，世谓之'祭鱼'。未祭不得捕也。"按：以上二条，并见本书《时则训》、《礼记·月令》、《吕览·孟春》。

〔9〕挚：通"鸷"。《说文》："鸷，击杀鸟也。"

〔10〕"烧田"：王念孙《读书杂志》：正文"烧"字，因注内"烧田"而衍。《文子·上仁篇》作"不得以火田"。

〔11〕鷇：《说文》："鸟子生哺者。"指初生之雏鸟。 长：疑作"脩"，字当避淮南王父讳。《文子·上仁篇》亦作"长"。

〔12〕烝：《道藏》本、刘绩《补注》本作"蒸"，《文子·上仁篇》同。烝，《说文》："火气上行也。"烝，通作"蒸"。以上内容，尚见于《礼记·王制》、贾谊《新书》。

【译文】

食粮是百姓的根本，百姓是国家的根本，国家是国君的根本。因此作为一个统治天下的国君，上要按照天时的情况，下要发挥土地的财力，中间要合理使用人力，因此各种生物才顺利生长，五谷繁殖；教导百姓养育六畜，按季节种植树木，务求整治好田地，种植好桑树、麻类，按照土地肥瘠、高下，各自种植适宜的植物；丘陵山陂不能生长五谷杂粮的地方，用来种植竹类树木。春季砍伐枯木，夏季收获瓜果，秋季积聚菜蔬谷物，冬季砍伐大木和小枝，用来作为民生的资用。因此人民活着的时候不缺乏用物，死了的时候也不会无葬身之地。所以先王的法规，打猎的时候不捕尽群兽，不捕杀小鹿、幼麋；不放干水泽来捕鱼，不允许烧毁山林去打猎；十月之时,豺没有祭兽时,捕鸟兽之网不能安置在田野上;孟春之月,水獭没有杀鱼时,渔网不能放入水中;立秋之时,鹰隼没有捕杀鸟类,鸟网不能张在溪谷之处;九月之时,草木没有落叶之时,斧斤不能够进入山林;十月之时,昆虫没有蛰伏之时,不能够用火来田猎。孕期的动物不能够杀死,幼鸟、鸟卵不能够掏取。鱼不满一尺不能捕食,猪不过一年不能够宰杀。这样草木就像蒸气一样蓬勃生长,禽兽就像涌泉一样归往,飞鸟就像烟云一样来临,这是因为有用来招致它们的办法。

　　故先王之政,四海之云至而脩封疆,虾蟆鸣、燕降而达路除道,阴降百泉则脩桥梁;⁽¹⁾ 昏张中则务种谷,大火中则种黍菽,虚中则种宿麦,昴中则(牧)[收]敛畜积、伐薪木。⁽²⁾ 上告于天,下布之民。先王之所以应时脩备,富国利民,实旷来远者,其道备矣,非能目见而足行之也,欲利之也。⁽³⁾ 欲利之也,不忘于心,则官自备矣。⁽⁴⁾

【注释】
　　〔1〕封疆:疆界。　虾蟆:青蛙和蟾蜍的统称。
　　〔2〕张:二十八宿之一,属南方朱雀。今由长蛇座的六颗星组成。大火:东方苍龙七宿之一。又叫心宿二。由天蝎座的三颗星组成。　菽:豆类之总名。　虚:北方玄武七宿之一。　宿麦:越冬小麦。《汉书·武帝纪》颜师古注:"秋冬种之经岁乃熟,故云宿麦。"　昴:西方白虎七宿之一。　"牧":《道藏》本、刘绩《补注》本作"收"。
　　〔3〕旷:空旷、空缺义。　来:招徕。
　　〔4〕官:《文子·上仁篇》作"民"。　备:具备。指具备利民之心。

【译文】
　　因此先王的治政,立春之后四海的云气来到的时候,就要修整田界;三月之时青蛙鸣叫,燕子来到,要通达道路,清除路障;十月之时阴气降临到各个山泉,那么便可以修建桥梁;三月黄昏之时,张星正中南天,那么就要种植谷子;四月黄昏时大火正中南天,那么就要种植黍类和豆类植物;八月黄昏时虚星正中南天,那么就要种植越冬小麦;九月黄昏时昴星正中南天,那么就要收采蓄积粮食、瓜果,砍伐大木。上面向天帝秉告,下面布达给万民。先王之所以能够按照季节整治完备,使国家富强,使人民得利;使空虚的府库充满,使远方的人归附,他的治世之道是十分完备的,并非先王都能亲自察看,亲身去实行,而是有想为天下谋利的愿望。有了利于天下人民的愿望,就时刻记在心上,那么百官自然就会完备自己的职守了。

心之于九窍四肢也,不能一事焉,然而动静听视,皆以为主者,不忘于欲利之也。⁽¹⁾故尧为善而众善至矣,桀为非而众非来也。善积即功成,非积则祸极。⁽²⁾

【注释】
〔1〕事:《玉篇》:"奉也。"即侍奉义。
〔2〕即:则。 极:高诱注:"至。"按:即到来之义。以上见于《吕览·应同》。

【译文】
心脏对于九窍四肢来说,不能一一事奉它们,但是人的动静、听视,都把心脏作为中心,它也没有忘记要使九窍、四肢都得到利益。所以尧推行善事,而许多善事都来到了;夏桀干坏事,而许多坏事便一起涌来。好事积累多了,那么功业就能建立;坏事积累多了,那么祸事就要来到了。

凡人之论,心欲小而志欲大,智欲员而行欲方,能欲多而事欲鲜。⁽¹⁾所谓心欲小者,虑患未生,备祸未发,戒过慎微,不敢纵其欲也。⁽²⁾志欲大者,兼包万国，壹齐殊俗，并覆百姓，若合一族，是非辐凑而为之毂。[3] 智欲员者，环复转运，终始无端，旁流四达，渊泉而不竭，万物并兴，莫不响应也。[4] 行欲方者，直立而不桡，素白而不污，穷不易操，通不肆志。[5] 能欲多者，文武备具，动静中仪，举动废置，曲得其宜，无所击戾，莫不毕宜也。[6] 事欲鲜者，执柄持术，得要以应众，执约以治广，处静持中，运于璇枢，以一合万，若合符者也。[7] 故心小者，禁于微也；志大者，无不怀也；知员者，无不知也；行方者，有不为也；能多者，无不治也；事鲜者，约所持也。

【注释】

〔1〕凡：总括。《说文》："凡，最括也。" 鲜：少。

〔2〕戒过慎微：谨慎地防备微小的过失发生。

〔3〕壹齐：相同，整齐划一。 毂：高诱注："以喻王。"按：毂，车轮中心的圆木。《说文》："毂，辐所凑也。"

〔4〕旁：广泛。 应：应和。

〔5〕桡：弯曲。 穷：不得志。 肆：放纵。

〔6〕仪：准则，法度。 动：《道藏》本、刘绩《补注》本同。王叔岷《淮南子斠证》："举动"当作"举措"。《文子·微明篇》作"举错"。击戾：马宗霍《淮南旧注参正》："击戾"盖当取义于"乖隔"。"无所击戾"者，犹言无所乖隔也。

〔7〕持中：《道藏》本、刘绩《补注》本同。俞樾《诸子平议》：《文子·微明篇》作"持躁"，当从之。 璇枢：北斗七星中勺形四颗星。 符：符节。

【译文】

总括圣人的议论，认为：心中想的要细密，而志向要宏大；智虑要周圆，而行事要方正；才能要全面，而做事要简约。所说的心中想的要细密，就是祸患没有产生的时候就加以考虑，灾祸没有发现的时候就加以防备，警惕地防备任何微小的过失发生，不敢放纵自己的欲望。所说的志向要宏大，就是能够包容万国，统一不同的习俗，恩泽覆盖百姓，就像汇合在一起的同一部族，不管是非都要像车辐围绕中心一样，集中在国君周围。所说的智虑要周圆，就像圆环一样循环往复，转移运行，开始、终结，没有起点，流行广泛，四通八达，就像深渊泉水一样永不枯竭，万物一起兴盛，没有不像回声一样应答的。所说的行事要方正，就是正直而不弯曲，洁白而不受污染，困穷而不改变节操，显达而不放肆自己的行为。所说的才能要全面，就是文武都要具备，动静符合法度，举动措施，废止任用，曲折周到，得到适宜的处理，没有什么相乖隔的，没有不适宜的。所说的做事要简约，就是执掌权柄，持守道术，得到要领应对大众，持守简约而治理广大，处于安静之中，来约束躁动之气，像围绕璇枢运行，用一人之身，聚合万民，就像合乎符节一样。因此心中考虑的要细密，可以禁止微小的弊端发生；志向要宏大，那么天下无不含怀在其中；智虑要周圆，那么没有什么不能知道的；行事要方正，对于邪事不能去干；才能要全面，没有什么不能治理成功的；做事要简约，紧要地持守事物的关键。

古者天子听朝，公卿正谏，博士诵诗，瞽箴师诵，庶人传语，史书其过，宰彻其膳，犹以为未足也。⁽¹⁾故尧置敢谏之鼓也，舜立诽谤之木，汤有司直之人，武王立戒慎之鞀，过若豪厘，而既已备之也。⁽²⁾夫圣人之于善也，无小而不举；⁽³⁾其于过也，无微而不改。尧、舜、禹、汤、武王，皆坦然天下而南面焉。⁽⁴⁾当此之时，瞽鼓而食，奏《雍》而彻，已饭而祭灶，行不用巫祝，鬼神弗敢（祟）[祟]，山川弗敢祸，可谓至贵矣。⁽⁵⁾然而战战慄慄，日慎一日。⁽⁶⁾由此观之，则圣人之心小矣。《诗》云："惟此文王，小心翼翼，昭事上帝，聿怀多福。"⁽⁷⁾其斯之谓欤！

武王伐纣，发钜桥之粟，散鹿台之钱；⁽⁸⁾封比干之墓，表商容之闾；⁽⁹⁾朝成汤之庙，解箕子之囚；⁽¹⁰⁾使各处其宅，田其田，无故无新，惟贤是亲，用非其有，使非其人，晏然若故有之。⁽¹¹⁾由此观之，则圣人之志大也。

文王周观得（夫）〔失〕，徧览是非，尧、舜所以昌，桀、纣所以亡者，皆著于明堂。⁽¹²⁾于是略智博闻，以应无方。⁽¹³⁾由此观之，则圣人之智员矣。

成、康继文、武之业，守明堂之制，观存亡之迹，见成败之变，非道不言，非义不行，言不苟出，行不苟为，择善而后从事焉。⁽¹⁴⁾由此观之，则圣人之行方矣。

孔子之通，智过于苌弘，勇服于孟贲，足蹑郊菟，力招城关，能亦多矣。⁽¹⁵⁾然而勇力不闻，伎巧不知，专行孝道，以成素王，事亦鲜矣。⁽¹⁶⁾春秋二百四十二年，亡国五十二，弑君三十六，采善锄丑，以成王道，论亦博矣。⁽¹⁷⁾然而围于匡，颜色不变，弦歌不辍，临死亡之地，犯患难之危，据义行理而志不慑，分亦明矣。⁽¹⁸⁾然为鲁司寇，听狱必为断，作为《春秋》，不道鬼神，不敢专己。⁽¹⁹⁾夫圣人之智，固已多矣，其所守者有约，故举而必荣；愚人之智，固已少矣，其所事者多，故动而必穷矣。⁽²⁰⁾吴起、张仪，智不若孔、墨，而争万乘之君，此其所以车裂支解也。⁽²¹⁾

【注释】

〔1〕公卿：指天子三公和其他重臣。　正：《吕览·达郁》陈奇猷按："正"为"证"之省。"证"亦"谏"也。　博士：《国语·周语》作

"列士"。 瞽：无目曰瞽。指乐官。 箴：一种有劝诫意义的文辞。师：乐师。 庶人：平民。 传语：传达意见。 史：史官。 宰：宰人，掌管膳食的官。 彻：撤去。《左传·宣公十二年》杜预注："彻，去也。"彻，通"撤"。以上化自《国语·周语》、《吕览·达郁》。

〔2〕"故尧置"句：高诱注："欲谏者，击其鼓。" "舜立诽谤"句：高诱注："书其善否于表木也。"按：诽谤，从旁指责过失。 "汤有"句：高诱注："司直，官名，不曲也。"按：汉时"司直"掌佐丞相举不法。《吕览·自知》作"司过"，《邓析子·转辞》作"司直"。 "武王"句：高诱注："欲戒君令慎疑者，摇鞀鼓。"按：鞀，有柄小鼓。以上数句亦见于《邓析子·转辞》、《吕览·司过》。

〔3〕举：举荐任用。

〔4〕坦然：安然。无顾忌的样子。 南面：背屏而朝诸侯。 "皆坦然"句：王念孙《读书杂志》：当作"皆坦然南面而王天下焉"。

〔5〕鼖：《说文》："大鼓也。"帝王吃饭时所奏的乐器。 "鼖鼓而食"句：王念孙《读书杂志》：当为"伐鼖而食"。《玉海·音乐部》、《乐器部》引此正作"伐鼖而食"。 雍：帝王吃饭时所奏的音乐。 灶：灶神。 巫祝：古代替人祈祷求福的人。 "祟"：《道藏》本作"祟"。祟，鬼神作怪。《说文》："祟，神祸也。"以上二句《文子·微明篇》作："行不用巫觋，而鬼神不敢先。"

〔6〕战战慄慄：恐惧、发抖的样子。

〔7〕翼翼：小心谨慎的样子。 昭：通"劭"，勤勉。《说文》："劭，勉也。" 怀：招徕。以上四句见《诗·大雅·大明》。

〔8〕"伐纣"：《道藏》本、刘绩《补注》本同。王念孙《读书杂志》："伐纣"本作"克殷"。《群书治要》引此正作"武王克殷"。按：以下见于《周书·克殷》、《吕览·慎大》，并见《尚书大传》、《韩诗外传》卷三。 "武王"三句：高诱注："钜桥，纣仓名也。一说，钜鹿漕运之桥粟。鹿台，纣钱藏府所积也。武王发散以赈疲民。"

〔9〕"封比干"句：高诱注："比干，纣诸父也。谏纣之非，纣杀之。故武王封崇其墓，以旌仁也。" "表商容"句：高诱注："商容，殷之贤人，老子师，故表显其里。《穆称篇》又云：'老子业于商容，见舌而知守柔矣。'是也。"按：梁玉绳《校庄本淮南子》：此与《吕氏春秋·慎大》、《离谓篇》注同，高氏之谬也。商容，殷末也，而孔子并老子时，安得师之？

〔10〕"解箕子"句：高诱注："箕子，纣之庶兄。《论语》云：'箕子为之奴。'武王伐纣，救其囚执，问以《洪范》，封之于朝鲜也。"

〔11〕晏然：平和的样子。

〔12〕"夫"：《道藏》本、刘绩《补注》本作"失"。当正。　著：高诱注："犹图也。"按：有图画义。

〔13〕略智：马宗霍《淮南旧注参正》：《方言》："略，求也。""略智"犹言广求其知也。

〔14〕成、康：周初成王、康王。《史记·周本纪》："故成、康之纪，天下安宁，刑错四十馀年不用。"　苟：随便。

〔15〕通：博通。　苌弘：周朝大臣刘文公的大夫，通晓天文。　孟贲：战国时勇士，相传能拔牛角。　郊菟：吴承仕《淮南旧注校理》："足蹴郊菟"者，盖言孔子善走，奔及良马也。古多称良马为"菟"。于大成《主术校释》：此文许、高二本有异：许本当作"足蹀狡兔"。《御览》三百八十六引作"足蹀狡兔"。蹀，即蹴字。蹴，追也。　关：闩门横木。　"力招"句：高诱注："招，举也。以一手招城门关端能举之。"

〔16〕"孝道"：王叔岷《淮南子斠证》："孝"当为"教"。《说文》："教，放也。""放"与"仿"通，引申有教化义。此文"孝道"与"教道"同。　素王：有帝王之德而未居帝王之位的人。指孔子。

〔17〕鉏：《玉篇》："田器。"俗作锄。

〔18〕匡：在今河南长垣西南。　辍：停止。以上见于《庄子·秋水》。

〔19〕司寇：官名，西周时置，掌管刑狱、纠察等。　听：处理。"为断"：刘台拱《淮南子校补校》："为断"当作"师断"。《说苑·至公篇》"听狱必师断"。师，众也。与众共之，不独断也。　《春秋》：儒家经典之一，中国第一部编年史。记事起于鲁隐公元年（前722年），终于鲁哀公十四年（前481年），共十二公，242年。《史记·太史公自序》："孔子厄陈、蔡，作《春秋》。"

〔20〕"其所事者多"句：王念孙《读书杂志》："多"上亦当有"有"字。"有"字读为"又"，"又"与"固已"文义相承。《群书治要》引此，正作"其所事者又多"。按：《淮南子》此文，本自《荀子·王霸篇》。《文子·微明篇》作"又"。

〔21〕吴起、张仪以下数句：王叔岷《淮南子斠证》：案张仪被逐去秦，相魏一岁而卒。"支解"之说，他书无征。张仪疑本作商鞅。《缪称篇》："商鞅立法而支解，吴起刻削而车裂。"《人间篇》亦云："商鞅支解。"

【译文】

古时候天子处理朝政之事，公卿大臣正面劝谏，博士官诵读诗歌，乐官进箴言，乐师讽谏，平民意见向上传达，史官记载他们的过失，宰人撤去他们的饭食，还认为不能足以警戒自己。所以尧设置供敢于进谏的大鼓，舜设立指责批评过失的表木，汤设有检举不法的官吏，武王设立警戒自己要谨慎治政的小鼓，即使过失出现如同毫厘一样，就已经足够戒备的了。圣人对于好的人事，不因为它微小而不兴办；对于自己的过失，不因为细微而不更改。尧、舜、禹、汤、周武王，都是内心坦然地南面称王。在这个时候，吃饭的时候奏起鏊鼓，演奏《雍》时撤去饭食，吃完饭后去祭祀灶神，言行举事不用巫祝求福，鬼怪神灵不敢作怪，高山大川也不敢为祸，可以说已经是十分可贵的了。虽然如此，他们仍然战战兢兢地处理国事，一天比一天谨慎。从这里可以看出，那么圣人的用心是十分谨慎的。《诗》中说："这个周文王，为人小心翼翼，勤勉事奉上帝，招来许多福气。"恐怕说的就是这样的事吧！

周武王讨伐商纣王，散发钜桥粮仓的粮食，发散鹿台库藏的钱财救济贫民，扩大王子比干的墓地，旌表贤人商容的闾里，朝拜商汤的宗庙，释放了被囚禁的箕子。让天下人安居家园，耕田种地，不分故人和新人，只亲近贤德之人，使用的东西不是属于他原有的旧臣，使唤的人也不是他的近人，他们平静得像原来就有的一样。从这里可以看出，那么圣人的志向是非常宏大的。

周文王广泛考察得失变化，普遍观览利弊关系，把尧、舜所以能够昌盛，桀、纣所以灭亡的道理，都记载在明堂之上。在这个时候，广泛寻求知识，普遍地去询问，以便来应对千变万化的问题。从这个地方可以看出，那么圣人的智慧是非常周全的。

周成王、康王继承周文王、武王的大业，恪守明堂的制度，观察存在、灭亡的迹象，考察成功、失败的变化，不是圣人之道不去说，不是仁义之路不敢行，言论不随便说出，行事不随便去做，选择好的而后才去从事。从这里可以看出，那么圣人的行为是非常方正的。

孔子的博学，智慧超过苌弘，勇力能够制服孟贲，脚步可以追上狡猾的兔子，一只手可以举起闩城门的横木，才能确实是很多的。虽然这样，但是孔子的勇力不被人知道，伎巧不被人了解，而专心推行教化之事，从而成为素王，他的行事也是很简约的了。春秋二百四十二年，亡国五十二，弑君三十六，孔子采摘为善之事，锄除丑恶之迹，从而实现他的仁义之道的理想，他的论说也是很广博的了。虽然如此，他曾被围困在匡地，然而神色一点也不改变，弹琴唱歌不停止，面临死亡的处境，遭受患难的危险，根据大义实行正理，而心志一点也不害怕，态度不同的分别也是很明白的了。然而担任鲁国司寇之时，处理案件必定秉公决断，编成《春秋》一书，不去称道鬼神，不凭自己擅断。圣人的才智，确实是多方面的，但是他所守持的又很简要，所以举事一定兴盛；愚人的才智，本来是很少的，但他所从事的又很多，因此行事一定要困穷。吴起、张仪（商鞅），智慧不如孔子、墨翟，而却在万乘之君中去争夺权力，这就是二人遭到车裂肢解的原因。

夫以正教化者，易而必成；⁽¹⁾以邪巧世者，难而必败。⁽²⁾凡将设行立趣于天下，舍其易成者，而从事难而必败者，愚惑之所致也。⁽³⁾凡此六反者，不可不察也。⁽⁴⁾

偏知万物而不知人道，不可谓智；⁽⁵⁾偏爱群生而不爱人类，不可谓仁。仁者爱其类也，智者不可或也。仁者虽在断割之中，其所不忍之色可见也；⁽⁶⁾智者虽烦难之事，其不暗之效可见也。⁽⁷⁾内恕反情，心之所欲，其不加诸人；⁽⁸⁾由近知远，由己知人，此仁智之所合而行也。小有教而大有存也，小有诛而大有宁也，唯恻隐推而行之，此智者之所独断也。⁽⁹⁾故仁智错，有时合，合则为正，错者为权，其义一也。⁽¹⁰⁾

【注释】

〔1〕教化：教育感化。

〔2〕巧世：欺骗世人。

〔3〕设行：建立德行。　立趣：树立意向。"舍其"句：《文子·微明篇》作"舍其易而必成"。

〔4〕六反：高诱注："六反，谓孔、墨、苌弘、孟贲、吴起、张仪也。其行相反，故曰六反也。"按：俞樾《诸子平议》：高注大谬。小与大反、员与方反、多与鲜反，是谓六反。

〔5〕偏：《道藏》本、《道藏辑要》本、刘绩《补注》本相同。《文选·陆机〈拟古诗〉》张铣注："偏，独也。" 人道：人类社会的道德规范。亦指人事。

〔6〕断割：判决，决断。 "其所不忍之色"句：高诱注："不忍智断割之色见于颜色也。"按：何宁《淮南子集释》："所"字衍。

〔7〕暗：愚昧。 效：验。

〔8〕内恕：存心宽厚。 "心之所欲"：顾广圻《校淮南子》："欲"上疑脱"不"字。

〔9〕诛：责备。《玉篇》："诛，责也。" 恻隐：同情，哀痛。 独断：独自决断。

〔10〕"故仁智错"句：王念孙《读书杂志》：当作"故仁智有时错，有时合"。

【译文】

用正直来教育感化别人，容易做到而必定能成功；用邪术欺骗世人，困难而且一定失败。凡是将要在天下树立德行和意旨，舍弃那些容易而一定能成功的，而从事那些困难却一定要失败的，这是愚昧迷惑所造成的。大凡这六种相反的行为，是不能不考察清楚的。

只了解万物而不了解人类的道德规范，不能说是聪明；只热爱万物而不热爱人类本身，不能说是仁。具有仁德的人爱护他的同类，具有智慧的人也不能够被迷惑。仁德之人即使在判决案件之时，他的不忍之心还是可以表现出来的；智慧的人即使遇到烦难之事，他的不愚昧的兆征也可以显现出来。存心宽厚，返回真情，内心所想到的，不施加给别人；从近处知道远处，从自己知道别人，这是仁、智之人共同的行事标准。在小的方面有所教诲，那么在大的方面就会有所保存；在小的方面有所责备，而大的方面就会安宁了。只有把同情之心推衍到其他事物中去，这才是智慧的人所独自决断的事。因此仁、智的措施有时不合，有时相合，相合的地方就是正理，不合的地方就是权变的行为，它的道理是一致的。

府吏守法，君子制义，法而无义，亦府吏也，不足以为政。⁽¹⁾耕之为事也劳，织之为事也扰。扰劳之事而民不舍者，知其可以衣食也。人之情不能无衣食，衣食之道，必始于耕织，万民之所容见也。⁽²⁾物之若耕织者，始初甚劳，终必利也众，愚人之所见者寡；⁽³⁾事可权者多，愚之所权者少，此愚者之所多患也。⁽⁴⁾物之可备者，智者尽备之；可权者，尽权之，此智者所以寡患也。故智者先忤而后合，愚者始于乐而终于哀。⁽⁵⁾

【注释】
　　〔1〕府吏：《道藏》本、刘绩《补注》本同。孙诒让《札迻》："吏"并当为"史"，形之误也。按："府吏"自可通。孙氏并无版本及文献之依据。
　　〔2〕容：《道藏》本同。刘绩《补注》本、《四库全书》本作"公"。王念孙《读书杂志》："容"与"公"，古字通。刘本改作"公"，庄从刘本非。
　　〔3〕"终必利也众"句：《道藏》本、刘绩《补注》本同。俞樾《诸子平议》："众"上脱"物之可备也"五字。
　　〔4〕"事可权"二句：王念孙《读书杂志》：当作"事之可权者多，愚人之所权者少"。　权：权变。
　　〔5〕忤：背逆。

【译文】
　　府吏恪守法令条文，君子受道义制约，恪守法律但是没有道义，也可以做府吏，但是不能够处理好政事。从事耕作的事很辛苦，从事纺织之事很烦扰。烦扰、辛劳的事情而老百姓不愿舍弃它，是知道它可以解决衣食问题。不能没有衣、食，这是人之常情，生产衣食的过程，必定由耕织开始，这是普遍民众都能看得见的。凡事就像耕田、织布一样，开始的时候很辛苦，最终必定得到很多的利益，而愚蠢的人所见到的很少；能够权衡灵活处理的事情多，愚蠢的人能够权衡灵活处理的少，这就是愚蠢的人祸患多的原因。万物中对人有用的，聪明的人全都用上了；可以用来权变的地方，聪明的人全部掌握了它的权变，这就是聪明的人祸患少的原因。所以聪明的人行事先有抵触，而后能够得到完满的结果；愚蠢的人首先享受快乐，而后在悲伤中终结。

今日何为而荣乎？[1]（且）[旦]日何为而义乎？[2]此易言也。今日何为而义，（且）[旦]日何为而荣？此知难也。[3]

【注释】

〔1〕荣：兴盛。
〔2〕"且"：《道藏》本、刘绩《补注》本作"旦"。当正。下"且"误同。
〔3〕"知难"：《道藏》本同。刘绩《补注》本作"难知"。

【译文】

今天怎么能实现兴盛呢？明日又怎样来行义呢？这是容易给人说清楚的。今天怎么来行义，明日又怎么能兴盛呢？这是难以知道的。

问瞽师曰："白素何如？"[1]曰："缟然。"[2]曰："黑何若？"曰："黮然。"[3]援白黑而示之，则不处焉。[4]人之视白黑以目，言白黑以口。瞽师有以言白黑，无以知白黑，故言白黑与人同，其别白黑与人异。

入孝于亲，出忠于君，无愚智贤不肖，皆知其为义也。使陈忠孝行，而知所出者，鲜矣！[5]凡人思虑，莫不先以为可而后行之；其是或非，此愚知之所以异。

凡人之性，莫贵于仁，莫急于智。仁以为质，知以行之；[6]两者为本，而加之以勇力、辩慧、捷疾、劬录、巧敏、迟利、聪明、审察，尽众益也。[7]身材未脩，伎艺曲备，而无仁智以为表干，而加之以众美，则益其损。⁽⁸⁾故不仁而有勇力果敢，则狂而操利剑；⁽⁹⁾不智而辩慧怀给，则弃骥而不式。⁽¹⁰⁾虽有材能，其施之不当，其处之不宜，适足以辅伪饰非，伎艺之众，不如其寡也。故有野心者，不可借便势；⁽¹¹⁾有愚质者，不可与利器。⁽¹²⁾

鱼得水而游焉则乐，塘决水涸，则为蝼蚁所食；有掌脩其堤防，补其缺漏，则鱼得而利之。⁽¹³⁾国有以存，人有以生。国之所以存者，仁义是也；人之所以生者，行善是也。国无义，虽大必亡；人无善志，虽勇必伤。治国，上使不得与焉；⁽¹⁴⁾孝于父母，弟于兄嫂，信于朋友，不得上令而可得为也。⁽¹⁵⁾释己之所得为，而责于其所不得制，悖矣。⁽¹⁶⁾

士处卑隐，欲上达，必先反诸己。⁽¹⁷⁾上达有道，名誉不起，而不能上达矣。取誉有道，不信于友，不能得誉。于友有道，事亲不说，不信于友。说亲有道，脩身不诚，不能事亲矣。诚身有道，心不专一，不能专诚。⁽¹⁸⁾道在易而求之难，验在近而求之远，故弗得也。⁽¹⁹⁾

【注释】

〔1〕素：没有染色的丝绸。
〔2〕缟然：白色的样子。
〔3〕黰然：黑色的样子。《说文》："黰，桑葚之黑也。"
〔4〕援：拿，取。 处：决断。此段见于《墨子·贵义》。
〔5〕出：陶鸿庆《读淮南子札记》："出"当为"由"字之误。
〔6〕质：本体。
〔7〕辩慧：有口才。 捷疾：迅速，敏捷。 劬录：勤劳之义。《说文·新附》："劬，劳也。" 迟利：《道藏》本、刘绩《补注》本同。王念孙《读书杂志》："迟"当为"犀"，字之误也。犀，亦利也。按：迟，通

"犀"。《说文》："迟，徐行也，从辵，犀声。"《汉书·冯奉世传》："器不犀利"，颜师古注引如淳曰："今俗刀兵利为犀。"《玉篇》："犀，坚也。"犀利，有坚利义。

〔8〕伎艺：技术，才艺。 曲备：周曲全备。

〔9〕狂：狂乱之人。

〔10〕"不智"二句：高诱注："不知之人，辩慧怀给，不知所裁之，犹弃骥而或，不知所诣也。怀，佞也。"王念孙《读书杂志》："怀"与"佞"义不相近，"怀"当为"懁"，字之误也。"懁"与"儇"同。《方言》曰："儇，慧也。"《楚辞·九章》王注曰："儇，佞也。"正与高注同。"乘"误为"弃"。"或"误为"式"。后人遂于"式"上加"不"字耳。 怀给：巧佞，巧诈。《吕览·士容》高诱注："不儇给巧伪为之"，其"儇给"与此义同。

〔11〕野心：外心。 便势：便利的形势。

〔12〕利器：喻国家权力。

〔13〕掌：主管。

〔14〕"治国，上使"：于省吾《淮南子新证》："使"、"事"金文同字。治国上事，言治国乃主上之事，故曰"不得与"焉。俞樾《诸子平议》：疑"治国"下脱"非"字。

〔15〕"不得上令"：顾广圻《校淮南子》："得"当作"待"。

〔16〕释：放弃。 责：要求。 制：有决断、裁决义。

〔17〕卑隐：卑陋，隐蔽。

〔18〕专诚：专一，至诚。王念孙《读书杂志》：以上文例之，则"不能专诚"当作"不能诚身"。

〔19〕易：高诱注："易谓反己，先修其本也。" 验：效验。

【译文】

有人问双目失明的乐师说："白色的丝绸是怎样的？"回答说："白色的样子。"问："黑色是怎样的？"回答说："黑色的样子。"拿来白色和黑色的东西指给他看，那么他就不知决断了。人们看白、黑用眼睛，说出白、黑用嘴巴。失明的乐师能够用嘴巴说出白、黑，却没有办法用眼睛来断定白、黑，因此说白、黑时和平常人相同，辨别白、黑时和平常人有差异。

回到家庭对双亲讲孝道，出了家门对国君讲忠诚，不管愚蠢、聪明，贤良、不肖，都知道这叫做"义"。虽然能让他们陈说忠君孝亲的行为，而知道要实行忠孝的缘由，这样的人就少了。大凡人的思虑，没有不是先认为可行而后才去实行它；它的结果有正确或者错误，这是愚笨的和聪明人的不同之处。

大凡人的情性中，没有什么比"仁"更值得珍视的了，没有什么比"智"更使人急切的了。把"仁"作为本体，用"智"来推行它；把这两方面作为根本，再加上勇力、口才、敏捷、勤劳、灵巧、坚利、聪明、明察，这样许多长处都包括进去了。自身才智未加修治，才艺却周曲全备了，而又没有仁、智作为统率，又加上外部许多美妙东西的干扰，那么性情便受到更多的损害。因此不仁之人而具有勇力果敢的特性，那么就像狂乱的人拿着利剑一样；不智的人而具有伶俐的口辩，那么就像乘车马而迷失方向。即使有才能，它所施用的地方不妥当，所处的位置不适宜，恰好只能用来辅佐虚伪掩饰错误，才艺即使很多，却不如少一点为好。因此有野心的人，不能够借助便利的形势；有愚蠢特质的人，不能够给它掌握国家权力。

鱼得到水能够自由遨游，便非常快乐；水塘决堤，滴水全无，鱼儿便成为蝼蛄、蚂蚁口中的美食；有主管修筑堤防、填补缺口的人，那么鱼儿便重新得到水而自由游弋了。国家有了贤人，就能存在；国家存在，人民便得以生存。国家之所以存在的原因，是因为有了仁义；人民之所以得到生存，是因为国君推行了善政。国家没有"义"，即使再大也会灭亡；人没有美好的理想，即使很勇敢，也一定受到伤害。治理国家，不是主上命令，他人不得随便参与；对父母要讲孝道，对兄嫂要顺从，对朋友要讲信用，没有得到上面的命令，这些都能够做到。放弃自己所能够做到的，却要求他不能决断的东西，这就违背事理了。

士人隐居在卑陋的地方，要想上进的话，必须首先反省自己。上进是有一定的途径，名声、信誉没有建立起来，这是不能够上进的。得到信誉有一定的途径，不被朋友相信，不能够得到信誉。取信朋友有一定的途径，事奉亲长而得不到高兴，不能被朋友相信。取悦父母有一定的途径，修治自身不是真心，就不能够事奉亲长。使自身真诚有一定的途径，精神不专一，不能达到至诚的要求。"道"重要在于修治根本，就容易得到；不修治根本，那么达到目的就难了。效验本来就在近处，而却要到远处去寻求，所以就不能得到。

第十卷　缪称训

【题解】

本训解题中说:"缪异之论,称物假类,同之神明,以知所贵。"缪,通"谬"。《广雅·释诂三》:"谬,误也。"即称引物证,借助同类事物,来摈除谬误异说,而合同到神明的道德之中。

文中首先论述了道、儒两家的道、德、仁、义之关系:"道者,物之所导也;德者,性之所扶也;仁者,积恩之见证也;义者,比于人心,而合于众适者也。"指出儒家思想核心的"仁义"只是"道德"衰落的产物。认为世界可知,天、地、人都有规律可循。"欲知天道察其数,欲知地道物其树,欲知人道从其欲"。文中特别强调把握事物之间如祸福、轻重、德怨等的相互转化关系,"福之萌也绵绵,祸之生也分分"。圣人治政,要"制其剟材,无所不用"。君子治国,要"举贤",要抛弃偏见、私好,广选人才。本训亦为弘扬道旨的重要文献。

陶方琦《淮南许注异同诂》:"序目无'因以题篇'字,乃许氏注本也。取旧辑许注与今注较之,说多同,其为许注无疑也。"

道至高无上,至深无下,平乎准,直乎绳,员乎规,方乎矩,(句)[包]裹宇宙而无表里,洞同覆载而无所碍。⁽¹⁾是故体道者,不哀不乐,不怒不喜,其坐无虑,其寝无梦,物来而名,事来而应。

【注释】

〔1〕"句":《道藏》本、刘绩《补注》本作"包"。当正。　洞同:有

贯通之义。　碍：限制。

【译文】

　　"道"至高无上，至深无下，同水准一样平，和绳墨一样直，与规一样圆，同矩一样方，包裹了整个宇宙而没有内外，贯通覆盖运载万物而没有什么阻碍。因此体察到"道"的人，不悲哀也不快乐，不欢喜也不发怒，他们坐着的时候没有思虑，他们睡觉的时候不做梦，万物到来时给它命名，事情到来时而去应对。

　　主者国之心，心治则百节皆安，心扰则百节皆乱。故其心治者，支体相遗也；其国治者，君臣相忘也。黄帝曰："芒芒昧昧，从天之道，与元同气。"⑴ 故至德者，言同略，事同指。⑵ 上下壹心，无歧道旁见者，遏障之于邪，关道之于善，而民乡方矣。⑶ 故《易》曰："同人于野，利涉大川。"⑷

【注释】

　　〔1〕芒芒昧昧：广大的样子。　"道"：《道藏》本、刘绩《补注》本同。王念孙《读书杂志》云："道"本作"威"，威者，德也。言从天之德也。《吕览·应同》、《文子·上仁篇》、《文子·符言篇》作"威"。　元：指天。《文子·符言篇》作"天"。
　　〔2〕略：略要。　指：指归、意图。
　　〔3〕"关"：《道藏》本同。刘绩《补注》本、《四库全书》本作"开"。开道，引导，启发。　歧道：岔路。　旁见：不同的见解。　遏障：阻止。
　　〔4〕《易》：《汉书·艺文志》载，宓戏氏始作八卦，周文王作上下篇，孔子作十翼。占筮之书，儒家经典之一。　"同人于野"二句：许慎注："言能同人道至于野，则可以济大川。大川，大难也。"按：见《周易·同人卦》。

【译文】

国君是国家的心脏,心脏得到治理,那么百节就会安定了,心脏紊乱那么百节就会发生混乱。因此他的心脏得到调理,四肢和身体就会互相遗忘;他的国家得到治理,君臣之间就会互相忘记。黄帝说:"广大无边啊!依照天的威德,(没有什么不敬仰);和天同气,(没有什么不协调)。"因此具有最高德性的人,言语都能抓住要点,行事都能掌握意图。君臣一心,没有出现分歧和不同的见解,对于邪气能阻止它,对于好事能引导它,那么百姓便趋向正直了。因此《易》中说:"能够同人到达郊外,对于渡过大难是有利的。"

道者,物之所导也;[1]德者,性之所扶也;[2]仁者,积恩之见证也;[3]义者,比于人心,而含于众适者也。[4]故道灭而德用,德衰而仁义生。故尚世体道而不德,中世守德而弗坏也,(未)[末]世绳绳乎(淮)[唯]恐失仁义。[5]君子非仁义无以生,失仁义,则失其所以生。小人非嗜欲无以活,失嗜欲,则失其所以活。故君子惧失义,小人惧失利。观其所惧,知各殊矣。《易》曰:"即鹿无虞,惟入于林中。[6]君子几,不如舍,往吝。"[7]

【注释】

〔1〕导:引导,向导。
〔2〕扶:《说文》:"佐也。"有扶持义。
〔3〕见证:明显的效验。
〔4〕"含":《道藏》本同。刘绩《补注》本、《四库全书》本作"合"。《主术训》、《文子·微明篇》亦作"合"。 适:适宜,适合。
〔5〕"坏":《道藏》本、刘绩《补注》本同。俞樾《诸子平议》:《文子·微明篇》"中世守德而不怀"。"坏"字亦"怀"字之误。"怀"即怀来之"怀"。 "未":《道藏》本、刘绩《补注》本作"末"。 绳绳:戒慎的样子。 "淮":《道藏》本、刘绩《补注》本作"唯"。当正。

〔6〕即：就。　鹿：喻百姓。　虞：虞人。主管禽兽之官。
〔7〕几：期望。　吝：恨惜。引文见《周易·屯卦》。

【译文】

"道"是万物的主导，"德"是天性的扶持，"仁"是积累恩德的见证，"义"是同人心相比并，而与众人适宜相配合。所以"道"消亡而后"德"被使用，"德"衰落而后"仁义"产生。所以上古之世体察"道"而不需要"德"，中古之世持守"德"而不需要安抚，末世之时国君谨慎小心，只担心失去仁义。君子不用仁义就没有办法生存；失去仁义，那么就失去了他的生存的基础。小人没有嗜欲就没有办法生活；失去嗜欲，那么就失去了他赖以生活的基础。所以君子担心失去仁义，小人害怕失掉利益。考察他们所害怕的，知道各自是不同的。《易》中说："逐鹿没有虞人帮助，鹿入于林中，不可获得。君子求鹿，不如舍弃它，往求会有恨惜。"

其施厚者其报美，其怨大者其祸深。⁽¹⁾薄施而厚望，畜怨而无患者，古今未之有也。是故圣人察其所以往，则知其所以来者。圣人之道，犹中衢而致尊邪？过者斟酌，多少不同，各得其所宜。⁽²⁾是故得一人，所以得百人也。人以其所愿于上，以与其下交，谁弗载？⁽³⁾以其所欲于下，以事其上，谁弗喜？《诗》云："媚兹一人，应侯慎德。"⁽⁴⁾慎德大矣，一人小矣。能善小，斯能善大矣。

【注释】

〔1〕美：美好。
〔2〕衢：道路四达叫衢。　致：设置。《蛾术编·说字五》："致，与置通。"尊：《说文》："酒器也。"
〔3〕愿：仰慕。　载：《道藏》本同，刘绩《补注》本改作"戴"。《释名·释姿容》："载，戴也，戴在其上也。"载，通"戴"。

〔4〕媚：爱。 一人：指周成王。 应：国名。故城在今河南宝丰县西南。应侯是周武王之子，受封于应。 "慎德"：遵循美德。《十三经注疏》本作"顺德"。引文见《诗·大雅·下武》。

【译文】

他们的施舍多，得到的报答就美好；他们的怨仇多，得到的灾祸就深重。施予的少而想得到过分的报偿，积怨很深而想没有祸患，从古到今没有这样的事。因此圣人认真考察他过去如何做的，那么就知道他未来如何到达。圣人推行的大道，恐怕就像在四通八达的道路中间放置酒樽吧？过路的人经过考虑，根据各人酒量的多少不同，各自取饮适量的酒。因此得到一人之心，就能得到百人之心。人们若用希望在上位者所具有的品质，来对待下位的人，哪个不爱戴呢？人们若用要求在下位者所具有的品质，来事奉上位者，哪个不欢喜呢？《诗》中说："可爱的这个天子，应侯遵循它的美德。"遵循美德是重大的事，一个天子是小的事。能够做好小的事情，那就能做好大事情。

君子见过忘罚，故能谏；见贤忘贱，故能让；见不足忘贫，故能施。情系于中，行形于外。凡行戴情，虽过无怨；⁽¹⁾不戴其情，虽忠来恶。⁽²⁾后稷广利天下，犹不自矜；⁽³⁾禹无废功，无蔽财，自视犹觖如也。⁽⁴⁾满如陷，实如虚，尽之者也。⁽⁵⁾

【注释】

〔1〕戴：通"载"，充满。 情：诚。
〔2〕恶：于大成《缪称校释》："恶"当作"患"。怨、患以古韵寒部字相协。
〔3〕自矜：自我夸耀。
〔4〕蔽：隐蔽。 觖如：不满的样子。
〔5〕陷：少。

【译文】

君子看到自己的过失,能够忘掉处罚进谏者,所以才能有人进谏;看到贤德的人,能够忘掉他的贫贱,因此能够谦让;看到生活不足的人,能够忘掉他的贫困,所以能够施舍。感情联系着内心,行动表现在外面。大凡行为充满了真情,即使有过失也没有怨恨;不充满真情,即使是忠心,也会招来恶意。后稷普遍地为天下人民谋利益,还不自我夸耀;大禹没有停止工作,没有隐藏财物,然而自己还不满足。充满了好像缺少,充实了好像空虚,尽量使它完满。

凡人各贤其所说,而说其所快。世莫不举贤,或以治,或以乱,非自遁,求同乎己者也。⁽¹⁾ 己未必得贤,而求与己同者,而欲得贤,亦不几矣。⁽²⁾ 使尧度舜则可,使桀度尧,是犹以升量石也。今谓狐狸,则必不知狐,又不知狸。⁽³⁾ 非未尝见狐者,必未尝见狸也。狐、狸非异,同类也。而谓狐狸,则不知狐、狸。是故谓不肖者贤,则必不知贤;谓贤者不肖,则必不知不肖者矣。

【注释】

〔1〕遁:欺骗。《广雅·释诂二》:"遁,欺也。"
〔2〕"己未必得贤"句:《道藏》本、刘绩《补注》本同。王念孙《读书杂志》:"得"字因下文"得贤"而衍。《群书治要》引此,无"得"字。 几:近。
〔3〕狐:哺乳动物,犬科,肉食类。性狡猾多疑。 狸:俗称野猫。又称"豹猫"。哺乳类猫科动物。《说山训》:"狸头愈鼠。"

【译文】

大凡人们都把他们所喜欢的人认为是贤人,而喜欢他们所认为快乐的事。世上没有国君不举用贤人的,有的能使国家得到治理,有的却使国家混乱,这样不是自我欺骗造成的,而是各自寻求同自己志趣相同的人造成的。自己不一定是个贤人，却寻求与自己相同的人，而这样想得到贤人，不也是和自己相近了吗？让尧度量舜是可以的，使桀度量尧，这就像用升来度量石一样。现在人说的狐狸，那么必定是不知道狐，又不知道狸。不是不曾见到狐，就一定不曾见到狸。狐、狸不是异类，而是同类。而合称狐狸，那么则是不知道狐和狸的区别而形成的。因此把不肖的人说成是贤人，那么就一定不知道贤人；说贤人是不肖的人，那么必定不知道不肖的人。

圣人在上，则民乐其治；在下，则民慕其意。小人在上位，如寝关曝纩，不得须臾宁。[1]故《易》曰："乘马班如，泣血涟如。"[2]言小人处非其位，不可长也。

【注释】

〔1〕寝：《说文》："病卧也。" 关：门关。《说文》："关，以木横持门户也。" 曝纩：许慎注："纩，茧也。曝茧，踊动摇不休，死乃止也。"按：曝，晒。纩，蚕茧。

〔2〕班如：回旋的样子。 涟如：《道藏》本同。刘绩《补注》本、《四库全书》本作"涟"。即悲凄的样子。引文见《周易·屯卦》。

【译文】

圣人处于统治地位时，那么百姓就喜欢他的统治；不在位的时候，那么百姓就仰慕他的志向。小人处于统治地位时，就像病人躺在门关上，暴晒蚕茧而蚕蛹挣扎一样，不会得到一刻的安宁。因此《易》中说："乘马遇险，盘旋不定，就会有泣血悲凄的忧虑。"说的是小人处在不属于他的位子上，是不能够长久的。

物莫无所不用。[1]天雄乌（啄）[喙]，药之凶毒也，良医以活人。[2]侏儒瞽师，人之困慰者也，人主以备乐。[3]是故圣人制其剟材，无所不用矣。[4]

【注释】

〔1〕"物莫"句：郑良树《淮南子斠理》云：当作"物无所不用"。

〔2〕天雄：中药名。《本草经》："天雄，主大风，……强筋骨，轻身健行。""喙"：《道藏》本、刘绩《补注》本作"喙"。当正。乌喙，即乌头，见《主术训》。

〔3〕困慰：困窘，怨恨。《说文》："慰，一曰恚怒也。"又《诗·小雅·车舝》陆德明释文引王注："慰，怨恨之义。"

〔4〕制：处理。 劓：《说文》："劓，刊也。"《广韵》"末"韵："劓，削也。"《汉书·贾谊传》颜师古注："劓，谓割取之也。"许慎注："劓，疏杀也"，与"割取"义同。

【译文】

万物中是没有什么不能被利用的。天雄、乌喙，是药物中毒性最大的，但是高明的医生却用它来治病救人。矮子、盲人，是人类中困窘到极点的人，但是国君用他们来演奏音乐。因此圣人用人，就像处理那些砍割剩下来的木材，没有什么用不上的。

勇士一呼，三军皆辟，其出之也诚。(1)故倡而不和，意而不戴，中心必有不合者也。(2)故舜不降席而王天下者，求诸己也。(3)故上多故，则民多诈矣。身曲而景直者，未之闻也。说之所不至者，容貌至焉。容貌之所不至者，感忽至焉。(4)感乎心，明乎智，发而成形，精之至者。(5)可以形势接，而不可以照（誌）[诇]。(6)

【注释】

〔1〕辟：通"避"，避让。此文亦见于《韩诗外传》卷六、《新序·杂事》四。

〔2〕倡：倡导。 意：许慎注："恚声也。"按：当通"噫"。 戴：许慎注："嗟也。"按：即招呼或应答声。王念孙《读书杂志》："戴"读为"载"。郑注《尧典》曰："载，行也。"《文子·精诚篇》正作"意而不载"。

〔3〕王：《道藏》本、刘绩《补注》本同。王念孙《读书杂志》："王"当为"匡"。匡，正也。《文子·精诚篇》作"匡"。

〔4〕感忽：精诚感动人心的样子。

〔5〕"者"：《道藏》本、刘绩《补注》本作"也"。

〔6〕形势：指精诚形成的力量。 "照誌"：《道藏》本同。刘绩《补注》本、《四库全书》本作"照忌"。即教导、告诫之义。忌，戒。《文子·精诚篇》作"照期"。

【译文】

勇士在战场上振臂一呼，三军都要避让，他的呼喊是真诚的。因此有人带头倡导而没有人应和，自己愤怒而别人不行动，是因为众人心里面必定有不愿意配合的事情。因此舜不离开席子而天下大治，首先要求自己要正直。所以国君多变故，那么百姓就会多欺诈。自身不端正而想求得身影正直，是从来没有听说过的。简单说教不能达到的目的，靠表情动作就能达到目的了。靠表情动作不能达到目的，精诚感动人心就可以达到了。内心受了感动，智慧得以显明，做出来的事情就能成功，这是精诚所达到的要求。能够用精诚同他人进行交接，而不能单靠言语来教导告诫他人。

戎、翟之马，皆可以驰驱，或近或远，唯造父能尽其力；⁽¹⁾三苗之民，皆可使忠信。或贤或不肖，唯唐、虞能齐其美，必有不传者。⁽²⁾中行缪伯手搏虎，而不能生也，盖力优而克不能及也。⁽³⁾用百人之所能，则得百人之力；举千人之所爱，则得千人之心。辟若伐树而引其本，千枝万叶，则莫得弗从也。

【注释】

〔1〕戎：古代对西北少数民族的通称。《礼记·王制》："西方曰戎。" 翟：古代北方少数民族。翟：通"狄"。《礼记·王制》："北方曰狄。"

〔2〕不传：许慎注："心教之微眇，不可传。"

〔3〕中行缪伯：春秋时晋国大臣。力能搏虎。 克：能。

【译文】

戎、翟的骏马，都可以奔驰，有的跑得近，有的跑得远，只有造父能够全部发挥马的气力；三苗的百姓，都能够使他们成为忠信之人。有的成为贤人，有的成为不肖之人，只有唐尧、虞舜才能够使他们的美德齐全，其中必定有不可言传的教化妙法。中行缪伯能够生擒猛虎，但是不能使老虎活下来，大概是力气无比而伏虎的能力达不到。采用一百个人的才能，那么就能得到一百个人的力量；举荐千人所爱戴的人，那么就能得到千人的心愿。比如说砍伐大树而牵引树根，千枝万叶，那么没有不来随从的。

慈父之爱子，非为报也，不可内解于心；圣人之养民，非求用也，性不能已。若火之自热，冰之自寒，夫有何脩焉？及恃其力，赖其功者，若失火舟中。⁽¹⁾故君子见始，斯知终矣。媒妁誉人，而莫之德也。⁽²⁾取庸而强饭之，莫之爱也。⁽³⁾虽亲父慈母，不加于此，有以为则恩不接矣。⁽⁴⁾故送往者，非所以迎来也；施死者，非专为生也。诚出于己，则所动者远矣。

【注释】

〔1〕"若失火"句：许慎注："言舟中之人同心救火，不相为赐。"

〔2〕媒妁：介绍婚姻的人。《说文》："媒，谋也。谋合二姓。""妁，酌也。斟酌二姓也。"

〔3〕庸：被雇用的人。

〔4〕加：超过。

【译文】

慈父爱护自己的儿子，不是为了他的报恩，是因为不能够在内心里解除爱子之情；圣人爱戴老百姓，不是要求他们为自己所用，爱民的天性使他们不能停止。像火可以自己变热，冰能够自己变寒，本身又修炼什么呢？等到依靠其他的力量，依赖其他的功用，就像在舟中失火一样，(同心救火，就不是互相赐予了)。所以君子看到开始，就知道终结。说媒的人称赞别人，不是对别人有什么恩德，(只贪图钱财罢了)。招来的雇工强迫他吃饭，不是爱护他，(而是想让他多出力)。即使是亲生的慈爱的父母，也不能在自然本性上增加什么要求，如果爱子是用来达到某种好处，那么养育之恩就不能接续下去了。因此送行归去的人，不是为了他再来；施予已死的人，不是专门为了生存的人。真诚出于自己的内心，那么被自己所感动的就很深远了。

锦绣登庙，贵文也；[1]圭璋在前，尚质也。[2]文不胜质之谓君子。[3]故终年为车，无三寸之辖，不可以驱驰；[4]匠人斫户，无一尺之楗，不可以闭藏。[5]故君子行斯乎其所结。[6]

【注释】
〔1〕登：进入。 文：指华美的形式。
〔2〕圭璋：祭祀之玉器。 质：指质朴的内容。
〔3〕"文不胜质"二句：《论语·雍也》："子曰：质胜文则野，文胜质则史。文质彬彬，然后君子。"可与此相参。
〔4〕辖：《广韵》："辖"韵："车轴头铁。"即装在车轴末端的挡铁，用以挡住车轮，不致脱落。
〔5〕楗：门闩。《老子》二十七章："善闭者无关楗而不可开。"
〔6〕斯：《道藏》本同，《道藏辑要》本作"期"，刘绩《补注》本、《四库全书》本作"思"。《论语·公冶长》："再，斯可矣。"刘宝楠正义："顾氏炎武金石文字记：唐石经斯作思。"斯、思皆是。而王念孙《读书杂志》："斯"当为"期"，字之误也。王说未必是。 结：许慎注："要终也。"有要领、终结义。

【译文】
锦绣丝织品送进庙中，是珍视它的文采；圭璋等玉器放在前面，是崇尚它的质朴。文采不超过朴实，这样的人才叫君子。所以终年造车子，如果没有三寸长的车辖，就不能奔跑；木匠制造门扇，没有一尺长的门闩，就不能够闭藏。因此君子行事考虑的是它的结局。

心之精者，可以神化，而不可以导人。⁽¹⁾目之精者，可以消泽，而不可以昭誋。⁽²⁾在混冥之中，不可谕于人。⁽³⁾故舜不降席而天下治，桀不下陛而天下乱，盖情甚乎叫呼也。⁽⁴⁾无诸己，求诸人，古今未之闻也。同言而民信，信在言前也。同令而民化，诚在令外也。圣人在上，民迁而化，情以先之也。动于上不应于下者，情与令殊也。故《易》曰："亢龙有悔。"⁽⁵⁾三月婴儿，未知利害也，而慈母之爱谕焉者，情也。⁽⁶⁾故言之用者，昭昭乎小哉！不言之用者，旷旷乎大哉！⁽⁷⁾身君子之言，信也；⁽⁸⁾中君子之意，忠也。忠信形于内，感动应于外，故禹执（于）[干]戚，舞于两阶之间，而三苗服。⁽⁹⁾鹰翔川，鱼鳖沈，飞鸟扬，必远害也。

子之死父也，臣之死君也，世有行之者矣，非出死以要名也。⁽¹⁰⁾恩心之藏于中，而不能违其难矣。故人之甘甘，非正为蹠也，而蹠焉往。⁽¹¹⁾君子之惨怛，非正为伪形也，谕乎人心，非从外入，自中出者也。⁽¹²⁾

义尊乎君，仁亲乎父。故君之于臣也，能死生之，不能使为苟简易；⁽¹³⁾父之于子也，能发起之，不能使无忧寻。⁽¹⁴⁾故义胜君，仁胜父，则君尊而臣忠，父慈而子孝。

【注释】
〔1〕精：明洁之义。　神化：像神灵一样奇妙变化。　导：教导。

〔2〕消泽：马宗霍《淮南旧注参正》："澤"之为言"释"也。消释犹消亡也。消亡者无形之意。　昭诐：许慎注："照，道。诐，诚也。不可以教导戒人。"按：训义同前文。吴承仕《淮南旧注校理》：作"昭"作"照"者，皆当为诏。《尔雅·释诂》："诏，道也。"诏诐即教戒也。

〔3〕混冥：指人心中。　谕：知道，了解。

〔4〕情：指真实的感情。

〔5〕亢：通"沉"，池。意为，池中之龙，水浅泥多，龙处其中，为困境所迫。见《周易·乾卦》。

〔6〕谕：领略，晓悟。"谕焉"，《道藏》本、刘绩《补注》本、《四库全书》本作"谕笃"。《文子·精诚篇》作"而慈母之爱愈笃者，情也"。《吕览·具备》作"谕焉"。

〔7〕旷旷：广大的样子。

〔8〕身：体行。

〔9〕"于"：《道藏》本、刘绩《补注》本、《四库全书》本作"干"。当正。　阶：台阶。

〔10〕出死：舍身死寇难。　要名：求取名声。要，通"徼"。《广韵》"萧"韵："徼，求。"

〔11〕甘甘：即甘其所甘，也就是乐其所乐之意。　正：定。　蹢：愿望。

〔12〕惨怛：悲伤，痛苦。　伪：《道藏》本同。刘绩《补注》本无。

〔13〕苟：苟合。　"简"：《道藏》本、刘绩《补注》本、《四库全书》本同。王念孙《读书杂志》："简"字后人所加。高注云"君不能使臣为苟合易行之义"，则无"简"字明矣。　易：变易。

〔14〕发起：生长。　忧寻：即深忧。

【译文】

心灵的明洁，可以像神灵一样感化，却不能够教导人。眼睛的明洁，可以看到无形，但是不能够告诫人。在人心里头的东西，是不能够被人知道的。因此舜没有下坐席而天下治，桀没有下台阶而天下大乱，可见真挚感情是远远胜过大呼大叫的。自己没有正直之行，而去强求别人实行，从古至今还没有听说过。百姓赞同你的言论而被大众相信，信用在言语之前。百姓赞同你的命令而大众受到教化，真诚在命令之外。圣人居于统治地位，人民受到影响而变化，首先是圣人的真情在起作用。国君在上面行动而臣下不响应，是真情和命令不同的缘故。所以《易》中说:"处在水池中的龙有懊悔之心。"出生三个月的婴儿,不知道什么是利害,却能领略慈母之爱,是因为慈母动之以情。所以言语中能够被采用的,是非常少的一点;不需要说的话而被人采用的,确实是非常广泛啊!身行君子的教导,是讲究信用;符合君子的意图,是忠诚的表现。忠诚、信用在内心形成,受到它的感染,行动就在外面表现出来。所以禹手执干戚,在两边台阶上舞蹈,而三苗便归服了。就像苍鹰飞翔在大川之上,鱼鳖就要潜伏到深潭之中,飞鸟就要高翔远离一样,必定要远远地离开祸害。

儿子为父亲而死,臣下为国君而死,世间有人是这样实行的,不是牺牲自己取得忠孝的名声。恩爱之心深藏于胸中,而不能够避开他们的灾难。因此人们乐其所乐,不一定是为了自己的愿望,但是愿望会随着到来。君子的悲伤,不是要矫正虚伪行止的缘故,而是要让人们心目中明白,真情不能从外面进入,而是从自己内心产生的。

大义比国君更重要,仁爱比父亲更亲。因此国君对臣下,能够使他或死或活,但是不能使臣下做出苟合改变品行的举动。父亲对于儿子,能够使他成长,却不能够使儿子没有深忧。所以大义能胜过国君,仁爱能胜过父亲,那么就会做到国君被尊重而臣下尽忠,父亲慈爱而儿子尽孝。

　　圣人在上,化育如神。太上曰:"我其性与?"⑴ 其次曰:"微彼,其如此乎?"⑵ 故《诗》曰:"执辔如组。"⑶《易》曰:"含章可贞。"⑷ 动于近,成文于远。夫察所夜行,周公惭乎景,故君子慎其独也。⑸ 释近斯远,塞矣。⑹

【注释】
　　〔1〕太上:最上。指远古之时。"太上"句:许慎注:"太上,皇德之君也。我性自然也。"
　　〔2〕其次:指五帝之世。"其次"句:许慎注:"其次,五帝时也。其民如此,故我治之如彼。"

〔3〕组：用丝织的柔软宽带。舞者手拿缰绳，象征驾车。引文见《诗·邶风·简兮》、《郑风·大叔于田》。

〔4〕"含章"句：意为：武王克商，自以为可以成功。（采用高亨《周易大传今注》之说）。引文见《周易·坤卦》。

〔5〕"周公惭"句：《道藏》本、刘绩《补注》本同。王念孙《读书杂志》："惭"上当有"不"字，方与下意相属。《文子·精诚篇》作"圣人不惭于景"。　慎独：在独居时谨慎不苟。其说亦见《礼记·中庸》。

〔6〕斯：《道藏》本、刘绩《补注》本同。王念孙《读书杂志》："斯"当为"期"。《文子·精诚篇》作"期"。

【译文】

圣人处于统治地位，化育万物就像神灵驱使一样。最远古时代的圣人说："我治民大概是依照他们的天然之性吧？"其次是上古五帝时圣人说："不是这样的百姓，天下能像这样得到治理吗？"所以《诗》中说："执着缰绳赶马，合拍就像织组。"《易》中说："武王克商，自以为可以成功。"君子在近处的行动，可以在远处形成美好的影响。考察夜间行走的人，周公对自己的影子也不会感到惭愧，所以君子对他的独居是很慎重的。放弃对自身的修养，而期待有长远的影响，这是行不通的。

闻善易，以正身难。夫子见禾之三变也，滔滔然曰："狐乡丘而死，我其首禾乎？"〔1〕故君子见善，则痛其身焉。身苟正，怀远易矣。〔2〕故《诗》曰："弗躬弗亲，庶民弗信。"〔3〕

【注释】

〔1〕夫子：指孔子。　三变：许慎注："始于粟，粟生于苗，苗成于穗也。"　滔滔然：深沉的样子。　"狐乡丘"句：据说狐死时头向窟穴。乡：通"向"。　"我其"句：许慎注："禾穗垂而向根，君子不忘本也。"

〔2〕苟：假如。　怀：归附。

〔3〕躬：自身。《说文》："躬，身也。"引文见《诗·小雅·节南山》。

【译文】

　　听到好的言行容易，但用来端正自身很困难。孔夫子看到粟、苗、穗的变化，深沉地说："狐死的时候头向着窟穴的山丘，我大概也像垂着的禾穗一样，头向着根吧！"所以君子看到好的言行，就会痛悔自己还存在不好的东西。自身假如端正了，使远方的人归附就很容易了。所以《诗》中说："不是亲自去做，百姓不会相信。"

　　小人之从事也，曰苟得，君子曰苟义。⑴所求者同，所期者异乎？击舟水中，鱼沈而鸟扬，同（间）[闻]而殊事，其情一也。⑵僖负羁以壶飧表其间，赵宣孟以束脯免其躯。⑶礼不隆而德有馀。⑷仁心之感，恩接而憯怛生，故其入人深。⑸俱之叫呼也，在家老则为恩厚，在其债人，则生争斗。⑹故曰："兵莫憯于意志，莫邪为下；寇莫大于阴阳，（抱）[枹]鼓为小。"⑺

【注释】

　　〔1〕苟：《说文》："自急敕也。"《玉篇》："苟，急也。"朱骏声《说文通训定声》："苟，叚借为亟。"
　　〔2〕"间"：《道藏》本、刘绩《补注》本作"闻"。当是。
　　〔3〕僖负羁：春秋时曹大夫。晋文公流亡过曹时，曹君无礼，僖负羁送饭食慰问文公。后文公灭曹，令不入僖氏之间。事见《左传·僖公二十三年》等。《淮南子》中凡六见。　飧：同"飧"。《国语·晋语四》韦昭注："熟食曰飧。"　赵宣孟：即赵盾。春秋晋执政者。　束脯：一束干肉。赵盾在首山打猎，遇饿汉灵辄，送给饭食。晋灵公准备杀赵盾时，灵辄以死护卫。见《左传·宣公二年》。
　　〔4〕隆：多。
　　〔5〕憯怛：忧伤痛苦。《说文》："憯，痛也。""怛，憯也。"
　　〔6〕债：《道藏》本同，刘绩《补注》本改作"责"。责、债，古今字。
　　〔7〕憯：通"惨"。残酷。《说文》："惨，毒也。""抱"：《道藏》本同，刘绩《补注》本作"枹"。枹，鼓槌。以上数句，化自《庄子·庚桑楚》。

【译文】

小人的行事，是急切求得；君子的行事，是急切求义。所求的想法是一样的，所期望的目的不是不同的吗？在水中击舟，游鱼沉底，而水鸟高飞，它们听到的信号是一样的，但表现不同，而它们害怕的心情是一样的。春秋曹大夫僖负羁因赠送流亡的重耳一壶饭食，晋文公灭曹旌表僖氏之间；赵盾赠束脯给饿人灵辄，在晋灵公杀赵盾时，拼命护卫。虽然对二人施行的礼节不多，但是恩德却是有馀的。仁爱之心感化他人，恩德能够接受，而使人产生忧伤之情，这种深情刻骨铭心。同是大声喝叫，处在家中长老之位，那么则是对子孙有厚恩了；如果这样对待债人，那么就要产生争斗之事。因此说："在军事作战中，没有比违背意志伤害更大的了，而受到利剑莫邪的伤害反而是小的；在受到的侵扰中，没有比阴阳变化对人危害更大的了，而敌人击鼓进军带来的骚乱反而是小的。"

圣人为善，非以求名，而名从之。名不与利期，而利归之。故人之忧喜，非为蹠蹠焉往生也。[1] 故至至不容。[2] 故若眯而抚，若跌而据。[3] 圣人之为治，漠然不见贤焉，终而后知其可大也。[4] 若日之行，骐骥不能与之争远。今夫夜有求，与瞽师并，东方开，斯照矣。动而有益，则损随之。故《易》曰："剥之不可遂尽也，故受之以复。"[5]

【注释】

〔1〕"故人之"二句：许慎注："言非为冀幸往生利意也。"按：《道藏》本、刘绩《补注》本同。蹠蹠，有冀幸义。陶鸿庆《读淮南子札记》云：此文语不可晓。"蹠"疑"蹠"字之误。当云："故圣人之忧喜，非为蹠生也，蹠焉往。"谓圣人之忧喜，非为愿欲而生，而其愿欲自至也。

〔2〕"至至"：《道藏》本同。刘绩《补注》本作"至人"，《四库全书》本同。 "故至"句：许慎注："至道之人，不饰容也。"王念孙《读书杂志》："至至"即至道也。至至之人，即至道之人也。 容：容饰。

〔3〕眯：芥子进入目中。　抚：抚摸。　据：依靠。
〔4〕漠然：冷漠的样子。
〔5〕剥：剥落。　复：复生。引文参见《周易·序卦》："剥者，剥也。物不可以终尽，剥穷上反下，故受之以《复》。"(《十三经注疏》本）

【译文】

圣人推行善事，不是为了求得名声，但是名声会跟着来到。名声不和利益相期遇，但是利益却归附它。因此说人的忧愁欢喜，不是冀幸去感染他人，但感化作用往往自然产生。所以说至德之人，不需要加以容饰。就像眼睛吹入芥子，自然用手去抚摸；又像跌倒在地，要靠着起来一样。圣人治理国家，好像很淡漠地没有见到贤人一样，最后才知道圣人是能够包容广大的。就像太阳在运行，千里马是不能和它争夺远近一样。现在人们在夜里寻找东西，和盲人是相同的，等到东方放明，万物都被照见，（情形就大不相同了）。人的举动会带来利益，那么损害也会随之而来。因此《易》中说："剥落是不可能全部干净的，因此又用复生来承续它。"

积薄为厚，积卑为高，故君子日孳孳以成辉，小人日怏怏以至辱。〔1〕其消息也，离珠弗能见也。〔2〕文王闻善如不及，宿不善如不祥。〔3〕非为日不足也，其忧寻推之也。故《诗》曰："周虽旧邦，其命惟新。"〔4〕怀情抱质，天弗能杀，地弗能薶也。〔5〕声扬天地之间，配日月之光，甘乐之者也。苟乡善，虽过无怨；苟不乡善，虽忠来患。故怨人不如自怨，求诸人不如求诸己，得也。声自召也，貌自示也，名自命也，文自官也，无非己者。〔6〕操锐以刺，操刃以击，自召也貌，何自怨乎人？〔7〕故箨子文锦也，虽丑登庙；〔8〕子产练染也，美而不尊。〔9〕虚而能满，淡而有味，被褐怀玉者。〔10〕故两心不可以得一人，一心可以得百人。

【注释】

〔1〕孳孳：努力不懈的样子。通"孜孜"。《汉书·萧何传》颜师古注："孜孜，不怠也。" 快快：《道藏》本、《四库全书》本同。《荀子·荣辱》王先谦集解："快快，即肆意之义。"刘绩《补注》本作"怏怏"，知为误改。

〔2〕消息：消长。《周易·丰卦》："天地盈虚，与时消息。" 离珠：古代明目之人。《道藏》本同，刘绩《补注》本作"朱"。

〔3〕宿：止留。《说文》"止也。"

〔4〕旧邦：悠久的国家。 命：天命。引文见《诗·大雅·文王》。

〔5〕薶：同"埋"，埋葬。

〔6〕"文自官也"句：杨树达《淮南子证闻》：《中论·贵验篇》引子思语，彼文云："人自官也。"《文子·上德篇》亦作"人"。

〔7〕"自召也貌"四字：《道藏》本同。《四库全书》本无。《文子·上德篇》亦无四字，疑衍。

〔8〕"故筦子"几句：许慎注："筦仲相齐，明法度，审国刑，不能及圣，犹文锦，虽恶，宜以升庙也。"按：文锦，有彩色花纹的丝织品。丑，丑陋。

〔9〕"子产"几句：许慎注："子产相郑，先恩而后法，犹练染为衣，温厚而非宗庙服也。"按：子产，春秋郑大夫，曾为相。练染，指把生丝煮熟，使之柔软洁白，叫"练"。染，即染色。

〔10〕王：同"玉"。《广韵》"烛"韵："玉，《说文》本作王，隶加点以别王字。"《韩非子·内储说下》："共立……被王衣。"俞樾《诸子平议》："王当作玉。"

【译文】

积累薄的多了就会变厚，积累低的多了就会变高，因此君子一天天勤勉努力，而成就辉煌的业绩，小人一天天肆意放纵，而逐步酿成耻辱。这些消长变化，就是明目的离珠也不能够辨明。周文王听到好的行事，自己就像赶不上一样着急；看到身上存有不善的行为，就像遇到不祥一样。不是因为每天都做得不够，而是用自己的深忧来推断它的发展。因此《诗》中说："周朝虽然是历史悠久的国家，但它接受天命却是新的。"怀着真诚，抱着质朴，老天爷不能够残杀他，大地不能够埋葬他。名声传扬在天地之间，可以同太阳、月亮的光辉相匹配，这是非常甜美、快乐的事儿。假如心里想着善事,即使有过错也没人埋怨;假如不是向着善事,即使是忠诚也会招来祸患。因此埋怨别人不如埋怨自己,要求别人去做不如要求自己去做,这样就得到了根本。声响要由自己发出,容貌要由自己显示,名字要由自己命名,官位要由自己取得,没有不是靠自己的。(不是靠自己),就是拿着利剑来行刺,操着快刀来出击,(也不能办到),怎么能埋怨他人呢?因此管仲相齐,像彩色花纹的丝帛,即使有丑行,也可以升入宗庙;子产相郑,像练丝染色,即使温厚华美,但也得不到尊荣富贵。空虚的时候能够充满,平淡之中却有滋味,就像穿着粗衣而怀揣美玉一样。因此身怀二心,不能得到一个贤人;专心一意,可以得到百个贤人。

男子树兰,[芙][美]而不芳;⑴继子得食,肥而不泽,情不相与往来也。⑵生所假也,(无)[死]所归也。⑶故弘演直仁而立死,王子闾张掖而受刃,不以所托害所归也。⑷故世治则以义卫身,世乱则以身卫义。死之日,行之终也,故君子慎一用之。

【注释】

〔1〕"芙":《道藏》本、刘绩《补注》本作"美"。当正。

〔2〕泽:光泽。《说文》:"泽,光润也。"

〔3〕假:借。《精神训》"生寄也,死归也",与此义同。 "无":《道藏》本、刘绩《补注》本作"死"。当正。

〔4〕"故弘演"句:许慎注:"弘演,卫懿公臣。狄人攻卫,食懿公,其肝在,弘演剖腹以盛之也。"按:事见《吕览·忠廉》,亦载《韩诗外传》卷七。 "王子闾"句:许慎注:"楚白公欲立王子闾为王,不可。一刺之以兵,子闾不受。"按:王子闾,楚平王之子。白公胜得楚国,立王子闾,五次推辞。事见《左传·哀公十六年》。 掖:《说文》:"一曰臂下也。"俗亦作"腋"。

【译文】

男子汉种植兰草,即使很美丽,但是没有芳香;有后母的孩子,即使吃得很胖，但是脸上没有光泽，感情的鸿沟是不能相互沟通的。生存是借寓在世间，死了便是回归本宅。所以弘演面对正义而站着死去，王子闾张开胳膊而自愿挨刀，不因为寄托在人间而妨碍回归。因此社会得到治理之时就会用"义"护卫自身，世道混乱时那么就会用自身捍卫"义"。死了的时候，也是行事的终结，因此君子谨慎地使用它。

无勇者，非先慑也，难至而失其守也。贪婪者，非先欲也，见利而忘其害也。虞公见垂棘之璧，而不知虢祸之及己也。⁽¹⁾故至至之人，不可遏夺也。⁽²⁾

【注释】
〔1〕"虞公"二句：事见《左传·僖公三年》。虢，周初封国。在今山西平陆县。
〔2〕遏：阻止。

【译文】
没有勇力的人，不是首先害怕了，是祸患到来而失去它的持守。贪婪的人，不是首先产生嗜欲，而是见到利益忘掉了他面临的祸害。虞国国君贪求垂棘的美玉，而不知道虢国的灾祸已经来到了自己的面前。因此持守最高的道德的人，(心志已定)，不能用利益来阻挡而改变他的志趣。

人之欲荣也，以为己也，于彼何益？⁽¹⁾圣人之行义也，其忧寻出乎中也，于己何以利？故帝王者多矣，而三王独称；贫贱者多矣，而伯夷独举。⁽²⁾以（责）[贵]为圣乎？则圣者众矣。⁽³⁾以贱为仁乎？则贱者多矣。何圣、仁之寡也？独专之意。⁽⁴⁾乐哉忽乎！日滔滔以自新，忘老之及己也。⁽⁵⁾始乎叔季，归乎伯孟，必此积也。不身遁，斯亦不遁人。[6] 故若行独梁，不为无人，不兢其容。[7] 故使人信己者易，而蒙衣自信者难。[8] 情先动，动无不得，无不得则无菭，发菭而后快。[9] 故唐、虞之举错也，非以偕情也，快己而天下治。[10] 桀、纣非正（赋）[贼]之也，快己而百事废。[11] 喜憎议而治乱分矣。

【注释】

〔1〕荣：荣耀。

〔2〕伯夷：商末孤竹君长子，与弟叔齐互相让位。最后二人投周，反对武王伐纣。并见《史记·伯夷列传》。

〔3〕"责"：《道藏》本、刘绩《补注》本作"贵"。当正。"圣者众"：《道藏》本、刘绩《补注》本、《四库全书》本同。杨树达《淮南子证闻》："圣者众"，当作"贵者众"，此涉上"圣"字而误也。今误作"圣者众"，则与下句文例不一矣。

〔4〕独专：独特、专有。

〔5〕滔滔：水流的样子。　自新：自我更新。

〔6〕身遁：即自欺。《尔雅·释诂下》："身，我也。"《广雅·释诂二》："遁，欺也。"

〔7〕独梁：独木桥。　兢：恐慌。

〔8〕蒙衣：覆盖，包裹。

〔9〕菭：李哲明《淮南义训疏补》："菭"借作"菌"。《庄子·齐物论》注："菌，结也。"故此注训"菭"为"结"。有凝结不舒义。

〔10〕举错：擢用和废置。"偕"：顾广圻《校淮南子》："偕"疑当作"偝"。偝、背同字。

〔11〕正：《周礼·天官·宰夫》郑玄注："正，犹定也。" "赋"：《道藏》本、刘绩《补注》本作"贼"。当正。贼，有贼害、危害义。《说文》："贼，败也。"

【译文】

人们想要荣耀，认为是为了自己，那么对于他到底增加了什么？圣人推行大义，他们的忧思从自己的内心发出，那么对他到底有什么利益？因此古代帝王虽然很多，而只有三王才被人们称颂；贫贱的人是很多的，而只有伯夷被人称举。凭借富贵就能成为圣人吗？那么富贵的人是很多的。认为卑贱就是仁吗？那么卑贱的人也是很多的。为什么圣人、仁人这么少呢？是因为圣人、仁人具有独特的意志。快乐啊，迅速啊！每天不停地改过更新，甚至忘记年老已经来到了自己的面前。开始的时候很少，最后积累却很多，必定是这样积聚的。不欺骗自己，这样也不会欺骗别人。因此就像行走在独木桥上，不因为没有人看见，就不让自己恐慌的面容有所改变。所以使别人相信自己是容易的，而覆盖起来使自己相信是困难的。国君用情感引动万民，感动没有是不得人心的。没有不得人心，那么上下便没有闭结；拨开心中的闭结，而后人心大快。所以唐尧、虞舜的举止措施，不是用来背离情感的，它是使自己快乐而天下也得到治理。夏桀、商纣不是一定要来危害百姓，为了使自己快乐而百事废弃。国君对谏议的喜好与厌恶，而导致天下治理与混乱的分别。

圣人之行，无所合，无所离，譬若鼓无所与调，无所不比。[1] 丝筦金石，小大脩短有叙，异声而和。君臣上下，官职有差，殊事而调。夫织者日以进，耕者日以却，事相反，成功一也。[2] 申喜闻乞人之歌而悲，出而视之，其母也。[3] 艾陵之战也，夫差曰："夷声阳，句吴其庶乎？"[4] 同是声而取信焉异，有诸情也。故心哀而歌不乐，心乐而哭不哀。夫子曰："弦则是也，其声非也。"[5] 文者，所以接物也，（惟）[情]系于中，而欲发外者也。[6] 以文灭情，则失情；以情灭文，则失文。文情理通，则凤麟极矣，言至德之怀远也。输子阳谓其子曰："良工渐乎矩凿之中。"[7] 矩凿之中，固无物而不周。圣王以治民，造父以治马，医骆以治病，同材自取焉。[8]

【注释】

〔1〕比：并列。

〔2〕却：许慎注："谓耕者却行。"

〔3〕"申喜"几句：许慎注："申喜亡其母，母乞食于道。"按：申喜，周人，一说楚人。并见本书《说山训》、《吕览·精通》。

〔4〕艾陵：春秋齐地，在今山东莱芜东北。吴王夫差十二年（前484年），吴师败齐师于此。事载《国语·吴语》，亦见于《史记·春申君列传》。 夫差：春秋吴君，前496年至前473年在位。曾破越败齐，与晋合盟，后被越人打败而自杀。 夷：指吴国。《说文》："夷，东方之人也。" 阳：吉祥。 句吴：《史记·吴太伯世家》自称"句吴"。《汉书·地理志》"号曰句吴"。颜师古注："句，夷俗语之发声也。" 庶：差不多。

〔5〕夫子：指孔子。一说指子思。"夫子曰"二句：许慎注："闵子骞三年之丧毕，援琴而弹，其经〔弦〕是也，其声切切而哀。"王念孙《读书杂志》引之曰"疑闵子骞三年之丧毕，援琴而弹"十二字，本是正文，在"夫子曰"上，而写者误入正文也。 "弦则"二句：杨树达《淮南子证闻》云：《北堂书钞》百六引《子思子》云："其弦则是，其声则非也。"

〔6〕文：指音声。 "惟"：《道藏》本、刘绩《补注》本作"情"。情，指情思、感情。

〔7〕输子阳：人名。 渐：习染。 矩：画直角或方形工具。 凿：木工挖槽或打孔的工具。

〔8〕医骆：越医。 自：从。 "矩凿"以下数句：许慎注："矩凿之中，各取法度，或以治民，或以治马，或以治病，同材而各往从取治法之也。"

【译文】

圣人的行止，没有什么趋合，也没有什么偏离，就像鼓声没有什么乐器能和它合调，也没有什么乐器不能和它并列。管弦、金钟、石磬，大小、长短排列有次，发出不同的声音而又十分和谐。君臣上下之间，官职有差别等级，从事不同的工作而相当协调。从事织帛的人要一天天向前，踩着耒耕田的人要一天天退却，各自行进的方向相反，获得成功是一致的。申喜听到乞讨的人唱歌，心中十分悲伤，出去看她，原来竟是失散的妈妈。艾陵吴、齐之战的时候，吴王夫差说："吴国歌声吉祥，恐怕会得胜吧！"同样是听到歌声，而取得的音讯是不同的，各人有他自己的情感成分。所以心里悲哀而听到歌声也不欢乐,心里高兴而听到哭声也不悲哀。(闵子骞三年之丧结束,拿起琴来弹奏)。孔子说:"他的弹奏方法是相同的,他的声调却不一样。"音声是用来交接外物的,情感维系在其中,而要在外部显露出来。用音声来湮灭情感,那么就会失去真情;用情感湮灭音声,那么就会失去音声。音声、情感条达通畅,那么就是凤凰、麒麟也会来临,说的是最高的德行可以使远方的人归附。输子阳对他的儿子说:"高明工匠技艺的逐渐提高是在矩尺和凿子之中。"在矩尺和凿子之下,确实是没有物体不能够周合的。圣明的君主用这个道理治理百姓,造父用它来驾驭车马,医骆用它来治病,在同一个矩凿之中,各自取用自己所需要的法度。

上意而民载,诚中者也。未言而信,弗召而至,或先之也。伋于不己知者,不自知也。(1) 矜怛生于不足,华诬生于矜。(2) 诚中之人,乐而不伋,如鸮好声,熊之好经,夫有谁为矜?(3)

【注释】

〔1〕伋:急切。

〔2〕矜:《道藏》本、《四库全书》本、刘绩《补注》本作"矜"。本字当作"矜"。此文不误。考见《原道训》"恬愉无矜"条。彼文高诱注:"不自大也。"《吕览·士容》高诱注:"矜,大也。""怛":《道藏》本、刘绩《补注》本同。王念孙《读书杂志》:《说文》:"怛,骄也。"字从且,不从旦。按:矜怛,即自傲义。 华诬:华美不实。 矜:许注:"贪功也。"

〔3〕诚中:指志诚发于中。 伋:通"伋"。《集韵》"缉"部:"伋伋,虚诈皃。" 鸮:一种类似猫头鹰的鸟。 经:许慎注:"动,导引。"引申有悬挂义。《精神训》:"熊经鸟伸。"

【译文】

国君有志向而没有说话,百姓却能掌握而实行它,这种志诚是从心中发出的。没有说话而得到信任,没有召见而能自己来到,或许事先就已经感动了他。对于别人不了解自己而非常急切的人，不知道这正是缺乏自知之明。骄傲的行为产生于知识不足，华美不实的言词产生于贪功。志诚从内心发出的人，自寻快乐而不虚伪做作，就像鸮鸟自己爱好鸣叫，熊爱好攀援，（各自任性），有谁是自傲的呢？

春女思，秋士悲，而知物化矣。⁽¹⁾号而哭，叽而哀，知声动矣。⁽²⁾容貌颜色，理诎䛊倨佝，知情伪矣。⁽³⁾故圣人栗栗乎其内，而至乎至极矣。⁽⁴⁾功名遂成，天也；⁽⁵⁾循理受顺，人也。太公望、周公旦，天非为武王造之也；崇侯、恶来，天非为纣生之也。⁽⁶⁾有其世，有其人也。

【注释】
〔1〕"春女"三句：许慎注："春女感阳则思，秋士见阴而悲。"按：春女，怀春之女。
〔2〕叽：《集韵》："微"部："唏也。"《说文》："唏，一曰哀痛不泣曰唏。"即悲哀义。
〔3〕"理诎䛊倨佝"句：《道藏》本作"理诎俋倨佝"。刘绩《补注》本作"理诎俋倨佝"，有注云："后有'倨句诎伸'。疑此作'诎伸倨句'，衍'理'字。"按：《别雅》卷一："诎信，屈伸也。"倨佝，曲直义。则"䛊"、"俋"皆为"伸"字之误。 伪：《广雅·释诂三》："为也。"伪，通"为"。
〔4〕栗栗乎：恐惧的样子。栗，通"慄"。 至极：最高的境界。
〔5〕遂：成就。
〔6〕崇侯：纣时诸侯。 恶来：纣臣。

【译文】
怀春少女思念亲人，金秋时节士子心中悲伤，从而感知万物的自然变化。大声哭号，伤感而悲哀，从声调中可以知道感情的变化。容貌喜怒的神色，形体屈伸曲直的动作，可以知道情感的不同变化。因此圣人内心经常恐惧担心，从而达到他治政的最高境界。功业名声得到成功，这是天时的作用；遵循天理，顺应人情，这是人为的作用。太公望、周公旦，不是上天替周武王创造的；崇侯、恶来，也不是上天替商纣王产生的。有那样的社会，就会出现那样的人。

教本乎君子，小人被其泽；利本乎小人，君子享其功。昔东户季子之世，道路不拾遗，耒耜馀粮，宿诸畮首，使君子小人各得其宜也。⁽¹⁾故一人有庆，兆民赖之。⁽²⁾

【注释】
〔1〕东户季子：古代国君。 畮：《说文》："六尺为步，步百为畮。"古"亩"字。
〔2〕"一人"二句：见于《尚书·吕刑》。

【译文】
施行教化的根本在于君子，小人蒙受他的恩泽；追求财货的根本在于小人，君子也能享受他的利益。从前东户季子之世，道路上没有人拾取遗失的东西，农具和馀粮，放置在田头，让君子和小人各自得到相宜的利益。因此说，一个人干了好事，万民都会得到幸福。

凡高者贵其左，故下之于上曰"左之"，臣辞也；⁽¹⁾下者贵其右，故上之于下曰"右之"，君让也。⁽²⁾故上左迁，则失其所尊矣；⁽³⁾臣右还，则失其所贵矣。⁽⁴⁾

【注释】
〔1〕"凡高者"句：许慎注："天道左旋。"按：古者常以东为左，席位以左为尊。又《礼记·乡射礼》"左玄酒"，郑玄注："设尊者北面，西曰左，尚之也。" 左之：即辅佐君。左，通"佐"。

〔2〕右之：即佑助臣。《说文》："右，助也。" 君让：许慎注："君谦让，佑助臣。"

〔3〕左迁：由左变动。即离开君位。

〔4〕右还：许慎注："右，臣词也。而臣以再还，故失其贵矣。"按：即从右位离开。

【译文】

大凡居高位的天子，以左边为贵，因此臣下对国君称"佐君"，这是臣下的用词；地位低的臣下以右边为贵，因此国君对臣下称"佑臣"，这是国君的谦让之词。因此国君离开左位，那么就会失去他的尊贵了；臣下离开右位，那么也就失掉他的尊贵了。

小快害道，斯颜害仪。⁽¹⁾子产腾辞，狱系而无邪。⁽²⁾失诸情者，则塞于辞矣。

【注释】

〔1〕小快：小的痛快。 "斯颜"：《道藏》本、刘绩《补注》本作"斯頞"。《四库全书》本作"斯须"。《说文》："頞，待也。"段玉裁注："今字多作需、须，而頞废矣。"知"颜"字形误。斯頞，即须臾片刻之义。 仪：指礼仪。

〔2〕"子产腾辞"句：许慎注："腾，传也。子产作刑书，人有传词诘之。"按：子产，春秋郑国著名政治家，曾为相。《左传·昭公六年》"三月，郑人铸刑书。叔向使诒子产书"，诘难此事。《说文》："腾，传也。"与此注正同。腾辞，指传递文辞。 狱：案件。 "系"：《道藏》本、《四库全书》本同。许慎注："烦，多也。"刘绩《补注》本作"繁"，注"繁，多也。"《释名·释言语》："烦，繁也。"《广雅·释诂三》："繁，多也。"烦、繁皆是。而《说文》无"繁"字。"系"当为"繁"字之讹。

【译文】

小的痛快会损害大道，片刻的小利会伤害大义。子产造刑书，有人传辞责问，案件增多但是禁止了奸邪。治政如果失去了情理，那么就会被世人的怨辞所堵塞。

成国之道，工无伪事，农无遗力，（土）[士]无隐行，官无失法。⁽¹⁾譬若设网者，引其（网）[纲]而万目开矣。⁽²⁾舜、禹不再受命，尧、舜传大焉，先形乎小也。⁽³⁾刑于寡妻，至于兄弟，禅于家国，而天下从风。⁽⁴⁾故（戒）[戎]兵以大知小，人以小知大。⁽⁵⁾

【注释】
〔1〕"土"：《道藏》本、刘绩《补注》本作"士"。当正。　隐行：隐蔽的行为。
〔2〕"网"：《道藏》本、刘绩《补注》本作"纲"。当正。
〔3〕不再受命：说尧传位于舜，舜传于禹，不再受"天命"。　传：禅让。
〔4〕刑：《诗·大雅·思齐》毛亨传："法也。"通"型"。《说文》："型，铸器之法也。"即仪法、示范义。　寡妻：国君对正妻的谦称。　禅：传。
〔5〕"戒"：《道藏》本、刘绩《补注》本作"戎"。当正。

【译文】
实现治国的措施，使工匠没有巧诈的事情，农民没有废弃的力量，士人没有隐蔽的行为，官吏没有犯法的过错。比如就像撒网的人，牵引纲绳而万个网眼一起都张开了。舜、禹（受命于人），不会再次受命于天，尧、舜禅让帝位是重大的举动，首先表现在微小方面，（而后才知尧能成就大业）。先对自己的嫡妻做出示范，而后推行到自己的兄弟，再传给诸侯和大夫，而天下人民就像随风一样跟随。因此战争（以大义伐不义），凭借大的可以知道小的。（从天下人民风俗来看），人可以从小的知道大的方面。

君子之道，近而不可以至，卑而不可以登，无载焉而不胜，大而章，远而隆。⁽¹⁾知此之道，不可求于人，斯得诸己也。释己而求诸人，去之远矣。君子者，乐有馀而名不足，小人乐不足而名有馀。观于有馀不足之相去，昭然远矣。含而弗吐，在情而不萌者，未之闻也。⁽²⁾

君子思义而不虑利，小人贪利而不顾义。子曰："钧之哭也。"⁽³⁾ 曰："子予奈何兮乘我何？"⁽⁴⁾ 其哀则同，其所以哀则异。故哀乐之袭人（清）［情］也深矣。⁽⁵⁾ 凿地漂池，非止以劳苦民也，各从其蹠而乱生焉，其载情一也，施人则异矣。⁽⁶⁾ 故唐、虞日孳孳以致于王，桀、纣日快快以致于死，不知后世之讥己也。⁽⁷⁾

【注释】

〔1〕载：主宰。 大：《道藏》本、刘绩《补注》本同。王念孙《读书杂志》："大"当为"久"，字之误也。《文选·〈答宾戏〉》李善注引此文云："久而章。" 章：显明。 隆：高起。

〔2〕"在"：郑良树《淮南子斠理》云：疑当作"有"。谓中心有其情而不萌见者，未之闻也。若作"在情"，则不可通矣。 萌：萌发，萌动。

〔3〕子：许慎注："孔子。"按：杨树达《淮南子证闻》：《淮南书》称"子曰"者，他篇绝未见。盖此篇多本自《子思子》。《子思子》书多称"子曰"。 钧：通"均"，同等。

〔4〕子予：疑为人名。《史记·仲尼弟子列传》载："宰予字子我。利口辩辞。""子曰：'予之不仁也！'"疑指宰予。 乘：有欺凌义。《吕览·贵直》高诱注："乘，陵也。"

〔5〕袭：符合，反映。 清：《道藏》本、刘绩《补注》本作"情"。

〔6〕"漂"：《道藏》本、刘绩《补注》本同。"凿地"句，许慎注："人或有凿穿，成［或］有填也。言用心异也。"王念孙《读书杂志》：如高注，则"漂池"当作"湮池"。湮训为塞，故注言填池。 止：《道藏》本、刘绩《补注》本同。王念孙《读书杂志》："止"疑当作"正"。按：刘淇《助字辨略》卷三："止，与只同，语已辞也。"亦通。 蹠：愿。

〔7〕讥：《说文》："诽也。"讥讽。

【译文】

君子的治国之道，看似靠近却不能够达到，看似低下却不能够登临，像无人主宰而又无所不胜，广大而显明，久远而又崇高。懂得了这样的治世之道，是不能够向别人寻求，还得从自己身上得到。放弃自己而向别人寻求，离开治道就很远了。君子的快乐是有馀的，但是名声是不足的；小人的快乐不足，但是名声是有馀的。对于有馀、不足之间相互距离的观察，可以清楚地看出，他们是很遥远的。含怀内心而不向外吐露，心中有情而不萌发出来，还没有听说过。君子思考的是大义而不考虑小利，小人贪图的是小利而不顾大义。孔子说："他们的哭声是相同的。"其中一个说："子予怎么欺压我们呀！"他们的悲哀是相同的，但他们悲哀的原因是不同的。因此悲哀、快乐反映人的思想感情是很深刻的。有的要掘地，有的要填池，不是正好用来使万民劳苦的，（他们的用心是不一样的），各自都是从他们的愿望出发，而混乱就产生了。他们表达自己的感情是一致的，但是施予他人就会有善恶的不同。因此唐尧、虞舜一天天勤勉努力而成就了帝王之业，而夏桀、商纣每天放纵情欲，最后招致灭亡，不知道后代人讥讽自己。

凡人情说其所苦即乐，失其所乐则哀；[1]故知生之乐，必知死之哀。

【注释】
〔1〕说：杨树达《淮南子证闻》："说"假为"挩"。《说文》："挩，解挩也。"

【译文】
大凡人的性情，脱离了他的痛苦的事，就是快乐；失去他的快乐的事，那么就是悲哀；因此知道人生的快乐，必定知道死去的悲哀。

有义者不可欺以利，有勇者不可劫以惧，如饥渴者不可欺以虚器也。人多欲亏义，多忧害智，多惧害勇。[1]

【注释】
〔1〕"人多欲"句：许慎注："欲则贪，贪损义。""多忧"句：许慎注："贪忧闭塞，故害智也。"

【译文】

有义行的人,不能够用利欲来欺骗他;有勇力的人,不能够用使他恐惧的办法来胁迫;就如同饥渴的人,不能够用空壶来欺哄他。人多贪欲就会有亏大义,多忧虑就会妨碍智力,多恐惧就会妨害勇力。

嫚生乎小人,蛮夷皆能之;⑴ 善生乎君子,诱然与日月争光,天下弗能遏夺。⑵ 故治国乐其所以存,亡国亦乐其所以亡也。

【注释】

〔1〕嫚:有轻慢、侮辱等义。《说文》:"嫚,侮易也。"
〔2〕诱然:称颂赞美的样子。

【译文】

轻慢从小人之身产生,蛮夷之民都能具有这种品行;美好的言行从君子身上产生,光彩可以和日月争光,天下的任何人都不能遏止和强夺。因此治国的人,以维系国家所以存在的公义为快乐;亡国的人,也把促使国家灭亡的私利作为快乐。

金锡不消释则不流刑,上忧寻不诚则不法民。⑴ 忧寻不在民,则是绝民之系也。⑵ 君反本而民系固矣。

【注释】

〔1〕消释:融化。消,通"销"。《说文》:"销,铄金也。" 流刑:流入模型。刑,通"型"。
〔2〕系:维系。

【译文】

金锡不熔化,那么就不会流入模型;国君不是真心忧虑百姓,那么百姓就不会守法。如果忧虑不在于百姓,那么这样就是断绝了与百姓的联系。国君如果返回根本，而与百姓的联系就牢固了。

至德，小节备，大节举。齐桓举而不密，晋文密而不举。⁽¹⁾晋文得之乎闺内，失之乎境外；⁽²⁾齐桓失之乎闺内，而得之本朝。⁽³⁾

【注释】
〔1〕齐桓公：春秋齐君，前685—前643年在位。春秋第一个诸侯霸主。 举：全备。《正字通》："举，皆也。" 晋文：春秋晋君，前636—前628年在位。流亡十九年，回国执政。春秋五霸之一。
〔2〕"晋文"二句：许慎注："闺内脩而境外乱也。"按：《史记·晋世家》："文公修政，施惠百姓。""君行三赏"，"晋人闻之，皆说"。闺内，指宫廷内部。晋文公刚死，便与秦国发生殽之战，大败秦师。此后，秦伐晋，晋败。晋国从此衰落。
〔3〕"齐桓"二句：许慎注："闺内乱而朝廷治也。"按：《史记·齐太公世家》：桓公"九合诸侯，一匡天下"。"桓公好内"，"桓公十有馀子"，"五公子皆求立"。"桓公尸在床上六十七日，尸虫出于户"。皆与《淮南子》说同。

【译文】
具有最高德行的人，小的节行是完备的，大的节行也会全备。齐桓公大节完备而小节疏漏，晋文公大节疏漏而小节全备。晋文公在宫内获得成功，在境外失败；齐桓公在宫内失败，而在朝廷上却得到了成功。

水下流而广大，君下臣而聪明。君不与臣争功，而治道通矣。筦夷吾、百里奚，经而成之；⁽¹⁾齐桓、秦穆，受而听之。⁽²⁾

【注释】
〔1〕百里奚：春秋秦大夫，曾助秦穆公建立霸业。 经：治理。

〔2〕秦穆：春秋秦君，前659年—前621年在位。任用"五羖大夫"百里奚等，使秦国成为春秋五霸之一。

【译文】
水向下流，才能汇成广阔的大海；国君向臣下听取意见，才能耳聪目明。国君不和臣下争功，而治乱之道就畅通了。齐相管仲、秦相百里奚，治理国家获得了成功；齐桓公、秦穆公，接受并听取了二位臣子的意见。

照惑者，以东为西，惑也，见日而寤矣。〔1〕

【注释】
〔1〕照：朱骏声《说文通训定声》："叚借为诏。"《说文》："诏，告也。" 寤：杨树达《淮南子证闻》："寤"假为"悟"。《说文》："悟，觉也。"

【译文】
告诉方向错误的人，把东作为西，是糊涂了，看到太阳就省悟了。

卫武侯谓其臣曰："小子无谓我老而羸我，有过必谒之。"〔1〕是武侯如弗羸之，必得羸，故老而弗舍，通乎存亡之论者也。〔2〕

【注释】
〔1〕卫武侯：春秋卫君，前812—前748年在位。时年95岁。 小子：长辈、老师对后辈或学生的称呼。 羸：许慎注："劣。"按：有疲弱、衰老之义。《说文》："羸，瘦也。" 谒：陈述，告诉。《说文》："谒，白也。"
〔2〕"如"：陶鸿庆《读淮南子札记》："如"当为"知"，字之误也。

【译文】
春秋晚期卫武公对他的臣下说："你们不要认为我年高，而以为我衰老不堪了，有过错一定给我指出来。"这说明卫武公知道即使不说自己衰老，别人也一定认为他衰老了，因此虽然年老而不停止修身，可以说是通达存亡的变化道理了。

人无能作也，有能为也；⁽¹⁾有能为也，而无能成也。人之为，天成之。终身为善，非天不行；终身为不善，非天不亡。故善否，我也；⁽²⁾祸福，非我也。故君子顺其在己者而已矣。⁽³⁾

【注释】
〔1〕作：杨树达《淮南子证闻》："作"谓创造，故与"为"异。
〔2〕善否：善恶。
〔3〕顺：通"慎"。即谨慎义。

【译文】
人不能够创造出什么，要有能力去做事；有能力去做事，而不能必然成功。人的作为，是由上天促成它的成功。终身推行善事，没有天助不能实行；一生不干好事，不是天时不能使它灭亡。因此推行善恶在于自己，而得到祸福不取决于我。因此君子在对待自己方面要谨慎罢了。

性者，所受于天也；⁽¹⁾命者，所遭于时也。⁽²⁾有其材不遇其世，天也。太公何力？⁽³⁾比干何罪？⁽⁴⁾循性而行指，或害或利，求之有道，得之在命。⁽⁵⁾故君子能为善，而不能必其得福。⁽⁶⁾不忍为非，而未能必免其祸。

【注释】
〔1〕性：指人性，亦有天性、本性等义。《孟子·告子上》："生之谓性也。"《庄子·庚桑楚》："性者，生之质也。"

〔2〕命：指命运、天命。《周易·乾卦·象传》："各正性命。"孔颖达疏："命者，人所禀受，若贵贱夭寿之属是也。"《鹖冠子·环流》："命者，自然者也。" 时：时机，时运。

〔3〕太公：周初吕尚的称号。《史记》有《齐太公世家》。姜姓，吕氏，名望，字尚父，一说字子牙。佐武王灭商，齐国始祖。

〔4〕比干：商纣王叔父，官少师。因劝谏纣王，被剖心而死。

〔5〕"指"：《道藏》本同，刘绩《补注》本作"止"。王念孙《读书杂志》：循性而行指，谓率其性而行其志也。《吕览·行论篇》高注曰："指，犹志也。"

〔6〕"必其得福"：《道藏》本、刘绩《补注》本、《四库全书》本同。王念孙《读书杂志》：当依《文子·符言篇》作"必得其福"。

【译文】

人的本性是上天授予的，人的命运跟时机有关。有那样的才能而不遇到相应的时代，是天时决定的。姜太公有什么能力？比干有什么罪过？都是顺着天性而表达志向罢了，有的招致患害，有的得到利益，寻求它们有一定的规律，得到它们就在于命运了。因此君子虽能推行善事，而不一定能得到福气。不忍心去干坏事，而未必一定能免除灾祸。

君，根本也；臣，枝叶也。根本不美，枝叶茂者，未之闻也。〔1〕

【注释】

〔1〕"君，根本"以下数句：于大成《缪称校释》：《意林》引《子思子》云："君，本也。臣，枝叶也。本美而叶茂，木枯则叶凋。"

【译文】

国君，是国家的根本；臣下，则是国家的枝叶。根本不壮美，而枝叶却茂盛的，还没有听说过。

有道之世，以人与国；〔1〕无道之世，以国与人。〔2〕

尧王天下而忧不解，授舜而忧释。忧而守之，而乐与贤，终不私其利矣。

【注释】
〔1〕"以人与国"句：许慎注："若尧以天下与舜也。"
〔2〕"以国与人"句：庄逵吉《淮南子校刊》云：《太平御览》此下有注云："以贤人而与之国，尧、舜是也。以国与人，桀、纣与汤、武是也。"

【译文】
有道的社会，把人献给国家；无道的社会，把国家给予个人。尧统治天下的时候，忧愁没有摆脱，把天子之位传给舜而忧虑彻底解脱了。有忧愁而能守持国家，而又能乐意地将国家给予贤人，终究不把天下作为自己的私有财产。

凡万物有所施之，无小不可为；无所用之，碧瑜粪土也。〔1〕人之情，于害之中争取小焉，于利之中争取大焉。故同味而嗜厚膊者，必其甘之者也。〔2〕同师而超群者，必其乐之者也。弗甘弗乐，而能为表者，未之闻也。〔3〕

【注释】
〔1〕碧：青色玉石。　瑜：美玉。
〔2〕"厚膊"：许慎注："厚切肉也。"按：《道藏》本、刘绩《补注》本、《四库全书》本同。王念孙《读书杂志》："膊"当为"膞"，字之误也。《说文》："膞，切肉也。"
〔3〕表：即圭表。许慎注："表，立见也。"即立表见影义。

【译文】
大凡万物有所施用的地方，就是细小之处也能使用它；没有什么施用的地方，即使是碧瑜也像粪土一样。在人的情感中，在祸害之中要争取少一些；在利益之中要争取大一些。因此在味道相同的食物中贪吃肥厚大肉，必定是它的味道特别鲜美的缘故。同样的师传而超群的学生，必然是乐行其道的人。不是特别甘美，不是特别喜欢，而能够立表见影的，从来就没有听说过。

　　君子时则进，得之以义，何幸之有！不时则退，让之以义，何不幸之有！故伯夷饿死首山之下，犹不自悔，弃其所贱，得其所贵也。⑴

【注释】

　　〔1〕"故伯夷"句：许慎注："伯夷，孤竹君之子，让国与弟，不食周粟，故饿也。"按：首山，即首阳山。在今山西永济市南。参见《左传·宣公二年》。"饿死"事亦载《史记·伯夷列传》。

【译文】

　　君子靠着时机就能取得进步，依靠大义就能取得成功，又有什么幸运的呢！君子没有合适的机遇就隐退，用大义来进行辞让，又有什么不幸的呢！因此伯夷饿死在首阳山，自己还是不后悔，抛弃了他所认为卑贱的东西，而得到了他认为高贵的大义。

　　福之萌也绵绵，祸之生也分分。⑴福祸之始萌微，故民嫚之，唯圣人见其始而知其终。故《传》曰："鲁酒薄而邯郸围，羊羹不斟而宋国危。"⑵

【注释】

　　〔1〕绵绵：细微的样子。　分分：通"纷纷"，杂乱义。
　　〔2〕《传》：即《庄子·胠箧》。　"鲁酒薄"句：许慎注："鲁与赵俱朝楚，献酒于楚，鲁酒薄而赵酒厚，楚之主酒吏求酒于赵，不与，楚吏怒，以赵所献酒于楚王，易鲁薄酒，楚王以为赵酒薄而围邯郸。一曰：赵、鲁献酒于周也。事见《庄子》。"　"羊羹"句：许慎注："宋将华元与郑战，杀

羊食士，不及其御。及战，御驰马入郑军，华元以获也。"按：并见《左传·宣公二年》、《吕览·察微》。 斟：酙，倒。《左传》中为人名羊斟。

【译文】
　　福气产生的时候是极其微小的，祸害产生的时候是很杂乱的。福气、灾祸开始的时候是那么细微，因此老百姓轻视它，只有圣人能够见到它的开始，而知道它的终结。所以《传》中记载说："鲁国的酒味淡，而引起楚宣王包围赵都邯郸；因为羊肉汤不曾给御者一点品尝，却使宋军主帅华元被俘。"

　　明主之赏罚，非以为己也，以为国也。通于己而无功于国者，不施赏焉。[1]逆于己便于国者，不加罚焉。故楚庄谓共雍曰："有德者受吾爵禄，有功者受吾田宅，是二者女无一焉，吾无以与女。可谓不逾于理乎？"[2]其谢之也，犹未之莫与。[3]

　　周政至，殷政善，夏政行。[4]行政善，善未必至也。[5]至至之人，不慕乎行，不惭乎善。[6]含德履道，而上下相乐也，不知其所由然。

【注释】
　　〔1〕"通"：《道藏》本、《四库全书》本同。刘绩《补注》本作"适"。当是。
　　〔2〕楚庄：春秋楚君，前613—前591年在位。在布衣孙叔敖辅佐下，成就春秋霸业。　共雍：楚臣。
　　〔3〕谢：有遣回义。　莫：许慎注："勉之也。"按：杨树达《淮南子证闻》云："莫"训"勉"，乃读"莫"为"慔"。《说文》："慔，勉也。"
　　〔4〕"周政至"句：许慎注："至于道也。"　"殷政善"句：许慎注："善施教，未至于道也。"　"夏政行"句：许慎注："行尚粗也。"
　　〔5〕"行政善，善未必至也"二句：《道藏》本、刘绩《补注》本同。王念孙《读书杂志》曰：当作"行政未必善，善政未必至也"。上脱"未

必"二字,下脱"政"字,则文义不明。

〔6〕至至之人:即至德之人。

【译文】

英明的国君施行赏罚,不是用它为了自己,而是为了国家利益。迎合于自己,但是对国家没有功劳的人,也不施加赏赐。背离自己,但是对于治国有利的人,也不施加惩罚。所以楚庄王对共雍说:"有德行的人,我赏赐给他爵禄;有功劳的人,我给予他田宅,这两方面你一样也不具备,我没有什么赏赐给你。可以说没有超过常理吧?"楚庄王婉辞了共雍,还未尝不是勉励他。

周朝的政治达到了至道的标准,殷朝的政治善于施教,夏朝的政治比较粗疏。粗疏的政治未必达到施教的目的,善施教化未必达到至德之道。达到至德之道的人,对于粗疏的政治不羡慕,对于善施教化也不惭愧。含怀德行,履行道义,而上下便可以得到欢悦了,而且还不知道欢悦的原因。

有国者多矣,而齐桓、晋文独名;泰山之上有七十坛焉,而三王独道。⑴君不求诸臣,臣不假之君,俈近弥远,而后世称其大;不越邻而成章,而莫能至焉。⑵故孝己之礼可为也,而莫能夺之名也,必不得其所怀也。⑶义载乎宜之谓君子,宜遗乎义之谓小人。通智得〔劳〕而不劳,其次劳而不病,其下病而不劳。⑷古人味而弗贪也,今人贪而弗味。歌之俈其音也,音之不足于其美者也,金石丝竹,助而奏之,犹未足以至于极也。⑸人能尊道行义,喜怒取予,欲如草之从风。

【注释】

〔1〕"七十":依注文当为七十二。 坛:在山上用土筑高台,用以祭祀和盟誓等。 三王:《楚辞·大招》王逸注指"禹、汤、文王"。

〔2〕邻：邻里。　章：显明。

〔3〕孝己：许慎注："殷王高宗之子也，盖放逐而不失礼。"按：亦见《齐俗训》。

〔4〕"劳而不劳"：《道藏》本同。刘绩《补注》本、《文子·微明篇》无上"劳"字。当衍。　"病而不劳"：陶鸿庆《读淮南子札记》"病而不劳"，义不可通。当从《文子·微明篇》作"病而益劳"。　病：《广韵》"映"韵："忧也。"即忧虑、忧愁义。

〔5〕"歌之脩"句：许慎注："此言乐所以移风易俗，歌长其音。"

【译文】

据有国的诸侯是很多的，而只有齐桓公、晋文公名闻天下；在泰山之上立坛祭祀的有七十二君，而只有三王为人称道。国君不向臣下索求，臣下也不假借国君之威，这样境内得到修治，而德泽可以影响到很远的地方，后世将会称颂他的广大；不需越过邻里之地而成就显著，没有谁能达到这样的境界。因此像孝己那样的礼节是能够做到的，而没有人能够同他争夺名誉，必定是不具备他那样的胸怀。把大义充满在适宜的事理之中的称为君子，做事只管适合自己而忘掉大义的称作小人。通达大道的人获得而不辛劳，下一等的人是辛劳而不忧虑，再下一等的人忧愁而更加辛劳。古代的人是知其滋味而不贪食，今天的人是贪食而不知它的味道。歌咏拉长声音，用歌声不能够足以达到美化的作用，加上金钟、石磬、弦管等乐器，配合起来演奏它们，还不能够达到很高的治化程度。人们能够做到尊重大道，推行大义，（如果这样），百姓的喜怒、取予，就像草之从风一样。

召公以桑蚕耕种之时，弛狱出拘，使百姓皆得反业脩职；⁽¹⁾文王辞千里之地，而请去炮烙之刑。⁽²⁾故圣人之举事也，进退不失时，若夏就绨（绤）[綌]，上车授绥之谓也。⁽³⁾老子学商容，见舌而知守柔矣。⁽⁴⁾列子学壶子，观景柱而知持后矣。⁽⁵⁾故圣人不为物先，而常制之其类。若积薪樵，后者在上。

【注释】

〔1〕召公：姬姓，名奭。又作邵公、召康公。因采邑在召（今陕西岐山西南）而称召公。周代燕国始祖。《史记》有《燕召公世家》。 弛：放松。

〔2〕"文王"二句：许慎注："纣拘文王，文王献宝于纣，纣赏以千里之地，文王不受，愿去炮烙之刑。"按：事见《吕览·顺民》、《韩非子·难二》。

〔3〕"纮"：《道藏》本同。刘绩《补注》本作"绤"。当是。 绨：《说文》："细葛也。"即细葛布。绤，《说文》："粗葛也。"即粗葛布。 緌：《道藏》本同。《说文》："緌，系冠缨也。"刘绩《补注》本作"绥"。绥，《说文》："车中把也。"即登车时用以拉手的绳索。《尔雅·释诂上》郝懿行义疏："緌，又通作绥。"

〔4〕商容：老子之师。《说苑·敬慎》作"常枞"。 "老子"二句：许慎注："商容，神人也。商容吐舌示老子，老子知舌柔齿刚。"

〔5〕列子：战国初期道家学者，郑国人。《汉书·艺文志》"道家"有《列子》八篇。班固注："名圄寇，先庄子，庄子称之。"今《庄子》有《列御寇》篇。 壶子：列子之师，即壶丘子林。 "列子"二句：许慎注："先有形而后有影，形可亡而影不可伤。"按：见《列子·说符》。

【译文】

召康公在蚕桑和春播的大忙季节，放出监狱关押的罪犯，使百姓都能够返回修治本业；周文王请求纣王收回给自己的千里封地，来请求废除炮烙之刑。因此圣人的行事，进退不失去时机，就像夏天穿上绨绤，上车抓住拉手绳索一样。老子向商容求学，见到商容吐舌，而知道持守柔弱的道理。列子向壶子学习，见到影柱而懂得后而不先的道理。因此圣人不在万物到来之前行事，但是能常常制服它的同类。这就像堆聚柴草一样，后放的常常堆在上面。

人以义爱，以党群，以群强。〔1〕是故德之所施者博，则威之所行者远；义之所加者浅，则武之所制者小。（矣）〔吴〕铎以声自毁，膏烛以明自铄，虎豹之文来射，猿狖之捷来措。〔2〕故子路以勇死，苌弘以智困，能以智智,而未能以智不智也。⁽³⁾故行险者不得履绳,出林者不得直道,夜行瞑目而前其手。⁽⁴⁾事有所至,而明有不害,人能贯冥冥入于昭昭,可与言至矣。⁽⁵⁾

【注释】
〔1〕"人以义爱"三句:《道藏》本同。何宁《淮南子集释》云:"党"上衍"以"字,下衍"群"字。《文子·微明篇》正作"人以义爱,党以群强"。 党:《释名·释州国》:"五百家为党。党,长也。一聚所尊长也。"

〔2〕"(矣)铎":许慎注:"铎,大铃,出于吴也。"梁玉绳《校庄本淮南子》:"矣"当为"吴",字之误也。《太平御览·人事部》一百引此,正作"吴铎以声自毁"。 措:刺杀。杨树达《淮南子证闻》:"措"假为"簎"。《说文》:"簎,刺也。"

〔3〕"子路"句:许慎注:"死卫侯辄之难。"按:子路死事,见《左传·哀公三年》。子路,孔子弟子。《淮南子》中凡八见。 "苌弘"句:许慎注:"欲以术辅周,周人杀之。"按:事见《左传·哀公三年》。苌弘,春秋时周大夫,通晓天文历象之学。《汉书·艺文志》"兵阴阳"有《苌弘》十五篇,已佚。 "智智"、"智不智":《道藏》本同。刘绩《补注》本下二"智"作"知"。

〔4〕履绳:像踩绳子那样直。 瞑目:两眼漆黑。

〔5〕"事有所至"、"而明有不害"二句:《道藏》本、刘绩《补注》本同。俞樾《诸子平议》:"至"当作"宜","害"当作"容",皆字之误也。容,用也。说见《主术训》。 冥冥:黑暗。 昭昭:光明。

【译文】
人们用大义爱人,用乡党结成群体,凭借群体而强大。因此德行所施予的地方是广博的,那么威力所行使的地方就深远;大义所施加的影响是肤浅的,那么武力所制服的地方就很小。吴铎因为声音大而自我毁灭,膏烛因为光明而自己熔化,虎豹因为美丽的文采而遭来射击,猿狖因为身体敏捷而被刺杀。所以子路因为勇猛而死于危难之中,苌弘因为出色的才智而遭受杀戮,能够凭借智慧知道事要,而不能凭借智慧知道以后发生的事。因此行走在险要道路上,不能够像绳子那样直;从林中出来的人,也不可能走直道;夜间行走两眼漆黑,要向前伸手探路。事物中各自有它适宜的地方,而明目也有所不用的时候,人能够通过昏暗进入光明,便能够和他讨论最高的道了。

鹊巢知风之所起,獭穴知水之高下,晖日知晏,阴谐知雨。⁽¹⁾为是谓人智不如鸟兽则不然。故通于一伎,察于一辞,可与曲说,未可与广应也。⁽²⁾

【注释】
〔1〕晖日:许慎注:"鸩鸟也。晏,无云也。天将晏静,晖日先鸣。"按:《说文》:"鸩,一曰运日。"训义同。 阴谐:许慎注:"晖日雌也。天将阴雨则鸣。"按:《广雅·释鸟》:"鸩鸟,其雄谓之运日,其雌谓之阴谐。"鸩鸟,毒鸟。
〔2〕曲说:片面之说。 广应:广泛地应对。

【译文】
喜鹊筑巢可以随风力大小而确定高低,水獭挖穴可以知道水位的高低情况;晖日知道天放晴而鸣叫,阴谐知道天将降雨而啼鸣。因为这些便说人的智慧不如鸟兽,那么这就不对了。因此通晓于一种技艺,考察清了一个词语,能够和他谈论局部的问题,不能够用来广泛应对万物。

宁戚击牛角而歌,桓公举以大政。⁽¹⁾雍门子以哭见孟尝君,涕流沾缨。⁽²⁾歌哭,众人之所能为也;一发声,入人耳,感人心,精之至者也。⁽³⁾故唐、虞之法可效也,其谕人心,不可及也。简公以濡杀,子阳以猛劫,皆不得其道者也。⁽⁴⁾故歌而不比于律者,其清浊一也。⁽⁵⁾绳之外与绳之内,皆失直者也。

【注释】

〔1〕宁戚：春秋齐国大臣。曾因贫困而替人喂牛。 "大政"：《道藏》本、刘绩《补注》本同。王念孙《读书杂志》："大政"，本作"大田"。高注《诠言篇》、《晏子春秋·问篇》作"大田"。按：大田，农官之长。

〔2〕雍门子：注见《览冥训》。 缨：系在脖子上的帽带。

〔3〕精：指沟通情感的精气。

〔4〕简公：齐简公，春秋齐君，被田成子杀死。《史记·田敬仲完世家》："简公出奔，田氏之徒追执简公于徐州。简公立四年而杀。" 濡：《道藏》本同，刘绩《补注》本作"懦"。《类篇》："濡，柔也。"朱骏声《说文通训定声》："濡，叚借为懦。""濡"，即柔弱、软弱之义。 "子阳"句：许慎注："子阳，郑相也。尚刑而劫死。"按：并见本书《氾论训》。亦载于《吕览》之《首时》、《观世》、《适威》等篇。

〔5〕"故歌"二句：许慎注："虽清浊失和，故不中律全。"按：比，合。清，即高音。浊，低音。

【译文】

宁戚敲起牛角，而唱起悲凉的商歌，齐桓公省悟而委以大田之职。雍门子用歌声求见孟尝君，孟尝君感动地流下眼泪，把帽带都沾湿了。歌唱悲哭，许多人都是能够做到的；一次发声，就能入人之耳，感动人心，这是精气达到最高的地步才能做到的。所以唐尧、虞舜的治国方法可以仿效，他的晓解人心，是不能够达到的。齐简公因为柔弱而被田成子杀死，子阳因为凶猛而被劫杀，这些都是不能得到大道的例子。因此唱歌的人虽不能和音律相合，但他们的清浊是一样的。绳墨画在内外，都失去了直的特性。

纣为象箸而箕子叽，鲁以偶人葬而孔子叹，见所始则知所终。[1] 故水出于山，入于海；稼生乎野，而藏乎仓。圣人见其所生，则知其所归矣。

【注释】

〔1〕象箸：象牙制的筷子。 箕子：纣王叔父，封于箕（今山西太

谷东北）。谏纣不听，被囚禁。武王灭商，被释放。《尚书·洪范》即为其所作。《后汉书·东夷列传》："昔箕子违衰殷之运，避地朝鲜。" 叽：悲叹。朱骏声《说文通训定声》："叽，叚借为唏，实为欷。"《说山训》作"唏"。 "纣为"句：并见《说山训》，当出于《韩非子》之《喻老》、《说林上》。 "鲁以"句：许慎注："偶人，桐人也。叹其象人而用之也。"按：事载《孟子·梁惠王上》。桐人，即木偶人。

【译文】

纣王命人制造了象牙筷子，而箕子悲叹，（有象牙筷子，必有玉杯才能相配）；鲁国用土木偶人殉葬，而孔子哀叹，（殉葬之风还没有断绝），看见开始就知道它的终结。因此水从山涧流出，向东注入到东海；庄稼生在野外，而果实贮藏在粮仓。圣人看到它的发生的地方，就知道它的最后归向了。

水浊者鱼唵，令苛者民乱，城峭者必崩，岸崝者必陀。⑴ **故商鞅立法而支解，吴起刻削而车裂。**⑵

【注释】

〔1〕唵：《说文》："唵，唵喁，鱼口上见也。"即鱼张口向上呼吸。峭：高而陡。 崝：峻峭。同"峥"。 陀：《方言》卷四："陀，坏也。"许慎注："陀，落也。"即崩落义。

〔2〕"故商鞅"句：许慎注："商鞅为秦孝公立治法，百姓怨之，以罪支解。"按：事亦载于《史记·商君列传》等。商鞅，战国法家代表人物，曾为秦孝公变法。《汉书·艺文志》"法家"有《商君》二十九篇。 "吴起"句：许慎注："吴起相楚，设贵臣相坐之法，卒车裂也。"按：吴起，战国中期法家、兵家。曾为楚悼王令尹，主持变法。《汉书·艺文志》"兵家"有《吴起》四十八篇。

【译文】

水混浊鱼儿便会呼吸困难，法令苛烦便会引起百姓混乱，城墙高耸必然要崩塌，河岸陡峭必然会坠落。因此商鞅建立严酷的法令而被肢解，吴起推行残酷的法制而被车裂。

治国辟若张瑟,大弦(组)[緪]则小弦绝矣。[1]故急辔数策者,非千里之御也。有声之声,不过百里;无声之声,施于四海。是故禄过其功者损,名过其实者蔽;情行合而名副之,祸福不虚至矣。[2]身有丑梦,不胜正行;国有妖祥,不胜善政。是故前有轩冕之赏,不可以无功取也;[3]后有斧钺之禁,不可以无罪蒙也。素脩正者,弗离道也。[4]

【注释】
〔1〕"组":《道藏》本、刘绩《补注》本作"组"。王念孙《读书杂志》:"组"当为"緪",字之误也。字本作"搄",又作"縆"。《说文》:"搄,引急也。"又曰:"縆,急也。"按:即紧、急义。《韩诗外传》卷一:"大弦急则小弦绝矣。"可与此相参。
〔2〕副:相称,符合。
〔3〕轩冕:卿大夫的车子和冕服。也指官位爵禄。
〔4〕素:平常。

【译文】
　　治理国家比如就像瑟上的弦一样,大弦紧了那么小弦就会断绝。因此拉紧马缰绳、频繁使用鞭子的,不是行驶千里的办法。有声的声音,不能传过百里;没有声的声音,可以延绵到四海。所以俸禄超过他的功劳的,就会受到损害;爵名超过他的实际功德的,就会受到蒙蔽。情理、行事符合而名称、实际相一致的,灾祸就不会平白地来到了。夜里即使做了噩梦,也不能抵得过正直的品行;国家有了不祥之兆,也抵不过美好的政治。因此前面有轩、冕的丰厚赏赐,不能够没有功劳就能取得;后面有斧、钺那样的严酷禁令,也不是没有罪过就能蒙受的。平常修治正道的人,就不会离开大道。

　　君子不谓小善不足为也而舍之,小善积而为大善;不为小不善为无伤也而为之,小不善积而为大不善。⑴是故积羽沉舟,群轻折轴,故君子禁于微。壹快不足以成善,积快而为德;⑵壹恨不足以成非,积恨而成怨。故三代之善,千岁之积誉也;桀、纣之谤,千岁之积毁也。⑶

【注释】

〔1〕"不为":《道藏》本同,刘绩《补注》本作"不谓"。 伤:危害,伤害义。

〔2〕壹快:一次痛快。《说文》:"快,喜也。"

〔3〕谤:《文选·李萧远〈运命论〉》李善注引:《淮南子》曰:"桀、纣之恶,千载之积毁也。"与此异。

【译文】

君子不能够认为小的好事不值得干而舍弃它,小的好事积累多了而可以成为大的好事;君子不认为小的不好的事情没有损害而去干,小的坏事积累多了而可以成为大的坏事。因此说羽毛积累多了可以使舟下沉;许多轻的东西堆聚在车上,可以折断车轴,因此君子对微小的坏事也要禁止。干一件痛快的事情不能够成为善事,积累很多快事便可以成为大德;一次遗憾的事不能够成为大错,积累很多遗憾就成为终身怨恨。因此称颂三代的善政,是千年的称誉积累而成的;对桀、纣的指责,是千年的毁谤集中而成的。

天有四时,人有四用。何谓四用?视而形之,莫明于目;⑴听而精之,莫聪于耳;⑵重而闭之,莫固于口;⑶含而藏之,莫深于心。目见其形,耳听其声,口言其诚,而心致之精,则万物之化,咸有极矣。⑷

【注释】

〔1〕形之:描绘它的形象特征。

〔2〕精之:指精通它。

〔3〕闭之：使它闭藏。
〔4〕精：精华。　极：标准，准则。

【译文】
　　上天有春夏秋冬四季变化，人有眼耳口心四种器官。什么叫四用？看到并描述形体特征，没有什么比眼睛更清楚的了；听到声音而且精通它，没有什么比耳朵更灵敏的了；持重而能够闭藏，没有什么比嘴巴更为牢固的了；含怀而包藏，没有什么比心灵更深厚的了。眼睛看到外物的形体，耳朵听到他的声音，口中表达他的诚信，而心中把精华都聚集到一起，那么万物的变化，就都有准则了。

　　地以德广，君以德尊，上也；⁽¹⁾地以义广，君以义尊，次也；地以强广，君以强尊，之下也。⁽²⁾故粹者王，（骏）[駮]者霸，无一焉者亡。⁽³⁾

【注释】
　　〔1〕"地以德广"几句：许慎注："人君以德广益其土地也。"
　　〔2〕"之下"：《道藏》本有"之"字。刘绩《补注》本删"之"字。
　　〔3〕粹：纯粹。　"骏"：《道藏》本、刘绩《补注》本、《四库全书》本作"駮"。《集韵》"觉"韵："駮，杂也。"即混杂义。亦见于《荀子·王霸》。

【译文】
　　国君凭借德行增广土地，凭借德泽而得到尊重，这是属于上等的；国君用大义增广土地，凭借大义得到尊重，这是次一等的；国君靠武力强大增广土地，用武力强大得到尊重，这是下一等的。因此道德纯粹的国君称王，道德混杂的国君称霸，没有一样的国君灭亡。

　　昔二凤皇至于庭，三代至乎门，[周]室至乎泽。⁽¹⁾德弥粗，所至弥远；德弥精，所至弥近。⁽²⁾

【注释】

〔1〕"二凤皇"：《道藏》本作"二凤凰"。刘绩《补注》本作："昔二皇凤凰至于庭。"《四库全书》同。王念孙《读书杂志》：此本作"昔二皇凤至于庭"。《文选》注、《艺文类聚》并引高注："二皇，宓羲、神农也。""室至乎泽"句：《道藏》本同。刘绩《补注》本作"周室至乎泽"。当脱。

〔2〕弥：愈。　粗：粗疏。

【译文】

从前伏栖、神农氏统治之时，凤凰飞到庭院之中；尧、舜、禹三代，凤凰来到门庭内外；周朝统治的时候，凤凰飞到了大泽。德政越粗疏，所到达的地方也愈远；德政愈精粹，所到达的地方也愈近。

君子诚仁，于施亦仁，不施亦仁；[1]小人诚不仁，施亦不仁，不施亦不仁。善之由我，与其由人，若仁德之盛者也。故情胜欲者昌，欲胜情者亡。[2]

【注释】

〔1〕仁：《论语·颜渊》："樊迟问仁，子曰'爱人'。""于施亦仁"句：《道藏》本亦有"于"字。刘绩《补注》本删"于"字。《四库全书》本同。疑衍"于"字。 "不施亦仁"句：许慎注："道无为而民蒙纯，此所谓不施而仁。"

〔2〕情：真情。　欲：《说文》："贪欲也。"

【译文】

君子果真爱人，施行仁政会得到仁，不施行仁政也会得到仁；小人确实不仁，施行仁政不会得到仁，不施行仁政也不会得到仁。推行善政在于我，与其由小人，岂如君子施行仁德之兴盛。因此真情战胜私欲的，可以使国家昌盛；私欲战胜真情的，可以使国家灭亡。

欲知天道察其数，欲知地道物其树，欲知人道从其欲。⁽¹⁾勿惊勿骇，万物将自理；勿挠勿（樱）［撄］，万物将自清。⁽²⁾察一曲者，不可与言化；⁽³⁾审一时者，不可与言大。日不知夜，月不知昼，日月为明而弗能兼也，唯天地能函之。⁽⁴⁾能包天地，曰唯无形者也。⁽⁵⁾

【注释】
〔1〕数：指律历之类的技艺。　物：相。
〔2〕"樱"：《道藏》本同。刘绩《补注》本作"撄"。许慎注："缨"。《玉篇》："撄，结也。"《文选·陆机〈文赋〉》李周翰注："缨，缠也。"即缠绕义。
〔3〕一曲：有一隅、片面之义。
〔4〕函：包容、包含。
〔5〕曰：说的。

【译文】
　　要想知道天道的规律，可以考察律历的规定；要知道大地的规律，可以考察树木生长情况；要想知道人事的规律，可以考察君子、小人的欲望。不要惊恐，不要害怕，万物将会自己生息；不要扰乱，不要束缚，万物将会自己清静。只考察一件事情的人，不能和他讨论万物的变化；仅审查一个时节的人，不能和他谈论天地之广大。就像太阳不知道黑夜，月亮不知道白天，日月同放光辉，而两者是不能兼顾的，只有天地宇宙能包含它们。能够包容天地的，说来只有无形了。

　　骄溢之君无忠臣，口慧之人无必信；⁽¹⁾交拱之木，无把之枝；⁽²⁾寻常之沟，无吞舟之鱼。⁽³⁾根浅则末短，本伤则枝枯。福生于无为，患生于多欲，害生于弗备，秽生于弗耨。⁽⁴⁾圣人为善若恐不及，备祸若恐不免。蒙尘而欲毋眯，涉水而欲无濡，不可得也。是故知己者不怨人，知命者不怨天。福由己发，祸由己生。圣人不求誉，不辟诽，正身直行，众邪自息。今释正而追曲，倍是而从众，是与俗俪走，而内行无绳，故圣人反己而弗由也。⁽⁵⁾

【注释】

〔1〕口慧：口辩。即能言善辩。
〔2〕拱：抱。交拱，交缠，环绕。　把：握。
〔3〕寻常：八尺为寻，倍寻为常。
〔4〕秽：荒草。　耨：锄草。
〔5〕是：指正理。　从众：指追随世俗。　俪：《广雅·释诂四》："耦也。"即并列义。

【译文】

　　过分骄傲的国君没有忠臣，善辩之人没有可靠的信誉；交缠在一起的树木，没有超过一把粗的枝干；寻常深的水沟，没有能吞下大舟的巨鱼。根基浅那么树梢就短，树根受伤那么枝叶就要枯死。福气产生在不违背自然规律之中，祸患从多欲中产生，灾害产生在不加防备之中，秽草从不勤于耕耘中产生。圣人推行善事像担心来不及一样，预防祸患像害怕不能避免一样，蒙上灰尘而想要不眯眼，渡河而想不沾湿衣服，是不能够办到的。因此知道自己的人，不会埋怨别人；知道命运的人，不埋怨老天。福气是由自己兴起，灾祸是由自己产生。圣人不求取赞誉，不回避指责，自身正派，行事正直，众多邪气自然就平息了。现在抛弃正直而追求邪道，违背正理而追随世俗的人，他们是和陋俗并行，而内心缺少一定的准绳，因此圣人返回自身不由他人来决定。

　　道之有篇章形埒者，非至者也。⁽¹⁾尝之而无味，视之而无形，不可传于人。

【注释】

〔1〕形埒:许慎注:"兆朕也。"按:即涯际、形迹之义。又见《原道训》、《精神训》、《兵略训》、《要略》等。

【译文】

"道"如果有篇章内容和形象的,还没有达到一定境界。品尝它而没有味道,查看它而没有形体,不能够传达给他人。

大戟去水,亭历愈胀。⁽¹⁾用之不节,乃反为病。物多类之而非,唯圣人知其微。

【注释】

〔1〕大戟:草本植物。有毒,可入药。《本草经》:"叶苦寒,主虫毒,十二水,腹满积痛。" 水:指腹水。 亭历:《本草经》作"葶苈"。一年生草本植物。"主积聚、结气、饮食寒热,破坚逐邪,通利水道"。

【译文】

大戟可以退去腹中积水,亭历可以消胀。如果使用它不加限制,就反而成为祸患。万物中多有类似而不是同类的,只有圣人能知道它们的细微差别。

善御者不忘其马,善射者不忘其弩,善为人上者不忘其下。诚能爱而利之,天下可从也。弗爱弗利,亲子叛父。

【译文】

善于驾车的人,不会忘记他的马匹;善于射箭的人,不会遗忘他的弓弩;善于处在常人之上的人,不会忘记他的下属。果真能够爱护而使他们有利,天下之人便可以让他们依从了。不爱护不使他们得到利益,亲生的儿子也会背叛父亲。

天下有至贵而非势位也，有至富而非金玉也，有至寿而非千岁也。原心反性，则贵矣;⁽¹⁾适情知足，则富矣;明死生之分，则寿矣。

【注释】
〔1〕原心：使心回到本原。 反性：返回自己的天性。

【译文】
天下有最珍贵的东西而不是权势地位，有最宝贵的财富而不是黄金美玉，有最长的寿命而不是享有千岁。使心回到本原，返回自己的天性，那么这便是最尊贵的；适合自己的性情，知道已得到的满足，那么就是最大的富足；明确死生的区别，那么就会长寿了。

言无常是，行无常宜者，小人也；察于一事，通于一伎者，中人也；兼覆盖而并有之，度伎能而裁使之者，圣人也。⁽¹⁾

【注释】
〔1〕"兼覆"以下二句：《道藏》本、刘绩《补注》本、《四库全书》本同。王念孙《读书杂志》：正文本作"兼覆而并有之，伎能而裁使之"。《文子·符言篇》同。 "度伎"句：许慎注："度其伎能而裁制使之。"按：裁，制。

【译文】
言论没有固定的标准，行为没有一定的准则的，是小人；对于一事能考察清楚，通晓一种技艺的，是个中等人；兼覆天下而拥有一切美德，能测度才能而加以裁决使用的，是个圣人。

第十一卷　齐俗训

【题解】

本训题解中说:"齐,一也。四宇之风,世之众理,皆混其俗,令为一道也。故曰《齐俗》。"

"俗"是不同时代、社会、制度遗留下来的礼俗制度。古今、南北、华夷各不相同,而成为"一世之迹"。本篇首先对道、德给予了合理的解释,"率性而行谓之道,得其天性谓之德"。接着指出,万物各有长短,要承认事物的多样性,要"各便其性"、"各有所宜,而人性齐矣"。最终以"道"齐"俗"。

文中认为人性至善,要注重教化。"人之性无邪,久湛于俗则易"。对民族、民俗问题,要承认差别,以不齐为齐,统而包之。

作者主张适应社会发展变化,反对拘泥僵化。"是故世异即事变,时移则俗易。故圣人论世而立法,随时而举事"。

文中强调指出,真理是有客观性、具体性和针对性的,"至是之是无非,至非之非无是,此真是非也"。反对以"我"作为判断是非的标准。

本训发挥了《庄子·齐物论》的思想,用以处理人世间各种复杂的社会问题,充分显示了黄老道家开放、发展、变化、包容而博大的精神境界。

陶方琦《淮南许注异同诂》:(此)"许注本也。"

率性而行谓之道,得其天性谓之德。[1]性失然后贵仁,道失然后贵义。是故仁义立而道德迁矣,礼乐饰则纯朴散矣,是非形则百姓眩矣,珠玉尊则天下争矣。[2]

凡此四者，衰世之造也，末世之用也。

【注释】

〔1〕率性：依据本性。《礼记·中庸》："率性之谓道。" 天性：天然的品质或属性。

〔2〕迁：离散。 眩：《道藏》本、刘绩《补注》本、《文子·上礼篇》作"眃"。《集韵》"霰"韵："眃，日光也。"《楚辞·离骚》王逸章句："眩，一作眃。"眩，迷乱。 尊：《文子·上礼篇》作"贵"。

【译文】

依循本性而行事叫做"道"，得到它的天性叫做"德"。天性丧失而后珍视"仁"，"道"丧失然后重视"义"。因此仁义建立而道德离散了，修饰礼乐那么淳朴天真就消失了，是非形成那么百姓更加迷乱了，重视珠玉那么天下便开始争夺了。大凡仁义、礼乐、珠玉、是非这四种东西，都是衰败之世制造出来的，而用在末世。

夫礼者，所以别尊卑，异贵贱；义者，所以合君臣、父子、兄弟、夫妻、友朋之际也。今世之为礼者，恭敬而忮；⁽¹⁾为义者，布施而德。⁽²⁾君臣以相非，骨肉以生怨，则失礼义之本也，故构而多责。⁽³⁾夫水积则生相食之鱼，土积则生自穴之兽，礼义饰则生伪匿之本。⁽⁴⁾夫吹灰而欲无眯，涉水而欲无濡，不可得也。

【注释】

〔1〕忮：有嫉恨义。许慎注："忮，害也。"

〔2〕德：求得恩德。

〔3〕构：《道藏》本、刘绩《补注》本作"搆"。搆怨。

〔4〕"穴"：《道藏》本、刘绩《补注》本、《四库全书》本同。王念孙《读书杂志》：穴，"宍"字之误。自肉，谓兽相食也。《文子·上礼篇》作"自肉"。 匿：通"慝"，邪。 "本"：《道藏》本、刘绩《补注》本

同。王念孙《读书杂志》:"本"当为"士"。《太平御览·礼仪部》二引此作"伪慝之儒"。

【译文】

"礼"是用来区别尊卑,表明贵贱的;"义"是用来和睦君臣、父子、兄弟、夫妻、朋友之间关系的。现在世上推行礼节的人,外表恭敬而内心嫉妒;实行义的人,把财物施给别人而求得恩惠。君臣之间相互非难,骨肉之间生出怨言,那么便失去了礼义的根本了,所以产生构怨而互相指责。水聚集在一起便会产生互相吞食的鱼儿,土聚积成丘就会产生自相残杀的野兽,修饰礼义便会产生虚伪奸诈之人。吹起灰尘而想不眯眼睛,渡河而想不沾湿衣裳,是不能够办到的。

古者民童蒙不知东西,貌不羡乎情,而言不溢乎行;⁽¹⁾其衣致暖而无文,其兵戈铢而无刃;⁽²⁾其歌乐而无转,其哭哀而无声。凿井而饮,耕田而食,无所施其美,亦不求得。⁽³⁾亲戚不相毁誉,朋友不相怨德。及至礼义之生,货财之贵,而诈伪萌兴,非誉相纷,怨德并行。于是乃有曾参、孝己之美,而生盗跖、庄蹻之邪。故有大路龙旂,羽盖垂绥,结驷连骑,则必有穿窬拊捷、抽箕逾备之奸。⁽⁴⁾有诡文繁绣,弱绨罗纨,必有菅屦跐踦、短褐不完者。⁽⁵⁾故高下之相倾也,短脩之相形也,亦明矣。⁽⁶⁾

【注释】

〔1〕童蒙:幼稚智能未开的儿童。"东西":于大成《齐俗校释》:《文子·道原篇》《道藏》朱弁注本作"西东"。王念孙《读书杂志》:"东西"当为"西东","东"与"蒙"为句中韵。

〔2〕"其衣"二句:《文子·道原篇》作"其衣暖而无采,其兵钝而无

刃"。无"致"、"戈"二字。 铩：许慎注："楚人谓刃顿为铩。"杨树达《淮南子证闻》：《说文》："锎，钝也。"《淮南》假"铩"为"锎"耳。

〔3〕"美"：蒋礼鸿《淮南子校记》："美"字疑当为"羡"，谓虽有羡馀，不以施人市恩也。郑良树《淮南子斠理》：王蓥本"美"作"义"。

〔4〕大路：许慎注："天子车也。"按：路，通"辂"。 龙旂：蟠龙交错的旗子。旂，《释名·释兵》："交龙为旂。" 緌：下垂的帽带。《说文》："緌，系冠缨也。" 驷：四匹马驾的车。 穿窬：穿壁翻墙。指偷盗行为。《集韵》"侯"韵："窬，穿也。"即凿穿。 拊揵：摇动门户之楗，指盗窃。揵，《庄子·庚桑楚》郭象注："揵，关揵也。"《道藏》本作"楗"。 "抽"：许慎注："掘也。"按：抽箕，王念孙《读书杂志》引之曰："抽箕"当为"抇墓"。《广雅》："抇，掘也。""墓"与"基"字亦相似。"基"又以声误为"箕"耳。 备：许慎注："后垣。"王念孙《读书杂志》引之曰："备"与"培"同。下文高注曰："培，屋后墙也。"

〔5〕诡文：奇异的文采。 弱緆：细布。《说文》："緆，细布也。" 罗：稀疏轻软的丝织品。 纨：细绢。 菅屝：草鞋、麻鞋。菅，许慎："茅也。"《说文》同。 趾跂：李哲明《淮南义训疏补》："趾跂"有不齐之义。 短：许慎注："楚人谓袍为短。"按：通"裋"。《说文》："竖使布长襦。"古时童仆穿的粗布衣。

〔6〕"故高下"二句：化自《老子》二章。

【译文】

古时候百姓幼稚纯真辨不清东西南北，外貌上表现不出羡慕的情感，而言语上不超过自己的行事；他们的衣饰暖和而没有文采，他们的兵器不锋利而没有刀刃；他们的歌声快乐而不婉转，他们的哭声悲哀而不求声音。凿井而饮水，耕田而食用，没有什么地方施展他们的大义，也不贪求得到什么。亲戚之间不相互诋毁赞誉，朋友之间也不互相埋怨感恩。等到礼义产生，以财货为贵，这样欺骗、虚伪便产生了，诽谤、赞誉互相纷扰，怨恨、恩德并行世间。在这个时候，便有了曾参、孝己的美名，又产生了盗跖、庄蹻的邪行。因此说有了天子龙车、龙旗，以翠鸟羽毛为盖饰，车绥下垂，车驾连接不断，那必定就有穿壁翻墙、摇动门楗、掘墓盗宝的偷盗发生。有穿着奇异文采、丝帛锦绣、细布轻绢的人，必定就有草鞋不整、粗衣烂衫的人。因此高下呈现倾斜，长短互相对照，也是很明白的。

夫虾蟆为鹑，水蚤为蟌蛰，皆生非其类，唯圣人知其化。[1]夫胡人见黂，不知其可以为布也；[2]越人见毳，不知其可以为旃也。[3]故不通于物者，难与言化。

昔太公望、周公旦受封而相见，太公问周公曰："何以治鲁？"周公曰："尊尊亲亲。"[4]太公曰："鲁从此弱矣。"周公问太公曰："何以治齐？"太公曰："举贤而上功。"[5]周公曰："后世必有劫杀之君。"其后齐日以大，至于霸，二十四世而田氏代之。[6]鲁日以削，至三十二世而亡。[7]故《易》曰："履霜，坚冰至。"[8]圣人之见，终始微言。[9]故糟丘生乎象槠，炮烙生乎热升。[10]

子路撜溺，而受牛谢，孔子曰："鲁国必好救人于患。"[11]子赣赎人，而不受金于府，孔子曰："鲁国不复赎人矣。"[12]子路受而劝德，子赣让而止善。孔子之明，以小知大，以近知远，通于论者也。由此观之，廉有所在，而不可公行也。故行齐于俗，可随也；事周于能，易为也。矜伪以惑世，伉行以违众，圣人不以为民俗。[13]

【注释】

〔1〕虾蟆：指青蛙和蟾蜍。　鹑：即鹌鹑。本文记载并见《大戴礼记·夏小正》、《礼记·月令》等，这是古人的误解。　水蚤：蜻蜓的幼虫，生活在水中。　"蟌蛰"：许慎注："青蛉也。"按：《说山训》："水蚤为蟌。"高诱注："青蜓也。"王念孙《读书杂志》认为"蟌蛰"即"蟌"、"蛰"之误。古人视青蛉、蜻蜓为一物。蟌，同"蟌"。《广韵》"东"韵："蟌，蜻蜓。"

〔2〕黂：许慎注："麻子也。"按：一种粗麻，可以织成布。亦见于《说林训》。《本草经》叫"麻蕡"，养生功用是"久服通神明，轻身"。

〔3〕毳：鸟兽的细毛。　旃：通"毡"，一种毛织物。

〔4〕尊尊：尊敬尊贵者。　亲亲：亲其所当亲。指周朝以血缘关系为

〔5〕上功：崇尚功勋。 "举贤"句：许慎注："举贤上功，则民竞，故劫杀。"

〔6〕"二十四世"：从齐太公姜尚到战国齐康公，二十四代。 "田氏代之"：许慎注："齐臣田氏夺其君位而代之。"按：田氏，指田成子。春秋齐国贵族。齐简公四年，杀简公，任相国，从此由陈氏专政。

〔7〕"三十二世"：指鲁伯禽到鲁顷公，共三十二世，《氾论训》作"三十六"，应作"三十四"。《吕览·长见》高诱注、《史记·鲁周公世家》、《韩诗外传》卷十皆作"三十四"。

〔8〕"故《易》曰"句：引文见《周易·坤卦》。

〔9〕"言"：《道藏》本、刘绩《补注》本同。孙诒让《札迻》："言"当作"矣"。按：以上见于《吕览·长见》，并载于《韩诗外传》卷十、《史记·鲁周公世家》。

〔10〕糟丘：酿酒所馀的糟滓堆积如丘。 "糟丘"二句：许慎注："纣为长夜之饮，积糟成丘者，起于象楮。"按：楮，即"箸"，筷子。 "升"：《道藏》本、刘绩《补注》本、《四库全书》本同。《北堂书钞·服饰部》四引作"热斗"，即熨斗。

〔11〕撜：拯救。 "子路"以下数句：《吕览·察微》高诱注："《淮南记》曰'子路受而劝德'，此之谓也。"

〔12〕子赣：孔子弟子，即子贡。 "子赣"以下数句：《吕览·察微》高诱注："《淮南记》曰'子贡让而止善'，此之谓也。"

〔13〕矜伪：矜持，虚伪。 伉行：高尚的行为。以上出自《吕览·察微》，并载于《道应训》。

【译文】

虾蟆可以变成鹌鹑，水虿可以长成蜻蜓，这些都不是同类的生物，只有圣人能够知道它们的变化。北方胡人看到麖，不知道它可以织成布；南方越人看见细毛，不知道它能够织成毡子。因此不通晓万物之情的人，难以和它谈论万物变化的情况。

从前太公望、周公旦受封之后，在宫廷相见。太公问周公说："用什么办法治理鲁国？"周公说："尊敬尊贵者，亲近亲爱者。"太公说："鲁国从此就要削弱下去了。"周公问太公说："怎样治理齐国？"太公说："举用贤才，而崇尚功德。"周公说："后代必定有弑君夺权的人出现。"以后齐国一天天强大，一直到称霸诸侯，但是二十四代之后，大臣田常弑君取而代之。鲁国一天天削弱，到了三十二代时终于灭亡。因此《易》中说："踏着寒霜，冰雪时节就要到来。"圣人的观察，由开始时的微小变化，而知道最后的终结。因此纣王饮酒作乐，积糟成丘，它产生于象牙筷子；酷刑炮烙产生于热斗。

子路救出溺水之人，而接受主人一条牛的谢礼，孔子说："鲁国人以后一定喜欢解救他人于患难之中。"子赣用钱赎回鲁国之人，（按照规定可以得到金钱），子赣不愿到官府接受金钱，孔子说："鲁国以后不再赎人了。"子路接受牛谢而奖励行德之人，子赣谦让而制止了行善的行为。孔子明智无比，凭借小事可以知道大事，凭借眼前的可以知道久远的事情，是通晓大道的人。从这里可以看出，廉洁使用有一定的范围，而不可以向公众推行。因此行为如果合于习俗，人们就能够追随它；行事和能力相契合，就能够容易做得到。或用矜持虚伪来迷惑世人，或行为高尚而违背众愿，圣人是不能以此作为风俗的。

广厦阔屋，连闼通房，人之所安也，鸟入之而忧；[1]高山险阻，深林丛薄，虎豹之所乐也，人入之而畏；[2]川谷通原，积水重泉，鼋鼍之所便也，人入之而死；《咸池》、《承云》、《九韶》、《六英》，人之所乐也，鸟兽闻之而惊；[3]深溪峭岸，峻木寻枝，猿狖之所乐也，人上之而慄。[4]形殊性诡，所以为乐者，乃所以为哀；所以为安者，乃所以为危也。乃至天地之所覆载，日月之所照㠯，使各便其性，安其居，处其宜，为其能。[5]

故愚者有所脩，智者有所不足。柱不可以摘齿，筐不可以持屋，马不可以服重，牛不可以追速，铅不可以为刀，铜不可以为弩，铁不可以为舟，木不可以为釜，各用之于其所适，施之于其所宜，即万物一齐，而无由相过。[6]夫明镜便于照形，其于以函食不如箪；[7]牺牛粹毛，宜于庙牲，其于以致雨，不若黑蜧。⁽⁸⁾由此观之，物无贵贱，因其所贵而贵之，物无不贵也；因其所贱而贱之，物无不贱也。⁽⁹⁾

夫玉璞不厌厚，角䰠不厌薄，漆不厌黑，粉不厌白，此四者相反也。⁽¹⁰⁾所急则均，其用一也。今之裘与蓑孰急？见雨则裘不用，升堂则蓑不御。此代为常者也。⁽¹¹⁾譬若舟、车、楯、肆、穷庐，故有所宜也。⁽¹²⁾故《老子》曰："不上贤"者。⁽¹³⁾言不致鱼于（水）[木]，沉鸟于渊。⁽¹⁴⁾

【注释】

〔1〕囡：《说文·新附》："门也。" 通房：房室连接相通。

〔2〕丛薄：草木丛深之处。亦见《俶真训》。

〔3〕《咸池》：黄帝时乐名。 《承云》：《吕览·古乐》认为是帝颛顼之乐。 《九韶》：《山海经·大荒西经》认为是夏启之乐。 《六英》：帝颛顼乐。

〔4〕慄：战慄。

〔5〕照詺：《道藏》本、刘绩《补注》本同。已见《缪称训》。即诏告义。《文子·自然篇》作"日月之所照"。无"詺"字。刘家立《淮南内篇集证》作"照临"。即在上面照耀。以上可与《庄子·至乐》相参。

〔6〕楿：《道藏》本同。刘绩《补注》本作"摘"。王念孙《读书杂志》："摘"读若"剔"。 "筐"：许慎注："小簪也。"按：《道藏》本、刘绩《补注》本同。王念孙《读书杂志》："筐"皆"筳"字之误也。《玉篇》："筳，小簪也。" 持：支撑。

〔7〕函：包容，盛。 箪：古代盛饭食的圆形竹器。《国语·吴语》韦昭注："箪，饭器。"王念孙《读书杂志》："函食不如箪"，本作"承食不如竹箄"。今本"承"误为"函"，"箄"误为"箪"，又脱去"竹"字耳。

〔8〕牺牛：用作祭祀的毛色纯一的牛。 粹：纯粹。刘文典《淮南鸿烈集解》作"粹毛"，《文选·张景阳〈杂诗〉》注、《御览》九百三十三引，并作"驿毛"。知今本作"粹"者，误字也。按：《礼记·郊特牲》："牲用驿，尚赤也。"亦通。然《时则训》高诱注："粹，毛色纯

也。""全粹"为仲秋选牺牲重要标准,知"粹"字不误。　黑螈:许慎注:"神蛇也。潜于神渊,盖能兴云雨。"

〔9〕"由此观之"以下六句:化自《庄子·秋水》。

〔10〕角觡:覆盖刀剑外表的角饰。杨树达《淮南子证闻》:疑"觡"当读为"䚦"。《说文》:"䚦,杖耑角也。"《玉篇》:"䚦,以角饰策本末也。"　厌:嫌。

〔11〕"常":《道藏》本、刘绩《补注》本同。陈昌齐《淮南子正误》:"常"当为"帝",字之误也。代为帝,谓裘与襲迭为主也。

〔12〕楯:许慎注:"泥地宜楯。"按:通"輴"。《广韵》"谆"韵:"輴,载柩车也。"　肆:许慎注:"沙地宜四。"按:《道藏》本作"肆"。刘绩《补注》本作"欪"。《文子·自然篇》同。即沙中乘行的一种运输工具。"四载"之说,载于《吕览·慎势》、《尚书·益稷》,亦见于《说文》、《史记·夏本纪》等。　穷庐:古代游牧民族居徙用的毡帐。穷,通"穹"。许慎注:"草野宜穷庐。"

〔13〕"故《老子》曰"句:见于《老子》三章。

〔14〕"水":《道藏》本、刘绩《补注》本作"木"。当正。

【译文】

高大宽敞的房屋,门门相连,层层相通,这是人们安居的地方,但是飞鸟进入后便产生忧虑;高山险阻,茂密的森林,丛生的草木,这是虎豹所喜爱的地方,但是人们进入这样的地方,就非常害怕;大川深谷,深潭瀑布,是鼋鼍所栖息的地方,人进入便要死去;《咸池》、《承云》、《九韶》、《六英》,是人人所喜爱的,但是鸟兽听到它却十分惊恐;千丈深溪,陡峭的河岸,高大的树木,长长的枝条,是猿狖所喜爱的,人攀登而上就会发抖。形体不同,天性迥别,鸟兽感到快乐的,人类得到的却是悲哀;人类所用来安身的地方,却是鸟兽认为最危险的地方。于是才有了上天覆盖、大地运载万物,太阳、月亮普照天地,使各种生物都能适应它们的天性,使它们居处安稳,使它们的生活环境适宜,发挥各自的才能。

因此愚笨的人有他擅长的地方,聪明的人有他所不够的地方。木柱不能够剔牙齿,小簪子不能够支撑大屋,马儿不能够负载重物,牛儿不能够奔驰,铅不可以制成刀,铜不可以制成弩,铁不可以做船,木头不能够制成锅,各自使用在适合自己特性的地方,施用在适合发挥作用的环境中,那么万物的功用便可以整齐划一,而不存在相互指责的地方。明镜是便于照形的,用它来蒸食物,就不如竹算;毛色纯一的牛,对于宗庙祭祀是适宜的,用它来求雨,就不如黑蜦了。从这里可以看出,万物中没有贵贱之分,按照它的长处而珍视它,万物中没有不是可贵的;依据它的短处而认为它下贱,万物中没有不是低贱的。

对于玉石人们是不嫌它厚的,对于角䚡不会嫌它薄,漆不嫌它黑,铅粉不嫌它白,这四种东西用处是相反的,但所急需都是相同的,它们的作用是一样的。现在使用的皮裘和蓑衣哪一个更急切?看到天下雨那么皮裘就用不上了,登入殿堂那么蓑衣就不能侍奉国君了。这就是互相更替当主宰者。比如水乡适宜舟,陆地宜车,泥地用楯,沙地乘𨍴,草地用穷庐,因此各种环境都有适宜的交通工具。所以《老子》中说:"不崇尚有贤才的人。"说的是不把鱼送到木头上去,不把飞鸟沉到深渊中去。

故尧之治天下也,舜为司徒,契为司马,禹为司空,后稷为大田师,奚仲为工。⁽¹⁾其导万民也,水处者渔,山处者木,谷处者牧,陆处者农。地宜其事,事宜其械,械宜其用,用宜其人。泽皋织网[网],陵阪耕田,得以所有易所无,以所工易所拙。⁽²⁾是故离叛者寡,而听从者众。譬若播棋丸于地,员者走泽,方者处高,各从其所安,夫有何上下焉?⁽³⁾若风之过箫也,忽然感之,各以清浊应矣。⁽⁴⁾

【注释】

(1)司徒:官名,西周始置,掌管土地和人民。 契:传说中商的始祖,其母简狄,吞燕卵而生。 司马:掌军政、军赋。 司空:掌管工程。 后稷:周朝始祖,其母姜嫄,踏巨人迹而生。 大田师:《道藏》本、刘绩《补注》本、《四库全书》本同。王念孙《读书杂志》:"师"字当在"工"字下。大田,田官之长也。 奚仲:古代传说中车的发明者,黄帝之后，曾为夏代车正。　工：《文子·自然篇》作"工师"。掌管百工和官营手工业。

〔2〕皋：沼泽。《文选·屈原〈湘夫人〉》吕延济注："泽畔曰皋。""冈"：《道藏》本同。刘绩《补注》本作"网"。　阪：山坡。　"得以所有"句：《文子·自然篇》作："如是则民得以所有易所无。"

〔3〕播：散。　棋丸：即棋子。

〔4〕箫：许慎注："籁。"按：《说文》："箫，参差，管乐。象凤之翼。"即为排箫。湖北随州曾侯乙墓出土有排箫。籁，《说文》："三孔龠也。大者谓之笙，其中谓之籁，小者谓之药。""箫"也指"籁"。《广雅·释乐》："籁谓之箫。"

【译文】

所以尧治理天下的时候，任命舜担任掌管土地之官，契担任军政主管之官，禹掌管工程建设，后稷为农业主管，奚仲为百工之长。他们引导万民的方法，让居住在水边的人以打鱼为主，生活在山林中的人以采木为主，活动在山谷地区的人以牧业为主，生活在平原地区的人以农业为生。土地上要种植适宜的作物，不同的农作物要用适宜的器械，不同的器械要有合适的用途，使用器械要有适宜的人。河泽地区要织网捕捞，山陵坡地可以用来耕田，人民能够用他们所有的交换所没有的，用他们制作精巧的产品交换他们不善制作的产品。因此离叛的人少，而听从王命的人多。比如就像把棋子撒在地上，圆的滚向洼处，方者停留高处，各自随所处而安身，又有什么上下之别呢？就像风声遇到排箫的孔，忽然受到感触，风声、箫声凭着清浊之声相应和。

夫猿狖得茂木，不舍而穴；狸狌得埵坊，弗去而缘。〔1〕物莫避其所利，而就其所害。是故邻国相望，鸡狗之音相闻，而足迹不接诸侯之境，车轨不结千里之外者，皆各得其所安。〔2〕故乱国若盛，治国若虚，亡国若不足，存国若有馀。〔3〕虚者，非无人也，皆守其职也。盛者，非多人也，皆徼于（未）[末]也。〔4〕有馀者，非多财也,欲节事寡也。⁽⁵⁾不足者,非无货也,民躁而费多也。⁽⁶⁾故先王之法籍,非所作也,其所因也;⁽⁷⁾其禁诛,非所为也,其所守也。凡以物治物者不以物,以睦;⁽⁸⁾治睦者不以睦,以人;治人者不以人,以君;治君者不于君,以欲;治欲者不于欲,以性;治性者不于性,以德;治德者不以德,以道。原人之性,芜秽而不得清明者,物或堁之也。⁽⁹⁾

【注释】

〔1〕狟:许慎:"狟豚也。"按:指豪猪。 貉:《类篇》:"似狐,善睡兽。"昼伏夜出,皮毛极珍贵。 埵坊:水坝,堤坝。《说山训》高诱注:"埵坊,高处堤防也。" 缘:依靠,凭借。

〔2〕"是故邻国"以下二句:见于《老子》八十章。

〔3〕"亡国"、"存国":陶鸿庆《读淮南子札记》:"亡"、"存"二字当互易。按:《道藏》本、刘绩《补注》本、《文子·自然篇》与本文相同。

〔4〕徼:《说文》:"循也。"引申有趋向义。 "未":《道藏》本、刘绩《补注》本作"末"。当正。

〔5〕"有馀者,非多财也":《道藏》本、刘绩《补注》本同。陶鸿庆《读淮南子札记》:当与"不足者,非无货也"二句互易。按:《文子·自然篇》与本文略同。陶校可备一说。

〔6〕躁:通"懆"。《广雅·释诂二》:"懆,贪也。"即贪婪多欲。

〔7〕因:指依循一定的规律。《说文》:"因,就也。"

〔8〕"以物":王念孙《读书杂志》:"以物"二字因下文而衍。《吕览·贵当》、《文子·下德篇》皆无此二字。 "睦":《说文》:"一曰敬和也。"《文子·下德篇》作"和"。马宗霍《淮南旧注参正》:"睦"当通作"陆"。以睦治物,犹言物统于地也。

〔9〕芜秽:污秽。秽,通"薉"。《玉篇》:"薉,不净也。" 堁:尘土。古楚方言。《淮南子》中凡四见。

【译文】

　　猿狖得到茂密的树林,不舍得离去而筑穴居住;豪猪和貉得到堤坝，不会离去而靠着休息。生物中没有避开对自己有利的，而靠近对自己有害的。因此国与国之间可以互相望得见，鸡鸣狗吠之声可以相互听得到，但脚步不踏进诸侯国家的边境，车马不连接到千里之外的地方，都是各自得到了他们的安居之处。因此混乱的国家好像很兴盛的样子，得到治理的国家好像很空虚的样子，存在的国家好像不足一样，灭亡的国家好像有馀一样。空虚，不是无人的意思，而是人人都能尽忠职守。兴盛，不是指人多的意思，而是指人人都趋向末业。有馀，不是指财物多，而是想节制事情使它减少的意思。不足，不是指没有货财，是指百姓贪婪多欲而用费极多的意思。因此先王制定的法籍制度，不是凭空产生的，而是按照社会规律产生的；他们制定的禁令诛罚规定，不是没有根据的，而是遵循一定的准则制订的。大凡治理万物，不是凭借万物本身，而是依靠大地；治理大地，不是依靠大地，而是依靠人；治理人类社会，不是靠人群自身，而是依靠国君；治理国君，不是靠的国君，而是靠的欲望；治理欲望，不是靠的欲望，而是靠的天性；治理人的天性，不是依靠天性，而是依靠"德"；治理"德"，不是依靠"德"，而是依靠"道"。探索人的本性，污秽混杂而不能得到清静之性的原因，是万物中的灰尘掩蔽了它。

羌、氐、僰、翟，婴儿生皆同声，及其长也，虽重象、狄鞮，不能通其言，教俗殊也。[1]今令三月婴儿，生而徙国，则不能知其故俗。由此观之，衣服礼俗者，非人之性也，所受于外也。夫竹之性浮，残以为牒，束而投之水则沉，失其体也。[2]金之性沉，托之于舟上则浮，势有所枝也。[3]夫素之质白，染之以涅则黑；[4]缣之性黄，染之以丹则赤。[5]人之性无邪，久湛于俗则易。[6]易而忘其本，合于若性。[7]故日月欲明，浮云盖之；河水欲清，沙石濊之；[8]人性欲平，嗜欲害之，唯圣人能遗物而反己。[9]夫乘舟而惑者，不知东西，见斗、极则寤矣。⁽¹⁰⁾夫性亦人之斗、极矣，以有自见也，则不失物之情；⁽¹¹⁾无以自见，则动而惑营，譬若陇西之遊，愈躁愈沉。⁽¹²⁾孔子谓颜回曰："吾服汝也忘，而汝服于我也亦忘。⁽¹³⁾虽然，汝虽忘乎，吾犹有不忘者存。"孔子知其本也。

【注释】

〔1〕羌：古代西部的少数民族。《说文》："羌，西戎牧羊人也。" 氐：古代西部少数民族。 僰：古族名，居西南，在长江三峡一带。 翟：通"狄"，古代北方少数民族。《说文》："狄，北狄也。" 象、狄鞮：古代的通译官。《礼记·王制》："东方曰寄，南方曰象，西方曰狄鞮，北方曰译。"

〔2〕戕：剖开。 牒：简札。 体：指本身特性。《吕览·情欲》高诱注："体，性也。"

〔3〕势：情势。

〔4〕涅：《说文》："黑土在水中也。"作为矿物，可作黑色染料。

〔5〕缟：细绢。《说文》："并丝缯也。" 丹：即丹砂。

〔6〕无邪：即淳朴无邪。《荀子·性恶》主"性恶"，《孟子·告子上》主"性善"。《淮南子》与两家不同。 湛：浸渍。《礼记·月令》郑玄注："湛，渍也。"

〔7〕若：此。

〔8〕濊：《广雅·释诂三》："浊也。"《文子·上德篇》、《文子·道原篇》作"秽"。即污秽义。

〔9〕遗物：抛弃外物。

〔10〕斗、极：北斗星、北极星。 寤：通"悟"。

〔11〕"以有"：《道藏》本同。刘绩《补注》本作"有以"。《文子·下德篇》作"有以自鉴"。

〔12〕惑营：昏惑、迷乱。 陇西：在今甘肃天水以西。《说文》："陇，天水大阪也。"

〔13〕服：思存。此数句出于《庄子·田子方》。

【译文】

古代羌、氐、僰、狄等少数民族，婴儿生下来的时候都是同声的，等到他们长大，即使多次用象、狄鞮来翻译，也不能够沟通他们的语言，不同的教育使他们的语言、习俗产生了差别。现在把出生三个月的婴儿迁到其他国家，那么就不知道他的原来的习俗了。从这里可以看出，人们的服饰、礼节、习俗，不是人本身具有的天性，是受到外面环境变化而决定的。竹子的特性可以浮在水面，把它们剖开做成简札，捆束起来投到长江里去，那么就会沉没，因为失去了它本身的特性。金属的特性是沉于水的，把它存放在舟上，就会浮起，这种情势是有浮物支撑的缘故。素丝的特性是白色的，用黑色的涅加以染制，就会变黑；细绢的特性是黄色的，用红色的丹砂染制它，就会变红。人的天性是淳朴无邪的，长久时间浸渍在流俗中，就会发生变化。变化之后就会忘记根本，而趋合于其他的特性。因此日月要放光明，而浮云来掩盖它；黄河水要变清，而沙石来搅浑它；人的本性要平静，嗜欲便来危害它。只有圣人能够抛弃外物而回到自己本性上去。乘船航行迷失了方向，辨不清东西，看到北斗星、北极星就醒悟了。人的本性也是人的北斗星、北极星，用它来自我考察，那么就不会失去万物的情理；如果不用它来自我照察，那么行动起来就会迷惑。比如到西北陇西去游历，心情越烦躁，负担就越沉重。孔子对颜回说："我对你的存念，很快就会忘记，而你对我的存念，也很快就会忘记。虽然这样，你即使忘记了，我还有不能被遗忘的根本存留着。"孔子是懂得它的根本的人。

夫纵欲而失性，动未尝正物。⁽¹⁾以治身则危，以治国则乱，以入军则破。⁽²⁾是故不闻道者，无以反性。故古之圣王，能得诸己，故令行禁止，名传后世，德施四海。是故凡将举事，必先平意神清。⁽³⁾意平物乃可正，若玺之抑埴，正与之正，倾与之倾。⁽⁴⁾故尧之举舜也，决之于目；桓公之取宁戚也，断之于耳而已矣。为是释术数而任耳目，其乱必甚矣。⁽⁵⁾夫耳目之可以断也，反情性也。听失于诽誉，而目淫于采色，而欲得事正，则难矣。夫载哀者闻歌声而泣,载乐者见哭者而笑。[6] 哀可乐者、笑可哀者,载使然也。是故贵虚。[7]

【注释】

〔1〕纵欲:放纵情欲,不加克制。 动:指感动,影响。
〔2〕入军:有指挥军队之意。
〔3〕"神清":《道藏》本同。刘绩《补注》本、《文子·下德篇》作"清神"。
〔4〕"意平":《道藏》本同。刘绩《补注》本、《文子·下德篇》作"神清意平"。 玺:印。 抑:按,压。 埴:本指制作陶器的黏土。这里指印泥。以上见于《吕览·适威》。
〔5〕术数:指方术和历数。
〔6〕载:有内心充满之意。《正字通》:"载,满也。"
〔7〕"贵虚":许慎注:"虚者,心无所载于哀乐也。"

【译文】

放纵欲念就会失去本性,靠感动不能使外物端正。失去本性,用它来治身,就会使自己遇到危险;用来治国,就会发生混乱;用来指挥军队,就会使军队失败。因此不懂得"道"的人,就不能返归自己的本性。因此古代的圣王,能得到自己的本性,所以就能够令必行,禁必止,名声传遍后世,恩德施予四海。因此凡是将要行事的时候,必定首先平定自己的意念,清静自己的精神。精神清静,意念平定,处理事物便可以平正,就像玉玺按印封一样,按正得到的是正,按斜得到的是斜。因此尧推举舜,取决于自己的眼睛;齐桓公举用贫士宁戚,只决断在于自己的耳朵罢了。不过认为像这样便可以放弃方技术数,而听任耳目,那么造成的混乱必定是很厉害的了。只凭耳朵、眼睛就能够决断,是违反情性的。听觉在诽谤、赞誉方面造成失误,视觉在彩色上被迷惑,而想能够行事正确,那就困难了。内心充满悲哀的人,听到歌声也会哭泣;充满欢乐之情的人,听见哭声也会发笑。悲哀可以使人欢乐、欢乐可以使人悲哀,内心承载的情感使人造成了这个样子。因此要珍视心里没有哀乐的虚空的情景。

故水击则波兴，气乱则智䁟；昏昏不可以为政，波水不可以为平。〔1〕故圣王执一而勿失，万物之情既矣，四夷九州服矣。〔2〕夫一者至贵，无适于天下。〔3〕圣人（记）[托]于无适，故民命系矣。〔4〕

为仁者必以哀乐论之，为义者必以取（子）[予]明之。〔5〕人目所见不过十里，而欲徧照海内之民，哀乐弗能给也。无天下之委财，而欲徧赡万民，利不能足也。〔6〕且喜怒哀乐，有感而自然者也。〔7〕故哭之发于口，涕之出于目，此皆愤于中而形于外者也。〔8〕譬若水之下流、烟之上寻也，夫有熟推之者？〔9〕故强哭者，虽病不哀；〔10〕强亲者，虽笑不和。情发于中，而声应于外。〔11〕故厘负羁之壶餐，愈于晋献公之垂棘；赵宣孟之束脯，贤于智伯之大钟。〔12〕故礼丰不足以效爱，而诚心可以怀远。〔13〕

故公西华之养亲也，若与朋友处；〔14〕曾参之养亲也，若事严主烈君，其于养一也。〔15〕故胡人弹骨，越人契臂，中国歃血也，所由各异，其于信一也。〔16〕三苗髽首，羌人括领，中国冠笄，越人翦发，其于服一也。〔17〕帝颛顼之法，妇人不辟男子于路者，拂之于四达之衢。〔18〕今之国都，男女切踦，肩摩于道，其于俗一也。〔19〕故四夷之礼不同，皆尊其主而爱其亲、敬其兄；猃狁之俗相反，皆慈其子而严其上。〔20〕夫鸟飞成行，兽处成群，有孰教之？

【注释】

〔1〕"䁟智、昏昏"：《道藏》本、刘绩《补注》本作"智昏"、"智昏"。《文子·下德篇》作"智昏"、"昏智"。

〔2〕一：指万物之本，也即"道"。《诠言训》："一也者，万物之本也。"　既：尽。

〔3〕适：通"敌"。

〔4〕"记"：《道藏》本、刘绩《补注》本、《文子·下德篇》作"讬"。当正。以上化自《吕览·为欲》。　系：维系。

〔5〕论：《说文》："议也。"《文子·道原篇》亦作"论"。　"子"：《道藏》本、刘绩《补注》本作"予"。当正。

〔6〕委财：积累财物。《广雅·释诂一》："委，积也。"

〔7〕自然：天然，非人为的。

〔8〕愤：愤怒之情。

〔9〕寻：上升。通"燂"。《说文》："燂，火热也。"

〔10〕病：王叔岷《淮南子斠证》：《记纂渊海》五九、六十引"病"作"疾"。

〔11〕"故强哭"以下数句：化自《庄子·渔父》。

〔12〕束脯：一束干肉。　大钟：晋智伯欲灭仇由，赠送大钟。仇由君不听劝谏，迎大钟，而被智伯消灭。仇由，在今陕西阳泉市。事见《吕览·权勋》、《韩非子·说林下》、《战国策·西周策》。

〔13〕效：模仿义。

〔14〕公西华：孔子弟子，春秋末鲁人，比孔子小四十二岁。

〔15〕烈：残暴。

〔16〕"故胡人弹骨"句：许慎注："胡人之盟约，置酒人头中，饮以相诅。"　"越人契臂"句：许慎注："刻臂出血。"　"中国歃血"句：许慎注："杀牲歃血，相与为信。"

〔17〕"三苗髽首"句：许慎注："三苗之国，在彭蠡、洞庭之野。髽，以枲束发也。"按：即用麻束起头发。　括领：结扎领子。　冠笄：帽子、簪子。　劗：剪断。

〔18〕拂：《说文》："过击也。"　衢：四通八达的路。

〔19〕切踦：耳鬓厮磨相为偎依，形容十分亲昵之意。踦，《集韵》"纸"韵："立倚也。"

〔20〕猃狁：周代称北方少数民族，汉代称匈奴。

【译文】

　　因此拍击水面就会产生波涛，精气混乱那么神智就会昏聩。昏聩神智的人不能够执政，波澜起伏的水面不能够平定。所以圣王持守大道，而不会失去，那么万物的情理便可以探测清楚了，四夷九州人民便可以归服了。大道是天下最尊贵的东西，对于天下是无敌的。圣人依靠无敌的大道，因此百姓的命运就有所维系了。

实行仁政的人必须把悲欢之事让人知道，推行大义的人必须把取予之事让人明白。眼睛所看到的不过十里，而想要全部观照海内的人民，悲欢之情是不能完全给予他们的。没有天下积累的财物，而想普遍瞻顾天下万民，利益是不能满足他们的。况且喜怒、悲欢，是有所感动而自然表现出来的。所以哭声从口中发出来，眼泪从眼睛中流出来，这些都是心中有了愤慨之情，而在外面表现出来的。比如说水向下游流去，浓烟升入空中，这些有谁推动呢？因此勉强哭泣的人，即使哭出病来也不悲哀；勉强亲爱的人，即使是开口欢笑也不和谐。感情从内心发出，而声音在外面应和。因此厘负羁赠送给晋文公一壶饭食，超过晋献公借以灭虞的垂棘之璧；赵宣孟的一束干肉，胜过智伯灭仇由所献的大钟。因此礼节周全不能够用来验证真爱，而真诚之心可以使远方之人归附。

因此公西华的奉养双亲，（多和睦缺少敬爱），就像和朋友相处；曾参的奉养双亲，（恭敬多于和睦），就像事奉庄严威猛的君主一样，他们对于奉养双亲是一致的。因此北方胡人把酒倒入人头骨中，东南越族人刀刻双臂以使出血，中央地区国家会盟时口含畜血，他们所使用的方法是各不相同，但是对于守信是一致的。生活在洞庭湖一带的三苗族用麻束发，西方羌人把领子结扎起来，中国居民戴帽子、插簪子，东南越人剪断头发，他们对于服饰的要求是一致的。帝颛顼的法规，已婚女子在路上不避开男子的，在四达之路上遭受击打。现在的都会，男女偎依亲昵，肩膀相碰，但他们对于礼俗的要求是一致的。因此四方部族的礼俗是不同的，但都尊重他们的国君，爱护他们的亲人、敬爱自己的兄长；北方狨狨的习俗同中原相反，都爱护自己的儿子，而对他们的国君很严厉。鸟飞翔起来有的排成行列，野兽居处成群结队，有谁教导它们呢？

故鲁国服儒者之礼，行孔子之术，地削名卑，不能亲近来远。[1] 越王句践，劗发文身，无皮弁搢笏之服，拘罢拒折之容,然而胜夫差于五湖,南面而霸天下,泗上十二诸侯皆率九夷以朝。⁽²⁾胡、貉、匈奴之国,纵体施发,箕倨反言,而国不亡者,未必无礼也。⁽³⁾楚庄王裾衣博袍,令行乎天下,遂霸诸侯。⁽⁴⁾晋文君大布之衣,牂羊之裘,韦以带剑,威立于海内,岂必邹、鲁之礼之谓礼乎?⁽⁵⁾是故入其国者从其俗,入其家者避其讳,不犯禁而入,不迕逆而进,虽之夷狄徒倮之国,结轨乎远方之外,而无所困矣。⁽⁶⁾

【注释】

〔1〕来:使归附。

〔2〕文身:古代民俗,在身上刺画有色的图案花纹。《庄子·逍遥游》:"越人断发文身。" 皮弁:古冠名。用白鹿皮制成,为视朝的常服。《吕览·上农》高诱注:"弁,鹿皮冠。" 搢笏:插笏板于腰带之上。 拘罢:许慎注:"圜也。" 拒折:许慎注:"方也。" 夫差:春秋吴君,在位二十二年。曾败越,伐齐,与晋争霸。吴灭后自杀。 泗上:泗水之滨。 十二诸侯:指春秋时鲁、齐、晋、秦、楚、宋、卫、陈、蔡、曹、郑、燕十二诸侯。《史记》有《十二诸侯年表》。 九夷:泛指四方的少数民族。

〔3〕貉:古代东北部少数民族。貉,通"貊"。 纵体:即松缓、不受约束之义。 施:许慎注:"纵也。"按:《后汉书·光武帝纪下》李贤注:"施,读曰弛,解也。"《道藏》本、刘绩《补注》本、《四库全书》本作"拖"。"拖"无"纵"意。 箕倨:伸两足,头据地,若箕状,为傲慢之容。《说文》:"倨,不逊也。"《广雅·释诂三》王念孙疏证:"倨,与踞通。" 反言:《吕览·功名》高诱注:"南方有反舌国,舌本在前,末倒向喉,故曰反舌。"按:疑指用卷舌音说话。

〔4〕裾衣:衣服宽大。《齐俗训》高诱注:"裾,襄也。" 博袍:宽大的袍子。以上见于《墨子·公孟》。

〔5〕大布:粗布。 牂羊:母羊。 韦:加工过的熟皮。 邹鲁:指山东邹城和曲阜,为孟子和孔子的诞生地。以上见于《墨子·兼爱中》、《兼爱下》。

〔6〕迕逆：背犯，违反。《汉书·王商传》颜师古注："迕，逆也。"《周易·系辞下》陆德明释文："迕，字亦作忤。" 徒倮：袒裸。俞樾《诸子平议》：《广雅·释诂》："徒，袒也。" 结轨：车辙相连。

【译文】
　　因此鲁国推行儒者的礼节，实行孔子的学说，土地被削弱，名声低落，不能亲近毗邻和安抚远方的国家。越王勾践剪掉头发，身上刺上花纹，没有鹿皮礼冠，腰带不插笏板，没有或圆或方的容饰，然而在太湖之上战胜吴王夫差，南面而坐，称霸天下，泗上儒学之乡和天下十二诸侯都率领九夷君长前来朝拜。东北、北方的胡、貉、匈奴，衣不合体，披散长发，坐如箕状，多用卷舌音，然而国家并不灭亡，未必是没有礼节。楚庄王身着宽衣大袍，命令能在天下推行，于是便称霸诸侯。晋文公身穿粗布衣，外披母羊皮裘，用熟皮系着利剑，威望在海内树立，难道一定是孔孟的礼节才叫礼节吗？因此进入他的国家的人，随从他的国家的习俗；进入他的家门的人，回避家里的忌讳。不违反禁令而进入，不背犯忌讳而前进，即使到达东夷、北狄、赤裸之国，车子到达遥远的方外之地，也没有什么困惑的。

　　礼者实之文也，仁者恩之效也。〔1〕故礼因人情而为之节文，而仁发拼以见容。〔2〕礼不过实，仁不溢恩也，治世之道也。夫三年之丧，是强人所不及也，而以伪辅情也。三月之服，是绝哀而迫切之性也。〔3〕夫儒、墨不原人情之终始，而务以行相反之制，五缞之服，悲哀抱于情，葬埋称于养。不强人之所不能为，不绝人之所能已。〔4〕度量不失于适，诽誉无所由生。古者非不知繁升降槃还之礼也，蹀《采齐》、《肆夏》之容也，以为旷日烦民而无所用，故制礼足以佐实喻意而已矣。〔5〕古者非不能陈钟鼓、盛筦箫、杨干戚、奋羽旄，以为费财乱政，制乐足以合欢宣意而已，喜不羡于音。⁽⁶⁾非不能竭国糜民，虚府殚财，含珠鳞施，纶组节束，追送死也，以为穷民绝业而无益于槁骨腐肉也，故葬埋足以收敛盖藏而已。⁽⁷⁾昔舜葬苍梧，市不变其肆；⁽⁸⁾禹葬会稽之山，农不易其亩；⁽⁹⁾明乎生死之分，通乎侈俭之适者也。

乱国则不然，言与行相悖，情与貌相反，礼节以烦，乐优以淫，崇死以害生，久丧以招行。⁽¹⁰⁾是以风俗浊于世，而诽誉萌于朝，是故圣人废而弗用也。

【注释】

〔1〕实：实际，真实。　效：效验。

〔2〕节文：节制修饰。　怲：许慎注："色也。"杨树达《淮南子证闻》：《说文》："艵，缥色也。"《文选·宋玉〈神女赋〉》李善注引《方言》："颈，怒色青貌。""怲"、"颈"皆与"艵"同。"仁发怲见容"，谓仁心见乎容色。

〔3〕"三月之服"句：许慎注："夏后氏礼。"　迫切：强制切断。

〔4〕原：探究。　五缞：许慎注："谓三年、朞、九月、五月、三月服也。"按：缞，丧服衣。《说文》："缞，服衣。长六寸，博四寸，直心。"　升降：即进退。　"所能已"：《道藏》本、刘绩《补注》本同。《文子·上仁篇》作"所不能已"。

〔5〕槃还：环绕之义。杨树达《淮南子证闻》："槃还"乃"般旋"之假。　踱：有踩、踏、顿之义。《广雅·释诂一》："踱，履也。"《采齐》、《肆夏》：许慎注："皆乐名也。"　按：《周礼·夏官·大驭》郑玄注："肆夏、采荠，乐章也。"　旷日：历时久远。

〔6〕杨：冯登府《三家诗异文疏证》："古杨、扬通。"杨，高举义。　奋：挥动。　宣意：表达心意。　羡：有过分之义。《精神训》高诱注："羡，过也。"

〔7〕"非不"句：依前文例，疑"非"前有"古者"二字。《晏子春秋·外篇》仅第一层有"古者"。　糜：浪费。通"靡"。　殚：耗尽义。《说文》："殚，殛尽也。"　含珠：古代丧葬塞在死者嘴里的珠玉。又作"琀"。《说文》："送死口中玉也。"　鳞施：许慎注："五[玉]田[甲]也。"

按：《吕览·节丧》高诱注："鳞施，施玉于死者之体，如鱼鳞也。"即金缕玉衣。　纶：青丝绶。　组：丝带。　节束：札束。

〔8〕"昔舜"二句：许慎注："舜南巡狩，死苍梧，葬冷道九疑山，不烦于市有所废。"按：苍梧，在湖南宁远县。　肆：店铺。

〔9〕"禹葬"二句：许慎注："禹会群臣于会稽，葬山阴之阳，不烦农人之田亩。"按：会稽，山名，在今浙江中部绍兴一带。以上化自《吕览·安死》。

〔10〕"节"：《道藏》本、刘绩《补注》本、《文子·上仁篇》作"饰"。　"优"：《道藏》本、刘绩《补注》本同。《文子·上仁篇》作"扰"。有烦扰义。　招行：杨树达《淮南子证闻》："招"当读为"翘"，举止。招行，谓以孝行哗世。

【译文】

礼节是对朴实的文饰，仁惠是对恩德的效验。因此礼节应按照人的感情的不同，而替它节制文饰，而仁惠之心显露表现在容色上。礼节不超过朴实，仁惠不超过恩德，这是治理社会的道理。儒家倡导的三年之丧，这是强迫人干做不到的事情，而用虚伪来辅饰他们的情感。夏后氏提倡的三月的丧礼，这是断绝人的哀思，而强迫切断人的情感。儒家和墨家不去探究人的情感的来龙去脉，而务求推行与人情相违离的制度，实行五缞的服丧规定，在感情上长期怀抱着悲哀，把称颂埋葬看作比生养更重要。不强迫人们干不能做到的事，也不去阻绝人们所不能够停止的事。法度不在适宜的地方有所失去，这样诽谤赞誉便无法产生了。古时候不是不知道增加进退回旋的礼节，脚步踏着《采齐》、《肆夏》的音乐节奏而行容仪，只是认为这样历时久远烦扰百姓而没有什么用处，因此制订礼仪只是用来佐助真情表达心意罢了。古时候不是不能够陈设钟鼓，大摆管箫之乐，举起干戚，挥动彩羽旌旗来舞蹈，只是认为这样耗费资财，扰乱政治，制定音乐能够用来合欢大众、表达心意就够了，欢乐之情不过分表现在音乐上。古时候不是不能够竭尽国力民力，使府库空虚耗尽资财，口含宝珠，身披玉衣，青丝绶带捆束，来追念送葬死人，只是认为这样使百姓穷困，断绝生业，而对枯骨腐肉没有什么用处，因此埋葬只能够用来收敛盖藏尸体就够了。从前舜死葬在苍梧山，市面店铺照常营业；禹东巡死葬会稽之山，农人不更换他们的田地；他们对死生的区别是很明确的，对奢侈节俭的适度是很通晓的。

混乱的国家就不是这样，言论和行动相互背离，内心感情和外部容貌表现相反，用繁琐的礼节来粉饰，用过度的淫乐来协调，用崇尚死亡来危害生存，用长久服丧来博取孝行以哗世，因此社会风俗一天比一天混乱，而非议在朝廷中产生，所以圣人废弃而不使用它。

义者循理而行宜也，礼者体情制文者也。⁽¹⁾义者，宜也；礼者，体也。昔有扈氏为义而亡，知义而不知宜也；⁽²⁾鲁治礼而削，知礼而不知体也。⁽³⁾有虞氏之祀，其社用土，祀中霤，葬成亩；⁽⁴⁾其乐《咸池》、《承云》、《九韶》；⁽⁵⁾其服尚黄。夏后氏其社用松，（祝）[祀]户，葬墙置翣；⁽⁶⁾其乐《夏籥》九成，《六佾》、《六列》、《六英》；⁽⁷⁾其服尚青。殷人之礼，其社用石，祀门，葬树松；其乐《大護》、《晨露》，⁽⁸⁾其服尚白。周人之礼，其社用（粟）[栗]，祀灶，葬树柏；⁽⁹⁾其乐《大武》、《三象》、《棘下》；⁽¹⁰⁾其服尚赤。礼乐相诡，服制相反，然而皆不失亲疏之恩、上下之伦。今握一君之法籍，以非传代之俗，譬由胶柱而调琴也。⁽¹¹⁾

【注释】

〔1〕义：《释名·释言语》："义者，宜也。" 循理：按照道理。 体情：体察情理。 制文：节制文饰。

〔2〕"昔有扈氏"二句：许慎注："有扈，夏启之庶兄也，以尧、舜举贤，禹独与子，故伐启，启亡之。"

〔3〕体：事体，主体。

〔4〕"祀"：《道藏》本、刘绩《补注》本同。于鬯《校淮南子》："祀"盖"礼"字形近而误。 社：即土地神。 中霤：室中央。古代五祀之一，也叫宅神。 "葬成亩"句：许慎注："田亩而葬。"

〔5〕"其乐"句：许慎注："舜兼用黄帝乐。《九韶》，舜所作也。"

〔6〕夏后氏：古部落名，禹为其领袖，并建立中国历史上第一个朝代。　"祝"：《道藏》本、刘绩《补注》本作"祀"。当正。　墙：古代柩车四周的帷幔。《仪礼·既夕礼》郑玄注："墙，饰柩也。"　翣：许慎注："棺衣饰也。"按：棺饰，形似扇，在路以障车，入椁以障柩。

〔7〕《夏籥》：又叫大夏。相传是歌颂大禹治水功绩的乐舞。乐曲共九段。　九成：九变，即九段。《六佾》：古代乐舞行列，一行八人叫一佾，六佾为四十八人。《六列》：三十六人排列的一种乐舞。《六英》：颛顼之乐，禹用之。

〔8〕《大護》、《晨露》：许慎注："汤所作乐。"按：《大護》，《道藏》本同，刘绩《补注》本作"大濩"。商代著名乐舞。《晨露》，汤时乐舞，伊尹所作。

〔9〕"粟"：《道藏》本、刘绩《补注》本作"栗"。当是。

〔10〕《大武》：西周建国初年乐舞，歌颂武王伐纣。《三象》：周初乐舞。《棘下》：周代之乐。

〔11〕"琴"：《道藏》本、《四库全书》本同。刘绩《补注》本作"瑟"。胶柱调瑟，鼓瑟时转动弦柱，以调节音调之高低。如胶其柱，则无法调节音的高下。比喻拘泥而不知变通。

【译文】
　　义，是按照道理而实行合宜的事情的意思；礼，是体察情理节制文饰的意思。义，就是合宜的意思；礼，就是得体的意思。从前有扈氏为了道义而灭亡，他知道义而不知道合时宜；鲁国修治礼义而土地被削弱，只懂得礼节而不知道得体。有虞氏的礼节，祭祀土神，采用封土的办法，祭祀的地方在室中央，埋葬在田亩之中；他的音乐用《咸池》、《承云》、《九韶》，他的服饰崇尚黄色。夏后氏的礼节，祭祀土神采用种植松树的办法，祭祀的地方在户内，安葬在墙角，放置棺衣；他的音乐用《夏籥》九成，《六佾》、《六列》、《六英》；他的服饰崇尚青色。殷朝人的礼节，祭祀土神用石头，祭祀的地方在门内，安葬时种植松树；他的音乐用《大護》、《晨露》；他的服饰崇尚白色。周朝人的礼节，祭祀土神用栗树，祭祀的地方在灶间，安葬时种植柏树；他的音乐用《大武》、《三象》、《棘下》；他的服饰崇尚红色。历代的礼节、音乐相背离，服饰制度相反，虽然如此，但是仍不失去亲疏之间的恩惠和君臣之间的道德关系。现在仅仅掌握了一代国君的制度，而指责历代相传的习俗，就像胶住弦柱，而调节音调高低一样。

  故明主制礼义而为衣，分节行而为带，衣足覆形。⁽¹⁾从《典》《坟》，虚循挠；⁽²⁾便身体，适行步。不务于奇丽之容，隅（眥）[眦]之削；⁽³⁾带足以结（细）[纽]收衽，束牢连固，不亟于为文句疏短之鞪。⁽⁴⁾故制礼义，行至德，而不拘于儒、墨。

【注释】
  〔1〕"衣足覆形"：《道藏》本同。刘绩《补注》本"足"下有"以"字。
  〔2〕《典》《坟》：即《三坟》、《五典》。伏牺、神农、黄帝之书为三《坟》，少昊、颛顼、高辛、尧、舜之书为五《典》。 循挠：马宗霍《淮南旧注参正》："循挠"者，遵而行之意。"虚"之为言"间"也。盖《典》、《坟》为先王之法籍，但可间取，不可尽从，故又曰"虚循挠"耳。
  〔3〕"眥"：《道藏》本、刘绩《补注》本、《四库全书》本作"眦"。隅眥，犹隅差。隅眥之削，指削杀衣领以为斜形，下属于襟，像斜眼角一样。
  〔4〕"细"：《道藏》本、刘绩《补注》本作"纽"。 衽：衣襟。 文句：圆文。 疏短：方文。孙诒让《札迻》："短"疑当为"矩"。 "鞪"：何宁《淮南子集释》："鞪"字疑"韛"字形误。《说文》："韛，韦绣也。"

【译文】
  因此英明的国君制订礼义若制作衣饰，分别操守节行如制作带子，衣饰足以能够覆盖形体。遵从《三坟》、《五典》的规定，只可间取，不可全行；只求方便身体，适宜自己的行止。不务求奇异、秀丽的容饰，不要求削杀衣领以图美观；衣带能够用来连接纽扣，收敛衣襟，约束牢固，不急于在皮革上绣制圆形、方形的花纹。因此制订礼义法规，推行最高的道德，而不拘泥于儒家、墨家的规定。

所谓明者，非谓其见彼也，自见而已；所谓聪者，非谓闻彼也，自闻而已；所谓达者，非谓知彼也，自知而已。〔1〕是故身者道之所托，身得则道得矣。道之得也，以视则明，以听则聪，以言则公，以行则从。故圣人财制物也，犹工匠之斫削凿枘也，宰庖之切割分别也，曲得其宜而不折伤。〔2〕拙工则不然，大则塞而不入，小则窕而不周，动于心，枝于手而愈丑。〔3〕夫圣人之斫削物也，剖之判之，离之散之，已淫已失，复揆以一。〔4〕既出其根，复归其门，已雕已琢，遂反于朴。〔5〕合而为道德，离而为仪表；其转入玄（宜）〔冥〕，其散应无形。〔6〕礼义节行，又何以穷至治之本哉？

世之明事者，多离道德之本，曰"礼义足以治天下"，此未可与言术也。〔7〕所谓礼义者，五帝三王之法籍风俗，一世之迹也。譬若刍狗土龙之始成，文以青黄，（绡）〔绢〕以绮绣，缠以朱丝；〔8〕尸祝袀袨，大夫端冕，以送迎之。〔9〕及其已用之后，则壤土草芥而已，夫有孰贵之？〔10〕

【注释】

〔1〕"所谓"以下数句：化自《庄子·骈拇》。

〔2〕财：通"裁"。《缪称训》高诱注："裁，制也。" 枘：《道藏》本同。刘绩《补注》本作"枘"。《诗·大雅·公刘》郑玄笺："芮之言内也。"《庄子·在宥》陆德明释文："枘作内。"《俶真训》有"凿枘"。指榫眼、榫头。 曲：曲折周到之义。

〔3〕窕：《广雅·释诂三》："宽也。" 枝：有分散义。

〔4〕剖、判：剖开。有分析、辨别义。 淫、失：过度、放任。失，通"泆"。 揆：有管理规划义。《广韵》"旨"韵："揆，度也。"

〔5〕"遂"：《道藏》本、刘绩《补注》本同。王念孙《读书杂志》：

"遂"当作"还",字之误也。本书《原道篇》及《说苑·谈丛篇》并云:"已雕已琢,还反于朴。"是其明证也。

〔6〕"宜":《道藏》本、刘绩《补注》本作"冥"。当正。玄冥,暗昧。《庄子·秋水》:"始于玄冥。"

〔7〕术:治世的道理。

〔8〕刍狗:许慎注:"束刍为狗,以谢过求福。"按:结草为狗,供祭祀之用。　土龙:土制的龙,用来求雨。　"绡":《道藏》本、刘绩《补注》本作"绢"。《后汉书·马融传》李贤注:"绢,系也。与罥通。"有缠束义。

〔9〕尸:古代祭祀时代表死者受祭的人。　祝:祭祀时祝祷的人。　袀袨:纯黑色的祭服。许慎注:"袀,纯服。袨,黑齐衣也。"　端冕:贵族所戴的礼帽。

〔10〕蒯:即"芥"字。以上化自《庄子·天运》。

【译文】
　　所说的视觉灵敏,不是说他的眼睛能看到别人的东西,而是说能见到自己罢了;所说的听觉灵敏,不是说能听到别人的什么东西,而是说能听到自己罢了;所说的心智通达,不是说能知道别人的东西,而是说能知道自己罢了。因此说人自身是"道"所寄托的地方,自身能够得到,那么"道"也就能够得到。"道"能够得到,那么用来观察事物就能明察,用来听声音就能听得清,用来说话就能公正,用来行事就能有人听从。所以圣人裁制万物,就像工匠砍削榫眼、榫头,厨师宰割分解牲畜一样,曲折周到方便适宜,而不会折伤工具和手臂。笨拙的工匠就不是这样,大的榫头阻塞而无法进入,小的榫头就填不满而无法周圆,拙工在心里所想的,而作用到手上,则更加丑陋不堪。圣人砍削万物,剖析它们,拆散它们,已经过度放任,又能够主宰统一。已经从根本离开,又能够回到大道之门。已经加以雕琢刻画,又能够返回质朴之中。聚合起来而能成为道德,分离开来而可以作为法规。它的旋转好像进入昏暗,它的离散可以应对无形。礼义节行,又怎么能够穷究大治的根本呢?

　　社会上的所谓明白事理的人,大多背离道德根本,说"礼义足以能够用来治理天下",这些人不能够和他谈论治世的方法。所说的礼义,就是五帝三王的法令风俗,这是一个朝代留下来的陈迹。

比如就像祭祀用的刍狗、求雨用的土龙，开始做成的时候，用青黄色彩来文饰，绕着华美的丝织物，缠着红色的细丝，尸祝穿着纯黑色的祭服，大夫端正地戴着礼帽，来迎接送走它们。等到已经用过之后，那么就是一堆土块和草芥罢了，又有谁尊贵它呢？

故当舜之时，有苗不服，于是舜脩政偃兵，执干戚而舞之。[1]禹之时，天下大雨，禹令民聚土积薪，择丘陵而处之。武王伐纣，载尸而行，海内未定，故不为三年之丧。[2]禹遭鸿水之患，陂塘之事，故朝死而暮葬。[3]此皆圣人之所以应时耦变，见形而施宜者也。[4]今之脩干戚而笑镢插，知三年，而非一日，是从牛非马、以徵笑羽也，以此应化，无以异于弹一弦而会《棘下》。[5]

夫以一世之变，欲以耦化应时，譬犹冬被葛而夏被裘。夫一仪不可以百发，一衣不可以出岁；[6]仪必应乎高下，衣必适乎寒暑。是故世异即事变，时移即俗易。故圣人论世而立法，随时而举事。尚古之王，封于泰山，禅于梁父，七十馀圣，法度不同，非务相反也，时世异也。[7]是故不法其以成之法，而法其所以为法。所以为法者，与化推移者也。[8]夫能与化推移为人者，至贵在焉尔。[9]故狐梁之歌可随也，其所以歌者，不可为也；[10]圣人之法可观也，其所以作法，不可原也；辩士言可听也，其所以言，不可形也；[11]淳均之剑，不可爱也，而欧冶之巧，可贵也。[12]今夫王乔、赤诵子，吹呕呼吸，吐故纳新，遗形去智，抱素反真，以游玄眇，上通云天。[13]今欲学其道，不得其养气处神，而放其一吐一吸，时诎时伸，其不能乘云升假亦明矣。[14]

五帝三王，轻天下，细万物，齐死生，同变化，抱大圣之心，以镇万物之情，上与神明为友，下与造化为人。⁽¹⁵⁾今欲学其道，不得其清明玄圣，而守其法籍宪令，不能为治亦明矣。故曰得十利剑，不若得欧冶之巧；得百走马，不若得伯乐之数。⁽¹⁶⁾

【注释】
　　〔1〕有苗：即三苗。事见《吕览·尚德》。　偃：停止，停息。
　　〔2〕"武王伐纣"二句：许慎注："武王伐纣，伯夷曰：'父死未葬，爰及干戈，可谓孝乎？'"　"载尸"句：指周文王死，未及葬，载文王之木主而行。　"故不为"句：许慎注："三年之丧，始于武王。"按：《道藏》本、刘绩《补注》本同。王念孙《读书杂志》：当作"故为三年之丧"，衍"不"字。张双棣《淮南子校释》：贾公彦《仪礼·丧服》疏："唐虞之日，淳朴渐亏，虽行心丧，更以三年为限。"若此则"三年之丧"不始于武王也。
　　〔3〕陂塘：池塘，即蓄水库。陂，是古代江淮流域常见的水利工程。《水经注·肥水》："芍陂，陂周百二十许里，言楚相孙叔敖所造。"
　　〔4〕耦变：通达变化。　形：形势。
　　〔5〕钁：大锄。　插：《道藏》本、刘绩《补注》本同。《战国策·齐六》鲍彪注："插，锸同。刺土器。"即铁锹。　会：许慎注："一弦会之，不可成也。"即配合义。《说文》："会，合也。"
　　〔6〕仪：许慎注："弩招头也。"按：即弩把头。
　　〔7〕禅：《史记·卫将军骠骑列传》张守节正义："祭地曰禅。"　梁父：山名，在今山东泰安东南。
　　〔8〕化：指自然和社会的变化。
　　〔9〕"为人"：《道藏》本、刘绩《补注》本同。王念孙《读书杂志》："夫能与化推移者"，乃复举上文之词，"推移"下不当有"为人"二字。　至贵：最可贵的东西。本书凡五见。
　　〔10〕狐梁之歌：古歌名。也作"瓠梁"，古代善歌之人。
　　〔11〕"辩士言"：《道藏》本、刘绩《补注》本同。刘家立《淮南内篇集证》"士"下有"之"字。
　　〔12〕淳均之剑：古利剑名。　欧冶：春秋时人，善铸剑。相传为越王铸五剑，又为楚王铸三剑。

〔13〕王乔：许慎注：“王乔，蜀武阳人也，为伯人令，得道而仙也。”按：即王子乔。亦见于《楚辞·远游》、《列仙传》等。　赤诵子：许慎注：“上谷人也，病疠入山，导引轻举。”按：见于《史记·留侯世家》、《楚辞·远游》、《列仙传》、《韩诗外传》卷五等。　呕：吹。"吹呕"二句，见于《庄子·刻意》。　抱素：守其本真，不为外物所惑。　反真：反本归真。　玄眇：幽深微妙。

〔14〕养气：保养元气。　处神：止留精气。　放：通"仿"。效法。　诎：通"屈"。弯曲。　升假：升天。假，通"遐"。《说文·新附》："远也。"

〔15〕大圣：至圣，品德高尚的人。　"镇"：《道藏》本、刘绩《补注》本作"镜"。《文子·道德篇》亦作"镜"。有遍照之义。　神明：指神灵。　造化：指大自然化育的人类。

〔16〕走马：指千里马。　数：指相马之术。以上化自《吕览·赞能》。

【译文】
　　因此在舜当政的时候，有苗不服从，在这个时候舜修治德政，停息战争，手执干戚而舞蹈。夏禹的时候，天下发大水，禹命令百姓聚集土石，堆积柴草，选择丘陵高地而居住。周武王讨伐商纣王，运载着父亲周文王的尸体行军，天下没有平定，所以才有三年之丧的规定。禹遭受到洪水的祸患，蓄水池塘泛滥成灾，因此早晨死去而晚上就埋葬。这些都是圣人用来应付时事的变化，根据实际情况而采取的适宜的对策。现在用舜修饰干戚之舞来取笑禹挥舞锄头、铁锹；知道三年之丧，而非难一日之丧，这是随从牛而非议马，用微音来取笑羽音，用这种办法来应对变化，同弹一根弦而来配合《棘下》之乐，没有什么不同。

　　用一个时代变化了的礼制，要想用来适应每个时代的变化，就像冬天身穿葛衣而夏天穿皮裘。一个弩把头不能够用来射百发箭，一件衣服不能够穿过一年；弩把头必须同高下相适应，衣服必须适应四季寒暑的变化。因此世道不同，那么行事就要发生变化；时代改变了，那么习俗就要加以改变。因此圣人研究世道不同而设立法规，随着时代不同而行事。上古时代的君王，在泰山上筑坛祭天，在梁父山祭地，有七十多个圣明的君王，法度不同，不是务求相反，是因为时代、社会不同了。所以不能效法他们已经成文的法规,而效法先贤所用来制定法律的方法。所用来制定法律的方法,就是要和万物变化共同转移。能够和万物变化一起转移,最可贵的东西就存在其中了。因此说狐梁之歌是可以随着歌唱的,但他的作歌的玄妙,是不能够学到的;圣人的法律是可以看到的,他的制定法律的原因,是不能够探究清楚的;雄辩之士的话是可以听从的,他的这样说的原因,是不能够表达出来的;淳均这样的利剑,是不值得珍爱的,而欧冶子的技巧,是值得珍视的。现在王乔、赤诵子,出气吸气,吐出体内废气,吸进新的元气,抛弃形体,去掉智巧,守其本真,返回本性,而游于幽深微妙之境,向上可以通达云天。现在要学习他的道术,没有得到他的颐养元气、安息精神的真谛,而只是模仿他的一吐一吸,时曲时伸的招式,这样的人不能够乘云升天也是很明白的。

　　五帝三王,看轻天子的权势,把万物看得很微小,齐一生死,等同变化,怀抱着高尚的理想,有用来遍照万物的情意,在上面可以和神明做朋友,在下面可以和大自然化育的人类在一起。现在要想学习他们的治世之道,得不到他们的清虚神明的高尚道德,而只持守他们的法规条文,不能够治理天下也是很明确的。所以说,得到十把利剑,不如得到欧冶子的巧技;得到一百匹千里马,不如得到一个伯乐的技艺。

　　朴至大者无形状,道至眇者无度量。⑴故天之员也不中规,地之方也不中矩。⑵往古来今谓之宙,四方上下谓之宇,道在其间,而莫知其所。⑶故其见不远者,不可与语大;其智不闳者,不可与论至。⑷

　　昔者冯夷得道,以潜大川;⑸钳且得道,以处昆仑。⑹扁鹊以治病,造父以御马,羿以之射,倕以之斫,所为者各异,而所道者一也。⑺夫禀道以通物者,无以相非也,譬若同陂而溉田,其受水钧也。⑻今屠牛而烹其肉,或以为酸,或以为甘,煎熬燎炙,齐味万方,其本一牛之体。[9] 伐楩柟豫樟而剖梨之，或为棺椁，或为柱梁，披断拨檖，所用万方，然一木之朴也。[10] 故百家之言，指奏相反，其合道一体也。[11] 譬若丝竹金石之会乐同也，其曲家异，而不失于体。[12] 伯乐、韩风、秦牙、管青，所相各异，其知马一也。[13] 故三皇五帝法籍殊方，其得民心钧也。故汤入夏而用其法，武王入殷而行其礼；桀、纣之所以亡，而汤、武之所以为治。

故剞劂销锯陈，非良工不能以制木；[14] 炉橐埵坊设，非巧冶不能以治金。[15] 屠牛吐一朝解九牛，而刀以剃毛；[16] 庖丁用刀十九年，而刀如新剖硎。[17] 何则？游乎众虚之间。若夫规矩钩绳者，此巧之具也，而非所以巧也。[18] 故瑟无弦，虽师文不能以成曲，徒弦则不能悲。[19] 故弦悲之具也，而非所以为悲也。若夫工匠之为连机运开，阴闭眩错，入于冥冥之眇，神调之极，游乎心手众虚之间，而莫与物为际者，父不能以教子；[20] 瞽师之放意相物，写神愈舞，而形乎弦者，兄不能以喻弟。[21] 今夫为平者准也，为直者绳也。若夫不在于绳准之中，可以平直者，此不共之术也。[22]

故叩宫而宫应，弹角而角动，此同音之相应者也。其于五音无所比，而二十五弦皆应，此不传之道也。[23] 故萧条者，形之君；[24] 而寂漠者，音之主也。

【注释】

〔1〕朴：指原始自然的质朴状态。也指"道"。《老子》三十七章："吾将镇之以无名之朴。" 至眇：极其微妙。

〔2〕"故天之员"二句：此与"天圆地方"说及邹衍"大九州"说不

同，这是"盖天说"的内容。

〔3〕宙：指时间的无限。　宇：指空间的无穷。《尸子》卷下："天地四方曰宇，往古来今曰宙。"

〔4〕闳：宏大，宽广。《集韵》"耕"韵："闳，大也。"　论至：指讨论最精深的"道"。

〔5〕"冯夷得道"句：许慎注："冯夷，河伯也。华阴潼乡堤首里人，服八石，得水仙。"按：本书凡三见。

〔6〕"钳且"二句：许慎注："钳且得仙道，升居昆仑山。"按：陆德明《经典释文》引《淮南子》作"钦负"。

〔7〕扁鹊：许慎注："庐人，姓秦名越人，赵简子时人也。"按：庐，在今山东济南市长清区南。　倕：许慎注："尧巧工也。"按：亦见于《说山训》。　所道者：《道藏》本、刘绩《补注》本同。即得到"道"的规律。以上化自《庄子·大宗师》。

〔8〕禀：执掌。　钧：通"均"。平均。

〔9〕"或以为"二句：《道藏》本、刘绩《补注》本同。王念孙《读书杂志》：两"为"字皆后人所加。《北堂书钞·酒食部》四、《太平御览·资产部》八、《饮食部》二十一引此，皆无两"为"字。　"齐味"句：王念孙《读书杂志》："齐"读若"剂"。"齐味"当作"齐咮"，字之误也。"咮"即今"和"字也。《本经篇》："调齐和之适。"

〔10〕楩：南方大木名。　柟：即楠木。　豫樟：即樟木。　梨：许慎注："分。"按：《汉书·扬雄传下》颜师古注："梨与剺同，谓剥析也。"即剖分义。　披：许慎注："解也。"按：即分开、分解义。　拨：许慎注："析理。"按：即分开义。　樧：许慎注："遂，顺。"按：《道藏》本、刘绩《补注》本同。王念孙《读书杂志》："樧"字本作"遂"，故训为"顺也"。

〔11〕指奏：旨趣。　"一体"：于鬯《校淮南子》：姚广文云："一体"倒。上下文可例。

〔12〕会：《急就篇》第三章颜师古注："会，谓金石丝竹匏土革木总合之也。"《说文》："合也。"即配合义。

〔13〕"伯乐"以下几句：许慎注："四子，皆古善相马者。"按：《吕览·观表》："古之善相马者，寒风是相口齿，管青相膹胭，秦牙相前。"

〔14〕刭刷：雕刻用的曲刀。　销：通"削"。

〔15〕橐：冶铁用的风箱。　埵：冶炉用的吹风铁管。　坊：铸造器物的土模。

〔16〕屠牛吐：古代齐国的著名屠户。《韩诗外传》卷九作"屠牛吐"。

《管子·制分》、《汉书·贾谊传》有"屠牛坦"。吐、坦上古音声纽相同，韵部鱼、元对转。音近，可通假。 "而刀以"句：王念孙《读书杂志》："刀"下当有"可"字。《白帖》十三、《太平御览·兵部》七十七、《资产部》八引此，皆有"可"字。

〔17〕庖丁：许慎注："齐屠伯也。" 新：始。 剖：开。 硎：磨刀石。当出于《庄子·养生主》、《吕览·精通》等。

〔18〕"所以巧也"：《道藏》本、刘绩《补注》本同。王念孙《读书杂志》："巧也"上当有"为"字。《太平御览·工部》九引此，正作"非所以为巧"，《文子·自然篇》同。

〔19〕师文：乐师。 徒：《助字辨略》卷一："徒，犹独也。"

〔20〕连机：连发之机。也称连弩。机，以金为之。亦作"机"。《说文》："主发谓之机。" 运开：指机关相通。 阴闭：许慎注："独闭也。"按：似指自动关闭。 眩错：许慎注："因而相错。"按：疑指两眼昏花而错乱。 冥冥：高远，深远。 "众虚"：王念孙《读书杂志》："众虚"二字，因上文"游乎众虚之间"而误衍也。《文子》无"众虚"二字。

〔21〕放意：放纵意志。 相物：模仿万物。 写神：描绘精神。 愈舞：晓解舞形。愈，通"谕"。通晓。

〔22〕共：同。

〔23〕比：并列。以上化自《庄子·徐无鬼》。

〔24〕萧条：深静，寂寥。

【译文】

自然中最大的"朴"是没有形状的，最微小的"道"是无法度量的。因此上天的圆形是不能够用"规"来测量的，大地的方形也是不能够用"矩"来测定的。往古来今叫作宙，四方上下叫作宇，"道"处在它的中间，而没有人知道它的处所。因此那些见识不远大的人，不能够和他谈论大道；智慧不宏大的人，不能和他议论最高的"道"。

从前冯夷得了道术，而潜入大川之中；钳且得到道要，而处于昆仑之中。扁鹊得到道要，可以用来治病，造父可以用来驾驭车马，后羿用来射箭，倕用来雕琢，所使用的地方各有不同，而得到"道"的规律则是一致的。执掌"道"的规律而通达万物，便没有什么能够相互非难的地方，比如说用同一个水塘来灌田，它承受的水是均匀的。现在屠杀牛而烧牛肉，有的把它做成酸的，有的把它做成甜的，加以煎熬烧烤，调剂配合成各种口味，但它的根本只是牛的身体。砍伐槭木、枏木、豫樟，而把它们割裂开来，有的做成棺材，有的做成柱梁，砍断、分割、剖细，所用的地方各种各样，然而都是出自一个木头的本体。因此诸子百家的言论，旨意是相反的，但是它们符合"道"是一致的。比如弦乐、管乐、金钟、石磬的合乐是相同的，它们的曲谱各自是不同的，但是都没有不合体制的。伯乐、韩风、秦牙、管青，各自的相马技术是不同的，但是他们熟悉马的特性是一致的。所以三皇五帝，他们的法令条文是不同的，但是他们得到民心是一致的。所以商汤消灭夏桀而使用它的法律，周武王战胜商纣而实行它的礼节；但是夏桀、商纣使用它而导致灭亡，商汤、周武王使用它却能得到治理。

　　因此把刻刀、削刀、锯子摆在那里，不是高明的工匠不能够用它来制成木器；把火炉、风箱、模具安装齐备，不是巧妙的冶工不能铸成铁器。屠牛吐一个早上可以宰杀九条牛，而刀还可以用来截断毛发；庖丁的一把刀使用了十九年，而刀像刚从磨刀石上磨制的一样。为什么这样呢？是因为能游刃在众多的空隙之间。至于像规、矩、钩、绳，这是非常巧妙的工具，但不是造成巧妙的原因。因此瑟要是没有弦，即使是古代乐师师文也不能用它弹成曲子；只是一根弦，也不能表达出悲哀的感情。因此说瑟弦是表达悲哀感情的工具，而不是造成悲哀感情的原因。至于像工匠们制造弓弩，机关可以连发，并可以自动关闭，真使人眼花缭乱，已经进入到高深微妙的境地，心智的运用已经达到了极点，而匠人的活动只在心、手之间，不用器物来直接进行交合，这种奇技，父亲不能直接传给自己的儿子；瞎眼乐师尽情地模仿外物的声音，描绘神态，晓解舞形，而在自己的琴弦上表现出来，这种奇技，兄长也不能使弟弟知道。现在作为平正的工具是水准，厘定正直的工具是绳墨。至于像不在水准、绳墨之中，而可以成为平、直的，这就是不与平常相同的道术。

　　因此叩击宫音而宫发声，弹奏角音而角发声，这是同音相应的例子。(至于道术)，它的应和对于五音来说，没有什么办法同它并列，而二十五弦都能响应，这是不能够用口耳相传的道理。所以沉静是形体的主宰，而静漠是声音的主宰。

天下是非无所定，世各是其所是，而非其所非。所谓是与非各异，皆自是而非人。由此观之，事有合于己者，而未始有是也；有忤于心者，而未始有非也。⁽¹⁾故求是者，非求道理也，求合于己者也；去非者，非批邪施，去忤于心者也。⁽²⁾忤于我，未必不合于人也；合于我，未必不非于俗也。至是之是无非，之非至非无是，此真是非也。⁽³⁾若夫是于此而非于彼，非于此而是于彼者，此之谓一是一非也。此一是非，隅曲也；⁽⁴⁾夫一是非，宇宙也。今吾欲择是而居之，择非而去之，不知世之所谓是非者，不知孰是孰非？⁽⁵⁾

【注释】
〔1〕忤：违反，抵触。
〔2〕批：排除。 施：通"迆"，斜行。许慎注："施，微曲也。"
〔3〕"之非至非"：《道藏》本同。刘绩《补注》本"之"、"至"倒，当是。
〔4〕隅曲：角落，局部。此文可与《庄子·齐物论》、《秋水》、《至乐》、《天下》、《寓言》相参。
〔5〕"不知"：《道藏》本、刘绩《补注》本同。王念孙《读书杂志》：《群书治要》引此，无"不知"二字。

【译文】
　　天下的是非没有办法确定，世上的人各自认为他们的"是"才是正确的，而认为别人的"非"是不正确的。他们所说的"是"和"非"各不相同，都是自以为"是"而以别人为"非"。从这里可以看出，事情有合乎自己心意的，而不一定是正确的；有背离自己心意的，但不一定有错误。因此寻求"是"的人，不是寻求正确的道理，是寻求符合自己心意的东西；抛弃"非"的人，不是排除不正之术，而是抛弃背离自己心愿的东西。同自己相背离的，不一定不合乎别人的要求；符合我的心意，不一定不被世俗所非议。最高的"是"，它是没有不正确的东西存在的；最高的"非"，它是没有正确的东西存在的，这才是真正的是非观。至于认为这里是正确的，而认为那里是不正确的；认为这里是不正确的，而认为那里是正确的，这叫做一"是"一"非"。这里的一种是非观，只能适用于一个角落；而那里的一种是非观，可以适用于整个宇宙。现在我要选择正确的而处在其中，选择不正确的并抛弃它，不知道世上人所说的"是"与"非"，哪个正确，哪个不正确呢？

《老子》曰："治大国若烹小鲜。"[1]为宽裕者曰："勿数挠！"[2]为刻削者曰："致其咸酸而已矣。"

晋平公出言而不当，师旷举琴而撞之，跌衽宫壁。[3]左右欲涂之，平公曰："舍之！以此为寡人失。"孔子闻之曰："平公非不痛其体也，欲来谏者也。"韩子闻之曰："群臣失礼而弗诛，是纵过也。[4]有以也夫，平公之不霸也。"[5]

故宾有见人于密子者，宾出，密子曰："子之宾独有三过：望我而笑，是攫也；[6]谈语而不称师，是返也；[7]交浅而言深，是乱也。"宾曰："望君而笑，是公也；[8]谈语而不称师，是通也；交浅而言深，是忠也。"故宾之容一体也，或以为君子，或以为小人，所自视之异也。[9]故趣舍合，即言忠而益亲；[10]身疏，即谋当而见疑。亲母为其子治扢秃，而血流至耳，见者以为其爱之至也；[11]使在于继母，则过者以为嫉也。事之情一也，所从观者异也。从城上视牛如羊，视羊如豕，所居高也。[12]窥面于盆水则员，于杯则随，面形不变其故，有所员有所随者，所自窥之异也。[13]

今吾虽欲正身而待物，庸遽知世之所自窥我者乎？〔14〕若转化而与世竞走，譬犹逃雨也，无之而不濡。常欲在于虚，则有不能为虚矣。〔15〕若夫不为虚而自虚者，此所慕而不能致也。故通于道者如车轴，不运于己，而与毂至千里，转无穷之原也；不通于道者若迷惑，告以东西南北，所居聆聆；〔16〕壹曲而辟，然忽不得，复迷惑也。〔17〕故终身隶于人，辟若倪之见风也，无须臾之间定矣。〔18〕故圣人体道反性，不化以待化，则几于免矣。〔19〕

【注释】

〔1〕"《老子》曰"句：见于《老子》六十章。

〔2〕宽裕：即宽容之义。 桡：《道藏》本、刘绩《补注》本作"挠"。挠动。

〔3〕晋平公：春秋晋君，名彪，在位二十六年。 "晋平公出言"句：事载《韩非子·难一》：晋平公与群臣饮，饮酣，乃喟然叹曰："莫乐为人君，惟其言而莫之违。"师旷侍坐于前，援琴撞之，公披衽而避，琴坏于壁。 跌：越过。 衽：衣襟或袖口。

〔4〕韩子：即韩非子。

〔5〕以：《助字辨略》卷三："此以字，犹因也。"有以，有原因。

〔6〕"故宾有"句：《道藏》本、刘绩《补注》本同。刘家立《淮南内篇集证》：《群书治要》引此"宾"作"客"。下文"宾曰"，亦当作"客曰"。 密子：即孔子弟子密子贱。比孔子小三十岁（一说四十五岁）。曾为单父宰。 㩉：简慢。

〔7〕返：向宗鲁《淮南校文》云：此当从《御览》引作"叛"字为长。

〔8〕公：杨树达《淮南子证闻》："公"盖假为"颂"。"颂"犹今言有礼貌。

〔9〕"故宾之容一体也"句：《道藏》本、刘绩《补注》本同。刘家立《淮南内篇集证》：当作"宾之容体一也。"按：以上化自《战国策·赵四》。

〔10〕趣舍：即取弃义。

〔11〕扢秃：秃疮。扢，通"颉"。《说文》："颉，秃也。"
〔12〕"从城上"几句：化自《吕览·壅塞》。
〔13〕"窥面"几句：洪震寰《淮南子中的物理知识》：这条材料表明，西汉时期人们已经知道了金属杯一类的反射面，也可以用来照出影像，不过有较大的像差。这指出一般器物上的球形反射面，也具有专制球面镜的光学效果。　随：通"楕"。
〔14〕庸遽：怎么，何以。
〔15〕转化：转变。濡：沾湿。
〔16〕聆聆：许慎注："意晓解也。"按：即通晓的样子。
〔17〕辟：许慎注："小邪僻也。"按：通"僻"。　然忽：《道藏》本、刘绩《补注》本同。王念孙《读书杂志》：当作"忽然不得"。
〔18〕伣：许慎注："候风雨也，世所谓五两者也。"按：通"綄"。《广韵》"桓"韵："綄，船上候风羽，楚谓之五两。"伣是古代测量风力、风向的装置。
〔19〕"不化"以下二句：许慎注："无为以待有为，近于免世难也。"

【译文】

《老子》中说："治理大国就像烹小鱼一样。"作为宽容的人说："不要多次挠动！"作为苛刻的人说："（多次挠动），达到盐、醋合味才能停下来。"（哪一说是正确或错误的呢）？

晋平公饮酒痛快，出言不当，师旷听了，（认为这不像国君之言，十分气愤），举琴砸向平公，琴越过平公衣袖，砸到墙壁上。左右的人要把墙壁砸坏的地方补上，平公说："留下它！用它来记载我的过失。"孔子听到这件事说："平公不是不痛惜自己的身体，想要以此使天下直谏之士归附。"韩非子听到后说："群臣丧失礼节而不杀他，这是放纵过失。平公不能称霸是有原因的了。"

故客带人谒见密子贱，宾客走出后，密子说："你的宾客有三个过失：望着我发笑，这是简慢的表现；谈话却不称赞老师，这是背反师道；交接浅但谈的深，这是扰乱政事。"故客说："望着您而发笑，这是恭敬的表现；谈话之中不称颂老师，这是变通的做法；交接浅但谈的深，这是忠诚的行为。"故宾客的容貌是一样的，有的人认为是君子，有的人认为是小人，各人所处的看问题的角度是不同的。因此取舍相合的人，就会因忠直之言而更加亲近；与自己疏远的人，就会因谋划得当而要被怀疑。亲生母亲为儿子治疗秃疮，鲜血流到耳朵边，看到的人认为她的爱心是那样的深；假使这样做的是后母，那么经过的人就认为是出于嫉恨的原因。事情的状况是一样的，各人所观察的立场是不同的。从城楼上看牛像只羊，看羊像头猪，是因为站在高处的原因。从盆水中看面容则是圆形的，从杯水中看则是椭圆形的，人的面部形貌没有发生变化，而看起来有时是圆形，有时是椭圆形，这是自己所看的用具的不同而形成的。

现在我即使想使自己身形端正来对待外物，又怎么知道世上的人是怎样看待我的呢？如果转而和世俗之人一起争逐奔跑，这样就像躲避大雨一样，没有什么地方不被沾湿的。不变的欲望就在于无情无欲，那么就不会有嗜欲的情况发生了。至于不杜绝情欲之事发生，而自我就无法达到无情欲的境界，这样我所慕求的就不能达到了。因此通达大道的人就像车轴一样，不向自己方向运行，而却和车毂一起到达千里之外，转行在无穷无尽的原野之上；不通达大道的人就像受了迷惑一样，告诉他东西南北，所居处的方位就明白了；一个转弯而走上偏僻小路，忽然又不能通晓，陷于糊涂的境地。因此终身隶属于他人，比如就像伣见到风一样，没有一刻时间是平静的。因此圣人依据"道"而返回到本性上去，用不变化的"道"去对待万物的变化，那么就差不多可以免除世难了。

治世之体易守也，其事易为也，其礼易行也，其责易偿矣。[1] 是以人不兼官，官不兼事，士农工商，乡别州异。是故农与农言力，士与士言行，工与工言巧，商与商言数。是以士无遗行，农无废功，工无苦事，商无折货，各安其性，不得相干。故伊尹之兴土功也，修胫者使之跖钁，强脊者使之负土，眇者使之准，伛者使之涂，各有所宜，而人性齐矣。[2] 胡人便于马，越人便于舟，异形殊类，易事而悖，失处而贱，得势而贵。[3] 圣人总而用之，其数一也。

【注释】

〔1〕体：王念孙《读书杂志》：《群书治要》引此"体"作"职"。《文子·下德篇》亦作"职"。 责：通"债"。

〔2〕伊尹：商初重臣，名伊。尹是官名。为奴隶出身。 土功：土木建筑工程。 跖：踏、踩。 钁：王念孙《读书杂志》：《太平御览·地部》二、《器物部》九引此，"钁"并作"铧"。铧即臿也。 "修胫者"句：许慎注："长胫以蹋插者，使而入深。" "强脊者"句：许慎注："脊强者任负重。" "眇者"句：许慎注："目不正，因令睎。"按：眇，斜眼，一只眼睛。 "伛者"句：许慎注："伛人涂地，因其俯也。"按：伛，曲背。

〔3〕"易事而悖"句：《道藏》本、刘绩《补注》本同。《文子·下德篇》作"易事而不悖"。

【译文】

　　天下得到治理之时，官吏职位是容易持守的，他们的事情是容易办成的，他们的礼节是容易实行的，他们的债务是容易偿还的。因此人们不必兼任官职，官吏也不兼管它事，士农工商，在各乡各州都是区别开来的。因此农民与农民谈的是农业生产的事儿，士和士谈的是品行的问题，工匠和工匠谈的是技巧的问题，商贾和商贾谈的是计算问题。因此士没有失去检点的行为，农夫没有废止的工作，工匠没有粗劣的制品，商人没有亏损的货物，各自安守他们的性命，不能够互相干扰。因此伊尹在兴建土木工程的时候，腿劲大的人让他们挖土，脊骨强壮的人让他们背土，眼睛斜视的人让他们测量地平，驼背的人让他们涂抹粉刷，各人都有自己适宜的工作，而人的特性就能得到统一的运用了。北方胡人便于骑马奔驰，东南越人习惯乘船，不同的形体，殊别的种类，改变他们从事的工作就会引起混乱；失去居处的优势，长处就会变成短处；得到形势的便利，短处就会成为长处。圣人总括起来而使用它们，他的道术就完整了。

　　夫先知远见，达视千里，人才之隆也，而治世不以责于民；⁽¹⁾博闻强志，口辩辞给，人智之美也，而明主不以求于下；⁽²⁾敖世轻物，不污于俗，士之伉行也，而治世不以为民化;⁽³⁾神机阴闭,剖蹶无迹,人巧之妙也,而治世不以为民业。⁽⁴⁾故苌弘、师旷,先知祸福,言无遗策,而不可与众同职也;公孙龙折辩抗辞,别同异,离坚白,不可以众同道也;⁽⁵⁾北人无择非舜而自投清(泠)[洺]之渊,不可以为世仪;⁽⁶⁾鲁般、墨子以木为鸢而飞之,三日不集,而不可使为工也。⁽⁷⁾故高不可及者,不可以为人量;行不可逮者,不可以为国俗。夫契轻重不失铢两,圣人弗用,而县之乎铨衡;⁽⁸⁾视高下不差尺寸,明主弗任,而求之乎浣准。⁽⁹⁾何则?人才不可专用,而度量可世传也。

【注释】

〔1〕隆:指特别突出者。《小尔雅·广诂》:"隆,高也。"

〔2〕博闻强志:见闻广博,强于记忆。 口辩辞给:能言善辩,口齿伶俐。

〔3〕敖世:高傲自负,轻视世人。敖,通"傲"。 伉行:高行。

〔4〕神机:神妙的机关。

〔5〕"公孙龙"以下几句:许慎注:"公孙龙,赵人,好分析诡异之言,以白、马不得合为一物,离而为二也。"按:公孙龙,战国名家代表人物。《汉书·艺文志》"名家"有《公孙龙子》十四篇。今仅存《白马》、《坚白》、《名实》等六篇。 折辩:雄辩使人折服。顾广圻《校淮南子》:"折"当作"析"。 抗辞:高深的言辞。《汉书·扬雄传下》:"吾子乃抗辞幽说。"以上化自《庄子·秋水》。

〔6〕"北人无择"几句:许慎注:"北人无择,古隐士也。非舜,非其德之衰也。"按:事载《庄子·让王》、《吕览·离俗》。"泠":《道藏》本、刘绩《补注》本作"冷"。《四库全书》本作"洺"。清洺之渊,渊名。在今河南召县南。

〔7〕鸢:一种鹰。其事见于《墨子·鲁问》、《列子·汤问篇》、《韩非子·外储说左上》。

〔8〕契:通"挈",提着。 铢:二十四铢为一两。 铨:称。《广雅·

释器》:"称谓之铨。"

〔9〕浣准:用来测远、测平的仪器。浣,通"管"。

【译文】

具有先知远见,通晓千里之外的事物,是人才中的佼佼者,而治理国家则不能用这种标准来责求百姓;见闻广博,强于记忆,能言善辩,口齿伶俐,是人群才智中的俊美者,但是英明的君主不以此要求自己的臣下;高傲自负,轻视外物,不被世俗所玷污,这是士人中的品行高尚的人,但是治国不以此作为民风教化的标准;神妙的机关隐密闭藏,雕造起来没有痕迹,这是人的技巧中的奇妙者,但是治理国家不能以此作为百姓的生业。因此苌弘、师旷,可以事先知道祸福,言语中不会有失策的时候,却不可以和众人共同任职;公孙龙子高深的辩词折服众人,能够区别同类和异类,离析"坚、白、石"之间的关系,但是不能够让他和众人同道而行;北人无择认为舜的品行丑恶,于是自己投到清泠之渊自杀了,他的品行不能作为天下人的仪表;鲁般、墨子用木头制造飞鸢而使它飞行,三天没有落下来,但是不能够让他们和众人一起担任工匠。因此高不可攀的人,不能够作为常人的衡量标准;品行特异而常人不能够达到的,不能够作为国民习俗。提起轻重的东西,能够不差铢两,圣人不会使用他,而必须悬挂在秤上加以称量;观察高下长度可以不差尺寸,英明的君主不任用他,而必须求助于测远、测平的浣、准。为什么这样呢?人的特殊才能不可能世代独自使用,而法度准绳能够世代相传。

故国治可与愚守也,而军制可与权用也。夫待骐骥、飞兔而驾之,则世莫乘车;⁽¹⁾待西施、毛嫱而为配,则终身不家矣。⁽²⁾然非待古之英俊,而人自足者,因所有而并用之。⁽³⁾夫骐骥千里,一日而通;⁽⁴⁾驽马十舍,旬亦至之。⁽⁵⁾由是观之,人材不足专恃,而道术可公行也。乱世之法,高为量而罪不及,重为任而罚不胜,危为禁而诛不敢。⁽⁶⁾民困于三责，则饰智而诈上，犯邪而干免，故虽峭法严刑，不能禁其奸，何？⁽⁷⁾力不足也。故谚曰："鸟穷则啄，兽穷则觗，人穷则诈。"⁽⁸⁾此之谓也。

【注释】
〔1〕骅骝：见于《原道训》"要袅"。　飞兔：马名。其行若飞，故名。
〔2〕西施：春秋时越国美女，由越王勾践献给吴王。吴亡后，传说与范蠡偕入五湖。　毛嫱：古美女名。《群书治要》作"络慕"。
〔3〕"因所有"：《道藏》本、刘绩《补注》本同。《文子·下德篇》作"因其所有"。
〔4〕骐骥：良马名，一日千里。
〔5〕"驽马十舍"句：于大成《齐俗校释》："十舍"当为"不舍"。《荀子》、《大戴》并云"不舍"，可证。按：以上化自《荀子·劝学》、《修身》。《大戴礼记·劝学》亦载之。
〔6〕"危为禁"：《道藏》本、刘绩《补注》本同。王念孙《读书杂志》：本作"危为难"。危，犹高也。《文子·下德篇》作"危为难而诛不敢"。"高为量"以下数句：化自《庄子·则阳》。《吕览·适威》所载与此相似。
〔7〕三责：三种责罚。　干：求。　"何"：《道藏》本同。《四库全书》本有"者"字。
〔8〕啄：鸟啄食。　觗：古"触"字。以上化自《荀子·哀公》。并见《孔子家语·颜回》、《韩诗外传》卷五等。

【译文】
　　所以国家得到治理时，可以和愚人一起持守；而军队控制住了，可以把权力交给别人使用。要等待骅骝、飞兔这样的千里马才乘坐，那么世上的人便没有车子可乘；必须等待西施、毛嫱这样的美女来作为配偶，那么终身就不能成家了。然而不需要等待古代的英俊之士，而人们能够自我满足的原因，就是按照各人所具有的才能，来各自发挥自己的作用。骐骥奔驰千里，一天便可以到达；劣马日行十舍，十天也可以到达。从这里可以看出，人的才能是不值得专门来依赖的，而道术则是可以公开地推行的。乱世的法律，制定法规的标准很高，而处罚那些达不到要求的人；增加担负的工作,而惩罚那些不能胜任的人;增大困难程度,而诛杀那些不敢从事困难工作的人。老百姓被三种责罚所困扰,那么便千方百计加以粉饰而欺骗君上,运用邪术而求得豁免,因此即使有苛刻的法律,严酷的刑法,也不能够禁止奸邪的发生。为什么这样呢?百姓的力量是不能够达到的。所以谚语中说:"鸟儿穷困了,便要相互啄食;野兽穷困了,便要互相抵撞;人穷困了,就要相互欺诈。"说的就是这么一回事。

  道德之论,譬犹日月也,江南、河北,不能易其指;⑴驰骛千里,不能易其处。⑵趋舍礼俗,犹室宅之居也,东家谓之西家,西家谓之东家,虽皋陶为之理,不能定其处。⑶故趋舍同,诽誉在俗;意行钧,穷达在时。⑷汤、武之累行积善,可及也;其遭桀、纣之世,天授也。今有汤、武之意,而无桀、纣之时,而欲成霸王之业,亦不几矣。昔武王执戈秉钺以伐纣胜殷,搢笏杖殳以临朝。⑸武王既殁,殷民叛之。周公践东宫,履乘石,摄天子之位,负扆而朝诸侯,放蔡叔,诛管叔,克殷残商,祀文王于明堂,七年而致政成王。⑹夫武王先武而后文,非意变也,以应时也;周公放兄诛弟,非不仁也,以匡乱也。故事周于世则功成,务合于时则名立。

  昔齐桓公合诸侯以乘车,退诛于国以斧钺;晋文公合诸侯以革车,退行于国以礼义。桓公前柔而后刚,文公前刚而后柔。然而令行乎天下、权制诸侯钧者,审于势之变也。⑺颜阖,鲁君欲相之而不肯,使人以币先焉,凿培而遁之,为天下显武,使遇商鞅、申不害,刑及三族,又况身乎?⑻

【注释】

〔1〕指：通"旨"。意旨。

〔2〕驰骛：奔走。《广韵》"遇"韵："骛，驰也。" "易"：《道藏》本、刘绩《补注》本同。王念孙《读书杂志》：《意林》及《文选·〈月赋〉》注引此，并作"改"。

〔3〕趋舍：取舍。

〔4〕钧：通"均"。平正。　穷达：困穷与显达。此内容化自《吕览·长攻》。

〔5〕钺：大斧。青铜制，盛行于商周。　"伐纣"：《道藏》本、刘绩《补注》本同。王念孙《读书杂志》：《太平御览·兵部》八十四引此无"伐纣"二字。　搢：插。　笏：古代君臣朝会时所佩记事板，用玉、象牙、竹等制成。《说文·新附》："笏，公及士所搢也。"　杖：执持。　殳：大杖。

〔6〕践：踩。　东宫：太子所居之宫。也用以指太子。　乘石：人君登车所踏之石。　扆：指帝王宫殿上设在户牖之间的屏风。　蔡叔：名度，武王之弟，封于蔡（今河南上蔡西南）。　管叔：名鲜，武王弟，封于管（今河南郑州）。周公平叛后，他被杀死。　残：摧毁。又通"践"。　商：纣灭后，武王封纣子武庚于商（今河南商丘），奉祀祖先宗庙。

〔7〕势：时势。

〔8〕颜阖：战国鲁人。辞币不仕。此事见于《庄子·让王》、《吕览·贵生》。　币：帛，礼物。《广韵》"祭"韵："币，币帛也。"　培：屋后墙。通"坏"。《类篇》："坏，墙也。"《文选·扬雄〈解嘲〉》吕向注："坏，屋后墙也。"　武：许慎注："楚人谓士曰武。"按：《史记·淮南衡山列传》集解引徐广云："淮南人名士曰武。"　三族：《史记·秦本纪》集解："父母、兄弟、妻子也。"

【译文】

道、德的学说，就像日、月一样，不论在长江以南，还是黄河以北，都不能够改变它的意旨；就是奔走千里之地，也不能够改变它的居处。礼俗的取舍，就像选择住室一样，东面人家称他为西家，西面人家又称呼他为东家，即使皋陶给他们评理，也不能够确定他们的位置。因此取舍相同，非议、赞誉在于习俗；意旨、行事均正，困穷、显达在于时运。商汤、周武王积累善行，是人们能够达到的；但他们遭到夏桀、商纣的时代，则是上天授予的。现在虽有商汤、周武王的志向，而没有遇到夏桀、商纣那样的时代，而想要成就霸王的业绩，也是不可能的。从前周武王握着戈，执持黄钺，去讨伐商纣王，并灭亡了商朝，（身为天子后），让大臣插着笏板，手执木杖，当朝处理政事。周武王已经去世，商朝遗民和管、蔡背叛了他，周公旦踏着东宫之位，踩着乘石，辅佐年幼的天子，背靠着扆屏，而使天下诸侯国君朝拜，流放蔡叔度，杀死管叔鲜，击溃殷人武装，消灭商的残馀势力，（天下平定），在明堂祭祀周文王，七年后周公把天子权力交还成王。周武王首先使用武力而后实行文德，不是自己心意的改变，而是要适应时势的需要；周公旦流放兄长，杀掉弟弟，不是不讲仁德，而是匡正乱世的需要。所以行事能够按照世情需要就能成功，致力事业符合时代需要，那么名声就能建立。

　　从前齐桓公乘着安车去会盟诸侯，返回国内用斧钺进行诛杀；晋文公会盟诸侯时用兵车，返回国内的时候施行礼义。齐桓公前面柔弱，而后面刚强；晋文公前面刚强而后面柔弱。但是命令都能在天下实行，权力同样能够制服诸侯，主要对时势的变化有了清楚的认识。鲁哀公想要让隐士颜阖为相，而颜阖不愿意。哀公派人先送来礼物，颜阖掘开后墙逃离了自己的家，成为天下显赫的人物。假使遇到法家商鞅、申不害，就会刑及三族，又何况自身呢？

　　世多称古之人而高其行，并世有与同者，而弗知贵也。非才下也，时弗宜也。故六骐骥、驷駃騠，以济江河，不若窾木便者，处势然也。[1] 是故立功之人，简于行而谨于时。今世俗之人，以功成为贤，以胜患为智，以遭难为愚，以死节为戆，吾以为各致其所极而已。[2]

　　王子比干非不智箕子被发佯狂以免其身也，然而乐直行尽忠以死节，故不为也；[3] 伯夷、叔齐非不能受禄任官以致其功也，然而乐离世伉行以绝众，故不务也；[4] 许由、善卷非不能抚天下、宁海内以德民也，然而羞以物滑和，故弗受也；⁽⁵⁾豫让、要离非不知乐家室、安妻子以偷生也，然而乐推诚行，必以死主，故不留也。⁽⁶⁾今从箕子视比干，则愚矣；从比干视箕子，则卑矣；从管、晏视伯夷，则戆矣；从伯夷视管、晏，则贪矣。趋舍相非，嗜欲相反，而各乐其务，将谁使正之？曾子曰："击舟水中，鸟闻之而高翔，鱼闻之而渊藏。"⁽⁷⁾故所趋各异，而皆得所便。故惠子从车百乘，以过孟诸。⁽⁸⁾庄子见之，弃其馀鱼。⁽⁹⁾鹈胡饮水数斗而不足，鱓鲔入口若露而死。⁽¹⁰⁾智伯有三晋而欲不赡，林类、荣启期衣若县衰意不慊。⁽¹¹⁾由此观之，则趣行各异，何以相非也？

【注释】

〔1〕驷：朱骏声《说文通训定声》："叚借为四。" 駃騠：许慎注："北翟之良马也。" 窾：空。

〔2〕死节：为大节而死。 戆：《说文》："愚也。"

〔3〕佯：假装。"箕子"事亦载于《史记·殷本纪》。

〔4〕致：有成就。 务：务求。"伯夷"事见于《论语·季氏》、《史记·伯夷列传》详载之。

〔5〕许由：事载《庄子·外物》，本书《原道训》、《精神训》亦载之。 善卷：事见《列子·杨朱》、《庄子·让王》。 滑和：扰乱天和。

〔6〕豫让：事见《战国策·赵一》、《史记·刺客列传》亦载之。 要离：许慎注："吴王阖闾臣。"按：事见《吴越春秋·阖闾内传》、《吕览·忠廉》。

〔7〕曾子：孔子弟子，春秋末鲁人，少孔子四十六岁。以孝著称。《汉书·艺文志》"儒家"有《曾子》十八篇。

〔8〕惠子：许慎注："名施。仕为梁相，视车百乘，志尚未足。"按：惠施，战国宋人，名家代表人物，庄子好友。《汉书·艺文志》"名家"有《惠子》一篇。《庄子·天下》："惠施多方，其书五车。" 孟诸：宋大泽名。

〔9〕庄子：许慎注："名周，蒙人，隐而不仕。见惠施之不足，故弃馀

鱼也。"按：《史记·老子韩非列传》："庄子者，蒙人也，尝为蒙漆园吏。"

〔10〕鹈胡：水鸟名。好群飞，沉水食鱼。 鳣鲔：许慎注："鱼名。"按：《说文》："鳣，鱼名。皮可为鼓。"鲔，《氾论训》高诱注："大鱼，亦长丈馀。"

〔11〕三晋：许慎注："智伯有范、中行之地。" 赡：满足。 林类、荣启期：隐士。其事载《列子·天瑞》。 衰：同"蓑"。《说文》："艸雨衣。" 慊：恨。

【译文】

　　世人多称颂古人而认为他们的品德高尚，而对同时代和古人相似的人，却不知道尊重。不是因为才能低下，而是时势不适宜罢了。因此用六匹骐骥、四匹駃騠，来渡过长江、黄河，不如一个空木头方便，所处的形势决定了这样。所以立下功业的人，对于行事很简约，而对于时势很慎重。现在世俗之人，把成就功业的作为贤人，把战胜患难作为智慧，把遭受困难作为愚笨，把为节义而死作为蠢事，我认为各自都实现了自己的终极目标罢了。

　　王子比干，不是不知道箕子披头散发假装疯狂而使自身免遭灾难，但是他却乐意正直尽忠为大节而死，因此就不采取箕子的办法；伯夷、叔齐，不是不能够接受俸禄担任官职，而建立他们的功名，但是乐于离开世俗，保持高尚节操，而辞别众人，因此不务求官爵；许由、善卷，不是不能够安抚天下，平定四海，用道德感化万民，但是耻于因外物而扰乱天和，因此不接受天子之位；豫让、要离，不是不知道享受家庭快乐，安抚妻儿，来苟且度过一生，但是乐意奉行真诚的行为，一定要用行动为主子献身，所以不留恋家庭、妻小。现在从箕子的角度看比干，那么就是愚笨的行为；从比干立场看待箕子，那么就是卑下的行动；从管子、晏婴的观点看伯夷，则是蠢笨至极；从伯夷立场看待管子、晏婴，那么就是贪恋富贵了。取舍不同，喜好自然相反，而各自喜欢自己的追求，将有谁来使他们端正呢？曾子说："在水中敲打船，鸟儿听到高飞空中，鱼儿听到躲藏深渊。"因此各自的趋向是不同的，都能够得到自己的方便。所以惠施带着百辆车子，路经宋国孟诸，垂钓的庄子见了，把剩下的鱼都给抛弃了。鹈胡饮水几斗还不觉得满足，进入鳣鲔口中像露珠那样多的水，就会死去。智伯有范氏、中行氏土地而欲望还不满足,林类、荣启期,衣服像悬挂着的蓑衣一样,而心中一点也不怨恨。从这里可以看出,那么他们的取舍、行止是各不相同的,怎么能够相互非议呢?

　　夫重生者不以利害己,立节者见难不苟免,贪禄者见利不顾身,而好名者非义不苟得。〔1〕此相为论,譬犹冰炭、钩绳也,何时而合?〔2〕若以圣人为之中,则(箫)[兼]覆而并之,未有可是非者也。〔3〕夫飞鸟主巢,狐狸主穴;巢者巢成而得栖焉,穴者穴成而得宿焉。趋舍行义,亦人之所栖宿也。各乐其所安,致其所蹠,谓之成人。〔4〕故以道论者,总而齐之。

【注释】
　　〔1〕重生:重视生命的人。即贵生。　立节:树立名节。
　　〔2〕相:指相互对立。
　　〔3〕"箫":《道藏》本、刘绩《补注》本作"兼"。
　　〔4〕致:达到。　蹠:愿望。《缪称训》高诱注:"蹠,愿也。"成人:《论语·宪问》朱熹注:"犹言全人。"指保全天性之人。

【译文】
　　重视生命的人,不会因为利益而危害自己;树立名节的人,即使有危难不苟且避免;贪图爵禄的人,看到利益不顾念生命;爱好名誉的人,不是义行就不苟且得到。这些相互对立的观点,就像冰块和炭火、钩曲和绳直一样,什么时候能够相合呢?如果圣人从中对他们进行裁定,那么便可以兼有万方而覆盖万物,便没有是与非的区别了。飞鸟的根本在巢窝,狐狸的根本在洞穴;巢筑成了鸟儿能够得以栖息,洞穴成了而可以得到安居之所。趋向、舍弃,品行道义,也是人们所栖息归宿的地方。各自喜欢所安居的地方,能够实现自己的愿望,这就是保全天性之人。因此用"道"来进行评论,就可以总括而齐同它们。

治国之道，上无苛令，官无烦治，士无伪行，工无淫巧，其事经而不扰，其器完而不饰。⁽¹⁾乱世则不然，为行者相揭以高，为礼者相矜以伪；⁽²⁾车舆极于雕琢，器用遷于刻镂；⁽³⁾求货者争难得以为宝，诋文者处烦扰以为慧；⁽⁴⁾争为佹辩，久积而不决，无益于治；⁽⁵⁾工为奇器，历岁而后成，不周于用。

故神农之法曰："丈夫丁壮而不耕，天下有受其饥者；妇人当年而不织，天下有受其寒者。"⁽⁶⁾故身自耕，妻亲织，以为天下先。其导民也，不贵难得之货，不器无用之物。是故其耕不强者，无以养生；其织不力者，无以揜形。⁽⁷⁾有馀不足，各归其身。衣食饶溢，奸邪不生。⁽⁸⁾安乐无事，而天下均平。故孔丘、曾参，无所施其善，孟贲、成荆，无所行其威。⁽⁹⁾

【注释】

〔1〕淫巧：过度奇巧。　经：有法规、条理之义。　完：通"院"。《说文》："院，坚也。"

〔2〕揭：《说文》："高举也。"这里有标榜义。

〔3〕舆：《道藏》本、刘绩《补注》本作"轝"。《左传·昭公十四年》洪亮吉诂："古舆、轝字通。"　遷：急。

〔4〕诋文：诽谤之义。吕传元《淮南子斠补》："诋文"当作"调文"。《群书治要》引正作"调"。

〔5〕佹：《道藏》本同。刘绩《补注》本作"诡"。　决：《道藏》本、刘绩《补注》本作"诀"。

〔6〕"故神农"以下数句：见于《吕览·爱类》，《管子·揆度》、贾谊《新书》等也有类似记载。《吕览·爱类》高诱注："当其丁壮之年，故不耕植，则谷不丰，故有受其饥者也。"

〔7〕揜：掩盖。《说文》："揜，自关以东谓取曰揜。一曰覆也。"《方言》卷六钱绎疏证："揜，与掩通。"

〔8〕溢：《文子·上义篇》作"裕"。
〔9〕成荆：古代勇士。其事见于《吕览·论威》、《战国策·韩二》。

【译文】
　　治理国家的方法，国君没有苛刻的法令，官吏没有繁琐的管理，士人没有虚伪的行为，工匠没有过分的奇巧，他们的政事任责清楚而不纷扰，他们的器具坚固而不加修饰。混乱的国家就不是这样，重视品行的人相互标榜自己为高洁，推行礼节的人相互傲视而以对方为虚伪；车子极力进行雕琢，器物急于刻镂；寻求奇货的人，争着得到难得的东西，而作为宝物；制造诽谤之文的人，处在烦扰之中，反以为聪明；争着进行诡辩，长久积累而不加解决，对于治国没有任何帮助；工匠制造奇巧的器物，经历多年才能成功，对于使用没有什么合适的。
　　因此神农的治国法规中说："成年的男子不耕作，天下之人有因他不耕而受到饥饿的；妇女当年不织布，天下的人有因她不织而受冻的。"因此自己亲自耕种，妻子亲手织布，以此作为天下人的表率。他的引导万民，不重视难得的奇物，不使用无用的器物。因此那时耕作不努力，就没有办法用来养生；纺织不尽力，就没有办法用来掩盖形体。那么有余的和不足的，各自都归于自身。衣食之资充足富裕，奸邪之人就不会产生了。平安快乐，没有祸事，而天下就会公平无欺。因此，孔子、曾参，就没有必要施行他们的善政；孟贲、成荆，也没有必要施行他们的威力。

　　哀世之俗，以其知巧诈伪，饰众无用。贵远方之货，珍难得之财，不积于养生之具；浇天下之淳，析天下之朴，牿服马牛以为牢，滑〔乱〕万民。〔1〕以清为浊，性命飞杨，皆乱以营；〔2〕贞信漫澜，人失其情性。〔3〕于是乃有翡翠犀象、黼黻文章以乱其目；〔4〕刍豢黍粱、荆吴芬馨，以嗿其口；〔5〕钟鼓筦箫、丝竹金石，以淫其耳；趋舍行义、礼节谤议以营其心。〔6〕于是百姓麋沸豪乱，暮行逐利，烦挐浇浅，法与义相非，行与利相反，虽十管仲，弗能治也。〔7〕且富人则车舆衣纂锦，马饰傅旄象，帷幕茵席，绮绣绦组，青黄相错，不可为象。〔8〕贫人则夏被褐带索，含菽饮水以充肠，以支暑热；〔9〕冬则羊裘解札，短褐不揜形，而炀灶口。〔10〕故其为编户齐民无以异，然贫富之相去也，犹人君与仆虏，不足以论之。〔11〕

【注释】

〔1〕浇：许慎注："薄也。"按：即浅薄之义。 淳：纯厚。通"醇"。《广雅·释诂三》："醇，厚也。" 牿：即养马牛的圈槛。《说文》："牛马牢也。" 牢：《说文》："闲养牛马圈也。" 滑：《道藏》本同。刘绩《补注》本、《文子·上礼篇》有"乱"字。

〔2〕飞杨：放纵，任性。杨，与"扬"通。《庄子·天地》："趣舍滑心，使性飞扬。" 营：迷惑。

〔3〕贞信：操守，信誉。 漫澜：离散的样子。

〔4〕翡翠：《说文》："翡，赤羽雀也。""翠，青羽雀也。"羽毛可作装饰品。

〔5〕刍豢：指家畜。 芬馨：芳香。 嗛：贪求。《玉篇》："嗛，贪也。"

〔6〕谤议：诽谤，非议。

〔7〕糜沸豪乱：形容极其混乱。 烦挐：纷乱，杂乱。 浇浅：浅薄。

〔8〕纂：绘。 傅：通"缚"。束缚。 茵席：褥垫，褥子。 绦组：丝带。

〔9〕"则夏"：《道藏》本、刘绩《补注》本同。刘文典《淮南鸿烈集解》："《初学记·人部》中、《御览》四百八十五引并作'夏则'。" 索：绳索。 菽：豆类之总名。

〔10〕解札：许慎注："裘败解也。"按：朱骏声《说文通训定声》："札，叚借为折。"《礼记·少仪》郑玄注："折，断分之也。"知与"败解"义近。 炀：许慎注："炙也。"按：即烘烤义。

〔11〕编户：编入户籍的平民。 论：《群书治要》作"伦"。引申有比较义。

【译文】

衰败之世的习俗，用他们的巧诈虚伪，粉饰许多无用的东西。把远方的奇货看得很珍贵，把难得的财物视为珍奇，颐养生命的资财不去积累，使天下之人的纯厚变得淡薄，使天下人民的质朴本性消失干净，像圈养制服牛马一样画地为牢，扰乱了万民的天性。把清净的当作混浊的，使人的性情放纵任为，天下之人都处于混乱而迷惑的境地；操守信誉都全部丧失了，人们失去了他的本来天性。在这种情况下，便有了翡翠羽毛、犀角、象牙，五颜六色的衣服彩饰，用来扰乱他们的眼睛；用肥肉美食，吴楚之国的芳香佳肴，来使他们贪食美味；用钟鼓、管箫、丝竹、金石，来使他们的耳朵混乱；用趋向、舍弃、品行、道义、礼节、谤议来迷乱他们的心意。在这种条件下，百姓就像粥沸毛乱，从早到晚追逐名利，人际混乱而又浅薄，法令和道义不相一致，品行和利益完全相反，即使有十个管仲，也不能治理。况且富贵人家就是连车子也要套上彩绘的锦绣，马儿身上拴缚着旄尾和象牙，挂起帷幕，铺上褥子，配上彩绘的丝带，青黄色彩互相交错，不能够描绘它的形象。贫苦之人夏天则身披粗衣，腰扎绳索，吃粗食、喝生水，来充塞饥肠，用来支撑夏天的酷热；冬天则身穿破烂不堪的皮羊裘，粗毛短衣无法掩盖形体，而只能偎依灶前取暖。人们作为编户平民没有什么差别，但是贫、富之间的距离悬殊，就连国君和奴仆，也不能够来同他们相比。

夫乘奇技伪邪施者，自足乎一世之间；⁽¹⁾守正脩理不苟得者，不免乎饥寒之患，而欲民之去末反本，是由发其原而壅其流也。⁽²⁾夫雕琢刻镂，伤农事者也；锦绣篡（俎）[组]，害女工者也。⁽³⁾农事废，女工伤，则饥之本而寒之原也。夫饥寒并至，能不犯法干诛者，古今未之闻也。⁽⁴⁾

【注释】

〔1〕奇技：新奇的技艺。　伪：通"为"。从事。　邪施：邪行。

〔2〕"脩理":郑良树《淮南子斠理》:当作"循理"。"循理"与"守正"义正相对。循,犹顺也。

〔3〕"俎":《道藏》本、刘绩《补注》本作"组"。当正。

〔4〕干:冒犯。

【译文】

那些凭借着奇特的技艺,从事邪道的人,都能满足一生;坚持正道,依循正理,不愿苟且获得的人,免不了要受到饥饿寒冷祸患的威胁,而这样却要求老百姓离开末业,返回根本,这就像要开通源头,而去堵塞水流一样。雕琢金石,刻镂器物,是危害农事的;丝带刺上花纹,彩带描绘图案,这是妨碍女工的工作。农事荒废,女工受到损害,那么这是造成饥饿和寒冷的根源。饥寒一起来到,而能够不触犯法律、冒着诛杀的威胁,从古到今,没有听说过。

故仕鄙在时,不在行;⑴利害在命,不在智。夫败军之卒,勇武遁逃,将不能止也;胜军之陈,怯者死行,惧不能走也。⑵故江河决沉一乡,父子兄弟相遗而走,(事)[争]升陵阪、上高丘,轻足先升,不能相顾也。⑶世乐志(乎)[平],见邻国之人溺,尚犹哀之,又况亲戚乎?⑷故身安则恩及邻国,志为之灭;⑸身危则(忠)[忘]其亲戚,而仁不能解也。⑹游者不能拯溺,手足有所急也;灼者不能救火,身体有所痛也。夫民有馀即让,不足则争;让则礼义生,争则暴乱起。扣门求水,莫弗与者,所饶足也;⑺林中不卖薪,湖上不鬻鱼,所有馀也。⑻故物丰则欲省,求赡则争止。⑼秦王之时,或人菹子,利不足也;⑽刘氏持政,独夫收孤,财有馀也。故世治则小人守正,而利不能诱也;世乱则君子为奸,而法弗能禁也。⑾

【注释】

〔1〕"仕鄙":《道藏》本、刘绩《补注》本同。陈昌齐《淮南子正误》:当为"仁鄙",字之误也。"仁"与"鄙"相反,"利"与"害"相反。《本经篇》:"毁誉仁鄙不立。"

〔2〕"死":《道藏》本、刘绩《补注》本同。《道藏辑要》本作"先"。 行:行列,即战阵。

〔3〕"沉":《道藏》本、刘绩《补注》本同。王念孙《读书杂志》:"沈"当为"流",字之误也。《群书治要》引此正作"流"。 "事":《道藏》本、刘绩《补注》本作"争",当是。 "轻足先升"句:王念孙《读书杂志》:《群书治要》引作"轻足者先",无"升"字。

〔4〕"乎":《道藏》本、刘绩《补注》本作"平"。当正。

〔5〕灭:尽。

〔6〕"忠":《道藏》本、刘绩《补注》本、《道藏辑要》本作"忘"。当是。 仁:《道藏》本、刘绩《补注》本作"人"。《释名·释形体》:"人,仁也。"

〔7〕"求水":王念孙《读书杂志》:《群书治要》、《意林》引此,皆作"求水火"。

〔8〕鬻:卖。

〔9〕"赡":《道藏》本、刘绩《补注》本作"赠"。庄逵吉本作"澹"。有淡、少义。

〔10〕菹子:许慎注:"生子,杀菹之。"按:菹,肉酱。

〔11〕法:《群书治要》作"刑"。

【译文】

因此仁慈、卑鄙在于时势,而不在于品行;或利或害,在于命运,不在于智慧。败军的士兵,就是勇士也要隐伏而逃,将帅是不能够制止的;胜利的军队,胆小的人也能够战死在队列中,就是害怕的人也不能够逃走。因此长江、黄河决堤淹没乡里,父子兄弟相互丢下而逃命,争着爬向山陵、高坡,攀上山丘,步伐轻快的人先上去,不能够互相顾及。而社会安乐,心意平定,见到邻国的人溺死,尚且还为他哀痛,又何况是自己的父母呢?所以人身安定,那么恩惠可以施及邻近的国家,(邻国有事),尽心意为它奔忙;自身危险,就会忘掉他的父母,而别人也不能帮他解救。游水的人不能拯救落水之人,是因为手、脚有困难的地方;被火烧伤的人不能救火，自身有疼痛之处。百姓生活有富馀就会谦让，不够就要发生争夺。谦让，那么礼义就会产生；争斗，那么暴乱就要兴起。敲门求水喝，没有人不给予的，是因为所有的水充足；树林中没有卖柴的，湖边没有卖鱼的，是因为有富馀。所以物质丰盛，那么嗜欲就会减少；需求少，那么争斗就会停止。秦始皇统治的时候，有人杀掉孩子作肉酱来充饥，乃是因为饥饿造成的；汉朝天子执掌天下，独身老人也可以收养孤儿，这是因为财物有剩馀的缘故。所以世道得到治理，小人也可以持守正理，而利益不能够诱惑他；社会混乱，君子也要干起奸邪的勾当，法律也不能够禁止。